Nong Khai
Loei
Udon Thani
Mukdahan
Khon Kaen
NORDOST-
THAILAND
Ubon
Ratchathani
Khorat
Chanthaburi
ON THAILAND
0 Kilometer 100
Pattani
Yala
Narathiwat
KHORAT-PLATEAU
Seiten 258 - 271
MEKONG-BECKEN
Seiten 272 - 293
WESTLICHE GOLFKÜSTE
Seiten 314 - 331
ÖSTLICHE GOLFKÜSTE
Seiten 302 - 313
BANGKOK
Seiten 66 - 145

VIS à VIS

THAILAND

VIS À VIS

THAILAND

DK

DORLING KINDERSLEY

www.dk.com

EIN DORLING KINDERSLEY BUCH

www.dk.com

TEXTE
Philip Cornwel-Smith, Andrew Forbes, Tim Forsyth, Rachel Harrison, David Henley, John Hoskin, Gavin Pattison, Jonathan Rigg, Sarah Rooney, Ken Scott

FOTOGRAFIEN
Philip Blenkinsop, Stuart Isett, Kim Sayer, Michael Spencer

ILLUSTRATIONEN
Stephen Conlin, Gary Cross, Richard Draper, Roger Hutchins, Chris Orr & Assocs, John Woodcock

KARTOGRAFIE
Clare Brown, Sophie Dawson, Samantha James, Phil Rose, Jennifer Skelley (Lovell Johns Ltd)

REDAKTION UND GESTALTUNG
Dorling Kindersley Ltd.

•

Titel der englischen Originalausgabe:
Eyewitness Travel Guide *Thailand*
Zuerst erschienen 1997 in Großbritannien
bei Dorling Kindersley Ltd.
A Penguin Company

•

Aktualisierte Neuauflage 2006/2007

ÜBERSETZUNG Verlagsbüro Simon & Magiera und Annette Bewermeyer, München
REDAKTIONSLEITUNG Dr. Jörg Theilacker, Dorling Kindersley Verlag
REDAKTION Dr. Elfi Ledig, München
REDAKTIONSASSISTENZ Birgit Walter, Dorling Kindersley Verlag
SCHLUSSREDAKTION Bernhard Lück, Augsburg
SATZ UND PRODUKTION Dorling Kindersley Verlag, München
LITHOGRAFIE Colourscan, Singapur
DRUCK South China Printing Co. Ltd., Hongkong, China

ISBN 3-928044-47-8

6 7 8 9 10 10 09 08 07 06

Dieser Reiseführer wird regelmäßig aktualisiert. Angaben wie Telefonnummern, Öffnungszeiten, Adressen, Preise und Fahrpläne können sich jedoch ändern. Der Verlag kann für fehlerhafte oder veraltete Angaben nicht haftbar gemacht werden. Für Hinweise, Verbesserungsvorschläge und Korrekturen ist der Verlag dankbar. Bitte richten Sie Ihr Schreiben an:

Dorling Kindersley Verlag GmbH
Redaktion Reiseführer
Gautinger Str. 6
D-82319 Starnberg

INHALT

Lakshman und Sita, zwei Hauptfiguren des Ramakien

THAILAND STELLT SICH VOR

BANGKOK

***Cho fa* am Wat Pan Tao, Chiang Mai**

◁ **Die *chedi* des Wat Chong Klang in Mae Hong Son, gespiegelt im ruhigen Wasser des Sees Chong Kham**

Maenam, einer der Strände auf Ko Samui im Golf von Thailand

Das Menam-Becken

Kunstvolle Kürbisschnitzerei

Nord-Thailand

Nordost-Thailand

Der Golf von Thailand

Südthailand

Zu Gast in Thailand

Grund-informationen

Das Khmer-Heiligtum in Phimai

BENUTZERHINWEISE

DIESER REISEFÜHRER soll Ihren Thailand-Besuch zum Erlebnis machen. Die Einleitung *Thailand stellt sich vor* beschreibt das Land und stellt historische und kulturelle Zusammenhänge dar. Das Kapitel *Bangkok* und fünf weitere Hauptkapitel beschreiben in Text und Bild die Sehenswürdigkeiten der Landesregionen. Thematische Seiten stellen Architektur und Handwerk, Tierwelt und Sport vor. Empfehlenswerte Restaurants und Hotels finden Sie im Kapitel *Zu Gast in Thailand*. Die *Grundinformationen* geben zahlreiche praktische Tipps.

BANGKOK

Das Zentrum Bangkoks ist in fünf Stadtteile unterteilt. Jedem ist ein Kapitel gewidmet, jeweils eingeleitet durch eine Liste der vorgestellten Attraktionen. Das Kapitel *Abstecher* stellt Hauptsehenswürdigkeiten außerhalb des Zentrums vor. Alle Sehenswürdigkeiten sind nummeriert und auf der Stadtteilkarte so dargestellt.

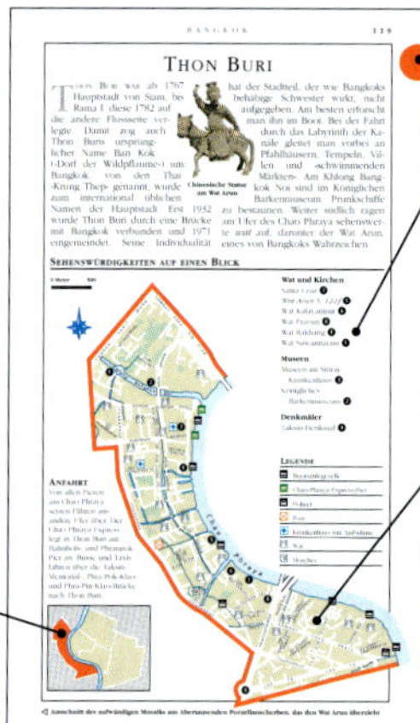

Alle Seiten, die Bangkok betreffen, haben eine rote Farbkodierung.

Sehenswürdigkeiten auf einen Blick führt das Wichtigste auf und kategorisiert nach: *wat* und Palästen, Museen und historischen Bauten, Parks und Vierteln, Märkten und Straßen.

1 Stadtteilkarte
Sie zeigt im Überblick das Viertel und die Sehenswürdigkeiten. Attraktionen im Zentrum sind auch im Stadtplan auf den Seiten 134–145 verzeichnet.

Die Orientierungskarte zeigt, in welchem Teil der Stadt Sie sich befinden.

2 Detailkarte
Aus der Vogelperspektive können Sie sich in jedem Viertel orientieren.

Sterne markieren herausragende Sehenswürdigkeiten.

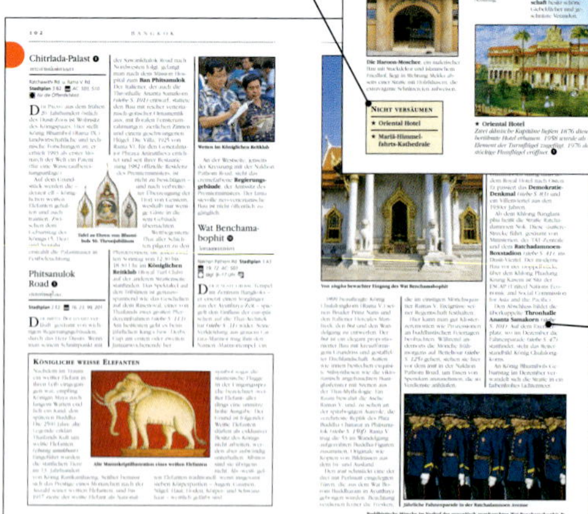

Routenempfehlungen für Spaziergänge sind rot markiert.

3 Detaillierte Beschreibungen
Die Attraktionen Bangkok sind einzeln beschrieben – mit Angabe von Adresse, Telefonnummer, Öffnungszeiten etc. Verwendete Symbole sind auf der hinteren Umschlagklappe erklärt.

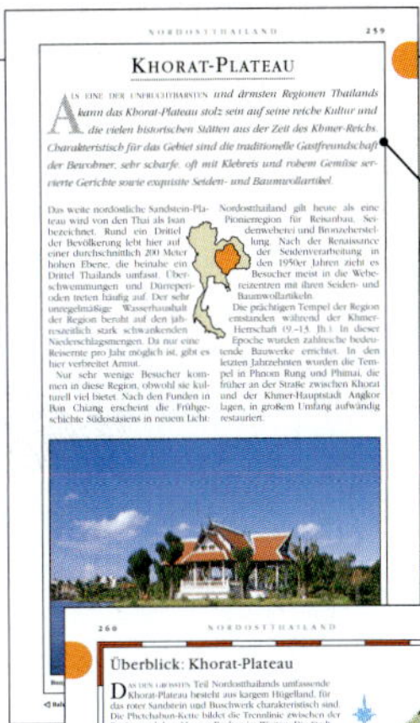

1 Einführung
In der Einführung zu jeder Region erfahren Sie etwas über Landschaft, Charakter, Geschichte und Hauptsehenswürdigkeiten.

Die Regionen Thailands

In diesem Reiseführer ist Thailand – neben Bangkok – in zehn Regionen unterteilt. Jede Region wird in einem Kapitel vorgestellt, wobei die interessantesten Orte und Stätten nummeriert und auf der Erlebniskarte verzeichnet sind.

Jede Region ist anhand der Farbkodierungen (auf der vorderen Umschlaginnenseite) leicht zu identifizieren.

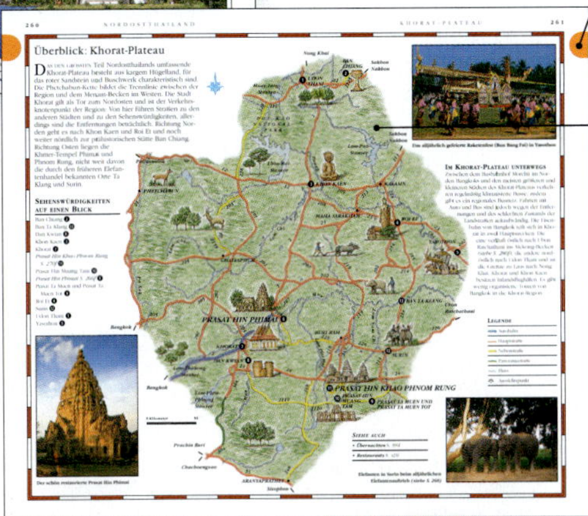

2 Erlebniskarte
Sie zeigt die wichtigen Straßen, eine illustrierte Übersicht sowie die nummerierten Sehenswürdigkeiten der Region. Zudem gibt sie nützliche Tipps für die Fortbewegung mit Auto, Bahn und anderen Transportmitteln.

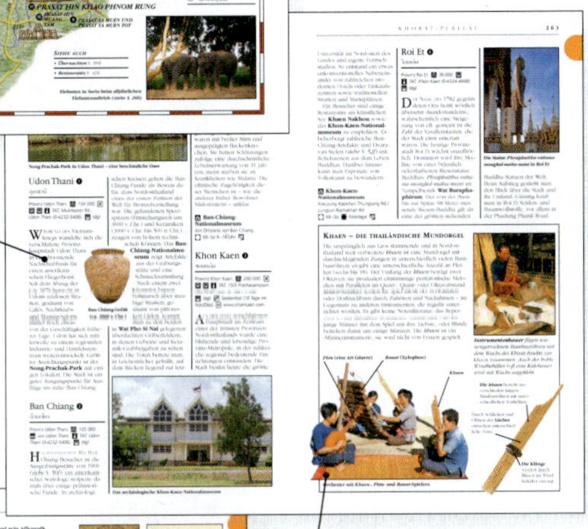

3 Detaillierte Beschreibungen
Alle Orte und Sehenswürdigkeiten sind einzeln, in der Reihenfolge ihrer Nummerierung auf der Erlebniskarte, beschrieben. Jeder Eintrag informiert über Gebäude und andere Attraktionen.

Kästen behandeln bestimmte Themen genauer.

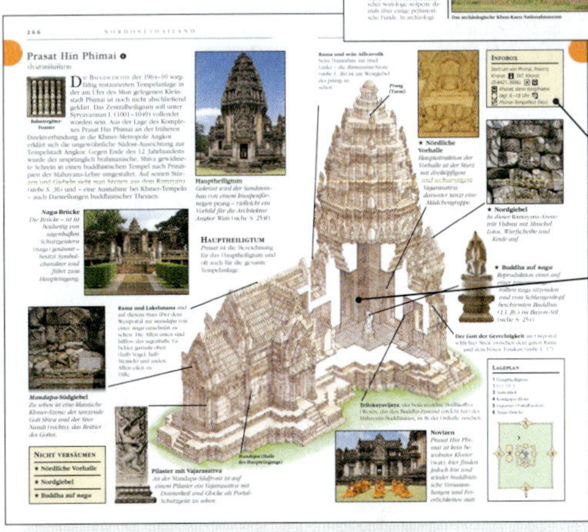

Die Infobox enthält praktische Informationen, die für einen Besuch hilfreich sind.

4 Hauptsehenswürdigkeiten
Ihnen sind zwei oder mehr Seiten gewidmet. Schnittzeichnungen visualisieren historische Gebäude, Stadtteilpläne mit markierten Sehenswürdigkeiten interessante Ortszentren.

1 Einführung

In der Einführung zu jeder Region erfahren Sie etwas über Landschaft, Charakter, Geschichte und Hauptsehenswürdigkeiten.

Die Regionen Thailands

In diesem Reiseführer ist Thailand – neben Bangkok – in zehn Regionen unterteilt. Jede Region wird in einem Kapitel vorgestellt, wobei die interessantesten Orte und Stätten nummeriert und auf der Erlebniskarte verzeichnet sind.

Jede Region ist anhand der Farbkodierungen (auf der vorderen Umschlaginnenseite) leicht zu identifizieren.

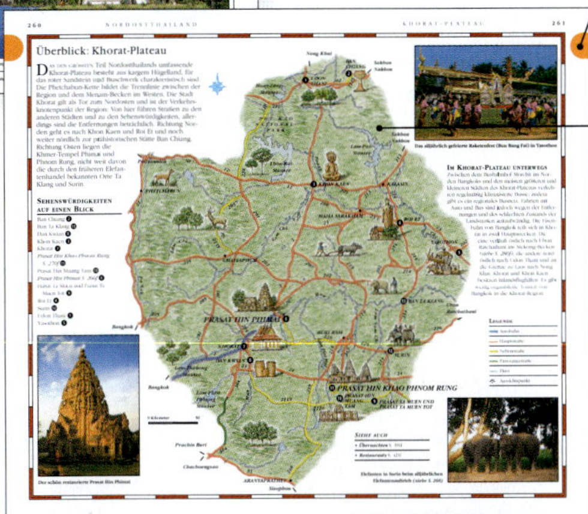

2 Erlebniskarte

Sie zeigt die wichtigen Straßen, eine illustrierte Übersicht sowie die nummerierten Sehenswürdigkeiten der Region. Zudem gibt sie nützliche Tipps für die Fortbewegung mit Auto, Bahn und anderen Transportmitteln.

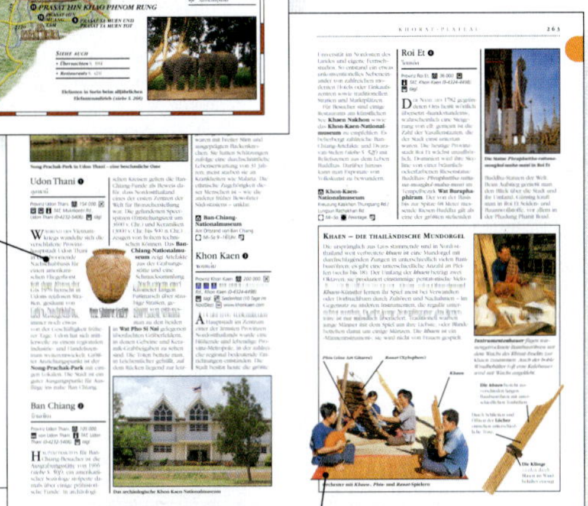

3 Detaillierte Beschreibungen

Alle Orte und Sehenswürdigkeiten sind einzeln, in der Reihenfolge ihrer Nummerierung auf der Erlebniskarte, beschrieben. Jeder Eintrag informiert über Gebäude und andere Attraktionen.

Kästen behandeln bestimmte Themen genauer.

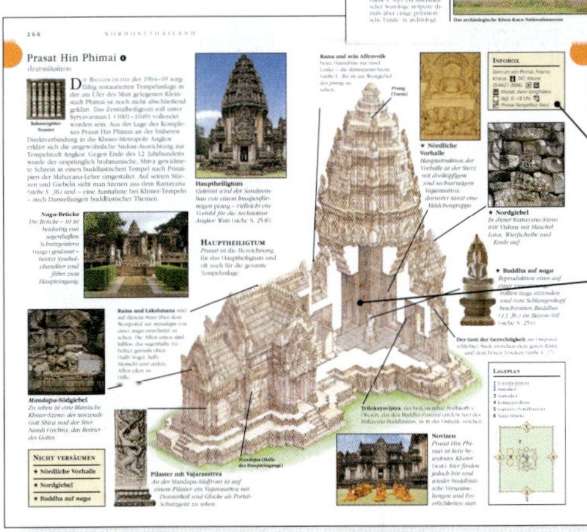

Die Infobox enthält praktische Informationen, die für einen Besuch hilfreich sind.

4 Hauptsehenswürdigkeiten

Ihnen sind zwei oder mehr Seiten gewidmet. Schnittzeichnungen visualisieren historische Gebäude, Stadtteilpläne mit markierten Sehenswürdigkeiten interessante Ortszentren.

Thailand stellt sich vor

Thailand auf der Karte

Thailand liegt im Herzen Südostasiens zwischen dem Indischen Ozean und dem Südchinesischen Meer. Sein Territorium umfasst rund 513 000 Quadratkilometer. Der Großteil der etwa 60 Millionen Einwohner lebt im fruchtbaren Menam-Becken und in Bangkok. Im gebirgigen Norden säumen Bergketten die Grenze zu Myanmar. Der Nordosten ist flach. Im Osten markiert der Mekong die Grenze zu Laos; weiter südlich befinden sich Ausläufer des Berglands von Kambodscha. Im Süden läuft Thailand in einer Halbinsel aus, auf der viele der schönsten Strände und Inseln einladen.

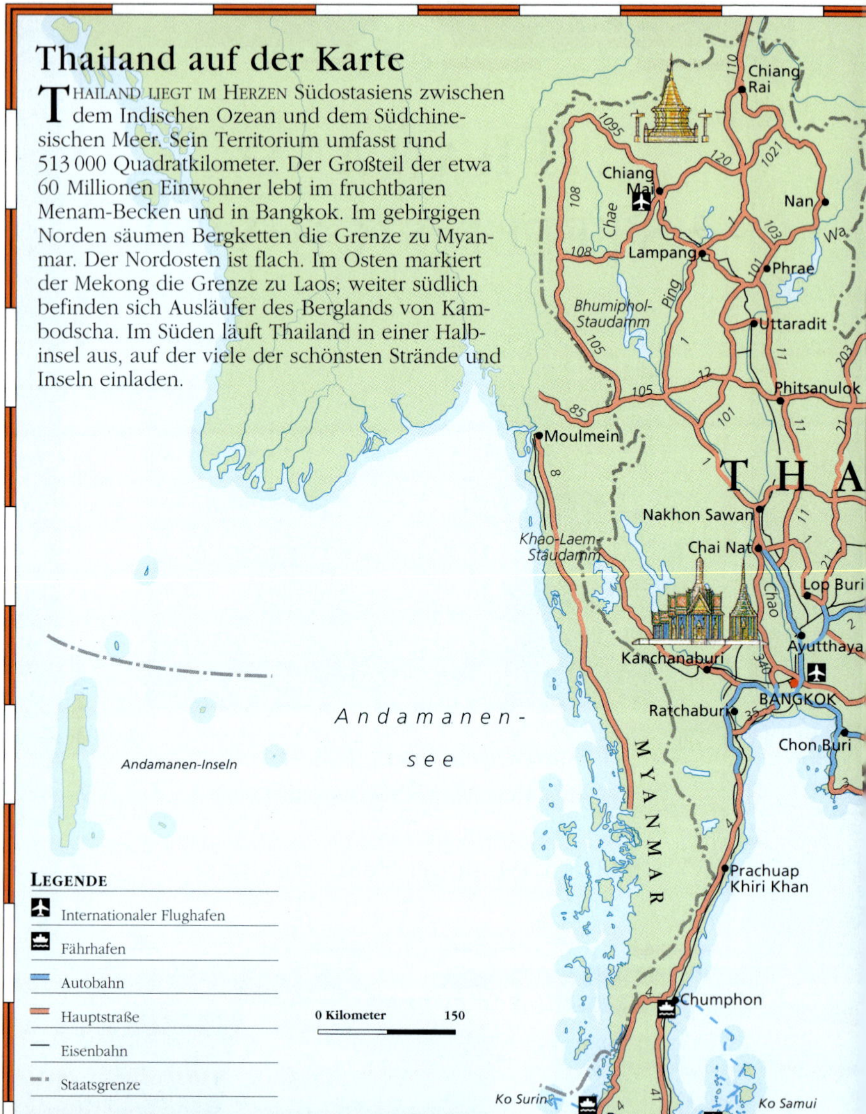

Satellitenaufnahme des Großraums Bangkok

◁ Schroffe Kalksteinklippen und türkisfarbenes Meer: Faszination der Phi-Phi-Inseln in der Andamanensee

Satellitenaufnahme von Südostasien

Nordthailand

Ein ausgedehntes Straßennetz durchzieht den Großteil von Thailands Norden, Nordosten und der Zentralebene. Klimatisierte Busse verkehren zwischen vielen Städten, Nahverkehrsbusse in Hülle und Fülle. Nur in abgelegenen Gebieten sind die Straßenverbindungen ungenügend. Die Eisenbahn verbindet Bangkok mit der Zentralebene, Chiang Mai und dem Nordosten. Bangkok und Chiang Mai besitzen internationale, viele der anderen Städte Binnenflughäfen.

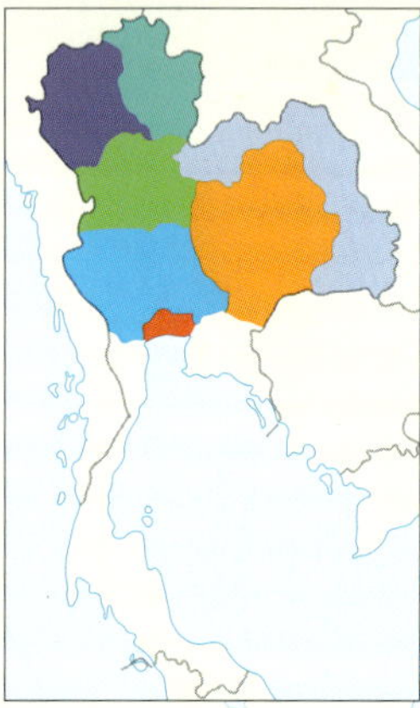

Legende

- Der Nordwesten
- Der Norden
- Oberes Menam-Becken
- Unteres Menam-Becken
- Khorat-Plateau
- Mekong-Becken
- Bangkok

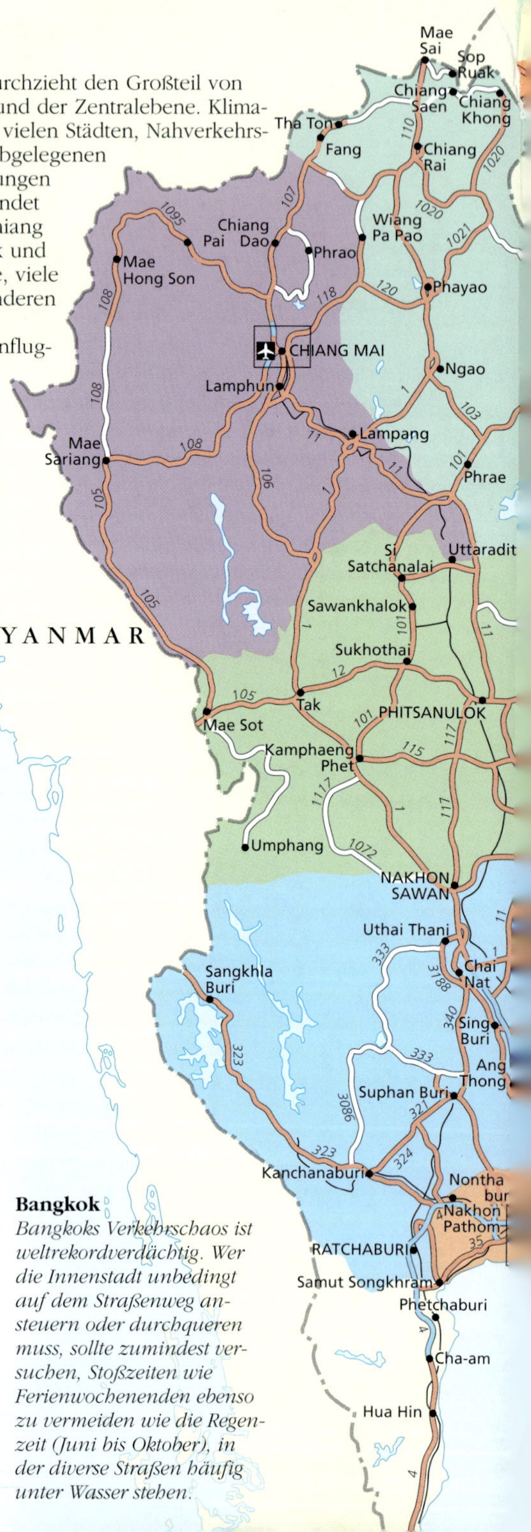

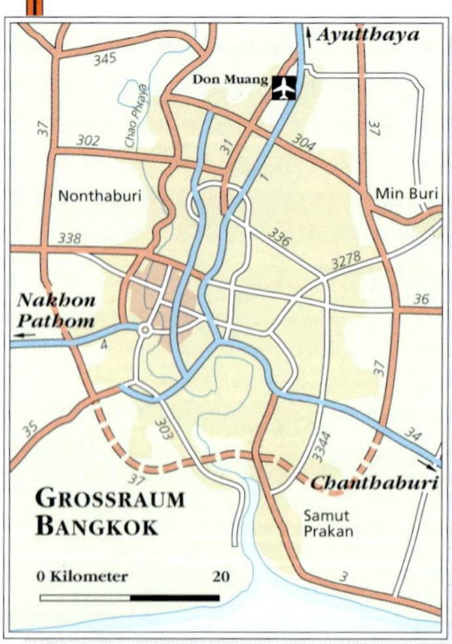

Grossraum Bangkok

Bangkok

Bangkoks Verkehrschaos ist weltrekordverdächtig. Wer die Innenstadt unbedingt auf dem Straßenweg ansteuern oder durchqueren muss, sollte zumindest versuchen, Stoßzeiten wie Ferienwochenenden ebenso zu vermeiden wie die Regenzeit (Juni bis Oktober), in der diverse Straßen häufig unter Wasser stehen.

Chiang Mai

Chiang Mai besitzt ausgezeichnete Straßen- und Bahnverbindungen nach Bangkok und den übrigen Landesteilen. Vom »Super Highway«, dem fast geschlossenen Umgebungsring, führen Abzweigungen zum Flughafen und ins Stadtzentrum.

Südthailand

Es sind vor allem der lange Küstensaum, die herrlichen Strände und die idyllischen Inseln, die Urlauber nach Südthailand und an den Golf von Thailand locken. Gute Straßen verlaufen von der Grenze zu Kambodscha im Osten bis hin zur malaysischen Grenze im Süden, ebenso im Westen entlang der Küste der Andamanensee. Klimatisierte Busse pendeln regelmäßig zwischen den größeren Städten. Züge aus Bangkok fahren auf der Nord-Süd-Schiene die meisten Städte am Golf von Thailand an bzw. bieten Anschluss an die Orte. Die Straßenverbindungen zwischen Bangkok und der Ostküste des Golfs sind gut; allerdings endet die Bahnlinie bereits in Sattahip. Von den Häfen setzen Fähren regelmäßig zu den Hauptinseln über. Man kann in Bangkok Kombikarten für Bahn, Bus und Fähre erstehen. Ko Samui und viele Städte verfügen über Binnenflughäfen; Phuket wird auch von internationalen Fluggesellschaften bedient.

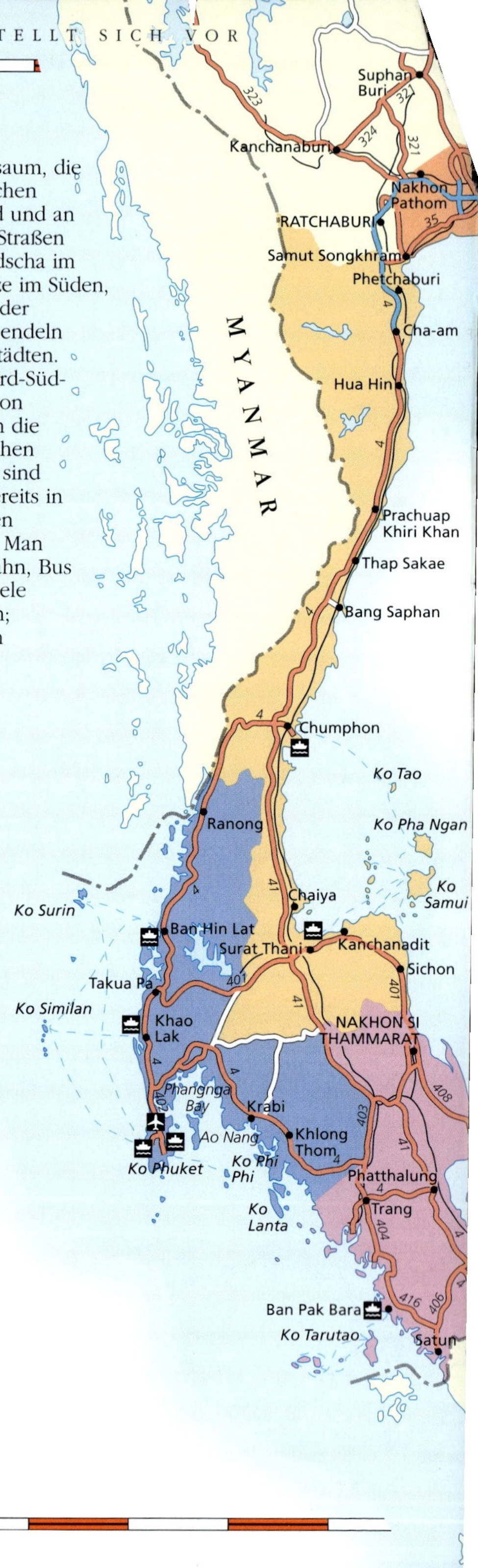

Legende

- Östliche Golfküste
- Bangkok
- Westliche Golfküste
- Obere Andamanen-Küste
- Der Süden

ENTFERNUNGSTABELLE

10 = Entfernung in Kilometern

	BANGKOK	CHIANG MAI	CHIANG RAI	KHORAT	NAKHON SI THAMMARAT	PHITSANULOK	PHUKET	SONGKHLA	TRAT	UBON RATCHATHANI
CHIANG MAI	695									
CHIANG RAI	785	180								
KHORAT	260	775	870							
NAKHON SI THAMMARAT	780	1475	1565	1040						
PHITSANULOK	375	335	415	455	1155					
PHUKET	860	1560	1645	1120	336	1240				
SONGKHLA	950	1645	1735	1210	161	1325	495			
TRAT	315	1010	1100	400	1095	690	1175	1265		
UBON RATCHATHANI	630	935	1015	370	1410	600	1120	1580	895	
UDON THANI	565	400	580	305	1345	435	1425	1515	880	400

Ein Porträt Thailands

Vor der Kulisse üppiger *Tropenlandschaft bietet Thailand ein Schauspiel kultureller und sinnlicher Kontraste. Thailand ist eine buddhistisch geprägte Nation, die stolz auf den Reichtum ihres historischen Erbes ist. Dabei ist das Land zugleich modern und dynamisch. Es ist schwungvoll und gelassen, grandios und dezent, auf jeden Fall aber: unwiderstehlich.*

Thailand liegt im fruchtbaren tropischen Monsungürtel, der etwa von Indien im Süden bis China im Nordosten reicht. Obwohl diese Länder eine ganze Reihe von Zivilisationen in Südostasien entscheidend beeinflusst haben und die Thai-Völker vermutlich im 1. Jahrtausend n. Chr. aus Südchina hierher zogen, wahrte die Thai-Kultur ihre Eigenständigkeit. So unterscheidet sich das gesprochene (tonale) Thai von allen chinesischen Dialekten. Die Schrift ist trotz alter südindischer Vorbilder einzigartig.

Tuk-tuk

Thailand, seit 1967 Mitglied der Vereinigung südostasiatischer Nationen (ASEAN), verweist stolz auf seine Unabhängigkeit, die es – anders als seine Nachbarn Myanmar (Birma), Laos, Kambodscha und Malaysia – auch gegen den westlichen Kolonialismus verteidigt hat. Wesentliche nationale Bindeglieder sind der Theravada-Buddhismus und die Monarchie, zwei seit dem ersten eigenständigen Thai-Staat, dem Reich von Sukhothai (13./14. Jh.), institutionalisierte Fundamente. Nicht von ungefähr symbolisieren die Farben der thailändischen Flagge *(thong trai rong)* den Buddhismus (weiß), die Monarchie (blau) und die Nation (rot).

Bunte *korlae* – traditionelle Fischerboote in den klaren Gewässern vor der Küste Südthailands

◁ **Junge Männer beim jährlichen Loy-Krathong-Festumzug in Alt-Sukhothai**

Der größte Teil der rund 60 Millionen Staatsbürger bezeichnet sich als Thai. Phänotypisch fallen die Bergstämme auf, doch die größte (und integrierteste) ethnische Minderheit stellen die Chinesen. Auch wenn Siam seit 1939 Prathet Thai heißt (Thailand bzw. »Land der Thai«) – eine Verordnung des nationalistischen Premierministers Phibun Songkram –, so leben die Ethnien heute doch recht friedlich zusammen.

Bangkoks Geschäftszentrum breitet sich in atemberaubendem Tempo aus

Thailand gliedert sich in vier Hauptregionen: die Zentralebene, den Norden, den Nordosten und den Süden. Jede weist viele feine Unterschiede hinsichtlich Bevölkerung und Dialekt sowie topografische Besonderheiten auf. Den Norden bedecken bewaldete Berge, in denen man neben Bergvölkern die landesübliche ethnische Vielfalt vorfindet. Den Süden prägt die Halbinsel Kra mit ihrer rund 2500 Kilometer langen Küste, ihren Regenwäldern und Gummiplantagen und ihrem deutlich malaiisch-islamischen Kultureinfluss.

Zwischen den beiden Extremen erstreckt sich die Zentralebene, ein fruchtbares Reisanbaugebiet und die Wiege der Thai-Kultur. Nahe der Mündung des Chao Phraya wuchert der Moloch Bangkok, der 200 Jahre alten Palastglamour ausstrahlt, jedoch zu den von Verkehr und Umweltgiften am stärksten belasteten Städten der Welt zählt.

Ein wiederum anderes Bild bietet der Nordosten (der Isan), der als Thailands Armenhaus gilt. Er nimmt das semiaride Khorat-Plateau ein und reicht im Osten bis an die Grenze zu Laos. Viele Bewohner sind Thai-Lao und Kleinbauern, die in Subsistenzwirtschaft als Selbstversorger leben.

Ökonomische Entwicklung

Die Landwirtschaft genießt in Thailand noch heute hohe Wertschätzung, bildeten Reis und andere Feldfrüchte doch lange Zeit die ökonomischen Hauptstützen. Mitte der 1980er Jahre entfachte eine offensive Exportpolitik, unterstützt durch Anreize für ausländische Investoren, einen Wirtschaftsboom. Viele Jahre verzeichnete das Land zweistellige Wachstumsraten. 1997 endete dieses Wirtschaftswachstum abrupt. Mehrere Ereignisse, die mit Finanzspekulationen gegen den thailändischen *baht* im Mai ihren Anfang nah-

Fischer am Mekong, der im Nordosten die Staatsgrenze bildet

Nudelverkäuferin auf dem »schwimmenden Markt« von Damnoen Saduak nahe Bangkok

men und zu dessen Abwertung im Juli führten, stürzten die »Tiger«-Staaten in die Krise; sogar Japan blieb nicht unverschont. Während thailändische Politiker sich gegenseitig beschuldigten, bekam die Bevölkerung sogleich die negativen Folgen der Wirtschaftskrise zu spüren.

Muslimischer Thai in Südthailand

Der Fremdenverkehr verzeichnet etwa zwölf Millionen Besucher pro Jahr (2004); die touristische Infrastruktur ist allerdings ungleich entwickelt: Bangkok, Chiang Mai und die Badeorte weisen das größte Gästeaufkommen und diverse Luxushotels auf. Die Besucherzahlen und die touristischen Einrichtungen von Regionen wie dem Khorat-Plateau erscheinen im Vergleich dazu eher spärlich.

Die Verkehrsplanung ist ein schwacher Punkt des Landes. In Bangkok ist das Chaos auf den Straßen schlimmer denn je. Und da in der Sieben-Millionen-Stadt die Fäden von Handel und Kommunikation zusammenlaufen, wächst ihr Wasserkopf auf Kosten der übrigen, weitgehend ländlichen Regionen weiter. Der neue Reichtum konzentriert sich in wenigen Händen. Massenarmut wie in anderen asiatischen Staaten gibt es zwar nicht, doch die Kluft zwischen Wohlhabenden und Ärmeren wird breiter. Auch das Bildungssystem hinkt der Entwicklung hinterher. Thailand hat eine der niedrigsten Analphabetenraten in Asien, doch es muss jetzt eine Generation ausbilden, die ein gesundes Wirtschaftswachstum im 21. Jahrhundert garantiert.

Die Umwelt hat in den vergangenen 50 Jahren schwer gelitten. Nur noch 20 statt einst 70 Prozent der Landesfläche sind bewaldet. Viele Tierarten haben ihren Lebensraum verloren und wurden fast ausgerottet. Doch das Umweltbewusstsein nimmt zu, und durch Schutzvorschriften versucht das Land zu retten, was vom Reichtum der Natur verblieben ist.

Gesellschaft und Politik

Dem rasanten Wandel in Thailand trotzt das relativ stabile soziale System. Wie in anderen Teilen Asiens ist der Zusammenhalt der (auch erweiterten bzw. Groß-)Familie eine Grundfeste der Thai-Gesellschaft. Sehr viele Kinder wohnen bis zur Heirat bei den Eltern. Alleinlebende sind die Ausnahme.

Durchaus normal: Elefant im Bangkok-Dschungel

Die Älteren genießen grundsätzlich, nicht allein in der Familie, Respekt. Ein Kastensystem wie in Indien besteht nicht, allerdings eine recht strenge soziale Hierarchie mit dem Königshaus an der Spitze. Vermögen und familiäre Beziehungen bestimmen wesentlich das Ansehen. Frauen stehen auf der Rangleiter unter den Männern, obwohl sie als Arbeiterinnen und Büroangestellte ein wichtiges Wirtschaftspotenzial darstellen.

Sitzender Buddha, einer von Tausenden in Thailand

Das Wissen um die Hierarchie durchdringt den Thai-Alltag. Beim *wai* etwa, der traditionellen Grußgeste, erhebt man beide Hände (Handflächen gegeneinander) und neigt den Kopf. Der Untergeordnete grüßt stets zuerst. Wie hoch die Hände – bis zum Kinn, höher oder tiefer – erhoben werden und wie tief die Verneigung ausfällt – daran lässt sich das soziale Gefälle ablesen. Im Extremfall mag der Rangniedere gar auf Knien seinen Respekt bekunden. Andere Verhaltensregeln, etwa das Gebot, nie die Stimme zu erheben, sind vom Rang unabhängig und selbstverständlich. Die Thai sind bekannt für ihre Toleranz und Gastfreundlichkeit. Bei allem Großmut kennen sie allerdings zwei Todsünden: die schnöde Missachtung des Königs und der Staatsreligion Buddhismus.

Thailand ist seit 1932 eine konstitutionelle Monarchie. Dennoch ist das Königshaus fast so sakrosankt wie zu der Zeit, als die Könige als *chakravatin* (»Herren des Lebens«) galten. Nicht einmal die Presse äußert Kritik am König. Königtum und Religion bilden in Thailand eine Symbiose. König Bhumibol Adulyadej (Rama IX.) verbrachte in jungen Jahren »selbstverständlich« eine Zeit als Mönch und steht einigen hohen religiösen Zeremonien vor. Seit 1946 – länger als jeder andere lebende Monarch – hat er sich durch soziales und ökologisches Engagement in vielen Ländern Achtung verschafft.

Ein allgegenwärtiger Anblick: Jasmingirlande

Eine tragende, gesellschaftliche Rolle spielt die *sangha*, die Ordensgemeinschaft der (ca. 250 000) Mönche. Viele der männlichen Teenager treten für eine Weile ins Kloster ein; dies markiert den Übergang zum Erwachsenendasein und bringt ihren Familien, vor allem den Müttern, Glück. Andere holen dies später nach oder unterwerfen sich ihr Leben lang der Mönchsdisziplin. Mönche erteilen den täglichen Segen,

Lisu-Frauen und -Kinder beim thailändischen Neujahr im April

Mönche beten in *Pali*, der Sprache des Theravada-Buddhismus

vollziehen bei vielen Feiern die buddhistischen Riten und erfüllen auf dem Land auch die Funktion des sehr respektierten Schullehrers.

Weit schlechter angesehen und Zielscheibe der Medien sind die Politiker. Die Thai kennen die Gefahrenherde ihrer parlamentarischen Spielart: alte Seilschaften, Selbstherrlichkeit und das mächtige Militär. Seit 1932 haben sie 19 Militärputsche erlebt. Diese waren nicht immer erfolgreich und meist gewaltlos, doch es floss auch Blut, zuletzt 1992, als das Militär das Feuer gegen Demonstranten eröffnete. Immerhin schärfte diese Ausschreitung das politische Bewusstsein der Öffentlichkeit und verbreiterte so die demokratische Basis im Volk.

***Cho fa*, Dachknäufe des Großen Palasts in Bangkok**

Kultur und Kunst

Da sich Thailands klassische Künste vorrangig (und anonym) im Dienst des Theravada-Buddhismus entwickelten, ist das beste »Museum« der *wat*. Die traditionelle Architektur mit den geschwungenen Staffeldächern, die Wandmalerei und Plastik mit ihren zahllosen Buddha-Darstellungen, die Kunst des Dekors mit Holzschnitzereien, Stukkaturen, Perlmuttintarsien, Glasmosaiken, Gold-Lack-Arbeiten – sie alle sind in den Tempeln präsentiert.

***Lakhon*-Tänzer**

Der traditionelle literarische Kanon umfasst vornehmlich Sagen, allen voran das Versepos *Ramakien*, die Thai-Version des indischen Ramayana. Ihr Unterhaltungswert machte die Sagen zum Lieblingsstoff der einst blühenden darstellenden Künste, die vor allem in den Tanzdramen des *khon* und *lakhon* fortleben. Thailands herausragendster und bekanntester Literat ist Sunthorn Phu, ein Dichter des 19. Jahrhunderts. Einen Bestseller lancierte Premierminister Kukrit Pramoj 1953 mit seinem Roman *Die vier Regentschaften*.

Publikumssport Nummer eins ist das Thai-Boxen. Daneben gibt eine Vielzahl traditioneller Sportarten wie das mit den Füßen gespielte *takraw*. Fit halten sich die Thai auch durch Feiern. Ob ein buddhistisches oder jahreszeitliches Fest ansteht: Das Leitmotiv heißt immer *sanuk* (»Spaß«).

Land der Monsune

Thailands wichtigste Feldfrucht

DIE MONSUNREGEN bestimmen den Ablauf des Reisanbaus. Von ihm hängen nach alter Überzeugung der Thai Gesundheit, Wohlstand und Glück ab. In Thailand, dessen Einwohner sich heute noch als *chao na* (Reisbauern) bezeichnen, geben die Monsune den Rhythmus vor. Das Bewusstsein der Allmacht der Natur drückt sich in Glaubensvorstellungen und Kulten aus. So muss man, soll die Ernte gut werden, vor dem Pflanzen der Reisgöttin huldigen. Dem Reiskorn wohnt ein Geist, *khwan*, inne; gesät wird es in der Regenzeit, damit es »schwanger« werde. Bewässerung heißt auf Thai *chon prat han* (Wassergeschenk).

***Thailands Zentralebene** bietet günstige Bedingungen für den Nass-Reisanbau. In der Regenzeit werden die ebenen Reisfelder geflutet.*

***»Regenspendende«** Buddha-Figuren, die beide Arme gen Boden gerichtet »stramm stehen«, findet man in manchen* wat *des Nordens, denn: Ohne Regen keine Reisernte.*

Zum Umsetzen gebündelte Reissetzlinge

Umgesetzt werden die Reispflänzchen in der Regenzeit, wenn der schwere Lehmboden gut durchtränkt ist.

***Songkran**, das Thai-Neujahr, fällt in den April. Es markiert das Ende der heißen, trockenen Jahreszeit – kein Wunder, dass man sich dabei ausgelassen mit Wasser bespritzt.*

MONSUNZEITEN

Monsun (arabisch *mausim* = Jahreszeit) bezeichnet halbjährlich die Richtung wechselnde Luftströmungen. Der Südwestmonsun bringt Thailand die Regenzeit, der Nordostmonsun die trockene, kühle Jahreszeit. Dazwischen liegt die heiße Jahreszeit.

***Der Südwestmonsun** trägt zwischen Juni und Oktober vom Indischen Ozean Regenwolken heran. Es kommt fast täglich zu Platzregen. Vergleichsweise trocken bleibt es an der Ostküste.*

Überschwemmung in Bangkok in der Regenzeit

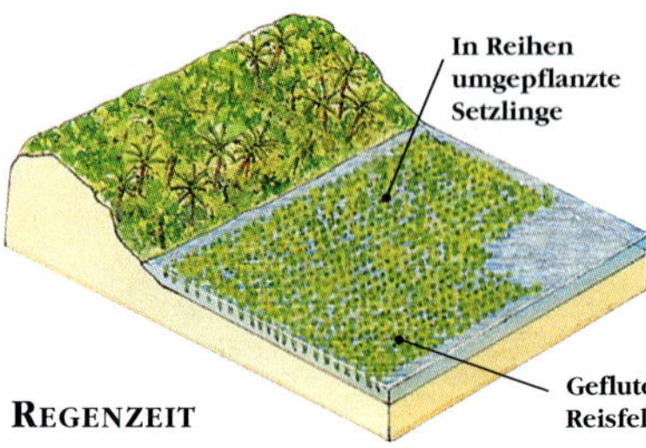

In Reihen umgepflanzte Setzlinge

Geflutete Reisfelder

REGENZEIT

Maschinen *haben vielerorts die Arbeitstiere ersetzt. Trotz zunehmender Mechanisierung bleibt der Ackerbau aber eine harte, kräftezehrende Arbeit.*

Die Haupternte *des in den Niederungen kultivierten Wasserreises fällt in die Mitte der kühlen Jahreszeit. Es ist eine arbeitsreiche Zeit, in der Familien und ganze Dörfer die goldgelben Halme mit Sicheln köpfen.*

Gedroschen *wird der Reis gewöhnlich noch auf dem Feld. Hat man so das Korn von der Spreu getrennt, trocknen die Reiskörner an der Sonne.*

Das Umsetzen

Im Gegensatz zum Trockenreis benötigen Wasserreis-Sorten überschwemmten Boden. Beim Nass-Reisanbau sät man den Reis auf Beeten an, in denen sich der Wasserstand genau regulieren lässt, und verpflanzt die Setzlinge später auf die gefluteten Reisfelder.

Der Nordostmonsun *zieht – aus Zentralasien kommend – in der Regel von November bis März über Thailand hinweg. Er bringt kühles, trockenes Klima, beschert der Ostküste jedoch häufig Regen.*

Zwischen beiden Monsunen *erhitzt sich der Boden und erzeugt darüber ein Tiefdruckgebiet. Wenn Luftmassen vom Indischen Ozean vordringen, setzt ein neuer Monsunzyklus ein.*

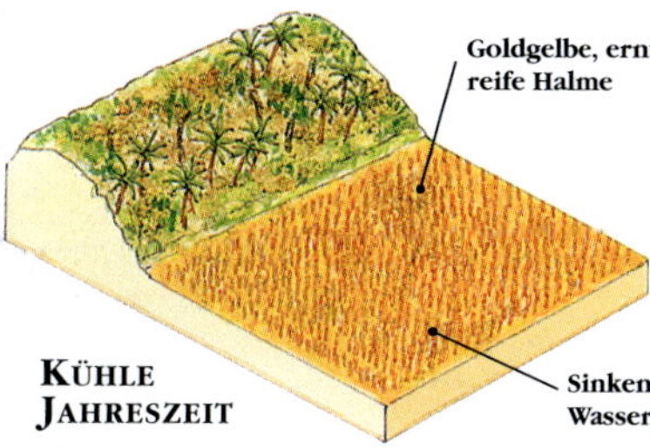

Kühle Jahreszeit

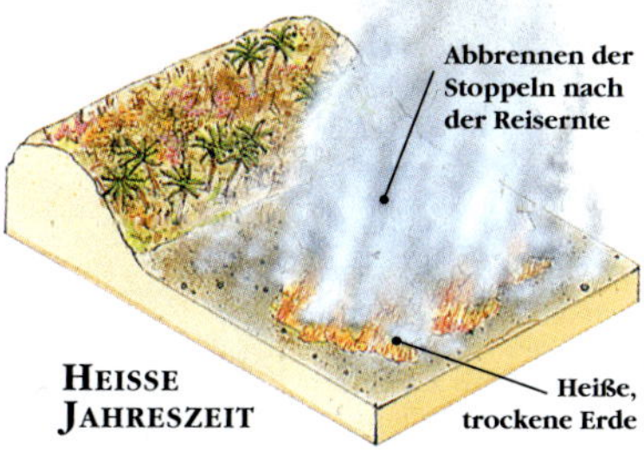

Heisse Jahreszeit

Landschaften, Flora und Fauna

Grüner Edelsittich

THAILANDS TERRITORIUM endet im Norden südlich vom Wendekreis des Krebses, im Süden ungefähr 1000 Kilometer nördlich des Äquators. Die vielgestaltige Topografie und das milde, von Monsunen *(siehe S. 22f)* beeinflusste Tropenklima haben eine artenreiche Flora und Fauna geschaffen. Tropischer Wald bedeckt die Kalksteinberge im Norden, lichter Wald überwiegt im Nordosten und im Menam-Becken, im Süden und am Golf liegen Küstenlandschaften und Regenwaldinseln. Viele Tierarten sind heute vom Aussterben bedroht *(siehe S. 209)*. Zu ihrem Schutz wurden Nationalparks eingerichtet; der erste war 1962 der Khao-Yai-Park *(siehe S. 174f)*.

Kokospalmen auf der Insel Ko Samui im Golf von Thailand

TROPISCHER BERGWALD

Er besteht aus Bäumen wie Lorbeer, Eiche und Kastanie. Epiphyten, auf anderen Pflanzen wachsende Scheinschmarotzer wie Moose, Farne und Orchideen, sind ebenfalls typisch.

Atlasspinner *sind die größte Art der Nachtpfauenaugen.*

Seraus*, in Nordthailands Bergen vorkommende Wildziegen, werden immer seltener.*

Palmenroller*, nachtaktive Schleichkatzen, leben im tropischen Wald, aber auch in der Nähe von Siedlungen.*

LICHTER WALD

Hier trifft man häufig heimische Bäume aus der Familie der Flügelfruchtgewächse *(Dipterocarpaceae)*. Eine robuste Strauchschicht bildet oft das untere Stockwerk des Waldes.

Der Sambarhirsch *lebt im Menam-Becken und im Nordosten.*

Kappengibbons *sind äußerst gelenkig und vornehmlich im Süden von Nordostthailand vertreten.*

Wildschweine *wurden von Jägern schon stark dezimiert.*

THAILANDS BLUMEN

Thailands Blumenvielfalt spiegelt die Bandbreite der Ökosysteme wider. Berühmt, doch durch illegales Sammeln leider selten geworden, sind die mit etwa 1300 Arten vertretenen Orchideen. Viele Blumen finden als Gewürze und Heilpflanzen Verwendung.

Malvengewächse*, zu denen der Hibiskus (Eibisch) zählt, sind in ganz Südostasien verbreitet.*

Der Lotos *liefert essbare Samen und Wurzeln. Andere Seerosengewächse dienen der Zierde.*

Kannenpflanzen *sind Fleischfresser. Sie ertränken und zersetzen ihre Beute in ihrer mit Flüssigkeit gefüllten »Kanne«.*

Orchideen (siehe S. 210) *gedeihen im Norden. Ihre Schönheit hat sie zum Symbol des Landes gemacht.*

FEUCHTGEBIETE

Süßwasser-Sumpfwälder, durch die Landwirtschaft stark reduziert, findet man teilweise noch im Süden. Flussbecken, künstliche Seen und Teiche gibt es im gesamten Land.

Hulmans *kommen auf der Halbinsel Malakka vor, in Thailand außerdem drei Arten von Languren.*

Buntstörche *ziehen nach Thailand, um in Sümpfen zu brüten. Zur Brutzeit färbt sich ihre Gesichtszeichnung rosa.*

Purpurhühner *trifft man oft an. Ihre langen Zehen befähigen sie, auf Schwimmblättern zu laufen.*

KÜSTENWALD

Küstenwälder – die Samen typischer Bäume wie Kiefer und Mandelbaum werden von der Meeresströmung herangetragen – findet man überall in Südostasien. Landwirtschaft und Fremdenverkehr bedrohen die Bestände

Suppenschildkröten *sind nachtaktiv und die einzigen pflanzenfressenden Meeresschildkröten.*

Eidechsen *wohnen in den Inselwäldern, fressen zumeist Insekten, bisweilen aber auch Mäuse und Vögel.*

Schopfwaldhühner *bewohnen den küstennahen Tieflandwald im Süden Thailands.*

Buddhismus in Thailand

Mönch mit Thai-Flaggen

Der Theravada-Buddhismus, dem mindestens 90 Prozent der Thai anhängen, beruft sich auf die frühesten heiligen Schriften des Buddhismus, den Tipitaka genannten Pali-Kanon. Um das 3. Jahrhundert v. Chr. aus Indien ins heutige Thailand gelangt, besitzt er Elemente des Hinduismus, des Tantrismus und des Mahayana-Buddhismus. Auch mit dem Animismus (dem Glauben an Naturgeister und magische Kräfte) und der Astrologie verträgt er sich gut. Buddhismus, Monarchie und Zusammengehörigkeitsgefühl bilden nach Meinung der Thai die Stützen ihres Staates. Religiöse Riten, vor allem zum Zweck des Erwerbs von Verdiensten *(siehe S. 125)*, sind wesentlicher Teil des Alltags.

König Bhumibol *lebte wie viele seiner Vorgänger eine Zeitlang als Mönch und unterstrich damit die symbiotische Einheit zwischen Buddhismus und Monarchie.*

Siddhartha auf der Suche nach Erleuchtung

***Die Mönchsweihe**, die fast alle jungen Thai empfangen, markiert den Übergang zum Erwachsenendasein. Die Novizen verbringen mindestens einige Monate im Kloster und erwerben so Verdienste für sich und ihre Familien. Nonnen hingegen gibt es nur wenige.*

***Das Anbringen von Blattgold** an Buddhastatuen ist eine häufige Form des Verdiensterwerbs. Bei den Tempeln kann man Heftchen mit Blattgold erstehen, das an Statuen, Bildnissen und Wandmalereien aufgebracht wird.*

Der historische Buddha

Buddha, in Indien als Prinz Gautama (6. Jh. v. Chr.) geboren, gab seine Reichtümer auf und suchte die Wahrheit. Nach seiner Erleuchtung verkündete er seine Lehre. Dschataka – durch Statuen *(siehe S. 163)* und Wandmalereien illustrierte Geschichten – erzählen sein Leben.

***Die Familie** stellt ein hohes soziales Gut dar. Familien bitten bei Taufen und Hochzeiten, Einweihungen neuer Häuser und Autokäufen oder auch nach Spenden für einen* wat *ältere Mönche um deren Segen. Kinder lernen von klein auf die ethischen Grundregeln des Buddhismus.*

Meditatives Wandeln *gehört zum Mönchsritual. Hier umrunden Mönche hinter dem Abt im »Gänsemarsch« und Uhrzeigersinn den Tempel. Meditation mit dem Ziel der Einsicht in die Urgründe des Daseins zählt zu den Wegen, die zur Erleuchtung oder Buddhaschaft – Buddha heißt »der Erleuchtete« – führen.*

Vishnu, eine der drei Hauptgottheiten des Hinduismus

Thailändische Buchillustration (um 1900)

Himmlische Wesen, Dewa *(deva)* genannte Gottheiten, tragen den Prinz durch die Lüfte.

Psalmen in der alten Pali-Schrift

Jasmingirlanden *symbolisieren die Schönheit der Lehren Buddhas – und welkend die Vergänglichkeit des Lebens. Sie werden von Händlern verkauft und in Autos und Schreinen aufgehängt.*

Einäscherungen *haben nichts Morbides. Sie feiern den Übergang zum nächsten Leben. Die Größe des Scheiterhaufens bzw. Krematoriums – turmhoch bei König Chulalongkorn* (siehe S. 62f) *– zeigt den Status des Verstorbenen.*

Tätowierungen *sind ein seit alters überlieferter hinduistischer und buddhistischer Brauch. Sie sollen wie Talismane böse Kräfte abwehren.*

Grundlagen des Buddhismus

Das buddhistische Universum kennt eine Vielzahl von Daseinsformen und himmlischen Sphären. Buddhisten glauben an den Kreislauf der Wiedergeburt, bei dem die Taten der vergangenen Existenz die neue bestimmen. Das »Rad des Gesetzes« symbolisiert diese Annahme vom Fortwirken des Karma, der guten und schlechten Werke. Nur die Erleuchtung, der Zustand des Nirwana, erlöst vom leidvollen Vergeltungszyklus der Wiedergeburt. Dorthin gelangt, wer nach den »drei Säulen« Sittlichkeit, Versenkung und Weisheit strebt und Tugenden wie Gewaltlosigkeit und Toleranz pflegt.

»Rad des Gesetzes«, Emblem auf dem Banner der Thai-Buddhisten

Wat-Architektur

Es gibt in Thailand etwa 30 000 *wat*, ummauerte Bezirke, die als buddhistisches Kloster, Tempel und Gemeindezentrum zugleich dienen. Oft finanzieren wohlhabende Mäzene ihren Bau und Erhalt – Spenden an *wat* sind eine verbreitete Form religiösen Verdiensterwerbs *(siehe S. 125)*. Die *Wat*-Architektur erfuhr in jeder Epoche Veränderungen. Auch wenn Anlage und Stil im Detail beträchtlich variieren können, liegt der Grundstruktur der meisten *wat* und den Funktionen der einzelnen Gebäude ein einheitliches Konzept zugrunde.

***Ein* mondop** *ist ein Bau mit quadratischem Sockel, der – wie dieser im Wat Phra Kaeo* (siehe S. 76ff) *– einen turmartigen Dachaufbau oder ein kreuzförmiges Dach trägt. Im* mondop *werden heilige Schriften oder Reliquien aufbewahrt.*

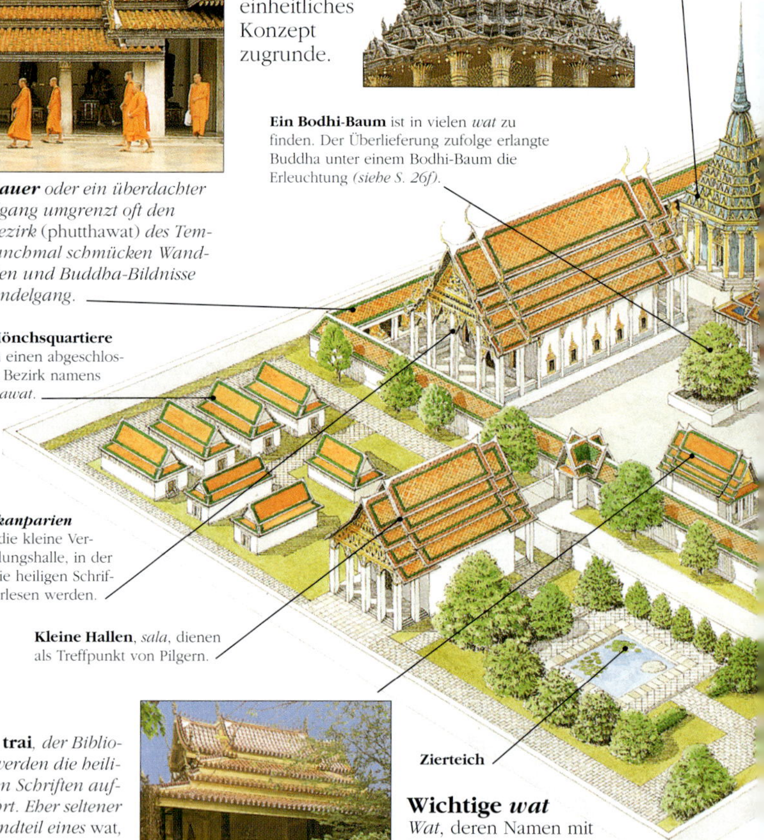

Ein Bodhi-Baum ist in vielen *wat* zu finden. Der Überlieferung zufolge erlangte Buddha unter einem Bodhi-Baum die Erleuchtung *(siehe S. 26f)*.

Eine Mauer *oder ein überdachter Wandelgang umgrenzt oft den Hauptbezirk* (phutthawat) *des Tempels. Manchmal schmücken Wandmalereien und Buddha-Bildnisse den Wandelgang.*

Die Mönchsquartiere bilden einen abgeschlossenen Bezirk namens *sanghawat*.

Sala kanparien heißt die kleine Versammlungshalle, in der u. a. die heiligen Schriften verlesen werden.

Kleine Hallen, *sala*, dienen als Treffpunkt von Pilgern.

Zierteich

***Im* ho trai**, *der Bibliothek, werden die heiligen Schriften aufbewahrt. Eher seltener Bestandteil eines* wat, *kann ein* ho trai *unterschiedliche Größen und Formen aufweisen; dieses Beispiel, zu sehen in Bangkoks Wat Paknam, ist typisch für städtische* wat. *Ländliche* ho trai *sind zum Schutz vor Insekten oft erhöht oder in einem Teich angelegt.*

Wichtige *wat*

Wat, deren Namen mit *Rat-*, *Racha-* oder *Maha-* beginnen, wurden von königlichen Hoheiten gestiftet oder hüten verehrte Kultobjekte (dann oft mit *Phra-* beginnend). Es gibt in Thailand etwa 180 bedeutende *wat*. Diese Anlage bietet mit *bot* und *wihan*, mehreren kleinen *sala* und dem ausgedehnten Wohnbezirk der Mönche ein typisches Beispiel. Kleinere *wat* besitzen weniger Gebäude und keinen *wihan*.

***Ein* chedi** *ist ein solider Bau, der eine Reliquie des Buddha (z. B. ein Haar oder Knochenfragment) oder die Asche eines Königs hütet. Viele* wat *gruppieren sich um einen heiligen* chedi.

***Der* wihan** *dient als Versammlungshalle. Er ist dem* bot *sehr ähnlich, doch meist größer und nicht durch* bai sema *abgegrenzt. Manche* wat *besitzen mehrere* wihan. *Dieser steht im Wat Rachabophit* (siehe S. 87) *und vereint diverse Baustile.*

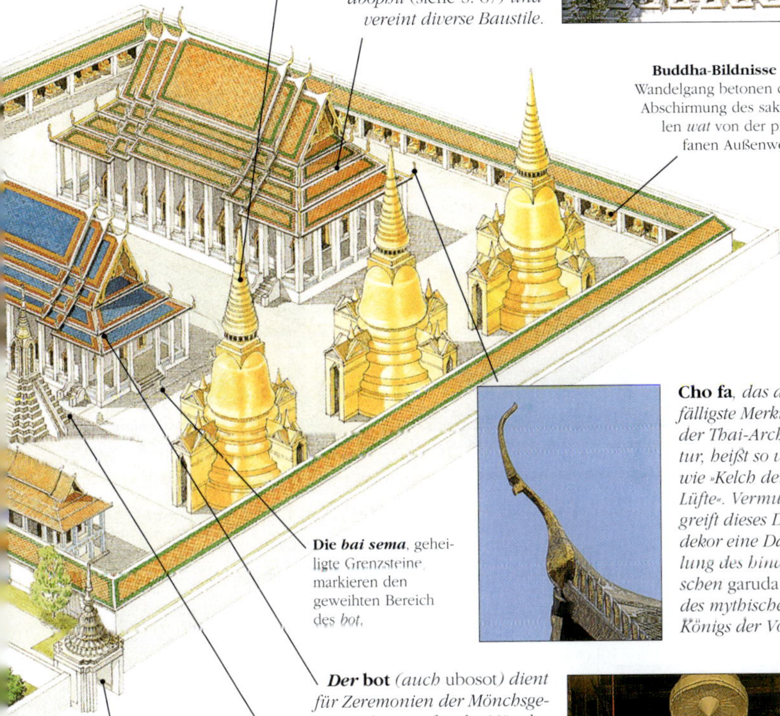

Buddha-Bildnisse im Wandelgang betonen die Abschirmung des sakralen *wat* von der profanen Außenwelt.

Cho fa, *das auffälligste Merkmal der Thai-Architektur, heißt so viel wie »Kelch der Lüfte«. Vermutlich greift dieses Dachdekor eine Darstellung des hinduistischen* garuda *auf, des mythischen Königs der Vögel.*

Die *bai sema*, geheiligte Grenzsteine, markieren den geweihten Bereich des *bot*.

Eingang zum *wat*

***Der* bot** *(auch* ubosot*) dient für Zeremonien der Mönchsgemeinde, u. a. für die Mönchsweihe. Er ähnelt architektonisch dem* wihan, *ist nach Osten ausgerichtet und beherbergt, so wie dieser in Bangkoks Wat Suthat* (siehe S. 86f), *meist das bedeutendste Buddha-Bildnis des* wat.

Ho rakang, *Glockentürme, verkünden die Uhrzeit und rufen die Mönche zum Gebet. Dieser große, reich verzierte Turm steht im Wat Rakhang* (siehe S. 121).

Sakrale Architektur

Thailands Sakralarchitektur umspannt einen Zeitraum von über elf Jahrhunderten. Der Erhaltungszustand hängt vom Baumaterial ab. So vermitteln die hinduistisch-buddhistischen Steintempel der Khmer, falls restauriert, einen recht kompletten Eindruck. Von den *wihan* und *bot (siehe S. 28f)* der buddhistischen Tempel von Sukhothai und Ayutthaya zeugen in der Regel nur Fundamente und Steinsäulen; dafür stehen noch einige *chedi* und *mondop*. Viele eindrucksvolle Tempel belegen die Baukunst der späten Lanna- und Rattanakosin-Zeit.

Vergoldetes Giebelfeld eines *wihan*, Wat Saket *(siehe S. 83)*

Khmer (9. bis 13. Jahrhundert)

Die Khmer *(siehe S. 254f)* bauten in Nordostthailand *prasat*, Tempelkomplexe aus Stein. Darin führen meist von steinernen *naga*, mythischen Schlangen, gesäumte Treppen und Brücken zum Hauptheiligtum. Dieses zieren Steinreliefs, die hinduistische Mythen illustrieren. Überragt wird es von einem Turm, dem *prang*. Die bedeutendsten Heiligtümer sind Prasat Hin Khao Phnom Rung *(siehe S. 270f)* und Prasat Hin Phimai *(siehe S. 266f)*.

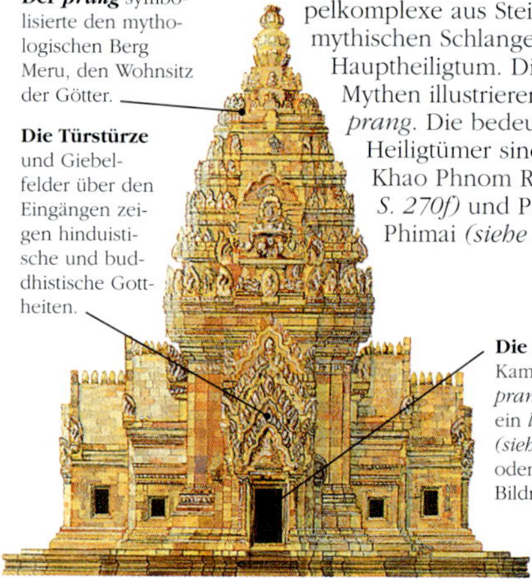

Hauptheiligtum des Prasat Hin Khao Phnom Rung

***Naga*-Stirnziegel am *prang* des Prasat Hin Khao Phnom Rung**

Sukhothai (Mitte 13. bis 15. Jahrhundert)

In den Städten Sukhothai *(siehe S. 184ff)* und Si Satchanalai *(siehe S. 188ff)* vollzog die Thai-Baukunst ihre sprunghafteste Entwicklung. Unter König Si Intharathit *(siehe S. 54)* und seinen Nachfolgern entstanden inmitten verfallener Khmer-Heiligtümer *bot* und *wihan* als Schreine für Buddha-Bildnisse sowie glockenförmige *chedi* nach dem Vorbild ceylonesischer Reliquientürme *(siehe S. 188)*. Teil einiger neuer Tempelkomplexe, so des Wat Mahathat *(siehe S. 186f)*, war der zeittypische Lotosknospen-*chedi*.

Mondop* mit Buddha-Figur, Wat Si Chum *(siehe S. 185)

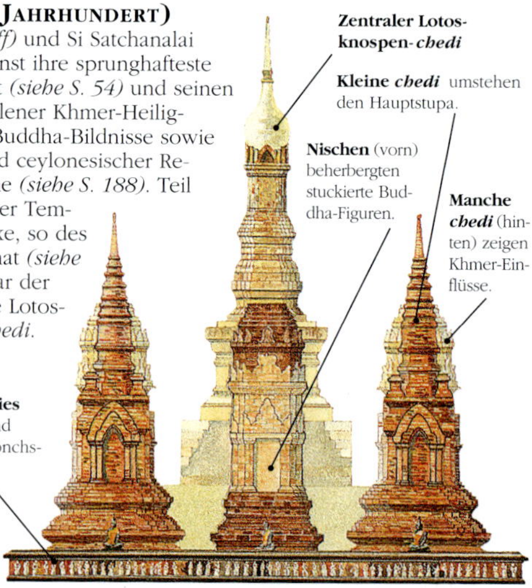

Im Zentrum des Wat Mahathat stehen insgesamt neun *chedi*

AYUTTHAYA (MITTE 14. BIS ENDE 18. JAHRHUNDERT)

Die Baumeister von Ayutthaya *(siehe S. 166ff)* veränderten behutsam Vorbilder wie die Khmer-*prang* und die ceylonesischen *chedi*. Ihre Tempel zeigten kunstvolle *hang hong* und Ziergiebel über Fenstern und Türen. Wenige *bot* und *wihan* überstanden Ayutthayas Brandschatzung durch die Birmanen 1767 *(siehe S. 56)*; eine Ausnahme bildet der Wat Na Phra Men *(siehe S. 170)*.

***Wihan* des Wat Na Phra Men, Relikt des Ayutthaya-Stils**

Der gerillte Aufsatz des *chedi* läuft zur schlanken Spitze aus.

Bei diesem *chedi* führt ein Portal zur Reliquienkammer.

Ceylonesisch inspirierter *chedi*, Wat Phra Si Sanphet *(siehe S. 168f)*

Buddha-Skulptur an einer *prang*-Nische.

Maiskolbenförmiger *prang* des Wat Ratchaburana *(siehe S. 166)*

LANNA (MITTE 13. BIS 19. JAHRHUNDERT)

Die Sakralbauten des Lanna-Reichs *(siehe S. 58f)* im Norden waren vom Dvaravati-Stil *(siehe S.52f)* beeinflusst, später von der indischen, ceylonesischen und der Sukhothai-Architektur. Von Lannas Blüte im 14. und 15. Jahrhundert zeugen nur wenige Relikte. *Wat* aus dem 18. und 19. Jahrhundert, zu sehen auch in Chiang Mai *(siehe S. 214ff)*, weisen oft Holzschnitzereien, vergoldete *hang hong* und Wandmalereien auf.

***Chedi* mit quadratischem Unterbau im Wat Chiang Man in Chiang Mai**

***Hang hong*, Wat Pan Tao (Chiang Mai)**

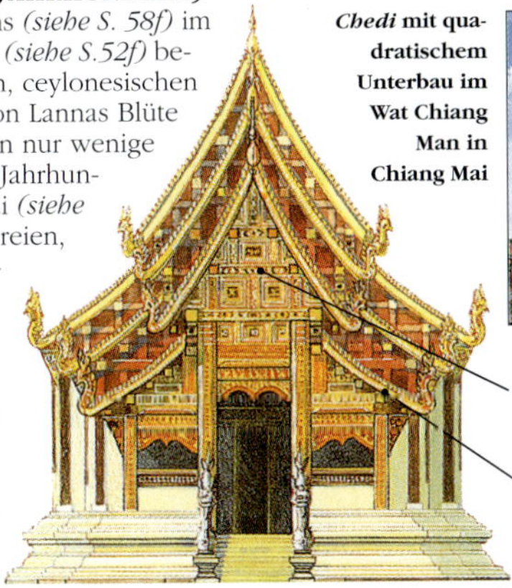

Fein geschnitzte, vergoldete Giebel

Geschwungene, tief herabgezogene Dächer

***Wihan* im Lanna-Stil, Wat Phra Sing (Chiang Mai)**

RATTANAKOSIN (ENDE 18. JAHRHUNDERT BIS HEUTE)

Nach der Zerstörung Ayutthayas versuchten die Thai, den Verlust wettzumachen. Die ersten *bot* und *wihan* der neuen Hauptstadt Bangkok griffen den Ayutthaya-Stil auf; Musterbeispiele dieser Phase des Rattanakosin- oder Bangkok-Stils stehen im Wat Phra Kaeo *(siehe S. 78f)*. Spätere Tempelgebäude fielen großartiger und raffinierter aus. Tempel aus dem 19. Jahrhundert wie der Wat Benchamabophit *(siehe S. 102f)* und der Wat Rachabophit *(siehe S. 87)* lassen auch westliche Elemente erkennen.

Westlich inspiriertes Buntglasfenster, Wat Benchamabophit

Vergoldete *hang hong* und andere Ornamente kontrastieren mit den bunten Farben der Dachziegel.

Acht *bai sema*, Grenzsteine, markieren den Bereich des *bot*.

Rattanakosin-*bot*, Wat Suthat *(siehe S. 86f)*

Traditioneller Hausbau

TRADITIONELLE THAI-HÄUSER sind dem Tropenklima angepasst. Viele stehen zum Schutz vor Überschwemmungen auf Pfosten. Steile Dachschrägen lassen Regenwasser ablaufen. Natürliche Materialien wie Hartholz, Bambus und getrocknetes Blattwerk sorgen für luftige Kühle. Auch religiöse Vorstellungen kommen in der Anlage zum Ausdruck; so gilt der innerste, meist zum Schlafen genutzte Raum als Wohnsitz der Geister der Ahnen. Traditionelle Häuser sind häufiger auf dem Land, größere Versionen aber auch in Städten zu sehen.

Plantagenhaus in Nordthailand

Häuser des Nordens

Da es in Nordthailand ziemlich kühl werden kann, fallen die Fenster dort kleiner aus als andernorts. Um von der Wärme des Herdfeuers zu profitieren, gehen Küche und Wohnbereich oft ineinander über. Die nach außen geneigten Wände verleihen dem Bau elastische Stabilität. In ländlicheren Regionen besitzen manche Häuser strohgedeckte Dächer.

Verzierter *kalae*, typisch für Häuser im Norden

Traditionelles nordthailändisches Haus aus Teakholz

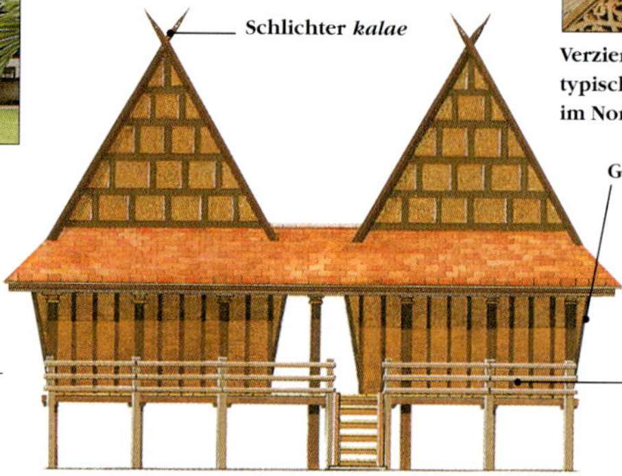

***Typisch** für den Norden sind die Pfahlbauweise, eine offene Frontveranda sowie schlichte oder verzierte* kalae, *gegabelte Giebelaufsätze.*

Häuser der Zentralebene

Hauptmerkmal vieler traditioneller Häuser in der heißen Zentralebene ist die zentrale, offene Veranda, die einen großen Teil des Jahres als luftiger Wohnbereich dient. Einige Häuser besitzen an den Seiten des Hauptgebäudes überdachte Veranden. Manchmal gruppieren sich mehrere Häuser um eine Gemeinschaftsterrasse. Ein recht junges Bauelement sind Trennwände aus Holz.

Holzgetäfelter Giebel

***Die Giebel** sind oft mit* ngao *verziert, einem der Khmer-Architektur entlehnten Schmuckelement.*

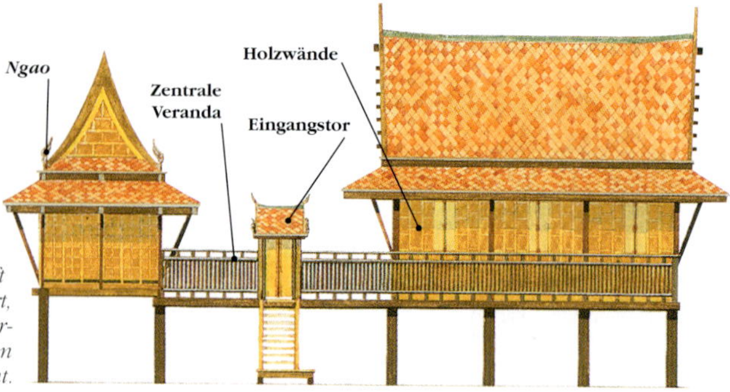

Häuser im Wasser

Solche Siedlungen findet man in den Flüssen der Zentralebene. In Bangkoks Frühzeit wimmelte es an den *khlong* von »schwimmenden« Ladenhäusern *(siehe S. 121)*. In periodisch überfluteten Gebieten erweisen sich solche Häuser als sinnvoll. Sie können auf Pfosten oder auf Bambusflößen stehen und sich so dem Wasserstand anpassen.

»Schwimmende« Häuser, Sangkhla Buri *(siehe S. 158)*

***Häuser** an Flussufern sind oft an Pfosten verankert und können den Wasserbewegungen nachgeben.*

Königliche Häuser

Typisch für königliche Häuser und Villen ist die Kombination traditioneller Tempel- und Hausbauweise mit westlichen Elementen. Sie sind in der Regel aus Teakholz erbaut, das ihnen ihr sattrotes Aussehen verleiht. Rahmen und Giebel von Fenstern und Türen sind meist verziert, zuweilen mit vergoldeten Bronze-Ornamenten.

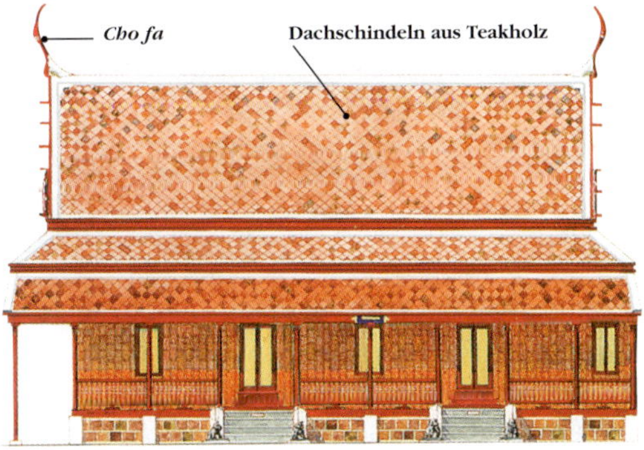

Fensterziergiebel, Palast des Prinzen von Lampang *(siehe S. 133)*

***Das Rote Haus** im Nationalmuseum* (siehe S. 84f) *ist aus Teak errichtet und wie ein Tempel mit* cho fa *versehen.*

Geisterhäuschen

Auf jedem Grundstück haust ein Erdgeist, glauben die Thai. Um ihn zu beschwichtigen, bauen sie ihm eine Wohnung. Sie steht meist auf einem Pfosten, sieht aus wie eine Mischung aus Puppenstube und Vogelhäuschen und kommt in vielen Varianten vor, etwa als simple Minikopie des zugehörigen Hauses oder als kunstvolle Rekonstruktion eines Sakralbaus. Meist fertigt man das Geisterhäuschen vor dem Bau des Wohn- oder Geschäftshauses. Damit der Erdgeist bei Laune bleibt, schmückt man die Wohnung mit Blumen und bringt Gaben wie Räucherstäbchen und Essen. Der Theravada-Buddhismus *(siehe S. 26f)* hat den Glauben an Naturgeister nicht verdrängt. Vielmehr ist die Verehrung von Geistern und Buddha ein wesentlicher Teil des Thai-Alltags.

Geschmücktes Geisterhäuschen

Thailändische Kochkunst

Kunstvoll geschnitzte Melone

DIE THAI-KÜCHE ist für ihre Güte und Vielfalt berühmt, aber auch für die Kunst, Essen zum Fest für die Augen zu machen. Selbst simpelste Speisen garniert man mit einer Karottenblume oder Lauchzwiebelquaste. Spitzenrestaurants fahren zu Menüs im Stil der königlichen Küche virtuose Früchte- und Gemüseskulpturen auf. Die Thai beherrschen die Koch- und Dekorationskunst meisterhaft – für die Kurse von Bangkoks Kochschulen besteht internationale Nachfrage. Für die Mehrheit der Thai ist Essen ein zwangloses Ereignis; es spielt bei allen Geselligkeiten, seien es Familienfeiern wie Hochzeiten, spontane Garten- oder Volksfeste, eine Hauptrolle. Auf nordthailändische *Khantoke*-Menüs spezialisierte Lokale wenden sich oft an Urlauber, doch es ist typisch Thai, dass Tischrunden mehrere Gerichte zum gemeinsamen Verzehr ordern.

***Vor dem Reispflanzen** gibt es im Norden ein Fest, das wie viele andere mit dem Zubereiten und Verzehren einer Vielzahl von Speisen einhergeht.*

***Die königliche Thai-Küche** kultiviert Gerichte, die früher nur bei Hof serviert wurden. Typisch sind komplizierte Zubereitungsweisen, aufwändige Dekoration sowie Zutaten, die teuer sind bzw. waren, etwa das für Kaltspeisen verwendete Eis.*

Khantoke *heißen im Norden übliche Menüs. Man sitzt um einen runden Tisch. Jeder bedient sich von den nordthailändischen Spezialitäten, zu denen Klebreis serviert wird.*

KULINARISCHE SCHNITZKUNST

Die durch Schnitzereien verzierten Früchte und Gemüse, die in vielen Restaurants die Tafel dekorieren, lassen Besucher stets aufs Neue staunen. Frühlingszwiebeln werden zu gelockten Quasten und Chrysanthemen, Karotten und Chilischoten zu Blumen, Tomaten zu Rosen. Entwickelt und gepflegt wurde diese Kunst von den Palastdamen. Heute kennen die meisten Thai die Grundkniffe, doch nur wenige bringen die Geschicklichkeit und Hingabe auf, die ein Meister benötigt. Experten, die fantasievolle, perfekte Skulpturen modellieren, sind hoch angesehen.

Aufwändige Schnitzarbeit am Gemüse

Kochschulen *– die renommiertesten befinden sich in Bangkok* (siehe S. 446) *– vermitteln Laien, angehenden und ausgebildeten Köchen Grundkenntnisse der Thai-Kochkunst. Die meisten Köche gehen allerdings jahrelang in Restaurantküchen in die Lehre.*

Miang kham, *ein Snack aus Ingwer, Kokosnuss, Limone, getrockneten Garnelen, Schalotten, Erdnüssen und dicker Sauce, ist hier mit typischer Thai-Liebe zum Detail arrangiert. Der Anspruch, dass Essen ebenso gut aussehen wie munden soll, gilt für einfache wie für exquisite Speisen.*

Thai-Kürbis

Karotte

Kürbis

Rote Beten werden, da in Thailand teuer, zuweilen durch gefärbte Karotten ersetzt.

Blütenblätter aus Gurkenscheiben

Reis *ist Hauptnahrungsmittel und heiliger Lebensquell der Thai* (siehe S. 22f). *Hier opfern Brahmanen in einem Tempel von Bangkok Reis.*

Luk chub *ist eine Art Konfekt in der Form winziger Imitationen von Früchten und Gemüsen. Da sich nur wenige auf das Modellieren verstehen, ist es teuer – doch man sollte es probieren.*

Ein gemeinsames Mahl *ist Motiv dieses Tempelfreskos (19. Jh.). Auch wenn die Thai mit großer Leidenschaft dem Imbiss frönen, hat das genüssliche Tafeln hohen sozialen Status. Bei Anlässen wie Hochzeiten und Bestattungen gehören ein üppiges Essen und Getränke einfach zur Geselligkeit. Essen gehen, z. B. in ein Pavillon- oder Gartenlokal, ist ein* suan ahan *genannter abendlicher Zeitvertreib. In vielen* wat *finden sonntags Gemeinschaftsessen statt.*

Das Ramakien

DAS RAMAKIEN, DIE THAI-VERSION des indischen Ramayana, erzählt vom Sieg des Guten über das Böse. Rama verkörpert die Tugend. Sein Gegenspieler ist der Dämonenkönig Tosakan, eine böse, gleichwohl würdevolle Figur. Vermutlich hat sich die Sage nach der Eroberung von Angkor (15. Jh.) in Thailand verbreitet. Seither ist sie Inspiration für Malerei und Schauspielkunst. Rama wurde zum Herrschernamen der Chakri-Könige. Die alte Hauptstadt Ayutthaya *(siehe S. 166ff)* wurde nach Ayodhya benannt, dem fiktiven Königreich der Sage.

Hun krabok (Stabpuppen) eines Ramakien-Schattenspiels

Ramas Bogenschießkunst *ist das Motiv des Marmorreliefs am Wat Pho* (siehe S. 88f). *Rama gewinnt Sita zur Frau, weil er einen Bogen spannen kann, den die anderen Freier nicht einmal zu heben vermögen.*

Gebäude und Wagen sind unverkennbar Thai, obgleich die Geschichte in Indien und Ceylon spielt.

Affenheere begleiten Rama nach Longka.

Die Geschichte

Intrigen seiner Stiefmutter treiben Rama, den Kronprinz von Ayodhya, in ein 14-jähriges Exil. Seine Frau Sita und sein Bruder Lakshman folgen ihm in die Einsamkeit der Wälder. Tosakan, der Dämonenkönig von Longka (Sri Lanka), entführt Sita in sein Inselreich und will sich mit ihr vermählen. Rama und Lakshman setzen ihm nach. Der weiße Affengott Hanuman bietet ihnen Hilfe an. Gemeinsam bringen sie die Affenkönige Sukrip und Chompupan mitsamt ihren schlagkräftigen Heeren auf ihre Seite und marschieren zur Küste gegenüber Longka. Die Affensoldaten errichten eine Steinbrücke, belagern Longka und führen glorreiche Kämpfe gegen das Dämonenheer. Nachdem Tosakan seine Streiter verloren hat, stirbt er im Zweikampf gegen Rama. Dieser krönt seinen Verbündeten Piphek, Tosakans verbannten Bruder, zum König von Longka und kehrt mit Sita nach Ayodhya zurück, um die Thronfolge anzutreten.

Fresko im Wat Phra Kaeo: Hanumans Schwanz dient als Brücke

Zahlreiche Dämonen *wurden von Rama während seines Exils in den Wäldern vernichtet. Jene aber, die sein göttliches Wesen erkannten, erlöste er vom Fluch der Wiedergeburt als Dämon.*

Nang yai (siehe S. 373), *Schattenspiele, die das Ramakien aufführen, kamen im 15. Jahrhundert auf. Die in Thailand so gut wie ausgestorbene Kunst kann man noch in Kambodscha bewundern.*

Das Meer erscheint gegenüber der realen Perspektive verkleinert, um beide Länder der Handlung im Bild einzufangen.

Rama überragt, wie es sich für den König gehört, im Wagen das Gefolge.

Ramakien-Fresken im Wat Phra Kaeo

Im Wat Phra Kaeo *(siehe S. 76ff)* illustriert eine Folge von 178 Wandgemälden aus dem späten 18. Jahrhundert das Ramakien. In dieser Szene setzt Hanuman seine übernatürlichen Kräfte ein, um für Rama eine Steinbrücke über das Meer zu schlagen.

***Hanuman findet Sita**, die vom Dämonenkönig Tosakan gefangen gehalten wird. Er gibt ihr Ramas Ring und verspricht baldige Befreiung.*

Die Hauptfiguren

Hunderte von Figuren agieren in den zahllosen Episoden des ausschweifenden Ramakien. Den roten Faden der Handlung knüpfen die fünf unten vorgestellten Hauptcharaktere.

***Rama**, oft dargestellt mit dunkelgrünem Gesicht, ist eine Inkarnation des Hindu-Gottes Vishnu. In dieser Existenzform muss er die Dämonen vernichten, die den Machtanspruch der Götter untergraben.*

***Sita** gilt als Tochter und Inkarnation von Vishnus Gemahlin, der Göttin Lakshmi. Sie bleibt Rama auch nach der Entführung durch Tosakan treu.*

***Lakshman**, Ramas ergebener jüngerer Bruder, ist oft golden kostümiert. Er folgt Rama ins Exil.*

***Hanuman**, der weiße Affe, ist der Sohn des Windgottes, ein unermüdlicher Kämpfer auf Seiten Ramas – und ein unverbesserlicher Schürzenjäger.*

***Tosakan** (wörtlich übersetzt »zehn Hälse«), der Dämonenkönig von Longka, ist mit vielen Armen und auch mit mehreren Köpfen ausgestattet.*

Theater und Musik

Klassische Thai-Tänzerin

Die Hauptformen des klassischen Thai-Tanzschauspiels sind das *khon* und das *lakhon*. Das erstmals im 15. Jahrhundert am Königshof aufgeführte *khon* inszeniert Episoden des Ramakien *(siehe S. 36f)*. Das weniger strenge *lakhon* greift weitere Stoffe wie Dschataka-Epen *(siehe S. 26)* auf. Beiden Formen sind hoch stilisierte, gemessene, fast steif wirkende Tanzbewegungen und die musikalische Begleitung durch ein *Piphat*-Orchester gemeinsam.

***Die Eleven erlernen** die Gestik durch Nachahmen; zum Pensum zählt ein Bewegungsablauf namens Alphabet des Tanzens* (mae bot). *Die Ausbildung beginnt im Kindesalter.*

Weiße Maske des Hanuman *(siehe S. 37)*

Der elefantenköpfige Gott Ganesha

Khon-*Masken* *sind mit Gold und Juwelen verziert und gelten als heilige Objekte mit übernatürlichen Kräften.*

Graziöse Gestik charakterisiert das klassische Tanzdrama. Hier greifen Tänzer zu den Waffen.

Die prächtigen Kostüme aus schwerem, juwelenbesetztem Brokat haben traditionelle Hofgewänder zum Vorbild.

Khon- *und* Lakhon-*Vorführungen* *finden oft vor Schreinen statt. Gläubige engagieren die Tänzer, um dem Tempelgott für die Erfüllung von Wünschen zu danken.*

Khon-Vorführung

Beim *khon* tragen die Darsteller von Dämonen und Affen Masken, die von Göttern und Menschen Kronen. Da vorrangig Gesten die Handlung »erzählen«, ist das *khon* auch für Nicht-Thai ein Hochgenuss. Besucher erleben es meist in Touristenrestaurants.

Klassische Thai-Instrumente

***Mahori*-Ensemble (Wandbild)**

Die Ursprünge der Thai-Musik wurzeln in der Sukhothai-Ära. Ihre Melodien sind zwar festgelegt, werden aber, da nicht durch Notenschrift überliefert, von den Musikern je nach Instrument variiert. Das *Piphat*-Orchester, das vornehmlich Schlaginstrumente aufweist, begleitet Theateraufführungen und Boxkämpfe *(siehe S. 40)*. Die Streichorchester heißen *mahori*.

Ranat (Xylophon)

Die Klanghölzer des flachen Instruments erzeugen einen anderen Klang als jene des gebogenen.

***Das* likay**, *eine satirische Abwandlung von* khon *und* lakhon, *ist die beliebteste Form des Tanztheaters. Darsteller in grellen Kostümen führen alte Sagen auf, garniert mit Witzen und Wortspielen.*

Kohn- *und* Lakhon-*Truppen* *wurden lange vom Königshof gefördert. Heute ist das Kultusministerium in Bangkok zuständig.*

Lange »Fingerhüte« *betonen das grazile Spiel der Hände. Tänzer setzen sie beim* lakhon *und bei Nordthailands »Nageltänzen« auf.*

Das Wandgemälde *in Bangkoks Wat Benchamabophit zeigt eine* Khon-*Szene, in der Erawan, der Reitelefant des Gottes Indra, vom Himmel herabsteigt.*

Natürlich wirkendes Make-up hat die früher übliche dicke weiße Schminke abgelöst. Es unterstreicht die Gesichtszüge der Darsteller, die keine Maske tragen.

Hun-krabok-*Marionetten* *werden an Stäben getragen und mit unter den Kostümen verborgenen Fäden bewegt.* Hun-krabok-*Schattenspiele sind heute sehr selten.*

***Khong wong lek* (kleiner Gongkreis)**

Kleine Gongs geben die Grundmelodie an.

***Chakhe* (thailändische Zither)**

Den hohlen Hartholz-Klangkörper schmücken Elfenbeinintarsien.

Die Saiten des *chakhe* werden geschlagen; das Instrument führt die Melodie im *khruang-sai*-Ensemble.

Piphat-mon-*Ensembles* *mit vertikalem Gongkreis spielen bei Trauerfeiern.*

Thai-Boxen

Nai Khanom Dtom

NATIONALSPORT IST IN Thailand das auch international beliebte *muay thai* (Thai-Boxen). Der Sport, seit 1411 belegt, entwickelte sich wohl aus dem Schwertkampf *krabi-krabong*. Viele Techniken des ritualisierten Kampfsports basieren auf Schilderungen des Ramakien *(siehe S. 36f)*. Thailands erster Champion war Nai Khanom Dtom, der 1774 zehn Birmanen außer Gefecht setzte. Wegen der Verletzungsgefahr nach 1920 verboten, wurde der Sport unter Auflage von Schutzvorschriften 1937 wieder zugelassen.

***Im Stadion** feuern die Zuschauer die Kämpfer frenetisch an. Die Thai wetten mit Leidenschaft und setzen auf ihre Favoriten oft hohe Summen. Karten für Titelkämpfe sind lange im Voraus ausverkauft.*

***Das Manuskript** aus dem frühen 20. Jahrhundert stellt einen Zweikampf von Thai-Boxern dar.*

***Phone Kingphet**, erster Weltmeister im Thai-Boxen, bereitete sich im angenehmen Klima des Nationalparks Phu Kradung* (siehe S. 276f) *auf seine vielen siegreichen Wettkämpfe im Ausland vor.*

Die Trainingskleidung variiert je nach Schule.

Die Füße sind beim Training unbedeckt. Beim Wettkampf wird oft Knöchelschutz getragen.

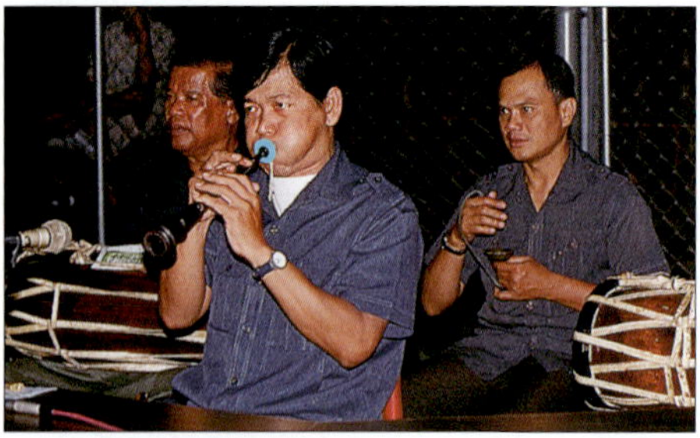

***Piphat-Orchester** sind unerlässliche Begleiter von Wettkämpfen. Sie beginnen verhalten, entfachen bei Kampfbeginn mit der rascheren »Kampfmelodie« große Spannung und untermalen später mit rasanten Tempi das hitzige Kampfgeschehen effektvoll.*

KAMPFTECHNIKEN

Jeder gelungene Angriff bringt Punkte. Angriffe auf den Unterleib sind tabu, Beißen und Kopfstöße verboten. Nicht selten entscheidet ein spektakuläres K.o. den Kampf.

***Der Ellbogenhieb beim Abwärtssprung** verlangt hohe Körperbeherrschung und ermöglicht dem Angreifer gezieltes Zuschlagen.*

Amulette (siehe S. 74) *sieht man oft an einem oder beiden Oberarmen der Wettkämpfer; sie sind an Schnüren befestigt. Meist bestehen die Talismane aus einem Buddha-Bildnis oder einem Kraut, das Glück bringen soll.*

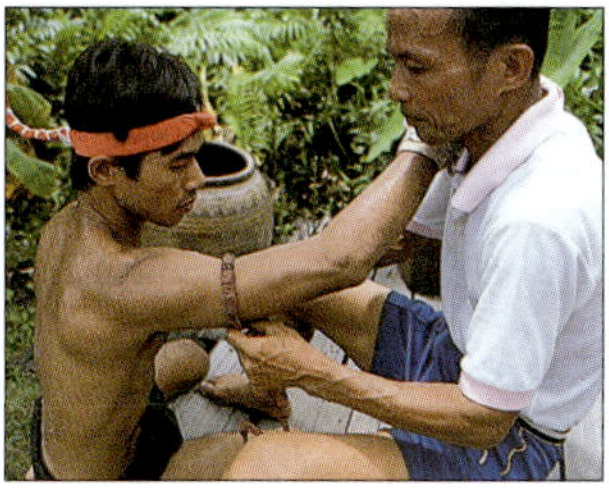

WEGWEISER ZUM THAI-BOXEN

Wettkämpfe steigen Mo, Mi, Do und So im Ratchadamnoen-Stadion *(siehe S. 443)*. Kämpfe im Lumphini-Stadion *(siehe S. 443)* gibt es Di, Fr und Sa. Mehrere Kanäle des Thai-Fernsehens zeigen Übertragungen.

Wai kru, *die Verneigung, leitet das* ram muay *ein, ein Ritual, mit dem die Kämpfer dem Trainer* (kru) *und dem Geist des Boxens Respekt bezeugen. Viele Boxer nehmen den Namen ihrer Schule als Vornamen an.*

Die Fäuste werden beim Training zum Schutz mit Stoff umwickelt. Vor 1937 waren Hanflappen mit Glassplittern nicht unüblich.

Vor dem Kampf *vollziehen die Boxer das feierliche Tanzritual* ram muay. *Die Choreografie hängt von der jeweiligen Schule ab. Typisch sind weit ausholende Armbewegungen, die dem Körper die Kraft von Erde, Luft, Wasser und Feuer zuführen sollen.*

THAI-BOXEN UND WESTLICHES BOXEN

Das Thai-Boxen oder »Kickboxen« setzt anders als das westliche Boxen außer den Fäusten auch Füße und Ellbogen ein. Die Kämpfe laufen schneller ab; fünf dreiminütige Runden sind das Maximum. Das Training ist hart; viele Boxer steigen im Alter von sechs Jahren ein, um mit 25 Jahren abzudanken. Thai-Boxer haben aber auch Titel im westlichen Boxsport erkämpft.

Kniestöße *können zum K.o. führen. Um das »hochschnellende Knie« einzusetzen, zieht der Angreifer den Kopf des Gegners herab und stößt mit dem Knie zu.*

Fußtritte *sind beim Thai-Boxen üblich. Ein Fußtritt in den Nacken kann den Gegner schachmatt setzen. Einen Treffer mit der Fußsohle ins Gesicht des Kontrahenten landen nur sehr geübte Kämpfer.*

Ellbogenhiebe *gegen den Kopf entscheiden ebenfalls oft den Kampf. Faustschläge gelten als schwächste Kampftechnik des Thai-Boxens.*

Feste in Thailand

Phi Ta Khon, gefeiert in Dan Sai und Loei

FESTE SIND IN THAILAND selten »feierlich«, sondern so ausgelassen und bunt wie in kaum einem anderen Land. Alljährlich begangene, religiöse und jahreszeitliche Riten und Feste sind von jeher im Alltag verankert. Eine Inschrift aus dem 13. Jahrhundert besagt: »Wer fröhlich sein will, soll es sein; wer lachen will, soll es tun.« Nach diesem Motto feiern die Thai so oft es geht. Das Songkran etwa, das Neujahr, wird landesweit und besonders aufwändig in Bangkok und anderen Großstädten gefeiert; hinzu kommen jede Menge regionaler Feste. Da nach dem Mondkalender gerechnet wird, schwanken die Termine vieler Feste von Jahr zu Jahr.

Umzug mit Ochsen, Königliche Pflügzeremonie, Bangkok

Bangkok

SONGKRAN, das Thai-Neujahr, wird vom 12. bis 14./15. April *(siehe S. 44)* feierlich begangen. Bei der Zeremonie am Sanam Luang in Bangkok wird – ein Ritual religiösen Verdiensterwerbs – eine verehrte Buddha-Figur gebadet. Songkran ist auch Anlass zu fröhlichen Wasserschlachten.

Das Visakha Bucha *(siehe S. 45)* im Mai gedenkt Buddhas Geburt, Erleuchtung und Eintritt ins Nirwana – angeblich ereignete sich all dies am selben Jahrestag. In den Tempeln finden Prozessionen statt.

Im Mai gibt die Königliche Pflügzeremonie am Sanam Luang das Startsignal zum Reispflanzen *(siehe S. 44)*. Ochsen ziehen mit einem Pflug Furchen, in die Brahmanen Reis säen. Man bietet den Ochsen verschiedene Nahrung an und sagt aus deren Wahl die Ernte voraus.

Ein Jahrmarkt, Schausteller und Lichterprozessionen begleiten Anfang November das Tempelfest am Goldenen Hügel *(siehe S. 46)*, Thailands größtes *Wat*-Fest.

Die Fahnenparade auf der Königswiese im Dezember an König Bhumibols Geburtstag *(siehe S. 47)* ist besonders beeindruckend.

Zentralebene

ALLJÄHRLICH im März pilgern Scharen zum Tempel des Heiligen Fußabdrucks nahe Saraburi, angelockt vom Phra-Phutthabat-Fest *(siehe S. 44)* mit Volksmusik und Theater.

Loy Krathong, in der November-Vollmondnacht begangen, bezaubert insbesondere in der Ruinenszenerie von Alt-Sukhothai *(siehe S. 185)*, dem Ursprungsort des Festes. Verehrt wird Mae Kongkha, Göttin der Flüsse. In ganz Thailand lässt man auf Flüssen, Seen und Teichen kleine lotosförmige Boote mit Gaben für die Göttin treiben; dies soll die Sünden des vergangenen Jahres fortschwemmen und Glück bescheren.

Die Woche der Khwae-Brücke gedenkt Ende November/Anfang Dezember in Kanchanaburi mit historischen Darbietungen des Baus der berühmt-berüchtigten »Brücke am Kwai«.

Nordthailand

BO SANG, BERÜHMT für seine handbemalten Schirme, lädt jedes Jahr im Januar zum »Schirmfest« ein. Das Programm umfasst Schirmausstellungen, Wettbewerbe im Bemalen von Schirmen, Umzüge und die Wahl einer »Miss Bo Sang«.

Nordthailand präsentiert seine Blütenpracht im Februar beim Blumenfest in Chiang Mai mit Umzügen von Blumenfestwagen, Blumenschauen, Verkauf von Kunsthandwerk und einer Schönheitsparade.

Mae Hong Son erwacht beim buddhistischen Fest Poi Sang Long Ende März/

Bemalen von Schirmen für das Schirmfest in Bo Sang

Junge buddhistische Novizen beim Fest Poi Sang Long, Mae Hong Son

Anfang April zum Leben. Höhepunkt des Festes ist die Massenweihe von buddhistischen Novizen. Shan-Knaben prozessieren im Festornat durch die Stadt, um daraufhin die schlichte Robe der Mönche anzulegen – sie gilt als Symbol des Verzichts auf weltliche Güter.

Nordostthailand

Nordostthailand ist für seine einzigartige Festkultur bekannt. Thailands temperamentvollstes regionales Fest ist Yasothons zweitägiges Raketenfest, das Bun Bang Fai. Es soll reichlich Regen für den anstehenden Reisanbau beschwören. Am ersten Tag werden Umzüge von ausgefallenen Festwagen, Jahrmärkte, Musik und Volkstänze geboten; am zweiten Tag werden riesige selbstgebastelte Raketen abgefeuert.

In der Provinz Loei feiern die Orte Dan Sai und Loei im Juni ihr vielbeachtetes Phi Ta Khon *(siehe S. 279)*. Zum Auftakt ziehen als Geister verkleidete Einheimische hinter einer Buddha-Statue durch die Straßen, um religiöse Verdienste zu erwerben und Regen zu erbitten.

Ubon Ratchathani begeht mit dem Kerzenfest im Juli auf seine Weise das landesweite, die Regenfastenzeit einläutende Khao Phansa *(siehe S. 45)*. Auf Festwagen werden riesige, kunstvoll skulptierte Bienenwachskerzen präsentiert, die dann während der Regenzeit in Tempeln abbrennen.

Der gesetzliche Feiertag Ok Phansa markiert in der Vollmondnacht im Oktober das Ende der Regenfastenzeit. Nakhon Phanom feiert ihn mit der faszinierenden Lichter-Bootsprozession; bei Einbruch der Nacht lässt man kunstfertig modellierte Boote mit je einer brennenden Kerze auf dem Mekong zu Wasser.

Golf von Thailand

Spass im modernen Stil verheißt das Pattaya Festival im April; eine Woche lang herrscht in Pattaya nonstop Karnevaltrubel mit Umzügen von Blumenfestwagen sowie einem Feuerwerk und Schönheitswettbewerben als Highlights.

Schlammbedeckte Feiernde in dem Ort Dan Sai

Zu den farbenfrohesten Wasserfesten in Thailand zählt der »Empfang des Lotos«, ein Fest, das Ende Oktober anlässlich von Ok Phansa unmittelbar südlich von Bangkok im Ort Bang Phli begangen wird. Bei der religiösen Zeremonie gleitet Bang Phlis Hauptbuddha im Boot über den Khlong Samrong; die lebhafte Zuschauerschar am Ufer des Kanals bewirft ihn mit Lotosknospen, bis aus dem Blumenberg nur noch der Kopf herausragt. Zu den weiteren Festivitäten zählen Bootsrennen, *Likay*-Aufführungen und Boxkämpfe auf über den Kanal gelegten Stangen.

Selbstkasteiung beim Vegetarierfest in Phuket

Südthailand

Südthailands traditionelle Kultur ist Thema des einwöchigen Narathiwat-Volksfestes in der letzten Septemberwoche. Auf dem Programm stehen u. a. Regatten der *korlae* genannten, bunt bemalten Fischerboote *(siehe S. 378)*, Singtauben-Wettbewerbe sowie Musik und Tänze Südthailands.

Das spektakulärste Schauspiel bietet Ende September/Anfang Oktober Phukets Vegetarierfest *(siehe S. 350)*, mit dem die Thai chinesischer Abstammung die Fastenzeit einläuten. Teilnehmer essen während des neuntägigen Fests kein Fleisch; viele kasteien sich – scheinbar ohne jeden Schmerz –, indem sie Körperteile durchbohren.

Das Jahr in Thailand

Der Ablauf des Jahres in Thailand wird von den beiden Monsunzeiten, die den Arbeitsrhythmus beherrschen, und dem religiösen Kalender geprägt. Die meist buddhistischen religiösen Feste fallen auf Tage des Mondjahrs wie Vollmondtage. Viele Feste sind jahreszeitlich bedingt; sie feiern z.B. das Ende der Regenfälle und bäuerliche Aktivitäten wie das Reispflanzen. Der Südwest- und der Nordostmonsun bringen Thailand drei Jahreszeiten: die feuchte, die kühle und die heiße *(siehe S. 22f)*. Gesetzt wird der Reis zu Beginn der Regenzeit; während er heranwächst, treten Knaben traditionell einige Wochen in den Mönchsstand ein. In der kühlen, trockeneren Jahreszeit reift der Reis aus. Hat man ihn vor der heißen Saison geerntet, beruhigt sich das Dorfleben. Viele Feste fallen in die Regenzeit.

Feier des Loy Krathong, Sukhothai

Heisse Jahreszeit

Hohe Temperaturen, am heißesten ist der April, und Luftfeuchtigkeit belasten den Körper. Die trockene Landschaft wirkt mit den abgeernteten Feldern und den nur Niedrigwasser führenden Flüssen verblichen und ausgebrannt – kein Wunder, dass die Thai die Hitze des Neujahrsfests Songkran mit reichlich Wasser lindern.

Fröhliche Dusche bei den Songkran-Feiern in Chiang Mai

März

ASEAN-Turteltauben-Wettbewerb *(1. Woche)*, Yala. Vogelfreunde kommen von weit her, auch aus Kambodscha, Malaysia, Singapur, Indonesien, um ihre gefiederten Lieblinge um die Wette gurren zu lassen.
Phra-Phutthabat-Fest *(1. oder 2. Woche)*, Saraburi. Jährliches Pilgerfest am Tempel des Heiligen Fußabdrucks *(siehe S. 162)*.
Bangkoks Internationale Schmuckmesse *(3. Woche)*. Thailands bedeutendste Schmuck- und Edelstein-Handelsmesse, abgehalten in Bangkoks großen Hotels.
Poi Sang Long Festival *(Ende März/Anfang Apr)*, Mae Hong Son. Novizen-Massenweihe von – in Erinnerung an Buddhas adlige Abkunft – als Prinzen kostümierten 15- und 16-jährigen Knaben.

Phra-Phutthabat-Fest im Tempel des Heiligen Fußabdrucks

April

Chakri-Tag *(6. Apr)*. Feiertag anlässlich der Gründung der Chakri-Dynastie. Nur an diesem Tag steht das Königliche Pantheon mit den Statuen verstorbener Könige des Wat Phra Kaeo offen.
Songkran *(12.–14./15. Apr)*. Thai-Neujahr, landesweit und besonders ausgelassen in Chiang Mai *(siehe S. 226)* gefeiert.
Pattaya Festival *(Mitte Apr)*. Einwöchiges Fest mit viel Essen, Blumenkorso, Misswahlen und Feuerwerk.
Phnom-Rung-Fest *(Vollmondtag im April)*. Tempel- und Volksfest am Prasat Hin Khao Phnom Rung *(siehe S. 270f)* mit Prozession und nächtlicher Ton-Licht-Schau.

Mai

Krönungstag *(5. Mai)*. König Bhumibols Thronjubiläum.
Königliche Pflügzeremonie *(Anfang Mai)*, Bangkok. Königliche Zeremonie am Sanam Luang in Bangkok als Aufruf zum Reispflanzen.
Bun Bang Fai (Raketenfest) *(2. Woche)*, Nordostthailand. In Yasothon *(siehe S. 264)* und anderswo wer-

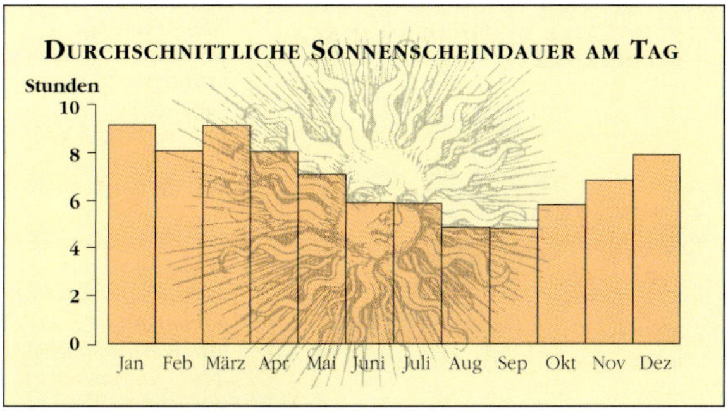

Sonnenschein
Die Sonne brennt in den Tropen stark; selbst in der Regenzeit kommt sie meist durch. Man sollte Sonnenbrand und Hitzeschlag unbedingt mit Sonnencreme, Sonnenhut und Sonnenbrille vorbeugen. Reichliches Trinken (kein Alkohol) bewahrt vor Dehydrierung.

Visakha-Bucha-Feier im Wat Benchamabophit, Bangkok

den Raketen abgefeuert, damit reichlich Regen fällt.
Visakha Bucha *(Vollmondtag im Mai).* Der höchste buddhistische Feiertag gedenkt Buddhas Geburt mit Lichterprozessionen.

REGENZEIT

DAS LÄNDLICHE Leben regt sich, wenn Regen die ausgedörrte Erde wieder pflugfähig macht. Ist der Reis gesetzt, kehrt wieder eine Ruhepause ein. Diese fällt mit der dreimonatigen buddhistischen Fastenzeit zusammen, in der die jungen Männer Thailands traditionell für kurze Zeit Mönche werden – was jeder Thai zumindest einmal im Leben tun sollte. Während der Regenzeit finden im ganzen Land verschiedene Mönchsweihen statt, bei denen Freude am Feiern und tief verwurzelte Religiösität eine Verbindung miteinander eingehen.

JUNI

Phi Ta Khon *(Mitte/Ende Juni)*, Loei. Zu den Highlights des Fests im Kreis Dan Sai der Provinz Loei zählt die Aufführung der Legende von Prinz Vessandon, der vorletzten Inkarnation des Buddha *(siehe S. 279).*

JULI

Asanha Bucha *(Vollmondtag im Juli).* Dieser zweithöchste der drei wichtigsten buddhistischen Feiertage erinnert an die Predigt des Buddha vor seinen fünf ersten Schülern.
Khao Phansa *(Vollmondtag im Juli).* Das Fest ruft auf zur dreimonatigen buddhistischen Fastenzeit, dem so genannten Regenrückzug, bei dem Mönche in den Klöstern die heiligen Schriften studieren und meditieren. Junge Männer und Knaben treten für eine begrenzte Zeit in die Klöster ein.
Kerzenfest *(Vollmondtag im Juli)*, Ubon Ratchathani. Beispielloses Fest im Nordosten, das die Fastenzeit Khao Phansa eröffnet. Von den Dorfbewohnern der Provinz skulptierte, teils meterhohe Kerzen werden auf Umzugswagen zur Schau gestellt und dann den Tempeln der Stadt gespendet *(siehe S. 292f).*

Festtracht eines Thai-Novizen

AUGUST

Geburtstag der Königin *(12. Aug).* Zu Ehren von Königin Sirikit putzt man Gebäude und Straßen heraus, am prächtigsten in Bangkok. Bunter Lichterglanz lässt die Ratchdamnoen Avenue sowie die Straßen und Regierungsbäude in der Umgebung des Großen Palasts glamourös erstrahlen.

Kerzenparade beim Kerzenfest in Ubon Ratchathani

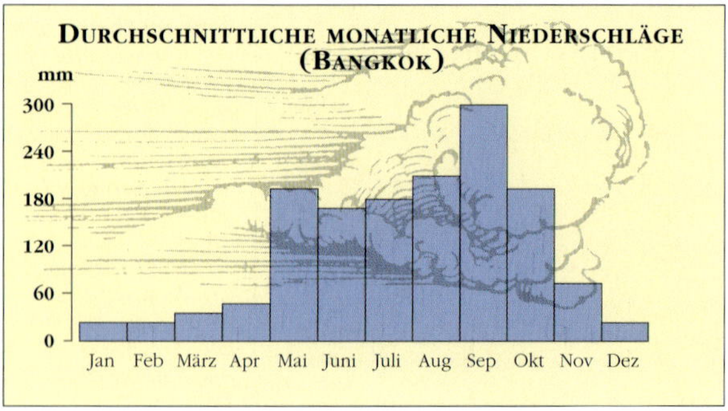

Niederschläge
Die Niederschlagsmengen variieren. Die südliche Halbinsel verzeichnet mit 2400 Millimeter pro Jahr den meisten Regen, Norden und Zentralebene bringen es auf 1300 Millimeter jährlich. Vielerorts kommt es in der Regenzeit (Juni bis Oktober) fast täglich zu Wolkenbrüchen.

September

Speisen- und Früchtefest *(1. Woche)*, Nakhon Pathom. Fest bei Thailands größtem buddhistischen Tempel (Phra Pathom Chedi) mit Essen, Theater und Blumenkorso.
Phichit Boat Races *(Sep)*, Nan. Jährliche Ruderregatta auf dem Fluss Nan, als Teil des Nan-Provinzfestes.
Narathiwat-Fest *(letzte Woche)*. Lernen Sie Südthailands Kultur kennen.
Vegetarierfest *(Ende Sep/Anfang Okt)*. Provinzen Phuket und Trang *(siehe S. 350)*. Teilnehmer verzichten auf Fleisch und kasteien sich.

Oktober

Chulalongkorn-Tag *(23. Okt)*, Bangkok. Todestag von Rama V. (König Chulalongkorn). Vor der Reiterstatue des Königs an der Königswiese in Bangkok werden Blumen niedergelegt.
Empfang des Lotos *(Ende Okt)*, Bang Phli *(siehe S. 43)*. Fest zum Ende der Regenzeit, bei dem Feiernde den Tempel-Buddha mit Lotos überhäufen.

Mangos, präsentiert in Nakhon Pathom

Ok Phansa *(Vollmondtag im Okt)*. Der nationale Feiertag erinnert an Buddhas Wiedererscheinen auf Erden nach einer Jahreszeit des Predigens im Himmel und markiert das Ende der buddhistischen Fastenzeit.
Krathin *(beginnt bei Vollmond im Okt)*. Einmonatige Festzeit, in der man Mönchen neue Roben schenkt.
Nan-Regatta *(Ende Okt)*. Bootsrennen *(siehe S. 245)*.
Lichter-Bootsprozession *(Vollmondtag im Okt)*, Nakhon Phanom. Aussetzen kleiner Boote mit Kerzen auf dem Mekong, Festprogramm in der Stadt *(siehe S. 286)*.

Farbenfrohes Bootsrennen im nordthailändischen Nan

Kühle Jahreszeit

Nach der Regenzeit klart der Himmel auf, und die Temperaturen sinken auf ein angenehmes Niveau. Das Land zeigt sich von seiner schönsten Seite: sattgrün vom Regen und vollen Flussbetten. Dies ist die beste Reisezeit (insbesondere die Monate Dezember und Januar). Zahlreiche Feste feiern das Ende der Regenfälle, ehe nach einer Ruhephase die Reisernte im Dezember und Januar den vollen Arbeitseinsatz der Bauern erfordert.

November

Tempelfest am Goldenen Hügel *(1. Woche)*, Bangkok. Es ist Thailands größtes Tempelfest.
Elefantenauftrieb *(3. Woche)*, Surin. Das jährliche Spektakel erinnert an den Einsatz von Elefanten in Thailand *(siehe S. 268)*. Über 150 Dickhäuter demonstrieren ihr Geschick als »Waldarbeiter« und bei einer inszenierten Schlacht.
Woche der Khwae-Brücke *(Ende Nov/Anfang Dez)*, Kanchanaburi. Gedenkt des Baus der Brücke durch Zwangsarbeiter.
Loy Krathong *(Vollmondtag im Nov)*. Eines der bezauberndsten Feste, besonders atmosphärisch in Sukhothai *(siehe S. 185)*. Zu Ehren der Göttin der Flüsse, Mae Khongkha, versammelt man sich abends an Flüssen, Seen und Teichen, um *krathong* auszusetzen.

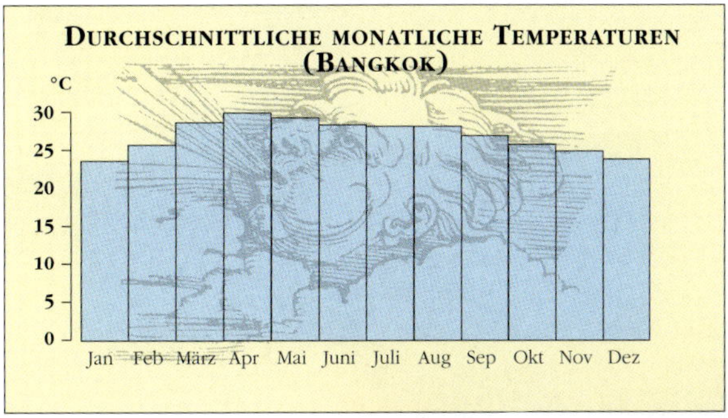

Temperaturen
Die meisten Besucher empfinden Thailand, vor allem den Süden, ganzjährig als heiß und feucht. Dies trifft im April und Mai auf unangenehme, im November und Dezember auf wohltuende Weise zu. Im Norden ist es weniger feucht; dort kann es in kühlen Monaten nachts kalt werden.

DEZEMBER

Fahnenparade *(3. Dez)*, Königswiese, Bangkok. Die vom Königspaar abgenommene Parade vermittelt einen lebhaften Eindruck vom höfischen Pomp. In farbenprächtige Parade-Uniformen gekleidet, schwört die königliche Leibgarde dem König Treue und marschiert an den Mitgliedern der Königsfamilie vorbei.

Geburtstag des Königs *(5. Dez)*. Im ganzen Land werden Regierungs-, aber auch Privatgebäude festlich geschmückt. Die Umgebung des Großen Palasts erstrahlt im Lichterglanz. Abends sammeln sich feiernde Massen am Sanam Luang; dies ist ein Beleg des hohen Respekts, den die Bewohner des Landes ihrem Köing entgegenbringen.

Soldaten im Parade-Uniformen bei der Fahnenparade in Bangkok

Geburtstag des Königs, Wat Phra Kaeo

JANUAR

Chinesisches Neujahr *(Jan/Feb)*. Die meisten der chinesischstämmigen Thai feiern das dreitägige Fest.

Schirmfest *(Mitte Jan)*, Bo Sang, Provinz Chiang Mai. Hier wird die lange Tradition des Schirmemachens gefeiert *(siehe S. 218)*.

Don Chedi-Gedächtnisfeier *(Ende Jan)*, Provinz Suphan Buri. Erinnert an den Sieg des Königs Naresuan von Ayutthaya über die Birmanen. Höhepunkt ist ein Duell auf Elefantenrücken.

FEBRUAR

Blumenfest *(1. Woche)*, Chiang Mai. Bunter Blumenkorso.

Drachen-Saison *(Feb–Apr)*, Sanam Luang, Bangkok. Ausstellung farbenfroher Drachen und Wettkämpfe im Drachensteigen.

Makha Bucha *(Vollmondtag im Feb)*. Dritthöchstes buddhistisches Fest mit Ritualen des Verdiensterwerbs und Lichterprozessionen.

FEIERTAGE

Chinesisches Neujahr (Jan/Feb)
Makha Bucha (Feb oder März, Vollmondtag)
Chakri-Tag (6. Apr)
Thai-Neujahr – Songkran (12.–14./15. Apr)
Tag der Arbeit (1. Mai)
Krönungstag (5. Mai)
Königliche Pflügzeremonie (Anfang Mai)
Visakha Bucha (Mai, Vollmondtag)
Asanha Bucha und **Khao Phansa** (Juli, Vollmondtag)
Geburtstag der Königin (12. Aug)
Chulalongkorn-Tag (23. Okt)
Geburtstag des Königs (5. Dez)
Verfassungstag (10. Dez)
Silvester (31. Dez)

Die Geschichte Thailands

Thailands Geschichte ist eher die Historie einer südostasiatischen Region als die eines Volkes. Das heutige Staatsgebiet wurde im Lauf der Jahrhunderte von zahlreichen Stämmen und Völkern besiedelt, zuletzt im 1. Jahrtausend n. Chr. von den Tai aus Südchina, dem staatstragenden Volk des modernen Thailand.

Votivtafel aus Ayutthaya

Das prähistorische Thailand galt bei Forschern lang als kulturell rückständig. Umso mehr Aufsehen erregten die erst in jüngster Zeit im Nordosten gemachten Funde, die sich als älteste Belege des Ackerbaus und der Metallverarbeitung in Südostasien entpuppten. Zu den geborgenen Schätzen zählen kunstvolle, bis auf 3000 v. Chr. zurückdatierte Keramikgefäße.

Die ältesten bekannten Mächte der Region sind das Königreich Dvaravati (6.–11. Jh.), das Königreich Srivijaya (7.–13. Jh.) auf Sumatra und das Khmer-Reich mit dem Zentrum Angkor *(siehe S. 254)*. Allen drei waren stark von der indischen Kultur und Religion beeinflusst.

Um das 12. Jahrhundert profilierten sich die Königreiche Lanna im Norden und Sukhothai in der Zentralebene. Sukhothai übernahm den Theravada-Buddhismus; in Schulbüchern wird dies als Beginn der Nationalgeschichte betrachtet. Mythisch verklärt ist der Sukhothai-König Ramkamhaeng (Regierungszeit 1279–98).

Im 14. Jahrhundert wurde Sukhothai vom Ayutthaya-Reich unterworfen. Dieses beherrschte auf dem Zenit seiner Macht weite Teile des heutigen Thailand und empfing die ersten Europäer in seiner Hauptstadt Ayutthaya. Nachdem Birmanen diese 1767 zerstört hatten, entstand weiter südlich am Ufer des Chao Phraya der neue Regierungssitz Krung Thep (Bangkok) der Chakri-Dynastie. Im 19. Jahrhundert leiteten die Könige Mongkut und Chulalongkorn die Modernisierung des Landes ein.

1932 beendete ein Staatsstreich die absolute Monarchie; 1939 taufte Premierminister Phibun Songkram Siam auf den Namen Thailand. Wirtschaftlich eifert Thailand seit den 1980er Jahren Asiens »Tigerstaaten« nach. Trotz der Wirtschaftskrise in den 1990er Jahren ist die ökonomische Situation des Landes stabil.

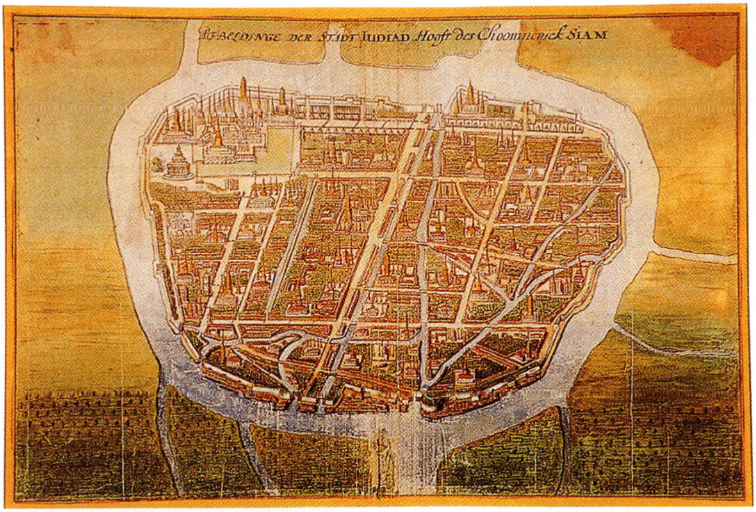

Holländische Karte der Stadt Ayutthaya, vermutlich aus dem 17. Jahrhundert

◁ **Wandschirm aus der Chakri-Zeit, spätes 18. Jahrhundert**

Prähistorisches Thailand

Schmuck aus Ban Chiang

SAMMLER UND JÄGER waren bereits um 40 000 v. Chr. im Gebiet des heutigen Thailand heimisch. Sie bewohnten teils dauerhafte Siedlungen und fertigten Holz- und Steinwerkzeuge. In Höhlen im Norden entdeckte alte Samenschalen legen nahe, dass die Entwicklung des Ackerbaus um 9000 v. Chr. einsetzte. Reis wurde um 3000 v. Chr. angebaut. Später stellten die Bewohner der Umgebung von Ban Chiang kunstvolle Bronze- und Keramikarbeiten her; einigen Wissenschaftlern gilt diese Zivilisation gar als älteste Bronzekultur der Welt.

PRÄHISTORISCHE STÄTTEN

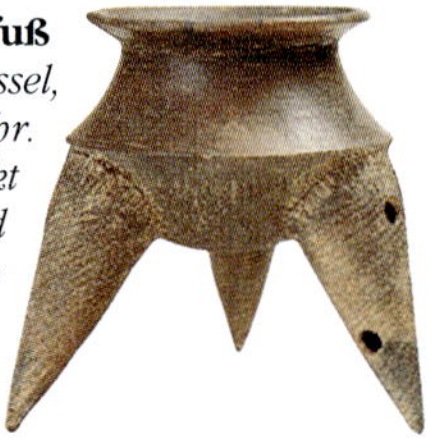

Ban-Kao-Dreifuß
Der dreibeinige Tonkessel, ein um 2000 v. Chr. entstandenes Produkt der Jungsteinzeit, fand sich in Ban Kao (siehe S. 160) *in der Zentralebene.*

Bronze-Axtblatt
Die ältesten Bronzefunde aus Ban Chiang werden auf circa 3000 v. Chr. datiert. Dieses Axtblatt wurde um 2000 v. Chr. gefertigt.

Der gewölbte Rand und das kompliziertere geometrische Muster dieser schwarzweißen Bandkeramik waren neue Stilelemente.

Modellierte Griffflächen

Schwarzweiße Muster entstanden durch Eindrücken von Bändern in den Ton.

Tonfuß

3000–2000 v. Chr.

um 1600 v. Chr

Tönerne Gussformen
Gussformen aus Ton belegen, dass die Bronzearbeiten in Ban Chiang gegossen wurden.

BAN-CHIANG-KERAMIK

Die Keramikgefäße aus Ban Chiang *(siehe S. 262)* entstammen dem Zeitraum 3000 v. Chr.–200 n. Chr. Bis zu ihrer Entdeckung 1966 hielt man die prähistorische Kultur dieses Teils Südostasiens für unbedeutend. Die Funde belegen indes die technische und künstlerische Raffinesse der heimischen Zivilisation.

ZEITSKALA

Bronze-Speerspitze

40 000 v. Chr. Jäger bevölkern das Gebiet des heutigen Thailand

6000 v. Chr. In der Geisterhöhle entstehen erste Tonwaren

3000 v. Chr. Haltung von Haustieren (Schweine, Hunde, Hühner, Kühe)

2000–1500 v. Chr. Fertigung von Bronze-Artefakten in Ban Chiang

1000 v. Chr. Felszeichnungen in Pha Taem *(S. 288f)*

50 000 v. Chr.	5000 v. Chr.	4000 v. Chr.	3000 v. Chr.	2000 v. Chr.	10

3500 v. Chr. In der Banyan-Tal-Höhle wird Reisspreu gelagert – der Reisanbau beginnt

9000–7000 v. Chr. Vermutlich Beginn des Feldbaus, wie in Höhlen des Nordens gefundene Samenschalen und Pflanzenfasern nahe legen

2000 v. Chr. Töpfer- und Bronzearbeiten in Ban Kao

3000 v. Chr. Produktion kunstvoller Bandkeramik in Ban Chiang

1000 v. Chr. Tierfiguren aus Bronze in Don Tha Phet

Eisenzeit-Hahn
Zu den in Don Tha Phet nahe Kanchanaburi (siehe S. 160) *gefundenen Eisen- und Bronze-Artefakten zählt dieser Hahn (um 1000 v. Chr.).*

Felszeichnungen
Die Zeichnungen in Pha Taem (um 1000 v. Chr.) stammen wohl von Nachkommen der frühen Bewohner von Ban Chiang.

Wegweiser zum prähistorischen Thailand

Im Nationalmuseum in Ban Chiang *(S. 262)* sind Fundstücke und Grabstätten zu bewundern. Auch Bangkoks Nationalmuseum *(S. 84f)* präsentiert Artefakte aus Ban Chiang. In Ban Kao *(S. 160)* gibt es Gräber und das Museum. In Pha Taem *(S. 288f)* und im Historischen Park Phu Phrabat *(S. 285)* sind Felszeichnungen zu sehen.

***In den Gräbern** in Ban Chiang waren rings um die Leichname Gefäße platziert.*

Bemalung verdrängt die Bänder beim Dekor; es entstehen diffizile geometrische Muster.

Schmaler Fuß

300 v. Chr. – 1 n. Chr.

300 v. Chr. – 100 n. Chr.

Rostrote geometrische Muster stehen auf beigefarbenen Grund.

Bronze-Armreifen
Außer Gebrauchsgegenständen kreierten Ban Chiangs Handwerker kunstvollen Schmuck – diese Armbänder wahrscheinlich um 300–200 v. Chr. in der Blüte der bronzezeitlichen Ban-Chiang-Kultur.

500 v. Chr. In Ban Na Di entsteht eine Bronzekultur

1.–6. Jh. n. Chr. Das indisierte Königreich Funan prägt die Umgebung der Zentralebene kulturell

1 n. Chr. | **100** | **200** | **300** | **400**

1. Jh. n. Chr. Indische Händler stoßen auf die thailändische Halbinsel vor *(siehe S. 336f)*

Ban-Chiang-Keramik (300 v. Chr.–200 n. Chr.)

3.–5. Jh. Im Süden floriert das mit Indien Handel treibende Königreich Dan Sun

Vishnu-Skulptur aus Kalkstein (4. Jh. n. Chr.)

Die ersten Staaten

Srivijaya-Votivtafel

AB DEN ERSTEN JAHRHUNDERTEN vor unserer Zeitrechnung verbreiteten indische Missionare in Südostasien den Buddhismus und Hinduismus. Im folgenden Jahrtausend bildeten sich stark indisierte Königreiche heraus: Im Herzen Thailands blühte das Dvaravati-Reich (6.–11. Jh.), die Halbinsel aber zählte zum Srivijaya-Reich (7.–13. Jh.) mit Ursprung in Sumatra *(siehe S. 336f)*. Von Kambodscha her *(siehe S. 254f)* expandierte das Khmer-Reich (9.–13. Jh.). Ab dem 11. Jahrhundert wanderten Tai aus Südchina ein.

KHMER-REICH UM 960

Ausdehnung des Khmer-Reichs

Fliegender Buddha *(8./9. Jh.)* *Die Dvaravati-Skulptur zeigt Buddha auf dem Rücken des Fabeltiers Panaspati, einem Zwitter aus Shivas Reittier, dem Stier Nandi und dem Vogel Garuda.*

Steinmetzarbeiten *Die Dvaravati-Steinmetze schufen beeindruckende Flachreliefs. Dieses ziert den Wat Suthat* (siehe S. 86) *und zeigt Gestalten aus Buddhismus und Hinduismus.*

Vishnu träumt, auf einer *naga* schlummernd, von einem neuen Universum.

Die *naga* (Schlange), auf der Vishnu ruht, symbolisiert den Milchozean der Ewigkeit.

Dvaravati-Gottheiten *Flachreliefs, die in einer Höhle bei Saraburi in Zentralthailand entdeckt wurden, stellen Brahma, Vishnu und Buddha dar.*

ZEITSKALA

Frühes 6. Jh. Die Mon, die den Buddhismus aus Indien übernommen haben, begründen die Dvaravati-Kultur

7. Jh. Von Sumatra aus expandiert das Srivijaya-Reich

8. Jh. Thai-Völker besiedeln die Hochlandtäler von Laos, Nordvietnam und Südchina

Dvaravati-Münze

500 | 600 | 700 | 800

Dvaravati-Stuckplastik

7. Jh. Chamadevi aus Lop Buri wird Königin des Dvaravati-Reichs

661 Mutmaßliche Gründung des Königreichs Haripunchai im nordthailändischen Lamphun *(siehe S. 219)* durch Buddhisten

9. Jh. In Angkor entsteht das Khmer-Reich

Devaraja
Dieses in Angkor Wat (siehe S. 254f) *aufgefundene Khmer-Flachrelief zeigt den Gottkönig oder* devaraja *König Suryavarman II. (1113–50).*

Wegweiser zu den ersten Staaten

Aus der Zeit des Dvaravati-, Srivijaya- und Khmer-Reichs gibt es Relikte in Bangkoks Nationalmuseum *(S. 84f)* und in regionalen Museen. Im Wat Chama Thewi in Lamphun *(S. 219)* stehen zwei *chedi* im Dvaravati-Stil. Besterhaltenes Beispiel eines Srivijaya-Tempels ist der Phra Boromathat Chaiya *(S. 323)*. Zu Thailands Khmer-Heiligtümern zählen Prasat Hin Phimai *(S. 266f)* und Prasat Hin Khao Phnom Rung *(siehe S. 270f)*.

***Prasat Hin Phimai** entstand weitgehend im 11. Jahrhundert unter Suryavarman I.*

Terrakotta-Löwe *(8. Jh.)*
Die Dvaravati-Figuren, so dieser Löwe aus Phetchaburi (siehe S. 318f), *zeigen Einflüsse indischer Gupta-Kunst.*

Der Weltschöpfer
Brahma sitzt auf einer Lotosblüte, die aus Vishnu sprießt. Er hat die Aufgabe, den Traum Vishnus von einem neuen Universum zu verwirklichen.

Srivijaya-Buddha
Die Buddha-Figur aus der Srivijaya-Epoche ist ein Fund aus der alten, auf der Halbinsel gelegenen Stadt Chaiya (siehe S. 323).

Khmer-Türstock

Die Khmer bauten überall in ihrem weiten Reich Tempel, viele im heutigen Nordostthailand, und schmückten sie mit ausdrucksstarken Steinskulpturen. Meist zeigen sie Figuren des Hinduismus *(siehe S. 37)*, mitunter auch des Mahayana-Buddhismus. Dieser Türstock des Prasat Hin Khao Phnom Rung *(siehe S. 270f)* bildet einen Hindu-Schöpfungsmythos ab.

11.–13. Jh. Lop Buri wird als wichtige Provinzhauptstadt dem Khmer-Reich eingegliedert

1001/02 Regierungszeit von Udayadityavarman, der nach einem Angriff auf Lop Buri in Haripunchai (Lamphun) einfällt

1229–43 Regierungszeit von Indravarman II.

1115–55 Lop Buri strebt nach Unabhängigkeit von den Khmer

900 | **1000** | **1100** | **1200**

10.–12. Jh. Srivijaya verstrickt sich in fatale Kämpfe gegen den indischen Staat Chola

11.–12. Jh. Die Tai-Bevölkerung in von den Khmer kontrollierten Gebieten des heutigen Thailand nimmt zu

Lop-Buri-Buddha

1113–50 Regierungszeit von Suryavarman II.

1181–1220 Regierungszeit von Jayavarman VII., dem mächtigsten Khmer-König

Das Reich von Sukhothai

Sukhothai-Münze

DAS KÖNIGREICH von Sukhothai gilt als erstes bedeutendes Staatsgebilde der Tai. Wie die folgenden Königreiche erhielt es den Namen »Siam«. Mittelpunkt des Reichs war die Hauptstadt Sukhothai *(siehe S. 184ff)* in der Zentralebene. Der Theravada-Buddhismus fand in Sukhothais Architektur und Bronze-Buddhas neuen künstlerischen Ausdruck. Unter Ramkamhaeng, dem ruhmreichsten Herrscher, erlebte Sukhothai seine Glanzzeit. Doch schon 1320 besaß es nur mehr lokal begrenzte Macht.

SUKHOTHAI UM 1300

☐ *Königreich Sukhothai*

Ramkamhaeng (um 1279–98)
Ramkamhaeng, hier auf einem modernen Relief, war Sukhothais herausragendster König. Er erweiterte das Territorium und handelte Abkommen mit Nachbarstaaten aus.

Alte Thai-Inschrift (1292)
Ramkamhaeng soll die Thai-Schrift entwickelt und auf dieser Stele Sukhothais Geschichte aufgezeichnet haben.

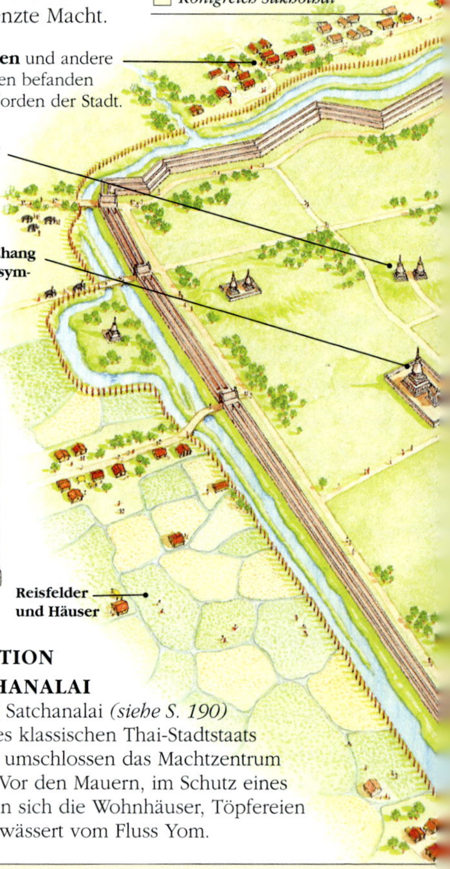

Dachdekor
Keramiken wie diese (14. Jh.) waren ein beliebtes Dekor an Bauten.

REKONSTRUKTION VON SI SATCHANALAI

Die Anlage von Si Satchanalai *(siehe S. 190)* entsprach der eines klassischen Thai-Stadtstaats *(muang)*. Mauern umschlossen das Machtzentrum des Kronprinzen. Vor den Mauern, im Schutz eines Bergrings befanden sich die Wohnhäuser, Töpfereien und Reisfelder, bewässert vom Fluss Yom.

ZEITSKALA

um 1240 Thronbesteigung von Si Intharathit, Sukhothais erstem bekannten König

König Ramkamhaeng

um 1279 Ramkamhaeng wird König und macht Sukhothai zu einem mächtigen Reich

1287 Ramkamhaeng schließt Bündnisse mit Lanna *(siehe S. 58f)* und Phayao

1240 | 1260 | 1280

um 1270–79 Regierungszeit von Ban Muang; noch ist Sukhothai nur eine lokale Größe

1283 Der Sage nach entwickelt Ramkamhaeng aus der ceylonesischen die Thai-Schrift

1294 Ramkamhaeng führt im Süden, nahe Phetchaburi, Krieg

Schiefergravur
Diese Gravur (14. Jh.), Teil einer im Wat Si Chum (siehe S. 185) *in Sukhothai gefundenen Bilderfolge, schildert Buddhas Reinkarnation als Pferd.*

Sangkhalok-Keramik
Si Satchanalai war eine Töpferhochburg (siehe S. 150f) *und einst als Sawankhalok bekannt. Daher stammt die Bezeichnung Sangkhalok-Ware für Sukhothai-Keramiken des 13. bis 15. Jahrhunderts.*

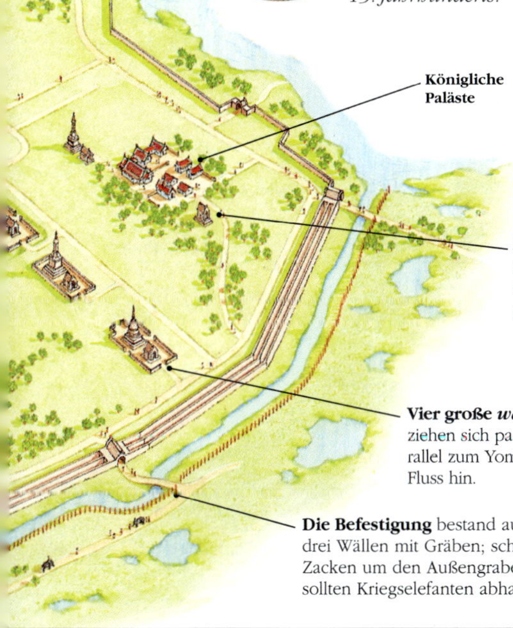

Eine Stadtsäule *(lak muang)* sollte die örtlichen Geister gnädig stimmen.

Vier große *wat* ziehen sich parallel zum Yom-Fluss hin.

Die Befestigung bestand aus drei Wällen mit Gräben; scharfe Zacken um den Außengraben sollten Kriegselefanten abhalten.

Wegweiser zum Königreich Sukhothai

Die wichtigsten Baudenkmäler stehen in Sukhothai *(S. 184 ff)*, Si Satchanalai *(S. 188f)* und Kamphaeng Phet *(S. 182f)*. Artefakte sind auch im Nationalmuseum von Bangkok *(S. 84f)* sowie in den Nationalmuseen Ramkamhaeng *(S. 184f)*, Sawankha Woranayok *(S. 190)* und Kamphaeng Phet *(S. 182)* ausgestellt.

Wat Sa Si (siehe S.185) *ist einer der vielen Tempel im Sukhothai-Geschichtspark.*

Schreitender Buddha
Die Buddha-Figur (14. Jh.) zeigt neue, feinere Techniken beim Arbeiten mit Bronze.

1298 Tod von Ramkamhaeng

Ende 13. Jh. Chinesen bezeichnen Sukhothai als Siam

Sukhothai-Deckelschale (14.–15. Jh.)

1346/47 Regierungszeit von Ngua Nam Thom

1300 | 1320 | 1340

1298–1346 Regierungszeit von Lo Thai, Beginn des Reichverfalls

Sukhothai-Steinskulptur (14.–15. Jh.)

1321 Tak, einst Teil von Sukhothai, fällt an Lanna; Sukhothai ist nur noch ein kleines Reich im Machtkampf vieler Staaten

1347–1368 Regierungszeit von Maha Thammaracha I.

Das Reich von Ayutthaya

Ayutthaya-Buddha

AYUTTHAYA, das Mitte des 14. Jahrhunderts zum mächtigsten Königreich in Siam aufstieg, verleibte sich 1438 Sukhothai ein. Mitte des 16. Jahrhunderts kontrollierte es die Zentralebene und weite Teile des heutigen Thailand. Es reformierte Militär-, Gesetzes- und Verwaltungswesen, brachte die Künste zur Blüte und unterhielt Handelsbeziehungen mit dem Westen *(siehe S. 152f)*. Es kämpfte jahrelang gegen die Birmanen, die 1767 mit der Zerstörung der Hauptstadt Ayutthaya dem Königreich den Todesstoß versetzten.

AYUTTHAYA UM 1540

Königreich Ayutthaya

Ayutthaya-Fresken
Es sind nur wenige Wandmalereien erhalten. Diese (15. Jh.) zieren den Wat Ratchaburana in Ayutthaya (siehe S. 166ff).

Goldener Elefant
Ayutthayas Goldschmiede fertigten Kunstwerke wie diesen juwelenbesetzten, in Demutshaltung dargestellten Elefanten. Geborgen wurde er im Wat Ratchaburana.

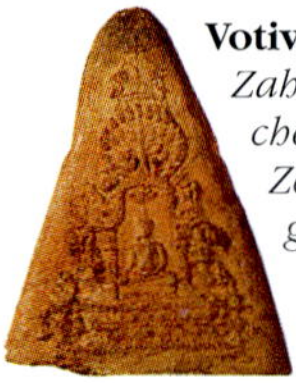

Votivtafeln
Zahllose irdene Täfelchen der Ayutthaya-Zeit zeigen oft den geschmückten Buddha unter einer naga *(Schlange).*

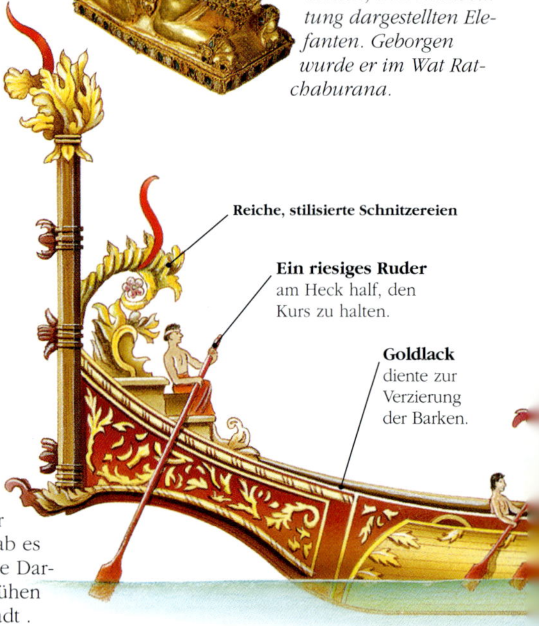

Reiche, stilisierte Schnitzereien

Ein riesiges Ruder am Heck half, den Kurs zu halten.

Goldlack diente zur Verzierung der Barken.

REKONSTRUKTION EINER KÖNIGLICHEN BARKE

Als die ersten westlichen Ausländer *(farang)* nach Ayutthaya kamen, gab es noch viele königliche Barken. Diese Darstellung basiert auf Stichen einer frühen französischen Beschreibung der Stadt .

ZEITSKALA

1351 Ramathibodi I. wird nach Gründung der Hauptstadt Ayutthaya König des gleichnamigen Reichs

1409–24 Regierungszeit von Intharacha

1448–88 Regierungszeit von Borommatrailokanat, der Verwaltung und Recht grundlegend reformiert

1350 | 1400 | 1450 | 1500

1388–95 Ramesuan erobert Chiang Mai in Lanna *(siehe S.58f)*

1424–48 Borommaracha II. nimmt Angkor ein

1491–1529 Regierungszeit von Ramathibodi II.

1507–15 Ayutthaya führt Krieg gegen Lanna

Ayutthaya-Münze

Vergoldetes Schränkchen *Ayutthayas Handwerker wussten meisterhaft mit Holz umzugehen. Diesen Schrank schmückten sie an den Türen mit Bäumen aus Goldintarsien, andere Exemplare auch gern mit* Dschataka*-Szenen.*

Türfüllung aus Ayutthaya *Diese Holzschnitzerei (17.–18. Jh.), Fragment einer Tempeltür, ist ein Fundstück aus dem Wat Huntra in Ayutthaya.*

Wegweiser zum Königreich Ayutthaya

Die Ruinen von Ayutthaya *(S. 166ff)* in der südlichen Zentralebene zählen zu den großartigsten des Landes. Das Nationalmuseum Chao Sam Phraya *(S. 168)* und das Nationalmuseum in Bangkok *(S. 84f)* besitzen Artefakte aus der Ayutthaya-Zeit.

***Wat Chai Watthanaram**, 1630 von König Prasat Thong erbaut.*

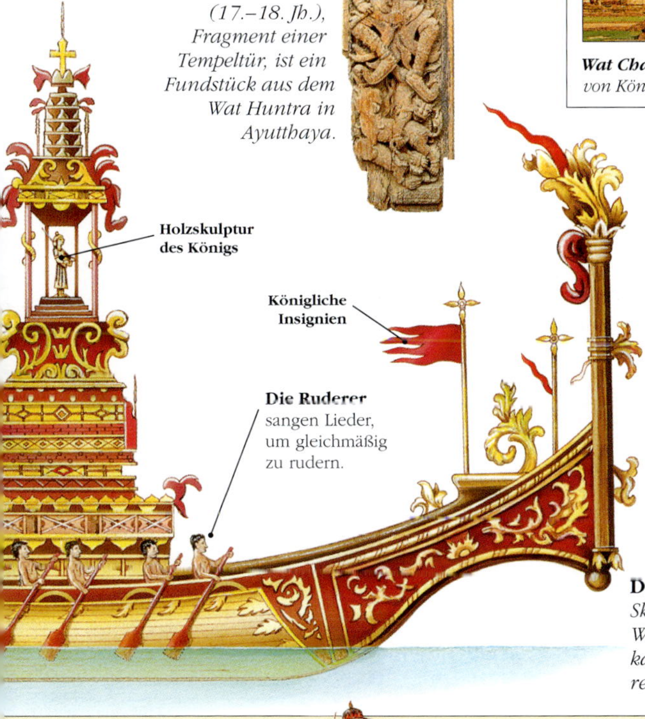

Deva-Figur (18. Jh.) *Skulpturen himmlischer Wesen wie diese Figur kamen bei religiösen Zeremonien zum Einsatz.*

1550

1555 Geburt von Naresuan

1564 Birmanen fallen in Ayutthaya ein

1569–90 Ayutthaya unter der Herrschaft der Birmanen

1585–87 Naresuan schlägt zweimal die Birmanen

1593 Naresuan besiegt Birma in der Schlacht von Nong Sarai

Ayutthaya-Soldat

1600

1608 Siam schickt die erste Gesandtschaft nach Europa

1650

1660 Narais Versuch, Chiang Mai und Lampeng in Lanna von Birmas Besatzung zu befreien, scheitert

1662 Narai fällt in Birma ein

1685 Ayutthaya empfängt erste französische Gesandte

1688 Narais Tod löst in Ayutthaya eine Palastrevolte aus

1700

König Narai

1750

1766 Birmanen belagern nach Einnahme von Chiang Mai Ayutthaya

1767 Zerstörung Ayutthayas, neue Hauptstadt wird Thon Buri

Lanna und birmanische Reiche

Lanna-Urne

Zur selben Zeit wie Sukhothai entstand in Nordthailand das Königreich Lanna. Sein Gründer Mengrai erweiterte es um birmanische Gebiete. 600 Jahre bestand das Reich, das seine Blüte unter den Königen Ku Na und Tilok erlebte. Kriege gegen Birma und Ayutthaya im 16. und 17. Jahrhundert führten zum Niedergang. Von Ayutthaya aus Lanna vertrieben, eroberten die Birmanen 1615 die Hauptstadt Chiang Mai zurück. Sie hielten Lanna besetzt, bis Truppen Siams und Lannas sie im 18. Jahrhundert besiegten. Lanna wahrte seine Selbstständigkeit bis ins 19. Jahrhundert.

Lanna um 1540

Königreich Lanna

Goldene Tür
Blattgold schmückt diese Tempeltür des Wat Phra That Lampang Luang (siehe S. 224f), *einen von Thailands ältesten Lanna-Bauten.*

Naresuan greift auf einem Elefanten den birmanischen Kronprinzen an.

Ayutthayas Soldaten, erkennbar am traditionellen Helm, umringen Naresuan.

Lanna-Elefant
Der bronzene Elefant aus dem 16. Jahrhundert diente als Podest für buddhistische Opfergaben.

Bronze-Buddha
Buddha-Figuren des 14. und 15. Jahrhunderts kennzeichnen den Höhepunkt der Lanna-Kunst. Nach Birmas Eroberung des Nordens degenerierte dieser Kunststil.

Schlacht von Nong Sarai (1593)
Im Bestreben, ganz Siam zu erobern, fielen die Birmanen 1564 in Ayutthaya ein. Das Gemälde (19. Jh.) illustriert die Schlacht von Nong Sarai, in der Naresuan (1590–1605) den birmanischen Kronprinz besiegte und Ayutthaya so von Birma befreite. 1598 vertrieb Ayutthaya die Birmanen aus dem Norden, der im 17. Jahrhundert erneut an Birma fiel.

Zeitskala

1259–1317 Regierungszeit von Mengrai; Einigung der nördlichen Fürstentümer

1289 Mengrai verleibt Lanna Gebiete Birmas ein

1292 Gründung von Chiang Mai

1355–85 Ku Na regiert und stabilisiert das Reich

1441–82 Regierungzeit von Tilok

1442/43 Ayutthaya zieht gegen Lanna ins Feld

1250 | 1300 | 1350 | 1400 | 1450 | 1500

1281 Mengrai erobert Haripunchai *(S. 219)*

1262 Gründung von Chiang Rai *(siehe S. 240f)*

König Mengrai

1369 Ein dem ceylonesischen Buddhismus *(siehe S. 188)* anhängender Mönch aus Sukhothai soll auf Einladung von Ku Na in Chiang Mai ein Kloster gründen

1456–57 Lanna und Ayutthaya kämpfen um die Vorherrschaft in der Zentralebene

Wihan-Modell
Wihan-*Miniaturen findet man in ganz Thailand. Der überhöhte Sockel dieses bronzenen Kunstwerkes (18.–19. Jh.) aus Lanna ist ein Kennzeichen vieler Lanna-Tempelgebäude.*

Wegweiser zu den Königreichen Lanna und Birma

Lanna-Kunstwerke befinden sich in den Nationalmuseen von Chiang Mai, Lamphun *(S. 219)* und Bangkok. Bauwerke aus der Lanna-Epoche sind u. a. in Chiang Mai *(S. 214ff)*, Chiang Khong *(S. 239)*, Lamphun und Lampang *(S. 226)* erhalten. Birmanische Architektur gibt es in Mae Hong Son *(S. 206f)* und Phrae *(S. 248f)*.

***Der* ho trai** *(der Bibliotheks-pavillon) im Wat Phra Sing in Chiang Mai zählt zu Thailands schönsten Lanna-Bauten.*

Birmanische Tänzerin
Das Tempelfresko in Chiang Mai (siehe S. 214ff) *zeigt eine birmanische Tänzerin. Verweise auf die birmanische Besatzung gibt es in mehreren* wat *des Nordens.*

Die birmanischen Soldaten tragen Kopftücher.

Lanna-Münze
Bronzeringe dienten im 18. und 19. Jahrhundert im Königreich Lanna als Münzgeld.

Lanna-Holzschnitzereien
Das Giebelfeld des im 19. Jahrhundert erbauten wihan *des Wat Pan Tao* (siehe S. 215) *ist ein Meisterwerk der Lanna-Holzschnitzerei.*

1558 Birmanen nehmen Chiang Mai ein

1590 Durch den Sieg bei Nong Sarai stellt Ayutthaya Lannas Unabhängigkeit von Birma wieder her

1660 Narai von Ayutthaya versucht vergebens, Birmas Vormacht im Norden zu beenden

Lanna-Schatulle (19. Jh.)

1550 | 1600 | 1650 | 1700 | 1750 | 1800

1615 Die Birmanen unterwerfen abermals Lanna

1598 Naresuan von Ayutthaya vertreibt die Birmanen – kurzfristig – aus dem Norden

Lanna-Buddha (15.–17. Jh.)

1727 General Thip besiegt die Birmanen und ruft sich zum König von Lampang aus

1776 Taksin von Thon Buri und Kawila von Lampang erobern Chiang Mai zurück

Die frühe Chakri-Dynastie

Hofgewand (um 1850)

NACH AYUTTHAYAS ZERSTÖRUNG ließ General Taksin in Thon Buri, am Westufer des Chao Phraya gegenüber dem späteren Bangkok, eine neue Hauptstadt bauen und ernannte sich 1768 zum König. Binnen zehn Jahren machte er Siam wieder zur bedeutenden Regionalmacht. Der Heerführer Chao Phraya Chakri entmachtete ihn 1782 und begründete als Rama I. die Chakri-Dynastie. König Mongkut (Rama IV.) leitete Siams Modernisierung ein und förderte den Wirtschaft- und Kulturaustausch mit dem Westen.

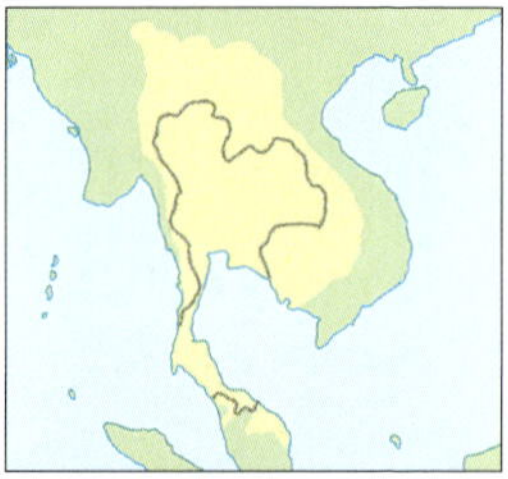

SIAM UM 1809

Siamesisches Territorium

Chakri-Könige

Rama I., II. und III. restaurierten und stabilisierten die Monarchie. Rama II. war literarisch sehr gebildet, Rama III. ein bedeutender Kaufmann.

Khlong sind wichtige Transportwege.

Der Große Palast *(siehe S. 76ff)* entstand ab dem späten 18. Jahrhundert. Mitte des 19. Jahrhunderts war die Anlage riesig.

Chakri-Thron

Im Großen Palast (siehe S. 76ff) *steht der unter Rama I. angefertigte Thronsitz Busabok Mala Maha Piman. Auf ihm nahm der König bei Staatszeremonien Platz.*

Sir John Bowring

Indem Siam den Briten im Bowring-Vertrag (1855) Handelsfreiheit zugestand und später ähnliche Abkommen mit anderen Kolonialmächten schloss, konnte es seine Souveränität wahren.

ZEITSKALA

1768 Taksin versucht, das Reich wiederherzustellen

Ramakien-Fresko

1782 Rama I. entmachtet den größenwahnsinnigen Taksin und verlegt die Hauptstadt

1783 Baubeginn am Wat Phra Kaeo

1785 Abwehr eines Großangriffs der Birmanen

1797 Rama I. »verfasst« das Ramakien *(siehe S. 36f)*

1800 Endgültige Vertreibung der Birmanen aus Siam

1805 Rama I. beauftragt ein Richtergremium, den Gesetzeskodex zu reformieren

1808–24 Regierungszeit von Rama II.

1813 Siams Rückzug überlässt Vietnam die Vorherrschaft in Kambodscha

1770 | 1780 | 1790 | 1800 | 1810

Thai-Etikette *(1855)*
Mitte des 19. Jahrhunderts war der »Kotau« noch gebräuchliche Respektbezeugung. Rama V. (siehe S. 62f) *schaffte ihn offiziell ab.*

Wegweiser zur frühen Chakri-Dynastie

Die beeindruckendsten Bauten der frühen Chakri- oder Rattanakosin-Epoche *(S. 31)* stehen fast alle in Bangkok. Ältestes Chakri-Bauwerk ist der *bot* des Wat Phra Kaeo *(S. 76)*. Zu den weiteren Highlights zählen *bot* und *wihan* des Wat Suthat *(S. 86f)*, Wat Po *(S. 88f)* und Phra Nakhon Khiri in Phetchaburi *(siehe S. 320)*.

***Wat Suthat**, errichtet unter Rama I., besitzt Bangkoks größten* wihan.

Mongkut *(1851–68)*
Mongkut, hier neben seiner Lieblingsfrau, knüpfte als Kronprinz auf Reisen viele Kontakte zu westlichen Ländern.

Thon Buri am Westufer des Chao Phraya ist noch ein kleines Städtchen.

König Mongkut (Wandmalerei)
Auf diesem Fresko beobachtet König Mongkut – ihm zu Füßen das Volk – vom Palast aus eine Sonnenfinsternis.

Frühes Bangkok (Krung Thep)

Zum Schutz vor Angriffen aus Birma verlegte Rama I. den Regierungssitz 1782 von Thon Buri ans östliche Flussufer. Von seinen Visionen zeugt der 48-silbige Name der Chakri-Hauptstadt; die ersten zwei Silben, »Krung Thep«, bedeuten »Stadt der Engel«. Das Wandbild (1864) zeigt Tempel und Häuser im frühen Bangkok.

1824–1851 Regierungszeit von Rama III.

Chakri-Münze

nach 1840 Siam besitzt die Oberhoheit in Kambodscha

1855 Unterzeichnung des Bowring-Vertrags

1820 | 1830 | 1840 | 1850 | 1860

1826 Burney-Vertrag; beschränkte Handelsfreiheit für die Briten

1827 Siamesische Truppen zerstören Vientiane

um 1830 Siam kämpft in Kambodscha gegen Vietnam zur Verteidigung des Buddhismus

Rama IV. (1851)

1868 Mongkut, Rama IV., stirbt; der 15jährige Chulalongkorn besteigt unter Vormundschaft eines Regenten den Thron

Die Chulalongkorn-Ära

Rama V., westlich gekleidet

Chulalongkorn, der bedeutendste Chakri-König (1868–1910), führte die von seinem Vater Mongkut eingeleitete Modernisierung des Landes fort. Er strukturierte Steuer- und Verwaltungswesen um und schaffte die Sklaverei ab. Die Reformen verstimmten die älteren Minister, die »Konservativen« *(bua boran)*, und führten 1875 zur Palastkrise. Der König hielt Großbritannien und Frankreich, die ihre Kolonialbesitzungen in Südostasien absicherten, durch geschickte Außenpolitik in Schach, musste aber Teile von Birma, Laos und Kambodscha sowie Malakka abtreten.

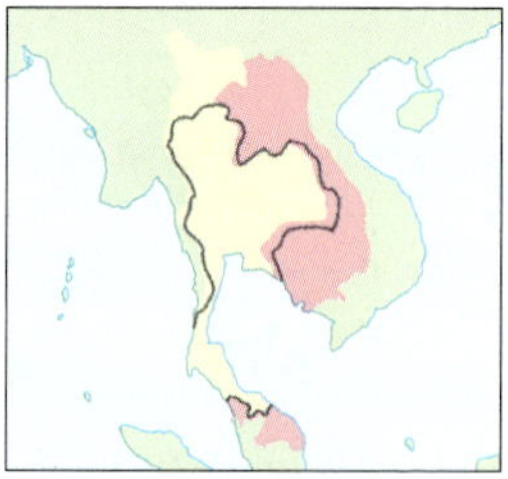

Siam um 1909

Siamesisches Territorium

Abgetretene Gebiete

Rama V.
Chulalongkorn (Rama V.) bestieg, einen Regenten an seiner Seite, mit 15 Jahren den Thron. Seine ausgezeichnete westliche und traditionelle Bildung befähigte ihn zu der Aufgabe, Siam zu modernisieren.

Soldaten in Kolonialuniform bewachten die Bestattung.

Die Trommler trugen traditionellen Thai-Kopfputz.

Leben auf dem *khlong*
Ende des 19. und noch im 20. Jahrhundert war Bangkok als »Venedig des Ostens« (siehe S. 121) *bekannt.*

Klassische Tänzer am Hof
Viele Traditionen, so der klassische Tanz, wurden bewahrt – auch wenn man sich gern der modernen Fotografie bediente, um Szenen wie diese festzuhalten.

Zeitskala

1874 Chulalongkorn (Rama V.) verabschiedet ein Reformpaket, das die »Konservativen« *(bua boran)* verärgert

1887 Prinz Devawongse nimmt in London an der Feier von Queen Victorias 50. Thronjubiläum teil; mit Blick auf Siam informiert er sich über europäisches Verwaltungswesen

1870 | **1875** | **1880** | **1885**

1874 Entsendung eines Thai-Hochkommissars nach Lanna

1875 Opposition der »Konservativen« führt zur Palastkrise, woraufhin Chulalongkorn einige Reformen entschärft

Kachelmotiv, Wat Rachabophit

1885 Der aufgeklärte Prinz Devawongse wird Außenminister

1888 Einführung eines neuen, zentralisierten Verwaltungssystems

Konflikt mit Frankreich
Frankreich übernahm Siams laotische Besitzungen und gliederte Laos 1893 demonstrativ seiner Indochinesischen Union ein. Auf dieser Karikatur taxiert der französische »Wolf« gierig das siamesische »Lamm«.

Chulalongkorns Leichnam wurde in diesem Kremationsturm eingeäschert.

Chulalongkorns Einäscherung

Chulalongkorn wurde 1910 in Bangkok prunkvoll bestattet. Als mutiger Reformer genießt er noch heute die Verehrung der Thai, die mit dem Chulalongkorn-Tag *(siehe S. 46)* alljährlich seines Todes gedenken.

Wegweiser zur Chulalongkorn-Ära

An der Grundstruktur von Sakralbauten änderte sich im späten 19. Jahrhundert wenig. Gleichwohl tragen einige Gebäude in Bangkok Chulalongkorns Handschrift: Der Wat Benchamabophit *(S. 102f)* vermengt chinesische, italienische und Khmer-Elemente, der Wat Rachabophit *(S. 87)* traditionelle Thai-Architektur mit europäischen Stilmerkmalen.

***Dem Wat Rachabophit** verhalf Rama V. zu Thai-Interieur mit italienischen Elementen.*

Moderne Zeiten
Chulalongkorn förderte die Neugier: Schon Anfang des 20. Jahrhunderts rollten Autos durch Bangkok.

1893 Frankreichs Einverleibung von Laos entfacht den Konflikt mit Frankreich

Französisches Kanonenboot

1907 Abtretung kambodschanischer Territorien an Frankreich

1910 Chulalongkorn stirbt; sein Sohn Vajiravudh (Rama VI.) besteigt den Thron

1890 | 1895 | 1900 | 1905 | 1910

1892 Schaffung neuer Ministerien

1893 Paknam-Zwischenfall: Kanonenboote demonstrieren auf dem Chao Phraya Frankreichs militärische Macht

1905 Abschluss der langjährigen, schrittweise umgesetzten Reform zur Abschaffung der Sklaverei

1909 Siam überlässt den Briten die Kontrolle über die malaiischen Staaten Kelantan, Perlis, Terengganu und Kedah

Das moderne Thailand

Thailands Flagge

SIAM, SEIT 1932 konstitutionelle Monarchie, zeigte in den 1930er Jahren unter Premier Phibun Songkram nationalistische Tendenzen: Es nahm den Namen Prathet Thai (»Land der Thai bzw. Freien«, Thailand) an und kämpfte im Zweiten Weltkrieg auf der Seite Japans gegen die Alliierten. Im Vietnamkrieg wiederum unterstützte Thailand die USA. Während sich die Wirtschaft seit den 1980er Jahren an Asiens »Tigern« orientiert, bremste das einflussreiche, immer putschbereite Militär wiederholt den Demokratisierungsprozess.

ASEAN IM JAHR 2000

Association of SE Asian Nations

König Vajiravudh *(1910–25) brachte die älteren Berater seines Vaters Chulalongkorn gegen sich auf. Daraufhin rief er 1911 die Eliteeinheit »Wilde Tiger« ins Leben.*

Demokratie-Denkmal *Das 1939 aufgestellte Denkmal erinnert an die Einführung der konstitutionellen Monarchie 1932. Hier versammeln sich, wie beim großen Massenprotest 1992, Demonstranten.*

Barke im Ayutthaya-Stil

MODERNES BANGKOK

Mit dem Wirtschaftswachstum hat sich Bangkoks Bevölkerung zu Beginn des 21. Jahrhunderts auf offiziell fünf (inoffiziell fast zehn) Millionen vermehrt – eine unkontrollierte Expansion, mit der die Infrastruktur nicht Schritt hält. Die Stadt pflegt ihre Traditionen: Bei Bangkoks 200-Jahr-Feier 1982 und König Bhumibols 50. Thronjubiläum 1996 zogen die Königlichen Barken über den Fluss.

ZEITSKALA

1911 Formierung der paramilitärischen Eliteeinheit »Wilde Tiger«

1934–38 Verschärfter Machtkampf zwischen Phibun Songkram und Pridi Phanomyong

1935 Prajadhipok dankt ab, Ananda Mahidol wird König

1940 Nach Frankreichs Besetzung fällt Thailand in Kambodscha ein

1959 Sarit Thanarat putscht und läutet als Premier die *samai pattana* genannte Modernisierung ein

1946 Rücktritt Phibuns; Phanomyong bildet neue Regierung

1920 | 1930 | 1940 | 1950

1917 Siam unterstützt im Ersten Weltkrieg mit einer kleinen Streitmacht die Alliierten

Phibun Songkram

1925 Prajadhipok wird König

1932 Ein Staatsstreich macht Siam zur konstitutionellen Monarchie

1938 Phibun Songkram wird Premierminister

1939 Phibun benennt Siam um

1941 Phibun kollaboriert mit Japan; Pridi Phanomyong organisiert den Widerstand im Untergrund

1946 Mahidol wird ermordet, Bhumibol König

Verkehrschaos
Bangkoks zügelloses Wachstum hat das Verkehrsproblem verschärft. Wegen der mangelhaften Verkehrsplanung ist die Innenstadt chronisch verstopft.

König Bhumibol
Auf Thailands politisch unruhiger Bühne hat sich König Bhumibol (Rama IX.) als Vermittler Respekt verschafft. Nach den blutigen Ausschreitungen 1992 bewirkte er den Rücktritt der Militärjunta.

Wegweiser zum modernen Thailand

Abgesehen von Palästen und *wat* präsentiert sich in Thailand, vor allem in Bangkok, die Architektur des 20. Jahrhunderts als funktionalistisch einfallslos. Dennoch sind einige der zahllosen Bauten der 1980er und 1990er Jahre sehenswert – und sei es nur wegen ihrer Stillosigkeit. Manche Ferienhotels sind traditionell gestaltet.

***Den »Roboterturm«** in Bangkoks Innenstadt entwarf Sumet Jumsai Mitte der 1980er Jahre.*

Tourismus
Der Tsunami 2004 war eine Katastrophe; doch Thailands Tourismusindustrie (zwölf Millionen Besucher 2004) war nur teilweise betroffen.

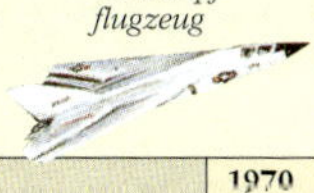

US-Kampfflugzeug

1960

1964 Im Vietnamkrieg operiert die US-Luftwaffe von Stützpunkten in Thailand aus

1967 Thailand wird Gründungsmitglied der Vereinigung südostasiatischer Nationen (ASEAN)

1970

1973–76 Studentenaufstände und turbulentes demokratisches Intermezzo

1976 Das Massaker an Studenten verschafft den Kommunisten (KPT) starken Zulauf *(siehe S. 278)*

1980

1980er Jahre Die KPT verliert an Einfluss; der Wirtschaftsboom beginnt

König Bhumibol

1988 Demokratische Parlamentswahlen

1990

1992 Brutales Vorgehen gegen demokratische Demonstranten in Bangkok, danach demokratische Wahlen

1997 Wirtschaftskrise

2000

26. 12. 2004 Die Westküste Südthailands wird von einem Tsunami getrofffen; etwa 5300 Tote

BANGKOK

Bangkok im Überblick

Wächterfigur im Wat Arun

THAILANDS HAUPTSTADT erstreckt sich beiderseits des breiten Chao Phraya, der 20 Kilometer stromabwärts in den Golf von Thailand mündet. Krung Thep, »Stadt der Engel« nennen sie die Thai – eine Abkürzung ihres 150 Buchstaben langen Amtsnamens. Sieben Millionen Menschen wohnen in der noch recht jungen, 1782 von Rama I. gegründeten Metropole. Bangkok reißt mit und stimuliert: Es ist ein hemmungslos wuchernder Moloch, aber eine der aufregendsten Städte der Welt. Jedem bietet sie etwas: rastloses Nachtleben, quirlige Märkte, Läden und Restaurants, großartige *wat*, Museen, Paläste und Parks.

Das Nationalmuseum (siehe S. 84f) *hütet zahlreiche Schätze wie diesen Buddha-Kopf (7.–8. Jh.).*

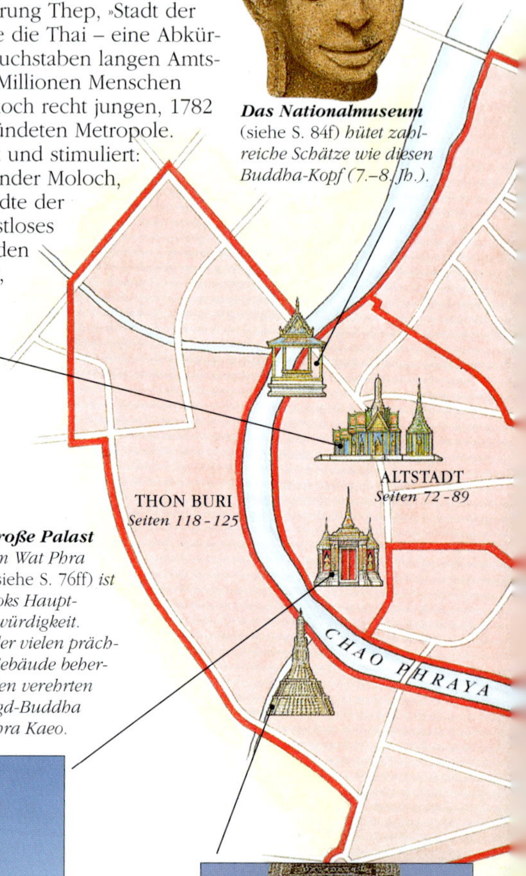

Der Große Palast *mit dem Wat Phra Kaeo* (siehe S. 76ff) *ist Bangkoks Hauptsehenswürdigkeit. Eines der vielen prächtigen Gebäude beherbergt den verehrten Smaragd-Buddha oder Phra Kaeo.*

Wat Pho (siehe S. 88f)*, im 16. Jahrhundert gegründet, ist einer der ältesten Tempel der Hauptstadt und ein renommiertes Ausbildungszentrum für traditionelle Heilkunst und Massage.*

Wat Arun (siehe S. 122f) *oder »Tempel der Morgenröte« zählt zu Bangkoks berühmtesten Wahrzeichen. Abertausende von Porzellanscherben verkleiden seine von der Khmer-Architektur beeinflussten* prang.

◁ **Schmuckstücke in Bangkoks Skyline: die kunstvollen *prang* des Großen Palasts und Wat Phra Kaeo**

Der Dusit-Park (siehe S. 98f) *offeriert Attraktionen für ein volles Tagesprogramm: reizvolle Museen, Spazierwege im Grünen, den Vimanmek-Palast und den benachbarten Zoo.*

ZUR ORIENTIERUNG

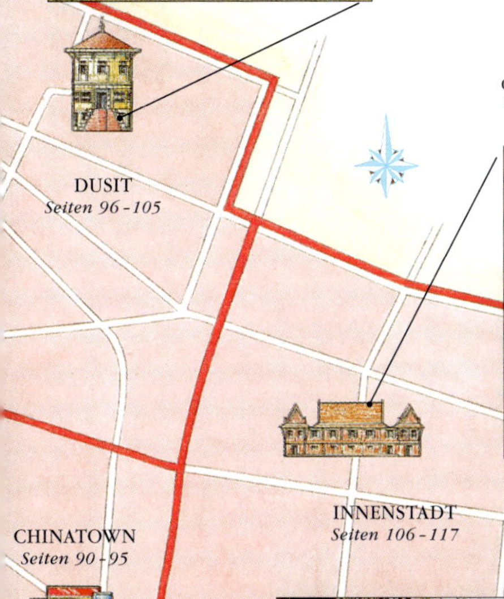

Das Jim-Thompson-Haus (siehe S. 116f), *ein Anwesen aus Teakholzbauten, war Wohnsitz des amerikanischen Seidenhändlers Thompson.*

Chinatown (siehe S. 90ff) *zählt zu Bangkoks hektischsten, schillerndsten und faszinierendsten Vierteln. In den engen Straßen wimmelt es von Märkten und Läden wie diesem Devotionaliengeschäft.*

Im Alten Ausländerviertel (siehe S. 108f), *im 19. Jh. Nabel des Geschäftslebens, stehen noch einige Kolonialgebäude wie die Portugiesische Botschaft.*

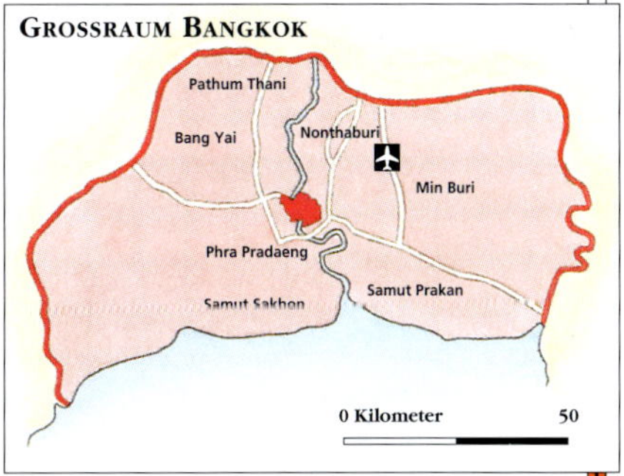

Bangkok: Eine Flussansicht

Bei Nakhon Sawan in der Zentralebene fließen der aus dem Norden kommende Ping und der Nan zu Thailands größtem Strom zusammen, dem Chao Phraya (»Königliche Mutter des Wassers«). Er dient als wichtiger Verkehrsweg und bewässert einige der fruchtbarsten Reisanbaugebiete des Landes. Der hier abgebildete Abschnitt ist ein Kanal: Er entstand im 16. Jahrhundert als Abkürzung der Umwege, die der Chao Phraya über den heutigen Khlong Bangkok Noi und den Khlong Bangkok Yai nahm. Mit Blick auf den Palast und auf einige Tempel vermittelt diese »königliche Meile« eine Ahnung der früheren Uferszenerie.

Alltäglicher Anblick auf dem Chao Phraya: traditioneller Lastkahn

Die Buddhaisawan-Kapelle im Nationalmuseum (siehe S. 84f) *hütet den Buddha Phra Sing, eines der nach dem Smaragd-Buddha verehrtesten Buddha-Bildnisse des Landes. Das Museum präsentiert eine Kollektion von Kunst und Kunsthandwerk aus allen Perioden der Geschichte, darunter Buddha-Figuren, Waffen und Keramiken.*

Den Wat Rakhang (siehe S. 121), *einen reizvollen, doch wenig besuchten Tempel, schmücken sehenswerte, nach 1920 angefertigte Fresken.*

Boote auf dem Chao Phraya

Der Chao Phraya ist eine Hauptader des Güter- und Personenverkehrs, pausenlos befahren von schweren Reislastkähnen, mit Obst und Gemüse beladenen Nussschalen und Fähren. Eine Flussfahrt gehört zu einem Bangkok-Besuch unbedingt dazu. Sie lässt sich bequem und billig mit dem Chao Phraya Express unternehmen; die Anleger sind im Stadtplan (Karten 1–2, 5–6) verzeichnet. Bei fast jedem Pier kann man ans andere Ufer übersetzen. Als »Flussbusse« verkehren unzählige »langschwänzige« Boote, die sich auch für Trips durch Bangkoks *khlong* anheuern lassen.

»Langschwänziges« Boot auf dem Chao Phraya

Wat Phra Kaeo (siehe S. 76ff) *bewahrt Thailands Nationalheiligtum, den Smaragd-Buddha. Der Tempel- und Palastkomplex ist ein Ensemble aus verschwenderisch dekorierten Gebäuden.*

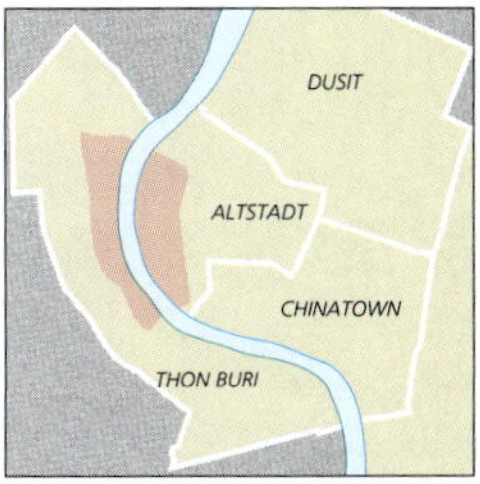

Zur Orientierung

Siehe Stadtplan, Karten 1, 5

Der Sanam Luang, die »Königswiese«, ist Schauplatz hoher Festzeremonien und eine von Bangkoks wenigen unbebauten Grünflächen.

Wat Pho (siehe S. 88f), *Bangkoks ältester Tempel, ist für seine Massageschule und auch für die detailgenaue Ausschmückung bekannt. Dieser chinesische Krieger ist Teil eines Wandbilds.*

Vom Dach *des Hotels Shangri-La im Alten Ausländerviertel* (siehe S. 108f) *eröffnet sich ein großartiger Blick über den Chao Phraya.*

Den Wat Arun (siehe S. 122f) *überzieht ein Porzellanscherben-Mosaik. Diese Buddha-Figur steht außerhalb des Haupt-*bot.

ALTSTADT

SCHREINE UND TEMPEL übersäen Bangkoks historisches und spirituelles Herz, die Rattanakosin genannte Altstadt. Rama I. ließ sie als Zentrum der 1782 gegründeten Hauptstadt anlegen *(siehe S. 60f)*. Reste der alten Wehrmauer sind zwischen Goldenem Hügel und Wat Rachanadda erhalten. In der Altstadt stehen einige der schönsten Bauten der Rattanakosin-Ära. Hauptmagnet ist der Große Palast mit dem Wat Phra Kaeo, der den Smaragd-Buddha hütet, Thailands Nationalheiligtum. Südlich davon liegt der Wat Pho, einer von Bangkoks ältesten Tempeln; nördlich befindet sich Sanam Luang (»Königswiese«), die Bühne für königliche Zeremonien. Hieran grenzt das Nationalmuseum, Südostasiens reichste Schatzkammer der Künste. Wat Mahathat und Wat Bowonniwet, dessen Fresken Thai- und europäische Stilelemente vereinen, beherbergen zwei buddhistische Hochschulen.

Buddha-Statuen, bereit zum Transport

SEHENSWÜRDIGKEITEN AUF EINEN BLICK

Wat

Großer Palast und Wat Phra Kaeo S. 76ff ❶
Wat Bowonniwet ❺
Wat Mahathat ❷
Wat Pho S. 88f ⓮
Wat Rachabophit ⓬
Wat Rachanadda ❼
Wat Rachapradit ⓭
Wat Saket und Goldener Hügel ❽
Wat Suthat und Große Schaukel ⓫

Museen und Sammlungen

Nationalgalerie ❹
Nationalmuseum S. 84f ❸

Straßen und Viertel

Bamrung Muang Road ❿
Monk's Bowl Village ❾

Denkmal

Demokratie-Denkmal ❻

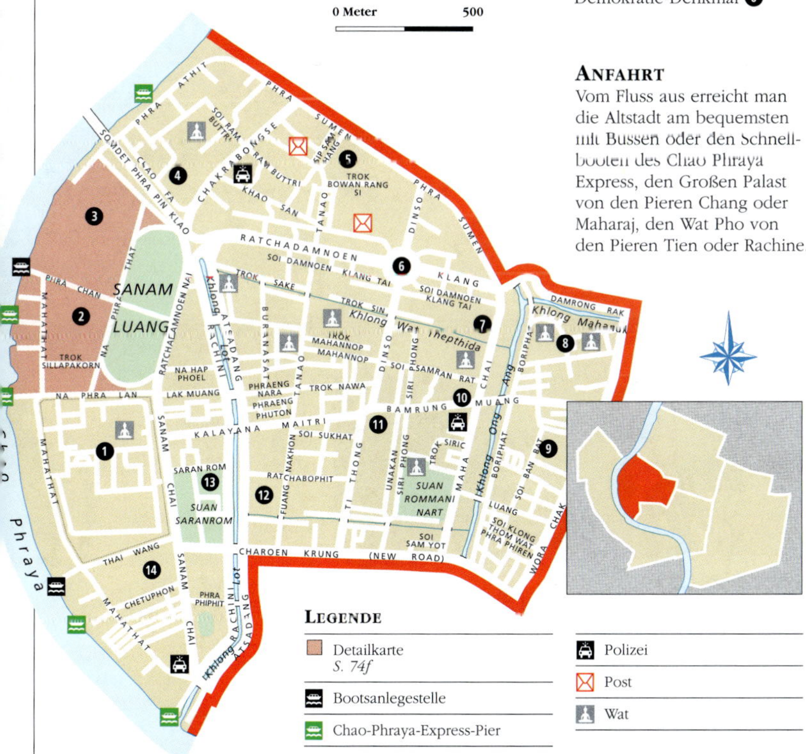

ANFAHRT

Vom Fluss aus erreicht man die Altstadt am bequemsten mit Bussen oder den Schnellbooten des Chao Phraya Express, den Großen Palast von den Pieren Chang oder Maharaj, den Wat Pho von den Pieren Tien oder Rachine.

◁ **Das aufwändig verzierte Dach des Aphonphimok-Pavillons im Großen Palast**

Im Detail: Um den Sanam Luang

สนามหลวง

Denkmal in Sanam Luang

Auf dem Sanam Luang (»Königswiese« oder »Königliches Feld«), einem von Bangkoks wenigen großen Plätzen, finden königliche Zeremonien wie die Pflügzeremonie *(siehe S. 44)* und Drachen-Wettbewerbe statt. Umgeben vom Großen Palast, dem Schrein der Stadtsäule, Lak Muang, und dem Amulettmarkt, gilt der Platz als glücksbringender Ort – weshalb in den Nachbarstraßen Horden von Händlern Elixiere und Amulette feilbieten, die Glück in allen Lebenslagen verheißen und Böses abwehren sollen, während Wahrsager aus den Händen lesen. Zu den Hauptattraktionen gehören der Wat Mahathat, Thailands renommierteste buddhistische Bildungsstätte, und das Nationalmuseum.

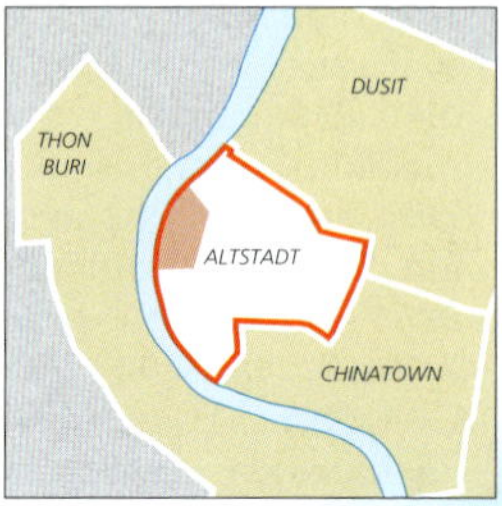

Zur Orientierung
Siehe Stadtplan, Karte 1

Wat Mahathat
Die buddhistische Hochschule bietet Meditationskurse an. Die umtriebige Atmosphäre, weniger die Architektur, macht den Reiz des im 18. Jahrhundert gegründeten wat *aus.* ❷

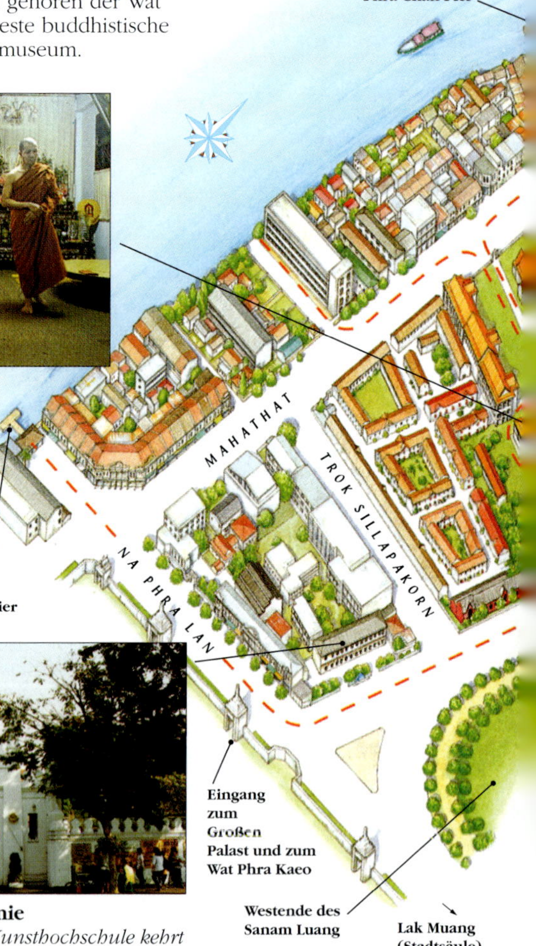

Silpakorn-Kunstakademie
Thailands angesehenste Kunsthochschule kehrt ihre Fassade dem Sanam Luang zu. In ihr finden regelmäßig hervorragende Kunstausstellungen statt; Aushänge am Eingang informieren über Einzelheiten und Öffnungszeiten.

Legende

- - - - Routenempfehlung

Amulette

Die meisten Thai sind im Besitz eines Talismans, der Glück bringen oder Böses abwehren soll. Amulette werden auf Spezialmärkten gehandelt, oft nahe religiöser Stätten, die unter einem besonders günstigen Stern stehen. Viele Amulette, z. B. winzige Buddha-Bildnisse und Kopien geweihter Statuen, sind religiöser Natur. Andere sollen durch Zauberkraft profane Wünsche erfüllen, Phalli etwa die Manneskraft erhalten. Amulette finden solch reißenden Absatz, dass sich ihnen sogar Fachzeitschriften widmen.

Auswahl von Talismanen an den Ständen um den Sanam Luang

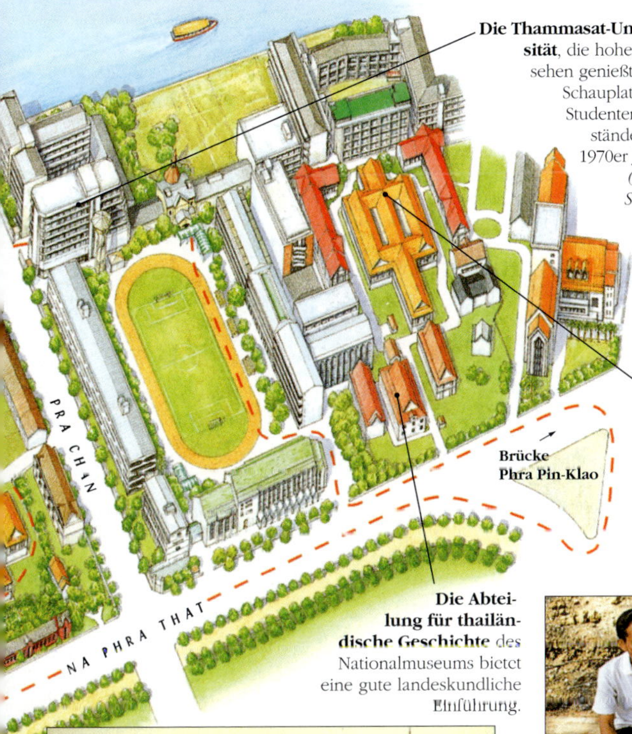

Die Thammasat-Universität, die hohes Ansehen genießt, war Schauplatz der Studentenaufstände der 1970er Jahre *(siehe S. 65)*.

★ Nationalmuseum
Das riesige Museum stellt das künstlerische und kunsthandwerkliche Schaffen aller Perioden der Landesgeschichte vor. ❸

Die Abteilung für thailändische Geschichte des Nationalmuseums bietet eine gute landeskundliche Einführung.

Wahrsager am Sanam Luang
Viele Thai konsultieren im Alltag regelmäßig Wahrsager, von denen es am Sanam Luang, nahe dem Wat Phra Kaeo, wimmelt.

★ Drachen-Wettbewerbe am Sanam Luang
König Chulalongkorn (1868–1910) genehmigte am Sanam Luang das Drachensteigenlassen, das auch er begeistert betrieb. Von Februar bis April kann man häufig Wettkämpfe beobachten.

Nicht versäumen

★ Nationalmuseum

★ Drachen-Wettbewerbe am Sanam Luang

Großer Palast und Wat Phra Kaeo ❶

พระบรมมหาราชวังและวัดพระแก้ว

Detail der Bibliothek

Der Bau des großartigen, als Wohnsitz des Königs und Sitz des Smaragd-Buddhas dienenden Komplexes begann 1782, im Jahr von Bangkoks Ausrufung zur Hauptstadt. Der von einer 1900 Meter langen Mauer umgrenzte Bezirk bildete einst eine Stadt in der Stadt. Die Königsfamilie wohnt nun zwar in Dusit, doch der Wat Phra Kaeo ist nach wie vor Thailands heiligster Tempel. Besucher müssen stets bis zu den Knöcheln bekleidet sein.

Blick vom Sanam Luang auf den Wat Phra Kaeo

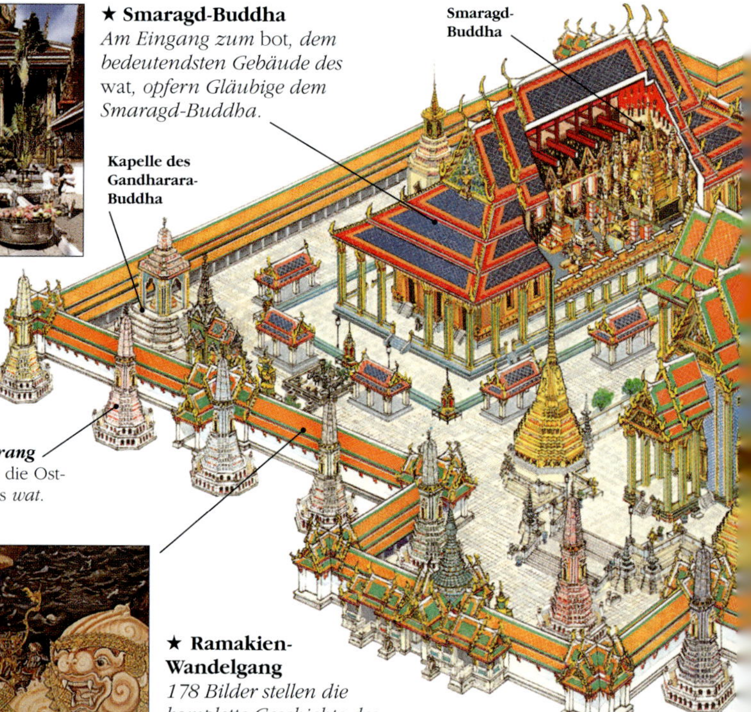

Zeitskala

1782 Offizielle Gründung der neuen Hauptstadt

1783 Beginn des Baus von Wat Phra Kaeo, Dusit-Thronhalle und Phra Maha Monthien

1809 Rama II. führt die »Chinoiserie« ein

ab 1840 Der Wohnbezirk der Frauen, eine Stadt in der Stadt, entsteht

1855 Neubauten vermengen europäische und asiatische Stile

1880 Chulalongkorn, letzter großer Bauherr, beauftragt 26 Halbbrüder mit der Renovierung des Wat Phra Kaeo

1925 Rama VII. zieht in den intimeren Chitrlada-Palast in Dusit um; der Große Palast dient fortan für besondere Anlässe

1932 Im Palast wird das 150jährige Chakri-Jubiläum gefeiert

1982 Renovierung der Anlage

1750 | 1800 | 1850 | 1900 | 1950

Vergoldete Schmuckfiguren
112 garuda *(sagenhafte Zwitter aus Mensch und Vogel) mit* naga *(Schlangen) in den Händen umsäumen die Fassade des* bot. *Sie sind nur ein Detail des märchenhaften Tempeldekors.*

INFOBOX

Na Phra Lan Rd. **Stadtplan** 1 C5.
AC: 503. *Chang, Tien.*
tägl. 8.30–15.30 Uhr.
bei Zeremonien. *auch für Vimanmek-Palast.* *im bot.*
www.palaces.thai.net

Apsonsi
Apsonsi – sagenhafte Wesen, die halb Frau, halb Löwe sind – zählen zur fantastischen Schar der vergoldeten Figuren auf der oberen Terrasse des Wat Phra Kaeo.

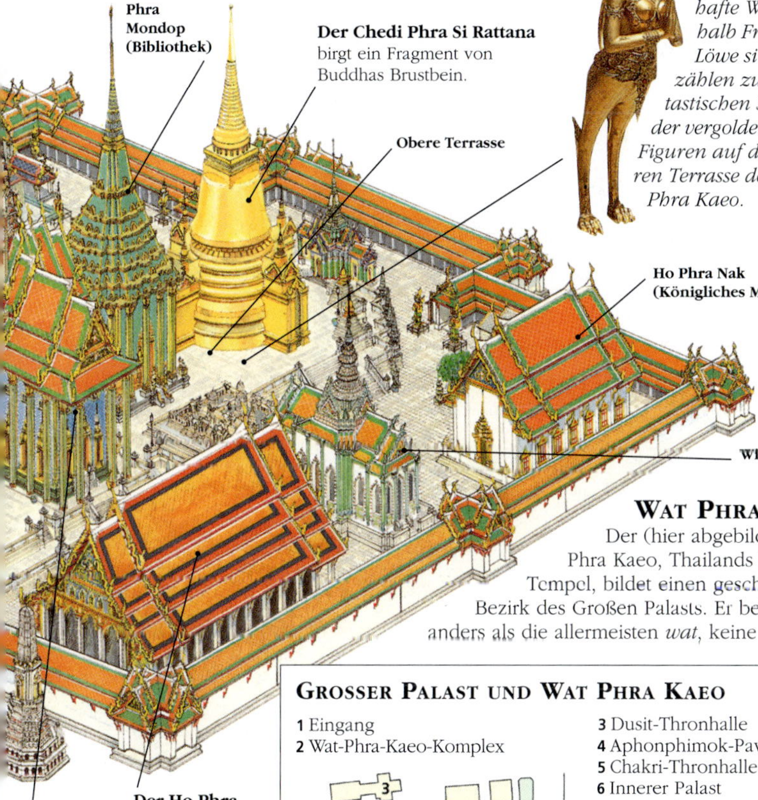

WAT PHRA KAEO

Der (hier abgebildete) Wat Phra Kaeo, Thailands heiligster Tempel, bildet einen geschlossenen Bezirk des Großen Palasts. Er beherbergt, anders als die allermeisten *wat*, keine Mönche.

GROSSER PALAST UND WAT PHRA KAEO

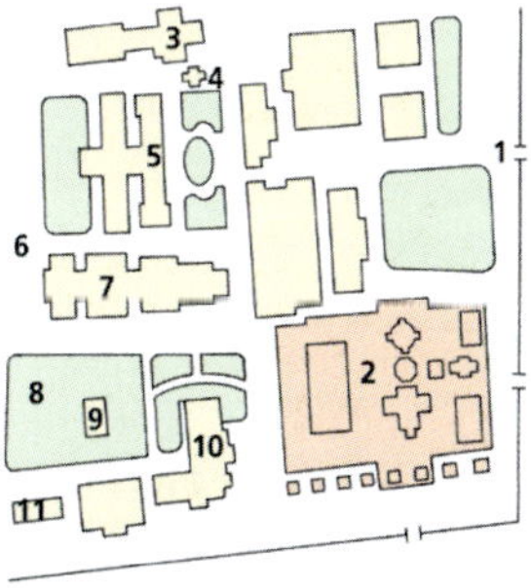

1 Eingang
2 Wat-Phra-Kaeo-Komplex
3 Dusit-Thronhalle
4 Aphonphimok-Pavillon
5 Chakri-Thronhalle
6 Innerer Palast
7 Phra-Maha-Monthien-Komplex
8 Siwalai-Garten
9 Kapelle Ramas IV.
10 Boromphiman-Villa
11 Audienzsaal

LEGENDE

- Wat-Phra-Kaeo-Komplex
- Gebäude
- Garten

NICHT VERSÄUMEN

★ Smaragd-Buddha

★ Ramakien-Wandelgang

Überblick: Wat Phra Kaeo

Wächter vor einem *chedi*

ALS RAMA I. DEN REGIERUNGSSITZ 1782 nach Bangkok verlegte, hatte er ehrgeizige Pläne. Ein königlicher Tempel schwebte ihm vor, ein sakrales Ehrenmal der frisch gegründeten Chakri-Dynastie, das in Formgebung und Ausschmückung die großen Vorbilder in den früheren Hauptstädten Sukhothai und Ayutthaya übertreffen sollte. Als Umsetzung dieser Vision entstand der – offiziell Wat Phra Si Rattana Sadaram genannte – Wat Phra Kaeo oder Tempel des Smaragd-Buddha, der 1785 vom Wat Arun *(siehe S. 122f)* hierher in den *bot* gebracht wurde.

Der Smaragd-Buddha krönt den vergoldeten Altar des *bot*

BOT UND NACHBARGEBÄUDE

HEILIGSTES GEBÄUDE der Palastanlage ist der *bot* des Wat Phra Kaeo; er wurde als Schrein für Thailands Nationalheiligtum, den Smaragd-Buddha, errichtet.

Außen bestechen die raffinierten Perlmutteinlagen an Türen und Fenstern. Vergoldete *garuda* (halb Mensch, halb Vogel) aus Bronze umsäumen den Marmorsockel; an den Stufen zum Haupteingang des *bot* wachen Steinlöwen, *singha*, im Khmer-Stil. Im Inneren thront hoch über dem vergoldeten Altar der Smaragd-Buddha in einer Glasvitrine. Die Figur, ein Werk der späten Lanna-Schule (15. Jh.), ist keineswegs aus Smaragd, sondern aus Jade skulptiert; sie ist zudem erstaunlich klein: 66 Zentimeter hoch und von Knie zu Knie 48 Zentimeter breit. Dreimal im Jahr wechselt der König oder ein prinzlicher Stellvertreter in einer feierlichen, höchst symbolischen Zeremonie die Kleidung der Statue: Im Sommer trägt der Smaragd-Buddha Krone und Geschmeide, im Winter einen goldenen Umhang, in der Regenzeit eine goldverzierte Robe und die Haartracht eines Mönchs.

Aus der Regierungszeit Ramas III. (1824–51) stammen die Fresken im Inneren. Sie illustrieren klassische Themen wie die buddhistische Kosmologie (Traiphum), Buddhas Sieg über Mara, den dämonischen Gott des Todes, sowie die Dschataka, die Legenden über die früheren Existenzen des Buddha.

Den *bot* umstehen zwölf *sala*, kleine offene Hallen, die als Ruheplätze dienen. Der Bronze-Buddha in der südöstlichen **Kapelle des Gandharara-Buddha** (19. Jh.) wird bei der Königlichen Pflügzeremonie *(siehe S. 42)* im Mai um Regen angerufen. Die Glocke des nahen Turms erklingt nur zu hohen Anlässen wie dem Neujahrstag.

OBERE TERRASSE

VIER BAUTEN stehen auf der erhöhten Plattform. Den auffälligen **Chedi Phra Si Rattana** am Westende, ließ König Mongkut (Rama IV.) als Schrein für ein Fragment von Buddhas Brustbein errichten, König Chulalongkorn (Rama V.) mit goldenen Ziegeln verkleiden.

Daneben beeindruckt der unter Rama I. entstandene **Phra Mondop**, die (verschlossene) Bibliothek der heiligen Schriften. Die javanischen Buddha-Figuren an seinen vier Ecken sind Kopien der – im Museum am Palasteingang ausgestellten – Originale aus dem frühen 9. Jahrhundert. Vor dem Bau erinnern mehrere Denkmäler an

Goldene Schutzengel an der Fassade des Phra Mondop

Szene des Freskenzyklus im Ramakien-Wandelgang

die Chakri-Könige und Bronzebildnisse an die weißen Elefanten *(siehe S. 102)* der fünf ersten Chakri-Monarchen *(siehe S. 60f)*.

Nördlich des *mondop* ließ Rama IV. ein Modell von Angkor Wat *(siehe S. 254f)* aufstellen – eine Reverenz an die Khmer-Architektur des 12. Jahrhunderts und eine eindrucksvolle Demonstration der Erhabenheit Siams über den damaligen Vasallen Kambodscha.

Die lebensgroßen Statuen der Chakri-Könige im **Königlichen Pantheon** sind ausschließlich am Chakri-Tag, dem Feiertag zum Gedenken an die Gründung der Chakri-Dynastie *(siehe S. 44)*, zu besichtigen. Rama IV. wollte in der Halle den Smaragd-Buddha unterbringen, befand sie dann aber als zu klein.

Nördliche Terrasse

Für den aus Ayutthaya geretteten Nak-Buddha (*nak* bezeichnet Legierungen aus Gold, Silber und Kupfer) ließ Rama I. im späten 18. Jahrhundert den Schrein Ho Phra Nak aufstellen. Dieser wurde unter Rama III. durch den Bau aus Backstein und Mörtel ersetzt, der nun Urnen »geringerer« Mitglieder der Königsfamilie verwahrt. Der Nak-Buddha bezog den benachbarten **Wihan Yot**, einen mit chinesischen Porzellanscherben dekorierten Bau auf dem Grundriss eines griechischen Kreuzes. Der vom Bruder Ramas I. erbaute **Ho Phra Monthien Tham** bewahrt in mehreren kostbaren Schränken bedeutende buddhistische Schriften; seine mit Perlmutt eingelegten Türfüllungen stammen vom Wat Borom Buddharam in Ayutthaya.

Ramakien-Figur vor einem *chedi*

Ramakien-Wandelgang, Prang und Yaksha

Thailands ausführliche Bebilderung des alten Epos Ramakien *(siehe S. 36f)* ziert den Wandelgang, der den Tempelkomplex umläuft. Der Freskenzyklus aus dem späten 18. Jahrhundert wurde wegen Feuchtigkeitsschäden mehrfach sorgfältig restauriert. Versinschriften auf den Marmorpfeilern zwischen seinen 178 Sequenzen erläutern die Geschichte, die gegenüber dem Wihan Yot beginnt und sich im Uhrzeigersinn fortsetzt.

Unter Rama II. aufgestellte *yaksha* (Dämonen) bewachen paarweise die Tore des Wandelgangs. Ihre Aufgabe ist es, böse Geister vom Smaragd-Buddha fernzuhalten. Jeder *yaksha* verkörpert eine Ramakien-Figur, der grüne den Dämonenkönig Tosakan.

Acht *prang*, verziert mit verschiedenfarbigen Mosaiken aus chinesischem Porzellan, säumen eine Seite des Tempelgevierts. Diese Mosaiken symbolisieren die acht Grundpfeiler des Buddhismus; darunter befinden sich der Buddha, das *dharma* (Lehre, Gesetz), die *sangha* (Mönchsgemeinde) und auch die *bhiksuni* (weibliche Gefolgschaft).

Die Sage vom Smaragd-Buddha

1434 legte ein Blitzeinschlag im *chedi* des Wat Phra Kaeo von Chiang Rai *(siehe S. 240f)* in Nordthailand eine Stuckfigur frei. Der Abt bewahrte sie in seiner Zelle. Kurze Zeit später bemerkte er, dass der bröckelnde Gips eine grünliche Statue aus Nephrit, einer Jadeart, verhüllte. Lannas König in Chiang Mai erfuhr davon und befahl, die Figur in die Hauptstadt zu bringen. Doch der Elefant, der den »Smaragd«-Buddha trug, weigerte sich, bis nach Chiang Mai zu laufen. Die Eskorte sah darin ein Omen und folgte ihm nach Lampang. In der Folgezeit zog der Buddha mehrmals um, 1552 in den Wat Haw Pha Kaew in Laos *(siehe S. 284f)*. Nachdem General Chakri (der spätere Rama I.) 1778 Vientiane erobert hatte, gelangte er nach Thailand zurück. 15 Jahre lang residierte er im Wat Arun *(siehe S. 122f)*. Am 5. März 1785 wurde er in einer prunkvollen Parade an seinen heutigen Platz gebracht.

Der kleine, im *bot* thronende Smaragd-Buddha

Überblick: Der Große Palast

Dämonische Wächterfigur

Der Grosse Palast entstand mit dem Wat Phra Kaeo. Er diente von 1782 bis 1946 als Königsresidenz, als privater Wohnsitz letztmals unter Chulalongkorn (Rama V.); heute residiert die Königsfamilie im Chitrlada-Palast *(siehe S. 102)*. Im Lauf seiner Geschichte erfuhr der Palast zahlreiche bauliche Veränderungen. Die meisten Gebäude werden nicht mehr genutzt; einige beherbergen noch Regierungsinstitutionen, u. a. das Finanzminsterium. In der Dusit-Thronhalle und der Amarin-Winichai-Halle finden hohe Zeremonien statt.

Dusit-Thronhalle

Einer von Ayutthayas größten Bauten, der Prasat Phra Narai *(siehe S. 168f)*, lieferte die Vorlage für die Thronhalle. 1784 auf kreuzförmigem Grundriss errichtet, wurde sie fünf Jahre später vom Blitz getroffen und in kleinerem Maßstab wieder aufgebaut. Mit dem verzierten Spitzturm gilt sie als Juwel der frühen Rattanakosin-Architektur *(siehe S. 31)*. Innen ist der Thron Ramas I. zu bewundern, ein Meisterwerk der Thai-Kunst, im Südflügel ein Fenster in Form eines Thrones. Die Thronhalle wird am Krönungstag *(siehe S. 44)* genutzt.

Aphonphimok-Pavillon

Der kleine, unter Mongkut (Rama IV.) errichtete Holzbau diente dem König als Ankleideraum für Audienzen in der Dusit-Thronhalle. Auf der schulterhohen ersten Stufe entstieg er der Sänfte und legte im Pavillon das entsprechende Gewand an. Die klare, perfekt proportionierte Gliederung und der feine Dekor machen das Gebäude zu einem besonderen Glanzstück der Thai-Architektur. König Chulalongkorn (Rama V.) war davon in einem Ausmaß angetan, dass er es in Bang Pa-in *(siehe S. 171)* stilgetreu nachbauen ließ.

Die Dächer der Dusit-Thronhalle enden in einer eleganten Spitze

Chakri-Thronhalle

Der britische Architekt John Chinitz entwarf die neoklassizistische Große Palast- oder Chakri-Thronhalle (Chakri Maha Prasat) im Auftrag von Rama V. Der imposante, reich geschmückte Bau spiegelt den hohen Anlass wider: das 100. Jubiläum der Chakri-Dynastie 1882. Auf Betreiben des traditionsbewussten Hofes wurde er – anders als geplant – nicht überkuppelt, sondern im Thai-Stil gedeckt.

In der obersten Etage der Zentralen Halle sind die Urnen von Königen aufbewahrt. Im großen Audienzsaal im ersten Stock empfängt der König ausländische Botschafter und Staatsoberhäupter.

Im Chakri-Thronsaal sind hinter dem Niello-Thron die Wappenzeichen der Chakri-Dynastie - Diskus und Dreizack – zu sehen. An den Wänden erinnern prunkvolle Gemälde an wichtige diplomatische Ereignisse. Bedeutend war etwa der Empfang des Botschafters von Rama IV. durch Queen Victoria in London. Porträts der Chakri-Könige säumen den langen Saal zwischen der Zentralen Halle und dem Ostflügel, der zum Empfang königlicher Gäste dient. Die Königin begrüßt Gäste im Westflügel, den ein mit Porträts ihrer Vorgängerinnen – der Hauptköniginnen von Rama IV., Rama V. und Rama VII. – ausstaffierter Saal mit der Zentralen Halle verbindet.

Elefantenstatue bei der Chakri-Thronhalle

Gebäude des Phra Maha Monthien

Der Komplex der »Großen Residenz« liegt östlich der Chakri-Thronhalle. Prunkstück des nördlichsten Gebäudes, der **Amarin-Winichai-Halle**, ist der bootsförmige, zur Zeit von Rama I. angefertigte Thron Busabok Mala. Der König bezog ihn bei Audienzen hinter geschlossenen Vorhängen. Fanfarenklänge ertönten, wenn sich die Vorhänge öffneten und den Blick auf den König freigaben, der in seiner weiten, goldenen Robe auf dem »Bug« des Throns zu schweben schien. Auf diese Weise wurden im 19. Jahrhundert u. a. zwei britische Gesandte empfangen, John Crawfurd von Rama II. und John Bow-

Der prächtige Durchgang zum Westflügel der Chakri-Thronhalle

ring von Rama IV. Heute wird die Halle für Staatszeremonien, beispielsweise für die Geburtstagsansprache des Königs, und für andere Ereignisse genutzt.

Nur das Königspaar und Kinder der Königsfamilie dürfen das Tor zur benachbarten **Phaisan-Thaksin-Halle** passieren. Dort speiste Rama I. mit Familie, Freunden und Mitgliedern des Hofes, und dort fand 1809 die Krönungszeremonie Borom Rachaphisek für Rama II. statt. Rama IV. ließ auf dem hohen Altar die hochverehrte Wächterfigur Phra Siam Thewathirat aufstellen.

Das dritte Gebäude, die **Chakraphat-Phiman-Halle**, diente den ersten drei Chakri-Königen als Privatresidenz. Hier verbringen die Könige die erste Nacht nach ihrer Krönung. Dies ist untrennbarer Bestandteil der gesamten Zeremonie.

Innerer Palast

Zur Linken der Chakri-Thronhalle führt ein Tor zum Eingang des – nicht zu besichtigenden – Inneren Palasts. Dort lebten bis zur Zeit von Rama VII. ausschließlich die Frauen des Hofes, Haupt-, Nebenfrauen und Töchter. Außer den Söhnen, die mit der Pubertät ausziehen mussten, hatte der König als einziger Mann Zutritt. Der Innere Palast war ein kleiner Stadtstaat mit eigener Regierung und Gesetzgebung. Auch ein Gefängnis fehlte nicht. Für Ordnung sorgten die bei allen Bewohnern gefürchtete »Direktorin des Innern« und eine kleine, uniformierte Polizeieinheit.

Rama III. ließ die überfüllten, baufälligen Holzhäuser renovieren, Rama V. Ende des 19. Jahrhunderts für seine Lieblingsgefährtinnen ausgefallene kleine Paläste im viktorianischen Stil erbauen. Als mit Rama VI. die Polygamie endet, leerte sich der Palast allmählich, um schließlich fast ganz zu verfallen.

Zu den noch genutzten Einrichtungen zählt das Pensionat, das Töchtern der High Society noble Umgangsformen, das Arrangieren von Blumen und die königliche Thai-Kochkunst lehrt.

Siwalai-Garten

Der reizende Garten östlich des Inneren Palasts ist häufig Schauplatz von offiziellen Veranstaltungen und dann abgesperrt. In ihm steht die unter Rama IV. errichtete Privatkapelle **Phra Buddha Ratana Sathan**, ein mit Glasmosaiken verzierter Pavillon aus grauem Marmor. Die marmornen *bai sema* (Grenzsteine) tragen die Insignien von Rama V., der die Steine platzieren ließ, von Rama II., unter dem der Garten angelegt wurde, sowie von Rama IV.

Rama V. ließ für Rama VI. die neoklassizistische **Boromphiman-Villa** als Kronprinzen-Residenz errichten. Auch Rama VII., Rama VIII. und Rama IX. (König Bhumibol) bewohnten vor der Thronbesteigung eine Zeitlang die Villa, die nun als Gästehaus für Staatsgäste dient.

Auditorium

Das zwischen Thewaphithak- und Sakchaisit-Tor gelegene Gebäude namens Phra Thinang Sutthaisawan Prasat ist von außerhalb der Palastmauer einzusehen. Es wurde von Rama I. für die »Zaungäste« königlicher Zeremonien und des Elefantentrainings als Holzbau errichtet, von Rama III. mit Backstein verstärkt und später mit dem krönenden Turm, gusseisernem und anderem Zierat verschönert.

Der Pavillon Phra Buddha Ratana Sathan im Siwalai-Garten

Eingang zur buddhistischen Hochschule des Wat Mahathat

Wat Mahathat ❷

วัดมหาธาตุ

3 Maharaj Rd. **Stadtplan** 1 C5.
0-2221-5999. *AC: 503, 506.*
Maharaj. *tägl.*

DEN NAMEN »Tempel der große Reliquie« verdankt der große *wat* dem *mondop*, den – selten in Bangkok – ein kreuzförmiges Dach deckt. *Wihan* und *bot* entstanden kurz nach 1700, wurden aber 1844–51 neu aufgebaut.

Der wahre Reiz dieser Stätte liegt jedoch nicht in der Architektur. Der *wat* ist Zentrum des Mahanikai-Mönchsordens sowie Sitz einer der beiden buddhistischen Hochschulen Bangkoks; in Letzterer kann man an Meditationsübungen teilnehmen (um 7, 13 und 18 Uhr in Sektion 5 nahe den Mönchsquartieren). Auf dem Tempelmarkt werden traditionelle Heilkräuter, sonntags darüber hinaus auch vielerlei andere Waren angeboten.

Nationalmuseum ❸

พิพิธภัณฑสถานแห่งชาติ

Siehe S. 84f.

Nationalgalerie ❹

หอศิลป์แห่งชาติ

4 Chao Fa Rd. **Stadtplan** 2 D4.
0-2281-2224. *AC: 506.*
Phra Athit. *Mi–So 9–16 Uhr.*
Feiertage.

THAILANDS größte Sammlung für moderne Kunst wurde 1977 in der alten Münze eröffnet und nach anfänglichem Geldmangel 1989 durch Flügelanbauten erweitert. Sie präsentiert in hohen, weiten Räumen Kunst aus allen Teilen Asiens; die Wechselausstellungen herausragender asiatischer Künstler stechen häufig die Exponate der Dauerausstellung aus. Ein Schauraum für moderne Kunst bietet auch die Gallery 55 *(siehe S. 132)*; nähere Informationen zu Ausstellungen sind der Tagespresse zu entnehmen.

Moderne Skulptur in der Nationalgalerie

Wat Bowonniwet ❺

วัดบวรนิเวศน์

240 Phra Sumen Rd. **Stadtplan** 2 E4.
0-2280-0869. *AC: 11, 56.*
tägl.

HINTER BÄUMEN versteckt liegt der chinesisch angehauchte, unter Rama III. Mitte des 19. Jahrhunderts erbaute Tempel. Zwei symmetrische Kapellen flankieren den vergoldeten zentralen *chedi*; äußerst sehenswerte Fresken schmücken jene nahe der Phra Sumen Road. Die Malereien im Inneren der Kapelle stammen von Khrua In Khong, dem bekannten Malermönch und Hofmaler von König Mongkut (Rama IV.). Indem er klassische Thai-Szenerien erstmals perspektivisch darstellte und andere westliche Inspirationen aufgriff, schuf er – obwohl er nie den Westen bereiste! – Gemälde, die auf den ersten Blick wie Werke eines westlichen Künstlers erscheinen. Dann aber erkennt man die traditionellen buddhistischen Allegorien der Thai-Malerei wieder: Auf die läuternde Kraft des Buddhismus verweist z. B. die Darstellung eines Arztes, der einen Blinden heilt. Beachtung verdient der bronzene Phra Buddha Chinasara, ein meisterhaftes Buddha-Bildnis der Sukhothai-Ära.

Der *wat* ist Sitz einer der beiden buddhistischen Hochschulen des Landes (die buddhistische Buchhandlung jenseits der Straße führt englischsprachige Literatur) sowie Hauptquartier der strengen buddhistischen Tammayut-Sekte. Diese wurde von König Mongkut begründet, der hier während seiner 27-jährigen mönchischen Phase als Abt wirkte. Nach ihm lebten hier mehrere Könige, darunter Bhumibol (Rama IX.), eine Weile als Mönche.

Wandgemälde (Mitte 19. Jh.) im Wat Bowonniwet

Demokratie-Denkmal ❻

อนุเสาวรีย์ประชาธิปไตย

Ratchadamnoen Klang. **Stadtplan** 2 E4. *AC: 503, 509, 511.* *tägl.*

SOBALD IN Bangkok für Demokratie demonstriert wird, steht das Denkmal im Mittelpunkt. Sein Schöpfer war der Bildhauer Silpa Bhirasi, ein Italiener, der die thailändische Staatsbürgerschaft annahm. Aufgestellt wurde es 1939 in Erinnerung an den Staatsstreich von 1932 *(siehe S. 64)*, der am 24. Juni 1932 zur konstitutionellen Monarchie führte.

Das Datum dient als Leitmotiv des Bauwerks: Die Seitentürme sind 24 Meter hoch, der drei Meter hohe Sockel verweist auf den dritten Monat (Juni) des Thai-Kalenders, die 75 Kanonen stehen für das Jahr 2475 buddhistischer Zeitrechnung (1932).

Zentraler Bau des Demokratie-Denkmals (1939)

Wat Rachanadda ❼

วัดราชนัดดา

Maha Chai Rd. **Stadtplan** 2 E4. *44, 59; AC: 503, 509, 511.* *tägl. 9–16 Uhr.*

DAS INTERESSANTESTE Gebäude des Wat Rachanadda (auch Wat Ratchanaddaram) ist das »metallene Kloster«. Geplant als *chedi*, wurde es schließlich zum verschachtelten Meditationszentrum ausgebaut, dem ein – nicht mehr erhaltener – ceylonesischer Tempel aus dem 3. Jahrhundert v. Chr. Modell stand. Die Meditationszellen befinden sich an den Kreuzungen der Gänge, die in Nord-Süd- und Ost-West-Richtung die Stockwerke durchziehen.

Eine von Hunderten Meditationszellen im Wat Rachanadda

Auf dem Tempelgelände findet Bangkoks bester Amulettmarkt statt. Jenseits der Straße werden im Doves' Village (»Taubendorf«), Tauben verkauft, die bei Wettbewerben ihre Gurrkünste vorführen.

Wat Saket und der Goldene Hügel ❽

วัดสระเกศและภูเขาทอง

Chakkaphatdi Phong Road. **Stadtplan** 2 F5. *2, 39, 44, 45, 59.* *tägl. 8–17 Uhr.* *Golden-Mount-Markt (Nov).*

DER UNTER Rama I. Ende des 18. Jahrhunderts erbaute Wat Saket zählt zu Bangkoks ältesten Tempeln. Hauptattraktion ist die Aussicht vom 76 Meter hohen, von einem vergoldeten Turm gekrönten künstlichen Hügel auf dem Gelände. Der »Goldene Hügel« soll den mythischen Berg Meru verkörpern und Buddha-Reliquien bergen. Erstmals unter Rama III. aufgeschüttet, sackte der Hügel wieder ein. Zur Zeit von König Chulalongkorn (Rama V.) gelang es Ingenieuren, ihm festen Halt zu verschaffen. Wunderliche Grabmäler und andere Bauwerke säumen die Wendeltreppe zum Gipfel. Oben gibt es einen Schrein – und ein herrliches Panorama, das den Großen Palast, Wat Pho und Wat Arun einfängt. Direkt gegenüber sieht man das Fort Mahakan, einen der ehemals 14 Wachtürme der Stadtmauer.

Noch in den 1960er Jahren war der Goldene Hügel eine der höchsten Erhebungen in Bangkok. Ein Wahrzeichen ist er immer noch, obwohl ihn einige Wolkenkratzer überragen *(siehe S. 115)*.

Zu den Einrichtungen des *wat* zählte ein Krematorium, das im 19. Jahrhundert wegen Seuchen so überlastet war, dass man die Leichen Geiern und Hunden überließ. Lebensfroh wirkt dagegen das Tempelfest im November.

Der Goldene Hügel, ein markantes Wahrzeichen von Bangkok

Nationalmuseum ❸

พิพิธภัณฑสถานแห่งชาติ

Bencharong-Trommeln

DIE SAMMLUNG des Nationalmuseums, eine der größten Südostasiens, vermittelt einen exzellenten Einblick in Thailands Geschichte, Kunst und Kunsthandwerk. Architektonische Kunstwerke sind schon zwei der Museumsgebäude: der Wang-Na-Palast (18. Jh.), in dem ein breites Spektrum von Artefakten wie alten Waffen und Schattenspielfiguren zu sehen ist, und die Buddhaisawan-Kapelle, Hüterin der Buddha-Statue Phra Buddha Sing. Zu den weiteren Attraktionen zählen die Abteilungen für Geschichte und Vorgeschichte sowie die Galerie der königlichen Bestattungswagen. Die Beschriftung der Exponate ist nicht immer hilfreich; deshalb ist die Teilnahme an einer der kostenlosen Führungen äußerst ratsam.

Türen der Thronhalle
Die mit schwarz-goldenem Lack prächtig bemalten Eingangstüren zum Wang-Na-Palast sind deutlich chinesisch inspirierte Werke aus dem 19. Jahrhundert.

Phra Buddha Sing
Sagen umranken die Herkunft der Figur (13. Jh.); sie ist nach dem Smaragd-Buddha eines der meistverehrten Buddha-Bildnisse des Landes. Sie wurde 1795 von Rama I. aus Chiang Mai nach Bangkok gebracht.

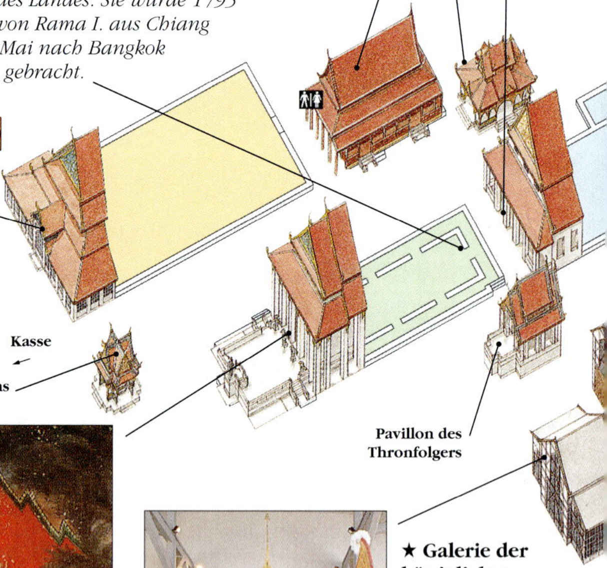

Pavillon Ramas IV.

Roter Pavillon

Die Galerie für Thai-Geschichte beherbergt die Ramkamhaeng-Stele (13. Jh.), deren Inschrift als ältestes erhaltenes Zeugnis der Thai-Schrift gilt.

Kasse

Pavillon König Vajiravudhs

Pavillon des Thronfolgers

★ Buddhaisawan-Kapelle
Die Fresken im Innern des Baus von 1787 bieten exquisite Beispiele der Malerei der Rattanakosin-Zeit.

★ Galerie der königlichen Bestattungswagen
Unter den Prunkwagen aus vergoldetem Teak, in denen man Könige zur Einäscherung fuhr, beeindruckt der 1795 gebaute Racharot Noi.

★ Rad der Lehre im Dvaravati-Stil
Rad und Hirsch (8. Jh.) symbolisieren Buddhas erste Predigt im indischen Sarnath.

INFOBOX

1 Na Phra That Rd. **Stadtplan** 1 C4. *0-2224-1333. 3, 6, 32, 39, 53, 59, 70; AC: 3, 39, 506, 507. Phra Athit. Mi–So 9–16 Uhr. Feiertage.*

Steinlöwe aus Lop Buri
Löwen galten als Beschützer der buddhistischen Lehre. Dieser (12.–13. Jh.) bewachte ein Tempeltor.

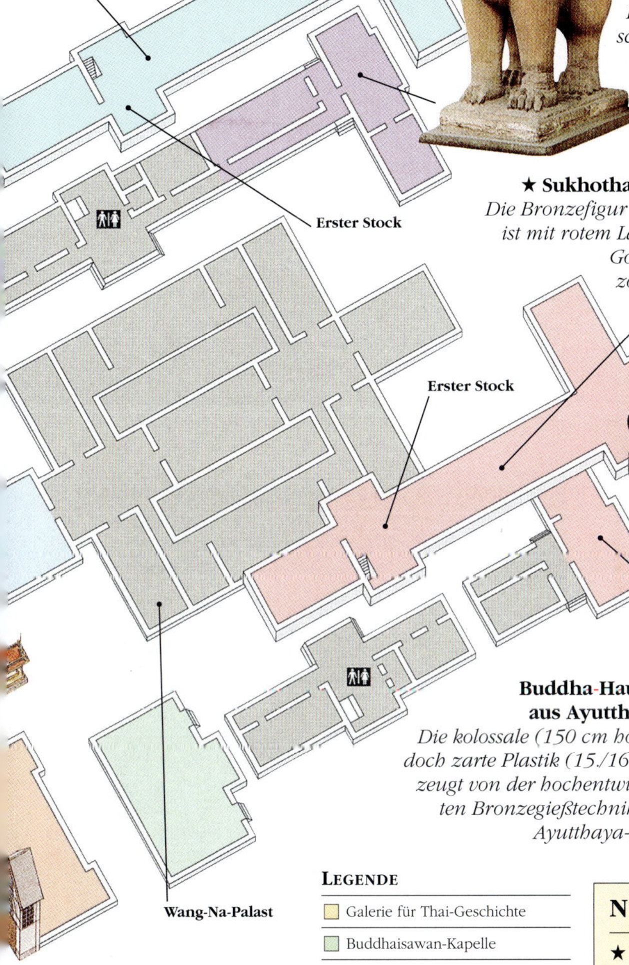

★ Sukhothai-Buddha
Die Bronzefigur (14. Jh.) ist mit rotem Lack und Gold überzogen.

Buddha-Haupt aus Ayutthaya
Die kolossale (150 cm hohe), doch zarte Plastik (15./16. Jh.) zeugt von der hochentwickelten Bronzegießtechnik der Ayutthaya-Zeit.

KURZFÜHRER

Die Museumsgebäude gruppieren sich um den Wang-Na-Palast. Die Kunstsammlung ist in den zweistöckigen Flügeln untergebracht; der chronologische Rundgang beginnt im linken (südlichen) Flügel. Die Kasse nahe dem Eingang an der Na Phra That Road verkauft Museumsführer.

LEGENDE

- Galerie für Thai-Geschichte
- Buddhaisawan-Kapelle
- Galerie der Bestattungswagen
- Thronhalle
- Kleinkunst und Kunstgewerbe
- Khmer-, Lop Buri-, Hindu-Kunst
- Villa von Prinz Pin Klao
- Dvaravati- und Srivijayan-Kunst
- Lanna,- Sukhothai-, Ayutthaya-, und Rattanakosin-Kunst

NICHT VERSÄUMEN

- **★ Buddhaisawan-Kapelle**
- **★ Galerie der königlichen Bestattungswagen**
- **★ Rad der Lehre im Dvaravati-Stil**
- **★ Sukhothai-Buddha**

Hitze verleiht den Almosenschalen ihre schimmernde Oberfläche

Monk's Bowl Village (Ban Bat) ❾

บ้านบาตร

Bamrung Muang Rd., Soi Ban Bat. **Stadtplan** 2 F5. 🚌 *AC: 508.*

MIT DEN VOR 2500 Jahren eingeführten Almosenschalen gehen in vielen buddhistischen Ländern Mönche frühmorgens zum Sammlen *(siehe S. 125)*. In Bangkok werden die Schalen seit dem späten 18. Jahrhundert im Monk's Bowl Village hergestellt. Die Urbanisierung hat das »Mönchsschalendorf«, das sich einst bis zum Wat Saket *(siehe S. 83)* zog, auf vier Häuser und wenige kleine Werkstätten schrumpfen lassen. Man findet es im Labyrinth der *soi* nicht sofort; die Schalen gibt es an Verkaufsständen beim Wat Suthat.

Für die Herstellung einer Schale braucht man acht Metallstücke – die acht Speichen des »Rads der Lehre«. Für den Rand wird als erstes ein Band zum Kreis, dann aus drei Teilen ein kreuzförmiger Rahmen und aus vier Dreiecken die Seitenverkleidung gehämmert. Nach dem Schweißen im Schmiedeofen wird die Schale geformt, poliert und abermals erhitzt, was ihr den Schimmer von Email verleiht. Das »Dorf« produziert täglich um die 20 Schalen.

Im Zentrum der Gassen, bei der Gemeindehalle, fasziniert ein aus Blasebälgen für den »Heiligen Lehrer und Ahnherrn« erbauter Schrein.

Bamrung Muang Road ❿

ถนนบำรุงเมือง

Stadtplan 2 F5. 🚌 *AC: 508.*

WIE DIE Charoen Krung *(siehe S. 110)* war auch diese Straße ein Elefantenpfad, ehe sie im 20. Jahrhundert als eine der ersten Thailands gepflastert wurde. Dass das buddhistische Streben nach religiösen Verdiensten eine florierende Geschäftsbranche ernährt, offenbart der Abschnitt zwischen der Maha Chai Road und der Großen Schaukel: Die Läden quellen über von Devotionalien wie Mönchsroben, Opferkerzen und (zum Schutz häufig in Zellophan gehüllten) Buddha-Bildnissen. Mönche kaufen hier Tempelbedarf, gewöhnliche Sterbliche Opfergaben und Hausaltäre ein. Besucher sollten respektieren, dass sakrale Objekte nicht für den Souvenirmarkt hergestellt werden: Die Ausfuhr von Buddha-Bildnissen z. B. bedarf einer besonderen Genehmigung *(siehe S. 451)*.

Buddha-Bildnis im »Folienmantel«

Wat Suthat und die Große Schaukel ⓫

วัดสุทัศน์และเสาชิงช้า

Bamrung Muang Rd. **Stadtplan** 2 E5. 🚌 *19, 35, 42; AC: 508.* ◯ *tägl. 8.30–18.30 Uhr* (wihan *nur Sa u. So).*

DER WAT SUTHAT, dessen Bau 1807 unter Rama I. begonnen und unter Rama III. abgeschlossen wurde, ist ein Tempel der Superlative: Er umfasst Bangkoks größten *wihan*, ein Paradebeispiel der Kunst und Architektur des Rattanakosin-Stils *(siehe S. 31)*. Sein acht Meter hoher Hauptbuddha ist eine der größten erhaltenen Bronzestatuen aus Sukhothai *(siehe S. 54f)*; Rama I. ließ ihn vom dortigen Wat Mahathat

Wat Suthat: Blick durch das Portal des *wihan*

nach Bangkok bringen. Die ab 1980 restaurierten Wandbilder im monumentalen *wihan* zählen zu den berühmtesten des Landes; sie illustrieren die buddhistische Kosmologie (Traiphum). Beeindruckend sind auch die 5,5 Meter hohen Türfüllungen des *wihan* aus je fünf kunstvoll geschnitzten Teakholzblättern. Im Nationalmuseum steht die angeblich von Rama II. geschnitzte Tür. Im Wandelgang des *wihan* meditieren 156 vergoldete Buddha-Figuren.

Am Platz vor dem Wat Suthat fällt das Gerüst der Großen Schaukel auf. Früher fanden dort im Beisein des Königs bei brahmanischen Zeremonien zu Ehren von Shiva Wettkämpfe statt.

Wat Rachabophit ⓬

วัดราชบพิตร

Fuang Nakhon Rd. **Stadtplan** 2 D5.
2, 60; AC: 501, 507. *Thien.*
tägl. 8–20 Uhr.

DER RUND angelegte Wat Rachabophit kombiniert östliche und westliche Stile. Die 1869 unter König Chulalongkorn (Rama V.) begonnenen Bauarbeiten dauerten über 20 Jahre. Prächtige Porzellankacheln, Spezialanfertigungen aus China, dekorieren die Gebäude. Im Zentrum glänzt ein ceylonesischer, von der Terrasse aus gemessen 43 Meter hoher *chedi*.

Die vier Himmelsrichtungen bestimmen die Anordnung der vier Buddha-Figuren und der Bauten: Von der runden Galerie gehen nach Norden der *bot*, nach Süden der *wihan*, nach Osten und Westen zwei kleinere *wihan* ab – eine bei thailändischen *wat* seltene Konzeption.

Überall entdeckt man asiatische und europäische Elemente. Typisch Thai sind z.B. die Perlmuttintarsien der zehn Tür- und 28 Fensterfüllungen des *bot*; sie zeigen Abzeichen der fünf königlichen Orden, die Verzierungen über dem Portal König Chulalongkorns Siegel. Unverkennbar europäisch *(farang)* sind die bemalten Türwächterfiguren. Im Inneren des *wat* verblüfft Dekor der italienischen Renaissance.

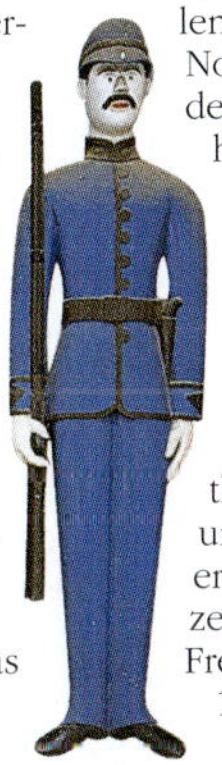

***Farang*, Wat Rachabophit**

Parallel zum Khlong Lot gelangt man über das Gelände zum Friedhof von Angehörigen König Chulalongkorns. Die Grabmale mit ihrer exzentrischen Mixtur von Khmer-, Thai- und europäischen Stilen machen die Faszination dieses – oft übersehenen – Ortes aus.

Wat Rachapradit: Dachtraufen des *bot* mit kleinen Schnitzfiguren

Wat Rachapradit ⓭

วัดราชประดิษฐ์

Saran Rom Rd. **Stadtplan** 2 D5.
1, 3, 6, 9, 43, 60; AC: 501, 507.
Thien. *tägl.*

NUR WENIGE Besucher kommen zu diesem reizvollen, ruhigen Tempel im Nordosteck des Gartens des Saranrom-Palasts, heute Sitz des Außenministeriums. König Mongkut (Rama IV.) ließ den Bau Mitte des 19. Jahrhunderts aus Materialien errichten, die das Streben nach architektonischer Synthese von Ost und West untermauern. Kühler grauer Marmor verkleidet den zentralen *wihan*, in dem Fresken aus dem späten 19. Jahrhundert Feste des Thai-Mondkalenders, etwa das Loy Krathong und die aufwändigen Vorbereitungen zur Zeremonie an der Großen Schaukel, illustrieren. Eine Szene zeigt König Mongkut, wie er eine Mondfinsternis beobachtet *(siehe S. 61)*.

Zu den Attraktionen des *wat* zählen ferner die kunstvoll gefertigten Schnitzereien an Türen, Dachtraufen und Giebeln, anmutige Pavillons, *prang* im Khmer-Stil sowie ein *chedi* aus grauem Marmor. Beim nahe gelegenen Khlong Lot erinnert ein goldener Schrein in Form eines Schweins an Königin Saowapha, die im Jahr des Schweins geborene Gemahlin von König Chulalongkorn (Rama V.).

SCHAUKELSPIELE

Die 1784 von Rama I. beim Wat Suthat aufgestellte »Große Schaukel« (Sao Ching Cha) diente einem brahmanischen Ritual zu Ehren Shivas: Je vier Männer schwangen sich bis zum Überschlag in 25 Meter Höhe hinauf; einer schnappte mit den Zähnen nach einem am Pfosten befestigten Goldbeutel. Nach vielen tödlichen Stürzen wurde der Brauch 1935 abgeschafft.

Wagemutige Brahmanen auf der Großen Schaukel

Wat Pho ⓮

วัดโพธิ์

Farang-Wächter

DER WAT PHO, OFFIZIELL Wat Phra Chetuphon, ist Bangkoks ältester und größter Tempel und beherbergt Thailands bedeutendste Bildungsinstitution. Die großartige, bewohnte Anlage wirkt, ganz anders als der Große Palast *(siehe S. 76ff)*, lebhaft und weniger erhaben. Im 16. Jahrhundert gegründet, wurde sie ab 1780 unter Rama I. restauriert und erweitert. Rama III. ließ die Kapelle für den liegenden Buddha erbauen und wandelte den Tempel in eine Bildungsstätte um. Heute ist der Wat Pho ein Zentrum der traditionellen Medizin mit dem renommierten Institut für Massage. Im Kloster jenseits der Chetuphon Road leben etwa 300 Mönche.

Wihan
Vier wihan *– hier der westliche – gruppieren sich um den* bot.

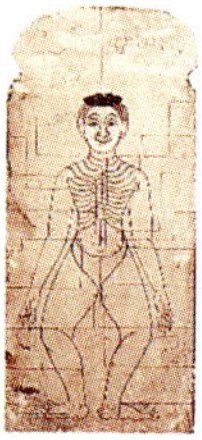

★ Pavillon der Medizin
Die Steinreliefs der Innenwände dieses – zum Souvenirladen umgewandelten – Pavillons zeigen Massagepunkte.

★ Liegender Buddha
Die 46 Meter lange vergoldete Backstein-Gips-Figur füllt den gesamten wihan.

Die kleinen Bauten in diesem Winkel des *wat* wurden eigens für Kinder errichtet.

Füße des liegenden Buddha
Die äußerst fein gearbeiteten Perlmuttintarsien an den Fußsohlen des liegenden Buddha stellen die 108 lakshana *dar, die heiligen Symbole des wahren Buddha.*

Der Chedi Phra Si Sanphet hütet die Reste einer verehrten Buddha-Statue.

Bodhi-Baum
Er soll ein Ableger des wilden Feigenbaums sein, unter dem Buddha in Indien meditierte.

Keramikdekor
Dieses Porzellanmosaik ziert den chedi *Phra Si Sanphet.*

INFOBOX

Chetuphon Rd. **Stadtplan** 5 C1. *0-2225-0094. AC: 3, 25, 39, 44, 508. Thien. tägl. 9–17 Uhr.* **Institut für Massage** *0-2221-2974. tägl 8.30–17 Uhr.*

Institut für Massage

Zentraler *bot*
Das Heiligtum im bot, *ein meditierender Bronze-Buddha, wurde vom Bruder Ramas I. aus Ayutthaya gerettet. Reliefs mit Szenen des Ramakien* (siehe S. 36f) *sind am Sockel des Baus und innen an den Türen zu sehen.*

Miniaturberge
Kleine Steinberge verteilen sich über das Areal. Auf diesem Felsen am südlichen wihan *stehen Statuen nackter Einsiedler in verschiedenen Körperhaltungen.*

Eingang für Besucher

Steinerne *farang* – riesige, schrecklich aussehende Karikaturen – bewachen die Tore innerhalb der Anlage.

NICHT VERSÄUMEN

★ **Liegender Buddha**

★ **Pavillon der Medizin**

TRADITIONELLE MASSAGE

Seit den 1960er Jahren ist im Wat Pho Bangkoks renommierteste Massageschule eingerichtet. Die der chinesischen Akupunktur und dem indischen Yoga verwandte Kunst der Thai-Massage *(nuat paen boran)* entstand zu Lebzeiten Buddhas. Die sehr gut ausgebildeten Masseure des *wat* lindern mit Techniken wie Dehnen von Gliedmaßen und Rumpf Verspannungen und sogar Viruserkrankungen. Außer Massagebehandlungen wird Unterricht in Thai und Englisch angeboten.

Traditionelle Thai-Massage im Wat Pho

CHINATOWN

BANGKOKS chinesische Gemeinde musste das Gebiet der heutigen Altstadt verlassen, als Rama I. die Hauptstadt 1782 ans andere Ufer verlegen ließ. Seither schlägt das chinesische Herz Bangkoks im Areal um die Yaowarat Road und die Sampeng Lane. Inzwischen ist Chinatown, das ehemalige Finanzzentrum der Stadt, auch Heimat einer kleineren Schar von Indern, doch laut und hektisch wie eh und je. Ihre Hauptschneisen, die vom Verkehr erstickte Yaowarat und die Charoen Krung Road, begrenzen ein von Verkaufsbuden wimmelndes Gassenlabyrinth. Recht leicht zu finden sind der Stoffmarkt in der Sampeng Lane und der bunt gemischte Markt in der Soi Isara Nuphap. Reges Treiben herrscht auch auf den Märkten Pak Khlong, Nakorn Kasem und Phahurat. Chinesische Schreine, die unbekümmert Elemente aus Konfuzianismus, Daoismus, Mahayana-Buddhismus und Animismus vermengen, pflastern das Viertel. Wat Traimit nahe dem Bahnhof Hua Lamphong ist wegen seines Dekors und der riesigen Buddha-Figur sehenswert. Authentisch chinesisch sind die Nudelküchen, in denen die Männer in Unterhemden Mahjong *(majiang)* spielen.

Illustration: Straßenhändler in Chinatown

SEHENSWÜRDIGKEITEN AUF EINEN BLICK

Wat
Wat Traimit ❹

Märkte
Nakorn-Kasem-Markt ❸
Pak-Khlong-Markt ❶
Phahurat-Markt ❷

Historisches Gebäude
Hua-Lamphong-Bahnhof ❺

ANFAHRT
Chinatown wird vom Chao Phraya Express (Ratchawong-Pier), von Zügen (Bahnhof Hua Lamphong) sowie von Bussen über die Charoen Krung Road angesteuert.

◁ **Säcke mit getrockneten Garnelen auf einem von Chinatowns vielen duftgeschwängerten Märkten**

Im Detail: Zentrum von Chinatown

เยาวราช

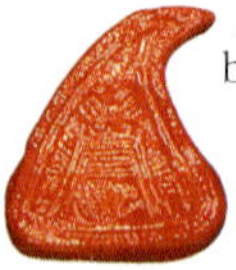

Khanom dao – Sojanascherei

DIES IST DIE SPANNENDSTE Ecke von Chinatown: ein schrilles Potpourri knalliger Farben, aufdringlicher Gerüche, ohrenbetäubender Geräusche und frenetischer Umtriebigkeit. Einen intensiven Eindruck vermittelt ein Bummel vom Ratchawong-Pier durch die Soi Isara Nuphap: Nach der Kreuzung mit der von alten Holzhäusern gesäumten Songwat Road spaziert man an Gewürzläden, hinter der Sampeng Lane mit dem Stoffmarkt an Verkäufern von Lebensmitteln vorbei. Ab der Yaowarat Road, Hochburg der Goldschmiede und Kräuterapotheken, reihen sich Garküchen aneinander, die jenseits der Charoen Krung Road den zahlreichen Devotionalienläden weichen.

Kao-Markt
Frische Lebensmittel, etwa Pilze, werden auf dem Kao-Markt angeboten. Der »Alte Markt« besteht schon seit dem späten 18. Jahrhundert.

Goldhandlung Tang To Kang
Der Wasserfilter ist im Laden Tang To Kang ausgestellt. Das Gebäude entstand im 19. Jahrhundert als Goldbörse von Chinatown.

Sanchao Kuan Oo
Wer auf Glück im Spiel hofft, opfert im Tempel vor dem vergoldeten Kopf eines Pferdes Gemüse.

Legende

Chao-Phraya-Express-Pier

Songwat Road
Trotz des Lkw-Verkehrs, der die Umgebung des geschäftigen Ratchawong-Pier bedrängt, lassen die alten Wohn- und Geschäftshäuser in der Songwat Road noch das Flair des 19. Jahrhunderts ahnen. Dieses hölzerne Lagerhaus steht gegenüber von Soi Thanam San Chao.

★ Leng Noi Yee
Der buddhistische, konfuzianische und daoistische Elemente integrierende Schrein zieht eine breite Schar von Gläubigen an. Im Hauptraum stehen mehrere vergoldete Buddhas.

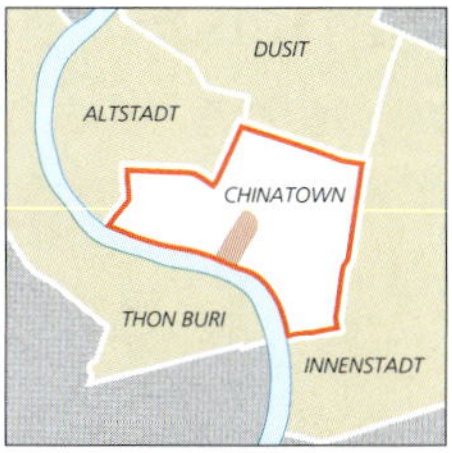

Zur Orientierung
Siehe Stadtplan, Karte 6

Die pittoreske Metzgerei besteht seit dem 19. Jahrhundert.

Sanchao Dtai Hong Kong
Im vielbesuchten Tempel verbrennen Gläubige »Höllengeld«, das die Ahnen nach dem Tod versorgen soll (siehe S. 95). *Viele versuchen buddhistische Verdienste anzuhäufen, indem sie Käfigvögel kaufen und freilassen.*

Li Thi Miew
Drachen krönen diesen stimmungsvollen Tempel. Innen umwabert Weihrauch Statuen daoistischer Gottheiten.

Mai-Markt
Mit dem Kao-Markt kann sich der Mai-Markt (»Neuer Markt«) nicht messen. Als Umschlagplatz für Artikel wie aus Schlangen zubereitete chinesische Arzneien ist er aber nicht minder interessant.

★ Yaowarat Road
Die Straße ist eine Hauptverkehrsader von Chinatown und quillt über von Goldläden, Kräuterapotheken, Cafés und Lokalen.

Nicht versäumen

- **★ Leng Noi Yee**
- **★ Yaowarat Road**

Bunte Auswahl an Chilischoten auf dem Pak-Khlong-Markt

Pak-Khlong-Markt ❶

ตลาดปากคลอง

Maharaj Rd. **Stadtplan** 5 C2. *AC: 501, 512.* *Rachinee, Pak Khlong.* *tägl.*

Der Grossmarkt versorgt die Stadt rund um die Uhr mit frischem Gemüse und Blumen. Nirgendwo in Thailand findet man ein breiteres Blumensortiment als hier. Ab 1 Uhr morgens werden vor allem Rosen, Orchideen, Lotosblumen und sogar Tulpen aus Holland angeliefert. Am üppigsten ist die Blütenpracht gegen 9 Uhr. Ohne Blumenstrauß geht kaum jemand davon.

Phahurat-Markt ❷

ตลาดพาหุรัด

Phahurat Rd. **Stadtplan** 6 D1. *3, 8, 25, 48, 53.*

Der Markt verwöhnt Augen, Gaumen und Nase mit Genüssen, die man in Bangkok nicht erwartet. Der auf Textilien spezialisierte Hauptbasar erstreckt sich um die Phahurat und die Chak Pet Road. Unten verkaufen Händler alles von Tischwäsche bis Hochzeitssaris; im Obergeschoss gibt es traditionelle indische Accessoires wie Sandalen und blitzenden Schmuck. In der Umgebung locken indische Schnellrestaurants und Samosa-Stände. Abseits der Chak Phet Road verbirgt sich der Sikh-Tempel Siri Guru Singh Sabha.

Nakorn-Kasem-Markt ❸

นครเกษม

Charoen Krung Rd. **Stadtplan** 6 E1. *AC: 501,507.*

Als Diebesmarkt ist der Nakorn Kasem trotz seiner »weißen Weste« heute noch bekannt. Statt Hehlerware findet man jetzt unterschiedliche Läden, etwa für Metallwaren, Musikinstrumente und allerhand Zierat.

Elektroartikel dominieren auf dem nahen überdachten Saphan-Han-Markt beiderseits des Khlong Ong Ang. Seinen Hunger kann man in den Nudelküchen stillen.

Wat Traimit ❹

วัดไตรมิตร

Tri Mit Rd. **Stadtplan** 6 F2. *1, 4, 11, 25, 53, 73; AC: 501, 507.* *tägl. 9–17 Uhr.*

Der auch Tempel des Goldenen Buddha genannte *wat* birgt das weltweit größte Buddha-Bildnis aus massivem (18-karätigem) Gold. Hergestellt wurde die schimmernde, vier Meter hohe und fünf Tonnen schwere Figur im 13. Jahrhundert in Sukhothai.

Durch Zufall stieß man 1955 auf diesen wertvollen Fund. Beim Ausbau des Hafens von Bangkok gruben Arbeiter einen Stuck-Buddha aus, der im Wat Traimit ein provisorisches Obdach erhielt. Als man die Statue 20 Jahre später mit einem Kran zu einem neuen Unterstand hievte, bröckelte ihr Gipsmantel und legte Gold frei. Vermutlich hatte man sie, wie zur Ayutthaya-Zeit *(siehe S. 56f)* üblich, zum Schutz vor birmanischen Plünderern eingegipst.

Ansässige Chinesen huldigen hier dem Goldenen Buddha und sammeln Verdienste, indem sie an die kleineren Buddha-Figuren Blattgold heften.

Wat Traimit, Hüter des verehrten Goldenen Buddha

Hua-Lampong-Bahnhof ❺

สถานีหัวลำโพง

Rama IV Rd. **Stadtplan** 7 A2. *0-2223-7010.* *4, 21, 25, 29, 34, 40, 46, 67, 109; AC: 501, 507, 529.*

Der reformfreudige König Chulalongkorn (Rama V.) läutete Thailands Eisenbahnära ein. 1891 ging die erste, private Linie in Betrieb. Sie pendelte zwischen Paknam und dem heutigen Hauptbahnhof Hua Lamphong, der Anschluss an Thailands Norden, Nordosten, Süden und das Menam-Becken bietet. Der zweite Bahnhof, Bangkok Noi, bedient den Süden.

Chinesen in Thailand

DIE ERSTEN CHINESEN wanderten im 14. Jahrhundert als Händler nach Thailand ein. Um die nach langen Kriegen *(siehe S. 60)* marode Wirtschaft anzukurbeln, förderte Thailand im 18. und 19. Jahrhundert den Zuzug von Chinesen. Diese integrierten sich erstaunlich rasch in die Thai-Gesellschaft, und Mitte des 19. Jahrhunderts stellten Chinesen und chinesische Mischlinge die Hälfte von Bangkoks Bevölkerung. Trotz zeitweiliger antichinesischer Tendenzen und restriktiver Einwanderungsbestimmungen ziehen Chinesen bis heute in Thailand die geschäftlichen Fäden. Ihr soziales und religiöses Brauchtum lebt in ihren Gemeinden fort.

Krieger auf einem Tempeldach in Chinatown

Den Tempel Leng Noi Yee *decken gekachelte, von chinesischen Drachen gekrönte Giebeldächer. Er ist eine bedeutende Pilgerstätte von Mahayana-Buddhisten, integriert aber auch konfuzianische und daoistische Kulte. In den Brennpunkt rückt er beim jährlichen Vegetarierfest* (siehe S. 43).

»Höllengeld«*, Papierkopien weltlicher Güter, verbrennt man, um den Toten im nächsten Dasein Wohlstand zu sichern.*

Anmutige chinesische Motive schmücken viele Küchenutensilien wie diese Pfannen.

Frische Gemüse sind die Grundlage vieler chinesischer Gerichte.

CHINESISCHE LADENHÄUSER

Ladenhäuser sind typisch für Chinatown. Die Familie wohnt im ersten Stock, im Erdgeschoss betreibt sie ihr Geschäft, beispielsweise eine kleine Werkstatt oder einen Laden für Lebensmittel, Haushaltswaren etc.

Chinesische Opern*, dargeboten von gastierenden Ensembles, sind spektakuläre Kompositionen aus Tanz, Gesang, Akrobatik und Kampfsport.*

Dim sum *(»die das Herz berühren«) sind Miniportionen kalter und warmer Speisen, etwa Teigtaschen mit Schweinefleischfüllung und Krabbentoast.*

Die Schildermalerei *dient nicht nur der Werbung. Die goldenen Glücksbotschaften sollen vor Gefahren und Krankheit schützen. Zum chinesischen Neujahr hängen sie überall aus.*

พระที่นั่งอภิเศกดุสิต

Dusit

Torschmuck im Dusit-Park

Dusit ist Thailands Regierungszentrum, und es bietet statt Wolkenkratzern noch alte Gebäude, *khlong* und Alleen. Unter König Chulalongkorn nach europäischen Vorbildern angelegt, ist Dusit noch heute das königliche Viertel von Bangkok: Im geometrischen Straßennetz geben breite Boulevards den Blick frei auf Paläste und Prestigebauten. Die Ratchadamnoen Avenue (»Königlicher Weg«) führt zu den königlichen Museen im Dusit-Park und zum Vimanmek Mansion. Nahebei stehen der königliche »Marmor«-Tempel, Wat Benchamabophit und der Chitrlada-Palast, die Residenz des Königspaars. Mit der Nationalversammlung, mehreren Ministerien und dem Amtssitz des Premierministers ist Dusit die politische Machtzentrale. Rennen im Königlichen Reitklub, Thai-Boxkämpfe im Ratchadamnoen-Stadion und der als Landschaftsgarten gestaltete Dusit-Zoo machen das Viertel zum beliebten Freizeitziel.

Sehenswürdigkeiten auf einen Blick

Wat und Kirchen
Christliche Kirchen in Dusit 2
Wat Benchamabophit 10
Wat Indrawihan 4

Museen
SUPPORT-Museum 6
Vimanmek Manison 5

Wichtige Straßen
Phitsanulok Road 9
Ratchadamnoen Avenue 11

Wahrzeichen
Chitrlada-Palast 8

Markt
Thewet-Blumenmarkt 3

Parks und Zoos
Dusit-Park *S. 98f* 1
Dusit-Zoo 7

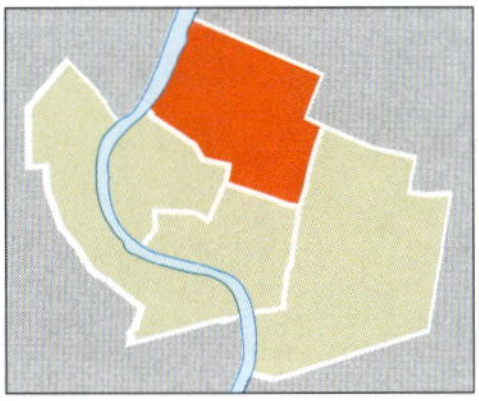

Anfahrt
Der Chao Phraya Express hält u. a. am Thewet-Pier, von dem aus die meisten Sehenswürdigkeiten gut zu erreichen sind. Auf der Ratchadamnoen Avenue und anderen Hauptstraßen des Viertels fahren Busse.

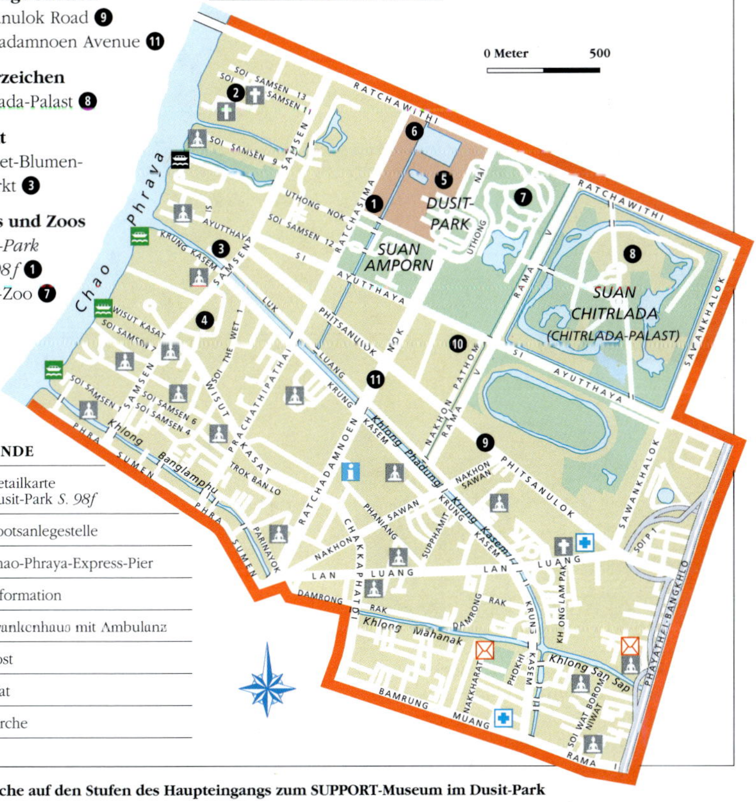

Legende
Detailkarte Dusit-Park *S. 98f*
Bootsanlegestelle
Chao-Phraya-Express-Pier
Information
Krankenhaus mit Ambulanz
Post
Wat
Kirche

◁ **Mönche auf den Stufen des Haupteingangs zum SUPPORT-Museum im Dusit-Park**

Dusit-Park ❶

แผนผังสวนดุสิต

Formbaum beim Vimanmek Mansion

Nachdem Thailands König Chulalongkorn (1868–1910) als erster Monarch Europa bereist hatte, machte er sich mit Elan daran, Bangkok in eine westliche Großstadt zu verwandeln. Dabei entstand der herrliche Park mit gepflegten Gärten, eleganten Bauwerken und Teakholzvillen. Glanzlichter setzen das goldbraun schimmernde Vimanmek Mansion – der größte Teakholzbau der Welt – und die anmutige Thronhalle Abhisek Dusit, in der das SUPPORT-Museum traditionelles Kunsthandwerk präsentiert. Ein Besuch des Parks mit Zoo *(siehe S. 101)* füllt mühelos einen ganzen Tag aus.

Zur Orientierung

Siehe Stadtplan, Karten 2, 3

König Bhumibols Fotomuseen

König Bhumibol ist ein leidenschaftlicher Fotograf. Die hier ausgestellten Aufnahmen – viele zeigen die Königsfamilie – sind größtenteils seine Werke.

Rang- und Porträtmuseum

Das Museum präsentiert Fotografien und Gemälde von hochrangigen Persönlichkeiten der Chakri-Dynastie. Dieses Porträt zeigt Maha Uparaja Bovornvijaya Jarn, Stellvertreter Ramas V.

Altes Kleider- und Seidenmuseum

Das Gebäude präsentiert eine kleine Kollektion Gewänder von König Rama IV. und König Rama V. sowie Seide aus allen Teilen des Landes.

Nicht versäumen

- ★ **Vimanmek Mansion**
- ★ **Thronhalle Abhisek Dusit**

★ Thronhalle Abhisek Dusit
Die weiße, fantasievoll verzierte Halle (siehe S. 101) *beherbergt das sehenswerte SUPPORT-Museum. Die Ausstellung traditionellen Kunsthandwerks umfasst auch aus buntschillernden Flügeln von Schmuckkäfern gefertigte Preziosen.*

INFOBOX

Stadtplan 2 F1. *0-2628-6300.* 56, 70; *AC: 70, 510, 515.* **Vimanmek Mansion** *tägl. 9–15.15 Uhr.* *oblig.* **SUPPORT-Museum** *tägl. 9.30–15.15 Uhr.* **Alle anderen Gebäude** *tägl. 9–16 Uhr.* *bei höfischen Feierlichkeiten.* *Das Vimanmek-Mansion-Ticket bietet 30 Tage lang Zugang zum Dusit-Park und allen Gebäuden.* *in allen Gebäuden.*

Seepavillon
Hinter dem Vimanmek Mansion erlaubt der elegante Pavillon einen bezaubernden Blick über den See zu den traditionellen Teakholzhäusern am anderen, nicht zugänglichen Ufer.

★ Vimanmek Mansion
Das dreistöckige Teakgebäude (siehe S. 100f) *erinnert an ein viktorianisches Herrenhaus. Sämtliche Teile sind mit Holzzapfen statt Nägeln verbunden, die Räume mit erlesenem Inventar ausgestattet.*

Königliches Kutschenmuseum
In zwei langen Schuppen stehen seltene Fahrzeuge, Staatskutschen und Oldtimer aus dem Besitz der Königsfamilie Spalier.

Christliche Kirchen in Dusit ❷

โบสถ์ดุสิตคริสเตียน

Stadtplan 2 E1. *9, 110; AC: 506.*

UNMITTELBAR SÜDLICH der Ratchawithi Road stößt man am Ufer des Flusses Chao Phraya auf ein Grüppchen christlicher Kirchen.

Die kurz nach 1850 erbaute **Franz-Xaver-Kirche** nahe der Krung-Thon-Brücke, ist an der Heiligenstatue über dem dreibogigen Portikus zu erkennen. Zu ihrer Gemeinde zählen vietnamesische Katholiken, die sich 1934 hier niederließen.

Französische Missionare bauten 1837 ihre südliche Nachbarin, die kleinere **Kirche der Unbefleckten Empfängnis**.

Die Kirche dahinter wurde 1674, in der Amtsära König Narais *(siehe S. 56f)*, von Pater Louis Laneau für die frühen portugiesischen Siedler errichtet. Im Pfarrbezirk leben Nachfahren der Portugiesen sowie der Kambodschaner, die im späten 17. Jahrhundert hierher flüchteten. Da letztere sehr aktive Gemeindemitglieder sind, heißt das Gotteshaus im Volksmund Kambodschanische Kirche. Heute bewahrt darin das (unregelmäßig geöffnete) **Museum Wat Mae Phrae** Kirchenschätze und Reliquien, darunter eine Marienstatue, die bei einer jährlichen Feier im Oktober Verehrung erfährt.

Säulenvorbau der katholischen Franz-Xaver-Kirche

Liegender Buddha, moderne Wandmalerei im Wat Indrawihan

Thewet-Blumenmarkt ❸

ตลาดดอกไม้เทเวศน์

Krung Kasem Rd. **Stadtplan** 2 E2. *AC: 506.* **Nationalbibliothek** Samsen Rd. *0-2281-5212.* *tägl. 9.30–19.30 Uhr.*

DIESER MARKT flankiert westlich der Samsen Road den Khlong Phadung Krung Kasem. Er ist eine von Bangkoks bekanntesten Adressen für Pflanzen und Gartenbedarf, kleiner und preisgünstiger als etwa der Chatuchak-Markt *(siehe S. 131)*. Es gibt eine unglaubliche Auswahl an Ziertöpfen, Teichzubehör, Bäumen, Orchideen und anderem Gartenzubehör.

Hübsche Pflanzentöpfe auf dem Thewet-Blumenmarkt

Um die Ecke beherbergt die Nationalbibliothek einen reichen Bestand Thai- und englischsprachiger Literatur. In der Lobby hängen Thai-Gemälde. Wie viele Amtsbauten in Dusit zeigt die Fassade Elemente traditioneller Thai-Architektur *(siehe S. 30f)*.

Wat Indrawihan ❹

วัดอินทรวิหาร

Wisut Kasat Rd. **Stadtplan** 2 E3. *3, 53; AC: 506.* *tägl.*

UNÜBERSEHBARE Hauptattraktion dieses *wat* ist der 32 Meter hohe Buddha. König Mongkut ließ ihn etwa Mitte des 19. Jahrhunderts als Schrein für eine Buddha-Reliquie aus Sri Lanka aufstellen. (Reliquien des Buddha wie Haare und Knochenfragmente werden an unzähligen Orten der Welt bewahrt.)

Auch wenn das recht grob konturierte Bildnis kein künstlerisches Meisterwerk darstellt, kann man sich dem Reiz seiner Größe nicht entziehen. Die riesigen Zehen dienen als Altar für Berge von Blumengirlanden und andere Opfergaben.

Im *bot* des Wat In, so die gängige Abkürzung des Tempelnamens, fallen Hunderte von Urnen aus Bencharong-Keramik (»Fünf-Farben-Keramik«) auf; die Wände verzieren neuere Fresken im traditionellen Stil. In einem kleineren Gebäude werden Plastiksäcke mit »Glücks«-Wasser verkauft.

Vimanmek Mansion ❺

พระที่นั่งวิมานเมฆ

Ratchawithi Rd. **Stadtplan** 2 F1. *0-2628-6300.* *56, 70; AC: 70, 510, 515* *tägl. 9–15.15 Uhr.* *frei für Besitzer eines Großer-Palast-Tickets.* *im Gebäude.* *obligatorisch.*

DAS GRÖSSTE, ohne Nägel zusammengefügte Teakholzgebäude der Welt wurde in Ko Sichang *(siehe S. 306f)* abgetragen und 1901 hier aufgestellt. Schon bald – der nahe Chitrlada-Palast *(siehe S. 102)* war noch unvollendet – diente die »Himmlische Residenz« König Chulalongkorn (Rama V.), seinen Gattinnen und Konkubinen als Lieblingsherberge. Er hatte als einziger Mann Zutritt. Nach dem Auszug der Bewohner 1935 verfiel der Bau. Anlässlich Bangkoks 200-Jahr-Feier 1982 *(siehe S. 64f)* ließ Königin Sirikit ihn aufwändig restaurieren.

Führungen zeigen 30 der 81 Räume, die von verschlungenen Gängen abzweigen. Bemerkenswert sind die Audienzzimmer, die geschwungenen Treppen, der Musiksalon und die Wohnquartiere des Königs in dem achteckigen Turm. Der Bau verfügte als erstes Gebäude Thailands über Elektrizität und Innenbad; zu bestaunen sind u. a. eine Glühbirne und ein Duschkopf jener Tage.

Schätze der Rattanakosin-Zeit füllen die Räume. Zum Inventar gehören Porzellan, Möbel, Beteldosen, die erste Schreibmaschine mit Thai-Buchstaben, Staatspräsente aus vielen Ländern, Jagdtrophäen und Fotografien königlicher Hoheiten. Veranden und hohe Decken unterstreichen die viktorianische Landhausaura des Gebäudes, das König Chulalongkorns Faible für westliches Design verrät.

Nach der Führung kann man am See unter einer Veranda sitzen. Nahebei treten zweimal am Tag Thai-Tänzer *(siehe S. 38f)* und clowneske Akrobaten auf.

Das Vimanmek Mansion, Sommerresidenz Ramas V.

Kuppeldecke der Thronhalle Ananta Samakorn

SUPPORT-Museum ❻

พิพิธภัณฑ์ศิลปาชีพ

Ratchawithi Rd. **Stadtplan** 2 F1.
0-2628-6300. *AC: 510, 515.*
tägl. 9–15.15 Uhr.

NEBEN DEM Vimanmek Mansion beherbergt die (im Eintritt inbegriffene) Thronhalle Abhisek Dusit ein Museum. Es dient als Schauraum der von Königin Sirikit gegründeten Stiftung Promotion of Supplementary Occupation and Related Techniques (SUPPORT), die sich dem traditionellen Kunsthandwerk widmet und ihr Ausbildungszentrum, das Folk Arts and Crafts Center, in Bang Sai nahe Bang Pa-in *(siehe S. 171)* hat. Die Stiftung fördert Handwerkskünste wie die in Nakhon Si Thammarat *(siehe S. 368f)* entwickelte *Yan-lipao*-Flechterei aus Schilf. Zu bewundern sind auch Seladonporzellan, Niello-, Rattan-, Bambus- und Lackarbeiten, Gebilde aus blau-grün schillernden Flügeln von Schmuckkäfern und auch das gestalterische Talent von einigen Mitgliedern der Königsfamilie.

Südlich davon steht eine weitere, **Ananta Samakorn** genannte Thronhalle. Der italienisch inspirierte Prunkbau aus dem Jahr 1912 war einst Sitz des Parlaments; nun dient er für königliche Empfänge und private Zwecke. Bestaunen kann man das prächtige Interieur leider nur am zweiten Samstag im Januar, dem Tag der Kinder.

Dusit-Zoo ❼

สวนสัตว์ดุสิต (เขาดิน)

Rama V. Rd. u. Ratchawithi Rd.
Stadtplan 3 A2. *0-2281-2000.*
AC 510. *tägl. 8–18 Uhr.*

DER ÜPPIG BEGRÜNTE, zwischen Dusit-Park und Chitrlada-Palast gelegene Zoo gilt als einer der schöneren Tiergärten Asiens. Manche Gehege sind zwar recht beengt, doch Vögel und größere Säugetiere wie Tiger, Bären, Elefanten und Nilpferde finden ausreichend Bewegungsfreiheit. Das Gelände – es erstreckt sich im ehemaligen botanischen Privatgarten Ramas V. – lädt mit tropischen Pflanzen, Wiesen, Seen und Baumhainen zu erholsamen Spaziergängen ein. Man kann auf Elefanten reiten, bei Fütterungen zuschauen, sich im Café des Zoos stärken oder ganz einfach die Einheimischen beim Familienausflug beobachten.

Schwarzbär im Dusit-Zoo

Chitrlada-Palast ❽

พระตำหนักจิตรลดา

Ratchawithi Rd. u. Rama V. Rd.
Stadtplan 3 B2. *AC: 503, 510.*
für die Öffentlichkeit.

Der Palast aus dem frühen 20. Jahrhundert östlich des Dusit-Zoos ist Wohnsitz des Königspaars. Hier stellt König Bhumibol (Rama IX.) landwirtschaftliche und technische Forschungen an; er erhielt 1993 als erster Monarch der Welt ein Patent (für eine Wasseraufbereitungsanlage).

Auf dem Grundstück werden die – derzeit elf – königlichen weißen Elefanten gehalten und auch trainiert. Zwischen dem Geburtstag des Königs (5. Dez) und Neujahr erstrahlt die Palastmauer in Festbeleuchtung.

Tafel zu Ehren von Bhumibols 50. Thronjubiläum

Phitsanulok Road ❾

ถนนพิษณุโลก

Stadtplan 2 E2. *16, 23, 99, 201.*

Der breite Boulevard verläuft, gesäumt von wichtigen Regierungsgebäuden, durch das Herz Dusits. Wenn man seinem Schnittpunkt mit der Sawankhalok Road nach Nordwesten folgt, gelangt man nach dem Mission Hospital zum **Ban Phitsanulok**. Der Italiener, der auch die Thronhalle Ananta Samakorn *(siehe S. 101)* entwarf, stattete den Bau mit reicher venezianisch-gotischer Ornamentik aus, mit floralen Fensterumrahmungen, zierlichen Zinnen und einem geschwungenen Flügel. Die Villa, 1925 von Rama VI. für den Generalmajor Phraya Aniruttheva errichtet und seit ihrer Restaurierung 1982 offizielle Residenz des Premierministers, ist nicht zu besichtigen – und nach verbreiteter Überzeugung der Hort von Geistern, weshalb nur wenige Gäste in diesem Gebäude übernachten.

Wettbegeisterte Thai aller Schichten pilgern zu den Pferderennen, die jeden zweiten Sonntag von 12.30 bis 18.30 Uhr im **Königlichen Reitklub** (Royal Turf Club) auf der anderen Straßenseite stattfinden. Das Spektakel auf den Tribünen ist genauso spannend wie das Geschehen auf dem Rasenoval, einer von Thailands zwei großen Pferderennbahnen *(siehe S. 113)*. Am heißesten geht es beim jährlichen King's bzw. Derby Cup am ersten oder zweiten Januarwochenende her.

Wetten im Königlichen Reitklub

An der Westseite, jenseits der Kreuzung mit der Nakhon Pathom Road, steht das cremefarbene **Regierungsgebäude**, der Amtssitz des Premierministers. Der fantasievolle neo-venezianische Bau ist nicht öffentlich zugänglich.

Wat Benchamabophit ❿

วัดเบญจมบพิตร

Nakhon Pathom Rd. **Stadtplan** 3 A3.
19, 72; AC: 503.
tägl. 9–17 Uhr.

Der jüngste grosse Tempel im Zentrum Bangkoks – er ersetzt einen Vorgänger aus der Ayutthaya-Zeit – spiegelt den Einfluss der europäischen auf die Thai-Architektur *(siehe S. 31)* wider. Seine Verkleidung aus grauem Carrara-Marmor trug ihm den Namen »Marmortempel« ein.

Königliche weisse Elefanten

Nachdem im Traum ein weißer Elefant in ihren Leib eingegangen war, empfing Königin Maya nach langem Warten endlich ein Kind: den späteren Buddha. Die 2500 Jahre alte Legende erklärt Thailands Kult um weiße Elefanten *(chang samkhan)*. Eingeführt wurden die stattlichen Tiere im 13. Jahrhundert von König Ramkamhaeng. Seither bemisst sich das Prestige eines Monarchen nach der Anzahl seiner weißen Elefanten, und bis 1917 zierte der weiße Elefant als Nationalsymbol sogar die siamesische Flagge. In der Umgangssprache bezeichnet »weißer Elefant« allerdings eine unnütze hohe Ausgabe. Der Grund ist folgender: Weiße Elefanten dürfen als exklusiver Besitz des Königs nicht arbeiten, werden aber aufwändig unterhalten. Albinos sind sie übrigens nicht. Als »weiß« gelten Elefanten traditionell, wenn insgesamt sieben Körperpartien – Augen, Gaumen, Nägel, Haut, Hoden, Körper- und Schwanzhaar – weißlich gefärbt sind.

Alte Manuskriptillustration eines weißen Elefanten

Von *singha* bewachter Eingang des Wat Benchamabophit

1899 beauftragte König Chulalongkorn (Rama V.) seinen Bruder Prinz Naris und den Italiener Hercules Manfredi, den *bot* und den Wandelgang zu entwerfen. Der *bot* ist ein elegant proportionierter Bau mit kreuzförmigem Grundriss und gestaffelter Dachlandschaft. Außen wie innen bestechen exquisite Stilsynthesen wie die viktorianisch angehauchten Buntglasfenster mit Szenen aus der Thai-Mythologie. Ein Raum bewahrt die Asche Ramas V. und, zu sehen an der spitzbogigen Aureole, die verehrteste Replik des Phra Buddha Chinarat in Phitsanulok *(siehe S. 150f)*. Rama V. trug die 53 im Wandelgang aufgereihten Buddha-Figuren zusammen, Originale wie Kopien von Bildnissen aus dem In- und Ausland.

Den *wat* schmückt eine der drei mit Perlmutt eingelegten Türen, die aus dem Wat Borom Buddharam in Ayutthaya geborgen wurden. Beachtung verdienen ferner die Fresken, die im einstigen Mönchsquartier Ramas V. Ereignisse seiner Regentschaft festhalten.

Hier kann man gut Klosterzeremonien wie Prozessionen an buddhistischen Feiertagen beobachten. Während andernorts die Mönche frühmorgens auf Betteltour *(siehe S. 125)* gehen, stehen sie hier vor dem *wat* in der Nakhon Pathom Road, um Essen von Spendern anzunehmen, die so Verdienste anhäufen.

Ratchadamnoen Avenue ⓫

ถนนราชดำเนิน

Stadtplan 1 D4. 🚌 *15, 33, 39, 70, 159, 201; AC: 157, 170, 183, 503, 511.*

Der unter Rama IV. nach europäischem Muster angelegte Boulevard gliedert sich in drei Abschnitte.

Der erste (»innere«) Abschnitt, Ratchadamnoen Nai, umzieht vom Lak Muang aus den **Sanam Luang** *(siehe S. 74f)*. Der (»mittlere«) Ratchadamnoen Klang führt ab dem Royal Hotel nach Osten. Er passiert das **Demokratie-Denkmal** *(siehe S. 83)* und ein Villenviertel aus den 1930er Jahren.

Ab dem Khlong Banglamphu heißt die Straße Ratchadamnoen Nok. Diese »äußere« Strecke führt, gesäumt von Ministerien, der TAT-Zentrale und dem **Ratchadamnoen-Boxstadion** *(siehe S. 41)*, ins Dusit-Viertel. Der moderne Bau vor der Doppelbrücke über den Khlong Phadung Krung Kasem ist Sitz der ESCAP (United Nations Economic and Social Commission for Asia and the Pacific).

Den Abschluss bildet die überkuppelte **Thronhalle Ananta Samakorn** *(siehe S. 101)*. Auf dem Exerzierplatz, wo im Dezember die Fahnenparade *(siehe S. 47)* stattfindet, steht das Reiterstandbild König Chulalongkorns.

An König Bhumibols Geburtstag im Dezember verwandelt sich die Straße in ein farbenfrohes Lichtermeer.

Jährliche Fahnenparade in der Ratchadamnoen Avenue

Buddhistische Mönche im Vorhof des europäisch angehauchten Wat Benchamabophit ▷

SILOM COMPLEX
SILOM

INNENSTADT

Zwischen Silom und Ploen Chit Road liegt der Kern der ausgedehnten »Innenstadt«. Als Handelszentrum entstand im 19. Jahrhundert bei der Charoen Krung Road das Alte Ausländerviertel; in der Umgebung des Oriental Hotel stehen noch reizvolle Kolonialbauten. Die Silom Road ist tagsüber das Revier von Geschäftsleuten, ihr nördliches Ende die Hochburg des Nachtlebens. Shoppen kann man nördlich davon in den Konsumtempeln von Ploen Chit und Rama I. Road, preiswerter an den Ständen der Silom Road und des Siam Square. Im Hochhausdschungel bietet der Lumphini-Park eine grüne Oase. Es gibt auch einige traditionelle Gebäude wie das Jim-Thompson-Haus und den Suan-Pakkad-Palast.

SEHENSWÜRDIGKEITEN AUF EINEN BLICK

Wat, Schreine und Kirchen
Mariä-Himmelfahrts-Kathedrale 2
Erawan-Schrein 12
Maha-Uma-Devi-Tempel 5
Wat Pathum Wanaram 13

Museen und Bibliotheken
Jim-Thompson-Haus *S. 116f* 15
Neilson-Hays-Bibliothek 6
Suan-Pakkad-Palast 17

Straßen und Viertel
Charoen Krung Road 3
Patpong 7
Pratunam 16
Siam Square 14
Silom Road 4

Parks und Sportstätten
Lumphini-Park 9
Royal Bangkok Sports Club 11

Historische Gebäude
Chulalongkorn-Universität 10
Oriental Hotel 1

Zoo
Schlangenfarm 8

ANFAHRT

Viele Busse pendeln hier; der Chao Phraya Express läuft die Piers Si Phraya, Wat Muang Khae und Oriental an. Im Fall eines Staus nehmen Sie einfach den Skytrain.

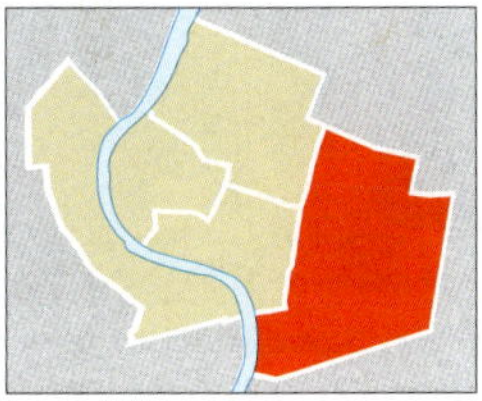

LEGENDE

- Detailkarte *S. 108f*
- U-Bahn-Station
- Skytrain-Station
- Bootsanlegestelle
- Chao-Phraya-Express Pier
- Polizei
- Touristenpolizei
- Krankenhaus mit Ambulanz
- Post
- Wat
- Kirche

Im Detail: Altes Ausländerviertel

ย่านที่อยู่ของฝรั่งสมัยก่อน (ย่านเจริญกรุง)

Torschmuck der französischen Botschaft

HIER, IM ALTEN HAFENVIERTEL, schlugen im 19. Jahrhundert ausländische Mächte ihre Handelsvertretungen auf. Die Portugiesen bauten 1820 ihre Botschaft; ihnen folgten bald Frankreich und andere Länder. Der europäische Einfluss förderte architektonische Synthesen von Ost und West. Als erste Straße Thailands wurde die Hauptschneise des Kolonialviertels gepflastert, die Charoen Krung Road (»Neue Straße«), heute Domizil von Schneidern, Schmuck- und Antiquitätenhändlern. Während die elegante Mariä-Himmelfahrts-Kathedrale auf Bangkoks einzigen europäisch gestalteten Platz blickt, bezaubern in den ruhigen Seitenstraßen des Viertels noch alte Holzhäuser.

Das Restaurant Harmonique steht in einer um 1900 erbauten Zeile chinesischer Ladenhäuser.

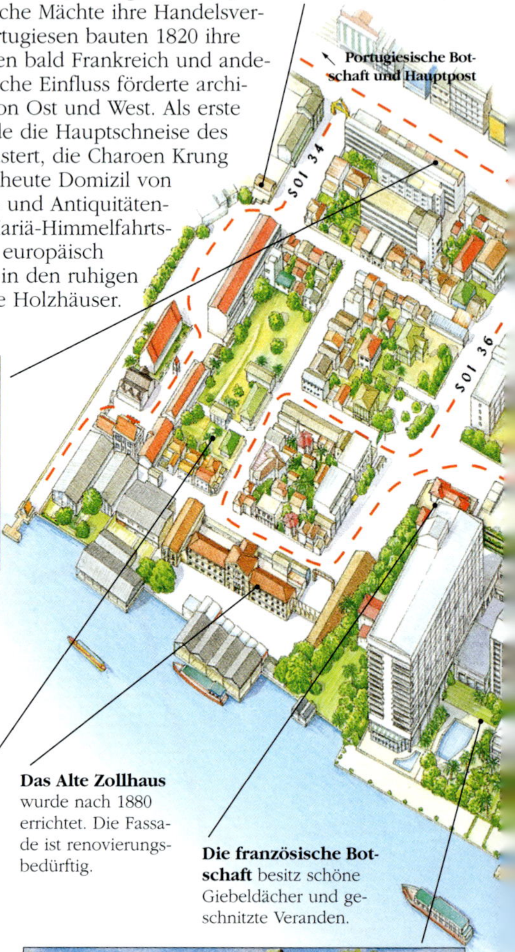

Im Rare Stone Museum, einem winzigen Laden mit Museum, kann man Edelsteine, Minerale und Fossilien erstehen sowie Raritäten wie versteinerte Exkremente von Dinosauriern und Tektite (Glasmeteorite) aus Nordostthailand bestaunen.

Das Alte Zollhaus wurde nach 1880 errichtet. Die Fassade ist renovierungsbedürftig.

Die französische Botschaft besitz schöne Giebeldächer und geschnitzte Veranden.

Die Haroon-Moschee, ein malerischer Bau mit Stuckdekor und islamischem Friedhof, liegt in Richtung Mekka abseits einer Straße mit Holzhäusern, die extravagante Schnitzereien aufweisen.

★ Oriental Hotel
Zwei dänische Kapitäne ließen 1876 dieses weltberühmte Hotel erbauen. 1958 wurde als neues Element der Turmflügel zugefügt, 1976 der zehnstöckige Flussflügel eröffnet. ❶

NICHT VERSÄUMEN

- **★ Oriental Hotel**
- **★ Mariä-Himmelfahrts-Kathedrale**

Das China House zählt zu Bangkoks teuersten Restaurants. Das Haus stammt aus der Regierungszeit Königs Vajiravudh *(siehe S. 63)*. Das gleichaltrige, als Sitz der Commercial Company of Siam aus Holz und Stein errichtete Nachbargebäude beherbergt Büros.

Zur Orientierung
Siehe Stadtplan, Karte 6

★ Mariä-Himmelfahrts-Kathedrale
Der Innenraum der eleganten Kathedrale von 1910 hat Rokoko-Charakter. Der Marmoraltar stammt aus Frankreich. ❷

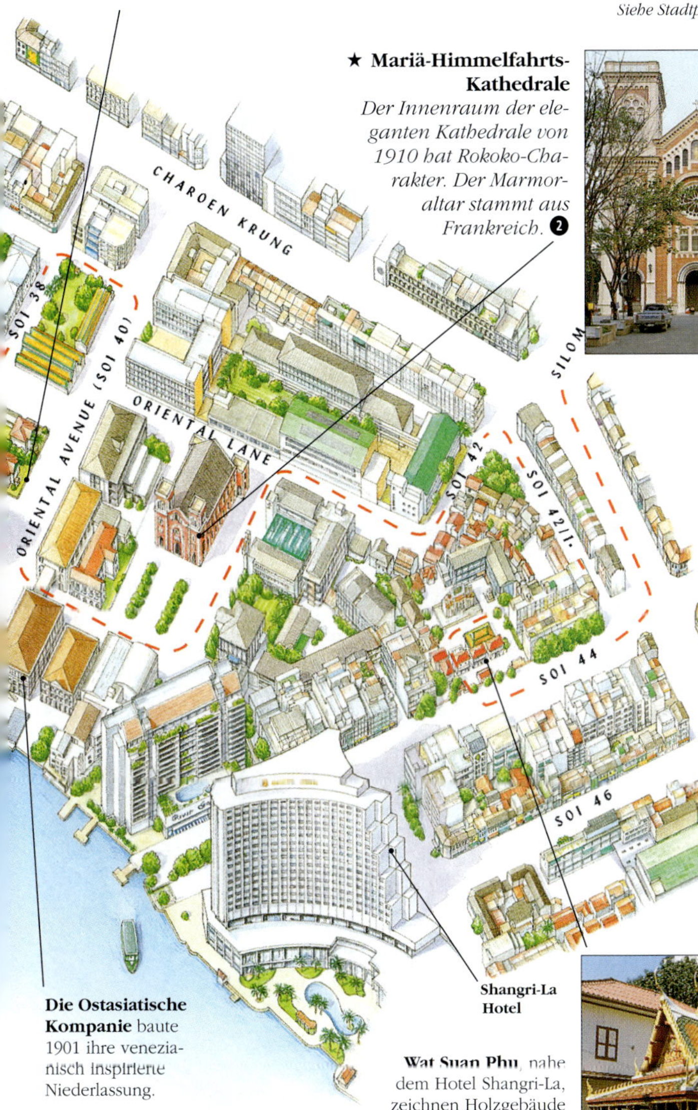

Shangri-La Hotel

Die Ostasiatische Kompanie baute 1901 ihre venezianisch inspirierte Niederlassung.

Wat Suan Phu, nahe dem Hotel Shangri-La, zeichnen Holzgebäude mit schönen Schnitzereien und der chinesische, auf einen Karpfenteich blickende Schrein Phra Bodhisattva Kuan-Im aus.

Legende

– – – Routenempfehlung

Klassizistische Fassade des »Autorenflügels« des Oriental Hotel

Oriental Hotel ❶

โรงแรมโอเรียนเต็ล

Oriental Ave., nahe Charoen Krung Rd. **Stadtplan** 6 F4. *0-2236-0400.* *35, 75.* *Oriental.*

DURCH EXQUISITEN Service und Liebe zum Detail zählt das Oriental zu den weltbesten Hotels. Es wurde 1876 als Thailands erstes Grandhotel errichtet, 1887 neu aufgebaut und später mit Seitenflügeln erweitert. Seinen Charme verdankt es den armenischen Brüdern Sarkies, die das luxuriöse Raffles in Singapur begründeten. Luxusausstattung und spektakuläre Lage am Chao Phraya rechtfertigen die exklusiven Preise.

Im alten Flügel mit weißen Fensterläden befinden sich die »Schriftsteller-Suiten«, in denen illustre Autoren wie Somerset Maugham abstiegen. Als Maugham sich hier in den 1920er Jahren von einem Malariaanfall erholte, beschrieb er Bangkok als Ort mit »Staub und Hitze und Lärm und noch mehr Staub« – was er nach Erkunden der *wat* und *khlong* korrigierte.

In der »Autoren-Lounge« kann man in Korbsesseln, umwuchert von Kübelpflanzen und umfächelt von Ventilatoren, frühabends in klassisch britischer Manier den *high tea* einnehmen. Eine Teakholzbarke pendelt zur Sala Rim Naam vis-à-vis, einem der acht exzellenten Restaurants des Hotels *(siehe S. 414)*, in dem *Khon*-Darbietungen *(siehe S. 38f)* das Dinner auflockern. Hohes Ansehen genießen die Thai-Kochkurse des Oriental.

Mariä-Himmelfahrts-Kathedrale ❷

วัดอัสสัมชัญ

Oriental Lane, nahe Charoen Krung Rd. **Stadtplan** 6 F4. *M: 5.* *tägl.*

GEDRUNGENE Zwillingstürme flankieren die Fensterrose des neoromanischen Backsteinbaus von 1910. Ein Tonnengewölbe überspannt als blaues Firmament mit goldenen Sternen das im Rokoko-Stil reich verzierte Innere.

Bäume beschatten den verkehrsfreien Vorplatz. Ihn umstehen westliche Gebäude, darunter das moderne Mariä-Himmelfahrts-Kolleg, die neoklassizistische Katholische Mission und, mit dem Rücken zum Fluss, das von der Renaissance inspirierte Katholische Zentrum.

Charoen Krung Road ❸

ถนนเจริญกรุง

Stadtplan 6 F2. *AC: 504.*

DIE CHAROEN Krung Road folgt vom Wat Pho durch Chinatown bis Yannawa dem Lauf des Chao Phraya. Als Verbindung von Zollhaus und vielen Handelsniederlassungen war sie die Hauptverkehrsader des Kolonialviertels und wurde als erste Straße Thailands gepflastert – weshalb sie, obwohl eine von Bangkoks ältesten Straßen, auch »Neue Straße« heißt.

Heute ist sie eine von Lärm und Abgasen geprägte Schmuck- und Antiquitätenmeile, doch in den von Bäumen und Holzhäusern flankierten Nebenstraßen kann man aufatmen. Ein Denkmal für König Chulalongkorn steht vor dem beeindruckenden Hauptpostamt, dessen Fassadenreliefs *garuda* zeigen, sagenhafte Zwitter aus

Die weitläufige, mit Holzglocken dekorierte Lobby des Oriental

Mensch und Vogel. Leben hauchen der Umgebung des braunen Steinbaus der tägliche Bangrak-Markt für Bekleidung und Früchte, sonntags die Münz- und Briefmarkenstände ein.

Silom Road ❹

ถนนสีลม

Stadtplan 7 A4. *AC: 177, 502, 504, 505, 514.* *Saladaeng (Skytrain)*

BANGKOKS kommerzielles Herz schlägt in dieser verpesteten, von Wolkenkratzern und Einkaufspassagen beherrschten Schlucht. Vor wenigen Jahrzehnten noch war die Straße ein Kanal mit Obstgärten – woran noch die Rauchschwalben erinnern, die hier von Oktober bis März zu Tausenden nisten.

Ein Laden auf Rädern

Am Flussende der Straße und in der parallelen Surawong Road befinden sich Schmuck- und Seidenläden. Unweit der Patpong Road *(siehe S. 112)* überblickt das Hotel Dusit Thani den Lumphini-Park (und das Nachtleben). Die nahe Convent Road ist nach dem **Karmeliterinnenkloster** benannt; hier steht auch die neogotische **Anglikanische Christuskirche** (1904).

Maha-Uma-Devi-Tempel ❺

วัดศรีมหาอุมาเทวี

Ecke Silom Rd./Pan Rd. **Stadtplan** 7 B4. *AC: 502, 504, 505.* *7–18 Uhr.* *Deepavali (Nov).*

ALS INDIEN 1858 direkt der britischen Krone unterstellt wurde, emigrierten viele Inder nach Bangkok, unter ihnen Tamilen, die ab 1860 diesen farbenfrohen Hindu-Tempel bauten.

Eine vergoldete Kupferkuppel krönt die sechs Meter hohe, mit Hindu-Gottheiten verzierte Fassade des Hauptgebäudes. Der stets von Leben und oft von den Klängen indischer Musik erfüllte Tempel steht im Brennpunkt des Deepavali-Fests (»Lichterfest«) im November. Mittags kann man die Öllampenzeremonie, bei der vegetarischen *Prasada*-Zeremonie am Freitag um 11.30 Uhr das Segnen von Lebensmitteln beobachten. Auch Chinesen und Thai aus der Nachbarschaft suchen den Tempel, der den Thai-Beinamen Wat Khaek (»Indischer Tempel«) trägt, regelmäßig auf: Die Hindu-Götter Shiva und Ganesh sind in das buddhistische Pantheon eingegangen, und den Hindu wiederum gilt Buddha als eine Inkarnation von Vishnu.

Grellbunte Gottheiten auf dem Dach des Maha-Uma-Devi-Tempels

Neilson-Hays-Bibliothek ❻

ห้องสมุดเนลสันเฮยส์

195 Surawong Rd. **Stadtplan** 7 B4. *0-2233-1731.* *16, 93.* *Di–Sa 9.30–16 Uhr (Mi 19 Uhr), So 9.30–14 Uhr.*

MIT ETWA 20 000 Schriften besitzt die 1921 in einem eleganten Bau neben dem Britischen Klub eingerichtete Bibliothek einen der besten Bestände englischsprachiger Literatur in Südostasien. Ihr Name ehrt Jennie Neilson-Hays, die von 1895 bis 1920 der Bangkok Library Association vorstand. Die überkuppelte Rotunde im Innern dient als Kunstgalerie.

WESTLICHE SCHRIFTSTELLER IN BANGKOK

Lange prägte der auf dem Tagebuch von Anna Leonowens, einer britischen Hauslehrerin am Hof von König Mongkut (Rama IV.), basierende Roman das populäre Thailand Bild in westlichen Ländern. Er lieferte die Vorlage für das Broadway-Musical und den Film *Der König und ich*. In Thailand fand die schmonzettenhafte Darstellung des Königs überhaupt kein Verständnis; dort gelten nach wie vor Roman und Film als historisch unzuverlässig. Authentischer schilderte Joseph Conrad in *Die Schattenlinie* seine Reise auf dem Fluss Chao Phraya, und Somerset Maugham beschrieb in *The Gentleman in the Parlour* seine Thailand-Impressionen. Die Suiten im Oriental Hotel erinnern noch an weitere westliche Autoren, etwa Noël Coward, Gore Vidal, Graham Greene und Barbara Cartland. Im Sinn dieser Tradition wird seit 1969 im Oriental Hotel der SEAWrite Award verliehen, um die Kontakte zwischen Autoren in Südostasien zu fördern.

Joseph Conrad, 1904

Patpong bei Tag, von der Silom Road aus gesehen

Patpong 7

พัฒน์พงษ์

Silom Rd., Patpong 1 u. 2. **Stadtplan** 7 C3. *AC: 502, 504, 505.* *Saladaeng (Skytrain)*

Die nach ihrem ehemaligen Besitzer, dem Chinesen Khun Patpongpanit, benannten Privatstraßen Patpong 1 und 2 sind der Nabel des Rotlichtviertels. In den 1960er Jahren schossen die Go-go-Bars aus dem Boden, in denen sich Flugzeugbesatzungen vergnügten und amerikanische GIs den Vietnamkrieg vergessen wollten. Seit den 1970er Jahren ziehen die Sexshows vor allem Besucher an. In der nahen Silom Soi 6 floriert die Gay-Szene, während die Hostessenbars in der Soi Taniya meist Japaner umwerben.

Das von der Touristenpolizei überwachte Areal ist sicher. Der von Souvenirs, Kleidung und imitierten Markenartikeln überquellende Nachtmarkt erweckt den Anschein der Anständigkeit. Dass in Patpongs Zentrum einer der größten Buchläden Südostasiens für feministische und sozialkritische Literatur angesiedelt ist, sollte nicht verwundern. Viele besuchen Patpong aus Neugier, nicht um sich auf dem Fleischmarkt zu bedienen – und ziehen meist verunsichert davon.

Schlangenfarm 8

สวนงู

Rama IV. Rd. **Stadtplan** 7 C3. *0-2252-0161.* *Saladaeng (Skytrain).* *AC: 50, 507.* *Mo–Fr 8.30–16.30 Uhr, Sa, So u. Feiertage 8.30–12 Uhr. (Vorführungen um 10.30 Uhr u. 14 Uhr).*

Das thailändische Rote Kreuz betreibt die Königin-Saowapha-Schlangenfarm. Hier stehen Wissenschaft und Sachinformation, z. B. über heimische Schlangen, im Vordergrund. Zweimal (am Wochenende einmal) täglich wird das »Melken« der Giftschlangen vorgeführt. Nach einer Diaschau lassen Wärter eine Schlange in den Zellophandeckel eines Glases beißen. Das ins Glas gespritzte Gift wird als Serum gegen Schlangenbisse konserviert.

Kobra vor dem »Melken«

Sexgewerbe: Anbieter und Kunden

Begünstigt wurde die Prostitution in Thailand u. a. durch die Polygamie. Beides ist heute verboten, doch viele Thai sind regelmäßige Kunden von Prostituierten. In jeder Stadt gibt es zumindest einen »Massagesalon«. Thailändisches Sexgewerbe, das lässt im Ausland meist an die flittrigen Bordelle von Patpong und Städte wie Pattaya und Hat Yai denken. Dabei sind dies recht junge Einrichtungen, entstanden für US-Soldaten, die in den Etablissements den Vietnamkrieg verdrängten. Im Sexbusiness arbeiten nach Schätzungen zwei Millionen – realistischer aber wohl 250 000 – Menschen, davon ein Fünftel Männer. Die Mehrzahl bedient thailändische Kundschaft, ein geringerer Teil Sextouristen. Das Wissen um Aids und die Ausbeutung, speziell von Kindern, hat die internationale Kritik am Sextourismus verschärft; Deutschland und andere Länder verfolgen strafrechtlich Staatsbürger, die im Ausland als Kunden der Kinderprostitution ertappt werden.

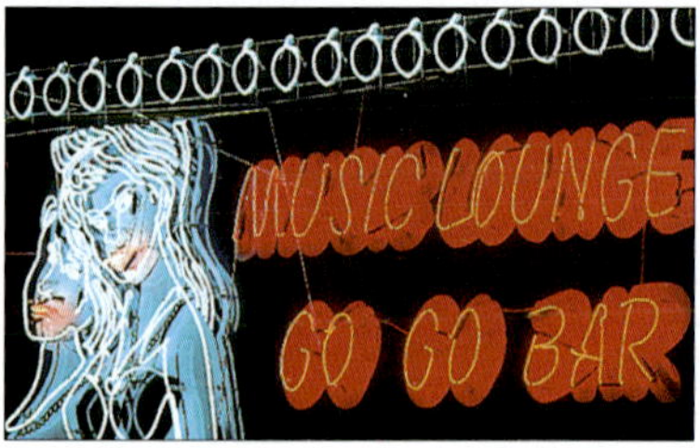

Nachtklub-Reklame in Patpong

Viele Prostituierte kommen aus Thailands ärmsten Regionen und Nachbarländern wie Myanmar. Verdienst und ein gewisser Fatalismus helfen den Gesichtsverlust zu ertragen. Doch nicht alle Anbieter steigen freiwillig ein; viele werden gekauft und, auch mit Gewalt, zur Prostitution angehalten. Mangelnde Ausbildung, soziale Ächtung, Krankheiten und Aids-Gefahr *(siehe S. 459)* machen das Prostituiertendasein alles andere als angenehm. Trotz intensiver Kampagnen der Regierung sind angeblich landesweit 15, in Chiang Rai und anderen Provinzen bis zu 70 Prozent der Prostituierten HIV-infiziert.

Tai Chi Chuan: »Schattenboxer« frühmorgens im Lumphini-Park

Lumphini-Park 9

สวนลุมพินี

Stadtplan 8 D3. *50; AC: 50,507.*
tägl. 5.30–21 Uhr.

BANGKOKS GRÜNE Lunge ist nach dem Geburtsort des Buddha in Nepal benannt. An der Ecke zur Silom Road fällt ein Standbild Ramas VI. ins Auge; im Park laden zwei Seen zum Bootfahren ein. Frühmorgens kann man Thai beim Joggen, Chinesen beim Tai Chi Chuan beobachten. Und wie man sieht, hält sich der Glaube an die stärkende Wirkung von Schlangenblut und -galle: Die Medizin wird an Ständen im Norden des Parks verkauft und auf der Stelle geschluckt. Thai-Familien im Sonntagsstaat tanken beim Spazieren Frischluft, alte Chinesen vertreiben die Zeit mit Schach, andere Besucher mit *takraw,* das dem Volleyball ähnelt, aber ohne Einsatz der Hände gespielt wird.

Chulalongkorn-Universität 10

มหาวิทยาลัยจุฬาลงกรณ์

Phya Thai Rd. **Stadtplan** 7 C3.
16, 40, 47, 50; AC: 501, 502, 529.
Imaging Technology Museum
0-2218-5580. *Mo–Fr.*
Kunstgalerie *0-2218-2961.*
tägl. bei Ausstellungen.
Feiertage.

THAILANDS ÄLTESTE und mit Abstand angesehenste Universität heißt nach ihrem Gründer, dem reformfreudigen König. Etwa in der Mitte, zwischen der Phya Thai und der Henri Dunant Road erstreckt sich ein Garten mit Gebäuden und einem Teich, den Feiernde beim Loy Krathong *(siehe S. 46)* umlagern.

Südlich des Sees erläutert das **Imaging Technology Museum** optische Techniken wie die Fotografie; in einem Raum können Besucher ihre Filme entwickeln und Abzüge herstellen. Zuweilen werden hochwertige Arbeiten in- und ausländischer Fotografen ausgestellt. Im Auditorium finden Veranstaltungen, meist klassische Konzerte statt. In der renommierten **Kunstgalerie** der Universität werden Wechselausstellungen zeitgenössischer Kunst gezeigt.

Royal Bangkok Sports Club 11

ราชกรีฑาสโมสร

Henri Dunant Rd. **Stadtplan** 8 D2.
16, 21; AC: 141. *0-2255-1420.*
Nur zum Rennen jeden 2. So 9–18 Uhr.

SEINEN NIMBUS als Thailands exklusivster Verein kultiviert der RBSC mit einer langen Warteliste. Mitglieder des erlauchten Kreises können eine Vielzahl von Sportarten – darunter Fußball, Hockey und Rugby – betreiben; einige Teams zählen zu Thailands Spitzenklasse. Nichtmitglieder haben Zutritt zur Pferderennbahn, der neben jener des Royal Turf Club in der Phitsanulok Road *(siehe S. 102)* bekanntesten des Landes.

Wetten ist eine nationale Leidenschaft, die keine sozialen Unterschiede kennt. Scharen von Bangkokern leben sie bei den Pferderennen des Klubs aus. Kurz vor dem Start wird nochmals fieberhaft gesetzt, und dann heften sich die Augen auf die elektronischen Anzeigetafeln, auf denen die Quoten der Favoriten und die Wettergebnisse flimmern. Ausländische Besucher sind selbstverständlich willkommen; wer setzen will, kann den Bildschirmen Tipps entnehmen, benötigt beim Ausfüllen der thaisprachigen Wettscheine aber dann doch meist Hilfe.

Endspurt eines Pferderennens im Royal Bangkok Sports Club

Das Siam Center in der Rama I. Road, eine bedeutende Einkaufspassage

Erawan-Schrein ⓬

พระพรหมเอราวัณ

Rachadamri Rd. **Stadtplan** 8 D1. *AC: 501, 504, 505.* *Rachadamri oder Siam (Skytrain).*

AUTOFAHRER NEHMEN die Hände vom Lenkrad und falten sie zum respektvollen *wai,* wenn sie an dieser Stelle vorbeifahren. Dem Volksglauben nach hat der Erawan-Schrein seine heilende Kraft bewiesen: Die bösen Geister, die in den 1950er Jahren beim Bau des Erawan Hotel, dem heutigen Grand Hyatt Erawan Hotel, Unfälle verursachten, sind beschwichtigt, seit hier dieser Haustempel für Indra und seinen Reitelefanten Erawan steht. Kein Wunder, dass der recht kitschige Schrein unter Girlanden, Holzelefanten und anderen Gaben versinkt, die ihm mit der Bitte um Glück und zum Dank dargebracht werden. Thailändische Tänzerinnen in traditionellen Kostümen führen gegen saftiges Entgelt für dankbare Gläubige ihre Künste vor. In profanere Gefilde führen in der Umgebung des Schreins sowie in der nahen Phloen Chit und Sukhumvit Road einige von Bangkoks mondänsten Einkaufszentren *(siehe S. 431)* zurück. Die bekanntesten (und meistbesuchten) sind – neben Sogo – Siam Center, World Trade Center, Gay Sorn Plaza, Amarin Plaza und Le Meridien.

Traditionell kostümierte Thai-Tänzerinnen am Erawan-Schrein

Wat Pathum Wanaram ⓭

วัดปทุมวนาราม

Rama I. Rd. **Stadtplan** 8 D1. *AC: 25, 501, 508.* *Siam (Skytrain)* *tägl. 7–18 Uhr.*

HAUPTMAGNET DES Tempels ist der Nachbau des Krematoriums der Königinmutter, deren sterbliche Überreste nach der Einäscherung am Sanam Luang *(siehe S. 74f)* 1996 hierher gebracht wurden. Das Krematorium, ein mit Schablonenmalerei und Lackskulpturen geschmücktes Werk alter Handwerkskunst, stellt den Berg Meru dar, den in den Tipitaka-Schriften *(siehe S. 26)* beschriebenen Götterwohnsitz.

Siam Square ⓮

สยามสแควร์

Rama I. Rd. **Stadtplan** 7 C1. *AC: 25, 501, 508.* *Siam (Skytrain).*

EINKAUFSPASSAGEN machen den Ständen am Straßenrand zunehmend den Garaus. Eine Ausnahme bildet das als Siam Square bekannte Labyrinth der *soi* (Gassen) zwischen der Chulalongkorn-Universität *(siehe S. 113)* und dem Siam Center.

Den »Platz« pflastern Einzelhandelsläden und Stände, an denen es alles nur Erdenkliche zu kaufen gibt. Im Angebot überwiegen Musikalisches, Literatur, Accessoires und Bekleidung, vielfach Entwürfe junger Thai-Designer.

Filmplakat an der Rama I. Road

Die Rama I. Road an einer Seite des Siam Square ist mit drei Kinos – Scala, Lido und Siam – ein wahrer Schaukasten der heimischen Filmproduktion; das **Mah Boon Krong Center** in der westlich angrenzenden Phaya Thai Road bietet neben einem großen Kaufhaus auch diverse kleinere Geschäfte. Gleich dahinter befindet sich das Nationalstadion. Es ist mit Abstand die größte Arena des Landes für Fußballspiele und andere wichtige Sportereignisse.

Jim-Thompson-Haus ⓯

บ้านจิมทอมป์สัน

Siehe S. 116f.

Pratunam ⓰

ประตูน้ำ

Stadtplan 4 E5. *12, AC: 504.*

OBWOHL ABSEITS touristischer Pfade, lohnt dieses Viertel eine Stippvisite. Unverwechselbare Atmosphäre bietet der **Pratunam-Markt**, ein weitläufiges Dickicht von Ständen, Läden und Werkstätten, wo Alltagsartikel wie frische Lebensmittel und Bekleidung dominieren. Unmittelbar

Bekleidung zum Schnäppchenpreis auf dem Pratunam-Markt

westlich des Markts ragt der modernistische **Baiyoke Tower** auf, der 1987–95 Bangkoks höchstes Gebäude war. Obwohl sich das Erdreich absenkt, wurde der Bau des Baiyoke Tower II genehmigt, der doppelt so viele (90) Stockwerke wie sein Nachbar aufweisen wird.

Suan-Pakkad-Palast ⓱

วังสวนผักกาด

3352 Si Ayutthaya Rd. **Stadtplan** 4 D4. *0-2245-4934.* *AC 39, 513.* *Phayathai (Skytrain).* *tägl. 9–16 Uhr.*

Der Palast, einst das Heim von Prinz und Prinzessin Chumbhot, bettet sich in einen üppigen, auf einem Kohlfeld (*suan pakkad*, der Palast wurde danach benannt) angelegten Garten. Seine fünf traditionellen, in den 1950er Jahren hierher gebrachten Teakhäuser wurden in Museen verwandelt, in denen die Kunst- und Kunsthandwerksammlung des Prinzenpaars ausgestellt ist.

Die Exponate reichen von Khmer-Skulpturen über Beteldosen und alte Lackmöbel bis hin zu außergewöhnlichen Thai-Instrumenten, seltenen Muscheln und wertvollen Kristallen. Preziosen von außergewöhnlichem Wert sind die rotweißen, mit Spiralen ornamentierten bronzezeitlichen Keramiken, Grabfunde aus Ban Chiang *(siehe S. 262)* in Nordostthailand.

Höhepunkt der Besichtigung ist der Lackpavillon, den Prinz Chumbhot aus zwei verfallenen Tempelbauten aus der Provinz Ayutthaya zusammensetzen ließ. Meisterhafte Schwarz-Gold-Lackmalereien, die bezaubernd detailfroh vom Leben des Buddha und dem Ramakien *(siehe S. 36f)* erzählen, überziehen die Wände seiner Räume.

Zu den wenigen aus der Ayutthaya-Zeit erhaltenen Malereien zählen die eindrucksvollen Illustrationen des Thai-Alltags vor dem Fall von Ayutthaya 1767 *(siehe S. 56f)*; sie zeigen ausländische Händler, Szenen vom Markt, Kriegsgeschehen und – in haarsträubenden Details – die Hölle.

Der exquisite Lackpavillon des Suan-Pakkad-Palasts

Moderne Architektur in Bangkok

Bangkok, das ist eine Stadt der *wat* und der Paläste, aber auch der einfallslosen Betontürme, Ladenzeilen und irgendwie »klassizistischen« Bauten – eher ein wuchernder Dschungel als die asiatische Märchenstadt, die sich manche vorstellen.

Immerhin: Einige Neubauten beweisen Einfallsreichtum. Postmoderne Architektur, die international mithalten kann, entdeckt man vor allem an der Sathorn Thai und der Silom Road. Zu den interessanten Konstrukten gehören ferner die Zentrale von Thai Airways und das dreitürmige »Elephant Building«.

Plan Architecture, eines von Bangkoks avantgardistischsten Architekturbüros, hat die Stadtlandschaft um ausgefallene »Wegweiser« wie Baiyoke Tower I und II, das kugelförmige Vanit Building II in der Soi Chidlom und den verblüffend schlanken Thai Wah II Tower in der Sathorm Tai Road bereichert. In der Sathorm Tai Road steht auch Thailands wohl berühmtestes und eigenwilligstes modernes Wahrzeichen, die Zentrale der Bank of Asia, ein Entwurf von Sumet Jumsai mit dem Spitznamen »Robotergebäude« *(siehe S. 65)*. Zwei der subtilsten Beispiele der »Thai-Moderne«, beide Hotelbauten, sind Werke westlicher Architekten: das Siam-Inter-Continental mit dem von einer »Mongkut«-Krone inspirierten Dach und das elegante Sukhothai, in dessen Garten die Wasserszenerie der gleichnamigen alten Hauptstadt *(siehe S. 184ff)* weiter am Leben erhalten wird.

Wolkenkratzer in der Innenstadt: Baiyoke Tower I und II

Jim-Thompson-Haus ⓯

บ้านจิมทอมป์สัน

Khmer-*singha* im Garten

EINE DER BESTERHALTENEN traditionellen Thai-Wohnanlagen hinterließ der Amerikaner Jim Thompson. Er verhalf Thailands im Zweiten Weltkrieg nahezu ausgestorbener Seidenweberei *(siehe S. 256f)* zu neuem Glanz. Das Anwesen liegt in einem Garten gegenüber von Ban Khrua, dem alten Viertel der Seidenweber. 1959 ließ Thompson in Ban Khrua und der Provinz Ayutthaya sechs Teakhäuser abtragen und hier zu einem Ensemble gruppieren. Er staffierte sein Zuhause mit exquisiten südostasiatischen Antiquitäten und Kunstwerken aus 14 Jahrhunderten aus. Das nach Thompsons mysteriösem Verschwinden 1967 kaum veränderte Anwesen wirkt anders als viele Privatmuseen; man hat den Eindruck, es sei noch bewohnt.

Großes Schlafzimmer
Meisterliche Dschataka-Gemälde aus dem 19. Jahrhundert schmücken die Wände.

★ Dschataka-Gemälde
*Im Haus illustrieren acht Tafelmalereien – diese schmückt die Eingangshalle – aus dem frühen 19. Jahrhundert das Vessantara-*Djataka (siehe S. 26), *die Legende von Buddha als Prinz Vessantara.*

Gästeschlafzimmer

Eines der sechs traditionellen Teakhäuser

★ Birmanische Schnitzereien
Diese Holzfigur der umfangreichen Kollektion birmanischer Skulpturen zeigt einen Nat-Geist. Bei seinem Vordringen in Birma integrierte der Buddhismus den alten animistischen Kult der Nat-Geister.

Gartenansicht
Die Terrasse blickt über den Garten und Khlong San Sap hinweg nach Ban Khrua.

LEGENDE

- Schlafzimmer
- Arbeitszimmer
- Eingangshalle
- Wohnzimmer
- Esszimmer
- Zimmer des Personals
- Weiterer Ausstellungsbereich

NICHT VERSÄUMEN

★ Dschataka-Gemälde

★ Birmanische Schnitzereien

★ Dvaravati-Torso eines Buddhas

Wohnzimmer
Der Buddha-Kopf rechts ist ein Fund aus U Thong (13. Jh.). Die Holzstatuen birmanischer Geister in den Nischen sind Werke des 18. Jahrhunderts.

INFOBOX

6 Soi Kasemsan 2, Rama I. Rd. **Stadtplan** 3 C5. *0-2215-0122.* *15, 48, 204; AC: 508.* *National Stadium (Skytrain).* *tägl. 9–16.30 Uhr.* *obligat.*

Porzellan-Nachttopf
Die Katze aus chinesischem Porzellan steht im Gästeschlafzimmer.

Am *khlong* (Kanal) trockneten die Seidenweber einst das Seidengarn an Holzgerüsten beiderseits der Ufer.

Erster Stock

Geisterhäuschen mit Opfergaben

Erdgeschoss

Eingang

Die Fassadenschnitzereien der **Teakhäuser** (das älteste stammt von 1800) sind zum Teil ins Hausinnere versetzt worden.

Esszimmer
Im Esszimmer ist herrliches blau-weißes Ming-Porzellan ausgestellt.

★ Dvaravati-Torso eines Buddhas
Dieser im Garten aufgestellte Torso aus Kalkstein stammt aus der frühen Dvaravati-Epoche (6. Jh.). Er gilt als Fragment einer der ältesten erhaltenen Buddha-Figuren in Südostasien.

WER WAR JIM THOMPSON?

Thailands berühmtester Amerikaner, von Haus aus Architekt, reiste 1945 als Leiter des Bangkok-Büros des OSS (Office of Strategic Services) ein, des Vorläufers der CIA. 1948 gründete er die Thai Silk Company Ltd., dank der Thailands Seidenindustrie wie Phönix aus der Asche stieg. Er wurde in Bangkok zu einer Berühmtheit – und zu einem wahren Mythos, als er am Ostersonntag 1967 von einer Wanderung in Malaysias Cameron Highlands nicht mehr zurückkehrte. Über die Ursache seines spurlosen Verschwindens – Absturz, Herzinfarkt oder Sabotage – wird heute noch wild spekuliert.

Jim Thompson prüft Thai-Seide (1964)

Thon Buri

Thon Buri war ab 1767 Hauptstadt von Siam, bis Rama I. diese 1782 auf die andere Flussseite verlegte. Damit zog auch Thon Buris ursprünglicher Name Ban Kok (»Dorf der Wildpflaume«) um: Bangkok, von den Thai »Krung Thep« genannt, wurde zum international üblichen Namen der Hauptstadt. Erst 1932 wurde Thon Buri durch eine Brücke mit Bangkok verbunden und 1971 eingemeindet. Seine Individualität hat der Stadtteil, der wie Bangkoks behäbige Schwester wirkt, nicht aufgegeben. Am besten erforscht man ihn im Boot. Bei der Fahrt durch das Labyrinth der Kanäle gleitet man vorbei an Pfahlhäusern, Tempeln, Villen und »schwimmenden Märkten«. Am Khlong Bangkok Noi sind im Königlichen Barkenmuseum Prunkschiffe zu bestaunen. Weiter südlich ragen am Ufer des Chao Phraya sehenswerte *wat* auf, darunter der Wat Arun, eines von Bangkoks Wahrzeichen.

Chinesische Statue am Wat Arun

Sehenswürdigkeiten auf einen Blick

Wat und Kirchen
- Santa Cruz 7
- *Wat Arun S. 122f* 5
- Wat Kalayanimit 6
- Wat Prayun 8
- Wat Rakhang 4
- Wat Suwannaram 1

Museen
- Museen im Siriraj-Krankenhaus 3
- Königliches Barkenmuseum 2

Denkmal
- Taksin-Denkmal 9

Legende
- Bootsanlegeselle
- Chao-Phraya-Express-Pier
- Polizei
- Post
- Krankenhaus mit Ambulanz
- Wat
- Moschee

Anfahrt

Von allen Pieren am Chao Phraya setzen Fähren ans andere Ufer über. Der Chao Phraya Express legt in Thon Buri am Bahnhofs- und Phrannok-Pier an. Busse und Taxis fahren über die Taksin-, Memorial-, Phra-Pok-Klao- und Phra-Pin-Klao-Brücke nach Thon Buri.

◁ **Ausschnitt des aufwändigen Mosaiks aus Abertausenden Porzellanscherben, das den Wat Arun überzieht**

Buddha in typischer *Bhumipar-samudra*-Geste, Wat Suwannaram

Wat Suwannaram ❶

วัดสุวรรณาราม

Charan Sanit Wong Rd., Khlong Bangkok Noi. **Stadtplan** 1 A3. *per Long-tail von jedem Pier.* *tägl.*

DER TEMPEL, UNTER Rama I. auf dem Fundament eines *wat* aus der Ayutthaya-Ära erbaut und unter Rama III. renoviert, erhielt 1831 seine heutige Gestalt. Er zeigt frühe Rattanakosin-Architektur *(siehe S. 31),* in Spuren auch den Ayutthaya-Stil.

Die sorgsam restaurierten Fresken im Haupt-*wihan* (frühes 19. Jh.) gelten als Werk von Lung Vichit Chetsada und Krua Khonpae, zwei namhaften Malern aus der Zeit Ramas III. Sie sind noch unbeeinflusst von der westlichen perspektivischen Malerei: Die Figuren der aus der Vogelperspektive betrachteten Szenen erscheinen, ob im Vorder- oder Hintergrund angeordnet, gleich groß. Seitlich sind die zehn letzten Dschakata, Legenden über die früheren Leben des Buddha, an der Südwand die Königreiche der buddhistischen Kosmologie dargestellt. Die lebhafte Schilderung von Buddhas Sieg über Mara beherrscht die Wand am Eingang. Die Bilder sind es wert, genauer betrachtet zu werden: Männer und Frauen haben, wie zur Zeit Ramas III. (1824–51) üblich, ihr Haupthaar bis auf ein Büschel hoch über der Stirn geschoren. Das Kreuz über einer Einsiedlerhütte belegt das Wirken der Missionare der westlichen Welt.

Faszinierend detaillierte Wandmalerei (19. Jh.) im Wat Suwannaram

Königliches Barkenmuseum ❷

พิพิธภัณฑ์เรือพระที่นั่ง

Khlong Bangkok Noi. **Stadtplan** 1 B3. *0-2424-0004.* *7, 9, 19.* *per Long-tail vom Chang Pier.* *tägl. 9–17 Uhr.*

EINE RIESIGE LAGERHALLE dient seit 1967 als Museum für die königlichen Barken. Früher zogen die Prunkschiffe recht häufig zu Schlachten und zu festlichen Paraden aus. Von Ayutthayas Glanz hingerissene Europäer hielten ihren Anblick auf Illustrationen fest *(siehe S. 56f).* Seit 150 Jahren füllen Fotografien königlicher Flottenparaden in Bangkok die Archive, während Ansichtskarten die Barken zum Inbegriff für Thailands exotischen Pomp machten. Heute prozessieren die Boote nur selten über den Chao Phraya. Einige Schiffe sind Rekonstruktionen von jenen, die Rama I. vor etwa 200 Jahren als Kopien der Ayutthaya-Originale bauen ließ. Der Großteil der Flotte wurde 1981 kostenaufwändig überholt. Bei Bangkoks 200-Jahr-Feier 1982 *(siehe S. 64),* am 60. Geburtstag des Königs 1987 sowie zu seinem Goldenen Thronjubiläum am 7. November 1996 sonnten sich über 50 goldglitzernde Barken auf dem Chao Phraya wieder in der öffentlichen Bewunderung. Gerudert wurden sie von 2000 traditionell kostümierten Männern, zumeist – einer ehemaligen Kriegsflotte angemessen – Seekadetten.

Hongsa am Bug der Barke des Königs

Mitten im Museum prangt die schönste Barke, die aus nur einem Teakstamm gebaute *Supphanahongsa* (»Goldener Schwan«). Aus ihrem Bug ragt der Kopf des Hongsa, eines mythischen, schwanenähnlichen Vogels. 64 geschulte Männer sind nötig, um den über 50 Meter langen, 15 Tonnen schweren Koloss zu navigieren. Die mit der vielköpfigen *naga* und einer Buddha-Figur geschmückte *Anantanagaraj* ist dem Transport von Mönchsroben vorbehal-

Furcht erregende Galionsfigur eines Kanonenboots von Rama I.

ten. Die 44 Meter lange, etwa 50 Passagiere fassende *Narai Song Suban Rama IX.* ist die erste unter König Bhumibol erbaute Barke.

Museen im Siriraj-Krankenhaus ❸

พิพิธภัณฑ์โรงพยาบาลศิริราช

Arun Amarin Rd. **Stadtplan** 1 B4. *0-2411-0211. 81, 91. Phrannok und Wanglony. Mo–Fr 8.30–16 Uhr. Feiertage.*

DAS BEKANNTESTE der zehn Museen dieses Krankenhauses, das **Museum für Gerichtsmedizin**, präsentiert Grausiges wie die Leiche des Mörders Si-oui, der sieben Kinder erdrosselte und aß – und mit dem Eltern ungehorsamen Kindern drohen. Erwähnung verdient das **Congdon-Museum für Anatomie**. Es konserviert totgeborene siamesische Zwillinge. Diese Bezeichnung geht zurück auf die zusammengewachsenen Brüder Chan und In, die in Siam, wie Thailand hieß, »entdeckt« und durch Tourneen in der Mitte des 19. Jahrhunderts weltberühmt wurden.

Wat Rakhang ❹

วัดระฆัง

Soi Wat Rakhang. **Stadtplan** 1 B5. *57, 83. Chang-Wat Rakhang. tägl.*

DER WAT RAKHANG ist der jüngste der größeren, im 19. Jahrhundert unter Rama I. entstandenen Tempel. Der Mönch Phra Wanawatwichit schuf 1922/23 die Fresken im Haupt-*wihan*. Einige zeigen – trotz des Wandels des Stadtbilds – wiedererkennbare Ansichten von Bangkok. Mühelos auszumachen ist der von einer konstruierten Schlacht umtoste Große Palast, der gegenüber dem *wat* am anderen Flussufer aufragt. Eine Parade der königlichen Barken ist mit viel Sinn für Details dargestellt.

Rama I. wohnte vor seiner Inthronisation in den auf Pfählen stehenden Holzhäusern, die im westlichen Teil des Geländes nun die Bibliothek *(bo trai)* beherbergen. Als Meisterwerke gelten die Dachstützen, die Bibliotheksschränke mit ihren Schnitzereien und die schwarzgoldenen Türen. Innen zeigen Wandbilder Ramakien-Szenen und ein Porträt Ramas I.

Die hölzerne Fassade der Bibliothek des Wat Rakhang

KHLONG – LEBEN AUF DEM WASSER

Wie Ayutthaya in der Schwemmebene des Chao Phraya gelegen, war auch Bangkok eine »schwimmende Stadt«, durchzogen von unzähligen kleinen Wasserläufen und Kanälen, den *khlong*. Zwischen 1840 und 1850 lebten 90 Prozent seiner 400 000 Einwohner auf den *khlong*. Ihre Floßhäuser legten sie an, wo sich ein freier Platz bot. Robustere Heimstätten waren die Pfahlhäuser entlang den Ufern der *khlong*.

Während in Bangkoks Osten die meisten Wasserwege unter Straßenpflaster verschwunden sind, spielt sich Thon Buris Alltag heute noch weitgehend an und auf den vielen *khlong* ab. Kinder planschen im Wasser, und Tag für Tag bieten Händler auf Booten frühmorgens chinesisches Gebäck, Kaffee, Obst, Gemüse, Küchenutensilien etc. an. Beliebtestes Transportmittel auf den *khlong* ist das flinke »langschwänzige Boot« (Long-tail) – das Roger Moore alias James Bond in *Der Mann mit dem goldenen Colt* gekonnt steuerte. Interessierte Besucher können die Boote am Chang-Pier mieten und darin die *khlong* von Thon Buri erkunden.

Bangkok Ende des 19. Jahrhunderts, vor der Ära der Straßen und »Immobilien«

Wat Arun ❺

วัดอรุณ

Keramikblüte am zentralen *prang*

NAMENSPATRONIN des *wat* ist Aruna, die indische Göttin der Morgenröte. Angeblich sah König Taksin, als er im Oktober 1767 vom zerstörten Ayutthaya in Thon Buri eintraf, über dem – damals winzigen – Tempel die Sonne aufgehen. Er baute den *wat* zur königlichen Kapelle aus und brachte darin den Smaragd-Buddha *(siehe S. 78f)* unter. Seine heutigen Ausmaße – der zentrale *prang* ist 67 Meter hoch, der Sockelumfang beträgt 234 Meter – erhielt der Tempel unter Rama I. und Rama II., seine Mosaikverkleidung aus Porzellanscherben im 19. Jahrhundert unter König Mongkut (Rama IV.). Sein Bau ist stärker als jeder andere von der Khmer-Architektur *(siehe S. 254f)* geprägt.

Bunte Dekorbänder
*Die Porzellanverkleidung des Haupt-*prang *zeigt u.a. Bänder von Dämonen.*

★ Flussansicht
Das Motiv, das der Wat Arun vom Chao Phraya aus bietet, ziert die Zehn-Baht-Münze und das Logo des Thailändischen Fremdenverkehrsverbands (TAT).

ANLAGE DES WAT ARUN

Die Anlage symbolisiert das hinduistisch-buddhistische Weltbild: Als mythischer Berg Meru ragt der zentrale *prang* (Turm) auf, dessen Stufen die Welten im Universum darstellen. Vier kleinere äußere *prang* stellen die Kosmosordnung des Mandala dar.

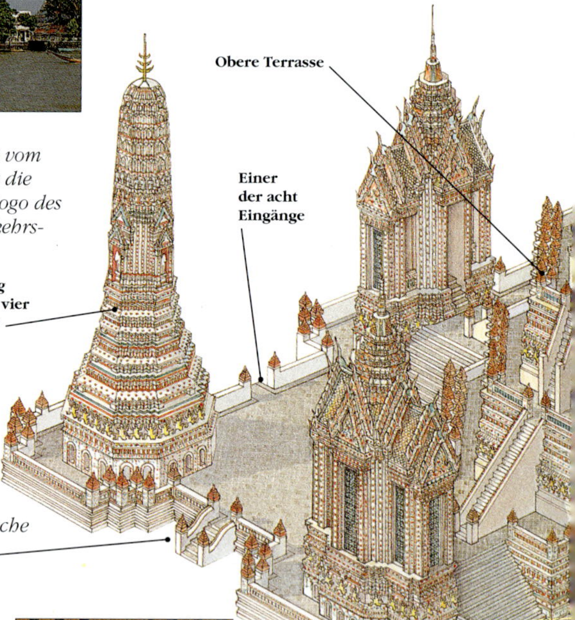

Obere Terrasse

Einer der acht Eingänge

Kleinere *prang* markieren die vier Ecken des *wat*

Chinesischer Wächter
Die Wächterfiguren am Terrassenaufgang zeigen chinesische Stilelemente.

Wandelgang im *bot*
Der Komplex weist auch die sonstigen Gebäude von thailändischen wat *auf. Diese Buddha-Statue thront im Haupt-*bot *über der Asche verstorbener Gläubiger.*

NICHT VERSÄUMEN

- ★ **Keramikdekor**
- ★ **Flussansicht**

Indras Waffe, der Donnerkeil oder *vajra*, krönt den Turm.

Symbolische Etagen

Das Devaphum (oben) symbolisiert den vier niedere Berge überragenden Meru mit den sechs Himmeln in den sieben Sphären der Glückseligkeit.

Den Tavatimsa-Himmel (Mitte), die Region der Begierdelosigkeit, bewacht in den vier Himmelsrichtungen der Hindu-Gott Indra.

Das Traiphum (Sockel) steht für 31 Daseinswelten dreier hierarchischer Regionen – Sinneslust, Form und Nichtform – des buddhistischen Kosmos.

Infobox
Arun Amarin Rd. **Stadtplan** 5 B1. *57, 83. Thien–Wat Arun.* *tägl. 7–17 Uhr.*

Stufen des zentralen *prang*
Die steile Treppe versinnbildlicht den Aufstieg in höhere Existenzen. Man kann sie, falls nicht wegen Restaurierung gesperrt, erklimmen.

Kleine Nische
In den vielen kleinen Nischen auf der zweiten Ebene des zentralen prang *stehen* kinnari *genannte Fabelwesen – halb Mensch, halb Vogel.*

Dekor der vier Nebentürme
In den Nischen der vier kleineren prang *zeigen Statuen den Windgott Nayu auf seinem Ross.*

In jeder Himmelsrichtung steht ein *mondop*

★ Keramikdekor
Ein buntes Mosaik aus (großteils von Einheimischen gespendetem) Porzellan überzieht die prang. *Blumen veranschaulichen die Vegetation des Berges Meru, der Residenz der Götter.*

Wat Kalayanimit ❻

วัดกัลยาณมิตร

Soi Wat Kanlaya. **Stadtplan** 5 B2. *AC: 501, 512, nach Pak Klong Talad, dann Fähre ab Pak-Klong-Talad-Pier.* *tägl. 8.30–16.30 Uhr.*

DIE WIRKLICH renovierungsbedürftige Anlage zählt zu den fünf Tempeln, die Rama III. (1824–51) in Bangkok errichten ließ. Vom Faible für chinesisches Design seitens des Monarchen zeugen die Statuen im Hof, mitgebracht als Ballast entladener Reisdschunken, sowie der vieleckige *chedi*.

Der riesige, doch ausgewogen proportionierte *wihan* beherbergt einen mächtigen Buddha. Zudem ist der Tempel Besitzer von Thailands größter Bronzeglocke.

Die nahe Festung **Wichai Prasit** am anderen Ufer des Khlong Bangkok Yai entstand zur Ayutthaya-Zeit *(siehe S. 56f)*. Von hier aus konnte Thon Buri bewacht werden.

Turm des Wat Kalayanimit mit Thailands größter Bronzeglocke

Santa Cruz ❼

วัดซางตาครู้ส

Soi Kudi Chin. **Stadtplan** 5 C2. *AC: 501, 512.* *So 6 u. 19 Uhr (zum Gottesdienst).* *im Inneren.*

DIE ZARTGELBE Kirche gehört zu den auffälligsten Andenken an Bangkoks frühe Gemeinde portugiesischer Kaufleute und Missionare. Sie wurde gegen Ende des 18. Jahrhunderts während Thon Buris Intermezzo als Hauptstadt von Siam *(siehe S. 60f)* errichtet. 1834 wurde sie durch Bischof Pallegroix und ein weiteres Mal 1913 gründlich restauriert. Subtil gestaltete chinesische Stilelemente haben der Kirche den Thai-Namen Wat Kuti China (»Chinesische Mönchsresidenz«) eingetragen.

Bei der Spurensuche nach den Portugiesen liefern die Häuser der Umgebung wenige Anhaltspunkte. Doch versteckt im Gassengewirr, inmitten der Thai-Ladenhäuser, können findige Besucher durchaus noch einige private katholische Gebetsstätten entdecken.

Fütterung frisch ausgesetzter Schildkröten im Wat Prayun

Wat Prayun ❽

วัดประยูร

Pratchatipok Rd. **Stadtplan** 5 C2. *6.* *tägl. 7–16.30 Uhr.*

DER BIZARRE künstliche Hügel am Tempeleingang entsprang einer Schnapsidee Ramas III.: Beim Licht einer Kerze lesend, faszinierte ihn der geschmolzene Stumpf so sehr, dass er dem Höfling Prayun Bunnag auftrug, einen Hügel in derselben Form aufzuschütten.

Der von winzigen fantasievollen Schreinen, *chedi*, *prang*, Grotten und Tempeln übersäte Hügel ragt in einem Zierteich – der eigentlichen Hauptattraktion – auf, in dem sich Hunderte von Schildkröten tummeln. Diese werden in der Umgebung verkauft und von Gläubigen ausgesetzt: Das Freilassen gefangener Tiere, meist Käfigvögeln, ist ein übliches Ritual buddhistischen Verdiensterwerbs.

Tür- und Fensterläden des verfallenden *bot* sind mit Perlmutt eingelegt, während den zentralen *chedi* ein von kleineren *chedi* überragter Wandelgang umkreist.

Taksin-Denkmal ❾

อนุสาวรีย์พระเจ้าตากสิน

Pratchathipok Rd. **Stadtplan** 5 C4. *21, 40, 43, 82.*

AM VERKEHRSREICHEN Wongwian-Yai-Kreisel erinnert das Reiterstandbild aus dem 20. Jahrhundert an König Taksin, der 1767–82 regiert. Er erklärte nach Ayutthayas Zerstörung durch die Birmanen 1767 Thon Buri zur Hauptstadt.

Mit dem Entwurf wurde 1950 der »Vater« der modernen Thai-Kunst betraut, der gebürtige Italiener Silpha Bhirasri, der die Thai-Staatsbürgerschaft und einen Thai-Namen annahm. 1954, nach drei Baujahren, wurde die imposante Statue enthüllt.

Schmuckdetail des Taksin-Denkmals

Am 28. Dezember, dem Jahrestag von Taksins Krönung, machen ihr viele Thai ihre Aufwartung.

Lebendige buddhistische Bräuche

DAS ANHÄUFEN von Verdiensten *(siehe S. 26f)* ist ein Mönche wie Laien beflügelndes Motiv vieler religiöser Riten. Es entspringt dem Glauben, dass gute Taten belohnt werden, durch Glück in diesem oder durch eine bessere Existenz im nächsten Dasein. So stellt es eine Möglichkeit dar, das individuelle Karma zu steuern, das von unseren Werken bestimmte Schicksal. Als höchstes Verdienst gelten der – auch kurzfristige – Eintritt ins Kloster und die Übernahme von Schirmherrschaften für Mönchsweihen. Der Mönchsalltag ist streng geregelt, verfließt aber bei Riten wie der Bettelrunde mit dem der Laien. Als Bindeglied der Gläubigen dient der örtliche Tempel: Das gemeinsame Opfern und Schmücken stärkt den religiös-sozialen Zusammenhalt. Auch verrichten viele Gläubige ihre Andacht vor dem Hausaltar.

Mädchen mit Lotosknospe als Opfergabe

Meditieren *läutert den Geist, indem es Begierden vertreibt. Mönche und manche Laien üben sich regelmäßig darin.*

Auf Almosenrunde (bintabat), *bei der sie um ihr »tägliches Brot« bitten, begeben sich die Mönche kurz nach Tagesanbruch. Das Ausgeben von Essen an Mönche ist ein übliches Opfer, mit dem Laien Verdienste anhäufen und sich in Großzügigkeit* (dana) *üben. Mönche dürfen nur gespendete Nahrung zu sich nehmen und müssen sie vor Mittag verzehren.*

Der Schädelrasur *unterziehen sich Mönche an Vollmondtagen. Dieses Fresko zeigt die Tonsur vor der Weihe.*

Blattgold *heftet man aus Achtung der Lehre des Buddha an seine Bildnisse.*

Pavillon im Wat Phra Kaeo

Buddha-Opfer *haben meist Symbolgehalt. Lotosknospen etwa versinnbildlichen die Reinheit der Lehre des Buddha.*

Räucherstäbchen *in Dreiergruppen symbolisieren den Buddha, das* dharma *(Lehre, Gesetz) und die* sangha *(Mönchsgemeinde).*

WAT-BESUCHE

Viele Thai besuchen mindestens einmal wöchentlich »ihren« *wat*. Dabei opfern sie in der Regel dem Buddha-Bildnis, lauschen dem Singsang der Mönche, einer *Dharma*-Unterweisung und empfangen den Segen. Speisen werden den Mönchen dargebracht. Oft finanziert die Gemeinde Neubauten und Restaurierungen.

ABSTECHER

Viele Sehenswürdigkeiten Bangkoks liegen etwas außerhalb der Stadt. Die Sukhumvit Road spuckt ihr Füllhorn von Geschäften, Lokalen, kleinen Galerien und Museen bis weit nach Osten aus. Kaufrausch droht auf dem riesigen Chatuchak-Markt und dem »schwimmenden Markt« von Damnoen Saduak im Westen. Im Süden der Stadt sorgt u. a. die Ancient City mit ihren Repliken bedeutender Bauten Thailands für Unterhaltung. Große Anziehungskraft besitzen die Schaukämpfe in der nahe gelegenen Krokodilfarm und die Safariwelt; im Prasart-Museum kann man Kunst und Antiquitäten sehen. Der ländliche Vorort Nonthaburi eignet sich für eine Tagestour; im Westen liegen die Provinzstädte Ratchaburi und Nakhon Pathom mit dem höchsten buddhistischen Bauwerk der Welt, dem Phra Pathom Chedi. Ein beliebtes Ausflugsziel ist der Rosengarten im Westen, der mit Folklore und Elefantenritten unterhält.

Klassische Thai-Tänzerin

SEHENSWÜRDIGKEITEN AUF EINEN BLICK

Orte
Nakhon Pathom 4
Nonthaburi 5
Ratchaburi 1

Museen und Themenparks
Muang Boran (Ancient City) 11
Prasart-Museum 10
Rosengarten 3

Wichtige Straße
Sukhumvit Road 7

Schwimmbad
Siam-Park 9

Märkte
Chatuchak-Markt 6
»Schwimmender Markt« von Damnoen Saduak 2

Zoos
Krokodilfarm 12
Safariwelt 8

ANFAHRT
Viele Veranstalter offerieren Tagestrips zu beliebten Zielen wie Muang Boran oder Rosengarten. Auch die Nahverkehrsbusse fahren die meisten Attraktionen an.

LEGENDE
- Bangkok Zentrum
- Großraum Bangkok
- Flughafen
- Autobahn
- Hauptstraße
- Straße im Bau
- Nebenstraße

◁ **Litschi-Verkäufer auf dem »schwimmenden Markt« von Damnoen Saduak, Provinz Ratchaburi**

Der Wat Mahathat, Ratchaburis Hauptsehenswürdigkeit

Ratchaburi ❶

ราชบุรี

Provinz Ratchaburi. *45 000.* *TAT, Phetchaburi (0-3247-1005).*

RATCHABURI, EINST Hafen an der Mündung des Klong, liegt heute 30 Kilometer vom Meer entfernt. In der Ayutthaya-Zeit *(siehe S. 56f)* plünderten birmanische Truppen beim Marsch auf die Hauptstadt Ayutthaya zweimal, 1765 und 1767, die Stadt.

In Ratchaburi kann man auf dem Weg nach Kanchanaburi und zur Westküste angenehm rasten. Einige Gäste übernachten, um morgens den »schwimmenden Markt« von Damnoen Saduak zu sehen.

Der Ort selbst besitzt wenige Attraktionen. Sehenswert ist der im 8. oder 9. Jahrhundert gegründete Wat Mahathat. Sein vermutlich nach dem großen Tempelturm von Angkor Wat *(siehe S. 254f)* modellierter *prang* entstand im 15. Jahrhundert. Innen sind stark verblichene Fresken aus jener Zeit sowie teils restaurierte Stuckplastiken zu sehen.

Die archäologischen Exponate des **Ratchaburi-Nationalmuseums** umfassen beeindruckende Khmer-Skulpturen und Dvaravati-Stuckdekor aus der Ausgrabungsstätte Muang Khu Bua im Süden von Ratchaburi.

Ratchaburi-Nationalmuseum

Woradej Rd. *0-3232-1513.* *Mi–So. 9–16 Uhr.* *Feiertage.*

UMGEBUNG: Kunstwerke aus der frühen Dvaravati-Zeit schmücken die Höhlen von Khao Ngu, sechs Kilometer nordwestlich von Ratchaburi am Highway 3087 gelegen. Die Buddha-Reliefs in den Grotten Tham Rusi und Tham Fa Tho sind faszinierend. Aggressive Makaken bevölkern die Höhlenumgebung.

»Schwimmender Markt« von Damnoen Saduak ❷

ตลาดน้ำดำเนินสะดวก

2 km westlich von Damnoen Saduak, Provinz Ratchaburi. *oder von Bangkok aus mit Reiseveranstalter. tägl. 4–11 Uhr. TAT, Phetchaburi (0-3247-1005).*

WÄHREND BANGKOKS »schwimmende Märkte« meist Spektakel sind, geht es in Damnoen Saduak, 100 Kilometer südwestlich, noch recht authentisch zu.

Der Markt findet nahe dem Ort Damnoen Saduak auf einem Labyrinth von schmalen *khlong* (Kanälen) statt. Meist sind es Frauen, einige gekleidet in den traditionellen blauen Bauernkitteln *mo hom* und auf dem Kopf den breiten, abgeflachten Strohhut, die in den kleinen Paddelbooten aus Holz erntefrische Früchte, Gewürze und andere Lebensmittel anbieten. Einige Boote verkaufen auch Erfrischungen und Strohhüte.

Es gibt insgesamt drei Märkte. Größter ist der **Ton Khem** auf dem Khlong Damnoen Saduak. Reisegruppen pilgern zum **Hia Kui** auf dem *khlong* parallel dazu; dort dienen am Ufer festgemachte Schuppen als Lager für Souvenirs. Am beschaulichsten ist der **Khun Phitak** auf einem kleineren Kanal im Süden.

Man sollte die Märkte zwischen 7 und 9 Uhr (Höhepunkt des Treibens) und am besten auf dem Wasserweg besuchen. Bootsbesitzer bieten Touren durch die *khlong* und zu den nahen Kokosplantagen an.

Marktgewühl à la Thai – »schwimmender Markt« von Damnoen Saduak

Thailändische Früchte und Gemüse

THAILANDS KLIMA und fruchtbarer Boden bringen ganzjährig eine verschwenderische Vielfalt von Früchten und Gemüsen hervor. Die gesamte Palette sieht man auf fast allen Märkten, darunter vertraute tropische Früchte wie Wassermelone, Ananas, Mango und Papaya. Doch Thailands Obst- und Gemüsebauern liefern ein Fülle weiterer Produkte, die einige Besucher vielleicht nicht kennen. Unbedingt kosten sollte man u. a. die Mangostane, die große Grapefruit Pomelo, die vielgepriesene Durian und die stachlige, saftig-süße Rambutan. Fliegende Händler bieten überall mundgerecht zerteiltes Obst an.

Leuchtend rote frische Rambutans

Longans *besitzen saftiges Fleisch, das einen glatten Kern umhüllt.*

Mangos *schmecken unreif (»grün«) säuerlich und reif (»gelb«) süß.*

Mangostanen *haben ein wohlschmeckendes Fleisch, das auf der Zunge zergeht.*

Durians *sind ein Genuss, ihr Geschmack und penetranter Geruch jedoch gewöhnungsbedürftig.*

Guaven *isst man zu süßem Chili-Dip. Die saftig-sauren Früchte ergeben ein erfrischendes Getränk.*

Jackfrüchte *sehen den kleineren Durians ähnlich. Ihr klebriges Fleisch hat ein kräftiges Aroma.*

Thailands Gemüsekorb *füllen* makhua *(Tomaten- und Auberginenarten). Flaschenkürbisse und Auberginen sind Bestandteil von Currygerichten.*

Die Thai-Küche *würzt großzügig mit Chilis, Galgantwurzel, Tamarinde und Zitronengras. Zucker, Kokosmilch und Kokoscreme mildern feurige Schärfe, Koriander und Lauchzwiebeln garnieren viele Speisen.*

Der erholsame, perfekt gepflegte Rosengarten

Rosengarten ❸

สวนสามพราน

Am Hwy. 4, 32 km westlich von Bangkok. *0-3432-2772, 0-2295-3261.* *AC: nach Nakhorn Pathom oder Suphan Buri, oder von Bangkok mit Reiseveranstalter.* *tägl. 6–18 Uhr. Vorführungen 14.45 Uhr.*

DER MAKELLOS gepflegte Garten liegt westlich von Bangkok auf dem Gelände des Rose Garden Country Resort. Er ist mit Tennisplätzen, Swimmingpool und Golfplatz ausgestattet; seine Hauptattraktion aber ist die tägliche Folkloreschau. In einer Stunde erlebt man Thai-Kultur: Tänze *(siehe S. 38f)*, Schwertkampf, Thai-Boxen *(siehe S. 40f)*, sogar eine Hochzeitszeremonie und eine Mönchsweihe *(siehe S. 26)*. Im Museumsdorf werden Fertigkeiten wie kunstvolles Früchteschnitzen demonstriert.

UMGEBUNG: An den Rosengarten grenzt der **Samphran Elephant Ground and Zoo**, in dem Dompteure mit Krokodilen ringen und Elefantenritte geboten werden. Weiter westlich, Richtung Nakhon Pathom, erinnern im **Human Imagery Museum** Statuen aus Fiberglas an Chakri-Könige *(siehe S. 60f)*, Mönche und andere historische Persönlichkeiten Thailands.

Samphran Elephant Ground and Zoo
0-2284-1873. *tägl.*

Human Imagery Museum
Pinklao-Nakhonchaispi Hwy. *0-3433-2607.* *tägl 8–18 Uhr.*

Nakhon Pathom ❹

นครปฐม

Provinz Nakhon Pathom. *93 000.* *TAT, Bangkok (0-2694-1222); TAT, Kanchanaburi (0-3451-1200).* *tägl.* *Phra-Pathom-Chedi-Messe (Nov); Messe »Food and Fruit« (1.–7. Sep).*

NAKHON PATHOM, 67 Kilometer westlich von Bangkok, war ein wichtiges Zentrum des vom 6. bis 11. Jahrhundert blühenden Dvaravati-Königreiches *(siehe S. 52f)*.

Abseits des Phetkasem Highway beherrscht eines von Thailands meistbesuchten Pilgerzielen weithin sichtbar das Stadtbild: der prunkvolle, golden verkachelte **Phra Pathom Chedi**, der einen kolossalen stehenden Buddha beherbergt. Der *chedi*, mit 120 Metern das höchste buddhistische Bauwerk der Welt, steht an der Stelle eines im Mon-Stil erbauten *stupa*. Diesen errichteten vermutlich zwischen dem 2. Jahrhundert v. Chr. und dem 5. Jahrhundert n. Chr. Buddhisten aus Indien, die womöglich von hier aus ab dem 3. Jahrhundert n. Chr. Siam missionierten. Zu Beginn des 19. Jahrhunderts ließ König Mongkut den seit dem 11. Jahrhundert verfallenen *stupa* mit dem *chedi* überbauen, der seine Spitze unter König Chulalongkorn erhielt.

Südöstlich davon stellt das **Nationalmuseum Phra Pathom Chedi** kostbare örtliche Funde aus der Dvaravati-Zeit aus, darunter auch Gesetzesräder *(siehe S. 27)* und Stuckreliefs aus dem im 7. bis 8. Jahrhundert erbauten Chedi Chula Prathon östlich der Stadt.

Der **Sanam-Chan-Palast** im Westen des *chedi* entstand im frühen 20. Jahrhundert. Teile des Palasts sind öffentlich zugänglich, und auf dem ruhigen, erholsamen Gelände kann man die Stilmixtur des Baus in aller Ruhe genießen.

Nationalmuseum Phra Pathom Chedi
Khwa Phra Rd. *0-3424-2500.* *Mi–So.* *Feiertage.*

Sanam-Chan-Palast
Nahe Phetkasem Hwy. **Palast** *Di, Do, Sa.* **Gelände** *tägl.*

Der *chedi* von Nakhon Pathom, die höchste Pagode der Welt

Blick vom Chao Phraya auf den Pier von Nonthaburi

Nonthaburi ❺

นนทบุรี

Provinz Nonthaburi. 270 000. *TAT, Bangkok (0-2694-1222); TAT, Ayutthaya (0-3524-6076).* *tägl.* *Obstmarkt (Apr–Juni)*

DIE STADT, nur etwa zehn Kilometer nördlich von Bangkok gelegen, bietet einen Einblick in das beschauliche Provinzleben. Von der Hauptstadt aus erreicht man sie am bequemsten mit einem Expressboot. Auf der 50-minütigen Fahrt gibt es einige interessante Attraktionen zu sehen, zunächst nahe dem Anleger Wat Sam Phraya das bekannte Königliche Bootshaus. In diesem befinden sich einige königliche Prunkschiffe; andere Prachtexemplare sind im Königlichen Barkenmuseum *(siehe S. 120f)* zu bewundern. Hinter der Krung-Thon-Brücke dümpelt am Ostufer eine kleine Flotte von Reisbarken, und kurz vor dem Nonthaburi-Anleger versinkt der **Wat Khian** im Fluss.

Nach Bangkoks Hektik und Luftverschmutzung wirkt Nonthaburis Gelassenheit wie Balsam. Die ungewöhnlichen Laternenpfähle an der Promenade verweisen darauf, dass die Stadt für ihre erstklassigen Durians *(siehe S. 129)* bekannt ist – auf dem quirligen Markt am Flussufer identifiziert man die Früchte spätestens an ihrem umwerfenden Duft. Bei einer Rundfahrt kann man gemütlich über den Khlong Om durch Durian-Plantagen und vorbei an Uferhäusern schippern. Die winzige Insel **Ko Kret,** nur per Boot erreichbar, ist bekannt für ihre unverwechselbare Töpferkunst.

Tür des *bot* im Wat Chalerm Phrakiet

Zu empfehlen ist auch die Flusspartie zum **Wat Chalerm Phrakiet** am Westufer des Chao Phraya. Rama III. ließ den Tempel im 19. Jahrhundert zu Ehren seiner Mutter über einer Feste aus dem 17. Jahrhundert erbauen. Der *wat* besticht durch Details wie das Porzellandekor der Türen, Giebel und Fensterrahmen des *bot.* Der *chedi* hinter dem *bot* kam unter Rama IV. hinzu. Steingärten, Formbäume und Holzstatuen – darunter ein Weihnachtsmann! – lockern das von Mauern umschlossene Gelände auf.

Chatuchak-Markt ❻

ตลาดจตุจักร

Distrikt Chatuchak. *AC: 38, 502, 503, 509, 510, 512, 517, 518, 521, 523.* *TAT, Bangkok (0-2694-1222).* *Sa u. So. 7–18 Uhr.*

AN JEDEM WOCHENENDE steigt in einem nördlichen Vorort von Bangkok, zwischen Nördlichem Busbahnhof und Bangsu-Bahnhof, Thailands größter Markt. Er wurde 1982 hierher umgesiedelt, da der alte Umschlagplatz am Sanam Luang *(siehe S. 74f)* aus allen Nähten platzte. Die über 6000 Stände füllen eine Fläche von mehr als fünf Fußballfeldern aus. Durch das Chaos wühlen sich Massen an Schau- und Kauflustigen.

Das Sortiment reicht von frischen Meeresfrüchten bis zu Antiquitäten, von siamesischen Kampffischen bis zu Secondhand-Jeans. Immerhin besteht eine Ordnung nach Waren: Der Abschnitt für Pflanzen bietet einen Querschnitt durch Thailands Flora, jener für Lebensmittel alle erdenklichen Zutaten der Thai-Küche. In einem anderen findet man eine gute Auswahl an Kunsthandwerk der Bergstämme, Antiquitäten und Textilien – Originale wie Kopien – aus ganz Thailand und Nachbarstaaten.

Als »internationaler zoologischer Supermarkt« ist der Markt verrufen, weil hier auch – zum Glück immer weniger – vom Aussterben bedrohte Tierarten wie Languren den Besitzer wechseln.

Traditionelle Thai-Holzfiguren auf dem Chatuchak-Markt

Sukhumvit Road ❼

ถนนสุขุมวิท

Distrikt Phra Khanong.
🚌 *AC: 38, 501, 508, 511, 513.*

Die von Hotels, Restaurants und Büros gesäumte Sukhumvit Road

Die Strasse beginnt am Ostrand von Bangkoks Innenstadt und endet in der Provinz Trat *(siehe S. 313)* vor der kambodschanischen Grenze. Sie bildet die Hauptschlagader eines Geschäftsviertels, das – obwohl weit weg von Bangkoks Touristenmagneten – bei Ausländern wegen seiner vielen guten, nicht überteuerten Hotels und Restaurants beliebt ist.

Daneben weist die Gegend einige Attraktionen auf, allen voran die von Thai und ansässigen Ausländern Anfang des 20. Jahrhunderts mit Rama VI. als Schirmherrn begründete **Siam Society**. Diese wissenschaftliche Gesellschaft zur Erforschung und Pflege der Thai-Kultur publiziert das *Journal of the Siam Society*, eine von Asiens angesehensten Zeitschriften für Kunstgeschichte, Kultur und Soziologie; ihre Präsenzbibliothek steht Besuchern offen. Auf ihrem Gelände beherbergen zwei traditionelle Teakhäuser aus Nordthailand das einzige ethnologische Museum des Landes. Das bäuerliche Kamthieng-Haus gelangte in den 1960er Jahren vom Ufer des Ping-Flusses nahe Chiang Mai in Einzelteilen hierher. Das für die Bauweise der Zentralebene *(siehe S. 32)* typische Sangaroon-Haus wurde später aufgestellt; es zeigt die Sammlung seines Stifters, des Architekten Sangaroon Ratagasikorn, der die funktionelle Schönheit bäuerlicher Geräte zu schätzen wusste.

Skulptur im Queen's Park

Rekonstruierte traditionelle Schlafstatt im Kamthieng-Haus

Die nahegelegene, preisgekrönte **Gallery 55** gilt als erste Adresse für thailändische Gegenwartskunst. Gemälde und Skulpturen führender heimischer und internationaler Künstler wie Le Thiet Cuong, Doan Hoang Lam, Henryk Trojan, Maymay Jumsai und Nathalie Touffu, werden in New Yorker Ambiente präsentiert.

Wer am Östlichen Busbahnhof auf Anschluss warten muss, kann sich im interaktiv gestalteten **Bangkok Planetarium** die Zeit vertreiben.

Leicht zu finden ist der **Queen's Park** zwischen den *soi* 22 und 24. Den größeren **King's Royal Park**, weiter außerhalb in Richtung Samut Prakan gelegen, machen sein botanischer Garten und die Wassersportanlagen zu einer angenehmen Oase; eine Ausstellung illustriert das Leben des Königs.

Siam Society
131 Soi Asoke, Sukhumvit Rd., Soi 21. ☎ *0-2259-4999.* ◯ *Mo–Sa.*

Gallery 55
2. Stock, CRC Tower, All Season Place Retail Center, 87 Wireless Road.
☎ *0-2685-3877.* ◯ *tägl.*

Bangkok Planetarium
928 Sukhumvit Rd. ☎ *0-2392-5951.* ◯ *Di–So.* ● *Feiertage.*

Queen's Park
By Soi 22, Sukhumvit Rd. ◯ *tägl.*

King's Royal Park
Soi Udomsuk, Sukhumvit Rd., Soi 103.
☎ *0-2328-1385.* ◯ *tägl.*

Safariwelt ❽

ซาฟารีเวิลด์

99 Ramindra Road, Distrikt Minburi.
☎ *0-2518-1000.* 🚌 *60, 71; AC: 501 zum Fashion Island Center, dann* Songthaew. ◯ *tägl. 9–17 Uhr.*

Auf einer fünf Kilometer langen Tour können Sie die Safariwelt erkunden. Durch die acht natürlichen Lebensräume streifen u.a. Tiger, Elefanten, Zebras und seltene Tiere wie weiße Pandas. Sehenswert: die Delfinschauen im Meerespark, die Elefanten- und Orang-Utan-Dressuren und der Vogelpark.

Siam-Park ❾

สวนสยาม

101 Mu 4 Sukha Phiban 2 Rd., Distrikt Minburi. ☎ *0-2919-7200-1.*
🚌 *AC: 519.* ◯ *Mo–Fr 10–18 Uhr, Sa, So u. Feiertage 9–19 Uhr.*

Der Freizeitpark, ein Wasserparadies mit Riesenrutschen, plätscherndem Wellenbad, künstlichem See und vielem mehr, sorgt im heißen

Bangkok für ersehnte Abkühlung. Wasser prägt Thailands Kultur entscheidend, und beim Neujahrsfest Songkran kommt niemand trocken davon *(siehe S. 226)*. Für das Schwimmen aber haben die Thai nicht sehr viel übrig – was sich ändern mag, wenn sich weitere Wasser- und Badeparks etablieren.

Bademeister bewachen die gepflegten Anlagen. Es gibt Restaurants, auch einen Vergnügungspark mit Fahrgeschäften und Minizoo. Man sollte den Park wochentags besuchen, denn am Wochenende ist er von Bangkoker Familien übervölkert.

Aufwändiges Innendekor: Lanna Pavillon im Prasart-Museum

Prasart-Museum ⑩

พิพิธภัณฑ์ปราสาท

9 Soi Krungthepkretha 4a, Distrikt Bang Kapi. *(02) 379 3607.*
M: 10. *Di–So 10–14 Uhr.*
obligatorisch.

LIEBHABER DER thailändischen Kunst sollten den Weg zu diesem nur relativ wenigen Besuchern – und Bangkokern – bekannten Privatmuseum nicht scheuen. Sein Besitzer Prasart Vongsakul begann 1965 als Zwölfjähriger Thai-Antiquitäten zu sammeln. Er entwarf die eleganten, in einen tropischen Landschaftsgarten gebetteten Ausstellungsgebäude. Geleitet von persönlicher Vorliebe, bildete er Paläste und Pavillons aus allen Landesteilen teils originalgetreu, teils fantasievoll nach; sie stellen eine Sehenswürdigkeit für sich dar.

Muang Boran (Ancient City) ⑪

เมืองโบราณ

Sukhumvit Rd., Bangpu, Provinz Samut Prakan. *0-2323-9253.*
AC: 511 bis Endstation, dann 36, oder von Bangkok aus mit Reiseveranstalter. *tägl. 8–17 Uhr.*

ALT IST DIE »ANCIENT CITY«, SO die übliche Übersetzung von Muang Boran, keineswegs: Sie entstand erst in den frühen 1970er Jahren, begründet von Thailands größtem DaimlerChrysler-Händler, einem Kunstliebhaber.

Dank der Beratung führender Kunsthistoriker geriet die »Alte Stadt« nicht zum kitschigen Mini-Thailand, sondern zu einem sehenswerten Freilichtmuseum, das sämtliche Epochen der Thai-Kunst und -Kultur abdeckt. In einem Park mit den Umrissen Thailands stehen auf ein Drittel verkleinerte Kopien bedeutender Bauwerke des Landes und restaurierte Originalgebäude und -skulpturen. Als originalgetreue Zeugnisse untergegangener Pracht wurden vor Jahrhunderten zerstörte Bauten wie der Sanphet-Prasat-Palast, der nahe dem Wat Phra Si Sanphet in Ayutthaya *(siehe S. 168f)* stand, rekonstruiert. Selbst Schauplätze der Mythologie und Literatur sind vorhanden, etwa der von einem Versdrama des 19. Jahrhunderts inspirierte Garten von Phra Aphaimani *(siehe S. 309)*.

Schaukampf – spektakulärste Attraktion der Krokodilfarm

Krokodilfarm ⑫

ฟาร์มจระเข้

Old Sukhumvit Highway, Provinz Samut Prakan. *0-2387-0020.*
AC: 511 nach Samut Prakan, dann Songthaew, *oder von Bangkok aus mit Reiseveranstalter.*
tägl. 8–17 Uhr.

DIE GRÖSSTE Krokodilfarm Thailands hält 30 000 Süß- und Salzwasserreptilien, darunter südamerikanische Kaimane und Nilkrokodile. Sie betreibt eine Zuchtstation, in der man Brut und Wachstumsstadien beobachten kann, sowie einen Zoo.

Im Souvenirladen finden sich die »Endprodukte« wieder. Handtaschen, Schlüsselringe und andere Schrecken von Tierfreunden. Es finden regelmäßig Schaukämpfe und zwischen 16.30 und 17.30 Uhr Fütterungen statt. Die meisten Gäste verbinden den Besuch der Krokodilfarm mit einem Ausflug nach Muang Boran.

Rekonstruierter Palast des Prinzen von Lampang in der Ancient City

Stadtplan

Die Orientierung in Bangkok ist eine Herausforderung. Es gibt keine einheitliche lateinische Umschrift: Rechnen Sie damit, dass die Schreibweise von Straßennamen nicht der dieses Führers entspricht. Zudem sind manche Straßen unter mehreren Namen bekannt, so die Charoen Krung auch als New Road, die Witthayu als Wireless Road. Von vielen großen Straßen, den *thanon*, zweigen (auf der einen Seite mit geraden, auf der anderen mit ungeraden Zahlen) nummerierte – teils mit Eigennamen versehene – *soi* und *trok,* Seitenstraßen und -gassen, ab. Der Abstand zwischen ihnen kann beträchtlich sein: *Soi* 6 und 36 der Phetchaburi Road liegen über drei Kilometer auseinander! Das Kartenregister nennt auch Sehenswürdigkeiten, Märkte und Bootsanlegestellen.

Der schnellste Weg durch Bangkok für Mensch und Hund

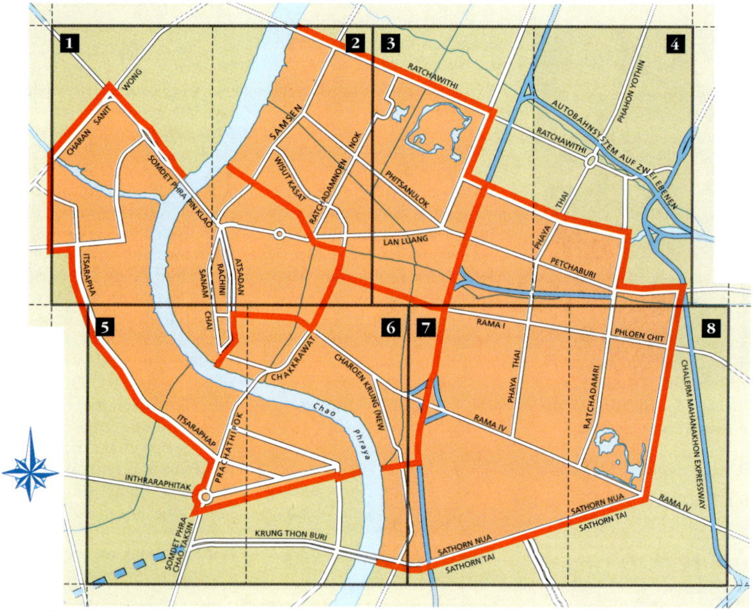

Legende

- Hauptsehenswürdigkeit
- Interessantes Bauwerk
- Anderes Gebäude
- Bahnhof
- Skytrain-Station
- Bootsanlegestelle
- Chao-Phraya-Express-Pier
- Information
- Krankenhaus mit Ambulanz
- Polizei
- Touristenpolizei
- Wat
- Hinduistischer Tempel
- Kirche
- Moschee
- Post
- Eisenbahn
- Skytrain-Strecke
- Autobahn
- Straße im Bau
- Einbahnstraße
- Straßenmarkt

Massstab der Karten

0 Meter 400

1
A
B
C
Südlicher Busbahnhof
BOROMMARAJCHONNEE
CHARAN SANIT WONG
SOMDET PHRA PIN KLAO
BANG PHLAT
Khlong Bang Yikhan
Central Development Store
Pata Department Store
Wat Amonkiri
AMARIN
ARUN AMARIN
Khlong Bangkok Noi
Wat Suwannaram
Suwannaram-Markt
Königliches Barken-museum
Phra Pin Klao (Wat Dao Dung)
Phra Athit
Bahnhof Bangkok Noi/Thon Buri
Wat-Amarin-Markt
NIKHOM BANPHAK ROTFAI
Thon-Buri-Bahnhof-Pier
National-theater
National-museum
Siriraj
Museum im Siriraj-Krankenhaus
Thammasat-Universität
Phra Chan
PHRA CHAN
ITSARAPHAP
PHRANNOK
Bangkok-Noi-Markt
Phrannok-Markt
Phrannok
Lebensmittel-markt
Maharaj-Markt
Maharaj
TROK WANG LANG
SOI SALA TONCHAI
Wat Mahathat
MAHATHAT
Patravadi-Theater
Wat Rakhang
Amulett-markt
TROK SILLAPAKORN
Silpakorn-Universität
NA PHRA LAN
Chang
Wat Rakhang
Wat Phra Kaeo
Großer Palast
BANGKOK NOI
SOI MATUM
SOI ITSARAPHAP 37
1
2
3
4
5
A
5
B
C

D
E
F
2
1
2
3
4
5
3
3
6
Ratchawithi
Samsen
Franz-Xaver-Kirche
Soi Samsen 13
Soi Samsen 11
Soi Samsen 9
Soi Samsen 12
Soi Samsen 10
Soi Samsen 7
Soi Samsen 5
Soi Samsen 3
Soi Samsen 1
Soi Samsen 6
Soi Samsen 4
Sangkhalok
Ratchasima
SUPPORT Museum
Vimanmek-Palast
DUSIT-PARK
Dusit
Uthong Nok
Nationalbibliothek
Thewet-Blumenmarkt
Thewet
Wasukri
Chao Phraya
Rama VIII Bridge
Bank of Thailand
Wisut Kasat
Wat Sam Phraya
Krung Kasem
Khlong Phadung Krung Kasem
Phitsanulok
Chanpravit-Markt
Si Ayutthaya
SUAN AMPORN
Chulalongkorn-Denkmal
Nok
Wat Indrawihan
Prachathipathai
Regierungsgebäude
ESCAP
Ratchadamnoen
Ratchadamnoen-Boxstadion
Nana-Markt
New World Dept. Store
Ban-Phantom-Markt
Khlong Banglamphu
LAMPHU
Chakrabongse
Tanao
Bowon Niwet
Wat Bowonniwet
Banglamphu-Markt
Kleider- und Musikmarkt
Phra Sumen
Dinso
Chakkaphatdi
Nakhon
Nangleng-Markt
RATCHADAMNOEN KLANG
Demokratie-Denkmal
Königlicher
PHRA NAKHON
Lan Luang
Amulett-markt
Khlong Mahanak
Damrong Rak
Wat Rachanat
Khlong Wat Thepthida
Goldener Hügel
Wat Saket
POM PRAP SATTRU PHAI
Atsadang
Rachini
Bunsiri
Mahannop
Samran Rat
Maha Chai
Bamrung Muang
Wat Sutbat und die Große Schaukel
Maitri
Sukhat
Siri Phong
Unakan
Ti Thong
Ratchabophit
Wat Rachabophit
Suan Rommani Nart
Gefängnis
Boriphat
Monk's Bowl Village
Wora Chak
Rong-Liang-Dek-Markt
Chaloem Khet 4

3
A
B
C
1
2
3
4
5
2
2
7
DUSIT
Vimanmek-Palast
Dusit-Zoo
Ananta-Samakorn-Thronhalle
DUSIT-PARK
Wat Benchamabophit
Royal Turf Club
SUAN CHITRLADA
Chitrlada-Palast
Rachawat-Markt
Sam-Sen-Bahnhof
Ramathibodi Hospital
Mahidol-Universität
Mahidol-Universität
Saphran-Khao-Obstmarkt
Ban Phitsanulok
Yommarat-Markt
Mahanak-Markt
Phadung-Krung-Kasem-Markt
New Bobe Shopping Complex
POM PRAP SATTRU PHAI
Rong-Liang-Dek-Markt
Kanchanawanit-Markt
Charoenphol-Markt
SD Coliseum Department Store
Petchaburi-Markt
Jim-Thompson-Haus
RATCHAWITHI
RATCHAWITHI
SUKHOTHAI
NAKHON CHAISI
NAKHON CHAISI
SUKHOM THARAM
SUKHOTHAI
RAMA V
RAMA V
RAMA V
SI AYUTTHAYA
SI AYUTTHAYA
SAWANKHALOK
SAWANKHALOK
SAWANKHALOK
PHAYATHAI-BANGKHLO EXPRESSWAY
PHAYATHAI-BANGKHLO EXPRESSWAY
EXPRESSWAY
EXPRESSWAY
THERD DAMRI
NAKHON PATHOM
PHITSANULOK
NAKHON SAWAN
LAN LUANG
PETCHABURI
PHAYA NAK
PHAYA NAK
BAMRUNG MUANG
KRUNG KASEM
Khlong Samsen
Khlong Phadung Krung Kasem
Khlong Mahanak
Khlong San Sap
UTHONG NAI
PICHAI
SUPHAN
SOI SODA
SOI PHYAUTIT
SOI WAT AMPHAWAN
SOI PHISAMAI
SOI WORARAK
SOI SANGUAN SUK
SOI RUAM PRADIT
SOI MIT ANAN
SOI SUTCHARIT NUA
SOI SUTCHARIT 1
SOI SUTCHARIT 2
SOI SUANDUSIT
SOI SUKOTHAI 1
SOI SUKOTHAI 2
SOI SUKOTHAI 3
SOI SUKOTHAI 4
SOI SUKOTHAI 5
SOI PHOK SIRI
SOI RONNACHAI 1
SOI SUAN NGEN
YOTHI
SOI CHAWAKUL
SOI MAN SIN 4
SOI MAN SIN 3
SOI MAN SIN 2
SOI MAN SIN 1
SOI P 1
SOI P 2
SOI URUPHONG 2
SOI URUPHONG 3
SOI PETCHABURI 3
SOI PETCHABURI 5
SOI PETCHABURI 10
SOI PETCHABURI 12
SOI RONGRIAN SUDARAK
SOI RONGRIAN KING PHET
BANTHAT THONG
SOI SUPPHAKORN
SUPPHAMIT
TROK WUTTHI CHAI
DAMRONG RAK
SOI KHLONGLAM PAK
KHLONG LAM PAK
SOI KHANG BAN MANANGKHASILA
SOI LIANG DEK
TROK RONG
NAKKHARA
ANANTANAK
KRUNG MAN
PHOKHI
SOI PHRAYA MAHA AMMAT
TROK MOM CHUAN
CHALOEM KHET 1
CHALOEM KHET 2
CHALOEM KHET 3
PHLAB PHLA CHAI
SOI YOTSI
SOI WAT BOROM NIWAT
SOI PHRASI
SOI TALAD CHAROEN PHON 2

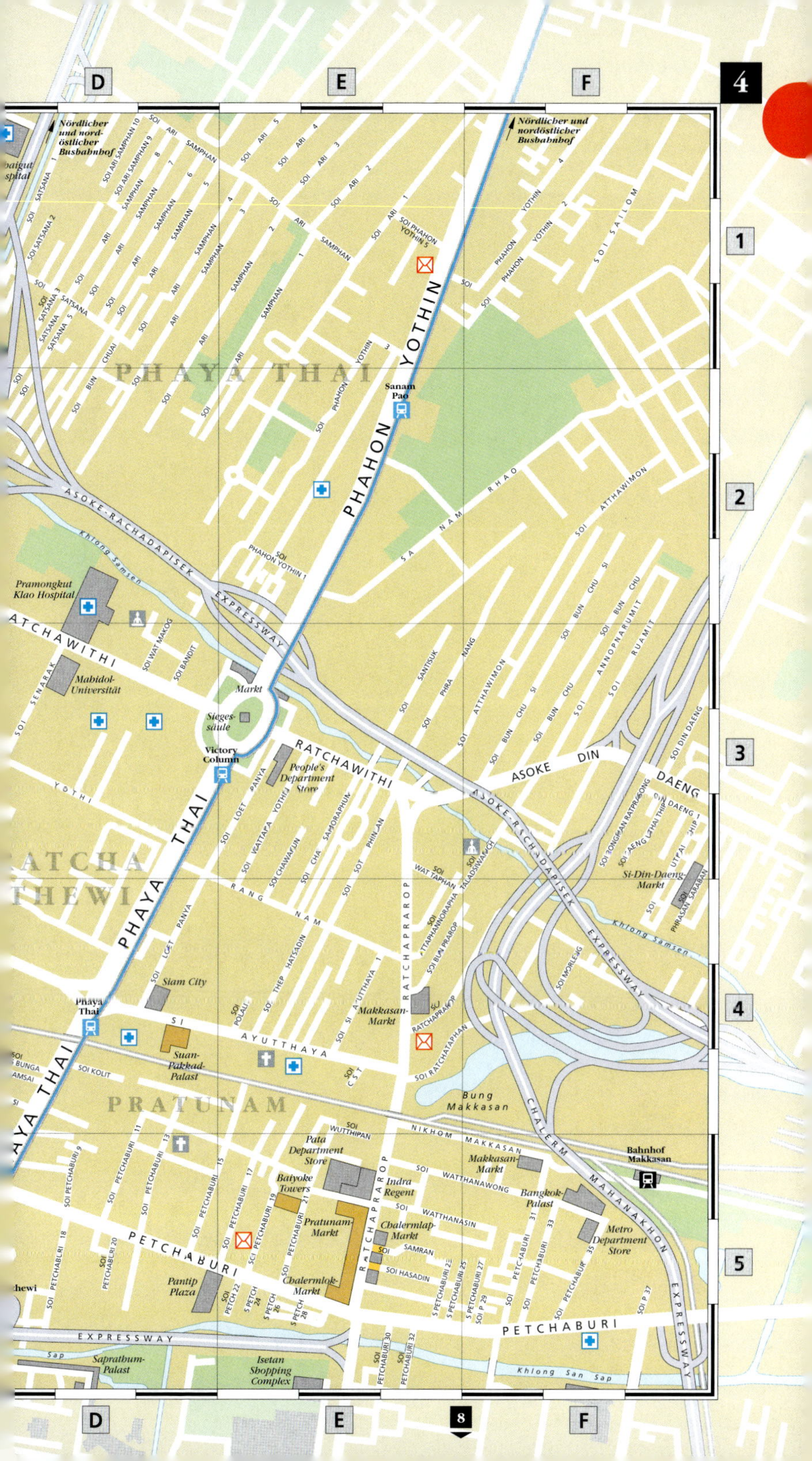
4
D
E
F
1
2
3
4
5
8
Nördlicher und nordöstlicher Busbahnhof
PHAYA THAI
PHAHON YOTHIN
Sanam Pao
ASOKE-RACHADAPISEK EXPRESSWAY
Khlong Samsen
Pramongkut Klao Hospital
RATCHAWITHI
Mabidol-Universität
Markt
Siegessäule
Victory Column
People's Department Store
ASOKE DIN DAENG
Si-Din-Daeng-Markt
RATCHAPRAROP
PHAYA THAI
Siam City
Phaya Thai
SI AYUTTHAYA
Suan-Pakkad-Palast
Makkasan-Markt
Bung Makkasan
PRATUNAM
NIKHOM MAKKASAN
Bahnhof Makkasan
Pata Department Store
Baiyoke Towers
Indra Regent
Makkasan-Markt
Bangkok-Palast
Pratunam-Markt
Chalermlap-Markt
Metro Department Store
CHALERM MAHANAKHON EXPRESSWAY
PETCHABURI
Pantip Plaza
Chalermlok-Markt
EXPRESSWAY
Sapratbum-Palast
Isetan Shopping Complex
Khlong San Sap

5
A
1
B
C
1
2
3
4
5
RATTANA KOSIN
Wat Pho
Wat Arun
Chao Phraya
Rong Mo
Tien
Wat Arun
Rachinee
Pak Klong
Saphan Phut
Memorial Bridge
Pak-Klong-Markt
Lang-Krasuang-Markt
Gemüse Blumenmarkt
SUAN SARANROM
CHAROEN
THAI WANG
SANAM CHAI
MAHATHAT
CHETUPHON
PHRA PHIPHIT
RACHINI
ATSADANG
Khlong Mon
Khlong Wat Chaeng
ITSARAPHAP
ARUN AMARIN
Phosamton-Markt
WANG DOEM
Wat Kalayanimit
Santa Cruz
Khlong Bangkok Yai
Wat Prayun
Markt
THETSABAN SAI 1
THETSABAN SAI 2
THETSABAN SAI 3
PRACHATHIPOK
Khlong Wat Ratchasittharam
BANGKOK YAI
Khlong Bang Sakai
PHET KASEM
INTHRARAPHITAK
WONGWIAN YAI
Sesawet-Markt
Bangyeerua-Markt
Taksin-Denkmal
Robinson Department Store
Merry King Department Store
Charoen-Rat-Markt
Bahnhof Wongwian Yai
Wat-Klang-Markt
THOET THAI
THON BURI
SOMDET PHRA CHAO TAKSIN
KRUNG THON BURI
Khlong Samre
Khlong Bang Nam Chon
SOI SAMPAYA
A
B
C

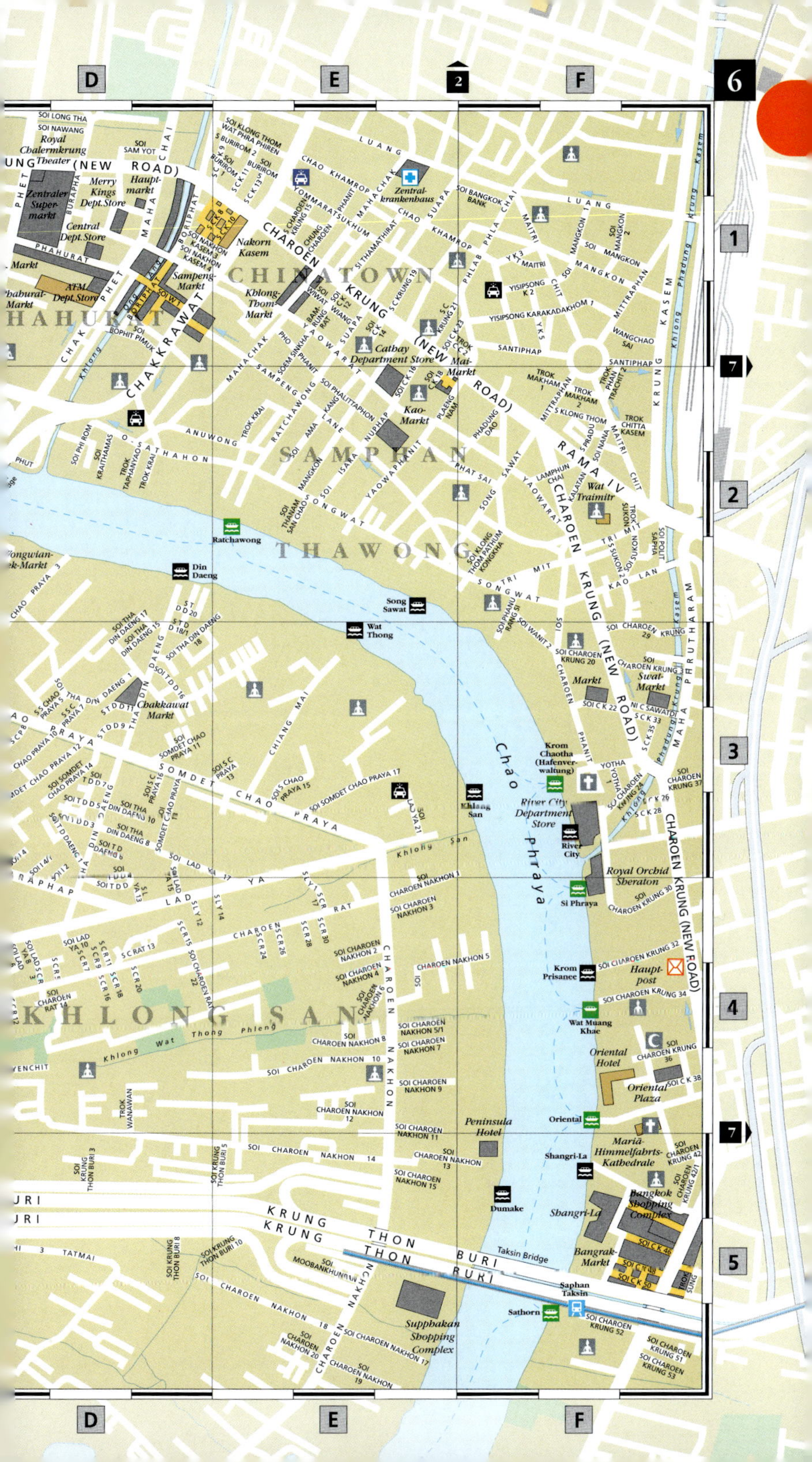

6
D
E
2
F
1
2
3
4
5
7
CHINATOWN
SAMPHAN
THAWONG
PAHURAT
KHLONG SAN
CHAROEN KRUNG (NEW ROAD)
Royal Chalermkrung Theater
Zentraler Supermarkt
Merry Kings Dept.Store
Hauptmarkt
Central Dept.Store
Markt
ATM Dept.Store
Phahurat-Markt
Nakorn Kasem
Sampeng-Markt
Khlong-Thom-Markt
Zentral-krankenhaus
Cathay Department Store
Mai-Markt
Kao-Markt
Wat Traimitr
RAMA IV
CHAKKRAWAT
YAOWARAT
SONGWAT
LUANG
MAHA CHAI
ANUWONG
SATHAHON
MAITRI
MANGKON
SANTIPHAP
PHADUNG DAO
MITTRAPHAN
KASEM
Khlong Phadung Krung Kasem
Ratchawong
Din Daeng
Song Sawat
Wat Thong
Chakkawat Markt
Chao Phraya
Krom Chaotha (Hafenverwaltung)
Khlang San
River City Department Store
River City
Royal Orchid Sheraton
Si Phraya
Markt
Swat-Markt
Krom Prisanee
Hauptpost
Wat Muang Khae
Oriental Hotel
Oriental Plaza
Oriental
Peninsula Hotel
Shangri-La
Mariä-Himmelfahrts-Kathedrale
Bangkok Shopping Complex
Bangrak-Markt
Dumake
Taksin Bridge
Saphan Taksin
Sathorn
Supphakan Shopping Complex
KRUNG THON BURI
SOMDET CHAO PRAYA
CHAROEN NAKHON
LAD YA
CHAROEN RAT
THA DIN DAENG
Khlong San
Khlong Wat Thong Phleng
PHRUTHARAM
MAHA PHRUTHARAM
CHIANG MAI

7
A
3
B
C
1
2
3
4
5
6
6
RAMA I
National Stadium
Charoenpbol-Markt
National Stadium (National-stadion)
Tokyu Department Store
Mahboon-Krong Shopping Complex
Siam Discovery
Siam Discovery
Siam Central
PATHU
Markt
Nordtel
British Council
SOI CHULALONGKORN 12
SOI CHULALONGKORN 62
PHAYA THAI
Suan-Luang-Markt
Chulalongkorn-Universität
Prathumwan Sinaicha Rinthawat Universität
Hua-Lampong-Bahnhof
PHAYATHAI-BANGKHLO EXPRESSWAY
RONG MUANG
CHAROEN MUANG
TROK SALAKHIN
TROK PHYASINGSENI
SOI SUNTHONPHIMOL
BANTHAT THONG
CHARUSATHIAN-STADION
Imaging Technology Museum
Chulalongkorn-Universität
Hua Lampong
RAMA IV
TROK KRUNG
TROK LA-O
MAHA NAKHON
SOI SAWANG 5
SOI SAWANG 7
TROK PHIPHAT
SOI KAEO FA
PRAYA
SI PRAYA
Mandarin
Chula Technology Towers
Sam Yan
SOI CHULALONGKORN 60
Schlangen-farm
Montien
Jim Thompson's
Tawana Ramada
SURAWONG
Foodland Department Store
Sala Daeng
Morpbetch-Morpbloy-Markt
CHAROEN KRUNG
PHUTTHA-OSOT
BANG RAK
Neilson-Hays-Bibliothek
RAJDHON
ANUMAN
Celadon House
Bangkok Christian Hospital
Thai-Airways-Zentrale
Silom Plaza
SILOM
Silom Village Complex
Narai
Chong Nonsi
NARATHIWAT
City Plaza
PHIPHAT
Central Department Store
Maha-Uma-Devi-Tempel
Holiday Inn Crowne Plaza
SURASAK
PRAMUAN
PRAMOT
SOI SUKSA WITTHAYA
Suksaiwittaya (in Planung)
RACHANAKARIN ROAD
SI WIANG
SATHORN NUA
SATHORN TAI
Robot Building (Bank of Asia)
Surasek
CHAROEN WIANG
TROK BANBAB
SOI SAINT LOUIS
SOI TANARAK
SOI PICHAI
SATH
Khlong Chong Nonsi

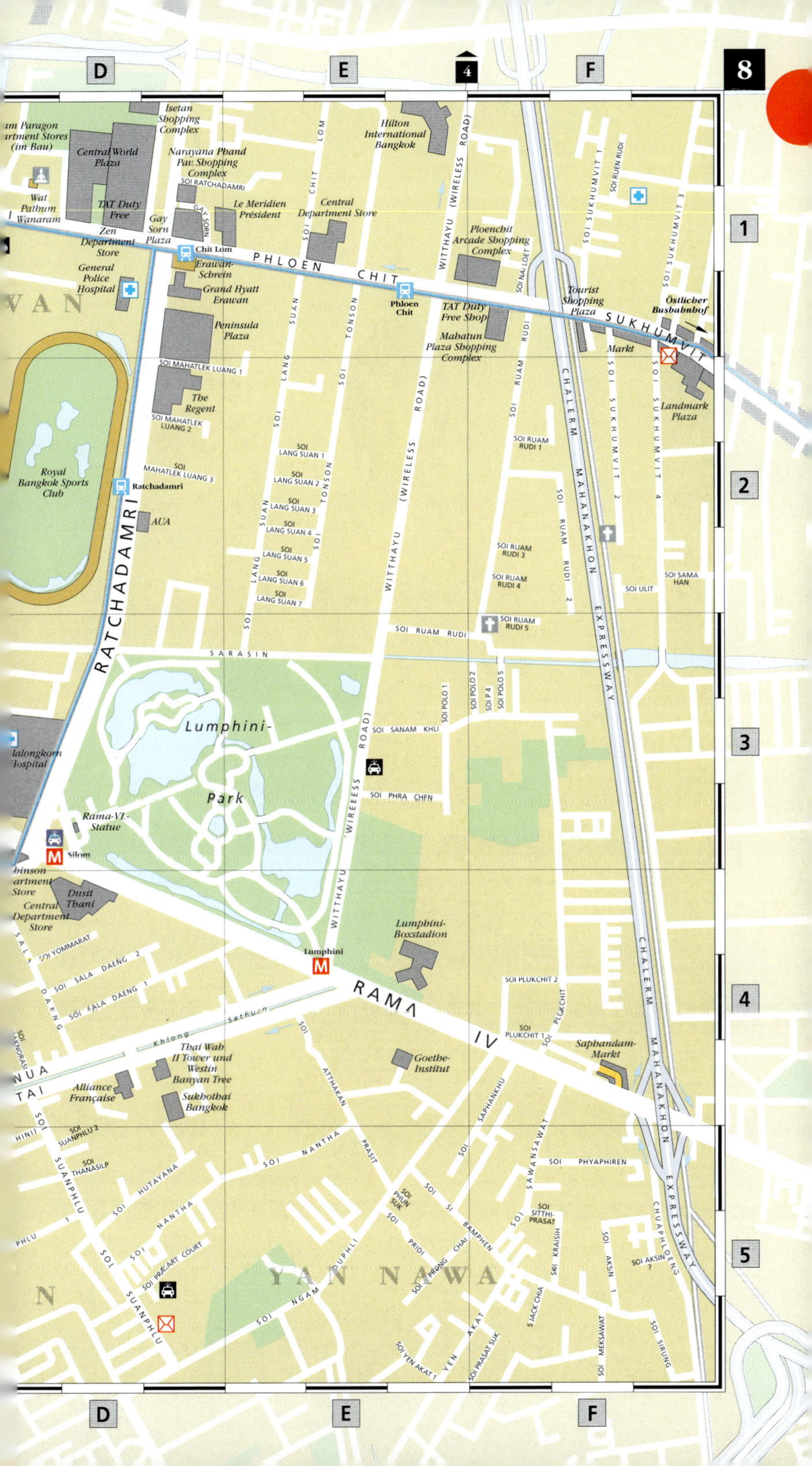
D
E
4
F
Isetan Shopping Complex
am Paragon
artment Stores (im Bau)
Central World Plaza
Narayana Phand Pav. Shopping Complex
Hilton International Bangkok
SOI RATCHADAMRI
Wat Pathum Wanaram
TAT Duty Free
Le Meridien Président
Central Department Store
Gay Sorn Plaza
Zen Department Store
Chit Lom
PHLOEN CHIT
Ploenchit Arcade Shopping Complex
General Police Hospital
Erawan-Schrein
Grand Hyatt Erawan
Phloen Chit
TAT Duty Free Shop
Tourist Shopping Plaza
Östlicher Busbahnhof
SUKHUMVIT
Markt
Peninsula Plaza
Mahatun Plaza Shopping Complex
SOI MAHATLEK LUANG 1
The Regent
SOI MAHATLEK LUANG 2
Landmark Plaza
SOI MAHATLEK LUANG 3
Royal Bangkok Sports Club
Ratchadamri
AUA
SOI LANG SUAN 1
SOI LANG SUAN 2
SOI LANG SUAN 3
SOI LANG SUAN 4
SOI LANG SUAN 5
SOI LANG SUAN 6
SOI LANG SUAN 7
SOI SUAN LANG
SOI TONSON
WITTHAYU (WIRELESS ROAD)
SOI RUAM RUDI 1
SOI RUAM RUDI 2
SOI RUAM RUDI 3
SOI RUAM RUDI 4
SOI RUAM RUDI 5
SOI RUAM RUDI
SOI NAI LOET
SOI RUEN RUDI
SOI SUKHUMVIT 1
SOI SUKHUMVIT 2
SOI SUKHUMVIT 3
SOI SUKHUMVIT 4
SOI SAMA HAN
SOI ULIT
CHALERM MAHANAKHON EXPRESSWAY
RATCHADAMRI
SARASIN
SOI POLO 1
SOI POLO 2
SOI P 4
SOI POLO 5
SOI SANAM KHLI
SOI PHRA CHEN
Lumphini-Park
Rama-VI.-Statue
Silom
lalongkorn Hospital
binson artment Store
Dusit Thani
Central Department Store
Lumphini-Boxstadion
Lumphini
RAMA IV
SOI PLUKCHIT 1
SOI PLUKCHIT 2
SOI PLUKCHIT
Saphandam-Markt
SOI YOMMARAT
SOI SALA DAENG 1
SOI SALA DAENG 2
SOI FALA DAENG 1
Khlong Sathorn
Thai Wah II Tower und Westin Banyan Tree
Goethe-Institut
Alliance Française
Sukhothai Bangkok
NUA
TAI
SOI ATTHAKAN PRASIT
SOI SAPHANKHU
SOI SUANPHLU 2
SOI THANASILP
SOI NANTHA
SOI HUTAYANA
SUANPHLU
SOI PHUN SUK
SOI SI BAMPHEN
SOI PRIDI
SOI PRONG CHAI
SOI SAWANSAWAT
SOI PHYAPHIREN
SOI SITTHI-PRASAT
SOI KRAISIH
SOI AKSIN 1
SOI AKSIN 2
CHUAPHLOENG
YAN NAWA
SOI NGAM UPHLI
SOI PRA-ART COURT
SOI YEN AKAT 1
YEN AKAT
SOI PRASAT SUK
S JACK CHIA
SOI MEKSAWAT
SOI SIRUNG
1
2
3
4
5

Das Menam-Becken

Das Menam-Becken im Überblick

Die fruchtbare Ebene nördlich von Bangkok ist die Reiskammer und das historische Kerngebiet der Thai. Hier befinden sich die Ruinenstädte der alten Königreiche Sukhothai *(siehe S. 54f)* und Ayutthaya *(siehe S. 56f)*. Heute zeigt sich diese Region als die wohlhabendste und am dichtesten bevölkerte des Landes. Ihre von Reis- und Zuckerrohrfeldern umgebenen Städte wachsen mit großer Geschwindigkeit und finden im angrenzenden Bergland mit seinen spektakulären Nationalparks die ideale landschaftliche Ergänzung.

Im Si-Satchanalai-Chalieng-Geschichtspark (siehe S.188f) *liegen die Ruinen einer der bedeutendsten Sukhothai-Städte.*

Kamphaeng Phet (siehe S.182f) *bietet Ruinen aus der Sukhothai-Zeit sowie innerhalb der Stadtmauern ein Museum, in dem Keramiken wie dieses Gefäß (15. Jh.) zu sehen sind.*

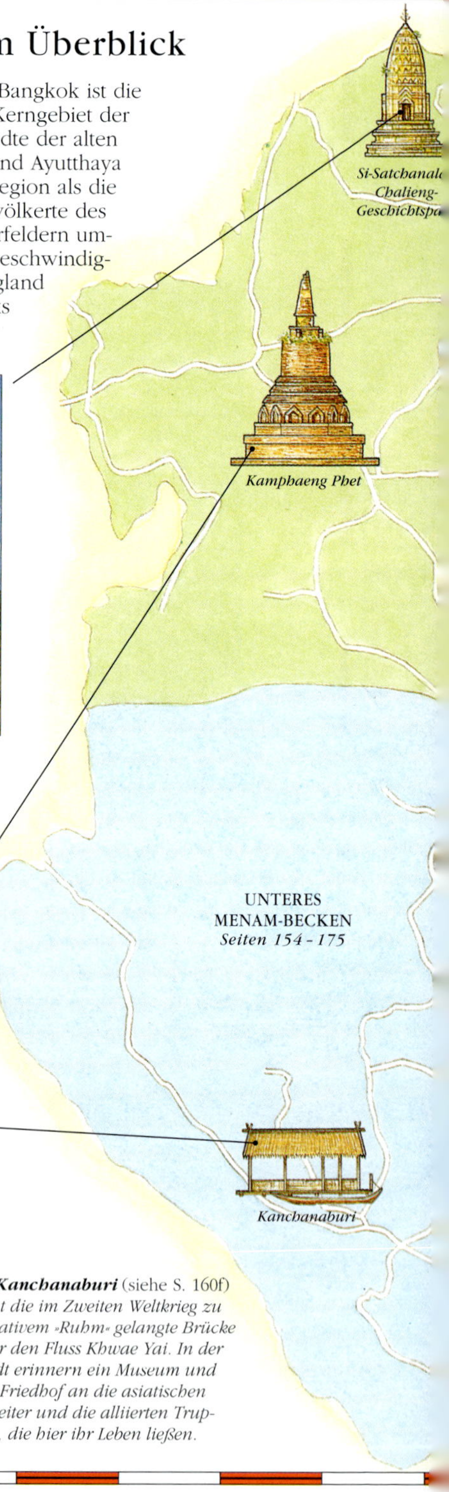

In Kanchanaburi (siehe S. 160f) *steht die im Zweiten Weltkrieg zu negativem »Ruhm« gelangte Brücke über den Fluss Khwae Yai. In der Stadt erinnern ein Museum und ein Friedhof an die asiatischen Arbeiter und die alliierten Truppen, die hier ihr Leben ließen.*

◁ **Ruine eines *bot* mit riesigem sitzenden Buddha, Wat Mahathat, Sukhothai**

Der Sukhothai-Geschichtspark (siehe S. 184ff) *zählt zu den bedeutendsten Sehenswürdigkeiten Thailands; in dem großen Areal stehen 40* wat.

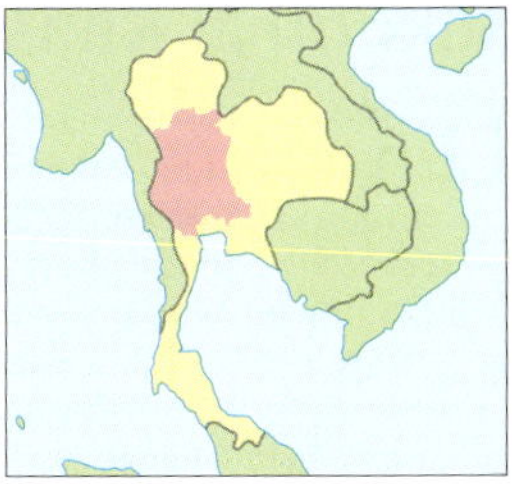

Zur Orientierung

Lop Buri (siehe S. 164f), *eine alte Ruinenstadt in der Nähe von Bangkok mit Sehenswürdigkeiten aus der Sukhothai- und der Khmer-Zeit, ist weniger überlaufen als Ayutthaya oder Sukhothai.*

Der Khao-Yai-Nationalpark (siehe S. 174f) *gehört zu den beliebtesten des Landes und zugleich zu den besten Orten für eine Begegnung mit der Tierwelt Thailands.*

Ayutthaya (siehe S. 166ff) *war im 15./16. Jahrhundert eine der einflussreichsten Städte Asiens. Zahlreiche Ruinen in der heutigen Stadt zeugen noch von ihrer glanzvollen Vergangenheit.*

Sukhothai-Kunst

Die überaus renommierte Schule von Sukhothai (13.–15. Jh.) hat Stilelemente aus Sri Lanka, Birma und anderen Ländern der Region aufgenommen und weiterentwickelt; auf diese Weise entstanden einige der bedeutendsten Werke der thailändischen Kunst. Der »schreitende« Buddha – eine in der buddhistischen Kunst äußerst seltene Figurenform – ist wohl die bekannteste künstlerische Leistung der Periode. Auf ihrem Höhepunkt stand auch die Sangkhalok-Keramik *(siehe S. 190)*, deren herausragende Schöpfungen bis in die Mitte des 16. Jahrhunderts in alle Teile Asiens exportiert wurden.

Der »schreitende« Buddha *symbolisiert vielleicht die Rückkehr aus dem Tavatimsa-Himmel nach einem Besuch bei seiner Mutter.*

Bronze *löste in der Sukhothai-Periode den Stein als Hauptmaterial von Buddha-Statuen ab; die Darstellungen wurden dadurch wesentlich nuancierter.*

Phitsanulok-Buddha

Das eigentlich Phra Phuttha Chinarat genannte Buddha-Bildnis (14. Jh.) im Wat Phra Si Rattana Mahathat in Phitsanulok zählt zu den besonders verehrten in ganz Thailand. Die in Bronze gegossene und später vergoldete Figur stellt ein herausragendes Beispiel der späten Sukhothai-Kunst dar.

Keilförmige Gelenke

Der flammenartige »Heiligenschein«, der Phra Phuttha Chinarat umfließt, ist in seiner Art einzig.

Alle Finger in gleicher Länge

Der bronzene Vishnu *– eine hinduistische Gottheit – zeigt den klassischen Sukhothai-Stil. Figuren dieser Art wurden vermutlich von Priestern in Auftrag gegeben.*

Giebelverzierungen *aus Keramik wie diese im Wat Phra Phai Luang in Sukhothai bilden ein typisches Merkmal der Periode.*

Blattförmige Grenzsteine (bai sema, siehe S. 29) *wurden aus Schiefer gefertigt. Dieses Exemplar vom Wat Sorasak in Sukhothai verzeichnet die Einzelheiten einer Landzuteilung.*

Keramikfialen*, wie sie auf vielen Dächern zu finden sind, zeigen in einer Vermengung von Khmer- und chinesischer Kunst oft Drachendarstellungen.*

Sangkhalok-Keramik *wie dieser einfarbig braune Elefant ist oft sehr gut erhalten. Seit Mitte des 14. Jahrhunderts entstanden herrliche Stücke, die in großem Umfang exportiert wurden.*

König Vajiravudh *(1910–25) war ein begeisterter Hobbyarchäologe, der sich engagiert bei den frühen Ausgrabungen in Sukhothai beteiligte.*

Fische und Blumen *waren als Motiv unter der Glasur von Schüsseln und Tellern sehr beliebt. Artikel dieser Art wurden bis nach Japan exportiert.*

Viele Statuetten *zeigen eine Wölbung am Mund, die vielleicht das Kauen von gegorenen Teeblättern darstellt. Weibliche Figuren sind zahlreich und tragen oft Säuglinge.*

Gefäße zum Gießen*, so genannte* kendi, *stellen oft Tiere dar. Das abgebildete Exemplar zeigt die Form einer Ente.*

Die Brennöfen von Ban Ko Noi

In Ban Ko Noi *(siehe S. 189)* bei Si Satchanalai wurden die Überreste von 200 Brennöfen ausgegraben. Einige enthalten noch Gefäße, die gerade in Arbeit waren, als die Öfen verlassen wurden. In Sukhothai gibt es ähnliche Öfen.

Ausländer in Ayutthaya

Europäische Darstellung eines siamesischen Beamten

Ayutthaya war im 16. und 17. Jahrhundert eines der führenden Handelszentren Asiens, das neben Kaufleuten auch Missionare, Abenteurer und Söldner aus der ganzen Welt anlockte. Als im 16. Jahrhundert Portugiesen hier ankamen, fanden sie eine von zahlreichen Wasserarmen durchzogene Stadt mit immensen Flotten von Frachtkähnen vor. Die Portugiesen brachten Feuerwaffen und auch Militärberater, die Ayutthaya im Kampf gegen die Birmanen unterstützten. Im 17. Jahrhundert folgten Holländer und Engländer und errichteten Handelsniederlassungen. Japaner kauften hier Felle, französische Jesuiten konkurrierten mit Persern um die Bekehrung der Bevölkerung.

Die Kirche St. Joseph (siehe S. 170) *steht südlich der Hauptinsel von Ayutthaya. Sie wurde unter der Regentschaft Königs Narai (1656–88) von französischen Missionaren erbaut.*

Lackarbeiten *gehören zu den exquisiten Erzeugnissen von Ayutthaya. Auch die dekorative Kunst reflektierte den Einfluss von Ausländern in der Stadt; diese Portale zeigen fremde Kaufleute.*

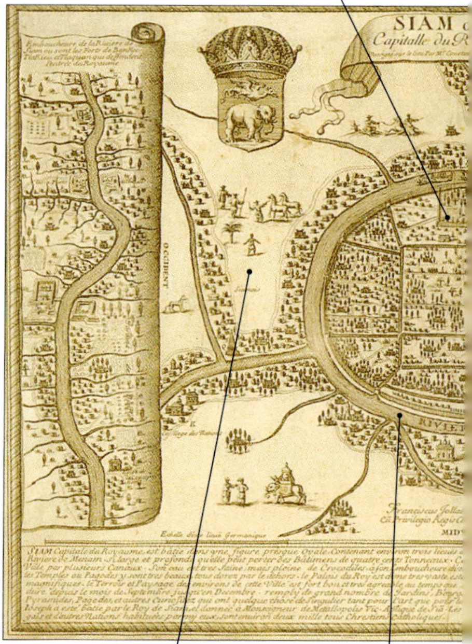

Karte von Ayutthaya

Im Zuge des europäischen Engagements in Siam entstanden mehrere Karten von Ayutthaya. Die abgebildete französische Karte ist vermutlich eine Kopie (18. Jh.) eines im 17. Jahrhundert entstandenen Originals. In Europa wurde Ayutthaya seinerzeit als Iudia bezeichnet.

Die ersten Franzosen *in Ayutthaya waren Jesuiten, die 1662 kamen. 1681 baten die Franzosen um Erlaubnis für den Besuch der Stadt durch eine diplomatische Abordnung. Die Delegation traf 1685 mit dem Gesandten von Louis XIV, Chevalier de Chaumont, ein. Später begleitete ihn ein siamesischer Vertreter nach Frankreich; das Gemälde zeigt diesen beim Empfang durch Louis XIV.*

Französische Jesuiten *kamen nach Ayutthaya, um König Narai zum Katholizismus zu bekehren. Zwar hatten sie keinen Erfolg, doch sie konnten sein Interesse an der Astronomie wecken. Die Abbildung zeigt den König bei der Beobachtung einer Mondfinsternis 1685. Die Jesuiten genossen hohes Ansehen und erhielten Bauland für Kirchen und Schulen.*

Chili-Schoten *wurden erstmals von den Portugiesen, die 1516 ein Handelsabkommen mit Siam abgeschlossen hatten, aus Südamerika importiert. Heute zählt die Frucht zu den wichtigsten Zutaten der thailändischen Küche.*

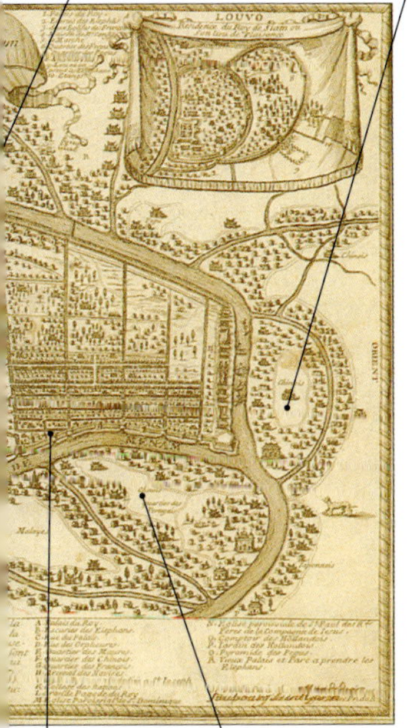

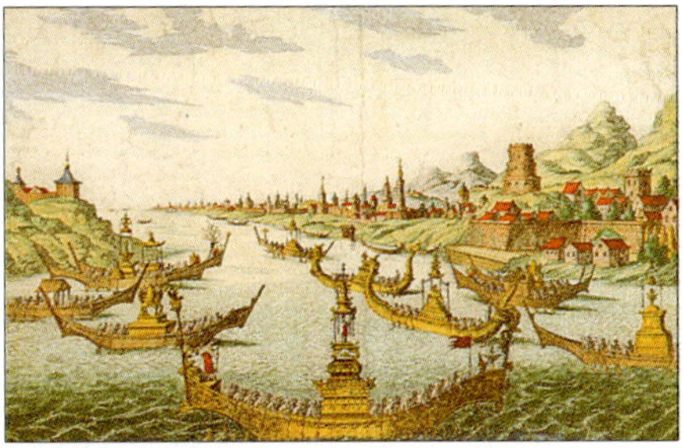

Zahllose Lastkähne *verstopften die Kanäle von Ayutthaya. Oft war ein Konvoi königlicher Boote das erste, was Besucher von der Stadt zu sehen bekamen; deshalb nannte man sie auch »Venedig des Ostens«.*

Konstantin Phaulkon

Der Einfluss von Ausländern in Ayutthaya war unter König Narai (1656–88) am größten. Zu zweifelhaftem Ruhm gelangte der griechische Abenteurer Phaulkon, der 1678 ins Land kam; er stieg zu Narais Vertrautem und oberstem Minister auf. Später beriet er den König zum Nachteil holländischer und englischer Interessen, während die Franzosen 600 Soldaten im Königreich stationieren durften. Im Verlauf politischer Irritationen am Hof mutmaßte man, dass Narai allzu große Bindungen mit Louis XIV einginge, dessen Ziel es war, den König und Siam zum Katholizismus zu bekehren; manche befürchteten gar eine französische Machtübernahme. Nach dem Tod Narais 1688 wurden alle Bindungen zu Ausländern gekappt; Phaulkon selbst wurde hingerichtet.

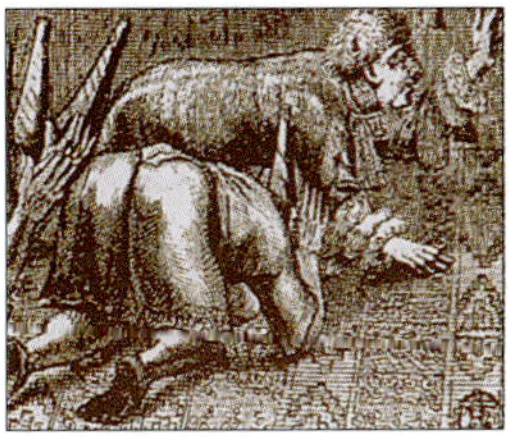

Konstantin Phaulkon in tiefer Verbeugung vor dem König von Siam

Die holländische Ostindienkompanie *kam 1604 nach Ayutthaya und errichtete 1634 eine Handelsniederlassung; doch 40 Jahre später gingen die Geschäfte schlecht. Das Lagerhaus wurde später von den Birmanen zerstört.*

Unteres Menam-Becken

Seit Jahrhunderten ist die breite *Schwemmlandebene des Menam Chao Phraya, der das Untere Menam-Becken von Norden nach Süden durchfließt, die Reiskammer Thailands und die am dichtesten besiedelte Region des Landes. Der Fluss trägt als wichtige Verkehrsader wesentlich zur lebensnotwendigen Verbindung des kulturellen Kernlands mit der heutigen Hauptstadt Bangkok bei.*

Vom 14. bis zum 18. Jahrhundert war Ayutthaya eines der bedeutendsten Handelszentren Asiens. Besucher aus anderen Ländern bewunderten seine am Zusammenfluss von Menam Chao Phraya, Lop Buri und Pasak errichteten Tempel und Paläste. 1767 fiel die Stadt der Zerstörung durch die Birmanen zum Opfer, worauf der Regierungssitz flussabwärts nach Bangkok verlegt werden musste. Die Überreste von Bauwerken der früheren Zeit stehen heute zwischen moderneren Gebäuden und ziehen täglich Hunderte von Besucher an.

Westlich von Bangkok liegt Kanchanaburi – ebenfalls ein beliebtes Ziel für Tagesausflüge. Im Zweiten Weltkrieg bauten die Japaner eine Eisenbahn, die von hier aus entlang einer alten, bei den Birmanen für kriegerische Einfälle beliebten Route zum Drei-Pagoden-Pass nahe der birmanischen Grenze führt. Die Bahn wurde wenig genutzt, doch in Kanchanaburi können Besucher die Zeugnisse des berüchtigten Brückenbaus sehen, bei dem Tausende von Arbeitern und Kriegsgefangenen ihr Leben ließen. Trotz dieser und weiterer Sehenswürdigkeiten besitzt die Region eine recht dürftige touristische Infrastruktur. Städte wie Lop Buri – ein Außenposten der Khmer – und der Pilgerort Phra Phutthabat sind nur wenigen Besuchern bekannt. Einige Unterkünfte findet man entlang der Strecke zum Drei-Pagoden-Pass im Tal des Khwae Noi, das von Wäldern und Grasland umgeben ist und in dem die beiden Nationalparks Sai Yok und Chaloem Rattanakosin liegen.

Die Brücke über den Khwae Yai bei Kanchanaburi, denkwürdige Erinnerung an den Zweiten Weltkrieg

◁ **Wat Mahathat, erbaut 1384, einer der größten Tempel im alten Ayutthaya**

Überblick: Unteres Menam-Becken

Das Flussbecken des Menam Chao Phraya ist eine fruchtbare, für den Reisanbau ideale Landschaft. Es war kein Zufall, dass sich gerade in diesem Gebiet die Königreiche von Lop Buri und später von Ayutthaya, dem sehenswertesten Ort der Region, etablierten. Östlich der Ebene lockt Khao Yai, der älteste und am leichtesten erreichbare Nationalpark des Landes. Kanchanaburi im Westen ist der Ort der berüchtigten »Eisenbahn des Todes« aus dem Zweiten Weltkrieg. Von hier aus schlängelt sich eine Straße zum berühmten Drei-Pagoden-Pass an der Grenze zu Myanmar.

Der Soldatenfriedhof von Kanchanaburi

Legende

- Autobahn
- Hauptstraße
- Nebenstraße
- Panoramastraße
- Fluss
- Aussichtspunkt

Im unteren Menam-Becken unterwegs

Viele Hotels in Bangkok arrangieren Tagestouren nach Ayutthaya und Kanchanaburi. Beliebt sind auch Bootsfahrten auf dem Menam Chao Phraya von Bangkok nach Ayutthaya. Von Bangkok aus führen mehrere Straßen in die umliegende Region und bieten schnelles und angenehmes Reisen mit Auto oder Bus. Kanchanaburi, Ayutthaya und Lop Buri sind alle per Bahn erreichbar.

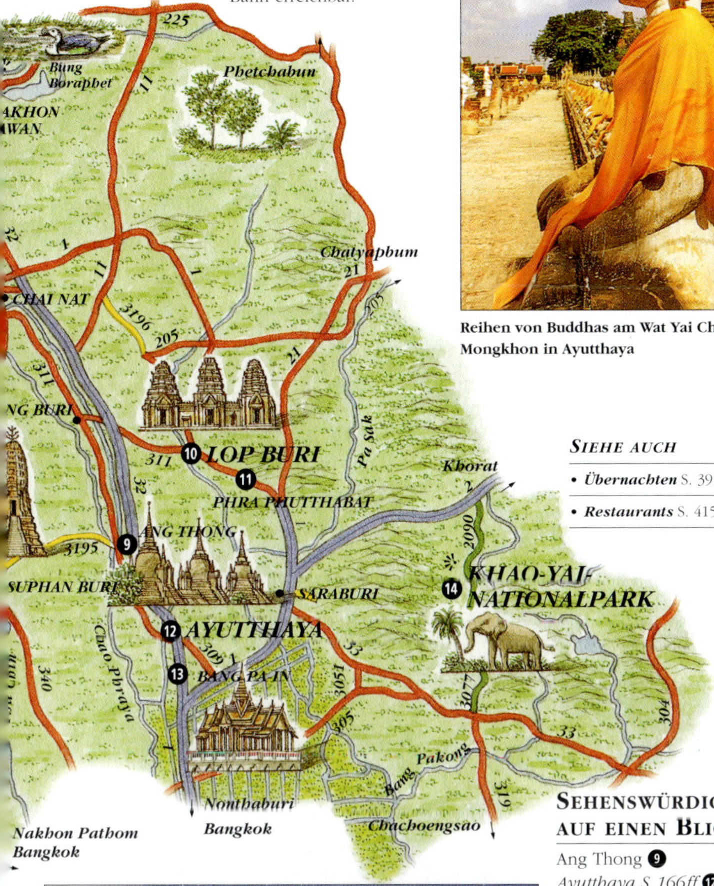

Reihen von Buddhas am Wat Yai Chai Mongkhon in Ayutthaya

Siehe auch

- ***Übernachten*** S. 391f
- ***Restaurants*** S. 415f

Chanthara-Phisan-Pavillon, im Palast des Königs Narai, Lop Buri

Sehenswürdigkeiten auf einen Blick

Ang Thong 9
Ayutthaya S. 166ff 12
Bang Pa-in 13
Chaloem-Rattanakosin-Nationalpark 7
Erawan-Nationalpark 4
Kanchanaburi 6
Khao-Yai-Nationalpark S. 174f 14
Lop Buri S. 164f 10
Phra Phutthabat 11
Prasat Muang Sing 5
Sai-Yok-Nationalpark 3
Sangkhla Buri 1
Suphan Buri 8
Thung Yai Naresuan und Huai Kah Khaeng 2

Am Drei-Pagoden-Pass

Sangkhla Buri ❶

สังขละบุรี

Provinz Kanchanaburi. *25 000.* *von Kanchanaburi.* *TAT, Kanchanaburi (0-3451-1200.* *tägl.*

Auf dem Markt im Zentrum von Sangkhla Buri gibt es u. a. birmanische Chili-Schoten und Samosas zu kaufen. Als Hauptattraktion der abgelegenen, gleichermaßen von Angehörigen der Bergvölker Hmong und Karen *(siehe S. 196)* wie von Thai bewohnten Handelsstadt muss man allerdings ihre idyllische Lage am Seeufer sehen. Der See selbst ist eigentlich ein Speichersee, der durch eine Staustufe im Khwae Noi weiter flussabwärts entstanden ist. In der trockenen Jahreszeit tauchen gelegentlich die ansonsten von Wasser bedeckten Überreste alter Dörfer und Wälder an der ruhigen Oberfläche auf.

Das nördliche Seeufer dominiert der überaus ungewöhnliche *chedi* von **Wat Wangwiwekaram**. In der überdachten Galerie daneben werden auf einem Tagesmarkt Waren aus Myanmar, Indonesien und anderen Ländern feilgeboten, darunter auch *lungi* (Sarongs) und Holzschnitzereien der schlichteren Art. Der *wat* ist über eine Holzbrücke, die eine seichte, aber breite Bucht im See überspannt, zu Fuß erreichbar. Ganz in der Nähe befindet sich eine große Siedlung des Bergvolkes der Hmong, in der jeden Tag frühmorgens ebenfalls ein Markt abgehalten wird.

Umgebung: Am **Drei-Pagoden-Pass**, 23 Kilometer nordwestlich von Sangkhla Buri, stehen drei weiß getünchte, äußerlich wenig beeindruckende *chedi*. Über Jahrhunderte hinweg diente dieser in nur etwa 300 Metern Höhe verlaufende Pass immer wieder als Invasionsroute. Im Zweiten Weltkrieg überquerte ihn auch die Birma-Siam-Eisenbahn *(siehe S. 160f)*, deren Verlauf noch immer an der Grenze zum Nachbarstaat Myanmar erkennbar ist. Heute ist der Pass eine ruhige Etappe an einer Handelsverbindung (und vor allem auch Schmuggelverbindung) zwischen dem Indischen Ozean im Westen und dem südostasiatischen Festland im Osten. Interessierte können hier mit einem Ein-Tages-Visum *(siehe S. 451)* über die Grenze in die Stadt Pyathon nach Myanmar reisen.

Thung Yai Naresuan und Huai Kha Khaeng ❷

เขตรักษาพันธุ์สัตว์ป่าห้วยขาแข้ง

Provinzen Kanchanaburi, Tak und Uthai Thani. *TAT, Tak (0-5551-4341); Kanchanaburi (0-3451-1200); Parkverwaltung (0-2579-5734).* *von Kanchanaburi.* *tattak@north.shane.net*

Die beiden riesigen, nebeneinander gelegenen Tierreservate umfassen insgesamt eine Fläche von 6220 Quadratkilometern geschützten Waldes und bilden eines der bedeutendsten Schutzgebiete Südostasiens. Gemeinsam wurden die beiden Parks, in denen die größten Herden noch in Freiheit lebender Elefanten Thailands sowie mehrere andere gefährdete Großtierarten, darunter Tiger und Leoparden, zu finden sind, von der UNESCO in die Liste des Weltnaturerbes der Menschheit aufgenommen. Hier sieht man auch den gewaltig anmutenden Gaur –

Büffel, wie sie in den Tierschutzgebieten von Thung Yai Naresuan und Huai Kha Khaeng zu sehen sind

Urlauberunterkünfte im idyllischen Sai-Yok-Nationalpark

ein wildlebendes Rind –, die letzten wilden Büffel und heute sehr selten gewordene Gibbonarten. In Huai Kha Khaeng gibt es einen für Besucher eingerichteten Naturlehrpfad. Gruppen dürfen den Pfad nur mit Erlaubnis der Nationalparkverwaltung von Bangkok begehen.

Sai-Yok-Nationalpark ❸

อุทยานแห่งชาติไทรโยค

Provinz Kanchanaburi. Zentrum am Hwy. 323, 100 km nordwestlich von Kanchanaburi. *TAT, Kanachanaburi (0-3451-1200); Parkverwaltung (0-2579-5734 für Bungalowreservierung).* *von Kanchanaburi.*

Während des Zweiten Weltkriegs befanden sich in Sai Yok eine japanische Kaserne und ein Kriegsgefangenenlager. Den 500 Quadratkilometer großen Nationalpark gibt es seit 1980; er ist für ruhige Flusslandschaften und den Wasserfall Sai Yok Yai, der nahe der Parkverwaltung in den Fluss Khwae Noi herabstürzt, bekannt.

Es stehen Unterkünfte in Bungalows oder auf Hausbooten zur Verfügung; für Fahrten zu einigen Grotten können auch Boote – leider zu recht ansehnlichen Preisen – gemietet werden. Die Höhlen bieten Unterschlupf für die Thailändische Schweinsnase, eine nur drei Zentimeter lange Fledermausart, die als das kleinste Säugetier der Welt gilt.

Umgebung: Der **Burma–Thailand Railway Memorial Trail** südlich von Sai Yok erinnert an die Gefangenen, die bei der Arbeit am Konyu-Durchstich der Eisenbahn ihr Leben verloren. In der Nähe des Durchstichs, der von den vielen Kriegsgefangenen, die hier nachts beim Schein der Fackeln arbeiten mussten, »Höllenfeuerpass« genannt wurde, stand die so genannte »Kartenhausbrücke«.

Gedenktafel am »Höllenfeuerpass«

Die 300 Meter lange und 25 Meter hohe, äußerst wacklige und instabile Konstruktion wurde in größter Eile aus noch nicht vollständig getrocknetem Holz errichtet und forderte aus diesem Grund auch zahlreiche Tote – während des Baus stürzte sie drei Mal ein.

Erawan-Nationalpark ❹

อุทยานแห่งชาติเอราวัณ

Provinz Kanchanaburi. Zentrum am Hwy. 3199, 65 km nordwestlich von Kanchanaburi. *TAT, Kanchanaburi (0-3451-1200); Parkverwaltung (0-2579-5734 für Bungalowreservierung).* *ab Kanchanaburi.*

Der rund 550 Quadratkilometer große Nationalpark liegt am nächsten bei Kanchanaburi. In dem üppigen Waldgebiet rauscht der faszinierend schöne **Erawan-Wasserfall** über eine Reihe von Kaskaden und schattigen Felsbecken in die Tiefe. Während die Parkaufseher gelegentlich auf Tigerspuren stoßen, bekommen Besucher eher Makaken und Individuen von etwa 80 verschiedenen Vogelarten zu sehen. Das Besucherzentrum bietet eine Diaschau über den Park, und ein angenehmer, aber anstrengender einen Kilometer langer Fußweg führt neben dem Wasserfall nach oben. Der Nationalpark zählt zu den populärsten in Thailand und ist an Wochenenden und Feiertagen nicht selten völlig überlaufen.

Umgebung: Der Wasserfall Huai Khamin im nahen **Si-Nakharin-Nationalpark** ist nicht so stark besucht wie der Erawan-Wasserfall, für die Besucher aber deshalb nicht minder beeindruckend und auf jeden Fall einen längeren Aufenthalt wert. Von Si Sawat aus, einem beschaulichen Ort am Ostufer des Si-Nakharin-Speichersees, kann man auch schöne Bootsausflüge auf den See unternehmen.

Si-Nakharin-Nationalpark

108 km nördlich von Kanchanaburi. *tägl.*

Erawan-Wasserfall – benannt nach dem Elefanten des Gottes Indra

Das zentrale Heiligtum des Prasat Muang Sing bei Kanchanaburi

Prasat Muang Sing ❺

ปราสาทเมืองสิงห์

Nahe Hwy. 323, 43 km westlich von Kanchanaburi, Provinz Kanchanaburi. *TAT, Kanchanaburi (0-3451-1200). von Kanchanaburi bis Tha Kilen, dann* songthaew. *tägl.*

DIE RUINEN von Muang Sing am Khwai-Noi-Fluß stammen wohl aus dem 13. Jahrhundert und markieren die westliche Grenze des Khmer-Reichs *(siehe S. 254f)* zur Zeit seiner größten Ausdehnung. Erdwälle umgeben eine innere Einfassung aus Laterit, die ein Rechteck mit einer Fläche von etwa einem Quadratkilometer bildet. Ungefähr in der Mitte dieses Areals stehen die Ruinen des buddhistischen Heiligtums Prasat Muang Sing.

Auch wenn der Tempelkomplex von Muang Sing aussieht, als sei er von den Khmer errichtet, so glauben doch einige Kunsthistoriker, dass er in Wirklichkeit von Baumeistern der einheimischen Bevölkerung stammt und eher den Stil der Besatzungsmacht, der Khmer, imitiert. So fehlen dem Heiligtum die Feinheiten, die gewöhnlich an den Gebäuden der Khmer zu finden sind. Das Gebäude entstand wohl nach der Regentschaft von Jayavarman VII. (1181–1220), als sich das Khmer-Reich bereits im Niedergang befand.

UMGEBUNG: Südöstlich der Ruinen von Muang Sing liegt Ban Kao, eine prähistorische Siedlung, die in den 1940er Jahren von einem niederländischen Archäologen entdeckt wurde; das **Ban Kao Museum** zeigt steinerne Artefakte.

Ban Kao Museum
35 km westlich von Kanchanaburi.
Mi–Sa 8–16.30 Uhr.

Kanchanaburi ❻

กาญจนบุรี

Provinz Kanchanaburi. *40 000. TAT, Saeng Chuto Rd., Kanchanaburi (0-3451-1200). tägl. Khwae River Bridge Week (Nov/Dez).*

KALKSTEINHÜGEL und ausgedehnte Zuckerrohrfelder umgeben die Stadt. Kanchanaburi ist jedoch am ehesten mit der berüchtigten Birma-Siam-Eisenbahn assoziiert. Die 1942/43 erbaute Bahnlinie überquert gleich nördlich von Kanchanaburi den Khwae-Yai-Fluss (»Kwai«). Am kleinen Bahnhof neben der Brücke stehen einige Dampflokomotiven aus jener Zeit; ein von der japanischen Verwaltung 1944 errichtetes Denkmal erinnert an die Toten des Krieges. Heute ist die Eisenbahn noch auf einer Strecke von 77 Kilometern erhalten – die Fahrt von Kanchanaburi nach Nam Tok wird man als eine der interessantesten des Landes in Erinnerung behalten. Das kleine Museum im **Thailand-Burma Railroad Center** dokumentiert die Geschichte der Eisenbahn. Mehr als 100 000 asiatische Arbeiter und 12 000 alliierte Kriegsgefangene starben beim Bau der Bahn; zwei **Soldatenfriedhöfe in Kanchanaburi** geben davon Zeugnis.

Der kleinere der beiden Friedhöfe, **Chong Kai**, umfasst 1740 Gräber und liegt am Nordufer des Khwae Yai, nur eine kurze Fahrt mit der Fähre vom Stadtzentrum entfernt. Unweit davon überblickt der **Wat Tham Khao Pun** den Fluss und die Bahnlinie, die hier in südlicher Richtung nach Ban Kao und Prasat Muang Sing verläuft. Auf dem Gelände des *wat* führt ein Geflecht von engen Gängen durch ein beleuchtetes Höhlensystem voller Buddha-Bildnisse.

Im **JEATH War Museum (Gefangenenmuseum)** im Wat Chai Chumphon kann man drei Nachbauten der Bambushütten besichtigen, in denen die Kriegsgefangenen in den Lagern entlang der Bahnstrecke untergebracht waren. Die Hütten beherbergen Gegenstände wie Gemälde und Fotografien vom Leben in den Lagern und der Arbeit auf der Strecke. Sie zeigen die Arbeitsbedingungen der Gefangenen. Der Name des Museums (JEATH) setzt sich aus den Anfangsbuchstaben von Japan, England, Australien/Amerika, Thailand und Holland zusammen – der Län-

Bahnhofsschild, Kanchanaburi

Stahlbrücke über den Khwae Yai, Kanchanaburi

der, aus denen die meisten Arbeiter stammten. Unterkünfte für Urlauber gibt es u. a. in Hausbooten.

Kanchanaburi-Soldatenfriedhof
Saeng Chuto Rd. *tägl.*
Chong-Kai-Friedhof
Ban Kao Rd. *tägl.*
JEATH War Museum
Wisuttharangsi Rd. *tägl.*
Thailand-Burma Railroad Center
73 Jaokunneu Rd. *tägl.*

Bauern bei der Feldarbeit in den Hügeln um Kanchanaburi

Chaloem-Rattanakosin-Nationalpark ❼

อุทยานแห่งชาติเฉลิมรัตนโกสินทร์

Provinz Kanchanaburi, Zentrum am Hwy. 3086, 97 km nordöstlich von Kanchanaburi. *TAT (0-3451-1200); Parkverwaltung (0-2579-5734 für Bungalowreservierung).* *von Kanchanaburi bis Nong Preu, dann songthaew.* *tägl.*

Der schöne, isoliert liegende Nationalpark ist mit 59 Quadratkilometern einer der kleinsten Thailands. Sein Hauptwanderweg verläuft neben einem Bach, der durch die Höhle Tham Than Lot Noi fließt und in einer steilen Schlucht wieder ans Tageslicht kommt. Der Weg führt weiter bergauf und am Lot-Yai-Wasserfall vorbei zu einem buddhistischen Schrein. An manchen Tagen werden Sie allerdings keinesfalls der einzige Besucher dieser herrlichen Stelle sein.

Die Brücke über den Khwae Yai und die Eisenbahn Birma–Siam

Die erste Eisenbahnbrücke über den Khwae Yai nahe Kanchanaburi wurde von asiatischen und alliierten Zwangsarbeitern aus Holz errichtet. 1943 ersetzte man sie durch eine Eisenkonstruktion, die ab Ende 1944 mehrfach durch amerikanische Bombardements beschädigt und 1945, nach nur kurzer Verwendungsdauer, außer Dienst gestellt wurde. Später verewigte David Lean den berüchtigten Flussübergang in seinem Film *Die Brücke am Kwai* (1957).

Die Brücke war Teil eines von den Japanern als Antwort auf die alliierte Seeblockade von 1942 ausgeführten Großprojekts, der 414 Kilometer langen Eisenbahn Birma–Siam. Die Bahn verlief von Nong Pladuk, 50 Kilometer südöstlich von Kanchanaburi, nach Thanbyuzayat nahe der Küste in Birma (heute Myanmar). Sie entstand unter grauenhaften Bedingungen und erfüllte lediglich zwei Jahre lang ihre Aufgabe. Etwa 60 000 alliierte Kriegsgefangene und 300 000 asiatische Arbeiter wurden gezwungen, in 18-Stunden-Schichten an ihrer Errichtung zu arbeiten, wobei viele an Cholera, Malaria, Unterernährung oder auch an Misshandlungen starben. Es heißt, für jede Bahnschwelle habe ein Mensch sein Leben verloren. Einer der Gründe für ein derart brutales Regiment lag darin, dass die Japaner einem Samurai-Kodex folgten. Sie verachteten die Schmach der Kapitulation und behandelten daher die Kriegsgefangenen so, als ob diese sämtliche Menschenrechte verwirkt hätten. Die heutige Brücke wurde im Rahmen von japanischen Kriegsreparationen neu erbaut und ist inzwischen zu einem bedeutenden Pilgerort für Veteranen und die Verwandten der hier gestorbenen Kriegsgefangenen geworden.

Gemälde eines Kriegsgefangenen, JEATH War Museum, Kanchanaburi

Kriegsgefangene auf der Holzbrücke über den Khwae Yai (um 1942/43)

Der akkurat gepflegte Soldatenfriedhof Chong Kai, Kanchanaburi

Das chinesische Heiligtum San Chao Pho in Suphan Buri

Suphan Buri ❽

สุพรรณบุรี

Provinz Suphan Buri. *27 000.* *TAT, Ayutthaya (0-3524-6077).* *Don-Chedi-Markt (25. Jan).*

WIE VIELE Städte der Region kam Suphan Buri durch die wachsende Bedeutung von Ayutthaya im 14. Jahrhundert zu Ehren. Nur wenigen Besuchern sind die Reize von Kunst und Architektur des Orts bekannt.

Nahe dem Zentrum steht der *prang* des Wat Phra Si Rattana Mahathat, der während der Ayutthaya-Zeit und noch einmal im 20. Jahrhundert restauriert wurde. Im Wat Pa Lelai am Stadtrand von Suphan Buri kann man ein riesiges Buddha-Bildnis aus der Dvaravati-Periode *(siehe S. 52f)* sehen und etwas im Osten das farbenfrohe chinesische Heiligtum San Chao Pho Lak Muang. Am anderen Flussufer beherbergt der Wat Phra Rup einen ruhenden Buddha und einen geschnitzten Fußabdruck Buddhas.

UMGEBUNG: Das große, weiße Denkmal von **Don Chedi**, 31 Kilometer von Suphan Buri entfernt, markiert den Ort der Schlacht von Nong Sarai zwischen den Birmanen und den von König Naresuan *(siehe S. 58)* angeführten Thai. Das **U-Thong-Nationalmuseum** zeigt zahlreiche Artefakte der Khmer-Kunst.

U-Thong-National-museum

7 km südwestlich von Suphan Buri. *Mi–So.*

Ang Thong ❾

อ่างทอง

Provinz Ang Thong. *13,000.* *TAT, Ayutthaya (0-3524-6077).* *tägl.*

DIE KLEINE STADT eignet sich hervorragend als Quartier für Reisende, die sich für thailändische Buddha-Bildnisse interessieren; in der Nähe gibt es drei lohnende, aber nur wenig bekannte Stellen. Südlich von Ang Thong beherbergt der **Wat Pa Mok** einen ruhenden Buddha (15. Jh.), und im **Wat Khun In Pramum** im Nordwesten ist ein 50 Meter langer, ebenfalls ruhender Buddha aus der Ayutthaya-Zeit zu betrachten.

Im **Wat Chaiyo Wora Viharn**, nördlich von Ang Thong, findet man eine dritte, sitzende Statue aus der Rattanakosin-Periode.

Buddha-Statue (15. Jh.) im Wat Pa Mok nahe Ang Thong

Lop Buri ❿

ลพบุรี

Siehe S. 164f.

Phra Phutthabat ⓫

พระพุทธบาท

Provinz Saraburi. *TAT, Ayutthaya (0-3524-6077).* *von Saraburi, dann Samlor.* *tägl. 7–18 Uhr.* *Phra-Phutthabat-Jahrmarkt (März).*

KÖNIG SONG THAM von Ayutthaya entsandte im 17. Jahrhundert eine Gruppe von Mönchen nach Sri Lanka, um einem Fußabdruck Buddhas die Ehre zu erweisen. (Nach der Legende lassen diese Spuren tatsächlich erkennen, wo sich Buddha zu Lebzeiten aufhielt.) Die Mönche waren überrascht, von den Einheimischen in Sri Lanka zu hören, dass es auch in Thailand einen Fußabdruck gäbe. Als Song Tham davon erfuhr, befahl er, ihn zu suchen. Schließlich wurde er von einem Jäger gefunden. Bei genauer Betrachtung hatte der Jäger eigentlich ein kleines Wasserbecken aufgespürt, das wie ein Fußabdruck geformt war. Er trank daraus und wurde auf wundersame Weise von einer Hauterkrankung geheilt. Daraufhin ordnete der König den Bau eines Tempels an gleicher Stelle an, der später zu einer der heiligsten Gebetsstätten des Landes wurde.

Glocke, Phra Phutthabat

Heute befindet sich der anderthalb Meter lange Abdruck, Phra Phutthabat, in einem im ausgehenden 18. Jahrhundert errichteten *mondop*, dessen 1765 geschaffener Vorgängerbau von den Birmanen zerstört wurde. Ein Museum stellt die Opfergaben der Pilger aus.

UMGEBUNG: Etwa 40 Kilometer südöstlich von Phra Phutthabat ist an einer Felswand **Phra Phutthachai** (»Buddhas Schatten«) zu erkennen. Dabei handelt es sich um ein zartes Buddha-Bildnis, das vermutlich von einem Eremiten gemalt wurde.

Gesten des Buddha

Die Bildnisse des Buddha folgen bestimmten aus dem 3. Jahrhundert stammenden strengen Formen. Es gibt vier Grundpositionen: stehend, sitzend, schreitend und ruhend. Die ersten drei zeigen eine Verbindung zu den täglichen Handlungen Buddhas, die vierte zu seinen letzten Momenten auf der Erde, als er ins Nirwana einging. Diese Positionen werden mit Hand- und Fußhaltungen kombiniert und ergeben so eine Reihe von Mudras, die wichtige buddhistische Leitgedanken repräsentieren. König Rama III. (1824–51) stellte eine Liste von 40 Mudras zusammen, wobei aber nur etwa zwölf davon tatsächlich in Thailand vorkommen.

Lehre (vitarkha mudra) *symbolisiert die erste Predigt Buddhas. In dieser Statue der Sukhothai-Periode bilden Daumen und Zeigefinger einen Kreis – das »sich drehende Rad des Gesetzes«* (siehe S. 27).

Rechte Hand zeigt zur Erde

Linke Hand ruht im Schoß

Beine im Lotossitz

Die Erde berühren

Bhumisparsa bildet das häufigste Mudra. Es symbolisiert eine wichtige Begebenheit im Leben Buddhas, als er meditierend unter einem Bodhi-Baum saß und sich weigerte, den Ort zu verlassen, ohne vorher die Erleuchtung erlangt zu haben. Sein Widersacher Mara versuchte ihn mit allerlei Verlockungen vom Gegenteil zu überzeugen. Buddha berührte den Boden, um der Erdgöttin seinen Widerstand zu zeigen. Kurz darauf fand er die Erleuchtung.

Meditation (dhyana mudra) *wird durch die sitzende Grundposition dargestellt. Beide Hände liegen mit der Innenfläche nach oben, die rechte über der linken, so wie es heute noch von meditierenden Buddhisten gepflegt wird.*

Schutzgewährung (abhaya mudra) *stellt das Schutzangebot Buddhas an seine Anhänger dar. Die erhobene Hand symbolisiert auch die von Buddha einmal erreichte Schlichtung eines Streits über Wasserrechte.*

Zähmung der Fluten *ist eine Variation der Schutzgewährung. Beide Hände werden mit der Innenfläche nach vorn und nach oben zeigenden Fingern gehalten. Die Geste bezieht sich auf Buddhas Zurückdrängung der Flut am Nairanjana, einem Nebenfluss des Ganges.*

Statuen *des ruhenden Buddha wie diese in Ayutthaya symbolisieren das Nirwana.*

Im Detail: Lop Buri ⑩

ลพบุรี

LOP BURI IST EINE der ältesten Städte Thailands und hieß während der Dvaravati-Zeit *(siehe S. 52f)* noch Lavo. Im Khmer-Reich wurde Lop Buri zum wichtigen Außenposten *(siehe S. 254f)*. Der *prang* im Wat Phra Si Rattana Mahathat und auch jene vom Prang Sam Yot stammen aus dieser Epoche. Mit dem Niedergang der Khmer-Herrschaft und dem Aufstieg des Königreichs Sukhothai *(siehe S. 54f)* geriet Lop Buri in einen Kampf um seine Unabhängigkeit, bis es sich im 14. Jahrhundert durch Heirat mit dem entstehenden Staat von Ayutthaya *(siehe S. 56f)* verbündete. Ihre größte politische Bedeutung hatte die Stadt im 17. Jahrhundert, als Narai, König von Ayutthaya (1656–88), für kurze Zeit die Hauptstadt hierher verlegte.

Wat Sao Thong Thong
Den wihan *in diesem* wat *ließ König Narai so umbauen, dass er als christliche Kapelle benutzbar war – anstelle der Fenster wurden gotische Motive angebracht.*

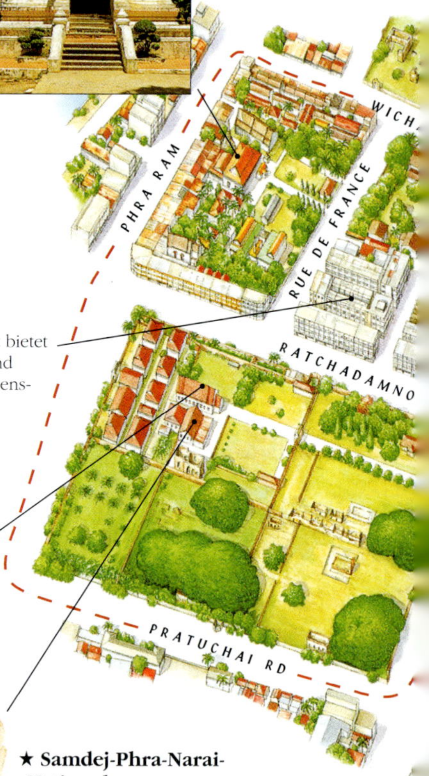

Der Markt bietet Gemüse und andere Lebensmittel.

★ König Narais Palast
Der Palast wurde nach dem Tod des Königs Narai zunächst verlassen und später unter König Mongkut wieder aufgebaut (siehe S. 61).

★ Samdej-Phra-Narai-Nationalmuseum
Das Museum liegt im teilweise rekonstruierten, im Kolonialstil gehaltenen Phiman-Mongkut-Pavillon im Palast des Königs Narai. Zu sehen sind eine hervorragende Sammlung von Buddha-Statuen sowie Werke der Dvaravati-, der Khmer- und der Ayutthaya-Kunst.

NICHT VERSÄUMEN

- **★ König Narais Palast**
- **★ Samdej-Phra-Narai-Nationalmuseum**
- **★ Wat Phra Si Rattana Mahathat**
- **★ Prang Sam Yot**

LEGENDE

- - - - Routenempfehlung

Phaulkon-Residenz
Den Palast ließ König Narai für seinen Günstling und Minister, den Griechen Konstantin Phaulkon, errichten. Phaulkon ermutigte Narai zu engeren Beziehungen mit Frankreich, oft zum Nachteil anderer europäischer Staaten; sein Hauptmotiv lag dabei in der Unterstützung von Louis XIV bei dem Versuch, Narai zum Christentum zu bekehren (siehe S. 153).

INFOBOX

Provinz Lop Buri. *43 000.*
Na Phra Kan Rd.
Phra Narai Maharat Rd.
TAT, Phra Yam Chamkat Rd. (0-3642-2768). tägl.
König-Narai-Festival (Feb).
Somdej Phra Narai National Museum *0-3641-1458. Mi–So Feiertage.*
Palast König Narais *tägl.*
Wat Phra Si Rattana Mahathat *tägl.* **Phaulkon-Residenz** *tägl.*

Prang Khaek
Das hinduistische Heiligtum hat drei Ziegeltürme. Es soll auf das 8. Jahrhundert zurückgehen.

★ Prang Sam Yot
Der Stil in Lop Buri entstand als Variation der bereits etablierten Kunst und Architektur der Khmer; dieses Heiligtum ist dabei besonders typisch. Die drei prang *wurden als hinduistische Bauten geweiht – Buddha-Figuren kamen erst später hinzu.*

★ Wat Phra Si Rattana Mahathat
Der Komplex umfasst Ruinen aus zwei Epochen. Im Zentrum steht ein prang *der Khmer-Zeit; daneben gibt es* chedi *der Ayutthaya-Periode sowie einen von König Narai hinzugefügten* wihan.

Ayutthaya ⓬

พระนครศรีอยุธยา

Armreif aus Ayutthaya

Die Stadt Ayutthaya wurde um 1350 von Ramathibodi I. (1351–69) gegründet, der auf der Flucht vor einer Windpocken-epidemie aus Lop Buri hierher kam. Anfang des 15. Jahrhunderts war Ayutthaya zu einer bedeutenden Macht geworden, 1438 eroberte es Sukhothai *(siehe S.54f)*. Viele ausländische Kaufleute kamen seit Anfang des 16. Jahrhunderts *(siehe S.152f)* in die Stadt und berichteten voller Begeisterung von deren Glanz. Im 18. Jahrhundert setzte der Niedergang ein; 1767 wurde die Stadt von den Birmanen zerstört.

Stuck-Ziegel-Löwen beim zentralen *chedi* des Wat Thammikarat

Wat Phra Mahathat

วัดมหาธาตุ

Ecke Chi Kun/Naresuan Rd.

tägl.

Wat Phra Mahathat ist einer der größten *Wat*-Komplexe von Ayutthaya. Er wurde vermutlich von König Borommaracha I. (1370–88) gegründet; dessen Nachfolger Ramesuan (1388–95) ließ weitere Bauten errichten. Der heute eingestürzte zentrale *prang* hatte eine Höhe von 50 Metern.

Europäischer Stil: Pisai-Sayalak-Turm beim Chan-Kasem-Palast

Wat Ratchaburana

วัดราชบูรณะ

Cheekun Rd. *tägl.*

Gegenüber dem Wat Mahathat liegt der Wat Ratchaburana – errichtet von König Borommaracha II. (1424–48) an der Einäscherungsstelle seiner zwei im Kampf um die Macht umgekommenen Brüder; sie hatten beide die Thronnachfolge ihres Vaters Intharacha I. (1409–24) antreten wollen. 1957 entkamen Räuber mit dem riesigen Goldschatz der Grabkammer, von dem nur ein kleiner Teil wieder aufgefunden wurde. Eine schmale Treppe führt zur Gruft, in der Besucher die heute verblassten Fresken der Ayutthaya-Periode *(siehe S. 56)* besichtigen können.

Chan-Kasem-Palast

วังจันทรเกษม

Uthong Rd., gegenüber dem Nachtmarkt. *Mi–So*

Im äußersten Nordosten der Hauptinsel steht der Chan-Kasem-Palast (Wang Na). Er wurde 1577 von Naresuan, Sohn des Königs Maha Thammaracha (1569–90), erbaut, als jener selbst noch nicht den Thron bestiegen hatte. Nach Übernahme der Regentschaft 1590 machte er dann den Palast zu seiner Residenz. Die heutigen Gebäude stammen allerdings aus der Regierungszeit des Königs Mongkut (1851–68) – die ursprüngliche Anlage wurde 1767 von den Birmanen zerstört. Hinter dem Palast befindet sich der einst von Mongkut als Observatorium benutzte **Pisai-Sayalak-Turm**.

Wat Thammikarat

วัดธรรมิกราช

Uthong Rd. *tägl.*

An dem malerischen Ort sind die arg zerstörten, von Löwen aus Stuck und Ziegel *(singha)* umgebenen Überreste eines großen achteckigen *chedi* der frühen Ayutthaya-Zeit zu sehen. Direkt neben dem *chedi* überwuchern allmählich Unkraut und Bäume die Ruine eines *wihan*. Ein hier gefundener herrlicher Buddha-Kopf ist heute im Nationalmuseum Chao Sam Phraya *(siehe S. 168)* ausgestellt.

Wang Luang

วังหลวง

Uthong Rd. *tägl.*

Westlich des Wat Thammikarat befindet sich Wang Luang, der Nordflügel des Mitte des 15. Jahrhunderts vom damaligen König Borommatrailokanat (1448–88) erbauten Palasts. Spätere Monarchen fügten ihm noch einige Pavillons und Hallen hinzu. Wang Luang wurde 1767 von den Birmanen verwüstet. Das am besten erhaltene Gebäude der ehemaligen Palastanlage ist der **Trimuk-Pavillon**.

Der Trimuk-Pavillon (19. Jh.) auf dem Gelände von Wang Luang

Wat Phra Si Sanphet

Siehe S. 168f.

Wihan Phra Mongkhon Bophit

วิหารพระมงคลบพิตร

Si Sandphet Rd. *tägl.*

Der *wat* beherbergt eine der größten bronzenen Buddha-Figuren Thailands. Die heute vergoldete Statue entstand vermutlich im 15. Jahrhundert und wurde seitdem mehrfach restauriert. 1767 zerstörten die Birmanen große Teile des *wihan* (1950 wieder aufgebaut) und beschädigten – neben anderen Verwüstungen – auch Kopf und rechte Hand dieser Figur.

Wat Phra Ram

วัดพระราม

Si Sandphet Rd. *tägl.*

Nach dem Bericht einer Chronik wurde der Wat Phra Ram 1369 am Ort der Einäscherung des Königs Ramathibodi (1351–69) durch dessen Sohn Ramesuan errichtet. Der elegante, mit *garudas* und schreitenden Buddhas verzierte heutige *prang* ist jedoch das Produkt eines späteren Umbaus, der während der Regentschaft von König Borommatrailokanat (1448–88) vorgenommen wurde.

Wie ein Maiskolben – der *prang* des Wat Phra Ram (15. Jh.)

INFOBOX

Provinz Phra Nakhon Si Ayutthaya. 62 000. nahe Bang Ain Rd. nahe Naresuan Rd. TAT, Si Sanphet Rd, Ayutthaya (0-3524-6078). tägl.

Wat Lokaya Sutharam

วัดโลกยสุธาราม

Westlich der Hauptinsel. *tägl.*

In dem *wat* ist ein 42 Meter langer, weiß getünchter ruhender Buddha die größte Attraktion. Kolossalfiguren dieses Ausmaßes stellen nicht immer den Tod Buddhas dar, sondern wie in diesem Fall gelegentlich auch eine Begebenheit, bei der Buddha dem Dämonen Rahu entgegentrat und um das Hundertfache größer wurde. Die Figur steht heute im Freien. Nur noch 24 Säulen erinnern an den *wihan*, in dem sich die Figur einst befand.

ZENTRUM VON AYUTTHAYA

- Ayutthaya Historical Study Center ⑧
- Chan Kasem-Palast ⑫
- Chao-Sam-Phraya-Nationalmuseum ⑦
- St.-Josephs-Kirche ⑮
- Wang Luang ②
- Wat Chai Watthanaram ⑭
- Wat Lokaya Sutharam ①
- Wat Mahathat ⑨
- Wat Na Phra Men ⑬
- Wat Phanan Choeng ⑰
- Wat Phra Ram ⑥
- Wat Phra Si Sanphet ④
- Wat Phutthaisawan ⑯
- Wat Ratchaburana ⑩
- Wat Suwan Dararam ⑪
- Wat Thammikarat ③
- Wihan Phra Mongkhon Bophit ⑤

LEGENDE

- Bahnhof
- Busbahnhof
- Bootsanlegestelle
- Information
- Wat

0 Meter 250

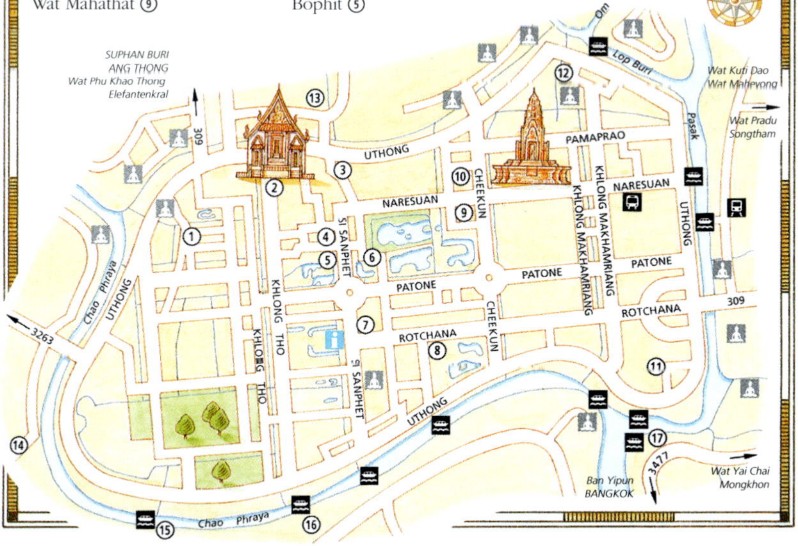

Chao-Sam-Phraya-Nationalmuseum

พิพิธภัณฑ์เจ้าสามพระยา

Kreuzung Rotchana Rd./Si Sanphet Rd. *Mi–So.*

Zu den Exponaten des Museums zählt eine kleine Sammlung Goldartefakte, darunter ein mit Juwelen besetztes Schwert und goldene Hausschuhe. Die 1957 in der Gruft des zentralen *prang* im Wat Ratchaburana entdeckten Stücke gehören zu den wenigen Funden, die die Zerstörung Ayutthayas durch die Birmanen *(siehe S. 56f)* überstanden. Ebenfalls zu sehen: bronzene Buddhas und hölzerne Türpaneelen aus den verschiedenen *wat* um die Stadt Ayutthaya.

Gottheit eines hölzernen Türpaneels

Ayutthaya Historical Study Center

ศูนย์ศึกษาประวัติศาสตร์อยุธยา

Rotchana Rd. *tägl.*

In dem Forschungszentrum sind für Besucher audiovisuelle Darbietungen zur Geschichte von Ayutthaya sowie ein Modell des Wat Phra Si Sanphet zu sehen. Das Zentrum wird mit japanischen Geldmitteln unterhalten und liegt im ehemaligen japanischen Viertel aus der Blütezeit von Ayutthaya.

Wat Suwan Dararam

วัดสุวรรณดาราราม

Bei Pomphet. *tägl.*

Der Tempel fiel gänzlich den Zerstörungen der Birmanen zum Opfer, wurde später allerdings durch König Rama I. (1782–1809) wieder aufgebaut. Der *bot* des Tempels bleibt meist geschlossen, doch es lohnt sich, nach dem Schlüssel zu fragen, um die von Rama VII. (1925–35) in Auftrag gegebenen Wandmalereien mit Szenen aus der Zeit Königs Naresuan zu besichtigen. Eines dieser Gemälde stellt die 1593 gegen die Birmanen geschlagene Schlacht von Nong Sarai *(siehe S. 58)* dar.

Wat Phra Si Sanphet

วัดพระศรีสรรเพชร

DER IM 15. JAHRHUNDERT als Staatstempel von König Borommatrailokanat errichtete Wat Phra Si Sanphet wurde später von dessen Sohn Ramathibodi II. durch zwei *chedi* für die Unterbringung der Reliquien seines Vaters und seines Bruders ergänzt. Der dritte *chedi* stammt von Borommaracha IV., um die sterblichen Überreste von Ramathibodi II. aufzunehmen. Bis zum birmanischen Einfall von 1767 *(siehe S. 56f)* wurde das Bauwerk mehrfach ausgebaut und erweitert.

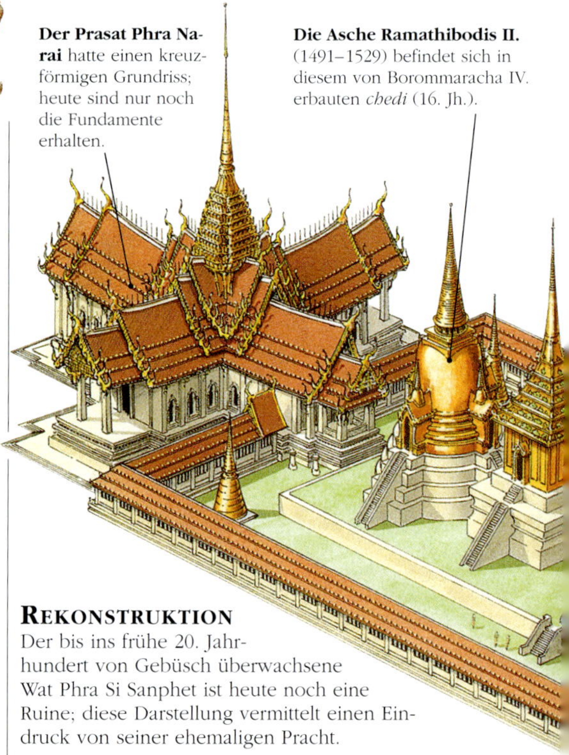

Der Prasat Phra Narai hatte einen kreuzförmigen Grundriss; heute sind nur noch die Fundamente erhalten.

Die Asche Ramathibodis II. (1491–1529) befindet sich in diesem von Borommaracha IV. erbauten *chedi* (16. Jh.).

REKONSTRUKTION
Der bis ins frühe 20. Jahrhundert von Gebüsch überwachsene Wat Phra Si Sanphet ist heute noch eine Ruine; diese Darstellung vermittelt einen Eindruck von seiner ehemaligen Pracht.

Zeichnung
Nach der Zerstörung durch die Birmanen zogen die Ruinen von Ayutthaya das Interesse der Gelehrten auf sich. Henri Mouhot, der diese Zeichnung anfertigte, war im späten 19. Jahrhundert einer der zahlreichen Besucher des Ortes. Seit 1927 steht der Wat Phra Si Sanphet unter Denkmalschutz.

INFOBOX

Si Sanphet Rd., Ayutthaya.
tägl. 9–17 Uhr.

Drei *chedi*
Neben den sterblichen Überresten von Königen beherbergen die Kammern der chedi *Buddha-Statuen und königliche Insignien.*

Holzportal
Das Portal aus der Zeit Ramathibodis II. befand sich wohl früher am Eingang zum Wihan Phra Si Sanphet. Eine Sammlung ähnlicher Portale ist im Museum Chao Sam Phraya zu sehen.

Eingang zum *chedi*
Die Eingangskammer zum chedi *wirkt wie die kleinere Variante des Zugangs zu einem Khmer-Heiligtum. Die Bauherren von Ayutthaya haben viele ältere Merkmale der Khmer Architektur übernommen und modifiziert.*

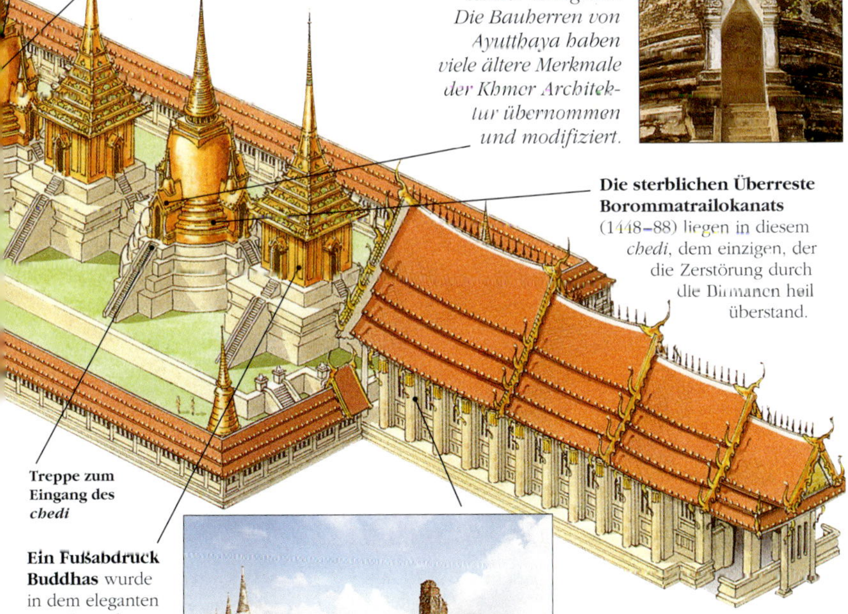

Borommaracha III.
(1463–88), der Bruder Ramathibodis II., ist in diesem *chedi* beigesetzt.

Die sterblichen Überreste Borommatrailokanats
(1448–88) liegen in diesem *chedi*, dem einzigen, der die Zerstörung durch die Birmanen heil überstand.

Treppe zum Eingang des *chedi*

Ein Fußabdruck Buddhas wurde in dem eleganten *mondop* aufbewahrt.

Wihan Phra Si Sanphet
Der Haupteingang zum wat *beherbergte einst die bedeutendste Buddha-Statue von Phra Si Sanphet.*

Überblick: Ayutthaya – äußere Stätten

Buddha, Wat Na Phra Men

Die Hauptinsel von Ayutthaya liegt am Zusammenfluss des Chao Phraya, des Lop Buri und des Pasak. Auf dieser Insel finden sich auch die imposantesten historischen Stätten der Stadt. Doch schon die Überquerung eines der Flüsse bringt den Besucher zu zahlreichen weiteren lohnenden Sehenswürdigkeiten. Der Wat Na Phra Men etwa ist einer der schönsten der Stadt, während die St.-Josephs-Kirche einen Einblick in die früheren Verbindungen Ayutthayas mit den westlichen Handelsmächten gewährt *(siehe S. 152f)*. Die moderne Stadt breitet sich überwiegend östlich der Hauptinsel aus.

Zusammengetriebene wilde Elefanten im Elefantenkral (1890)

Wat Na Phra Men

วัดหน้าพระเมรุ

Beim Königspalast, nahe Muang-Kanal. *0-3525-2163.* *tägl.*

Nördlich der Hauptinsel, nahe einer Brücke über den Fluss liegt der Wat Na Phra Men, eines der schönsten Klöster von Ayutthaya und gleichzeitig eines der ganz wenigen, die die Zerstörung der Stadt durch die Birmanen 1767 *(siehe S. 56)* überstanden. Die vermutlich aus der Regierungszeit König Intharachas (1488–91) stammende Anlage wurde zunächst unter dem König Borommakot II. (1733–58) und später noch ein weiteres Mal im 19. Jahrhundert restauriert. Besonders sehenswert sind der im 16. Jahrhundert von Nakhon Pathom hierher gebrachte sitzende Buddha Phra Kantharat, die Portale des *wihan* aus dem 19. Jahrhundert sowie ein vergoldeter Buddha aus der Zeit des Königs Prasat Thon (1629–56).

Elefantenkral

พระที่นั่งเพนียด

Nordwestlich vom Hwy. 309.

tägl.

Etwas weiter im Norden liegt der Elefantenkral, der ursprünglich von König Yot Fa (1547–84) innerhalb der alten Stadtmauern errichtet wurde. Die heutige Anlage entstand später und war noch im 19. Jahrhundert in Gebrauch. Wilde Elefanten wurden hier zusammengetrieben, um sie für den Lastentransport und als Reittiere für Offiziere auszubilden.

Wat Phu Khao Thong

วัดภูเขาทอง

2 km nordwestlich vom Hwy. 309.

tägl.

Der *chedi* von Phu Khao Thong wurde von König Bayinnaung von Birma zur Feier seiner Eroberung Ayutthayas 1569 erbaut; 1744/45 wurden durch König Borommakot einige Erweiterungsbauten hinzugefügt.

Wat Chai Watthanaram

วัดไชยวัฒนาราม

Westufer des Chao Phraya, südwestlich der Hauptinsel. *tägl.*

Der *wat* entstand 1630 unter König Prasat Thong. Der große zentrale *prang* ist von acht kleineren mit Stuckreliefs (z.B. Buddha, der zu seiner Mutter betet) geschmückten *prangs* umgeben. Alle Teile der Anlage wurden sorgfältig restauriert.

St.-Josephs-Kirche

โบสถ์เซนต์ยอเซฟ

Südwestlich der Hauptinsel am Chao Phraya. *tägl.*

Seit über 300 Jahren ist die Kirche St. Joseph am Fluss Chao Phraya eine wichtige katholische Gebetsstätte. Der erste Bau wurde 1767 von den Birmanen zerstört; die heutige Kirche entstand im Lauf des 19. Jahrhunderts.

Wat Phutthaisawan

วัดพุทไธศวรรย์

Südlich der Hauptinsel. *tägl.*

Östlich von St. Joseph und ebenfalls am Fluss liegt der Wat Phutthaisawan, in dessen Kreuzgang zahlreiche beeindruckende Buddha-Bildnisse zu sehen sind.

Wat Kuti Dao

วัดกุฎีดาว

Östlich vom Bahnhof. *tägl.*

Der *wat* stammt ursprünglich aus der frühen Ayutthaya-Zeit, doch die heutigen Ruinen sind die Überreste eines von König Phumintharacha durchgeführten Neubaus. Sehenswert sind die auffälligen Bogentüren und -fenster.

Glockenförmiger *chedi* der Ruine des Wat Kuti Dao

Ruhender Buddha im zerstörten *wiban* des Wat Yai Chai Mongkhon

Wat Pradu Songtham

วัดประดู่ทรงธรรม

Nördlich vom Bahnhof, östlich der Hauptinsel. *tägl.*

Im *wiban* des Wat Pradu Songtham sieht man die Überreste von Wandmalereien aus der Rattanakosin-Periode *(siehe S. 31)*. Sie illustrieren das Leben Buddhas und zeigen Szenen aus dem Alltag, darunter eine Ramakien-Aufführung. Im Freien steht ein Glockenturm aus der späten Ayutthaya-Periode.

Wat Maheyong

วัดมเหยงค์

Östlich der Hauptinsel. *tägl.*

Die teilweise rekonstruierten Ruinen des Wat Maheyong gehen auf die Regierungszeit Königs Borommaracha II. (1424–48) zurück. Der glockenförmige zentrale *chedi* zeigt klare stilistische Verbindungen mit *chedi* der Sukhothai-Epoche; seine rechteckigen Grundmauern sind von den Überresten von Stuckelefanten umgeben.

Wat Yai Chai Mongkhon

วัดใหญ่ไชยมงคล

Östlich der Hauptinsel. *tägl.*

Hier kann man einen der größten *chedi* von Ayutthaya bewundern. Er wurde von König Naresuan (1590–1605) zur Feier seines Sieges über die Birmanen 1593 bei Nong Sarai *(siehe S. 58f)* errichtet. Die zum *chedi* hinaufführenden Stufen sind von zwei *mondop* flankiert, die sitzende Buddhas beherbergen.

Wat Phanan Choeng

วัดพนัญเชิง

Südlich der Hauptinsel. *tägl.*

In dem restaurierten *wat* ist die große Statue des sitzenden Phra Chao Phanan Choeng aus dem 14. Jahrhundert zu sehen.

Ban Yipun

บ้านญี่ปุ่น

Südlich der Hauptinsel am Hwy. 3059. *tägl.*

An dem ehemaligen Standort einer japanischen Siedlung (17. Jh.) zeigt heute ein Museum Exponate zu den früheren außenpolitischen Beziehungen von Ayutthaya.

Bang Pa-in ⓭

บางปะอิน

Provinz Phra Nakhon Si Ayutthaya. 56 000. TAT, Ayutthaya (0-3524-6078). *tägl.*

BESUCHER VON Bang Pa-in machen hier oft nur halt, um den **Palast Bang Pa-in** zu sehen, dessen eindrucksvolle Gebäude (19. Jh.) einen auffälligen Kontrast zum nahen Ayutthaya bilden. Vermutlich erbaute König Prasat Thong (1629–56) zur Geburt seines Sohnes und Nachfolgers Narai erstmals einen Palast an dieser Stelle. Bei der Unterwerfung Ayutthayas durch die Birmanen wurde die Stätte dann zerstört. Die heute vorhandenen Gebäude stammen aus der Zeit der Könige Mongkut (1851–68) und Chulalongkorn (1868–1910).

Der herrliche Pavillon Phra Thinang Aisawan Thipha-at (»göttlicher Sitz der persönlichen Freiheit«) in der Mitte eines künstlichen Sees wurde 1876 im Auftrag von Chulalongkorn zusammen mit dem Phra Thinang Warophat Phiman (»vorzüglicher, leuchtender Aufenthaltsort«) errichtet. Dahinter sieht man Chulalongkorns mit Terrakotta und weißen Streifen verzierten Aussichtsturm Ho Withun Thasana von 1881 sowie das Herrenhaus Phra Thinan Wehat Chamrun im chinesischen Stil, das eine Vereinigung chinesischer Kaufleute dem König 1899 schenkte.

Palast Bang Pa-in

พระราชวังบางประอิน

Bang-Pa-in-Bezirk. *tägl.*

Der Pavillon Phra Thinang Aisawan Thipha-at, Palast Bang Pa-in

Mönche am künstlichen See des Pavillons Phra Thinang Aisawan Thipha-at, Bang Pa-in ▷

Khao-Yai-Nationalpark ⓮

อุทยานแห่งชาติเขาใหญ่

Begonie

Bei seiner Errichtung 1962 war Khao Yai der einzige Nationalpark Thailands. Heute gibt es über 100 Parks, doch dieser bleibt einer der beliebtesten. Auf der über 2000 Quadratkilometer großen Fläche sind unterschiedlichste Lebensräume zu finden, darunter immergrüne Gebirgswälder und Grasland. Mehrere Berge erheben sich auf eine Höhe von über 1000 Meter, etwa der Khao Khieo südlich der Parkverwaltung. Zur vielfältigen Tierwelt zählen zahlreiche bedrohte Säugetiere wie Elefanten, Gibbons, Tiger und Leoparden sowie über 300 Vogelarten. Um diese zu schützen, sollten die angelegten Wege nicht verlassen werden.

Weißhandgibbon

Geschickt hangeln sich die schwanzlosen Affen durch die Bäume.

Bedrohte Arten

Im Park leben einige der etwa 500 Tiger, die es in Thailand noch gibt. Die Ehrfurcht gebietenden Tiere findet man erstaunlich nahe an der Parkverwaltung.

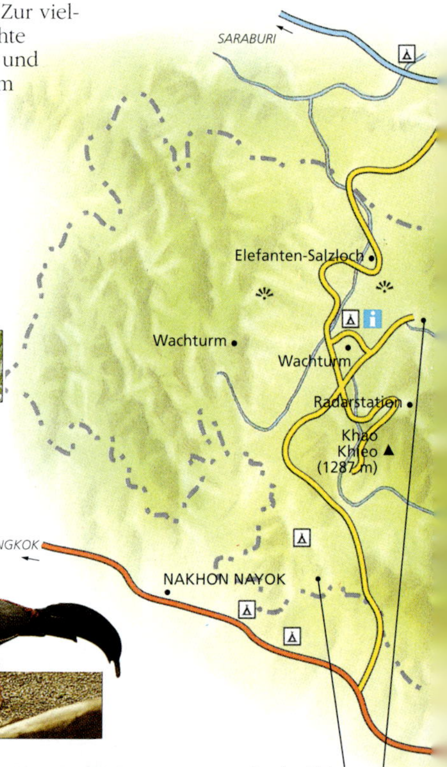

Siamesischer Rotrückenfasan

Der Nationalvogel Thailands verbringt die Tage am Boden, wo er Insekten und Samen frisst; nachts zieht er sich in die Bäume zurück.

Laubwälder bedecken die tiefliegenden Gebiete.

Haeo-Suwat-Wasserfall

Der Wasserfall am Oberlauf des Lam Takhong ist nur einer von vielen, die an verschiedenen Stellen in Khao Yai zu finden sind. Von März bis Mai blühen hier zahllose Orchideenarten. Nach starken Regenfällen sind auch schon Elefanten beim Überqueren von Flüssen in der Nähe von Wasserfällen ertrunken.

Immergrüner Gebirgswald
Hier sind auch Laubbäume, etwa Kastanien, zu finden. Die Wälder wachsen in den höchsten Gebieten des Parks zwischen 1000 und 1350 Meter Höhe.

Infobox

Khorat, Nakhon Nayok, Provinzen Saraburi und Prachin Buri. Zentrum beim Hwy. 1, nordöstlich von Bangkok. *TAT, Khorat (0-4421-3666); Verwaltung (0-2561-4292 für Bungalowreservierung). Pak Chong, dann Bus oder* songthaew. *bei starkem Regen.*

Sambarhirsch
Die größten Hirsche Thailands sind vornehmlich Waldbewohner. Sie werden zwar von Tigern und Leoparden gejagt, aber dennoch ist der Mensch ihr größter Feind. Inzwischen leben sie nur noch in gut gesicherten Schutzgebieten.

Gemischter Regenwald gedeiht in über 600 Meter Höhe.

Erdpilz
Den schmarotzenden Pilz findet man in feuchten immergrünen Wäldern in ganz Südostasien. Wie viele Parasiten fördert er das Gedeihen seines Wirts.

Lam Takhong
Im Khao-Yai-Nationalpark liegt die jährliche Niederschlagsmenge bei über 3000 Millimetern. Vom Regen gespeiste Bäche fließen die bewaldeten Hänge hinab und bilden Flüsse, darunter den Lam Takhong, an dem Eisvögel, Kormorane, Elefanten und Makaken leben.

Legende

- Autobahn
- Hauptstraße
- Nebenstraße
- Parkgrenze
- Information
- Campingplatz/Bungalows
- Aussichtspunkt

OBERES MENAM-BECKEN

DIE VON SANFTWELLIGEN HÜGELN *und Reisfeldern gekennzeichnete Landschaft ist umso dünner besiedelt, je weiter man in den Norden des Menam-Beckens gelangt. In dieser Region gibt es keine größeren Städte mehr. Sehenswürdigkeiten sind hier vor allem die alten Ruinenstädte, die von einer Vergangenheit voller Machtkämpfe zwischen den rivalisierenden Stadtstaaten zeugen.*

Wer von Bangkok aus nach Norden reist, macht eher selten im Oberen Menam-Becken halt, sondern fährt meist weiter in die zweite große Stadt Thailands, nach Chiang Mai. Gerade in diesem Gebiet findet man aber einige der faszinierendsten Ruinen ganz Südostasiens.

Während der Regentschaft Königs Ramkamhaeng *(siehe S. 54)* im 13. Jahrhundert stieg die Stadt Sukhothai zu einer derart machtvollen Position auf, dass ihr Einfluss weit über die Grenzen des heutigen Thailand hinaus spürbar war. Doch ihre Vorherrschaft war nur von kurzer Dauer; schon Mitte des 14. Jahrhunderts beherrschten wieder weniger einflussreiche Lehnsherren die Region. Die Ruinen in Sukhothai und den von Sukhothai abhängigen Städten Kamphaeng Phet und Si Satchanalai rufen noch immer beinahe ungläubiges Staunen hervor. In der jüngsten Vergangenheit wurden die Überreste rekonstruiert und in Geschichtsparks verwandelt.

Zu den anderen interessanten Orten in diesem Gebiet zählt die wohlhabende Handelsstadt Phitsanulok im Zentrum des Verkehrsnetzes, das die Region mit Bangkok und dem Norden verbindet. Hauptwirtschaftszweig ist hier der Reisanbau. In den hügeligeren Randgebieten des Westens und Nordens liegen eine Anzahl von Nationalparks und Tierschutzgebieten, die eine Rückzugsmöglichkeit für gefährdete Tier- und Pflanzenarten *(siehe S. 24f)* bieten. Dies ist dringend nötig, denn ihre Lebensräume sind durch illegale Rodungen und die sich ausbreitende Landwirtschaft bedroht.

Ein Reisbauer bei der Arbeit – ein häufiger Anblick im Oberen Menam-Becken

◁ **Ein sitzender und ein ruhender Buddha im Wat Phra Kaeo, Kamphaeng Phet**

Überblick: Oberes Menam-Becken

Der Landesteil schafft eine Verbindung zwischen dem dichtbevölkerten Kernland des modernen Thailand im Süden und den weitläufigen Hügeln des Nordens. Es gibt hier keine großen Städte. Der überwiegende Teil der Besucher bleibt nur selten länger als eine Nacht in einem der kleinen Provinzorte nahe den großartigen Ruinen des alten Sukhothai, der ehemaligen Hauptstadt Thailands. Die im Osten, Norden und Westen von Hügeln flankierte Landschaft ist maßgeblich von der Reiskultivierung bestimmt. Nationalparks in einigen der höher gelegenen Gebiete schützen bedrohte Flora und Fauna. Entlang der westlichen Grenze zu Myanmar findet man um Mae Sot und das abgelegene Umphang herrliche Wälder und spektakuläre Wasserfälle.

Buddha unter einer *naga* am Wat Chumphon Khiri, Mae Sot

Siehe auch

- ***Übernachten*** S. 392f
- ***Restaurants*** S. 416f

Legende

- Hauptstraße
- Nebenstraße
- Panoramastraße
- Fluss
- Aussichtspunkt

Kloster Wat Traphang Thon, umgeben von einem Lotosblumen-Teich, im Sukhothai-Geschichtspark

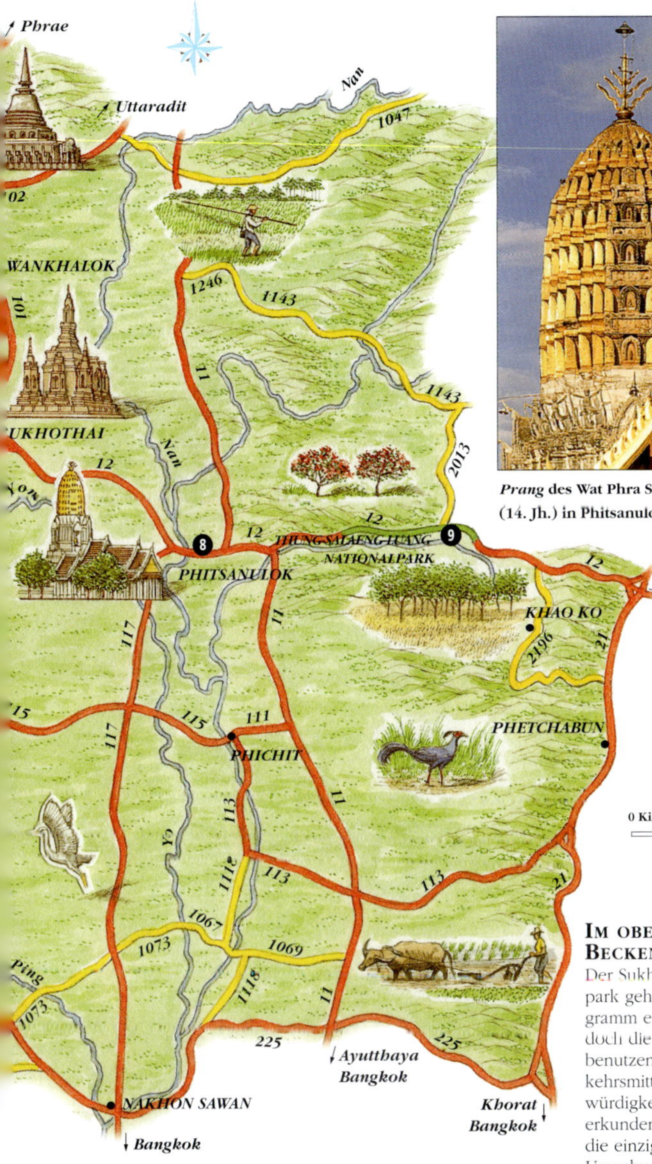

Prang des Wat Phra Si Rattana Mahathat (14. Jh.) in Phitsanulok

Sehenswürdigkeiten auf einen Blick

Kamphaeng Phet ❺
Khlong-Lan-Nationalpark ❹
Mae Sot ❶
Phitsanulok ❽
Si-Satchanalai-Chalieng-Geschichtspark S. 188ff ❼
Sukhothai-Geschichtspark S. 184ff ❻
Tak ❷
Thung-Salaeng-Luang-Nationalpark ❾
Umphang ❸

Im oberen Menam-Becken unterwegs

Der Sukhothai-Geschichtspark gehört zum Reiseprogramm einiger Veranstalter, doch die meisten Besucher benutzen öffentliche Verkehrsmittel, um die Sehenswürdigkeiten der Region zu erkunden. Phitsanulok ist die einzige Stadt in der Umgebung, die an der regelmäßigen Bahnverbindung von Bangkok in den Norden liegt. Sie hat auch einen kleinen Flughafen; gleiches gilt für Mae Sot und Sukhothai. Durch Kamphaeng Phet und Tak verläuft die Autobahn Nr. 1 (Highway No. 1); lokale Buslinien sowie Landstraßen verbinden fast alle sehenswerten Orte.

Wat Chumphon Khiri, Mae Sot, Provinz Tak

Mae Sot ❶

แม่สอด

Provinz Tak. 68 000. TAT, Tak (0-5551-4341). tägl
@ tattak@north.shane.net

Mitte des 19. Jahrhunderts waren Kaufleute aus Birma, darunter auch Angehörige der Shan-Volksgruppe, die über den Fluss Moei vom Westen ins Land kamen, maßgeblich am Heranwachsen von Mae Sot zu einem prosperierenden Marktflecken beteiligt. In der jüngeren Vergangenheit hat der Handel mit Hartholz und Edelsteinen aus dem Nachbarland Myanmar – sowohl auf legalem wie auch auf illegalem Weg – dem Städtchen großen Wohlstand gebracht. Noch immer spürt man hier in Mae Sot die Atmosphäre einer Grenzstadt; nicht selten sieht man Edelsteinhändler, wie sie auf den Gehwegen zusammengekauert mit Käufern aus Bangkok und anderen Teilen Thailands Preise aushandeln. Allein schon aufgrund der Lage und der Geschichte als Handelszentrum ist der Einfluss von Myanmar im Ort unverkennbar und bei der Architektur sowie bei den angebotenen Waren deutlich sichtbar.

An den Hauptstraßen hängen dreisprachige Ladenschilder, Zeitungen und Zeitschriften aus dem westlichen Nachbarland werden in den Geschäften verkauft, und als Passanten sieht man Myanmarer in traditionellen Sarongs (*lungis*).

Nördlich des Marktplatzes liegt der **Wat Chumphon Khiri** mit seinem herrlich gestalteten *chedi,* den goldene Mosaikkacheln zieren, und im Zentrum des muslimischen Viertels im Südosten von Mae Sot befindet sich die **Nurul-Moschee**.

Umgebung: In unmittelbarer Nähe zur Stadt gibt es weitere Tempel. Etwa drei Kilometer westlich von Mae Sot gelangt man zum **Wat Thai Watthanaram**. Der hintere Hof birgt eine Statue des ruhenden Buddha im birmanischem Stil aus dem Jahr 1933 sowie eine Galerie von 28 sitzenden Buddhas.

Einen Kilometer weiter verbindet eine über den Fluss Moei verlaufende Brücke Mae Sot mit Myawadi.

Im Südosten von Mae Sot bietet der **Pha-Charoen-Wasserfall** einen beliebten Ort zum Baden und für ausgedehnte Picknicks.

Mönche kehren Laub, Wat Bot Mani Sibunruang in Tak

Tak ❷

ตาก

Provinz Tak. 20 000. TAT, Taksin Rd., Tak (0-5551-4341). tägl.

Über weite Strecken des 13. Jahrhunderts diente Tak dem Königreich von Sukhothai als westlicher Außenposten. Nach dem Tod des

Ruhender Buddha, Wat Thai Watthanaram nahe Mae Sot

Einer der vielen Wasserfälle im Umphang-Tierschutzgebiet

Königs Ramkamhaeng und dem darauf folgenden Zusammenbruch des Sukhothai-Reichs *(siehe S. 54f)* geriet die Stadt unter den Einfluss des weiter im Norden gelegenen Königreichs von Lanna *(siehe S. 58f)*. Heute breitet sich Tak entlang dem linken Ufer des Ping aus, und noch immer ist der Einfluss der Lanna-Herrschaft erkennbar.

Dies zeigt sich etwa an den aus Teakholz errichteten Häusern in den ruhigen Gassen am südlichen Stadtrand. Die Häuser entstammen dem 19. und dem frühen 20. Jahrhundert.

Auch der **Wat Bot Mani Sibunruang** zeigt den Einfluss des Nordens; der *bot* ist elegant im Lanna-Stil verziert, und eine kleine *sala* beherbergt eine verehrte Buddha-Statue mit Namen Luang Pho Phutthamon.

UMGEBUNG: Im 105 Quadratkilometer großen **Lan-Sang-Nationalpark** führen Pfade zu mehreren herrlichen Wasserfällen. Am schönsten sind sie während oder kurz nach der niederschlagsreichen Jahreszeit *(siehe S. 22f)*, da sie ansonsten nur relativ wenig Wasser führen. Etwas weiter im Norden liegt der **Taksin-Maharat-Nationalpark**, in dem ein steil bergab führender Weg am *ton krabak yai* oder »großen Krabak-Baum« endet, der bei etwa 50 Meter Höhe den gewaltigen Umfang von 16 Metern aufweist. Der Park bietet Gelegenheit zur Vogelbeobachtung, denn hier finden zahlreiche seltene Vogelarten den ihnen entsprechenden Lebensraum.

Lan-Sang-Nationalpark
20 km westlich von Tak, nahe dem Hwy 105.

Taksin-Maharat-Nationalpark
15 km westlich von Tak, nahe dem Hwy. 105.
Verwaltung (0-2579-5734).

Umphang ❸

อุ้มผาง

Provinz Tak. *20 000.* *Mae Sot, dann* songthaew. *TAT, Tak (0-5551-4341).* *tägl.*

Ein Teil des Charmes von Umphang liegt in der Anreise; die Straße von Mae Sot zählt zu den landschaftlich reizvollsten in ganz Thailand. Das Dorf selbst ist umgeben von den üppigen Wäldern des **Umphang-Tierschutzgebiets**. In den vergangenen Jahren hat sich Umphang zu einem beliebten Ausgangsort für Rafting und Wandern sowie für Elefanten-Touren entwickelt, doch dank seiner Abgelegenheit ist ein übermäßiger Besucherzustrom bisher zum Glück ausgeblieben. Neben den zahlreichen Stromschnellen findet man hier auch den höchsten Wasserfall des Landes: **Thi Lo Su**. Mehrere Agenturen in der Stadt Umphang und in Mae Sot bieten verschiedene Touren und Arrangements an.

Umphang-Tierschutzgebiet
150 km südlich von Mae Sot nahe dem Hwy. 1090. *Verwaltung (0-2579-5734).*

FLÜCHTLINGE AUS MYANMAR

Entlang der westlichen Staatsgrenze Thailands finden sich über 30 Flüchtlingslager, in denen etwa 100 000 Angehörige der Karen und anderer Volksgruppen vor dem totalitären Regime in Myanmar Schutz finden. Das Volk der Karen bewohnt traditionell ein Gebiet zu beiden Seiten der Grenze und bildet die größte ethnische Minderheit in Myanmar. Nach dem Zweiten Weltkrieg wollte Großbritannien eine autonome Karen-Region auf birmanischem Territorium einrichten, was jedoch nie geschah. Nach den Demonstrationen für mehr Demokratie von 1988 und dem darauf folgenden harten Durchgreifen der Behörden flohen Parlamentsmitglieder und Angehörige ethnischer Minderheiten nach Osten. Heute organisieren die Karen von Dörfern diesseits der Grenze aus ihren Kampf für einen unabhängigen Staat. Ab und zu greifen Truppen aus Myanmar die Siedlungen an.

Kindersoldaten in der aufständischen Armee der Karen

Wasserfall im Khlong-Lan-Nationalpark, Provinz Kamphaeng Phet

Khlong-Lan-Nationalpark ❹

อุทยานแห่งชาติคลองลาน

Provinz Kamphaeng Phet. Zentrum 6 km vom Hwy. 1117, südlich von Kamphaeng Phet.
TAT, Tak (0-5551-4341); Parkverwaltung (0-2579-5734 oder 0-2579-7223 für Bungalowreservierung).
ab Kamphaeng Phet.

Der Nationalpark mit einer Fläche von 300 Quadratkilometern wurde 1982 eröffnet. Kommunistische Aufständische hatten zuvor das Gebiet, in dem mehrere Bergvölker wohnten, beherrscht. Anfangs lebten sie weiterhin innerhalb des Parks; doch dann begann man sie als Gefahr für die in freier Wildbahn lebenden Tiere, darunter Gaur, Tiger und asiatische Schwarzbären, zu betrachten und siedelte sie um.

Hauptattraktion des Parks ist der von der Parkverwaltung aus problemlos erreichbare Khlong-Lan-Wasserfall, der aus 95 Meter Höhe in ein zum erfrischenden Bad einladendes Becken hinabstürzt. Am Anfang der zum Wasserfall führenden Straße wird auf einem kleinen Markt Kunsthandwerk der Hmong angeboten – Teil eines staatlichen Eingliederungsprogramms für die Völker, die ihre Gebiete im Park verlassen mussten.

Der angrenzende **Mae-Wong-Nationalpark**, in dem bis Ende der 1980er Jahre die Hmong siedelten, ist ideal zum Wandern und zur Vogelbeobachtung. Laut Parkverwaltung wächst die Anzahl der hier lebenden Vögel und Säugetiere ständig. Nahe der Verwaltung stehen einfache Unterkünfte zur Verfügung.

Mae-Wong-Nationalpark
Zentrum südwestlich von Kamphaeng Phet, nahe Hwy. 2117. *Verwaltung (02) 579 5734 u. 579 7223 (Bungalowreservierung).*

Kamphaeng Phet ❺

กำแพงเพชร

Provinz Kamphaeng Phet. *31 000.*
TAT, Tak (0-5551-4341). *tägl.* *Nop Phra-Len Plang (Feb), Kluay Khai Muang Kamphaeng (Sep).*

Seit dem 11. Jahrhundert, als ein vor den angreifenden Birmanen fliehender Regent aus dem Gebiet um Fang *(siehe S. 232)* sich und seine Gefolgsleute hier in Sicherheit brachte, hat es an dieser Stelle am Ufer des Flusses Ping eine Siedlung gegeben. Die Gemeinschaft konnte sich zunächst als kleiner Außenposten des Khmer-Reichs *(siehe S. 52)* und später unter der Herrschaft der Könige von Sukhothai behaupten.

Am Ostufer liegen die eindrucksvollen Ruinen der **Alten Stadt** aus dem 15. Jahrhundert, als sie eine vom mächtigen Sukhothai *(siehe S. 184ff)* abhängige Siedlung war. Innerhalb der ehemaligen Stadtmauern befindet sich das **Kamphaeng-Phet-Nationalmuseum** mit einigen hervorragenden Bronzestatuen hinduistischer Gottheiten.

Der Bezirk der Alten Stadt birgt zudem zwei wichtige Ruinen der späten Sukhothai-Zeit. Nahe dem Nationalmuseum gehören zum **Wat Phra Kaeo**, der größten historischen Stätte der Stadt, die Überreste mehrerer *wihan*, ein *bot* im östlichen Bereich, ein *chedi* und die Lateritkrone einiger Buddha-Statuen. Im

Steinerner Elefant im Wat Phra Kaeo, Kamphaeng Phet

Das von Gärten umgebene Kamphaeng-Phet-Nationalmuseum

äußersten Westen der Anlage sind drei weitere teilweise restaurierte Buddhas zu sehen. Im angrenzenden **Wat Phra That** findet man einen eindrucksvollen *chedi* mit achteckigem Unterbau aus der späten Sukhothai-Periode. Die Besichtigung sämtlicher Ruinen ist im Eintrittspreis enthalten.

Das moderne Kamphaeng Phet erstreckt sich größtenteils von der Alten Stadt aus gesehen nach Süden. Die Alte Stadt ist weitgehend von Geschäftshäusern gekennzeichnet, hat aber auch einen Park am Flussufer und eine Anzahl traditioneller Holzhäuser zu bieten.

Nordwestlich der Alten Stadt kommt man zu den **Ruinen von Aranyik**. In den Wäldern dieses Gebiets gibt es zahlreiche *wat*, die früher von einer strengen, meditativ orientierten buddhistischen Mönchsgemeinde benutzt wurden. Schon die Anzahl der aus dem 14. bis 16. Jahrhundert stammenden Gebäude zeugt eindrucksvoll von der großen Anhängerschaft der Sekte, die vor allem während der Sukhothai-Zeit von besonderer Bedeutung war.

Der *wihan* des Wat Phra Non enthielt einmal einen großen ruhenden Buddha, der jedoch so starke Beschädigungen aufweist, dass er kaum noch als solcher zu erkennen ist. Buddha-Statuen in verschiedenen Haltungen zieren beide Seiten des *mondop* des Wat Phra Si Iriyabot, auch wenn alle von ihnen stark beschädigt sind. Der stehende Buddha an der westlichen Flanke ist jedoch teilweise rekonstruiert.

Von allen *wat* in Aranyik wirkt der **Wat Chang Rop** am eindrucksvollsten. Diese Anlage besteht heute in der Hauptsache aus der Ruine eines außerordentlich großen, an der Basis quadratisch angelegten und von Elefanten aus Laterit umgebenen *chedi*. Bei einigen dieser Elefanten sind nun die ursprünglichen Stuckverzierungen wiederhergestellt worden. Vom *chedi* selbst, der dem Sri-Lanka-Stil entsprechend glockenförmig erscheint, ist allerdings nur wenig erhalten. Einige Teile der Anlage sind mit Gebüsch überwachsen.

Im neueren Teil der Stadt sind ebenfalls einige oft in ruhigen Seitenstraßen verborgene und fast der Vergessenheit anheimgefallene Baudenkmäler zu sehen, etwa der aus Ziegel erbaute Sukhothai-*chedi* des **Wat Kalothai**. Viele solcher alten Stätten sind stark zerstört und in einem verwahrlosten Zustand, doch bereits ihre Anzahl lässt die Bedeutung, die Kamphaeng Phet in der Sukhothai- und in der Ayutthaya-Zeit zukam, durchaus erahnen.

Westlich des Stadtbereichs entstand im späten 19. Jahrhundert der große, weiße birmanische *chedi* des **Wat Phra Boromathat** an der Stelle dreier früherer *chedi* aus dem 13. und 14. Jahrhundert. Schutz boten einst, ebenfalls im Westen, die Mauern der **Festung Thung Setthi**.

Kamphaeng-Phet-Nationalmuseum
Alte Stadt, hinter Wat Phra Kaeo
Mi–So. Feiertage.

Ruinen von Aranyik
Nordwestl. der Alten Stadt.
tägl.

Festung Thung Setthi
Nahe dem Hwy. 1, westlich der Stadt.
tägl.

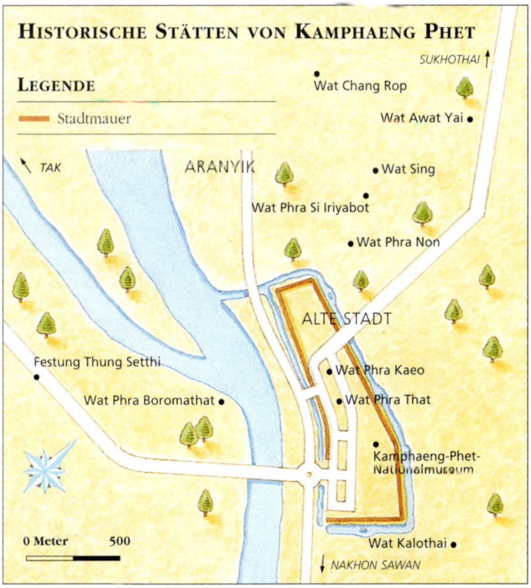

Sukhothai-Geschichtspark ❻

อุทยานประวัติศาสตร์สุโขทัย

Buddha, Wat Traphang Ngoen

Das von der UNESCO 1991 zum Weltkulturerbe erklärte Alt-Sukhothai liegt im Westen der heutigen Stadt. Es erinnert auf eindrucksvolle Weise an das ehemalige Königreich von Sukhothai, das im 13. Jahrhundert aus einem abgelegenen Außenposten des Khmer-Imperiums entstand. Unter der Herrschaft von König Ramkamhaeng stieg Sukhothai – heute die am besten erhaltene historische Sehenswürdigkeit Zentralthailands – zur führenden Macht des gesamten Menam-Beckens auf *(siehe S. 54f)*. Fortlaufende Rekonstruktionsarbeiten in der Ruinenstätte ermöglichen faszinierende Einblicke in die Blütezeit der thailändischen Kunst und Kultur.

Überblick: Sukhothai-Geschichtspark

In Alt-Sukhothai gibt es auf einer Gesamtfläche von etwa 70 Quadratkilometern rund 40 Tempelanlagen. Die von Schutzwällen und Wassergräben geschützte Königsstadt mit vielen der wichtigsten Ruinen liegt im Zentrum des Geschichtsparks. Die Anlage von Alt-Sukhothai folgt, wie die vieler bedeutender thailändischer Städte, einem festgelegten Prinzip: ein großer, zentraler *Wat*-Komplex, umgeben von konzentrisch angeordneten Mauern, Flussläufen, Reisfeldern und, in der weiteren Umgebung, bewaldeten Bergen. Ein ähnliches, wenn auch kleineres Beispiel ist etwa Si Satchanalai *(siehe S. 54f)*.

Das ideale Gefährt zur Besichtigung der Königsstadt ist das Fahrrad; gegen eine geringe Gebühr kann man in den Läden am alten Osttor Fahrräder tageweise mieten.

Die Königsstadt

Der erste *wat*, auf den man von Osten kommend innerhalb der Stadtmauern trifft, ist der Wat Traphang Thong auf einer kleinen Insel in einem von Lotosblüten bedeckten See. Sein *chedi* stammt aus dem 14. Jahrhundert; ein kleiner *mondop* daneben birgt einen steinernen Fußabdruck Buddhas.

Im **Ramkamhaeng-Nationalmuseum** sind u. a. Fotografien der Ruinen aus der

Im Khmer-Stil errichtete *prang* aus Laterit, Wat Si Sawai

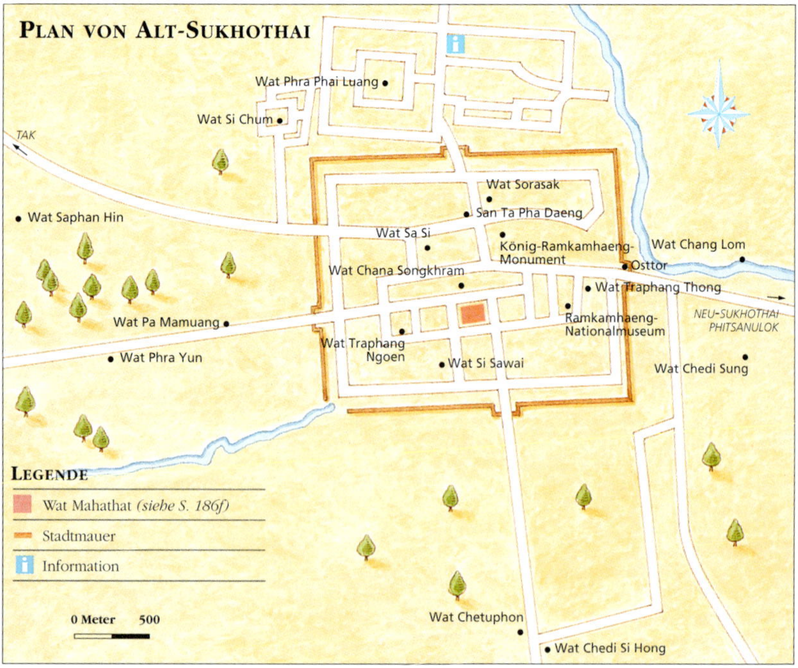

Vorderansicht des Ramkamhaeng-Nationalmuseums

Zeit zwischen 1900 und 1920 vor der Restaurierung ausgestellt. Im Zentrum der Königsstadt liegt der **Wat Mahathat** *(siehe S. 186f)*, die bedeutendste *Wat*-Anlage von Alt-Sukhothai.

Der nahe gelegene Wat Takuan hat einen rekonstruierten glockenförmigen *chedi*. In dessen Gruft sind mehrere Buddha-Bildnisse zu finden, die vermutlich auf die frühe Sukhothai-Periode zurückgehen, aber dennoch weiterhin Rätsel aufgeben.

Im südwestlichen Bereich sieht man am Wat Si Sawai drei im Khmer-Stil errichtete *prang* (12.–14. Jh.), von denen angenommen wird, dass sie noch aus der Zeit vor der Herrschaft der Thai über die Stadt Sukhothai stammen.

Der *bot* des Wat Traphang Ngoen, der in der weithin berühmten Inschrift des Ramkamhaeng *(siehe S. 54)* erwähnt ist, liegt in einem rechteckig angelegten, künstlichen See.

Im Wat Sa Si, ebenfalls im Zentrum eines künstlichen Sees erbaut, fand man Buddha-Darstellungen aus Kupfer sowie chinesische Tonwaren. Sie sind heute im Ramkamhaeng-Nationalmuseum ausgestellt.

Nördlich des Wat Mahathat gelangt man zum **König-Ramkamhaeng-Monument** und etwas weiter zu dem Khmer-Heiligtum San Ta Pha Daeng (12. Jh.).

Der Wat Sorasak, ein kleiner *chedi* aus dem 15. Jahrhundert, wird von 24 Elefantenskulpturen »getragen«.

Östlich der Königsstadt

Der Wat Chang Lom, ein glockenförmiger *chedi* ähnlich dem von Si Satchanalai *(siehe S. 190)*, ist am Sockel von 36 aus Ziegel und Stuck bestehenden Elefanten umringt. Er symbolisiert den von Elefanten getragenen mythischen Berg Meru.

Nördlich der Königsstadt

Der im Khmer-Stil erbaute Komplex des Wat Phra Phai Luang gehört wahrscheinlich zur ursprünglichen Siedlung aus dem 13. Jahrhundert, die hier entstand, als die Region noch von den Khmer dominiert war. Nur einer der einstmals drei *prang* ist heute noch vorhanden. Im *mondop* des nahen Wat Si Chum blickt eine kolossale Buddha-Statue durch eine enge Öffnung ins Freie.

INFOBOX

13 km westlich von Neu-Sukhothai, Provinz Sukhothai.
TAT, Phitsanulok (0-5525-2743). *Neu-Sukhothai, dann* songthaew.
tägl. 6–18 Uhr.
tatphs@loxinfo.co.th
Loy Krathong (Nov). **Ramkamhaeng-Nationalmuseum**
tägl. 8.30–16 Uhr.

Elefantenskulpturen »tragen« den Wat Sorasak

LOY KRATHONG IN SUKHOTHAI

Loy Krathong *(siehe S. 46)* wird während des Novembervollmonds am Ende der Regenzeit und Abschluss der Reisernte gefeiert. Das Fest hat hinduistische Ursprünge; es ist die Danksagung an die Wassergottheit für den Regen. Dabei lässt man bei Dunkelheit Schalen aus Bananenblättern mit brennenden Kerzen auf dem Wasser schwimmen. Heute umfassen die Feierlichkeiten in Alt-Sukhothai auch Volkstänze und audiovisuelle Vorführungen.

Loy-Krathong-Feier im Sukhothai-Geschichtspark

Wat Mahathat

วัดมหาธาตุ

Bogen am zentralen *chedi*

WAT MAHATHAT war der spirituelle Mittelpunkt des Sukhothai-Reichs. Der zentrale *chedi* wurde von Si Intharathit (um 1240–70), dem ersten König Sukhothais, errichtet und um 1340 durch Lo Thai (1298–1346) neu erbaut, um Buddha-Reliquien aufzunehmen. Später kamen Gebäude hinzu; im 16. Jahrhundert, als der Komplex aufgegeben wurde, standen hier etwa 200 *chedi*.

★ Lotosförmiger *chedi*
*Die Spitze des Haupt-*chedi *in reinstem Sukhothai-Stil ziert eine Lotosknospe. Reste der Stuckdekorationen sind teilweise noch erhalten.*

Pyramidenförmiger *chedi*
Westlich eines kleinen wihan *steht die Ruine eines großen, pyramidenförmig in mehreren Ebenen aus Stein errichteten* chedi.

NICHT VERSÄUMEN

- **★ Fries schreitender Mönche**
- **★ Lotosförmiger *chedi***
- **★ Phra-Attharot-Buddha-Statuen**

★ Fries schreitender Mönche
Ein Steinfries läuft entlang dem quadratischen Sockel der zentralen Chedi-*Gruppe. Es zeigt Mönche bei einer Prozession um das Heiligtum.*

Ruine eines *bot*
*Nördlich des Haupt-*chedi *steht die Ruine eines* bot *mit einem großen sitzenden Buddha, der, thailändischem Brauch entsprechend, nach Osten blickt.*

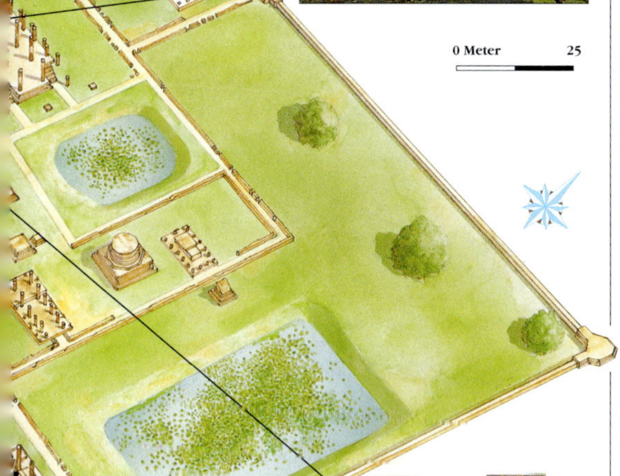

★ Phra-Attharot-Buddha-Statuen
Zu beiden Seiten der zentralen Chedi-*Gruppe stehen zwei* mondop *mit Buddha-Statuen – beide als Phra Attharot bekannt.*

Haupt-*wihan*
Das Bauwerk war entlang einer Ost-West-Achse zur zentralen Chedi-*Gruppe ausgerichtet. Heute sind davon nur noch Säulen und ein sitzender Buddha erhalten.*

Überblick: Die äußeren Stätten
Entlang einer niedrigen Hügelkette, etwa dreieinhalb Kilometer westlich der befestigten Königsstadt liegt eine weitere Ruinengruppe, die zum Sukhothai-Geschichtspark gehört. Am bedeutendsten ist hier der **Wat Saphan Hin**, wo das 12,5 Meter hohe, den gleichnamigen Figuren im Wat Mahathat ähnliche Buddha-Bildnis Phra Attharot auf einer niedrigen Anhöhe thront. Eine weitere Kolossalstatue, wiederum Phra Attharot ähnlich, ist im Wat Phra Yun, zu sehen; dieser fehlen allerdings Kopf und Hände.

Der näher an der westlichen Stadtmauer gelegene Wat Pa Mamuang ist wegen der hier gefundenen Inschriften über König Lo Thai von großer Bedeutung.

Im Süden liegen die Ruinen des Wat Chetuphon, dessen *mondop* die Überreste von Buddha-Figuren, die in verschiedenen Haltungen thronen *(siehe S. 163)*, enthält.

Jenseits der südlichen Begrenzung des Geschichtsparks ragen die Berge des **Ramkamhaeng-Nationalparks** auf. In dem 342 Quadratkilometer großen Schutzgebiet leben Seraue, Gaur und Wildschweine.

Ramkamhaeng-Nationalpark
Südlich von Sukhothai am Hwy. 101.
Parkverwaltung (0-2561-4292 für Bungalowreservierung).

Ein Bauer in den Reisfeldern um Sukhothai

Si-Satchanalai-Chalieng-Geschichtspark ❼

อุทยานประวัติศาสตร์ศรีสัชนาลัย-ชะเลียง

DAS KÖNIGREICH VON SUKHOTHAI festigte im 13. Jahrhundert seine Machtposition im Menam-Becken mit der Gründung einer Reihe von abhängigen Satellitenstädten. Die wichtigste unter ihnen war Si Satchanalai, deren Ruinenfeld heute direkt am Ufer des Yom, sieben Kilometer südlich des modernen Si Satchanalai liegt. Die Stadt, eines der schönsten Beispiele eines thailändischen *muang (siehe S. 54f)*, ist nach bestimmten kosmologischen Prinzipien angelegt: Im Zentrum befinden sich Tempelkomplexe, die von der Stadtmauer, Flüssen und Wäldern eingeschlossen sind. Die nahe gelegenen Ruinen von Chalieng gehen vermutlich auf eine frühere Khmer-Siedlung zurück. Si Satchanalai war einst die Zwillingsstadt von Sukhothai; eine königliche Straße, die Phra Ruang, verband die beiden.

Lateritsäulen und der Haupt-*chedi* im Wat Nang Phaya

Der zentrale lotosförmige *chedi* des Wat Chedi Chet Thaeo

Überblick: Der Park

Die Ruinen von Si Satchanalai können sich nicht ganz mit der Pracht von Sukhothai messen, sind in mancherlei Hinsicht aber interessanter. Sie sind nicht im gleichen Maß rekonstruiert und ziehen weniger Besucher an. Das Ruinenfeld lässt eine ehemals mächtige Stadt erkennen, die zwar nicht Regierungssitz des Sukhothai-Reichs, dafür aber Residenz des königlichen Stellvertreters und im 14. und 15. Jahrhundert ein wichtiges Wirtschaftszentrum war. Das wichtigste Handelsgut war Keramik *(siehe S.151f)*, für welche die Stadt in ganz Südostasien und China in hohem Ansehen stand.

Die heute noch sichtbaren, von einem zwölf Meter breiten Wassergraben umgebenen Ruinen verteilen sich auf eine Fläche von etwa sieben Quadratkilometer. Sie lassen sich bequem mit dem Fahrrad erkunden, wofür ein Fahrradverleih – auf halbem Weg zwischen Si Satchanalai und Chalieng gelegen – sorgt. Besucher können auch auf dem Rücken eines Elefanten durch die Ruinen der Stadt reiten.

Die wichtigsten *wat*

Im Herzen der Stadt bildet ein großer glockenförmiger *chedi* den Mittelpunkt des **Wat Chang Lom** *(siehe S. 190)*. Südlich davon liegt der **Wat Chedi Chet Thaeo**, um dessen zentralen lotosförmigen *chedi* sich viele kleinere gruppieren; sie sind in verschiedenen Stilen erbaut und enthalten teilweise auch Buddha-Statuen. Einer dieser kleineren *chedi* erscheint wie die kleinere Ausgabe des berühmten lotosförmigen *chedi* im Wat Mahathat von Sukhothai *(siehe S.186f)*.

Im **Wat Nang Phaya** schmücken herrliche Stuckreliefs aus der Ayutthaya-Zeit den *wihan*. Hier sieht man auch einen *chedi* im Sri-

DER EINFLUSS SRI LANKAS

Als in der Sukhothai-Periode der Theravada-Buddhismus aus Sri Lanka nach Thailand kam, wurden auch die im Sri-Lanka-Stil glockenförmig gestalteten *chedi* eingeführt. Ihr dreistöckiger Sockel symbolisiert Hölle, Erde und Himmel; die Ringe um den Turmhelm stellen die 33 Ebenen des Jenseits dar. In einer zweiten Deutung wird der Sockel als Faltenwurf der Robe Buddhas interpretiert, der *stupa* als sein Opferteller und der Turmhelm als sein Stab. Der *chedi* als solcher stellt den Berg Meru dar.

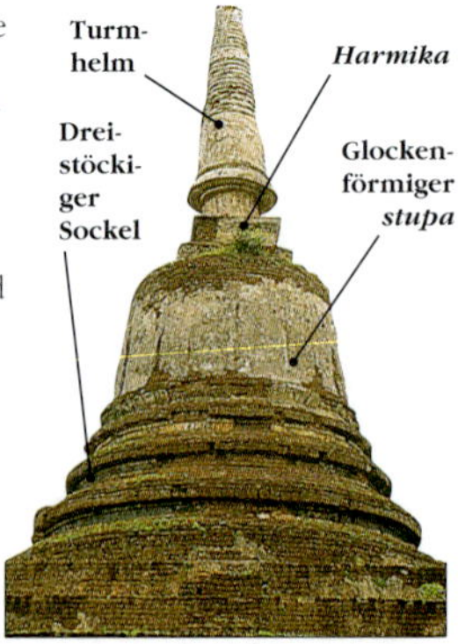

Im Sri-Lanka-Stil erbauter *chedi* des Wat Suwan Khiri in Si Satchanalai

Lanka-Stil (15./16. Jh.). Unweit davon steht der Wat Lak Muang, ein kleiner Schrein im Khmer-Stil, der zur Ziet der Stadtgründung erbaut wurde.

Andere *wat*

Auf einer niedrigen Anhöhe nördlich des Wat Chang Long sieht man Wat Khao Phnom Phloeng, einst Stätte ritueller Einäscherungszeremonien. Unter den Ruinen befinden sich auch ein sitzender Buddha, ein *chedi* und Säulen, auf denen früher das Dach eines *wihan* ruhte.

Weiter im Westen ist vom Wat Suwan Khiri nur noch ein einzelner *chedi* erhalten.

Jenseits der Stadtmauern

Auf einem Berg im Westen der Stadt, außerhalb der Schutzmauer, steht eine Reihe von Klosterruinen, die man über einen schattigen Fußweg erreicht. An dessen Ende trifft man auf den verfallenen *chedi* des Wat Khao Yai Bon.

Es gibt noch zahlreiche weitere Ruinen inner- und außerhalb des durch den Wassergraben begrenzten Areals. Einige davon sind rekonstruiert worden, von anderen dagegen ist nicht viel mehr als der Sockel eines ehemaligen *wihan* oder *chedi* erhalten. Der *mondop* des Wat Hua Khon beispielsweise barg einst sieben aus Stuck gefertigte stehende Buddha-Statuen, von denen heute nur noch drei als solche zu identifizieren sind. Im Norden des alten Tores Tao Mo findet man den Wat Kuti Rai. Hier gibt es zwei rechteckige *mondop*, beide vollkommen aus Laterit erbaut. In ihren Giebeln sieht man noch immer Traglöcher für Holzbalken, die vermuten lassen, dass sie ursprünglich mit angrenzenden Gebäuden verbunden waren. In einem der beiden *mondop* sitzt eine Buddha-Statue.

Chalieng

Einen Kilometer südöstlich liegt die Siedlung Chalieng, die noch auf die Zeit vor der Gründung von Si Satchanalai zurückgeht und mit großer Wahrscheinlichkeit von den Khmer *(siehe S. 254f)* als Zwischenstation für Reisende errichtet wurde. Einige der Ruinen stammen jedoch aus späterer Zeit.

Der Lateritschrein des **Wat Chao Chan** wurde im Bayon-Stil des Mahayana-Buddhismus errichtet; der *wihan* und der *mondop*, die mittlerweile beide verfallen sind, kamen später hinzu und spiegeln eine gewisse Entwicklung zum Theravada-Buddhismus wider.

Auf drei Seiten von einer engen Flussbiegung des Yom umgeben, zeigen die Gebäude der wichtigsten Anlage von Chalieng, des **Wat Phra Si Rattana Mahathat**, eine Palette architektonischer Stile, die von der Sukhothai- bis zur Ayutthaya-Periode reicht. Dem ursprünglichen Sukhothai-*chedi* wurde später ein riesiger von der Khmer-Kunst beeinflusster *prang* im Ayutthaya-Stil übergestülpt, der eines der prächtigsten Bauwerke seiner Art darstellt.

INFOBOX

57 km nördlich von Neu-Sukhothai, Provinz Sukhothai. *Informationsbüro (0-5561-1179) oder TAT, Phitsanulok (0-5525-2743). ab Neu-Sukhothai nach Si Satchanalai, dann samlor. tägl. 8.30–18 Uhr.*

Brennofen nördlich der Stadtmauer am Ban Pa Yuang

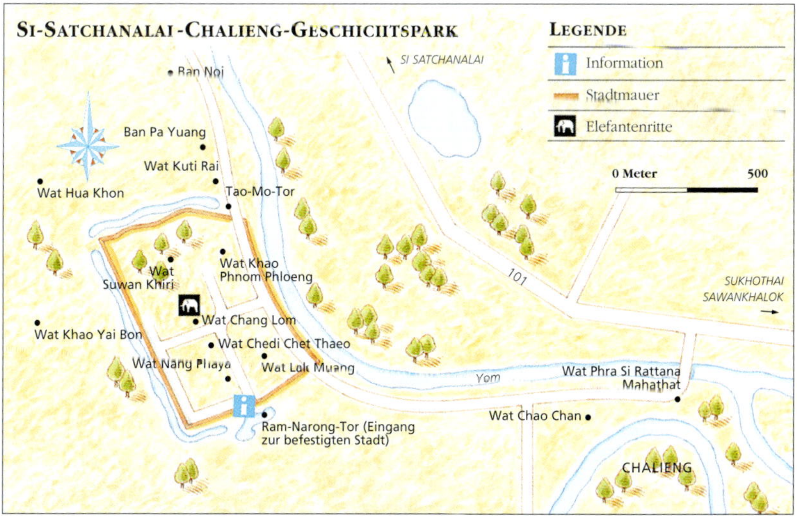

Wat Chang Lom

วัดช้างล้อม

WÄHREND DER REGENTSCHAFT des Ramkamhaeng entstanden, gilt dieses Monument als der erste im Sri-Lanka-Stil erbaute *chedi* des Sukhothai-Reichs. Später wurde seine Formgebung vielfach kopiert.

Stuckelefanten umgeben den Sockel des *chedi*.

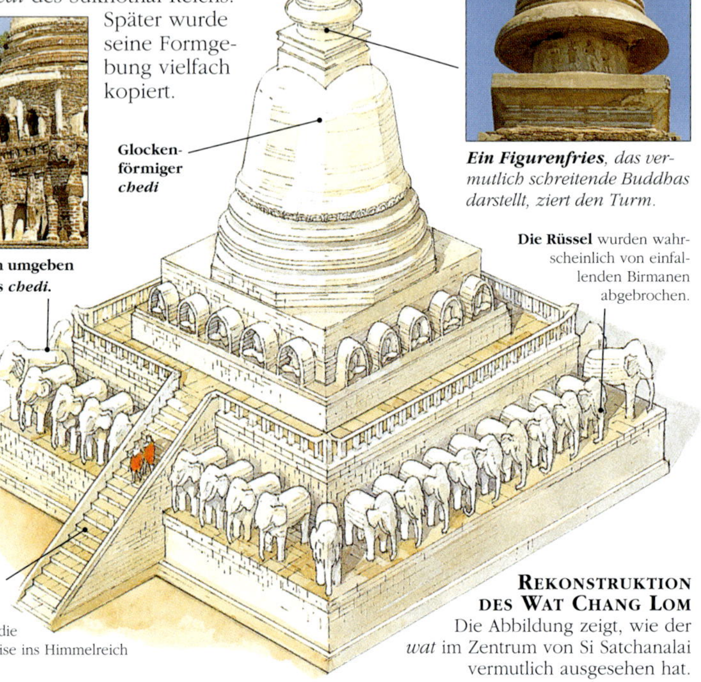

***Ein Figurenfries**, das vermutlich schreitende Buddhas darstellt, ziert den Turm.*

REKONSTRUKTION DES WAT CHANG LOM
Die Abbildung zeigt, wie der *wat* im Zentrum von Si Satchanalai vermutlich ausgesehen hat.

Überblick: Sawankhalok
Mit der Einführung neuer Techniken durch chinesische Töpfer stiegen die Keramikbrennöfen im Gebiet um Si Satchanalai und Sukhothai zu den wichtigsten Produktionsstätten Südostasiens auf. Während der Blütezeit dieses Handwerks vom 14. bis zum 16. Jahrhundert, als Sukhothai in den Herrschaftsbereich von Ayutthaya einverleibt wurde, dürften über 200 Töpfereien die Ufer des Yom gesäumt haben. Sie erzeugten verschiedenste Tonwaren, die als Sangkhalok-Keramik bekannt sind: Die Bezeichnung leitet sich von »Sawankhalok« ab, dem Namen, den Si Satchanalai während der Beherrschung durch das Königreich von Ayutthaya trug; heute gilt dieser Name nur noch für die kleine Ortschaft Sawankhalok, in der sich auch das **Sawankha-Woranayok-Nationalmuseum** befindet. In diesem Museum ist eine umfangreiche Sammlung von Sangkhalok-Keramik *(siehe S. 150f)* ausgestellt, darunter Teller, Töpfe und Dachziegel sowie religiöse Figuren und andere Statuetten, die vielleicht einmal als Spielzeug dienten. Vieles, was hier zu sehen ist, wurde übrigens aus versunkenen Schiffen geborgen, die mit der Exportware auf dem Weg in andere asiatische Staaten waren, beispielsweise nach Indien, China oder den Philippinen.

Sangkhalok-Keramik

Überblick: Si-Satchanalai-Nationalpark
Dieser Nationalpark umfasst ein 213 Quadratkilometer großes Gebiet mit niedriger Hügellandschaft. Sehenswert sind die Wasserfälle Tad Dao, Tao Duen, Huai Sai und Huai Pa Cho sowie die Höhlen Tara Wasan und Kang Khao. Der Nationalpark eignet sich mit seinen 70 registrierten Vogelarten hervorragend zur Vogelbeobachtung; größere Säugetiere wird man allerdings nur wenige finden.

Sawankha-Woranayok-Nationalmuseum
Sawankhalok, 17 km südlich von Si Satchanalai. *Mi–So.*

Si-Satchanalai-Nationalpark
Nördlich des Si Satchanalai-Chalieng-Geschichtsparks, nahe Hwy. 101.
(0-2579-7223, 0-2579-5734 für Bungalowreservierung) *tägl.*

Farbige Dachziegel am Wat Phra Si Rattana Mahathat, Phitsanulok

Phitsanulok ❽

พิษณุโลก

Provinz Phitsanulok. 84 000. TAT, 209/7–8 Borommatrailokanat Rd., Phitsanulok (0-5525-2742). Mi, Sa. Phra Buddha Chinarat (Jan/Feb), Phitsanulok-Bootsrennen (Okt).

Als bedeutender Verkehrsknotenpunkt zwischen Bangkok, dem zentralen Menam-Becken und dem Norden des Landes ist Phitsanulok ein überaus wichtiges Reiseziel zahlreicher Besucher.

Bereits Mitte des 14. Jahrhunderts gab es hier eine Siedlung, und etwa zur gleichen Zeit entstand am Ufer des Nan der **Wat Phra Si Rattana Mahathat**. Ursprünglich hatte der *wat*, der auch als Wat Yai bekannt ist, wohl dem Sukhothai-Stil entsprechend einen lotosförmigen *chedi*, der dann durch den heute noch vorhandenen *prang* im Ayutthaya-Stil ersetzt wurde. Baumeister war König Borommatrailokanat (1448–88) von Ayutthaya, der nach 1463 von Phitsanulok aus regierte, um gegen das Lanna-Königreich *(siehe S. 58f)* einen Feldzug zu führen. Während der Regentschaft von König Chulalongkorn (1868–1910) wurde der *wat* umfassend restauriert.

Im Inneren des westlichen *wihan* verbirgt sich die von den Thai sehr verehrte, vergoldete Buddha-Statue Phra Buddha Chinarat *(siehe S. 150f)* aus dem 14. Jahrhundert. Sie zieht Pilger aus allen Teilen Thailands an; als Folge davon hat sich auch in der Umgebung ein Handel mit religiösen Accessoires etabliert.

Die Galerie außerhalb des *prang* umfasst Dutzende von Buddha-Statuen. Im **Sergeant Major Thawee's Folk Museum** ist eine Sammlung mit Volkskunst zu sehen. Auf der anderen Straßenseite befindet sich eine **Buddha-Gießerei**, wo man bei der Produktion der Figuren zusehen kann.

Die Statue Phra Buddha Chinarat

Umgebung: Fünf Kilometer südlich von Phitsanulok gelangt man zum **Wat Chulamani**. Er wurde 1464, ein Jahr nach der Verlegung des Regierungssitzes nach Phitsanulok, von König Borommatrailokanat errichtet. Hier ließ sich der König 1465 nach seinem Verzicht auf die Herrschaft zugunsten seines Sohnes zum Mönch weihen; nur acht Monate später bestieg er allerdings erneut den Thron und herrschte über Ayutthaya bis zu seinem Tod 1488 von Phitsanulok aus.

Sergeant Major Thawee's Folk Museum
26/43 Wisuth Kasat Rd.
0-5521-2749. *Di–So.*
Buddha-Gießerei *Mo–Sa.*

Thung-Salaeng-Luang-Nationalpark ❾

อุทยานแห่งชาติทุ่งแสลงหลวง

Provinz Phitsanulok, Zentrum 80 km östlich von Phitsanulok. *TAT, Phitsanulok (0-5525-2742), Parkverwaltung (0-2579-7223 für Bungalowreservierung).* *von Phitsanulok nach Nakhon Thai, dann* songthaew.

Der Park ist mit seinen 1262 Quadratkilometer großen Grasflächen und dem Baumbestand ideal zum Wandern und zur Vogelbeobachtung. Bisweilen sieht man Muntjakhirsche, an den Salzlacken gelegentlich auch Elefanten. Neun Kilometer von der Parkverwaltung entfernt, rauscht der Wasserfall Kaeng Sopha; westlich davon finden sich die Wasserfälle Poi und Kaeng Song.

Umgebung: In **Khao Kho** befindet sich eine Siedlung der Hmong, die durch ihre antikommunistische Haltung in den 1970er und 1980er Jahren heimatlos wurden.

Grasflächen und Wald im Thung-Salaeng-Luang-Nationalpark

NORDTHAILAND

Nordthailand im Überblick

NORDTHAILAND, das Land des alten Lanna-Königreichs *(siehe S. 58f)*, bietet eine außerordentliche Vielfalt an Attraktionen. Die ehemaligen Hauptstädte des Lanna-Reichs Chiang Mai und Chiang Rai sind reich an historischen Sehenswürdigkeiten, Museen und Märkten, auf denen Textilien und kunsthandwerkliche Erzeugnisse feilgeboten werden. Kleinere Städte wie Nan oder Lamphun sind dagegen charmant und beschaulich. Abseits der größeren Orte ist die Landschaft hinreißend schön: Berge, Wälder und Reisfelder in grünen Tälern sowie mehrere spektakuläre Nationalparks prägen die Region.

Mae Hong Son (siehe S. 206f) *ist ein aufstrebendes Ferienzentrum in herrlicher Berglage.*

Chiang Mai (siehe S. 214ff) *ist bekannt für seine 300 Tempel, die guten Einkaufsmöglichkeiten und die typische Küche des nördlichen Thailand.*

Im Doi-Inthanon-Nationalpark (siehe S. 220f) *liegt der höchste Berg Thailands; Besucher genießen die herrliche Landschaft mit den Wasserfällen und die Tierwelt.*

Lampang (siehe S. 224ff) *zeigt sich als blühende Stadt mit bunten Volksfesten. Hier gibt es auch mehrere bedeutende* wat *und ein Museum.*

◁ **Im Elefantenausbildungszentrum südöstlich von Chiang Dao**

Doi Tung (siehe S. 233), *ein Berg umgeben von reizvoller Waldlandschaft, wird von einem bedeutenden Pilgerziel gekrönt.*

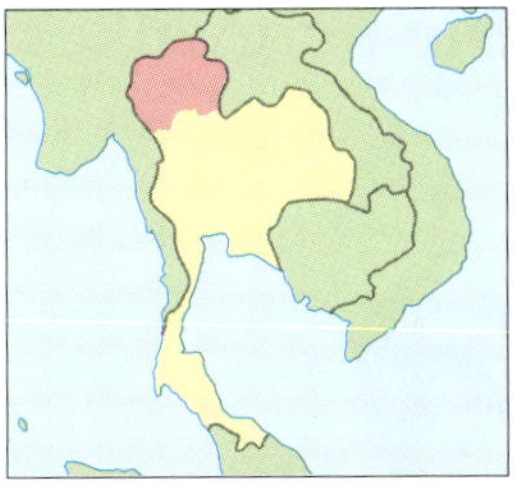

ZUR ORIENTIERUNG

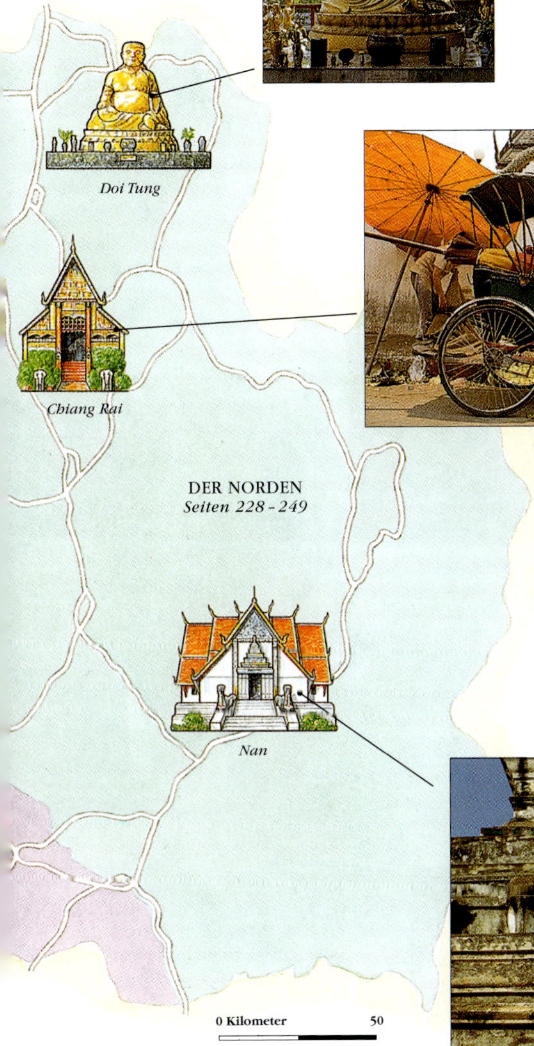

Chiang Rai (siehe S. 240f) *stand lange Zeit im Schatten des nahen Chiang Mai, ist heute aber auf dem besten Weg, sich zu einem eigenständigen Reiseziel zu entwickeln. Es hat zwar nicht so viele Sehenswürdigkeiten wie Chiang Mai, bietet dafür aber hervorragendes Kunsthandwerk der nördlichen Bergvölker.*

Nan*, eine wohlhabende Stadt* (siehe S. 244f) *mit mehreren* wat *und einem Museum, liegt inmitten einer imposanten Berglandschaft. Jedes Jahr im Oktober findet auf dem Fluss Nan ein farbenprächtiges Bootsrennen statt.*

Die Bergvölker Thailands

Zeremo-nienmaske

SECHS GROSSE BEVÖLKERUNGSGRUPPEN leben in den Bergen Nordthailands: Akha, Hmong, Lisu, Karen, Lahu und Mien. Diese halbnomadischen Bergvölker, etwa 500 000 Menschen, strömten aufgrund von Bürgerkriegen und politischen Repressionen in ihren Heimatländern Tibet, Myanmar und China seit Ende des 19. Jahrhunderts in die Region. Die Bezeichnung »Bergvölker« ist dabei stark verallgemeinernd, da sich die einzelnen Gruppen nach Herkunft, Kleidung und Sprache teils erheblich voneinander unterscheiden. Traditionell leben sie als Wanderbauern, die ihre Felder verlassen, wenn die Böden nach mehreren Ernten ausgelaugt sind. Manche Landarbeiter verdienen durch den Tourismus ein wenig Geld.

Lahu-Frauen um 1890 *Die meisten Bergvölker tragen noch immer traditionelle Tracht.*

Junge Lisu-Frauen *tragen bei wichtigen Festlichkeiten schwarze, mit mehrfarbigen Fäden geschmückte Turbane. Auf die Kleidung genähter Silberschmuck zeigt den Familienwohlstand an.*

Dieses Hmong-Haus *wurde bei einem Brand zerstört. Um die Lebensbedingungen und die wirtschaftlichen Möglichkeiten zu verbessern, versucht die Regierung die Bergvölker stärker zu integrieren.*

Rhythmisches Schlagen auf Bambusstäben ehrt die Anführer bei einer traditionellen Zeremonie.

FESTE UND VERSAMMLUNGEN
Farbenprächtige Zeremonien begleiten Geburt, Heirat und Tod. Hier sammeln Akha für ein Fest.

Neujahr *ist das wichtigste Fest bei den Lisu. Vor jedem Haus im Dorf wird ein Baum gepflanzt. Während ein Schamane und ein Priester die Übel des vergangenen Jahres vertreiben, tanzen Kinder und Jugendliche um die Bäume.*

Früher *verdienten einige Völker ihren Unterhalt mit Opiumanbau. Heute wird die Kultivierung von Feldfrüchten staatlich unterstützt.*

Die Häuser der Akha *besitzen große Veranden, die mit dem quadratischen Wohnbereich verbunden sind. Meist stehen sie in der Nähe der Reisfelder.*

Die Akha *bemühen sich um die Erhaltung ihres traditionellen Lebensstils. Dies erweist sich als zunehmend schwierig – angesichts schwindender Flächen fruchtbaren Landes und zurückgehender Tierbestände.*

Verzierte Kopfbedeckungen, mit Silber oder auch Aluminium geschmückt, sind der Stolz der Akha-Frauen.

Eine Schärpe mit Münzen und Glasperlen unterscheidet Frauen von Mädchen.

Während viele Lahu-Frauen *im Alltag keine traditionelle Tracht mehr tragen, weben sie weiterhin die typischen bunten Schultertaschen.*

Die Tracht *der Mien ist besonders auffällig; die Frauen besticken schwarzen oder blauen Stoff mit farbigen Mustern und nähen rote Quasten an die Mützen der Kinder.*

Die Karen *leben meist in den Tälern und kultivieren ihre Felder mit Fruchtfolgen, anstatt nach einigen Ernten in andere Gebiete zu ziehen.*

GLAUBENSVORSTELLUNGEN

Viele religiöse Lehren und Praktiken der Bergvölker beruhen auf animistischen Glaubensvorstellungen. Die Dörfer haben zwei religiöse Führer: den Priester, der Rituale durchführt und mit dem örtlichen Schutzgeist kommuniziert, und den Schamanen, der direkt die Verbindung zur Welt der Geister unterhält. Die Religiosität hat zwar großen Einfluss auf das Dorfleben, verliert aber zunehmend an Bedeutung.

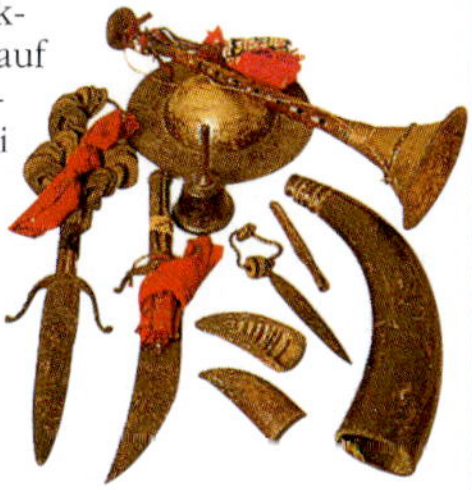

Utensilien für Zeremonien der Mien-Schamanen

Kunsthandwerk des Nordens

Glasiertes Keramikgefäß

NORDTHAILAND ist für sein Kunsthandwerk bekannt. Die heute hier erzeugte hohe Qualität von Holzschnitzereien, Silberartikeln, Textilien, Keramik, Seide und Lackwaren spiegelt die nordthailändische Tradition von Jahrhunderten wieder. Auch die ethnischen Minderheiten und die Bergvölker *(siehe S. 196f)* der Region produzieren ihre charakteristischen Stickarbeiten, Gemälde und Silberwaren. Zentrum des Kunsthandwerks ist Chiang Mai *(siehe S. 214ff)*, während Dörfer wie Bo Sang oder San Kamphaeng *(siehe S. 218f)* auf besondere Handwerkszweige spezialisiert sind. In Ladenwerkstätten können Besucher bei der Herstellung mancher Artikel den Handwerkern über die Schulter schauen.

***Die Kopfbedeckungen** der Akha sind mit Silbermünzen und hohlen Kugeln geschmückt.*

***Tierfiguren**, detailreich aus Holz (oft Teakholz) geschnitzt, findet man in den* wat *des nördlichen Thailand. Solche Stücke werden trotz des Verbots unkontrollierten Fällens von Teakholz weiterhin hergestellt.*

***Nordthailändische Lackarbeiten** bestehen meist aus rot lackiertem Holz oder Bambus und weisen gelbe Muster auf.*

Gebogene Stützen passen auf den Rücken des Elefanten, dicht hinter dem Kopf.

***Schirme** stellen das wichtigste kunsthandwerkliche Erzeugnis in Bo Sang dar. Sie bestehen aus lackiertem Papier, das über ein Bambusgestell gespannt und bemalt wird.*

ELEFANTENSITZE

Vor den Zeiten des Autos benutzte man in Thailand Elefanten als Transportmittel. Die Reiter saßen in einem Sitz auf dem Rücken des Tiers, wobei die Dekoration des Aufbaus den sozialen Stand anzeigte. In den einfachsten Formen der ärmeren Bevölkerungsschichten hatten die Sitze lediglich erhöhte Seitenteile. Ausführungen für die Aristokratie wie der hier abgebildete Sitz aus Nordthailand waren mit Schnitzereien und meist auch einem Dach ausgestattet.

***Betelbehältnisse** haben Abteilungen für die Zutaten des populären Kaumittels – für Betelnuss, Kalk und Betelpfefferblätter. Ausführungen in Gold galten als Statussymbol.*

***Hölzerne Winkelträger** an religiösen Bauten dienen vor allem der Verzierung. Oft zeigen sie* naga *(mythische Schlangen) und andere Tiere.*

Ein Dach aus geflochtenem, lackiertem Bambus bot Schutz vor der Hitze.

Knäufe boten bei holprigen Ritten Halt. Königliche Elefantensitze waren besonders bequem.

Kunstvolle Schnitzarbeiten gab es nur an den Sitzen der wohlhabenden Bevölkerungsschichten.

***Silberschmuck** wird bei Dorffesten und wichtigen Anlässen getragen. Die Bergvölker verwenden altes Silber aus eingeschmolzenen indischen und birmanischen Münzen, während Silberschmiede in Chiang Mai oft minderwertige Importware verarbeiten.*

***In Thailand** sind sogar alltägliche Gegenstände verziert. Klöppel wie der abgebildete werden traditionell Wasserbüffeln umgehängt, damit man sie im Gelände besser wiederfinden kann.*

Nordthailändische Textilien

Eine Lahu-Tasche wird bestickt

Die Textilherstellung in Nordthailand geht bis auf die frühe Lanna-Zeit zurück; heute ist die Region weithin bekannt für ihre Seiden- und Baumwollprodukte. Als Zentren der Seide verarbeitenden Bekleidungsindustrie gelten Chiang Mai und San Kamphaeng – hier wird beispielsweise auch der traditionelle Sarong für Frauen *(pha sin)* gefertigt. Auch Baumwollartikel aus Pasang *(siehe S. 219)*, etwa Sarongs für Männer *(pha koma)*, werden angeboten. Die meisten dieser Erzeugnisse können als Meterware oder in Form fertiger Produkte erstanden werden.

Baumwolle: klassisches Design

Traditioneller *pha sin* (19. Jh.)

Die Vögel Nordthailands

Nordthailand liegt an einer wichtigen Flugroute von Zugvögeln – an der ostasiatischen Linie. Etwa zehn Prozent aller Vogelarten der Welt sind auch in Thailand vertreten; 380 Arten wurden in den Bergen um Chiang Mai gesichtet. Die meisten sind Zugvögel, die im Winter nach Süden in das wärmere Klima der thailändischen Bergwälder fliegen. Seit einigen Jahren gibt es Bestrebungen, den von der Waldrodung bedrohten Lebensraum der Vögel zu schützen. Dennoch: Die Lebensbedingungen für Vögel sind in vielen Gebieten Nordthailands sehr gut.

Ausgewählte Routen von Zugvögeln

- Teichrohrsänger
- Sibirisches Rotkehlchen
- Reiher

Nachtreiher *sind an Kamm, Nacken und Rücken schwarz gefärbt, an Brust und Bauch weiß und an den Flügeln grau. Sie ziehen aus unterschiedlichen Gebieten in die niedriger gelegenen Teile Nordthailands.*

Kiebitze *bewohnen die Feuchtgebiete in der Nähe von Bächen und in lichten Waldbereichen. Bei Gefahr lassen sie einen schrillen Schrei ertönen.*

Silberfasane *sind überwiegend in Höhen ab 700 Metern verbreitet. Die roten Beine und der lange Schwanz unterscheiden sie von anderen Fasanenarten. Wegen starker Dezimierung wildlebender Tiere sind Fasane geschützt.*

Der Wasserfasan *hat lange Beine und Klauen, mit denen er sich bei der Nahrungssuche auf Schwimmpflanzen fortbewegen kann.*

Adlerbussard

Mehrere Sitticharten der Laubwälder sind durch illegalen Vogelhandel gefährdet.

Teakbaum

Purpurreiher kann man in der Umgebung von Waldbächen beobachten; sie haben einen schlanken, rötlichen Hals.

0–500 Meter über dem Meeresspiegel

Der Buntschnabel-Kuckuc[k] ist ein scheues Tier.

Breitrachen *sind durch einen kurzen, abgeflachten Schnabel und einen sehr breiten Rachen gekennzeichnet. Sie ernähren sich von Insekten, die sie aus Baumstämmen bohren oder im Flug einfangen.*

Asiatische Paradiesschnäpper *nisten an höher gelegenen Hängen. Weibchen und Jungtiere haben einen braunen Bauch und einen schwarzen Kopf; ausgewachsene Männchen sind farbenprächtiger mit weißem Schwanz und blauem Schnabel.*

Sibirische Rotkehlchen *überwintern an den hoch gelegenen Berghängen Nordthailands. Nur das Männchen besitzt den charakteristischen roten Fleck an der Kehle.*

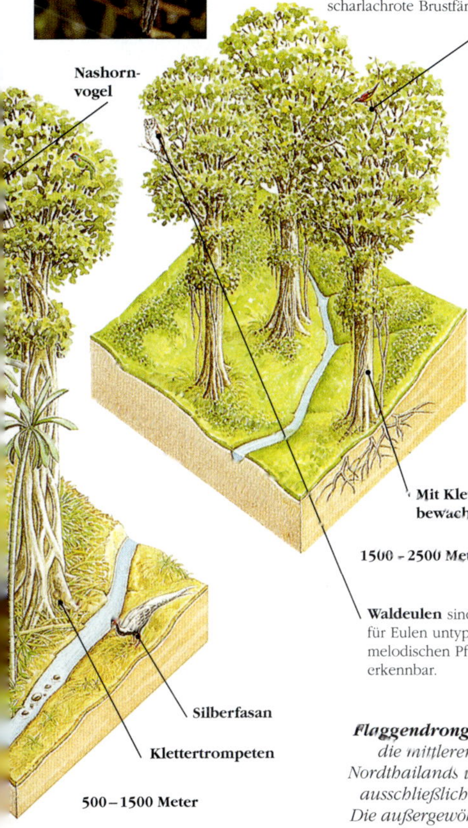

Goldnektarvögel leben in höheren Gebirgszonen. Das buntgefiederte Männchen zeigt scharlachrote Brustfärbung.

Waldeulen sind an ihrem für Eulen untypischen melodischen Pfeifen erkennbar.

Flaggendrongos *bewohnen die mittleren Höhenlagen Nordthailands und leben fast ausschließlich von Insekten. Die außergewöhnlich langen Schwanzspieße oder »Flaggen« erzeugen im Flug ein raschelndes Geräusch, das an ein Plätschern erinnert.*

Lebensräume in unterschiedlicher Höhe

Die Gebirgsausläufer Nordthailands sind mit Laubwald bedeckt. Vor allem die Teakwälder bieten Lebensraum für Fasane, Bachstelzen und Sittiche, auch für Reiher und andere Zugvögel, die in Feuchtgebieten leben. Nashornvögel oder Stare zieht es in die Mischwälder der höher gelegenen Bereiche. In den gipfelnahen Eichen und Kletterpflanzen gibt es Teichrohrsänger, Eulen und andere kleinere Vögel.

Tipps zur Vogelbeobachtung

- Die beste Zeit zur Beobachtung von Vögeln ist Januar bis April, wenn die Standvögel nisten und die Zugvögel ankommen. In der feuchten Jahreszeit können starke Regenfälle und Blutegel Probleme bereiten.
- Bei den Verwaltungen der Nationalparks sind Informationen erhältlich. Oft lassen sich Touren arrangieren.
- Nehmen Sie ein Fernglas, Wasser, Insektenschutzmittel und einen Kompass mit; tragen Sie unauffällige Kleidung.
- Viele Vögel sind scheu. Vermeiden Sie lautes Blätterrascheln, und gehen Sie nicht direkt auf die Vögel zu.

Der Nordwesten

NORDWESTTHAILAND WAR EINST *das Kerngebiet des alten Königreichs Lanna. Im Mittelpunkt des Besucherinteresses steht heute das für seine Tempel und das örtliche Kunsthandwerk weithin bekannte Chiang Mai. Im Nordwesten liegt auch die Heimat einer Reihe ethnischer Minderheiten; die Region zeichnet sich durch eine faszinierende kulturelle Vielfalt aus.*

Das sehr schön im Tal des Flusses Ping gelegene Chiang Mai war einst die Hauptstadt des Königreichs Lanna, das unter dem starken Einfluss Birmas stand. Lanna beherrschte vom 12. bis zum 18. Jahrhundert das Gebiet des heutigen Nordthailand. Die Thai in diesem Landesteil sind noch immer stolz auf dieses Erbe, auf dem nicht zuletzt auch die Wertung ihrer kunsthandwerklichen Erzeugnisse als den hochwertigsten in ganz Thailand beruht; in keinem anderen Landesteil sind die Einkaufsmöglichkeiten für Kunsthandwerk so reichhaltig wie in Chiang Mai und in seiner näheren Umgebung.

Chiang Mai stellt auch einen hervorragenden Ausgangspunkt zur Erkundung der Berge und Dörfer der Region dar. Trekkingtouren zu den Siedlungen der Bergvölker sind ein beliebtes, wenn auch umstrittenes Unternehmen. Es besteht dabei die Gefahr, dass diese Gemeinschaften vom Tourismus abhängig werden und dass in der Folge ihr traditioneller Lebensstil verlorengeht.

Die abgelegenen Städte Mae Hong Son und Mae Sariang im Westen nahe der Grenze zu Myanmar sind in vielerlei Hinsicht eher birmanisch als thailändisch geprägt. Ihre *wat* haben beispielsweise pagodenartige *chedi* mit mehrstufigen Dächern – ganz im Stil der birmanischen Tempel. Dagegen tritt südlich von Chiang Mai, etwa in Lampang und Lamphun, bei den Tempeln und den Museumsexponaten wieder der Einfluss des alten Lanna-Reichs hervor. In Lamphun haben sich zudem noch Spuren des Königreichs von Haripunchai bis heute erhalten.

Im Wat Phra That Lampang Luang zündet ein Junge eine Kerze an

◁ Schirmpflege im für sein Kunsthandwerk bekannten Dorf Bo Sang, nahe Chiang Mai

Überblick: Der Nordwesten

Eindrucksvolle Landschaften sind ein prägendes Merkmal der imposanten Region. Hoch aufragende Gebirge erstrecken sich bis an die Grenze zu Myanmar und stehen in reizvollem Kontrast zu den sanften Flusstälern des Ping und des Taeng. In dieser herrlichen Umgebung mit ihrer vielfältigen Tierwelt und den faszinierenden Dörfern der Bergvölker zählen Trekkingtouren zu den beliebtesten Aktivitäten. Daneben gibt es zahlreiche alte Tempel, etwa in Chiang Mai, Lamphun und Lampang.

Sehenswürdigkeiten auf einen Blick

Bo Sang 13
Chiang Mai S. 214ff 11
Doi Chiang Dao 7
Doi-Inthanon-Nationalpark S. 220f 16
Doi Saket 12
Doi Suthep S. 212f 10
Lampang 20
Lamphun 15
Mae Aw 4
Mae Hong Son S. 206f 1
Mae Sariang 18
Mae-Surin-Nationalpark 2
Mae-Taeng-Tal 9
Pai 6
Phrao 8
Ping-Tal 17
San Kamphaeng 14
Soppong 5
Thai Elephant Conservation Center 21
Tham Pla 3
Uttaradit 22
Wat Phra That Lampang Luang S. 224f 19

Vachirathan-Wasserfall, Doi-Inthanon-Nationalpark

Siehe auch

- ***Übernachten*** S. 393ff
- ***Restaurants*** S. 417ff

Legende

- Autobahn
- Hauptstraße
- Nebenstraße
- Panoramastraße
- Fluss
- Aussichtspunkt

Verzierte Säulen im *bot* des Wat Chiang Man in Chiang Mai

Im Nordwesten unterwegs

Außer in der Umgebung von Chiang Mai sind die Straßen meist schlecht. In Lampang und Mae Hong Son gibt es Inlandsflughäfen, in Chiang Mai einen internationalen Flughafen. Zwischen Chiang Mai und Bangkok verkehren zahlreiche Züge und Busse (elf bis 13 Stunden Fahrtdauer mit Zug, ca. zehn Stunden mit Bus). Die meisten Orte der Region sind durch Buslinien verbunden. Abgelegene Ziele sind am besten per *songthaew* zu erreichen.

Elefanten im Thai Elephant Conservation Center

Im Detail: Mae Hong Son ❶

แม่ฮ่องสอน

MAE HONG SON LIEGT IN EINEM landschaftlich reizvollen Tal, umgeben von bewaldeten Bergen. Das Städtchen entstand 1831 aus einem Elefantencamp und blieb lange Zeit weitgehend isoliert, bis es 1965 durch eine gepflasterte Straße mit Chiang Mai verbunden wurde. Traditionell stand die Provinz, deren Bewohner mehrheitlich den Bevölkerungsgruppen der Shan und der Karen angehören, schon immer unter starkem Einfluss Birmas, was auch die Architektur erkennen lässt. Mae Hong Son ist heute ein aufstrebender Urlaubsort und beliebter Ausgangspunkt für Trekkingtouren.

★ Wat Hua Wiang
Der aus Teakholz erbaute Tempel zeigt mit seiner mehrstufigen Dachkonstruktion den birmanischen Stil. Der bot *beherbergt den bronzenen Buddha Phrachao Para La Khaeng, der ursprünglich aus Birma stammt.*

Täglicher Markt
Der Markt, der sich fast bis zum Flughafen ausbreitet, bietet auch Textilien aus Myanmar und Trekkingausrüstungen. Häufig sieht man hier auch Angehörige der Bergvölker.

Flughafen

Auf dem Nachtbasar gibt es Kunsthandwerk und Textilien.

Teakhäuser der Shan gibt es in dieser Straße zu sehen.

PADAUNG-FRAUEN

Rundfahrten von Mae Hong Son aus führen auch zu den »Giraffenfrauen«. Die Frauen der Padaung fallen durch ihre lang gestreckten Hälse auf, die sie durch bereits in der Kindheit umgelegte Bronzeringe bekommen. Zur Erklärung des Brauchs wurde u. a. der Schutz vor Tigerbissen angeführt. Die Praxis war schon relativ selten geworden – doch dann entdeckten die Padaung, dass Urlauber dafür zahlen, die Frauen fotografieren zu dürfen.

»Giraffenfrauen« der Padaung

Chong-Kham-See
Vor allem am frühen Morgen, wenn Dunstschleier noch die Stadt verhüllen, ist dieser See – einst Badebecken für Elefanten – ein Erlebnis.

INFOBOX

Provinz Mae Hong Son. 7000. 1 km nordöstlich des Chong-Kham-Sees. Khunlum Phraphat Rd. TAT, Chiang Mai (0-5324-8604). tatcnx@samart.co.th Singhanat Bamrung Rd. (053) 612156. tägl. Poi Sang Long Festival (Ende März/Anfang Apr), Chong Para Festival (Okt).

★ Wat Chong Kham
In dem um 1827 von den Shan errichteten wat *sind ein mehrstufiger* chedi *und eine fünf Meter hohe sitzende Buddha-Statue zu sehen.*

★ Wat Chong Klang
Der Tempel (19. Jh.) fällt durch seine weißen und goldenen chedi *auf. Nach Absprache kann man Glasmalereien mit* Dschataka*-Episoden besichtigen.*

Wat Doi Kong Mu bietet von seiner Hügellage aus herrliche Blicke über Stadt und Umgebung.

0 Meter 25

Khunlum Phraphat Road
Kunsthandwerksläden, Lokale und Reisebüros säumen die Hauptstraße von Mae Hong Son. Auch Textilien der Bergvölker sind im Angebot.

LEGENDE

– – – Routenempfehlung

NICHT VERSÄUMEN

★ Wat Hua Wiang

★ Wat Chong Kham

★ Wat Chong Klang

Der spektakuläre Mae-Surin-Wasserfall im Mae-Surin-Nationalpark

Mae-Surin-Nationalpark ❷

อุทยานแห่งชาติน้ำตกแม่สุริน

Provinz Mae Hong Son. Zentrum 2,5 km vom Hwy. 108, 8 km nördlich von Mae Hong Son. *TAT, Chiang Mai (0-5324-8604); Parkverwaltung (0-2579-5734, 0-2579-7223 für Bungalowreservierung).* *von Khun Yuam, dann* songthaew. *tägl.*

Der kleine Park ist die Hauptattraktion im Gebiet südlich von Mae Hong Son. Ein Großteil seiner Fläche ist von Wald bedeckt und bietet Lebensraum für zahlreiche große Säugetiere wie Schwarzbär oder Muntjakhirsch. Zu den hier lebenden Vogelarten gehören Drongos und Nashornvögel.

Den Mae-Surin-Wasserfall, mit einer Höhe von 100 Metern einer der höchsten in Thailand, erreicht man auf einer ungepflasterten Straße östlich vom Khun-Yuam-Distrikt. Dieselbe Straße führt zur Thung Bua Thong (»Wilde Sonnenblumenwiese«), die im November und Dezember eindrucksvoll blüht.

Tham Pla ❸

ถ้ำปลา

Provinz Mae Hong Son. Nahe Hwy. 1095, 17 km nördlich von Mae Hong Son. *TAT, Chiang Mai (0-5324-8604).* *Mae Hong Son, dann* songthaew *oder mit Ausflugstour.*

Von Mae Hong Son aus kann dieser Flecken nördlich der Stadt problemlos auf einer eintägigen Tour besucht werden. Tham Pla (»Fischhöhle«) ist genaugenommen ein Teich mit einem Flüsschen am Fuß eines Felsvorsprungs, der seinen Namen wegen der hier lebenden riesigen Karpfen trägt. Zu den beliebtesten Attraktionen zählen die umliegenden Gartenanlagen.

Mae Aw ❹

แม่ออ

Provinz Mae Hong Son. *2400.* *Mae Hong Son, dann* songthaew *oder Ausflugstour.* *TAT, Chiang Mai (0-5324-8604).* *tägl.*

Das abgelegene Dorf Mae Aw nahe der Grenze zum Nachbarstaat Myanmar wurde von der Kuomintang *(siehe S. 232)* errichtet. Gelegentlich brechen allerdings Feindseligkeiten zwischen rivalisierenden Fraktionen aus, die sich um die Vorherrschaft im nach wie vor hier betriebenen Opiumhandel uneins sind *(siehe S. 223).*

Mae Aw erreicht man am besten auf einer Rundreise von Mae Hong Son aus oder mit einem Geländewagen. Vor einem Besuch sollte man sich unbedingt über die aktuelle Situation im Fremdenverkehrsbüro informieren.

Soppong ❺

สบป่อง

Provinz Mae Hong Son. *6000.* *von Mae Hong Son.* *TAT, Chiang Mai (0-5324-8604).* *tägl.*

Oben in den Bergen, auf etwa 700 Meter Höhe, liegt Soppong, das auf regionalen Karten oft Pang Mapha heißt. Das Dorf mit seinen wunderbaren Ausblicken, den

Der Highway 1095 führt durch Soppong

Muslimische Kinder im multikulturellen Pai

herrlichen Teakwäldern und der ruhigen Atmosphäre entwickelt sich immer mehr zum beliebten Urlaubsort. Viele Trekkingtouren kommen auf dem Weg zu den Dörfern der Lisu und Shan hier durch. In der Ortschaft gibt es einen Markt, auf dem sich jeden Tag die Stammesangehörigen der Umgebung versammeln.

UMGEBUNG: Nördlich von Soppong liegt **Tham Lot**, eines der größten Höhlensysteme Südostasiens. Es besteht aus drei miteinander verbundenen Räumen, die zusammen eine riesige unterirdische Schlucht bilden. Archäologische Funde ergaben, dass die Höhlen vor Tausenden von Jahren bewohnt waren. Besucher können mit Floß oder per Elefant den durch die Schlucht strömenden Fluss überqueren. Führungen werden in örtlichen Gasthäusern arrangiert.

Tham Lot

Provinz Mae Hong Son, 8 km nördlich von Soppong. *tägl.*

(für Führer und Taschenlampe).

Pai ❻

ปาย

Provinz Mae Hong Son. *27 000* *von Mae Hong Son.* *TAT, Chiang Mai (0-5324-8604).* *tägl.*

SEIT EINIGER Zeit genießt das Areal um Pai den Ruf eines der schönsten Thailands sein. Es wird bei Wanderern und Bergliebhabern immer bekannter. Die ursprünglich als Shan-Siedlung entstandene Ortschaft und ihre Umgebung haben in den vergangenen Jahrzehnten einen bedeutenden Zustrom von Stammesangehörigen der Lisu und Lahu sowie von Muslimen aus Myanmar erlebt.

Die weißen und gelben Fliesen und die mehrstufigen Dächer des **Wat Klang**, der zwischen dem Busbahnhof und dem Fluss Pai liegt, sind typisch für die Tempel der Shan. Auch der **Wat Phra That Mae Yen** im Osten von Pai wurde von den Shan errichtet; die Schnitzereien am Portal des Haupt-*wihan* zeigen Alltagsszenen und Naturdarstellungen.

THAILANDS BEDROHTE TIERWELT

Python – sein bevorzugter Lebensraum, der Wald, verschwindet zusehends

Mit seiner Vielfalt an Landschaftsformen bietet Thailand ideale Lebensbedingungen für zahllose Arten von Flora und Fauna. Im Lauf des 20. Jahrhunderts haben jedoch Wilderei und Waldrodungen zum Aussterben vieler Tier- und Pfanzenarten geführt. Manche Tiere wie Gibbonaffen werden gejagt, um als Haustiere zu enden, andere dienen als Nahrungsmittel, und wieder andere, etwa Schlangen, tötet man schlicht aus Angst. Von den mehr als 280 Säugetierarten in Thailand sind ungefähr 40 vom Aussterben bedroht. Zwar gibt es Tierschutzgesetze, doch ihre Einhaltung wird nicht immer kontrolliert. Fast alle großen Säugetiere des Landes und etwa zehn Prozent der Reptilien und Amphibien sind akut gefährdet.

Seltener Weißhandgibbon

TIGER IN THAILAND

Die in den letzten Jahren gestiegene Nachfrage nach getrockneten Körperteilen von Tigern seitens der traditionellen chinesischen Medizin hat eine weltweite Dezimierung der Großkatze nach sich gezogen. Von den wenigen tausend Tigern, die es in Asien insgesamt noch gibt, leben etwa 500 Tiere in Thailand, die meisten im Khao-Yai-Nationalpark *(siehe S. 174f)*. Seit 1995 stehen Tiger offiziell unter Schutz.

Karpfenteich mit Pavillon vor Tham Chiang Dao

Doi Chiang Dao 7

ดอยเชียงดาว

Provinz Chiang Mai, 12 km westlich von Chiang Dao. *TAT, Chiang Mai (0-5324-8604).* *von Chiang Mai bis Chiang Dao, dann* songthaew.

DER DOI CHIANG DAO ist mit 2285 Metern Höhe Thailands dritthöchster Berg. In der Umgebung seiner bewaldeten Hänge leben Angehörige der Lisu und der Karen. Der zerklüftete Gipfel und die umliegenden dichten Teakwälder sind heute eine größere Attraktion für Besucher als die nahe Stadt Chiang Dao.

Tief in der Erde unter dem Gebirgsmassiv verläuft ein etwa 14 Kilometer langes Höhlensystem namens **Tham Chiang Dao**, das man am besten von Chiang Dao aus erreicht. Die meisten der unterirdischen Grotten enthalten Buddha-Statuen, die im Lauf der Jahre nach und nach von Shan-Pilgern aus Birma hierher gebracht wurden. Als Höhepunkt eines Besuchs in den von Fledermäusen bewohnten Höhlen können aber sicher die riesigen Stalagmiten und Stalaktiten gelten. Wer die Besichtigung voll auskosten möchte, kann auch Laternen mieten und einen Führer engagieren; die Touren führen über einen beleuchteten Gehweg innerhalb der Höhlen.

In der Nähe dieser Höhlen steht der **Wat Tham Chiang Dao** mit seinem buddhistischen Meditationszentrum und einem kleinen Raum mit einer Ausstellung von Gongs und anderen Instrumenten.

Östlich des Doi Chiang Dao liegt unterhalb des aufragenden Gipfels die Ortschaft **Chiang Dao**, deren Hauptstraße traditionelle Häuser aus Teakholz säumen. Sie wurde im 18. Jahrhundert als neue Exilheimat für die *phi pop* (»Geistermenschen«) angelegt, von denen man glaubte, sie seien wahnsinnig. In Wirklichkeit hatte man jedoch die Symptome ihres wahren Leidens, der Malaria, falsch gedeutet.

Der Wat Tham Chiang Dao in der Nähe des Doi Chiang Dao

Das **Elephant Training Center Taeng Dao** südlich von Chiang Dao liegt in einem Waldgebiet neben einem Fluss. Hier kann man tägliche Vorführungen von mit Baumstämmen hantierenden Elefanten sehen und auch einen Ritt unternehmen.

Tham Tup Tao ist der Name zweier großer Höhlen, 48 Kilometer nördlich von Chiang Dao. In einer stehen zwei große Buddha-Statuen, die andere wird von Fledermäusen bewohnt.

Tham Chiang Dao
Am Hwy. 107, 5 km nordwestlich von Chiang Dao. *tägl.*

Elephant Training Center Taeng Dao
Östlich vom Hwy. 107, 15 km südöstlich von Chiang Dao, Provinz Chiang Mai. *0-5329-8553.* *tägl. (Vorführungen 9–10 u. 10–11 Uhr).*

Tham Tup Tao
Westlich vom Hwy. 107, Provinz Chiang Mai. *tägl.*

Phrao 8

พร้าว

Provinz Chiang Mai. *51 000.* *von Chiang Mai.* *TAT, Chiang Mai (0-5324-8604).* *tägl.*

DER MARKTORT PHRAO hat sich als Treffpunkt für Thai-Kaufleute und Angehörige der Bergstämme etabliert. Bis vor kurzem war das Städtchen noch relativ isoliert, doch heute verbindet die Staatsstraße 1150 Phrao mit Wiang Pa Pao *(siehe S. 242)* und sorgt für reibungslosen Verkehr. Dennoch liegt Phrao weiterhin abseits der Touristenpfade. Auf dem Markt werden Textilien und Lebensmittel angeboten.

UMGEBUNG: In Richtung Wiang Pa Pao durchquert die Straße 1150 imposante Waldlandschaften mit mehreren Lisu- und Hmong-Dörfern.

ORCHIDEEN IN THAILAND

Orchideen sieht man auf Logos in ganz Thailand. Es gibt über 1300 verschiedene Arten, die meisten davon in Wäldern. Die natürlichen Lebensbedingungen der Orchideen sind durch Abholzung stark gefährdet; seit längerer Zeit werden sie gezüchtet und millionenfach exportiert. Die Ausfuhr von Orchideen begann in den 1950er Jahren und erreichte 30 Jahre später mit Errichtung der ersten Farmen ihren Höhepunkt. Seit 1990, als die Vorlieben auf wichtigen Märkten, etwa in Japan, sich zu ändern begannen, geht der Export zurück.

Rosa Orchidee – Rosa ist die beliebteste Farbe für den Export

Floßfahrt auf dem Taeng

Mae-Taeng-Tal ❾

แม่แตง

Provinz Chiang Mai. 🚉 🚌 *Chiang Mai, dann* songthaew. ℹ *TAT, Chiang Mai (0-5324-8604).*

DAS GEBIET um Mae Taeng und hier vor allem die Umgebung des Taeng-Flusses nordwestlich der Stadt ist bei Wanderern beliebt. In den letzten Jahren hat man zur Steigerung der landwirtschaftlichen Erträge das Land terrassiert und bewässert. Dadurch konnte nicht nur die Nutzfläche ausgeweitet werden, sondern auch das Spektrum der Anbauprodukte wurde reichhaltiger. Urlauber kommen allerdings nicht nur zum Wandern hierher, sondern auch, um den Alltag in den vielen Dörfern der Lisu, Karen und Hmong in dieser Region zu erleben. Zudem kann man auf dem Taeng auch Floßfahrten unternehmen und auf Elefanten reiten – das **Mae Taman Rafting and Elephant Camp** liegt inmitten einer beschaulichen Landschaft westlich der Staatsstraße 107. Ein nahes Gasthaus am Flussufer bietet Unterkünfte.

Mae Taman Rafting and Elephant Camp

15 km westlich vom Hwy. 107.
◯ *tägl.*

Hmong-Frauen in farbenfroher traditioneller Tracht

Ausritt auf einem Elefanten, Chiang Dao

TREKKING AM CHIANG DAO

Nordthailand ist für seine hervorragenden Trekkingmöglichkeiten *(siehe S. 446)* bekannt. Die geführten Wanderungen um Chiang Dao und Mae Taeng umfassen oft auch einen Besuch bei den Bergvölkern sowie einen Elefantenritt oder eine Floßfahrt. Die meisten der dreitägigen Touren von Chiang Mai aus, wie sie von Gasthäusern oder Veranstaltern am Ort organisiert werden, haben diese Region im Programm. Unverzichtbar ist dabei ein Führer, dem die Umgebung und vor allem auch die Umgangsformen bei den Bergvölkern vertraut sind. Einige bewährte zwei- bis dreitägige Touren zeigt die unten stehende Abbildung.

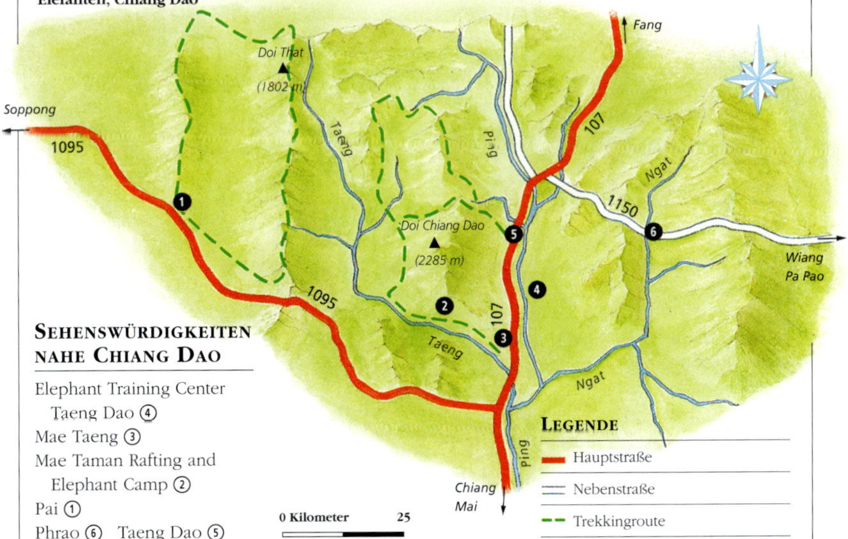

SEHENSWÜRDIGKEITEN NAHE CHIANG DAO

Elephant Training Center Taeng Dao ④
Mae Taeng ③
Mae Taman Rafting and Elephant Camp ②
Pai ①
Phrao ⑥ Taeng Dao ⑤

Doi Suthep ⑩

ดอยสุเทพ

Buddha-Statue am *chedi*

DOI SUTHEP heißt das vielbesuchte, dicht bewaldete Bergmassiv im Doi-Suthep-Doi-Pui-Nationalpark. Nahe dem Gipfel (1601 m) steht der Wat Phra That Doi Suthep, eine der am höchsten verehrten buddhistischen Tempelanlagen Nordthailands. Von Chiang Mai aus schlängelt sich eine gepflasterte Straße den Hang hinauf zu einem Dorf mit Restaurants und einem Souvenirladen. Hier hat man die Wahl zwischen dem steilen Aufstieg zu Fuß oder aber der Seilbahn zum *wat*. Als weitere beliebte Attraktionen gibt es am Doi Suthep einen Wasserfall und ein Hmong-Dorf zu sehen.

Kreuzgang
Wandbilder zeigen Szenen aus Buddhas Leben.

★ Der *chedi*
Der heutige vergoldete Lanna-Bau ist die im 16. Jahrhundert erfolgte Erweiterung des Originals. Pilger versehen die vier ihn umgebenden mehrgeschossigen Schirme mit Blattgold (siehe S. 26).

Monument des weißen Elefanten
Der Sage nach hat um 1390 der Elefant Königs Ku Na den Standort des chedi *durch dreimaliges Brüllen und drei Körperdrehungen bestimmt.*

WAT DOI SUTHEP

Der *wat* am Gipfel des Doi Suthep birgt heilige Reliquien und wird von vielen als Symbol der Lanna-Kultur *(siehe S. 58f)* in Thailand betrachtet.

***Naga*-Stufen**
Von eindrucksvollen naga *flankiert, führen insgesamt 304 Stufen zum Tempel. Weniger Sportliche können auch die Seilbahn nehmen.*

NICHT VERSÄUMEN

- ★ **Der *chedi***
- ★ **Panorama-Aussicht**

Buddha-Statuen im Haupt-*wihan*
Die goldenen Buddha-Bildnisse des wihan *(16. Jh.) sind die wichtigsten im Tempelkomplex. Mehrere kleinere Statuen gruppieren sich um eine große.*

> **INFOBOX**
>
> 16 km nordwestlich von Chiang Mai, Provinz Chiang Mai.
> *TAT, Chiang Mai (0-5324-8604); Parkverwaltung (0-2579-7223 für Bungalowreservierung).*
> *Chiang Mai, dann songthaew.* **Wat Doi Suthep** *tägl. 6–18 Uhr.* **Palastgärten** *Fr–So 8.30–16 Uhr, falls Königsfamilie nicht anwesend (anrufen).* **Phuping-Palast**

Bibliothek

Tempelglocken
Einst wurden Mönche und Laien mit den Glocken zum Gebet gerufen. Heute ertönen sie durch Besucherhand, weil ihr Läuten Glück bringen soll.

Das Gebäude ist eines von mehreren der Anlage, die als Unterkunft für die Mönche dienen.

Glockenturm
Der Glockenturm nahe den Stufen zum Haupt- wihan *fällt durch sein mehrfarbiges Dach auf*

Standseilbahn

DIE TIERWELT UM DEN WAT DOI SUTHEP

Auch Stare fühlen sich wohl im Park

Wegen der vielfältigen Tierwelt ist der Doi-Suthep-Doi-Pui-Nationalpark eine besondere Attraktion für Naturliebhaber. Trotz der Abholzung des westlichen Teils des Parks zur landwirtschaftlichen Nutzung und zum Bau von Urlauberunterkünften bietet der Park weiterhin Lebensraum für zahlreiche Pflanzen, Schmetterlinge und Vögel. Zudem sind hier auch Exemplare von etwa 60 Säugetierarten zu finden.

★ Panorama-Aussicht
Vom Rand der Tempelanlage aus hat man einen atemberaubenden Blick über die Wälder des Doi-Suthep-Doi-Pui-Nationalparks und auf Chiang Mai.

Im Detail: Chiang Mai ⓫

เชียงใหม่

Laterne aus Chiang Mai

DIE ZWEITWICHTIGSTE STADT Thailands wurde 1292 von König Mengrai zur Nachfolgerin von Chiang Rai *(siehe S. 240f)* als Hauptstadt des Königreichs Lanna *(siehe S. 58f)* auserkoren. Unter Mengrai wuchs Chiang Mai zu einem Zentrum des Theravada-Buddhismus heran. Während dieser Zeit und unter der nachfolgenden Regentschaft König Tiloks entstanden zahlreiche eindrucksvolle *wat* innerhalb der Stadtmauern. Heute zieht es Besucher auch wegen der hervorragenden Läden, der Trekkingmöglichkeiten sowie der guten Hotels und Restaurants nach Chiang Mai.

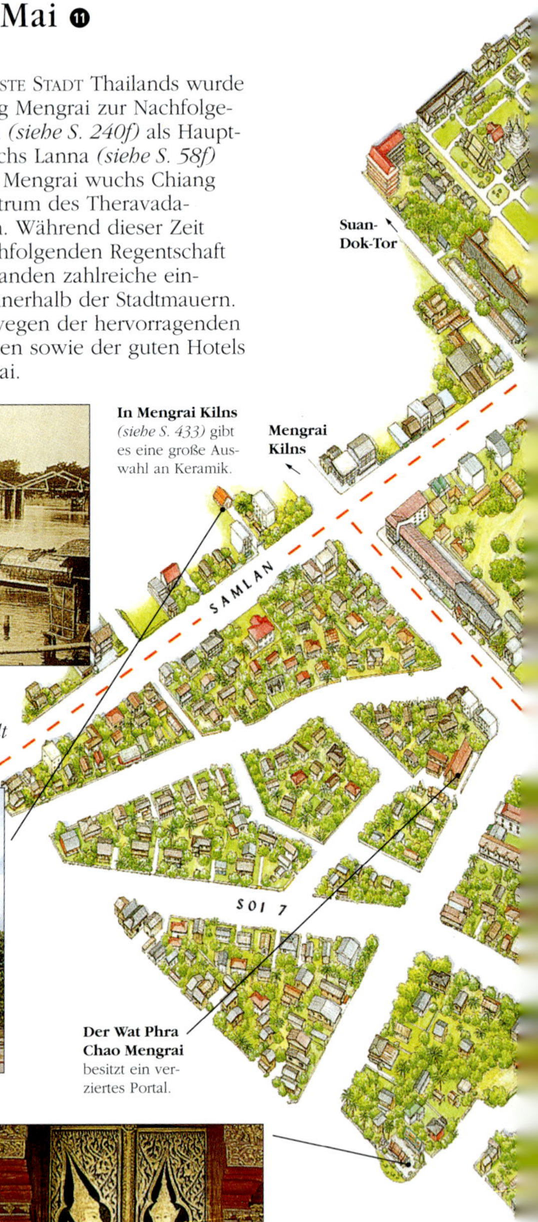

In Mengrai Kilns *(siehe S. 433)* gibt es eine große Auswahl an Keramik.

Der Wat Phra Chao Mengrai besitzt ein verziertes Portal.

Alt-Chiang-Mai
Die erste Brücke über den Ping entstand 1950. Während die Stadt wuchs, kamen weitere hinzu.

Wat Muen Ngon Kong
Der wat *beherbergt einen* chedi *im Lanna-Stil, den eine birmanische Fiale krönt.*

Wat Phan Waen
Der typisch nordthailändische Tempel steht in beschaulicher Umgebung, die Entspannung von der Hektik der Stadt bietet. Das Portal des wihan *ist mit religiösen Motiven geschmückt.*

LEGENDE

– – – Routenempfehlung

NICHT VERSÄUMEN

★ **Wat Phra Sing**

★ **Wat Chedi Luang**

★ Wat Phra Sing
Der wat *wurde 1345 erbaut, um die sterblichen Überreste von König Kham Fu aufzunehmen. Im Innern des* wihan *Lai Kham, im Lanna-Stil errichtet, zeigen Wandbilder (19. Jh.) Alltagsszenen aus Chiang Mai.*

INFOBOX

Provinz Chiang Mai. *160 000.* *3 km südwestlich von Chiang Mai.* *Charoen Muang Rd.* *Chiang Mai Arcade.* *TAT, 105/1 Chiang Mai–Lamphun Rd. (0-5324-8604).* *Hauptbüro: wie TAT (0-5324-8974.* *tägl.* *Blumenfest (Feb), Intakin-Fest (Mai), Mango-Jahrmarkt (Mai), Speisenfest (Dez), Winterjahrmarkt (Ende Dez/Anfang Jan).* www.chiangmai.co.th

Wat Phan Tao
Bemerkenswert ist hier der gut erhaltene wihan. *Sein von Säulen getragenes Dach zeigt* Cho-fa-*Verzierungen* (siehe S. 29).

★ Wat Chedi Luang
Die Paneelen des großen wihan *zeigen Darstellungen aus den* Dschataka-*Episoden* (siehe S. 26).

FASZINIERNDE TEMPELSTADT

Chiang Mai ist zwar wesentlich kleiner als Bangkok, doch die Anzahl seiner *wat* kommt fast derjenigen der Hauptstadt gleich. Die meisten wurden in der Blütezeit von Chiang Mai (13.–16. Jh.) errichtet, als es ein bedeutendes religiöses Zentrum war. Aus dieser Periode sind noch viele Tempel erhalten, doch die meisten wurden von den Birmanen, die später hier herrschten, umgebaut. Insgesamt gilt die Architektur von Chiang Mai immer noch als Verkörperung des Lanna-Stils *(siehe S. 58f).*

***Wihan* Lai Kham, Wat Phra Sing (19. Jh.)**

Überblick: Chiang Mai

Birmanische Schnitzarbeit

Nicht selten wird Chiang Mai als »Rose des Nordens« bezeichnet, ein Attribut, dem die Stadt auch gerecht wird. Ihre wichtigsten Tempel, allen voran der Wat Chedi Luang und der Wat Phra Sing, liegen innerhalb des ehemaligen Mauerrings der alten Stadt. Der Graben um das historische Zentrum ist noch gut erhalten, doch die Stadtmauer wurde im Zweiten Weltkrieg weitgehend zerstört. Außerhalb der Altstadt gibt es ebenfalls Interessantes zu sehen, etwa den Wat U Mong, das hervorragende Nationalmuseum und nordöstlich des Flusses die Herrenhäuser im einstigen Kolonialviertel. Heimisches Kunsthandwerk wird auf dem Nachtbasar verkauft.

Wandbilder im *wiban* Lai Kham, Wat Phra Sing

Wat Phra Sing

วัดพระสิงห์

Ende der Ratchadamnoen Rd., nahe Suan-Dok-Tor. ○ *tägl.*

Baubeginn für den größten Tempel von Chiang Mai war 1345; der *bot* stammt allerdings aus dem Jahr 1600. Der mit Wandbildern von Alltagsszenen geschmückte *wiban* Lai Kham (»Goldene Halle«) birgt den verehrten goldenen Phra Buddha Sing, von dem es heißt, er sei ursprünglich aus Sri Lanka hierher gebracht worden.

Wat Chedi Luang

วัดเจดีย์หลวง

Phra Pok Klao Rd. ○ *tägl.*

Auf dem Gelände dieses Tempels liegt die Stelle, an der König Mengrai im Jahr 1317 durch einen Blitzschlag getötet wurde. Im 15. Jahrhundert befand sich hier für kurze Zeit auch der Smaragd-Buddha *(siehe S. 79)*. Der einst 90 Meter hohe *chedi* wurde 1465 bei einem Erdbeben stark beschädigt.

Wat Chiang Man

วัดเชียงมั่น

Nahe Ratcha Phakhinai Rd. ○ *tägl.*

Während die neue Hauptstadt erbaut wurde, soll König Mengrai in diesem Tempel residiert haben. Sehenswert sind die im Lanna-Stil gehaltenen Pfeiler und der von Steinelefanten umgebene *chedi*. Im *wiban* findet man den Buddha Sila (6. Jh.), der wohl aus Nordindien stammt.

Tha-Phae-Tor

ประตูท่าแพ

Beim Tha-Phae-Tor beginnt die Tha Phae Road, die Haupteinkaufsstraße von Chiang Mai mit Buchläden, Kaufhäusern und Kunsthandwerksläden. Weiter im Osten wird die Straße zur Staatsstraße 1006 mit Einkaufsmöglichkeiten für Seide und viele Kunsthandwerksartikel.

Suan-Dok-Tor

ประตูสวนดอก

Dies ist das Westtor der Stadt, an dem die Suthep Road mit ihren drei wichtigen Tempeln beginnt.

Nachtbasar

ไนท์บาซาร์

Chang Khlan Rd. ○ *tägl. 18–23 Uhr.*

Der Markt kann es durchaus mit dem Chatuchak-Markt in Bangkok *(siehe S. 131)* aufnehmen. Es gibt zahllose Stände, an denen Kunstgewerbliches, Lederwaren und Kleidung verkauft werden. Das Obergeschoss bietet Antiquitäten. Vorsicht vor Fälschungen *(siehe S. 431)* – vor allem bei den Ständen außerhalb des Marktgebäudes! Der Nachtbasar ist auch ein idealer Ort, um die birmanisch beeinflusste Küche zu testen.

Warorot-Markt

ตลาดวโรรส

Nördlich der Tha Phae Rd. ○ *tägl.*

Tagsüber gibt es auf dem überdachten Markt Kleidung und Kunsthandwerk der Bergvölker, oft günstiger als im Nachtbasar. Obst, Gewürze und Speisen sind ebenfalls zu haben. Abends findet hier ein Blumenmarkt statt.

Einkaufsbummel auf dem Warorot-Markt in Chiang Mai

Umgebung: Außerhalb der Altstadt lohnen zahlreiche Sehenswürdigkeiten einen Besuch. Die meisten sind per Fahrrad, Motorrad, *songthaew* oder *tuk-tuk* zu erreichen. Wer einen größeren Ausflug plant, kann bei den meisten Hotels und Gasthäusern Trekkingtouren zu den Bergvölkern *(siehe S. 196f)* buchen.

Nördlich der Stadt befindet sich das **Chiang-Mai-Nationalmuseum**. Seine umfangreiche Sammlung reicht von Haripunchai-Terrakotta bis zu Buddha-Köpfen im Lanna-Stil – der größte ist drei Meter hoch.

Auf dem Gelände der Universität von Chiang Mai befindet sich das **Tribal Research Institute**, das Forschungen zur Kultur der Bergvölker betreibt. Sein kleines Museum und die Bibliothek dokumentieren die Geschichte der ethnischen Minderheiten der Region; auch Trekkingtouren zu den Bergvölkern der Umgebung werden von hier aus veranstaltet.

Im Nordosten, an der Kaew Narawat Road, steht das **McCormick Hospital**, das für die Architektur des 19. und 20. Jahrhunderts in Chiang Mai typisch ist; viele Bauten aus dieser Zeit waren die Häuser von Missionaren und Angestellten britischer Teakholzfirmen, die aus Birma hierher kamen.

Der **Wat Suan Dok** liegt direkt im Westen des Suan-Dok-Tors. Errichtet wurde der Tempel im Jahr 1383, um Buddha-Reliquien aufzunehmen. Die kleinen *chedi* beherbergen die sterblichen Überreste von Mitgliedern der königlichen Familie Chiang Mais.

Buddha-Bildnis, Nationalmuseum

Wenn man die Suthep Road weiter geht, kommt man zum **Wat U Mong** (14. Jh.). Hier sind noch einige der alten unterirdischen Tunnel zu sehen, die früher zu den Zellen der Mönche führten.

Der Wat Suan Dok aus dem 14. Jahrhundert

Der **Wat Chet Yot** besitzt einen auffälligen siebentürmigen *chedi*. Die Gestaltung des Baus orientiert sich am Mahabodhi-Tempel von Buddh Gaya in Indien, in dem Buddha die Erleuchtung fand.

Chiang-Mai-Nationalmuseum
Nahe dem Superhighway. Mi–So. Feiertage.

Tribal Research Institute
Chiang-Mai-Universität, nahe Huai Kaew Rd. Mo–Fr. Feiertage.

Zentrum von Chiang Mai

Nachtbasar ⑦
Suan-Dok-Tor ①
Tha-Phae-Tor ⑤
Warorot-Markt ⑥
Wat Chedi Luang ③
Wat Chiang Man ④
Wat Phra Sing ②

Legende

Siehe S. 214f
Touristenpolizei
Information
Wat

0 Meter 500

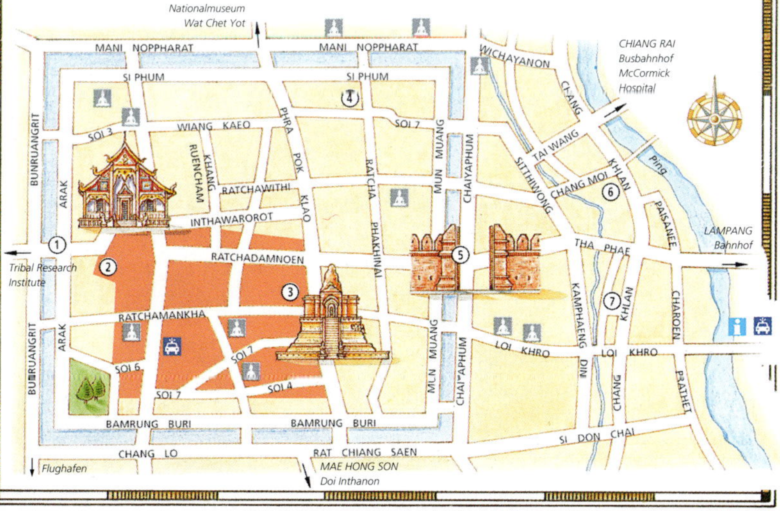

Doi Saket ⓬

ดอยสะเก็ด

Am Hwy. 1019, 16 km nordöstlich von Chiang Mai, Provinz Chiang Mai. *TAT, Chiang Mai (0-5324-8604).* *Chiang Mai, dann* songthaew. *tägl.*

DER BERG DOI SAKET bildet mit den Ortschaften Bo Sang und San Kamphaeng ein Dreieck von lohnenden Zielen, das sich ideal für einen Tagesausflug von Chiang Mai aus eignet.

Hauptgrund für einen Besuch von Doi Saket ist der Tempel Wat Doi Saket auf dem Berggipfel, der einen herrlichen Blick über das Tal von Chiang Mai bietet. Den *wat* erreicht man über eine Treppe mit 300 Stufen, die beiderseits von *naga* bewacht wird. Oben angekommen, erscheinen ein kolossaler sitzender Buddha und sieben kleinere Buddhas.

***Wihan* des Wat Doi Saket auf dem Gipfel des Doi Saket**

Die Herstellung von Zierschirmen in Bo Sang

Bo Sang ⓭

บ่อสร้าง

9 km östlich von *Chiang Mai,* Provinz Chiang Mai. *89 000.* *ab Chiang Mai.* *TAT, Chiang Mai (0-5324-8604).* *tägl.* *Schirm-Jahrmarkt (Jan).*

BO SANG GENIESST aufgrund der hier hergestellten Zierschirme in ganz Thailand den Beinamen »Dorf der Schirme«. Der gesamte Ort besteht nahezu ausschließlich aus Werkstätten und Läden, die sich vor allem diesem Produkt widmen.

Die Zierschirme sind mit einem Holzgriff ausgestattet, haben Bambusrippen und eine Bespannung aus mit Öl behandeltem Reispapier, Seide oder Baumwolle. Die Handwerker gehen meist bereitwillig auf Sonderwünsche des Käufers ein und fügen farbig gestaltete Namen oder eine andere persönliche Note hinzu.

Kunsthandwerk wie Silberwaren, Porzellan und Lackarbeiten werden im Dorf ebenfalls angeboten. Doch daneben lebt die Ortschaft auch vom Reisanbau; sie liegt im Zentrum eines ausgedehnten Anbaugebiets.

Viele Häuser in und um Bo Sang sind im traditionellen nordthailändischen Stil aus Holz errichtet *(siehe S. 32)* und stehen oft auf Pfählen in kleinen Gärten.

San Kamphaeng ⓮

สันกำแพง

3 km östlich von *Chiang Mai,* Provinz Chiang Mai. *45 000.* *ab Chiang Mai.* *TAT, Chiang Mai (0-5324-8604).* *tägl.*

DAS DORF MIT seinen alten Holzgebäuden und engen Straßen ist für Seide und Kunsthandwerk bekannt. Zahlreiche Produktionsstätten verkaufen Seide, Teakmö-

NAGA – MYTHISCHE SCHLANGEN

Naga-Figuren, wie man sie in ganz Thailand sieht, sind mythologische Schlangenwesen. Häufig flankieren sie Tempel oder Treppen, die zu Tempeln führen, und schützen sie vor bösen Geistern. Aber auch als Schnitzereien an Dächern, Türen, Giebeln und Fenstern entfalten sie ihre Schutzfunktion. Im gesamten buddhistischen Asien ist der hohe Stellenwert der *naga* tief verwurzelt, auch wenn die genaue Bedeutung je nach Land etwas variieren kann und es außerdem Überschneidungen von Buddhismus und Hinduismus gibt. Im Buddhismus gehen ihre Ursprünge auf die *Dschataka*-Geschichten *(siehe S. 26)* zurück, in denen eine *garuda* (mythologischer Vogel) eine *naga* angreift und überwältigt, die Buddha zu schaden versucht. Daraufhin verwandelt sich die *naga* in die Beschützerin Buddhas. Die Schlangen werden auch als Regenspenderinnen verehrt.

Doppelköpfige *naga* am Wat Chedi Luang, Chiang Saen *(siehe S. 238)*

Ein Geysir schießt aus dem Boden bei den Quellen von San Kamphaeng

bel, Silber, Lackwaren und Jade von guter Qualität. Die Preise sind hoch, lassen sich aber oft durch geschicktes Handeln *(siehe S. 455)* erheblich reduzieren. Besonders interessant ist die Seidenherstellung. In manchen Werkstätten kann man den gesamten Prozess, von der Aufzucht der Seidenraupen bis zum Weben des Stoffs, beobachten *(siehe S. 256f.)*

UMGEBUNG: Im Osten von San Kamphaeng, gleich hinter dem Dorf Mu Song erreicht man die Höhlen von **Tam Muang On** mit ihren beeindruckenden Stalagmiten und Stalaktiten. Noch weiter östlich liegen die heißen Quellen von **San Kamphaeng**, wo aus dem Boden schießende Geysire eine unglaubliche Höhe erreichen.

Tam Muang On
14 km östlich von San Kamphaeng.
tägl.

Heiße Quellen von San Kamphaeng
20 km östlich von **San Kamphaeng**.
tägl.

Lamphun ⓯

ลำพูน

Provinz Lamphun. 95 000.
TAT, Chiang Mai (0-5324-8604).
tägl. *Lamyai-Fest (Aug).*

LAMPHUN WAR von 750 bis 1281 die Hauptstadt des Königreichs Haripunchai. Heute besteht es aus großen Holzhäusern am Ufer des Kuang, charakteristisch sind neben der friedvollen Atmosphäre die alten Tempel und die Reisfelder der Umgebung.

Der wichtigste Tempel der Stadt ist der **Wat Phra That Haripunchai**, dessen gegenwärtige Anlage vermutlich von 1044 stammt und auf König Athitayarai von Haripunchai zurück geht. Der 46 Meter hohe zentrale *chedi* dürfte jedoch aus dem Jahr 897 stammen. In den 1930er Jahren wurde der Tempel unter der Leitung von Khrubaa Siwichai, einem angesehenen nordthailändischen Mönch, restauriert. Eine ungewöhnliche Konstruktion steht im Nordwesten des Komplexes, ein pyramidenförmiger *chedi*, wie er selten zu sehen ist. Der große *bot* birgt einen ruhenden Buddha; im zentralen *wihan* trifft man auf einen Lanna-Buddha (15. Jh.). Unmittelbar daneben befindet sich die Bibliothek (19. Jh.) mit einer von *naga* bewachten Treppe. Rechts von der Bibliothek schützt ein offener Pavillon einen riesigen Gong, der 1860 gegossen wurde und als größter Gong der Welt gilt. Außerhalb des Hauptareals findet man noch einen kleineren *bot* mit einem so genannten »fröhlichen« Buddha, einer dicken, lachenden Figur im chinesischen Stil.

Buddha-Kopf, Lamphun-Nationalmuseum

Unweit davon befindet sich das **Lamphun-Nationalmuseum** mit einer kleinen, aber hervorragenden Sammlung. Hier sind Schnitzarbeiten und andere Exponate aus zahlreichen Epochen des Landes zu bewundern. Der Schwerpunkt der Ausstellung liegt aber auf den Königreichen Dvaravati, Haripunchai und Lanna.

Westlich von Lamphun, an der Staatsstraße 1015, steht der **Wat Chama Thewi** (oder Wat Kukut), mit zwei 1218 erbauten *chedi* – die einzigen noch vorhandenen Beispiele der Dvaravati-Architektur.

Lamphun-Nationalmuseum
Inthayongyot Rd., gegenüber Wat Phra That Haripunchai. *Mi–So.*

UMGEBUNG: In **Pasang**, etwa 30 Kilometer südlich von Lamphun, werden beeindruckende Baumwollwaren, vor allem Sarongs und Hemden, hergestellt und in zahlreichen Geschäften angeboten. Als besondere Spezialität der Stadt Nong Chang Kheun im Norden von Pasang gilt die *Lamyai*-Frucht *(longan; siehe S. 129)*, der sogar ein eigenes Fest mit Schönheitswettbewerb gewidmet ist.

Doi-Inthanon-Nationalpark ⓰

อุทยานแห่งชาติดอยอินทนนท์

Das seltene *hypericum garrettii*

Mit einer Höhe von 2565 Metern ist der Doi Inthanon Thailands höchster Berg. Er liegt nur 58 Kilometer von Chiang Mai entfernt im Doi-Inthanon-Nationalpark und ist deshalb ein beliebtes Ziel für Tagesausflüge. Der Park umfasst verschiedenste natürliche Lebensräume und wird von zahllosen großen und kleinen Säugetieren bewohnt. Eine populäre Freizeitbeschäftigung ist die Beobachtung von Vögeln; nahezu 400 Arten, viele aus Nordasien kommend, sind hier zu sehen. Siedlungen der Karen und Hmong *(siehe S. 196f)* befinden sich ebenfalls im Park. Da in diesem Gebiet eine kühlere Witterung als im übrigen Thailand herrscht, sollten Besucher wärmere Kleidung mitnehmen.

Zwillings-*chedi*
Der Schrein befindet sich in einem der chedi *des Phra That Naphamataneedon.*

Panoramablick
Wanderer am Doi Inthanon genießen herrliche Ausblicke. An klaren Tagen liegen dem Betrachter grenzenlose Waldlandschaften zu Füßen.

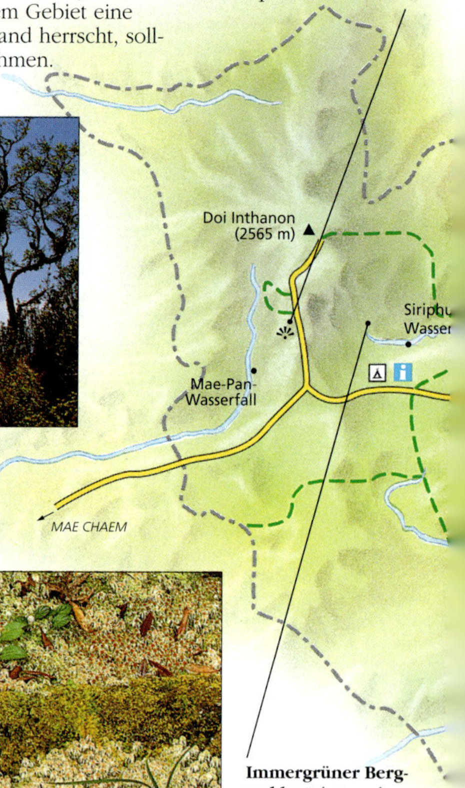

Sumpfmoos
Das kühle Klima am Doi Inthanon begünstigt das Wachstum von Moosen, Farnen und Flechten. Am Gipfel liegt ein in Thailand einmaliger grüner Teppich aus Sumpfmoos.

Immergrüner Bergwald wächst an den oberen Hängen des Doi Inthanon.

Holzkäfer
Dieser Käfer schützt sich durch eine Markierung, die an die Warnfarben von Wespen erinnert. Seine Larven schlüpfen in Baumstämmen und Ästen.

0 Kilometer 2

Orchideen
An des Hängen des Doi Inthanon wachsen zahllose Orchideen. In den höheren Regionen, ab etwa 2500 Meter, wachsen rosa und weiße Orchideen (siehe S. 210) *an den Ästen immergrüner Bäume.*

INFOBOX

Provinz Chiang Mai. Zentrum nahe Hwy. 1009 (beim Hwy. 108), südlich von Chiang Mai. *TAT, Chiang Mai (0-5324-8604); Parkverwaltung, Bangkok (0-2579-5734, 0-2579-7223 für Bungalowreservierung).* *von Chom Thong bis Mae-Klang-Wasserfall,* dann songthaew.
tägl. 6–18 Uhr.

Weißhaubenhäherling
Der Vogel hat seinen Namen von dem weißen Kopfgefieder. Man sieht ihn in den Wäldern der oberen Bereiche des Doi Inthanon.

Laubwälder gedeihen in den tieferen Gebieten des Nationalparks.

Das Bergvolk der Hmong
Die Hmong (siehe S. 196) *sind Wanderbauern. Ihre Wirtschaftsweise hat zu einem Rückgang der Waldflächen geführt, der aber durch Aufforstungen gemildert wird.*

Mae-Ya-Wasserfall
Der mit einer Fallhöhe von 250 Metern höchste Wasserfall Thailands ist eine der faszinierendsten Sehenswürdigkeiten am Doi Inthanon.

LEGENDE

- Straße
- Wanderpfad
- Parkgrenze
- Information
- Campingplätze/Bungalows
- Aussichtspunkt

Landschaft in der Umgebung von Hot im Ping-Tal

Ping-Tal ⓱

หุบเขาแม่น้ำปิง

Provinz Chiang Mai. *TAT, Chiang Mai (0-5324-8604).* *Chiang Mai, dann* songthaew.

Der fast 600 Kilometer lange Flusslauf des Ping bildet einen der wichtigsten Wasserwege im Norden. Der Strom entspringt an der Grenze zu Myanmar und fließt durch das Bhumibol-Reservoir, um sich mit den Flüssen Yom und Nan zu vereinigen. In der zentralen Ebene bei Nakhon Sawan ist der Fluss unter dem Namen Chao Phraya bekannt. Im ländlichen Tal kann man gut das traditionelle Leben beobachten. Es bietet aber auch einige Attraktionen.

Eine davon ist **Chom Thong** – südlich von Chiang Mai an der Kreuzung der Straße zum Doi-Inthanon-Nationalpark *(siehe S. 220f)* mit der Staatsstraße 108. Der **Wat Phra That Si Chom Thong**, die Hauptsehenswürdigkeit in dem kleinen, geschäftigen Städtchen, wurde wegen einer Buddha-Reliquie errichtet und gilt heute noch als wichtiges Pilgerziel. Der *wat* wird allgemein als einer der schönsten im nördlichen Thailand erachtet. Sein vergoldeter *chedi* von 1451 zeigt birmanische Stilelemente; gleiches gilt für den mit detailreichen Schnitzereien von Blumen, Vögeln und *naga (siehe S. 218)* verzierten *bot* (16. Jh.). Zum Tempelkomplex gehören zudem ein Meditationszentrum und ein Zimmer, in dem Königssessel, religiöse Gegenstände und Waffen ausgestellt sind.

Das steile Tal des Chaem-Flusses im Westen von Chom Thong ist in der Region für seine Vielfalt von Schmetterlingen und Faltern bekannt. Mehrere Dörfer entlang der gewundenen Straße im Tal bilden zusammen die Gemeinde **Mae Chaem**. Dieser Ort, einst berühmt für seine Weberzeugnisse, befindet sich heute in einem rasch fortschreitenden Modernisierungsprozess. Sein bedeutendster Tempel, der **Wat Pa Daet**, lohnt wegen seiner gut erhaltenen Lanna-Bauten und der zahlreichen Wandgemälde einen Besuch.

Holzschnitzerei am *bot* des Wat Phra That Si Chom Thong

Am südlichen Talende liegt **Hot**. Die einst 15 Kilometer flussabwärts gelegene Stadt wurde 1964, bevor das Areal wegen des Bhumibol-Staudamms überflutet wurde, an ihren heutigen Standort verlegt. Der Damm ist inzwischen zu einem der wichtigsten Elektrizitätslieferanten des Landes geworden. Reste des alten Hot – heute nur noch einige *chedi* – sind am Ufer des Speichersees zu sehen. Das neue Hot ist ein wichtiger Marktplatz.

Mae Sariang ⓲

แม่สะเรียง

Provinz Mae Hong Son. *48 000.* *TAT, Chiang Mai (0-5324-8604).* *tägl.*

Das kleine Mae Sariang liegt am Fluss Yuam in einem Gebiet mit zahlreichen historisch gewachsenen Verbindungen zu Myanmar. Sie lassen sich an der Architektur des Ortes ablesen; die Bevölkerung besteht zum Großteil aus birmanischen Muslimen. Auf dem Markt im Zentrum sieht man auch Angehörige des Bergvolks der Karen, der größten ethnischen Gruppe der Region.

Zwei Tempel nahe dem Busbahnhof tragen eindeutig birmanische Merkmale, z. B. mehrstöckige Pagodendächer und leuchtende Verzierungen. Der **Wat Chong Sung** (auch Wat Uthayarom) wurde 1896 errichtet, der **Wat Si Bunruang** 1939.

Umgebung: Die Umgebung von Mae Sariang ist gebirgig und bewaldet mit kurvenreichen Straßen. Rundfahrten per Boot oder *songthaew* (die in der Stadt gebucht werden können) bringen Besucher zum 45 Kilometer entfernten Mae Sam Laep, einer Karen-Siedlung am Fluss Salawin nahe der Grenze zu Myanmar. Der Fluss diente einst dem Drogen- und Edelsteinschmuggel. Heute ist Mae Sam Laep ein Transithafen für die (meist illegale) Verschiffung von Teakholz.

Der *chedi* des Wat Chong Sung (19. Jh.) in Mae Sariang

Die Geschichte des Opiums in Thailand

Opium wurde in Nordthailand erstmals im späten 19. Jahrhundert gewonnen, als die Bergvölker *(siehe S. 196f)* aus Südchina einwanderten, wo das Rauschmittel ein alltägliches Konsumgut war. Der Schlafmohn, Grundlage der Opiumherstellung, gedeiht in großen Höhen auf wenig fruchtbaren Böden und stellte früher sogar die profitabelste Feldfrucht der Einwanderer dar. 1959 wurde die Opiumgewinnung in Thailand verboten; sie blühte allerdings während des Vietnamkriegs wieder auf. In dieser Zeit begannen auch die Machtkämpfe über die Kontrolle der Mohnfelder im Goldenen Dreieck *(siehe S. 236f)*, bei denen die Kuomintang *(siehe S. 232)* und die von Birma aus operierende Armee der Shan die beiden mächtigsten Gruppierungen darstellten. Seit den 1960er Jahren ist die Produktion jedoch um über 80 Prozent zurückgegangen. Heute bauen viele Bergvölker andere Pflanzen an.

Schlafmohn

Das Rauchen von Opium *war in den Opiumhöhlen des 19. Jahrhunderts in Teilen Asiens durchaus üblich.*

Großbritannien und China *führten 1839–42 und 1856–60 die Opiumkriege. Es ging um den britischen Opiumimport aus Indien. Danach wurde Opium in China legalisiert.*

Kurze Sicheln, wie sie zum Einschneiden der Fruchtkapseln des Mohns verwendet wurden, sind u. a. im House of Opium ausgestellt.

Der magere Boden der Berghänge auf über 1000 Meter Höhe bietet mit seinem hohen Alkaligehalt ideale Bedingungen für den Anbau von Schlafmohn.

Opiumgewinnung
Das Wandgemälde im House of Opium in Sop Ruak *(siehe S. 238)* zeigt die traditionelle Mohnernte zur Gewinnung von Opium, die im Dezember und Januar stattfindet. Das Museum beherbergt zudem Exponate zum Krieg zwischen der Kuomintang und der Shan-Armee.

Seit den 1980er Jahren *ersetzen andere Nutzpflanzen wie Kohl, Tee oder Kaffee den Schlafmohn, aus dem Opium gewonnen wird. Heute sind Felder mit den neuen Früchten ein gängiges Bild in Nordthailand.*

König Bhumibol *hat aus Sorge um die Opiumabhängigkeit und den illegalen Drogenhandel in seinem Land die Einführung neuer Nutzpflanzen stark unterstützt.*

Wat Phra That Lampang Luang ⓳

วัดพระธาตุลำปางหลวง

Chinesische Kuh am Haupt-*chedi*, wo Gläubige beten

Als einer der Tempel, die in Nordthailand höchste Verehrung genießen, ist der Wat Phra That Lampang Luang auch einer der schönsten. Ende des 15. Jahrhunderts wurden seine Hauptbauten an der Stelle einer ehemaligen Festung (8. Jh.) errichtet. Diese Festung war auf einer Anhöhe angelegt, um sie vor Angriffen zu schützen, und zudem mit drei durch Wassergräben getrennte Erdwälle gesichert; im Dorf um den heutigen *wat* sind die Erdwälle noch immer erkennbar. Die Bauten zeichnen sich durch ihre elegante Gestaltung und Verzierungen im Inneren aus. Im Museum hinter dem Hauptkomplex wird die angeblich aus demselben Jadeblock wie der Smaragd-Buddha *(siehe S. 79)* gefertigte Statue Phra Kaeo Don Tao aufbewahrt.

Buddha im Wihan Phra Phut
Im ältesten Bauwerk (13. Jh.) der Anlage sitzt ein kolossaler Buddha.

Wihan Phra Phut
Der wihan *(1802) ist mit seiner Fassade und dem doppelstöckigen Dach ein Meisterwerk der Lanna-Architektur.*

Bodhi-Baum

Haupteingang

Die fünf Buddhas im Wihan Luang
*Der riesige, an einer Seite offene Haupt-*wihan *aus dem Jahr 1496 birgt fünf sitzende Buddha-Statuen.*

Haupttreppe
Von naga *flankiert, führt die Treppe hinauf zum Eingangsportal (15. Jh.).*

Nicht versäumen

★ **Haupt-*chedi***

★ **Wandbilder im Wihan Nam Tam**

Ho Phra Phuttabat
Der mondop *beherbergt die Skulptur eines Fußabdrucks des Buddha, die bei Festivitäten von Gläubigen verehrt wird. Frauen dürfen das Gebäude nicht betreten.*

INFOBOX

Nahe Hwy. 1, 18 km südwestich von Lampang, Provinz Lampang. *TAT, Chiang Mai (0-5324-8604). Lampang, dann songthaew oder Taxi; Ausflüge ab Lampang, Chiang Mai oder Lamphun. tägl. 9–16 Uhr. Luang Wiang Lakhon (Feb).*

★ Haupt-*chedi*
Die zarten Grün- und Blautöne des chedi *(15. Jh.) entstanden im Lauf der Jahrhunderte durch den Regen; er ließ das Kupfer oxidieren.*

★ Wandbilder im Wihan Nam Tam
Allstagsszenen aus dem 16. Jahrhundert und Dschataka-*Episoden* (siehe S. 26) *schmücken das wohl älteste Holzgebäude Thailands.*

Säulendetail
Schwarz lackierte und mit Goldeinlagen verzierte Säulen sind für den gesamten Tempelkomplex typisch.

Ku im Wihan Luang
In dem vergoldeten ku *(laotischer* prang*) sitzt die Buddha-Statue Phra Chao Lang Thong (1563).*

Pferdekutschen, das wichtigste Transportmittel in Lampang

Lampang ⓴

ลำปาง

Provinz Lampang. 68 000. TAT, Chiang Mai (0-5324-8604). tägl. Luang Wiang Lakon (Feb).

LAMPANG, DIE zweitgrößte Stadt Nordthailands, ist ein Wirtschaftszentrum und befindet sich weiterhin in einer Phase rasanten Wachstums. Die Stadt hat, wie auch Chiang Mai, vieles von historischem Interesse zu bieten, dies aber ohne die dort offenkundige Kommerzialisierung. Lampang ist auch eine gute Ausgangsbasis für Ausflüge und größere Reisen innerhalb Nordthailands.

Die Stadt wurde im 7. Jahrhundert gegründet und im darauffolgenden Jahrhundert, als sie noch Kelang Nakorn hieß, dem Königreich Haripunchai mit der Hauptstadt Lamphun *(siehe S. 219)* eingegliedert. Im 19. Jahrhundert kamen britische Kaufleute aus Birma; sie brachten birmanische Holzfäller und Handwerker mit und verwandelten die Stadt in ein Zentrum der Teakholz-Produktion. Als Folge davon entstanden die vielen Teakhäuser und birmanischen Tempel, die man heute noch hier sieht. Möbel aus Teakholz zählen neben Baumwollwaren und Keramik auch weiterhin zu den traditionellen Zweigen des Kunsthandwerks.

Das moderne Lampang zeichnet sich durch eine weitere alte Tradition aus: Es ist die einzige Stadt Thailands, in der die im 19. Jahrhundert eingeführten Pferdekutschen noch immer das gängige Transportmittel darstellen.

Im Südwesten der Stadt steht eine der bedeutendsten Tempelanlagen Nordthailands, der **Wat Phra That Lampang Luang** *(siehe S. 224f)*, der für seine Wandgemälde aus dem 19. Jahrhundert berühmt ist.

Von den Tempeln der Stadt selbst zieht der **Wat Phra Kaeo Don Tao** das meiste Interesse auf sich. Er entstand wohl zur Zeit der Stadtgründung, doch heute ist von dieser ersten Anlage nur noch der 50 Meter hohe *chedi* erhalten. Sehenswert ist der *mondop* mit dem neungeschossigen Teakdach, den detailreichen Schnitzereien und dem bronzenen Buddha im Mandalay-Stil. Von 1436 bis 1468 befand sich hier der berühmte Smaragd-Buddha oder Phra Kaeo *(siehe S. 77)*, der dann in den Wat Phra Kaeo in Bangkok überführt wurde. Auf dem Gelände befindet sich auch das **Lanna-Museum**, in dem zahlreiche religiöse Artefakte der Lanna-Periode ausgestellt sind.

Südöstlich des Wat Phra Kaeo Don Tao steht das Lanna-Bauwerk **Ban Sao Nak** (»Haus der vielen Säulen«) aus dem Jahr 1896, das heute als Museum fungiert und seinen Namen den 116 quadratischen Teakpfeilern verdankt, die es stützen.

Ban Sao Nak in Lampang mit antikem Kunsthandwerk im Inneren

SONGKRAN-FESTE IN NORDTHAILAND

Das im ganzen Land, am ausgelassensten in Chiang Mai, gefeierte Songkran-Fest *(siehe S. 42)* zählt zu den wichtigsten thailändischen Festen. Die Feierlichkeiten dauern drei Tage, vom 12. bis zum 14. April – in Orten wie Chiang Mai bis zum 15. April. Das Songkran-Fest ist das buddhistische Neujahr. Aus dem ursprünglich rein religiösen Feiertag, an dem Buddha-Statuen durch Wasserbäder gereinigt werden, ist eine intensive Feier zu Ehren des Wassers in der heißen Jahreszeit geworden. Heute werden, neben einigen alten Bräuchen, wahllos Straßenpassanten mit Eimern Wasser überschüttet. Bei diesem Zeremoniell geben nichtsahnende Urlauber natürlich die besten Zielscheiben ab. Älteren und Mönchen werden die Hände mit Duftwaser benetzt.

Songkran-Prozession am Fluss in Lampang

Vorführung im Thai Elephant Conservation Center nahe Lampang

Aus dem ausgehenden 18. Jahrhundert stammt der Lanna-Tempel **Wat Pongsanuk Tai**. Er umfasst einen kupfernen *chedi* und einen *mondop*, der einen von Buddhas umgebenen Bodhi-Baum birgt.

Der birmanische **Wat Si Chum** (19. Jh.) im Süden der Stadt wurde größtenteils aus geschnitztem Teakholz angefertigt.

Lanna-Museum
Phra Kaeo Rd. *0-5321-1364.* *tägl.*

Ban Sao Nak
Ratwana Rd. *tägl.*

Thai Elephant Conservation Center 21

ศูนย์ฝึกลูกช้าง

Beim Hwy. 11, 38 km nordwestlich von Lampang, Provinz Lampang. *TAT, Chiang Mai (0-5324-8604).* *0-5422-7051.* *Lampang, dann* songthaew. *tägl.; Shows 9.30–11 Uhr (Sa, So 14 Uhr)*

Das Ausbildungszentrum für Elefanten zählt zu den besten in Nordthailand und orientiert sich dabei wesentlich weniger am Tourismus als andere. Zwölf Jungtiere werden jedes Jahr zur Abrichtung hierher gebracht; insgesamt sind es an die 100 Tiere. Ihre Höchstleistungen zeigen die Elefanten im Alter von 40 bis 50 Jahren, und in der Regel bleiben sie im Camp bis zum offiziellen »Ruhestandsalter« von 60.

Während ihrer fünf Jahre dauernden Ausbildung lernen die Tiere im nahe gelegenen Forst eine Reihe von Arbeiten wie das Tragen, Schieben und Stapeln von Baumstämmen. Solche Tätigkeiten sind auch Teil der regelmäßigen, für Besucher angesetzten Vorführungen. Ein Museum auf dem Gelände beschäftigt sich mit der Geschichte der Tiere in Thailand *(siehe S. 243).*

Plakat des Elefantenausbildungszentrums

Umgebung: Auf der gegenüberliegenden Straßenseite ist der **Thung-Kwian-Forest Markt** mit einem reichhaltigen Angebot an Kräutern und Tieren wie Eidechsen, Käfern und Schlangen. Trotz offizieller Verbote werden hier gefährdete Arten *(siehe S. 209)*, etwa Schuppentiere, verkauft.

Thung-Kwian-Forest-Markt
Beim Hwy. 11, 35 km nordwestlich von Lampang. *tägl.*

Uttaradit 22

อุตรดิตถ์

Provinz Uttaradit. *43 000.* *TAT, Chiang Rai (0-5371-7433).* *tägl.* *Langsat-Jahrmarkt (Okt).*

Die von modernen Entwicklungsprojekten und touristischer Kommerzialisierung relativ freie Provinzhauptstadt ist auf nur wenigen Reiserouten verzeichnet. Ihre Lage macht sie aber zu einer praktischen Zwischenstation auf dem Weg vom nördlichen Menam-Becken in den Norden des Landes.

Uttaradit erlebte seinen Aufstieg während der Sukhothai-Zeit; kurz vor dem Zusammenbruch des Königreichs Ende des 13. Jahrhunderts verlief hier dessen nördliche Grenze. Der berühmteste Sohn dieser Stadt war König Taksin, der in der Mitte des 18. Jahrhunderts hier geboren wurde und 1767 Thailand nach der Zerstörung von Ayutthaya durch die Birmanen wieder vereinigte. In den engen Straßen der Stadt stehen noch viele Häuser aus Teakholz. Von besonderem Interesse ist der **Wat Tha Thanon** hinter dem Bahnhof, der einen bronzenen Buddha im Lanna-Stil besitzt.

Westlich von Uttaradit liegt der **Wat Phra Boromathat** (auch Wat That Thung Yang). Sein *wihan* zeigt laotische Stilmerkmale.

Die Hauptstraße von Uttaradit, dem Geburtsort von König Taksin

DER NORDEN

Der äußerste Norden Thailands ist ein Teil des Goldenen Dreiecks – des Gebiets, in dem die Staaten Thailand, Myanmar und Laos aneinander grenzen. Der Norden des Landes steht geschichtlich eng mit der Opiumproduktion in Verbindung. In der idyllischen Landschaft gibt es eine ganze Reihe weniger bekannter Reiseziele, etwa die beschaulichen Städte Phrae und Nan.

Die fruchtbare Schwemmlandebene des Mekong, deren Rand den äußersten Norden berührt, bevor sie sich ins östlich gelegene Laos fortsetzt, bildet einen Kontrast zur atemberaubenden Schönheit der Gebirge im Westen und Norden der Region. Hier gibt es zahlreiche abgelegene Dörfer von Bergvölkern, etwa der Mien und Akha, die sich ihre traditionelle Lebensweise bis heute erhalten haben. Daneben findet man Siedlungen ehemaliger Soldaten der chinesischen Nationalisten und deren Nachkommen, die nach der Bürgerkriegsniederlage gegen die Kommunisten unter Mao Zedong 1949 auswanderten.

Die wichtigste Stadt des äußersten Nordens ist Chiang Rai. Ohne besonders malerisch zu wirken, besitzt sie doch einige Sehenswürdigkeiten und fungiert als Ausgangsbasis für Trekkingtouren. Interessanter sind die Orte am Mekong entlang der Grenzen zu Myanmar und Laos, etwa Chiang Saen oder Chiang Khong.

Die meisten Besucher fahren von Chiang Mai nach Chiang Rai und dann weiter ins Goldene Dreieck, sodass einige Orte im Osten relativ unberührt geblieben sind. Die alte Siedlung Phrae wird nur von Wenigen aufgesucht, obwohl sie von der Zentralebene von Chiang Mai aus leicht zu erreichen ist. Die schon wegen der Wandgemälde im Wat Phumin sehenswerte Stadt Nan liegt dagegen eher abseits in einem Tal, weit weg von der Hauptstraßenverbindung in Richtung Goldenes Dreieck. Nordöstlich davon bietet der Doi-Phu-Kha-Nationalpark die Möglichkeit zur Vogelbeobachtung.

Ein Lue-Bauer pflügt die Felder wie seit Generationen üblich

◁ **Junge Lisu-Frauen in ihrer kunstvollen, farbenfrohen Tracht**

Überblick: Der Norden

Die nördlichste Region Thailands ist für viele gleichbedeutend mit dem Goldenen Dreieck. Das Gebiet am Zusammentreffen der Grenzen von drei Ländern ruft noch immer Bilder von ungezähmter Wildnis, entlegenen Bergdörfern und Opiumbaronen auf der Flucht hervor. In solchen Vorstellungen liegt in der Tat mehr als nur ein Körnchen Wahrheit, doch zugleich entwickelt sich der äußerste Norden immer rascher zum Reiseziel mit Zentrum in der einstigen Hauptstadt des Königreichs von Lanna, in Chiang Rai. Hauptattraktion für Besucher ist die einzigartige, abwechslungsreiche Landschaft, die sich am besten zu Fuß oder mit dem Motorrad erkunden lässt.

Sehenswürdigkeiten auf einen Blick

Chiang Khong 9
Chiang Rai S. 240 f 10
Chiang Saen 8
Doi-Phu-Kha-Nationalpark 16
Doi Tung 4
Fang 1
Goldenes Dreieck (Sop Ruak) 7
Mae Sai 5
Mae Salong 3
Mae Saruai 11
Nan S. 244 ff 17
Ngao 14
Nong Bua 15
Phayao 13
Phrae S. 248 f 18
Sirikit-Stausee 19
Tha Ton 2
Wiang Pa Pao 12

Tour
Goldenes Dreieck 6

Legende

- Hauptstraße
- Nebenstraße
- Panoramastraße
- Fluss
- Aussichtspunkt

Zusammenkunft von Lisu-Frauen in traditioneller Kleidung

Buddha-Statue vor Wandgemälde im Wat Nong Bua, Nong Bua

Im Norden unterwegs

In Chiang Rai, Nan und Phrae gibt es Inlandsflughäfen. Die Staatsstraße 1 (die nördlich von Chiang Rai zur Nr. 110 wird) ist Thailands Hauptverbindungsstraße von Nord nach Süd. Auf dem Fluss Kok verkehren regelmäßig Ausflugsschiffe zwischen Tha Ton und Chiang Rai. Eine Alternative für Fahrten in kleine, abgelegene Orte sind organisierte Touren. Es gibt in der Region keine Züge.

Siehe auch

- ***Übernachten*** S. 395f
- ***Restaurants*** S. 420f

Der Pavillon im Wat Phra Bat in Phrae ist reich verziert.

Karen-Stammesangehörige bieten auf dem Markt in Fang ihre Waren an

Fang ❶

ฝาง

Provinz Chiang Mai. *96 000.* *von Chiang Mai.* *TAT, Chiang Mai (0-5324-8604).* *tägl.*

König Mengrai gründete 1268 die Stadt Fang als Handelszentrum in strategisch vorteilhafter Lage am Eingang eines Tals. Zu Beginn des 19. Jahrhunderts wurde sie bei einem birmanischen Überfall zerstört und lag dann bis um 1880 brach. Heute hat die Ortschaft eine Art Grenzfunktion inne – zwischen den von Thai und den von den Bergvölkern *(siehe S. 196f)* bewohnten Gebieten. Die in der Umgebung ansässigen Stämme der Mien, der Karen und der Lahu bieten ihre Waren auf dem Markt in Fang zum Verkauf an, wodurch die Rolle der Stadt als Handelszentrum wiederbelebt wurde.

Das Stadtbild prägen zweigeschossige Teakhäuser. In vielen Bauten ist der Einfluss des nahen Myanmar ersichtlich, beispielsweise auch im eindrucksvollsten Tempel **Wat Jong Paeng** am nördlichen Ortsrand.

Umgebung: In der Vergangenheit spielte der Drogenhandel im Gebiet um Fang eine nicht unerhebliche Rolle, wobei Kämpfe zwischen rivalisierenden Banden gelegentlich von Myanmar aus über die Grenze getragen wurden. Zu den Sehenswürdigkeiten zählen die Schwefelquellen zehn Kilometer westlich von Fang und der Berg **Doi Ang Khang** im Südwesten mit mehreren Dörfern der Lisu, Lahu und Hmong.

Tha Ton ❷

ท่าตอน

Provinz Chiang Mai. *18 000.* *von Chiang Mai nach Fang, dann* songthaew. *TAT, Chiang Mai (0-5324-8604).*

Zwischen dem idyllisch in einer Biegung des Flusses Kok gelegenen Tha Ton und Chiang Rai verkehren regelmäßig Ausflugsboote. Fahrten auf dem Fluss können in den Gasthäusern und Hotels gebucht werden und sind oft mit einem Besuch in den nahen Dörfern der Bergvölker verbunden. Wichtigste Attraktion ist der von seiner Hügellage aus die Stadt beherrschende **Wat Tha Ton** mit seinem kolossalen weißen Buddha. Von hier aus bieten sich atemberaubende Ausblicke auf die Umgebung.

Der imposante weiße Buddha des Wat Tha Ton

Umgebung: Auf der Straße von Tha Ton zum 43 Kilometer entfernten Doi Mae Salong kommt man durch herrliche Berglandschaften und hübsche Dörfer.

Mae Salong (Santikhiree) ❸

ดอยแม่สะลอง (ดอยสันติคีรี)

Provinz Chiang Rai. *21 000.* *Chiang Rai, dann* songthaew. *TAT, Chiang Rai (0-5371-7433).* *tägl.*

Als eine der bedeutendsten Siedlungen in der neueren Geschichte Nordthailands ist Mae Salong eine der reizvollsten. Die Ortschaft wurde 1962 von Mitgliedern der Kuomintang nach deren Niederlage in China gegen die Armee von Mao gegründet. Sie wuchs zu einem Sammelbecken für national gesinnte chinesische Exilsoldaten heran. Das thailändische Militär gewährte der Kuomintang ein Aufenthaltsrecht als Gegenleistung für deren Unterstützung bei der Unterdrückung des Kommunismus, der sich, wie man während des Vietnamkrieges annahm, unter den Bergvölkern ausbreiten würde. Als Lohn der Hilfe überließ man der Kuomintang auch die Kontrolle über den regionalen Opiumhandel, und in der Folge bildete das gesamte Gebiet bis in die 1980er Jahre eine relativ gesetzesfreie und nicht ungefährliche Zone.

Nachdem sich Khun Sa, Kriegsherr in den Opiumkonflikten *(siehe S. 223)*, in den frühen 1980er Jahren nach Myanmar zurückgezogen hatte, konnte die Regierung Thailands bei der Befriedung der Region einige Erfolge verbuchen. Dieser Entwicklung trug man mit der Umbenen-

Chinesische Heilkräuter und Gewürze, Markt von Mae Salong

Moderner Tempel auf dem Gipfel des Doi Mae Salong

nung von Mae Salong in Santikhiree (»Hügel des Friedens«) Rechnung, was auch dem Ruf der Stadt zugute kommen sollte.

Auf dem Markt von Mae Salong sieht man zahlreiche Angehörige der Akha und Mien aus den Bergdörfern, doch den Großteil der Bevölkerung machen noch immer ehemalige Soldaten der Kuomintang sowie deren Nachkommen aus. Die niedrigen chinesischen Häuser und der Klang der chinesischen Sprache in den Straßen lassen Mae Salong insgesamt eher wie eine chinesische denn eine thailändische Stadt erscheinen. Opium spielt heute keine Rolle mehr und ist inzwischen durch den Anbau von und den Handel mit neuen Kulturpflanzen wie etwa Kohl, Tee oder Kräutern abgelöst worden.

Doi Tung ❹

ดอยตุง

Provinz Chiang Rai. *TAT, Chiang Rai (0-5371-7433). von Mae Chan oder Mae Sai zur Abzweigung nach Doi Tung, dann* songthaew *zum Gipfel.*

Das eindrucksvoll hervorspringende Kalksteinmassiv des Doi Tung beherrscht das Becken des Mekong um Mae Sai. Eine schmale Straße schlängelt sich durch zauberhafte Monsunwälder bis zum 1800 Meter hohen Gipfel des Bergs empor.

Der Name des Doi Tung (»Flaggengipfel«) bezieht sich auf eine Begebenheit aus dem Jahr 911. König Achutarat von Chiang Saen erteilte den Befehl, eine Flagge an der Stelle auf dem Gipfel zu hissen, wo zwei *chedi* entstehen sollten, um ein Stück des Schlüsselbeins Buddhas aufzunehmen. Die beiden *chedi*, noch immer ein wichtiges Pilgerziel, stellen heute den Kern des **Wat Phra That Doi Tung** dar. Sehenswert ist hier auch eine große, rundliche Buddha-Statue in chinesischem Stil. Pilger werfen ihr als Zeichen der Verehrung einige Münzen in den Bauchnabel.

Geschichtlich besteht eine starke Verbindung der Region um Doi Tung zur Opiumgewinnung; die Mohnfelder bewachten Angehörige der Bergvölker und der Kuomintang. Doch in den vergangenen Jahren wurde ein Entwicklungsprogramm ins Leben gerufen, mit dem Ziel, die Kontrolle der Region durch die Zentralregierung zu festigen. Als Teil von weiteren Bemühungen, den Tourismus anzukurbeln und den Bergvölkern Alternativen zum Mohnanbau zu bieten, wurde 1988 auf dem Berggipfel die **Doi Tung Royal Villa** errichtet. Die Anstrengungen waren insgesamt erfolgreich, haben aber auch viele Stammesangehörige letztlich in die Abhängigkeit von diesem Entwicklungsprojekt und vom Tourismus getrieben.

Heute ist Doi Tung durch gute Straßen mit anderen Siedlungen des Gebiets verbunden. Doch obwohl die starke Präsenz von Militär den Drogenhandel weitgehend eindämmen konnte, sollten Besucher besser nicht von den Hauptverkehrswegen abweichen.

Doi Tung Royal Villa

Hwy. 1149. *tägl.*
Palastgärten *6–18 Uhr.*

Feldfrüchte ersetzen nun den Anbau von Schlafmohn als Haupteinnahmequelle am Hang des Doi Tung

Terrassierte Felder neben einer Parkanlage im landschaftlich reizvollen Goldenen Dreieck ▷

Mae Sai ❺

แม่สาย

Provinz Chiang Rai. 56 000. TAT, Chiang Rai (0-5371-7433). tatei@loxinfo.co.th *tägl.*

Lediglich eine Brücke trennt Mae Sai, die nördlichste Stadt Thailands, von Myanmar. Jeden Tag herrscht hier Hochbetrieb, wenn zahllose Händler aus dem Nachbarland kommen, um ihre Waren zu verkaufen. Angeboten werden u. a. Lackarbeiten, Edelsteine und Jadeartikel, die meist aus Myanmar kommen. Der Ort selbst bietet kaum Sehenswertes, doch vom **Wat Phra That Do Wao** hat man einen schönen Ausblick.

Umgebung: Gegen eine kleine Gebühr in US-Dollar können Besucher die Brücke nach **Tachilek** in Myanmar überqueren. Bitte erkundigen Sie sich bei der Botschaft Ihres Landes *(siehe S. 451)* oder einem Reiseveranstalter über die aktuelle politische Situation in Myanmar.

Im Süden von Mae Sai liegt der Höhlenkomplex **Tham Luang** und etwas weiter in der gleichen Richtung die Höhlen **Tham Pum** und **Tham Pla** mit unterirdischen Seen.

Tham Luang
Beim Hwy. 110, 6 km südlich von Mae Sai. *tägl.*

Tham Pum und Tham Pla
Beim Hwy. 110, 13 km südlich von Mae Sai. *tägl.*

Lagerhäuser nahe der Grenze zu Myanmar bei Mae Sai

Tour: Goldenes Dreieck ❻

Lanna-Schnitzerei, Chiang Saen

Das Goldene Dreieck umfasst Teile von Thailand, Laos und Myanmar. Das geschichtlich mit Opium- und Heroinhandel verbundene (daher »goldene«) Dreiländereck hat Besuchern viel zu bieten. Diese Rundfahrt führt zu den lohnendsten Sehenswürdigkeiten: zum Ausblick am »Scheitel« des Dreiecks, wo die Ländergrenzen aufeinandertreffen, zu den Dörfern der Bergvölker, in die herrliche Berglandschaft und in historische Städte wie Chiang Saen und Chiang Khong. Im Grenzbereich zum Nachbarland Myanmar kann es mitunter gefährlich werden, da in dieser Region vermutlich weiterhin illegaler Drogenhandel betrieben wird.

Doi Mae Salong ②
Der Berg, an dem das sehr chinesische Mae Salong *(siehe S. 232f)* liegt, steht inmitten herrlicher Landschaften.

Saam Yekh Akha ③
Wie in jeder Siedlung der Akha schmücken kleine Statuen die Eingangstore zum Dorf. Sie warnen die Geister, dass nur Menschen eintreten dürfen.

Pha Dua ④
Das Mien-Dorf lebt vom Verkauf von Textilien und Kunsthandwerk. Es gibt hier noch sehr spezielle Zeremonien, die auf einer Mischung aus animistischen und taoistischen Elementen bestehen.

Tha Ton ①
In Tha Ton *(siehe S. 232)* nahe der Grenze zu Myanmar thront eine Kolossalstatue des Buddha. Sie blickt über die Stadt und die umliegende Landschaft und ist sie schon aus mehreren Kilometern Entfernung zu sehen.

Routeninfos

Länge: *200 km.*
Rasten: *In Mae Sai, Chiang Saen und Chiang Khong gibt es Lokale, Gästehäuser und Tankstellen. Kleinere Straßen können eventuell schwer passierbar sein. Halten Sie sich am besten an die oben nummerierten Strecken.*

Mae Sai ⑥
Etwas außerhalb von Mae Sai liegt der sehenswerte Wat Phra That Doi Wao; der *bot* zeigt Buddha-Schnitzereien.

Doi Tung ⑤
Am Berg liegt die Doi Tung Royal Villa *(siehe S. 233)* mit einem farbenprächtigen Blumengarten.

Sop Ruak ⑦
Wegen der Lage des Dorfs *(siehe S. 238)* am Dreiländereck sind hier die Restaurants und Geschäfte gut gefüllt.

Chiang Khong ⑩
Reisende in Richtung Laos halten sich selten länger in Chiang Khong *(siehe S. 239)* auf. Der Wat Luang lohnt allerdings einen Besuch.

Wat Phra That Pha Ngao ⑨
Der Tempel aus dem 10. Jahrhundert liegt auf einem Hügel südlich von Chiang Saen *(siehe S. 239)* und bietet einen herrlichen Blick über die umliegende Landschaft. Flachreliefs zieren den *wihan*; der *chedi* besteht aus weißem Marmor.

Chiang Saen ⑧
Diese Stadt *(siehe S. 238f)* voller Tempelruinen und Teakbäume, die einst Hauptstadt eines kleinen Königreichs war, sollte man unbedingt besuchen. Hier gibt es eine Außenstelle des Nationalmuseums und einen schönen Markt.

In den Reisfeldern nahe Chiang Saen wird Reis nach traditioneller Art angebaut und geerntet

Goldenes Dreieck (Sop Ruak) 7

สามเหลี่ยมทองคำ (สบรวก)

68 km nordöstlich von Chiang Rai, Provinz Chiang Rai. *ab Chiang Saen.* *ab Chiang Saen.* *TAT, Chiang Rai (0-5371-7433).*

Am Scheitelpunkt des Goldenen Dreiecks, wo Thailand, Myanmar und Laos aufeinanderstoßen, liegt in einer Biegung des Mekong das Dorf **Sop Ruak**.

Historisch gesehen bezieht sich die Bezeichnung »Goldenes Dreieck« auf ein weit größeres Gebiet, auf jenen Landstrich im Grenzgebiet der drei Länder, in dem früher Opium hergestellt wurde *(siehe S. 223)*. Heute jedoch denkt man dabei an einen kleineren Bereich bei Sop Ruak.

Wie die Vielzahl von Geschäften, Restaurants und Hotels am Ort zeigt, wächst Sop Ruak rasch zu einem bedeutenden Reiseziel heran. In einem Museum, dem **House of Opium**, sind zahlreiche Ausstellungsstücke aus allen Bereichen der Opiumgewinnung zu sehen.

Die Hauptattraktion des Gebiets dürfte allerdings der Mekong sein. Bei Bootsfahrten auf dem Fluss hat man wunderbare Blicke auf die Wälder in Laos und das Golden Triangle Paradise Resort in Myanmar. Die mit jeglichem Komfort ausgestattete Anlage besitzt ein Kasino und wurde deshalb in Myanmar errichtet, weil Glücksspiele auf thailändischem Staatsgebiet verboten sind.

House of Opium

212 House of Opium, südöstlich des Zentrums von Sop Ruak. *tägl.*

Wandbilder im House of Opium zeigen die Erntegeräte von Schlafmohn

Chiang Saen 8

เชียงแสน

Provinz Chiang Rai. *50 000.* *TAT, Chiang Rai (0-5371-7433).* *tägl.*

Chiang Saen, eine der ältesten Städte des Landes, liegt in herrlicher Umgebung am Ufer des Mekong. Gegründet wurde sie angeblich 1328 von Saenphu, dem Enkel von König Mengrai, als mächtige Festung mit zahlreichen Tempeln. An einigen Bauten sind jedoch Hinweise gefunden worden, die ein wesentlich höheres Alter der Stadt vermuten lassen. 1558 wurde sie von den Birmanen eingenommen, 1804 durch König Rama I. wieder befreit und anschließend bis auf die Grundmauern niedergebrannt, um eine abermalige Einnahme zu verhindern. Die heutige Stadt Chiang Saen entstand in den 80er Jahren des 19. Jahrhunderts und weist noch immer eine eindrucksvolle Anzahl historischer Bauten auf, welche die Zerstörungen überstanden.

Lanna-Schnitzerei, Nationalmuseum

Chiang Saens größter Tempel heißt **Wat Phra That Chedi Luang**. Sein 58 Meter hoher, achteckiger *chedi* wurde zwischen dem 12. und 14. Jahrhundert erbaut und zeigt die klassischen Merkmale der Lanna-Architektur. Neben dem *wat* werden auf einem kleinen Markt Textilien und Souvenirs der Lue angeboten, einer kleinen Volksgruppe, die im 18. Jahrhundert aus China in diese Region eingewandert ist. Nicht weit entfernt befindet sich das **Chiang-Saen-Nationalmuseum** mit einer Sammlung von Steinmetzarbeiten aus der Lanna-Zeit, Buddha-Statuen und Artefakten der Bergvölker *(siehe S. 196f)*.

Als schönster Tempel der Stadt kann sicherlich der **Wat Pa Sak** (»Teakwald-Tempel«), der etwas im Westen außerhalb der alten Stadtmauern liegt, gelten. Die Anlage besteht aus sieben getrennten, zwischen den Teakbäumen, die dem *wat* den Namen geben, angeordneten Ruinenkomplexen. Der 1295 erbaute *chedi* ist der älteste der Stadt; ihn zieren in den Stein geschlagene Motive von Blumen und mythologischen Tieren. Auf einem Hügel nordwestlich von Chiang Saen bietet sich vom **Wat Phra That Chom Kitti** ein Rundblick.

Chiang-Saen-Nationalmuseum
Phahon Yothin Rd. *Mi–So.*
Feiertage

Wat Pa Sak
Nahe dem Chiang-Saen-Tor.
tägl.

Typische Textilien der Lue, die in Chiang Khong verkauft werden

Chiang Khong 9

เชียงของ

Provinz Chiang Rai. *55 000.*
TAT, Chiang Rai (0-5371-7433). *tägl.*

DAS HEUTIGE Chiang Khong am Ufer des Mekong stellt nur den Rest eines ehemals wesentlich größeren Areals dar, das zu großen Teilen 1893 an die Franzosen verlorenging, als diese es ihrem Einflussbereich in Indochina angliederten. Das Leben der Grenzstadt Chiang Khong wird weitgehend von Ereignissen in Laos bestimmt. Früher war der Ort eine der wichtigsten Anlaufstationen für Flüchtlinge nach dem Sieg der Kommunisten.

Hier leben auch zahlreiche Angehörige vom Stamm der Lue, deren farbenfrohe Textilien in den Geschäften der Stadt verkauft werden. Der bedeutendste Tempel, der **Wat Luang**, stammt aus dem 13. Jahrhundert; er steht im Stadtzentrum.

UMGEBUNG: Besucher können mit der Fähre nach **Huay Xai**, das gleich hinter der Grenze zu Laos liegt, übersetzen. Man braucht dafür ein Visum, das bei Reisebüros in Chiang Khong und bei der laotischen Botschaft in Bangkok erhältlich ist *(siehe S. 451)*. Wichtige Attraktion des bedeutenden Handelszentrums Huay Xai ist der **Wat Chan Khao Manirat**.

THAILANDS TEAK-INDUSTRIE

Die Verwendung von Teakholz *(Tectona grandis)* blickt in Thailand auf eine Jahrhunderte alte Geschichte zurück. Die günstigen Eigenschaften des Holzes wie Härte und Widerstandsfähigkeit haben es zu einem beliebten Werkstoff für Gebäude und Möbel gemacht, und dank seiner eleganten Maserung eignet es sich auch hervorragend für detailreiche Schnitzarbeiten. Ideale Lebensbedingungen finden Teakbäume auf nährstoffreichen Böden in niederschlagsreichen Gebieten. Bei günstigen Voraussetzungen können die Laub abwerfenden Bäume Höhen von 100 Meter überschreiten. Rücksichtsloser Raubbau führte zu einem dramatischen Rückgang der Bestände; als Folge davon wurden das Abholzen und die Ausfuhr Teakholz 1989 verboten. Die Tradition der Holzverarbeitung kann man in den ländlicheren Gegenden Thailands überall sehen, etwa bei den alten Holzhäusern einiger Provinzstädte wie Phrae *(siehe S. 248)* oder Ngao *(siehe S. 242)*, die beide im Norden des Landes liegen.

Transport von Teakholz auf dem Chao Phraya

Teakwald im Flachland Nordthailands

Chiang Rai ⑩

เชียงราย

Detail eines Pfaus, Wat Phra Sing

Die alte Stadt wurde 1262 von König Mengrai gegründet, der beschlossen hatte, dass der Standort in einer Senke in den Bergen ideal für die neue Hauptstadt seines Königreichs Lanna *(siehe S. 58f)* wäre. Bereits 34 Jahre später zog der Hof allerding nach Chiang Mai um, und in der Folgezeit verlor Chiang Rai einen großen Teil seiner Bedeutung. Der modernen Stadt fehlt zwar der Charme Chiang Mais, doch sie besitzt einige lohnende Sehenswürdigkeiten.

Überblick: Chiang Rai

Mit der großen Vielfalt an ethnischen Bevölkerungsgruppen und der landschaftlich schönen Umgebung fühlt man sich in Chiang Rai, der Hauptstadt der nördlichsten Provinz Thailands, im Vergleich zu Bangkok und sogar zu Chiang Mai beinahe wie in einer anderen Welt. An Bauwerken wie dem Wat Phra Kaeo erkennt man die geschichtliche Bedeutung der Stadt, auch wenn moderne städtebauliche Entwicklungen zunehmend in den Vordergrund treten.

Neue Ferienhotels und Ferienhäuser für die wohlhabenderen Bewohner von Bangkok haben Chiang Rai zu einer der am schnellsten wachsenden Städte des Landes gemacht. Allgemein wird auch durch die zunehmenden Handelskontakte mit dem nur 200 Kilometer nördlich liegenden China ein nicht unbeträchtliches Wirtschaftswachstum in dieser Provinz erwartet. Reizvoll: Auf vielen Inseln im Kok gibt es Ferienanlagen.

Wat Phra Kaeo

วัดพระแก้ว

Trirat Rd. ○ *tägl.*

Von allen Tempeln der Stadt wird dieser besonders verehrt. Der Überlieferung nach traf 1436 ein Blitz den *chedi* und verursachte einen Riss in der Gipsummantelung des Smaragd-Buddhas (der in Wirklichkeit aus Jadeit besteht), sodass sein Inneres zum Vorschein kam. Die bedeutendste Buddha-Figur Thailands steht heute in Bangkok *(siehe S. 79)*; 1991 wurde hier eine Nachbildung aufgestellt. Der *wat* stammt aus dem 13. Jahrhundert; sein *bot* birgt eine der größten erhaltenen Bronzestatuen der Lanna-Zeit *(siehe S. 58f)*.

Wat Chet Yot

วัดเจ็ดยอด

Chet Yot Rd. ○ *tägl.*

Der kleine *wat*, dessen ungewöhnlicher *chedi* sieben Turmhelme besitzt, ähnelt seinem Namensvetter in Chiang Mai *(siehe S.216f)*. Den *wihan* schmücken Wandbilder mit astrologischen Motiven.

Der *wihan* des Wat Phra Sing in Chiang Rai

Wat Phra Sing

วัดพระสิงห์

Singhakhlai Rd. ○ *tägl.*

Der gegen Ende des 14. Jahrhunderts erbaute Wat Phra Sing ist ein typisches Beispiel für die Holzarchitektur des Nordens; charakteristisch sind seine niedrigen, gewölbten Dächer. Im Haupt-*wihan* befindet sich eine Nachbildung des Phra Sing Buddha vom Wat Phra Sing in Chiang Mai *(siehe S. 214ff)*. Auch um den Bodhi-Baum der Anlage stehen einige Buddha-Statuen.

Eine Treppe führt zum sitzenden Buddha im Wat Mungmuang

Wat Mungmuang

วัดมุ่งเมือง

Uttarakit Rd. ○ *tägl.*

Ein rundliches Buddha-Bildnis mit der Geste des *vitarkha mudra* (erhobene Hand; *siehe S. 163)* beherrscht den *wat*. Die Gemälde im *wihan* behandeln das Thema »Umweltverschmutzung« und zeigen so die Sorge der Thai angesichts des schnellen Wachstums der Städte – auch ein Problem in Chiang Rai.

Wat Doi Chom Thong

วัดพระธาตุดอยจอมทอง

Doi-Chom-Thong-Hügel. ○ *tägl.*

Der in den 1940er Jahren erbaute Tempel steht auf einer Anhöhe außerhalb der Stadt. An dieser Stelle soll sich König Mengrai für den Standort seiner neuen Hauptstadt entschieden haben. Im *wihan* befindet sich die *lak muang* (»Stadtsäule«) von Chiang Rai, die in Thailand traditionell bei der Gründung eines Ortes errichtet wird.

Overbrook Hospital, ein Beispiel für die Kolonialarchitektur

Overbrook Hospital

โรงพยาบาลโอเวอร์บรุ๊ค

Trirat Rd. ☎ *0-5371-1336.*

Das Krankenhaus ist ein typisches Beispiel für die Kolonialarchitektur des 19. und 20. Jahrhunderts, als die Stadt zahlreichen westlichen Missionaren und Kaufleuten als Stützpunkt diente. Seitdem Chiang Rai immer mehr von modernen Bauten geprägt wird, verschwinden solche Gebäude allmählich aus dem Stadtbild. Der Trend dürfte sich mit dem anhaltenden Zustrom von Besuchern und deren Wünschen nach modernen Unterkünften in Zukunft noch verstärken.

Hill Tribe Museum

ศูนย์พัฒนาและสงเคราะห์ชาวเขา

Phahon Yothin Rd. ☎ *0-5371-9167.* *Mo–Sa.*

1990 rief die gemeinnützige Population and Community Development Association (PDA) das kleine Museum und Kunstgewerbezentrum, das sich mit der Kultur der Bergvölker befasst, ins Leben. Neben der Aufklärung von Besuchern über die Probleme der ethnischen Minderheiten *(siehe S. 196f)* haben sich die ehrenamtlichen Mitarbeiter des Zentrums zum Ziel gesetzt, die Bergvölker selbst über Möglichkeiten und Mittel zu informieren, mit denen sie der Bedrohung ihrer traditionellen Lebensweise entgegentreten können. Daneben werden auch Kunsthandwerkserzeugnisse der Bergvölker ausgestellt und auf den Märkten verkauft *(siehe S.198f)*.

UMGEBUNG: Chiang Rai hat sich zum beliebten Ausgangsort für Reisen in die übrigen Teile des äußersten Nordens entwickelt. Reiseveranstalter und zahlreiche Gästehäuser organisieren Mietwagen, Trekkingtouren und Ausflüge. Auch Bootsfahrten auf dem Kok einschließlich dem Besuch von **Tha Ton** *(siehe S. 232)* sind im Angebot. Von **Ruamit**, 20 Kilometer westlich von Chiang Rai gelegen und in einer Stunde per Boot erreichbar, kann man auf Elefanten zu Akha- und Mien-Dörfern reiten.

Besucher beim Elefantenritt in Ruamit

> **INFOBOX**
>
> Provinz Chiang Rai. *70 000.* *8 km nördlich von Chiang Rai.* *nahe der Prasopsuk Rd.* *Kok-Pier.* *TAT, 448/16 Singkhlai Rd., Chiang Rai (0-5371-7433).* *Etage unter dem TAT-Büro, 0-5371-7779.* *tägl.* *Pho Khun Mengrai Festival (Jan); Litschi- und Nang-Lae-Ananas-Jahrmarkt (Mai).* www.chiangrai.com

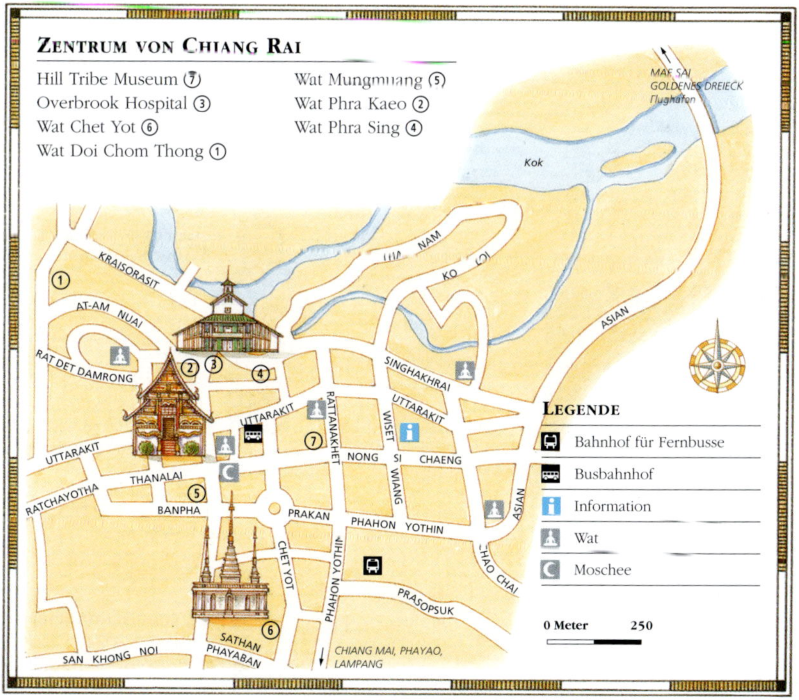

Mae Saruai ⓫

แม่สรวย

Provinz Chiang Rai. *78 000.* *Chiang Rai, dann* songthaew. *TAT, Chiang Rai (0-5371-7433).* *tägl.*

Der kleine Marktflecken in einer von Bergen und zerklüfteten Felsen umgebenen Ebene fungiert als Treffpunkt für Angehörige der Bergvölker, z. B. der Akha *(siehe S. 196)*. Die Modernisierung der Landwirtschaft ist hier in vollem Gang; neue Nutzpflanzen, darunter Zuchtblumen, ergänzen immer mehr den Reisanbau.

Umgebung: In Chiang Rai kann man einen Wagen mieten, um die Dörfer der Bergvölker zu besuchen. In Ban Saen Chareon, westlich von Mae Saruai gelegen, gab es ein Forschungsprojekt über die Akha.

Die Hauptstraße von Mae Saruai mit ihren zweigeschossigen Häusern

Wiang Pa Pao ⓬

เวียงป่าเป้า

Provinz Chiang Rai. *61 000.* *Chiang Mai, dann* songthaew; oder *Chiang Rai, dann* songthaew. *TAT, Chiang Rai (0-5371-7433).* *tägl.*

Das idyllische Wiang Pa Pao liegt in der reizvollen Landschaft eines langgezogenen grünen Tals. Das Städtchen besteht in der Hauptsache aus zweigeschossigen Teakhäusern, wie sie für Nordthailand charakteristisch sind. Auf dem Markt treiben Bewohner der Bergdörfer, vor allem Lisu und Akha, Handel. Hauptattraktion des Orts ist der **Wat Si Suthawat**, ein geräumiger alter Tempel. Zum Eingang des *wihan* führt eine geschwungene Treppe, die von mehreren *naga* bewacht wird.

***Chedi* und *wihan* des Wat Si Suthawat in Wiang Pa Pao**

Phayao ⓭

พะเยา

Provinz Phayao. *21000.* *TAT, Chiang Rai (0-5371-7433).* *tägl.*

An der Stelle der beschaulichen, an einem großen See gelegenen Provinzhauptstadt befand sich schon in der Bronzezeit eine Siedlung. Der später verlassene Standort wurde im 12. Jahrhundert erneut besiedelt und entwickelte sich zu einem unabhängigen Stadtstaat. Heute teilt sich Phayao in zwei Bereiche. Die Altstadt liegt auf der in den See hinausragenden Halbinsel und ist mit ihren engen Straßen und Teakhäusern bedeutend hübscher als das moderne Viertel.

Der **Wat Si Komkam** nördlich der Stadt am Ufer des Sees geht auf das 12. Jahrhundert zurück. Sein moderner *wihan* beherbergt einen 16 Meter großen Buddha (16. Jh.), den größten in Nordthailand. Umgeben ist er von 38 Buddhaköpfen (14. Jh.).

Ngao ⓮

งาว

Provinz Lampang. *56 500.* *von Lampang oder Chiang Rai.* *TAT, Chiang Mai (0-5324-8604).* *tägl.*

Wie bei vielen Ortschaften Nordthailands ist auch in Ngao die historische Bindung an den Teakhandel an den Gebäuden abzulesen. Von der Hängebrücke über den Fluss bietet sich ein herrlicher Blick auf die Stadt mit den auf Pfählen stehenden Häusern, die aus Teakholz der Umgebung gebaut wurden.

Der wichtigste Tempel ist der **Wat Dok Ban** mit einer sehenswerten, von etwa 100 knienden Engeln umgebenen Mauer.

Engel am Wat Dok Ban, Ngao

Umgebung: Der **Mae-Yom-Nationalpark** nordöstlich von Ngao liegt beiderseits des Flusses Yom, des wichtigsten Wasserwegs im Norden des Landes. Hier gibt es über 50 Vogelarten daneben auch viele Säugetiere wie Seraue (eine Antilopenart), Schuppentiere, Muntjakhirsche und Wildschweine. Der **Dong Sak Ngan Forest** innerhalb des Parks ist berühmt für seine hohen Teakbäume.

Mae-Yom-Nationalpark
18 km nordöstlich von Ngao.
Parkverwaltung (0-2579-0529).
tägl.

Elefanten in Thailand

ELEFANTEN HABEN in der Geschichte Thailands schon immer einerseits eine praktische Rolle gespielt; andererseits waren sie auch von großer spiritueller Bedeutung. Sie sind in alten hinduistischen und buddhistischen Schriften erwähnt; in Thailand genießen sie seit Jahrhunderten einen höheren Stellenwert als jedes andere Tier. Obwohl wild lebende Elefanten seit 1921 per Gesetz geschützt sind, ist ihre Zahl durch die Zerstörung der Wälder und in geringerem Maß auch durch Wilderei auf wenige tausend Tiere zurückgegangen. Nach dem 1989 erfolgten, weitgehenden Verbot des kommerziellen Abholzens von Teakbäumen leben auch wesentlich weniger Elefanten in Gefangenschaft.

Weißer Elefant auf der Flagge des alten Siam

Elefanten kamen auch im Krieg zum Einsatz

Arbeitselefanten

Auch wenn die Holzfällerei in Thailand größtenteils verboten ist, werden Elefanten immer noch zum Transport von Baumstämmen eingesetzt. Dabei fügen sie dem Wald weniger Schaden zu als moderne Maschinen.

Jäger setzten *die bis zu 20 km/h schnellen Tiere nicht selten bei der Jagd ein.*

Dieses Trainingshandbuch *(19. Jh.) erklärt die Zähmung von Elefanten.*

Heilige Elefanten

Die spirituelle Bedeutung von Elefanten geht auf Ganesha zurück, den Hindu-Gott des Wissens, der als Junge mit Elefantenkopf dargestellt wird. Weiße Elefanten *(siehe S. 102)* gelten vor allem im Buddhismus als heilig und sind den Königen vorbehalten.

Wandgemälde *von Elefanten im Jenseits, Wat Suthat, Bangkok* (siehe S. 86f).

Königliche weiße Elefanten *sind die heiligsten Tiere und symbolisieren die Macht des Monarchen.*

Nong Bua ⓯

หนองบัว

Provinz Nan. 60 000. Nan, dann songthaew. TAT, Chiang Rai (0-5371-7433). tägl.

CHARAKTERISTISCH für die idyllische Stadt in einer fruchtbaren Ebene am Fluss Nan sind traditionelle, auf Pfählen erbauten Teakhäuser. Es ist eine von mehreren Städten, die vom Volksstamm der Lue bewohnt werden, einer ethnischen Minderheit, die sich seit 1836 (aus Südchina kommend) in dieser Region niedergelassen hat.

Der **Wat Nong Bua** zeigt die für Lue-Tempel typischen Stilmerkmale: ein doppelgeschossiges Dach und einen hölzernen Vorbau mit Schnitzwerk. Die Wandgemälde stammen vermutlich vom gleichen Künstler wie die Bilder des Wat Phumin *(siehe S. 246f)*. Die Bilder hier erscheinen zwar inzwischen blasser als die des Wat Phumin, doch ihre Darstellungen des Alltags im 19. Jahrhundert sind genauso faszinierend. Wie im Wat Phumin gibt es unter den Bildern im Wat Nong Bua auch einige Szenen aus den *Dschataka-*Epidosen *(siehe S. 26f)*.

Westlich der Stadt werden auf handbetriebenen Webstühlen traditionelle Stoffe hergestellt und im Fabrikladen verkauft.

Alle zwei Jahre findet hier ein zweitägiges Fest statt, das dem Andenken an die Vorfahren gewidmet ist.

Wandgemälde (19. Jh.) einer Jagdgesellschaft, Wat Non Bua

Doi-Phu-Kha-Nationalpark ⓰

อุทยานแห่งชาติดอยภูคา

Informationsbüro beim Hwy. 1080, 85 km nordöstlich von Nan. TAT, Chiang Rai (0-5371-7433); Parkverwaltung (0-2579-5734, 0-2579-7223). Nan, dann songthaew.

Elster im Doi-Phu-Kha-Nationalpark

DER UM DEN 2000 Meter hohen Berg Doi Phu Kha angelegte Park ist eines der jüngeren Schutzgebiete Thailands. Lange Zeit nahm man an, dass sich in dieser Region eine Hochburg der Kommunisten befände. Einige der hier lebenden Bergstämme wurden der Zusammenarbeit mit den Kommunisten bezichtigt und von Besuchern fern gehalten. Die touristische Infrastruktur in Bezug auf den Nationalpark befindet sich daher immer noch im Aufbau.

Zu den Hauptattraktionen des Nationalparks zählen neben der wunderbaren Landschaft auch Höhlen und Wasserfälle. Im Besucherzentrum sind Informationen zu Wanderwegen und zur Vogelbeobachtung erhältlich.

Im Park selbst und in den umliegenden Hügeln lohnt auch ein Besuch in einigen von Bergvölkern, vornehmlich Mien und Hmong *(siehe S. 196f)*, bewohnten Dörfern. Achtung: Nur wenige Straßen sind gut befahrbar.

Lue-Bauern bei der Feldarbeit nahe Nong Bua

Nan ⓱

น่าน

Provinz Nan. 24 000. TAT, Chiang Rai (0-5371-7433). tägl. Nan-Provinz-Jahrmarkt (Okt/Nov), Golden Orange Festival (Dez/Jan), Nan-Bootsrennen (Ende Okt/Anfang Dez).

NAN ENTWICKELTE sich im 13. und 14. Jahrhundert zu einem isolierten Königreich. Später geriet es unter den Einfluss der Königreiche von Sukhothai und Lanna *(siehe S. 54ff)*. 1558 ergab sich Nan der Übermacht Birmas; 1788 wurde die Stadt zum Vasallenstaat von Bangkok, behielt aber dennoch eine gewisse Autonomie und ihre unabhängigen Herrscher, bis sie 1931 schließlich Thailand eingegliedert wurde.

Die wichtigste Sehenswürdigkeit von Nan ist zweifellos der **Wat Phumin** *(siehe S. 246f)*. Nicht weit nördlich des Tempels ist das **Nan-Nationalmuseum** in einem beeindruckenden ehemaligen königlichen Palast von 1903 untergebracht. Die Räume im Erdgeschoss widmen sich den ethnischen Minderheiten der Provinz Nan. Im Obergeschoss ist eine umfangreiche Sammlung von Exponaten zur Geschichte der Region, darunter archäologische Funde und Waffen, zu sehen. Zu den besonders beachtenswerten Ausstellungsstücken zählen ein »schwarzer« Elefantenstoßzahn von 18 Kilogramm Gewicht, der von einem sagenhaften Adler getragen wird. Das vermutlich aus dem 18. Jahrhundert stammende Stück ist in Wirklichkeit nicht schwarz, sondern dunkelbraun.

Im nahe gelegenen **Wat Chang Kham Wora Wihan** ruht der großartige *chedi* aus dem 14. Jahrhundert auf steinernen Elefantenköpfen. *Bot* und *wihan* sind jeweils durch sehr schöne Holzschnitzereien an der Fassade verziert und werden von *singha* (sagenhaften Löwen) geschützt. Der **Wat Suan Tan** im Nordwesten der Stadt besitzt einen 40 Meter hohen *chedi*, den ein weißer *prang* krönt – ein runder, im Khmer-Stil erbauter Turm, wie man ihn in Nordthailand nur selten findet. Der *wihan* beherbergt einen bronzenen Buddha, der 1449 im Auftrag des Königs von Chiang Mai entstand, nachdem der König Nan erobert hatte. Der König soll den Handwerkern der Stadt dafür nur einen Zeitraum von einer Woche zugestanden haben.

Der *bot* des Wat Suan Tan (14. Jh.) in Nan

»Schwarzer« Elefantenstoßzahn im Nan-Nationalmuseum

Südöstlich von Nan steht der **Wat Phra That Chae Haeng** von 1355. Er liegt in einem quadratischen Areal und blickt von seiner Hügellage auf das Flusstal des Nan herab. Sein vergoldeter Lanna-*chedi* ist über 55 Meter hoch. Sowohl der *chedi* als auch die großen *naga* kann man schon aus der Ferne erkennen. Das mehrstöckige Dach des *wihan* ist im laotischen Stil gehalten.

Nan-Nationalmuseum
Am Hwy. 101. *Mi–So.*

Umgebung: Die große, gebirgige Provinz Nan war noch bis vor relativ kurzer Zeit eine der isoliertesten und am schwersten zugänglichen Regionen Thailands. In den vergangenen Jahren haben jedoch neue Straßen die Verbindungen mit der Provinz entschieden verbessert, und heute zählt sie zu den am schnellsten wachsenden Urlaubsgebieten des Landes. In einem bewaldeten Bereich nördlich von Nan liegt das **Tham Pha Tup Forest Reserve**, ein System von Kalksteinhöhlen, in dem sich eindrucksvolle Stalagmiten und Stalaktiten auf 17 unterirdische Räume verteilen.

Sehenswert ist auch **Sao Din**, das wörtlich übersetzt »Erdpfeiler« bedeutet und etwa 30 Kilometer südlich von Nan liegt. Hier sieht man eine Anzahl von durch Erosion entstandenen Lehmsäulen, die aus Vertiefungen im Boden emporragen. Diese Säulen dienten schon zahlreichen Filmproduktionen als malerische Kulisse.

Tham Pha Tup Forest Reserve
Beim Hwy. 1080, 12 km nördlich von Nan. *Parkverwaltung (0-2579-0529).* *tägl.*

Traditionelle Bootsrennen in Nan

Jedes Jahr Ende Oktober finden auf dem Fluss in Nan Bootsrennen statt. Die Rennen bilden den Höhepunkt eines zweiwöchigen Fests der Provinz Nan, das Besucher aus ganz Thailand anzieht. Die Bootsrennen gehen auf eine Tradition zurück, die bereits gegen Ende des 19. Jahrhunderts entstanden sein soll. Die Boote, von denen einige bis zu 30 Meter lang sind, können bis zu 50 Ruderer aufnehmen. Jedes von ihnen ist aus einem einzigen Baumstamm gefertigt und als *naga (siehe S. 218)* dekoriert. Die Boote sind zudem farbenfroh mit tradtionellen Motiven bemalt.

Das jährliche Bootsrennen auf dem Fluss Nan

Wat Phumin

วัดภูมินทร์

Wat Phumin, einer der schönsten Tempel im nördlichen Thailand, wurde 1596 vom Herrscher von Nan gegründet. Der Mitte des 19. Jahrhunderts und abermals 1991 renovierte *wat* beeindruckt durch seine kreuzförmige Anlage, die aufwändige Kassettendecke und die exquisiten Verzierungen an Türen und Säulen. Besonders herausragend sind allerdings die Wandgemälde, die vermutlich gegen Ende des 19. Jahrhunderts von Lue-Künstlern *(siehe S. 244)* geschaffen wurden. Die beeindruckenden Kunstwerke behandeln drei Themen: das Leben Buddhas, die *Dschataka*-Episoden *(siehe S. 26)* seiner Inkarnation als Khatta Kumara und das Alltagsleben in Nan.

Reicher Beamter
Der sehr extravagant gekleidete Herr mit Pfeife könnte der Herrscher von Nan sein.

★ Buddha-Statuen im Zentrum
Jede der vier vergoldeten Sukhothai-Statuen (siehe S. 150f) *blickt in eine andere Himmelsrichtung.*

Herabsteigende Schlangen
Verärgerte Götter schicken in der Khatta-Kumara-Episode giftige Schlangen, um einen aufsässigen König zu bestrafen.

Verzierte Pfeiler
Die in Rot, Schwarz und Gold verzierten Pfeiler tragen alle das gleiche Muster. Einige Sockel zeigen Elefantenmotive, andere Hindu-Gottheiten.

Nicht versäumen

- ★ **Buddha-Statuen im Zentrum**
- ★ **Wandbild *Leben des Buddha***

Liebespaar
Das Wandbild gibt eine Vorstellung von der Kleidermode des 19. Jahrhunderts. Der tätowierte Mann könnte einer der Künstler sein.

INFOBOX

Phumin Village, Südufer des Nan, Phakong Rd., Zentrum von Nan-Stadt. ◯ *tägl. 8.30–16.30 Uhr.*

★ **Wandbild *Leben des Buddha***
Ein besonderes Prunkstück ist das Gemälde an der Nordwand über dem Haupteingang. Als oberste Figur sieht man Buddha und darunter seine Schüler. Die untere Hälfte zeigt Khatta Kumara und seine Freunde auf dem Weg zu einem Palast, der durch Schlangen und Vögel zerstört wurde und den er später wieder aufbaut.

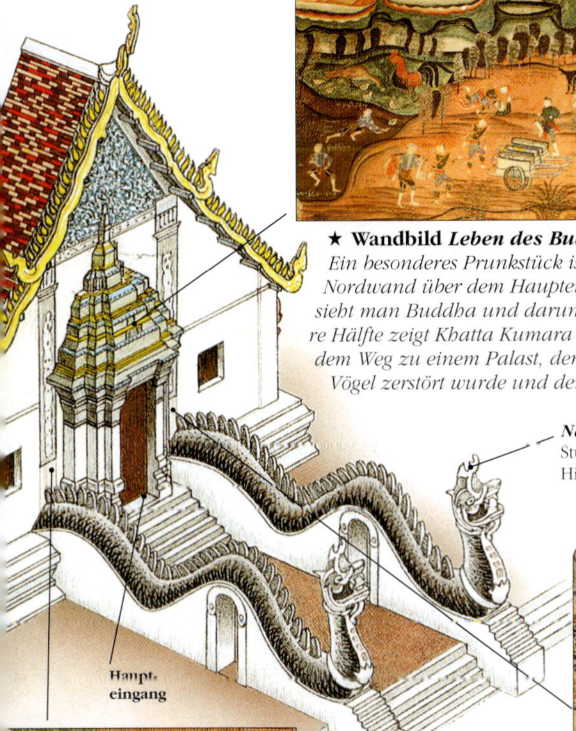

Naga flankieren die Stufen an Vorder- und Hintereingang.

Knabe, Mutter und Elefantenfußabdruck
Die Szene zeigt Khatta Kumara mit seiner Mutter. Sie gebar ihn, nachdem sie den Urin des Gottes Indra (in Gestalt eines Elefanten) aus dem Fußabdruck des Elefanten getrunken hatte.

Ankunft der Europäer in Nan
Hier sind Menschen mit europäischer Kleidung zu sehen. Die Baskenmützenträger sind vielleicht Franzosen; das Gemälde könnte sich unmittelbar auf deren Übernahme eines Teils der Provinz im Jahr 1893 beziehen.

Im Detail: Phrae ⓲

แพร่

Mit ihrem ganz eigenen Charme und Charakter ist Phrae eine reizvolle, erstaunlicherweise nicht überlaufene Stadt. Im 12. Jahrhundert am Ufer des Flusses Yom angelegt, blieb sie zunächst ein unabhängiger Stadtstaat, bis sie dem Herrschaftsbereich Ayutthayas eingegliedert wurde. Im 18. Jahrhundert nahmen sie die Birmanen ein; später wurde sie zum Standort birmanischer und laotischer Holzfäller. Der Einfluss Birmas ist deutlich an den Tempeln zu erkennen, die jedoch zusätzlich Merkmale der Lanna-Architektur zeigen. In nordöstlichen Teil der Altstadt sind Reste der Stadtmauer erhalten.

Buddhistischer Schrein im Museum des Wat Luang

★ Wat Luang
Den ältesten Tempel (12. Jh.) der Stadt betritt man durch die alte Befestigungsmauer. Der achteckige chedi *fällt durch seine als Elefanten gestalteten Säulen auf.*

Im Wat Phra Non (17. Jh.) ist eine Statue des ruhenden Buddha zu sehen.

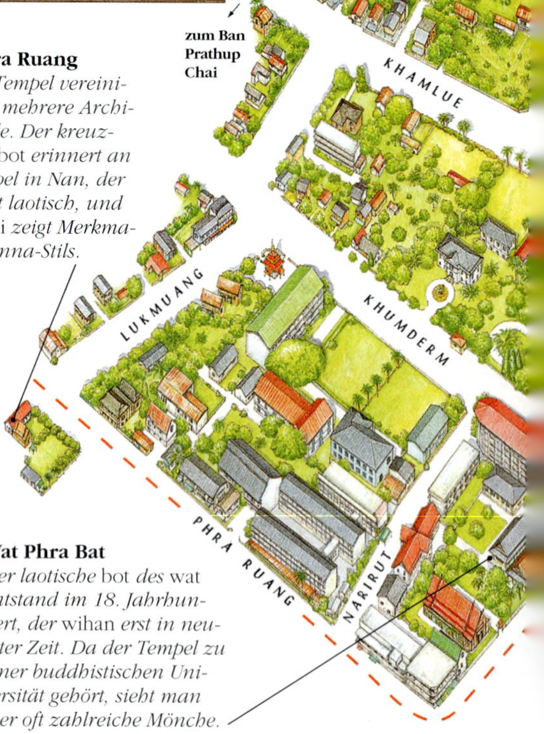

Wat Phra Ruang
In dem Tempel vereinigen sich mehrere Architekturstile. Der kreuzförmige bot *erinnert an die Tempel in Nan, der* wihan *ist laotisch, und der* chedi *zeigt Merkmale des Lanna-Stils.*

Wat Phra Bat
Der laotische bot *des* wat *entstand im 18. Jahrhundert, der* wihan *erst in neuester Zeit. Da der Tempel zu einer buddhistischen Universität gehört, sieht man hier oft zahlreiche Mönche.*

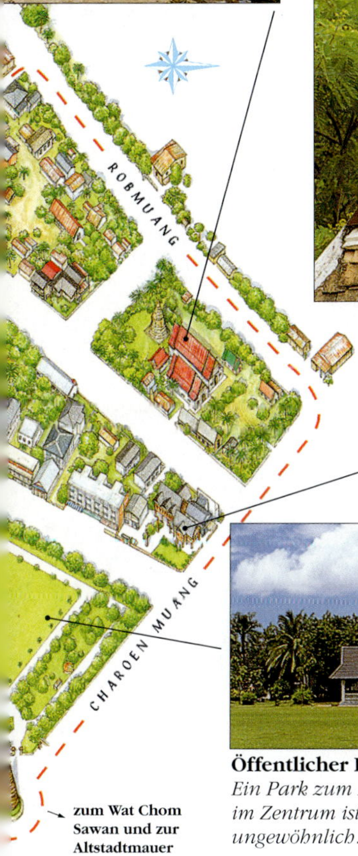

zum Wat Chom Sawan und zur Altstadtmauer

0 Meter 100

Legende

Routenempfehlung

Infobox

Provinz Phrae. 20 000. 2 km südöstlich von Phrae. nahe der Yantarakitkosok Rd. TAT, Chiang Rai (0-5371-7433). tatcei@loxinfo.co.th. tägl. Songkran-Fest (Apr).

Wat Si Chum
Das schlichte Innere von bot *und* wihan *steht im Gegensatz zu den reich verzierten Buddha-Statuen. Der* chedi *ist eine Ruine.*

★ Teakhäuser
Teakhäuser bestimmen das Bild in Phrae. Die Dächer sind, für den Norden typisch, mit kalae *(siehe S. 32) verziert.*

Öffentlicher Park
Ein Park zum Relaxen. Seine Lage im Zentrum ist für Thailand recht ungewöhnlich.

Nicht versäumen

★ Wat Luang

★ Teakhäuser

Umgebung: Nordöstlich von Phrae liegt der **Wat Chom Sawan**, ein Shan-Tempel aus dem frühen 20. Jahrhundert mit birmanischem *chedi*.

Ban Prathup Chai, eines der größten Gebäude aus Teakholz in Thailand, steht im Westen der Stadt. Das Bauwerk mit seinen üppig verzierten Säulen wurde in den 1980er Jahren errichtet.

Der südöstlich von Phrae gelegene **Wat Phra That Chaw Hae** stammt vermutlich aus dem 12. oder 13. Jahrhundert. Von *naga* und steinernen Löwen bewachte Stufen führen durch einen Teakwald den Hang hinauf zum Eingang. Im Inneren des 33 Meter hohen *chedi* steht die berühmte Figur Phra Chao Than Chai, die nach Ansicht der Gläubigen Fürbitten erhört.

Ein beliebtes Ausflugsziel von Phrae aus ist **Phea Muang Phi**. In surreal anmutenden Landschaft (*muang phi* bedeutet »Geisterstadt«) ragen Säulen aus Erde und Stein wie Pilze empor. Die Formen sind das Ergebnis langer Erosion.

Ban Prathup Chai
1 km westlich von Phrae.
tägl.

Wat Phra That Chaw Hae
8 km südöstlich von Phrae, Provinz Phrae. *Phrae, dann* songthaew.
tägl.

Phea Muang Phi
Beim Hwy. 101, 18 km nordöstlich von Phrae, Provinz Phrae.
Phrae, dann songthaew.

Sirikit-Stausee ⓳

เขื่อนสิริกิติ์

45 km südöstlich von Phrae, Provinz Uttaradit. *Nan oder Uttaradit, dann* songthaew.

Der inmitten herrlicher Landschaft am Fluss Nan gelegene Speichersee entstand Mitte der 1970er Jahre und ist nach Königin Sirikit benannt. Er schützt vor Überschwemmungen und liefert zugleich Strom und Wasser für die Landnutzung.

NORDOST-THAILAND

Nordostthailand im Überblick

Der grösste Teil des Nordostens, das Khorat-Plateau mit dem Knotenpunkt Khorat, wird weitgehend von karger Buschvegetation überzogen. Nördlich und östlich des Plateaus erstreckt sich das Mekong-Becken, das die Grenze nach Laos bildet. Das thailändische Mekong-Ufer säumen kleine Orte und Weiler; an manchen Stellen gibt es Strände. Die Geschichte des Isan genannten Nordostens verlief wechselhaft. Vom 9. bis zum 12. Jahrhundert gehörte das Gebiet, eines der ersten der Welt mit Reisanbau, Seidenspinnerei und Bronzeherstellung, zum Khmer-Reich. Die freundlichen Bewohner zählen zur laotischen Minderheit. Wegen der Nähe zu Laos und Kambodscha sowie der Kargheit des Bodens hat Isan für viele Thai wenig Anziehungkraft.

Der Phu-Kradung-Nationalpark (siehe S. 276f) *mit einem zentralen, steil abfallendem Hochplateau besitzt eine fantastische Flora und Fauna.*

Der im 11./12. Jahrhundert erbaute ***Prasat Hin Phimai*** (siehe S. 266f) *ist eine hervorragend restaurierte Khmer-Tempelanlage.*

Der weitläufige ***Prasat Hin Khao Phnom Rung*** (siehe S. 270f) *gehört zu den schönsten Khmer-Baudenkmälern in Thailand.*

◁ **Ruinen des Prasat Hin Khao Phnom Rung spiegeln sich in einem der vier Lotosteiche**

Nong Khai (siehe S. 282f), *ein schnell wachsendes Handelszentrum, hat sich das gemütliche Flair einer Mekong-Stadt bewahrt.*

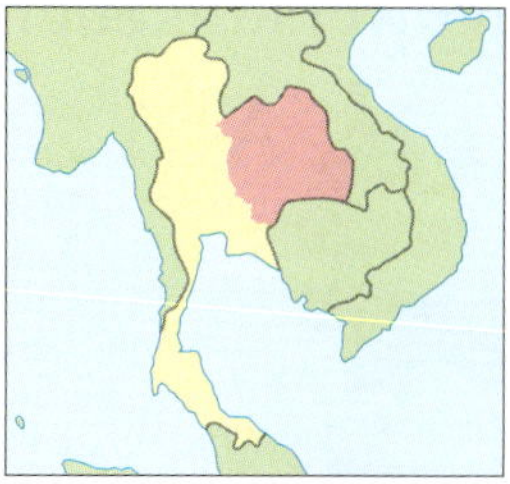

Zur Orientierung

Wat Phra That Phanom (siehe S. 287) *soll der Legende zufolge kurz nach Buddhas Tod entstanden sein. Der* wat *gilt als das wichtigste Heiligtum im Nordosten.*

Auf einem Bergsporn im Grenzgebiet zu Kambodscha erhebt sich ***Prasat Khao Phra Wihan*** (siehe S. 292).

Die versunkenen Khmer-Tempel

Türsturz in Phnom Rung

Als die Europäer östlich von Ayutthaya auf Ruinen stießen, glaubten sie, eine alte chinesische Kultur entdeckt zu haben. Erst im 19. Jahrhundert begann die Erforschung der Geschichte und Kultur der Khmer, die vom 9. bis zum 14. Jahrhundert über ein Reich herrschten, das große Teile des heutigen Kambodscha und von Nordostthailand umfasste. Ihre Bauwerke, viele von ihnen liegen heute in Thailand, zählen zu den größten Leistungen der Architektur. Wegen des Kriegs in Kambodscha macht die Restaurierung der alten Hauptstadt Angkor allerdings nur geringe Fortschritte.

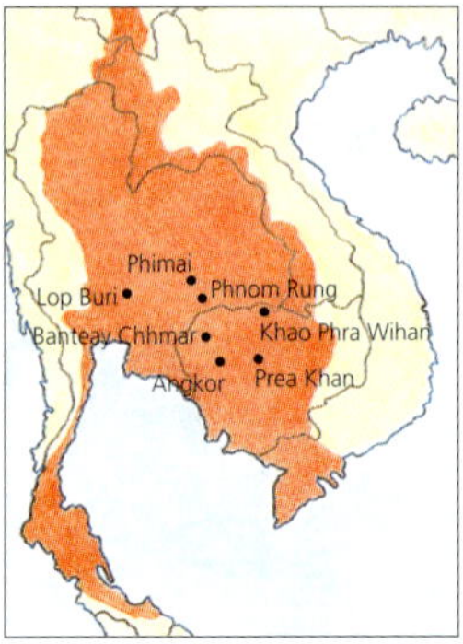

Khmer-Reich

• *Bedeutende Khmer-Stätten*

***Flachreliefs** mit Kampfszenen auf den Mauern vieler Stätten zeugen von Kreativität und technischem Können. Sie erzählen viel zur Geschichte der Khmer. 1444 fiel Angkor seinem ärgsten Feind, dem Thai-Reich Ayutthaya, in die Hände. Dies bedeutet das Ende des Khmer-Reichs.*

Im Zentrum von Angkor Thom erhebt sich der Bayon mit seinen Riesenköpfen.

***Die Restaurierung** der bedeutendsten unter den über 300 Khmer-Bauten begann 1925. Viele dieser Bauwerke, etwa auch Prasat Hin Phimai* (siehe S. 266f)*, wurden in den letzten Jahren restauriert.*

Grandiose Tempelbauten

Die einmalig schönen Khmer-Tempel waren Symbole für Königtum und Universum. Auch die Thai übernahmen Elemente dieser Architektur *(siehe S. 30)*; ein 1922 gefertigtes maßstabgetreues Modell der größten Tempelstadt Angkor Wat ist in Bangkoks Wat Phra Kaeo *(siehe S. 76f)* ausgestellt. Europäer sahen die Ruinen meist romantisch verklärt, wie Radierungen zeigen (diese entstand 1866–68). Ein Angkor-Wat-Modell war 1931 die Attraktion der Pariser Kolonialstaaten-Ausstellung.

***Das Shivalinga**, das Phallussymbol, war zentrales Kultobjekt vieler Khmer-Tempel. Es repräsentiert die schöpferische Kraft des Hindu-Gottes Shiva.*

Die Wiederentdeckung Angkors

Um 1550 soll ein kambodschanischer König während der Elefantenjagd auf die Ruinen Angkors gestoßen sein und einen Teil des Hofareals seiner Ahnen freigelegt haben. Kurz darauf brachten portugiesische und spanische Missionare die Kunde von einer verborgenen Stadt nach Europa. Doch kaum jemand wagte sich in den Dschungel; die Khmer-Kunstwerke blieben weitere 300 Jahre unentdeckt. Das Interesse erwachte erneut mit der französischen Kolonialisierung von Indochina. Henri Mouhot (1826–61) erhielt postum den Titel »Entdecker« Angkors, nachdem seine Radierungen und Zeichnungen des Areals 1860 erschienen waren. Mit dem Erlös seiner Arbeiten finanzierte Frankreich Forschungen. Louis Delaporte, George Coedès, Jean Boisselier, Henri Parmentier u. a. widmeten sich der Erforschung der Khmer-Geschichte.

Der Gelehrte Parmentier (1923)

Die Künstler des 19. Jahrhunderts faszinierte die Darstellung des die Ruinen überwuchernden Dschungels.

Die Proportionen der Menschen sind auf der Radierung gut getroffen. Die größeren Vordergrundstatuen sind Fantasiegebilde.

***Szenen aus dem indischen** Ramayana sind an vielen Khmer-Tempeln zu sehen. Das* Ramayana *war wohl auch Vorbild für die Thai-Version* Ramakien (siehe S. 36f).

***Der sanft lächelnde Buddha** des Bayon in Angkor Thom erschien auf Postern, Büchern und auf der hier abgebildeten Foxtrott-Partitur (1921).*

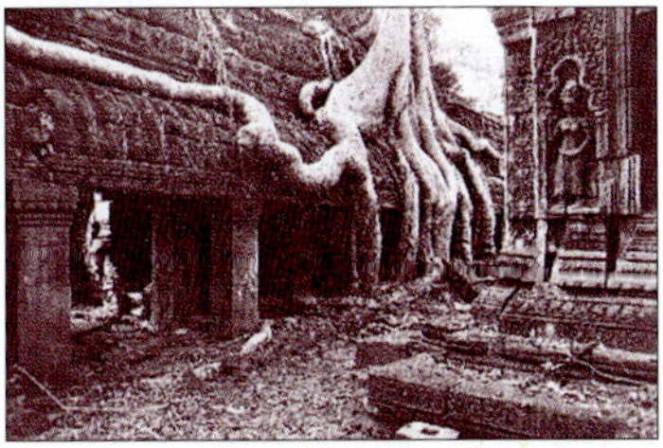

***Marc Riboud**, ein Magnum-Fotograf, besuchte Angkor in den 1960er und 1980er Jahren. Dort entstanden vor und nach dem Bürgerkrieg in Kambodscha viele Angkor-Fotos; einige von ihnen wurden weltbekannt.*

Seidenherstellung

Blätter des Maulbeerbaums

AUFGRUND PRÄHISTORISCHER Funde in Ban Chiang *(siehe S. 50f)* wird vermutet, dass die Seidenproduktion Thailands noch älter ist als die Chinas (Beginn um 2700 v. Chr.). In den 1940er Jahren sorgte der Amerikaner Jim Thompson *(siehe S. 116f)* für die Wiederbelebung der fast ausgestorbenen thailändischen Seidenindustrie. Heute sind wieder alle Arten von Seidenprodukten erhältlich; Hemden und Sarongs sind bei Besuchern besonders beliebt. Das Zentrum der Seidenindustrie liegt im Nordosten. Hier gedeihen Maulbeerbäume, deren Blätter die Hauptnahrung der Seidenspinnerraupen bilden, besonders gut. Auf dieser Doppelseite wird der Prozess der traditionellen Seidenherstellung gezeigt.

Seidenspinner ***(Bombyx mori)***

1 *Vier Tage lebt das Seidenspinnerweibchen – es lebt nur für Paarung und Eierablage.*

2 *Aus den Eiern entwickeln sich in drei bis vier Wochen Raupen, die auf geflochtenen Bambusgestellen – geschützt vor Mäusen, Ameisen, Fliegen und hellem Licht – mit Maulbeerbaumblättern gefüttert werden. Die Raupen häuten sich im Larvenstadium viermal und nehmen das Zehntausendfache an Gewicht zu.*

SEIDENRAUPEN

SPULEN

5 *Einzelne Seidenfädchen werden mit einer Bambusstange aus dem Wasser gehoben. Mehrere Kokonfäden zusammen bilden einen stärkeren Faden, der auf eine Spule gewickelt wird.*

6 *Sichtung der Stränge: Die äußerste Schicht der Kokons (gröbste Qualität) wird zur Möbeldekoration genutzt, die beste Seide aus der mittleren und unteren Schicht zum Weben.*

FÄRBEN

7 *Die Rohseide wird in Seifenlauge getaucht. Dabei werden Klebstoffe entfernt, und die Seide wird weicher.*

8 *Die Farbstärke ergibt sich aus der Anzahl der Tauchbäder. Bei der Ikat-Färbetechnik (Abbindetechnik) werden einzelne Stellen des Fadenmaterials mit farbabweisenden Fäden abgebunden, die erst nach dem Trocknen entfernt werden. So entstehen ganz verschiedene Muster.*

3 *Nach einem Monat sind die dann ausgewachsenen Raupen bereit, um einen Kokon zu spinnen. Sie werden auf ein rundes Bambusgestell umgebettet, das ausreichend Platz für sie bietet. Das Kokongespinst besteht aus einem einzigen weißen oder gelben Faden, der in einer Geschwindigkeit von zwölf Zentimetern pro Minute aus dem Maul ausgeschieden wird.*

Kokons, die in 36 Stunden gesponnen wurden

4 *In maximal zehn Tagen müssen die Kokons abgehaspelt sein, damit der schlüpfende Seidenspinner die Seide nicht schädigt. Die Kokons werden zur Tötung der Schmetterlinge in siedendes Wasser getaucht. So löst sich auch der Kokonfaden.*

KOKONS

ZWIRNHERSTELLUNG

WEBEN

9 *Bis zu sechs Fäden können zu einem einzigen Schussfaden zusammengezwirnt werden*

10 *Für die Seidenweberei werden senkrecht stehende Trittwebstühle verwendet. Der grobe Schussfaden wird durch die feine gleichmäßige Kette geführt, für die wegen der zeitaufwändigen Herstellung auch in Traditionswerkstätten aus dem Ausland importierte Fäden verwendet werden. Die Kombination von Fein und Grob macht die Einzigartigkeit des Gewebes aus.*

Geräte für die Seidenweberei

Während der Verarbeitung müssen die Fäden sauber bleiben und glatt liegen, damit sie nicht beschädigt werden. Dafür gibt es spezielle Hilfsgeräte: Feine Bürsten mit dekorativ geschnitzten Holzgriffen sorgen für die Staubfreiheit der Seidenfäden; geschnitzte Rollen für den Fadendurchlauf sind am Webstuhl befestigt, damit die Fäden leicht und gleichmäßig laufen.

Dekorative Seidenbürsten

Verzierte Rolle für Fadendurchlauf

11 *Die Seidenstoffe werden zu Schirmen, Schals, Krawatten, Hemden und Sarongs verarbeitet* (siehe S. 439).

Khorat-Plateau

Als eine der unfruchtbarsten und ärmsten Regionen Thailands kann das Khorat-Plateau stolz sein auf seine reiche Kultur und die vielen historischen Stätten aus der Zeit des Khmer-Reichs. Charakteristisch für das Gebiet sind die traditionelle Gastfreundschaft der Bewohner, sehr scharfe, oft mit Klebreis und rohem Gemüse servierte Gerichte sowie exquisite Seiden- und Baumwollartikel.

Das weite nordöstliche Sandstein-Plateau wird von den Thai Isan genannt. Rund ein Drittel der Bevölkerung lebt hier auf einer durchschnittlich 200 Meter hohen Ebene, die beinahe ein Drittel Thailands umfasst. Überschwemmungen und Dürreperioden treten häufig auf. Der sehr unregelmäßige Wasserhaushalt der Region beruht auf den jahreszeitlich stark schwankenden Niederschlagsmengen. Da nur eine Reisernte pro Jahr möglich ist, gibt es hier verbreitet Armut.

Nur sehr wenige Besucher kommen in diese Region, obwohl sie kulturell viel bietet. Nach den Funden in Ban Chiang erscheint die Frühgeschichte Südostasiens in neuem Licht: Nordostthailand gilt heute als eine Pionierregion für Reisanbau, Seidenweberei und Bronzeherstellung. Nach der Renaissance der Seidenverarbeitung in den 1950er Jahren zieht es Besucher meist in die Webereizentren mit ihren Seiden- und Baumwollartikeln.

Die prächtigen Tempel der Region entstanden während der Khmer-Herrschaft (9.–13. Jh.). In dieser Epoche wurden zahlreiche bedeutende Bauwerke errichtet. In den letzten Jahrzehnten wurden die Tempel in Phnom Rung und Phimai, die früher an der Straße zwischen Khorat und der Khmer-Hauptstadt Angkor lagen, in großem Umfang aufwändig restauriert.

Bung Phlan Chai, ein malerischer See mitten in Roi Et

◁ **Balustergitter-Fenster in Prasat Hin Muang Tam**

Überblick: Khorat-Plateau

Das den grössten Teil Nordostthailands umfassende Khorat-Plateau besteht aus kargem Hügelland, für das roter Sandstein und Buschwerk charakteristisch sind. Die Phetchabun-Kette bildet die Trennlinie zwischen der Region und dem Menam-Becken im Westen. Die Stadt Khorat gilt als Tor zum Nordosten und ist der Verkehrsknotenpunkt der Region: Von hier führen Straßen zu den anderen Städten und zu den Sehenswürdigkeiten, allerdings sind die Entfernungen beträchtlich. Richtung Norden geht es nach Khon Kaen und Roi Et und noch weiter nördlich zur prähistorischen Stätte Ban Chiang. Richtung Osten liegen die Khmer-Tempel Phimai und Phnom Rung, nicht weit davon die durch den früheren Elefantenhandel bekannten Orte Ta Klang und Surin.

Sehenswürdigkeiten auf einen Blick

Ban Chiang 2
Ban Ta Klang 13
Dan Kwian 8
Khon Kaen 3
Khorat 7
Prasat Hin Khao Phnom Rung S. 270f 11
Prasat Hin Muang Tam 10
Prasat Hin Phimai S. 266f 6
Prasat Ta Muen und Prasat Ta Muen Tot 9
Roi Et 4
Surin 12
Udon Thani 1
Yasothon 5

Der schön restaurierte Prasat Hin Phimai

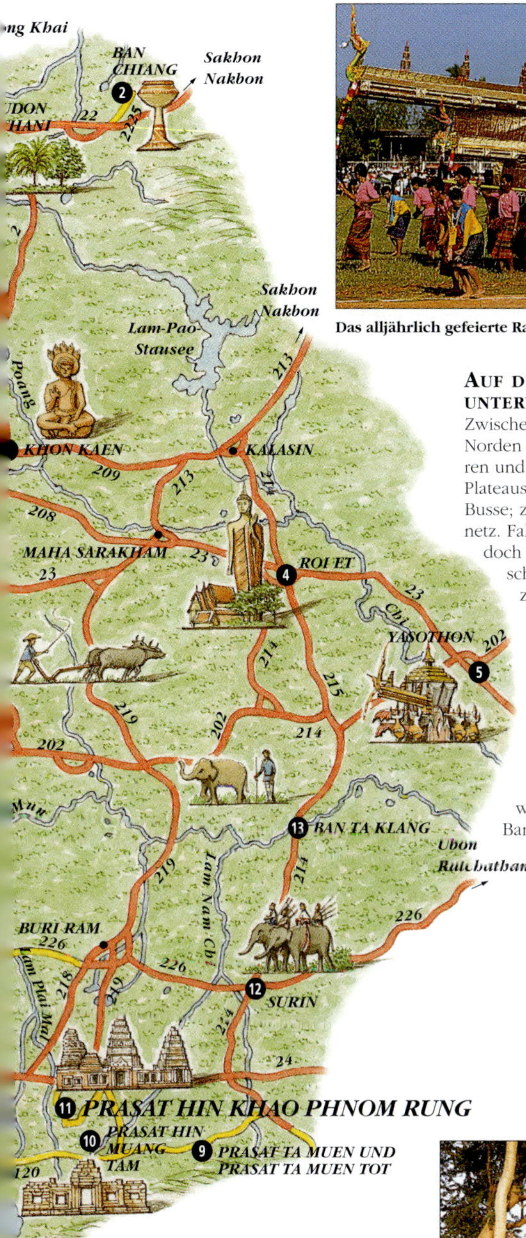

Das alljährlich gefeierte Raketenfest (Bun Bang Fai) in Yasothon

Auf dem Khorat-Plateau unterwegs

Zwischen dem Busbahnhof Morchit im Norden Bangkoks und den meisten größeren und kleineren Städten des Khorat-Plateaus verkehren regelmäßig klimatisierte Busse; zudem gibt es ein regionales Busnetz. Fahrten mit Auto und Bus sind jedoch wegen der Entfernungen und des schlechten Zustands der Landstraßen zeitaufwändig. Die Eisenbahn von Bangkok teilt sich in Khorat in zwei Hauptstrecken: Die eine verläuft östlich nach Ubon Ratchathani ins Mekong-Becken *(siehe S. 292f)*, die andere nordöstlich nach Udon Thani und an die Grenze zu Laos nach Nong Khai. Khorat und Khon Kaen besitzen Inlandsflughäfen. Es gibt wenig organisierte Touren von Bangkok in die Khorat-Region.

Legende

- Autobahn
- Hauptstraße
- Nebenstraße
- Panoramastraße
- Fluss
- Aussichtspunkt

Siehe auch

- ***Übernachten*** S. 396f
- ***Restaurants*** S. 421f

Elefanten in Surin beim alljährlichen Elefantenauftrieb *(siehe S. 268)*

Nong-Prachak-Park in Udon Thani – eine beschauliche Oase

Udon Thani ❶

อุดรธานี

Provinz Udon Thani. [Einwohner] 154 000. [Flughafen] [Bahnhof] [Busbahnhof] [Information] TAT, Mukmontri Rd., Udon Thani (0-4232-5406). [Öffnungszeiten] tägl.

WÄHREND DES Vietnamkriegs wandelte sich die verschlafene Provinzhauptstadt Udon Thani in eine boomende Nachschubbasis für einen amerikanischen Fliegerhorst. Seit dem Abzug der GIs 1976 herrscht in Udons reizlosen Straßen, gesäumt von Cafés, Nachtklubs und Massagesalons, immer noch etwas von der Geschäftigkeit früherer Tage. Udon hat sich mittlerweile zu einem regionalen Industrie- und Handelszentrum weiterentwickelt. Größter Anziehungspunkt ist der **Nong-Prachak-Park** mit einigen Lokalen. Die Stadt ist ein guter Ausgangspunkt für Ausflüge ins nahe Ban Chiang.

Ban Chiang ❷

บ้านเชียง

Provinz Udon Thani. [Einwohner] 105 000. [Bus] von Udon Thani. [Information] TAT, Udon Thani (0-4232-5406). [Öffnungszeiten] tägl.

HAUPTATTRAKTION für Ban-Chiang-Besucher ist die Ausgrabungsstätte von 1966 *(siehe S. 50f)*; ein amerikanischer Soziologe stolperte damals über einige prähistorische Funde. In archäologischen Kreisen gelten die Ban-Chiang-Funde als Beweis dafür, dass Nordostthailand eines der ersten Zentren der Welt für Bronzeherstellung war. Die gefundenen Speerspitzen (Entstehungszeit um 3600 v. Chr.) und Keramiken (3000 v. Chr. bis 500 n. Chr.) zeugen von hohem technischen Können. Das **Ban-Chiang-Nationalmuseum** zeigt Artefakte aus der Grabungsstätte und eine Schmucksammlung.

Ban Chiang-Gefäß (ca. 2000 v. Chr.)

Nach einem zwei Kilometer langen Fußmarsch über staubige Straßen, gesäumt von pittoresken Läden, kommt man zu den beiden in **Wat Pho Si Nai** gelegenen überdachten Gräberfeldern, in denen Gebeine und Keramik-Grabbeigaben zu sehen sind. Die Toten bettete man, in Leichentücher gehüllt, auf dem Rücken liegend zur letzten Ruhe; die Tongefäße waren am Grabrand oder auf der Leiche selbst arrangiert. Auch Schweineschädel und -unterkiefer, Schmuck, Gerätschaften, Waffen und Flusskiesel fanden sich im Gräberfeld.

Nach wissenschaftlichen Auswertungen der Funde geht man davon aus, dass die Bewohner Ban Chiangs kräftige, langbeinige Menschen waren mit breiter Stirn und ausgeprägten Backenknochen. Sie hatten Schätzungen zufolge eine durchschnittliche Lebenserwartung von 31 Jahren; meist starben sie an Krankheiten wie Malaria. Die ethnische Zugehörigkeit dieser Menschen ist – wie die anderer früher Bewohner Südostasiens – unklar.

[Museum] Ban-Chiang-Nationalmuseum

Am Ortsrand von Ban Chiang.
[Öffnungszeiten] Mi–So 9–16 Uhr. [Eintritt]

Khon Kaen ❸

ขอนแก่น

Provinz Khon Kaen. [Einwohner] 200 000. [Flughafen] [Bahnhof] [Busbahnhof] [Information] TAT, 15/5 Prachasamoson Rd., Khon Kaen (0-4324-4498). [Öffnungszeiten] tägl. [Feste] Seidenfest (10 Tage im Nov/Dez). [Website] www.khonkaen.com

AUS DER EINST verschlafenen Hauptstadt im Zentrum einer der ärmsten Provinzen Nordostthailands wurde eine blühende und lebendige Provinz-Metropole, in der zahlreiche regional bedeutende Einrichtungen entstanden. Die Stadt besitzt heute die größte

Das archäologische Khon-Kaen-Nationalmuseum

Universität im Nordosten des Landes und eigene Fernsehstudios. So entstand ein etwas unkonventionelles Nebeneinander von zahlreichen modernen Hotels oder Einkaufszentren sowie traditionellen Straßen und Marktplätzen.

Für Besucher sind einige Restaurants am künstlichen See **Khaen Nakhon** sowie das **Khon-Kaen-Nationalmuseum** zu empfehlen. Es beherbergt zahlreiche Ban-Chiang-Artefakte und Dvaravati-Stelen *(siehe S. 52f)* mit Reliefszenen aus dem Leben Buddhas. Darüber hinaus kann man Exponate von Volkskunst zu bewundern.

Khon-Kaen-Nationalmuseum
Kreuzung Kasikhon Thungsang Rd./ Lungsun Rachakhan Rd.
Mi–So. Feiertage.

Roi Et ❹

ร้อยเอ็ด

Provinz Roi Et. *36 000.*
TAT, Khon Kaen (0-4324-4498).
tägl.

Der Name des 1782 gegründeten Orts heißt wörtlich übersetzt »hundertundeins«, wahrscheinlich eine Steigerung von elf; gemeint ist die Zahl der Vasallenstaaten, die der Stadt einst untertan waren. Die heutige Provinzstadt Roi Et wächst unaufhörlich. Dominiert wird ihre Skyline von einer bräunlich-ockerfarbenen Riesenstatue Buddhas: *Phraphuttha-rattana-mongkol-maha-mani* im Tempelbezirk **Wat Burapha-phiram**. Der von der Basis bis zur Spitze 68 Meter messende Riesen-Buddha gilt als eine der größten stehenden Buddha-Statuen der Welt. Beim Aufstieg genießt man den Blick über die Stadt und ihr Umland. Günstig kauft man in Roi Et Seiden- und Baumwollstoffe, vor allem in der Phadung Phanit Road.

Die Statue *Phraphuttha-rattana-mongkol-maha-mani* in Roi Et

Khaen – die thailändische Mundorgel

Die ursprünglich aus Laos stammende und in Nordostthailand weit verbreitete *khaen* ist eine Mundorgel mit durchschlagenden Zungen in unterschiedlich vielen Bambusröhren; es gibt eine unterschiedliche Anzahl an Pfeifen (sechs bis 18). Der Umfang der *khaen* beträgt zwei Oktaven; sie produziert einstimmige pentatonische Melodien mit Parallelen im Quart-, Quint- oder Oktavabstand. *Khaen*-Künstler lernen ihr Spiel meist bei Verwandten oder Dorfnachbarn durch Zuhören und Nachahmen – im Gegensatz zu anderen Instrumenten, die regulär unterrichtet werden. Es gibt keine Notenliteratur, das Repertoire ist nur mündlich überliefert. Traditionell warben junge Männer mit dem Spiel um ihre Liebste, oder Blinde bettelten damit um einige Münzen. Die *khaen* ist ein »Männerinstrument«; sie wird nicht von Frauen gespielt.

***Instrumentenbauer** fügen sonnengetrocknete Bambusröhren mit dem Wachs des Khisut-Insekts zur* khaen *zusammen. Auch der hohle Windbehälter (oft eine Kalebasse) wird mit Wachs angeklebt.*

Orchester mit *Khaen*-, *Phin*- und *Ranat*-Spielern

Alle Jahre wieder: Bun Bang Fai oder Raketenfest in Yasothon

Yasothon ❺

ยโสธร

Provinz Yasothon. *22 000.* *TAT, Ubon Ratchathani (0-4524-3770).* *tägl.* *Bun Bang Fai (Raketenfest; Mai).*

WIE VIELE Provinzstädte Thailands hat auch Yasothon für Besucher wenig zu bieten, mit Ausnahme von zwei Tempeln: **Wat Thung Sawang** und **Wat Mahathat Yasothon**. Der Letztgenannte liegt im Zentrum und beherbergt den Phra-That-Phra-Anon-*chedi*, einen wohl im 7. Jahrhundert errichteten Kultbau für die sterblichen Reste von Phra Anon, dem engsten Mitstreiters Buddhas.

Größte Attraktion Yasothons ist das Bun Bang Fai, das »Raketenfest« *(siehe S. 43f)*. Wegen der ungünstigen Niederschlagsverhältnisse in Nordostthailand hat es große Bedeutung: Die Bevölkerung will damit den Hindu-Regengott versöhnlich stimmen. Es werden riesige, nicht billige Bambusraketen konstruiert; junge Mädchen helfen in den Tempelanlagen beim Zerstampfen eines explosiven Gemischs zu Raketenpulver. Erstaunlicherweise sind buddhistische Mönche Experten für Konstruktion und Abfeuerung der Flugkörper. Diese werden in einem Festzug durch die Stadt geleitet und dann zur »Befruchtung« auf die Wolken abgeschossen. Während des Fests werden sonst verpönte Anzüglichkeiten und erotische Plänkeleien geduldet. Besitzer von nicht zündenden Raketen werden mit Schlamm beschmiert.

Prasat Hin Phimai ❻

ปราสาทหินพิมาย

Siehe S. 266f.

Khorat ❼

โคราช

Provinz Khorat. *175 000.* *TAT, 2102–4 Mittraphap Rd., Khorat (0-4421-3666).* *tägl.* *Thao Suranari Festival (Ende März/Anfang Apr), Phimai Regatta (Okt/Nov).*

AUS DEN BEIDEN ehemaligen Städten Khorakhapura und Sema, die unter König Narai (1656–88) vereinigt wurden, entstand Khorat (auch Nakhon Ratchasima).

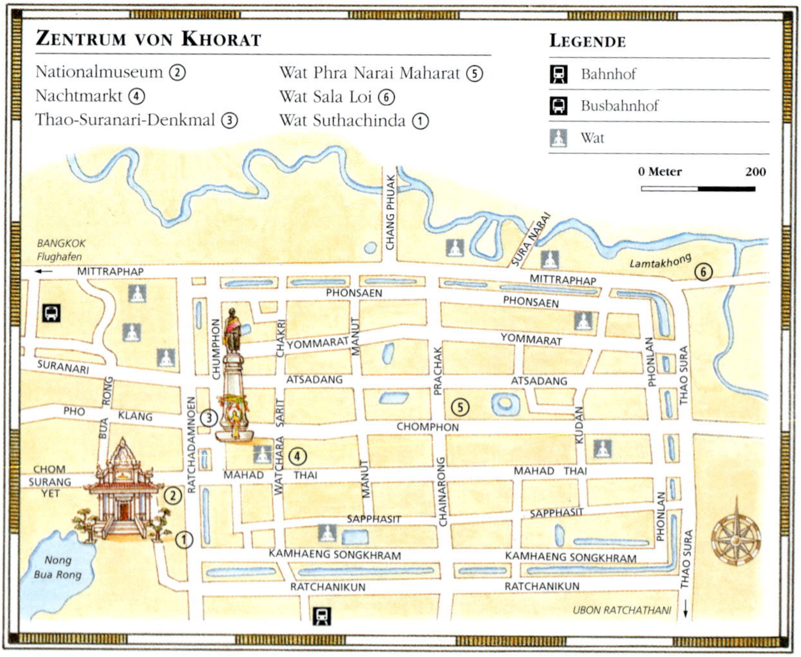

Schmucksockel und Fassade des *bot* im Wat Phra Narai Maharat

Heute ist Khorat eine schnell wachsende Geschäftsstadt; den Anstoß zu dieser Entwicklung gab der nahe US-Luftwaffenstützpunkt während des Vietnamkriegs. Auf den ersten Blick präsentiert sich die Stadt als Labyrinth von ständig verstopften Straßenzügen. Im Zentrum gibt es, abgesehen vom beliebten **Nachtmarkt**, nur wenig Sehenswertes. Hier kann man an Straßenständen Essbares und Kunstgewerbliches zu vernünftigen Preisen erstehen.

Vor dem westlichen Stadttor Pratu Chumphon steht das **Thao-Suranari-Denkmal**. Es erinnert an Khunying Mo, eine mutige Frau, die Khorat 1826 vor der Eroberung durch eine laotische Armee bewahrte. Während ihr Mann, der Vize-Kommandeur Khorats, geschäftlich in Bangkok weilte, überfiel Prinz Anuwong von Vientiane *(siehe S. 284f)* die Stadt. Khunying Mo und ihre Mitgefangenen richteten ein Trinkgelage für die Eroberer aus und töteten anschließend die völlig betrunkenen Soldaten mit Gegenständen, die sie gerade zur Hand hatten. So konnten die Laoten bis zum Eintreffen von Hilfstruppen in Schach gehalten werden. Man ehrte Khunying Mo mit dem Titel Thao Suranari, »heldenhafte Frau«, und mit dem 1934 errichteten Denkmal gleichen Namens. Es zeigt die stehende Khunying Mo mit einer Hand an der Hüfte auf einem Sockel. Heute noch wird sie von der Bevölkerung verehrt, und stets ist das Denkmal mit Girlanden und anderen Gaben geschmückt. Außerdem wird jedes Jahr ihr zu Ehren ein Volksfest mit Tanz, Theater und Gesang gefeiert.

Auf dem Areal des **Wat Suthachinda** liegt das **Maha-Weerawong-Nationalmuseum**. Zu den Exponaten zählen Artefakte wie menschliche Gebeine, Buddha-Bildnisse im Dvaravati- und Ayutthaya-Stil, Keramiken und Holzschnitzereien – Schenkungen an den Namensgeber des Museums Prinz Maha Weerawong.

Thao-Suranari-Denkmal

In der modernen Stadt findet man noch weitere buddhistische Tempel. Im *wihan* des Klosters **Wat Phra Narai Maharat** steht eine in den Khmer-Ruinen nahe der Stadt gefundene Sandstein-Statue von Vishnu. Am Ufer des Lam Takhong erhebt sich einer der erstaunlichsten Tempel Nordostthailands der Moderne, der **Wat Sala Loi**, »Tempel des schwimmenden Pavillons«. Der wie eine chinesische Dschunke gestaltete *wihan* wurde mit Architekturpreisen ausgezeichnet. Nur in der Umgebung verfügbare Materialien, darunter im nahen Dan Kwian gebrannte Ziegel, wurden verbaut. Wat Sala Loi wurde auf einem heiligen Areal für Khunying Mo errichtet; hier ruhen ihre sterblichen Überreste – ein würdiger Platz für die Heldin, ohne deren Einsatz es das heutige Khorat nicht gäbe.

Auf dem Gelände des **Wat Khao Chan Ngam** befindet sich eine prähistorische Stätte, und im **Wat Thep Phitak Punnaram** steht eine Buddha-Statue aus hellem Stein.

Maha-Weerawong-Nationalmuseum
Ratchadamnoen Rd. *Mi–So.*
Feiertage.

Dan Kwian 8

ด่านเกวียน

Provinz Khorat. *28 000.*
TAT, Khorat (0-4421-3666).

MITTE DES 18. Jahrhunderts siedelten sich im südöstlich von Khorat liegenden Dan Kwian zunächst Mitglieder vom Stamm der Mon an, die aus dem birmanischen Grenzgebiet nach Osten gewandert waren. Seit dieser Zeit ist der Ort bekannt für seine rostfarbene Keramik, die aus dem stark eisenhaltigen Ton der Region hergestellt wird.

Heute sieht man im Dorf überall kleine Keramikwerkstätten, aus deren Brennöfen Rauch aufsteigt. Zahlreiche Keramikläden säumen die Fernstraßenausfahrt Richtung Dan Kwian. Im Angebot sind u. a. Schmuck, Vasen, Pflanzentöpfe, blattförmige Windspiele und Wasserkrüge.

KHORAT-KATZEN

Silberne Khorat-Katzen, eine der teuersten Rassen Thailands, sind nach ihrer Heimat, dem Khorat-Plateau, benannt. Im Nordosten wird ein Pärchen manchmal als Hochzeitsgeschenk übergeben, da es Glück bringen soll. Die Rasse wurde schon in einem während der Ayutthaya-Zeit geschriebenen Buch mit Katzengedichten erwähnt. Khorat-Katzen kamen erstmals 1896 in westliche Länder, doch sie sind nicht so beliebt wie ihre cremefarbenen Verwandten, die klassischen Siamkatzen.

Briefmarke mit einer Khorat-Katze

Prasat Hin Phimai ❻

ปราสาทหินพิมาย

Balustergitter-Fenster

DIE BAUGESCHICHTE der 1964–69 sorgfältig restaurierten Tempelanlage in der am Ufer des Mun gelegenen Kleinstadt Phimai ist noch nicht abschließend geklärt. Das Zentralheiligtum soll unter Syryavarman I. (1001–1049) vollendet worden sein. Aus der Lage des Komplexes Prasat Hin Phimai an der früheren Direktverbindung in die Khmer-Metropole Angkor erklärt sich die ungewöhnliche Südost-Ausrichtung zur Tempelstadt Angkor. Gegen Ende des 12. Jahrhunderts wurde der ursprünglich brahmanische, Shiva gewidmete Schrein in einen buddhistischen Tempel nach Prinzipien der Mahayana-Lehre umgestaltet. Auf seinen Stürzen und Giebeln sieht man Szenen aus dem Ramayana *(siehe S. 36)* und – eine Ausnahme bei Khmer-Tempeln – auch Darstellungen buddhistischer Themen.

Hauptheiligtum
Gekrönt wird der Sandsteinbau von einem knospenförmigen prang *– vielleicht ein Vorbild für die Architektur Angkor Wats* (siehe S. 254f).

***Naga*-Brücke**
Die Brücke – sie ist beidseitig von Schutzgeistern in Schlangenform (naga) *gesäumt – besitzt Symbolcharakter und führt zum Haupteingang.*

HAUPTHEILIGTUM

Prasat ist die Bezeichnung für das Hauptheiligtum und oft auch für die gesamte Tempelanlage.

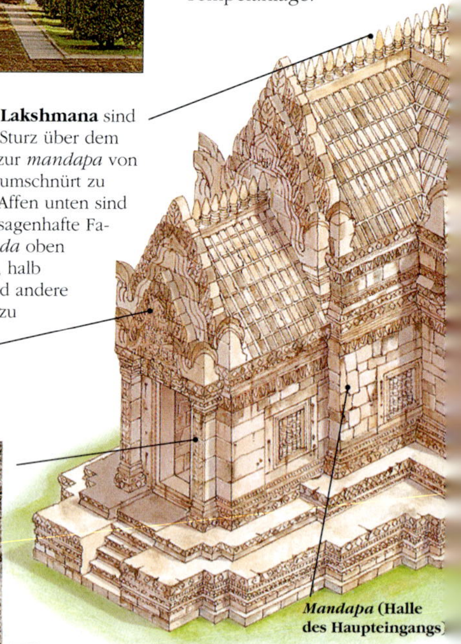

Rama und Lakshmana sind auf diesem Sturz über dem Westportal zur *mandapa* von einer *naga* umschnürt zu sehen. Die Affen unten sind hilflos; das sagenhafte Fabeltier *garuda* oben (halb Vogel, halb Mensch) und andere Affen eilen zu Hilfe.

***Mandapa* (Halle des Haupteingangs)**

***Mandapa*-Südgiebel**
Zu sehen ist eine klassische Khmer-Szene: der tanzende Gott Shiva und der Stier Nandi (rechts), das Reittier des Gottes.

Pilaster mit Vajarasattva
An der Mandapa*-Südfront ist auf einem Pilaster ein Vajarasattva mit Donnerkeil und Glocke als Portal-Schutzgeist zu sehen.*

NICHT VERSÄUMEN

- ★ **Nördliche Vorhalle**
- ★ **Nordgiebel**
- ★ **Buddha auf *naga***

Rama und sein Affenvolk beim Dammbau zur Insel Longka (Sri Lanka) – die *Ramayana*-Szene *(siehe S. 36)* ist am Westgiebel des *prang* zu sehen.

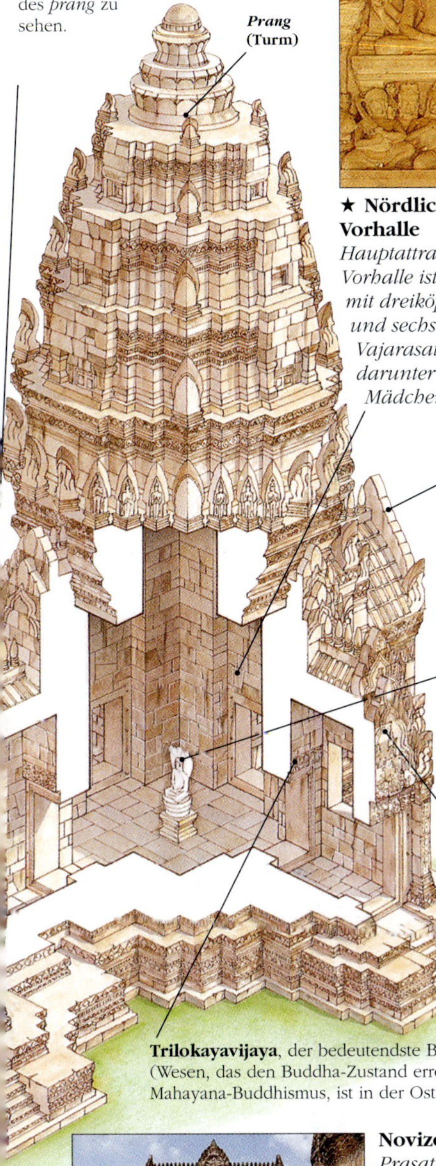

***Prang* (Turm)**

★ Nördliche Vorhalle
Hauptattraktion der Vorhalle ist der Sturz mit dreiköpfigem und sechsarmigem Vajarasattva; darunter tanzt eine Mädchengruppe.

Infobox

Zentrum von Phimai, Provinz Khorat. *TAT, Khorat (0-4421-3666).*
Khorat, dann songthaew.
tägl. 6–18 Uhr.
Phimai-Tempelfest (Nov).

★ Nordgiebel
In dieser Ramayana-*Szene tritt Vishnu mit Muschel, Lotos, Wurfscheibe und Keule auf.*

★ Buddha auf *naga*
Reproduktion eines auf einer zusammengerollten naga *sitzenden und vom Schlangenkopf beschirmten Buddhas (13. Jh.) im Bayon-Stil* (siehe S. 254)

Der Gott der Gerechtigkeit am Ostportal schlichtet Streit zwischen dem guten Rama und dem bösen Tosakan *(siehe S. 37)*.

Trilokayavijaya, der bedeutendste Bodhisattva (Wesen, das den Buddha-Zustand erreicht hat) des Mahayana-Buddhismus, ist in der Osthalle zusehen.

Novizen
Prasat Hin Phimai ist kein bewohntes Kloster (wat); *hier finden jedoch hin und wieder buddhistische Versammlungen und Feierlichkeiten statt.*

Lageplan

1 Hauptheiligtum
2 Innenhof
3 Außenhof
4 Königspavillons
5 *Gopuras* (Portalbauten)
6 *Naga*-Brücke

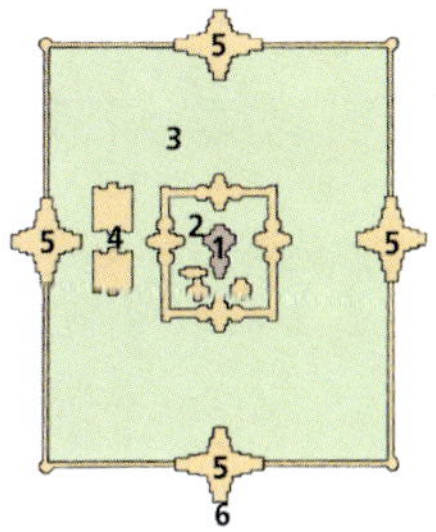

Prasat Ta Muen und Prasat Ta Muen Tot ❾

ปราสาทตาเมือนและตาเมือนโต๊ด

Nahe Hwy. 214, Provinz Surin. *TAT, Khorat (0-4421-3666).* *Surin, dann am besten mit Führung.* *tägl.*

ZWEI VERFALLENE Khmer-*prasat* liegen im Ta-Muen-Distrikt der Provinz Surin nur 100 Meter voneinander entfernt. Das eine Heiligtum, Ta Muen, eine Laterit-Kapelle, könnte einst zu einem Rasthaus an der beschwerlichen Route von Angkor *(siehe S. 254f)* nach Prasat Hin Phimai *(siehe S. 266f)* gehört haben. Das andere und zerfallenere, Prasat Ta Muen Tot, war früher ein Hospital für Reisende. Beide Anlagen entstanden unter König Jayavarman VII. (1181–1220).

Obwohl heute fast nur noch Ruinen zu sehen sind und das Mauerwerk von den Wurzeln der Riesen-Feigenbäume überwuchert wird, zeugen diese Anlagen immer noch vom Glanz des einst hier herrschenden Khmer-Reichs.

Beide Heiligtümer liegen im Grenzgebiet zu Kambodscha; daher sollte man sich für die Besichtigung einer von den Pensionen in Surin angebotenen Tour anschließen, die unter Umständen vom Militär eskortiert wird. Für Einzelreisende sind die Ruinen kaum zugänglich; komplett gesperrt wird das Gebiet immer, wenn Kämpfe aufflammen.

Grenzpolizisten als Eskorte für Prasat-Ta-Muen-Besucher

Elefantenauftrieb in Surin

Am dritten Wochenende im November beherrscht der Elefantenauftrieb ganz Surin. Die erste Veranstaltung dieser Art fand 1960 statt; heute werden die Elefanten weniger als Arbeitstiere präsentiert, sondern eher als Schausteller. Wenn die rund 150 bis 200 Elefanten von umliegenden Farmen mit ihren *mahout* (Reitern) in der Stadt eingetroffen sind, wird gezeigt, wie die grauen Riesen gefangen und aufgezogen werden; demonstriert wird auch, über welche Stärke und Intelligenz sie verfügen. Es gibt Kriegsparaden zum Gedenken an König Naresuan (1590–1605), der die Birmanen einst vom Elefantenrücken aus besiegte. Während dieser Paraden marschieren Soldaten in historischen Uniformen gegen einen imaginären Feind.

Surin: Elefanten und ihre historisch gekleideten *mahout*

Prasat Hin Muang Tam ❿

ปราสาทหินเมืองต่ำ

Nahe Hwy. 214, Provinz Buri Ram. *TAT, Khorat (0-4421-3666).* *von Surin nach Prakhon Chai, dann* songthaew. *tägl.*

MUANG TAM, die »Unterstadt«, liegt zu Füßen eines erloschenen Vulkans, auf dem die Khmer-Tempelanlage Prasat Hin Khao Phnom Rung thront *(siehe S. 270f)*. Muang Tam ist jünger als die aus der ältesten Bauphase stammenden Bauten der prachtvolleren und gut erhaltenen Anlage oberhalb. Der Ziegel-, Sandstein- und Laterit-Komplex Muang Tam entstand zwischen dem 10. und 12. Jahrhundert als Gouverneursresidenz. Auf den ersten Blick scheint die Tempelstadt heute nicht viel mehr als ein exotischer Trümmerhaufen zu sein.

Die Ruinen von vier Heiligtümern umrahmen den Haupttempel, in dem Kultgegenstände aufbewahrt wurden. Türsturz-Reliefs deuten darauf hin, dass es sich hier um ein hinduistisches Heiligtum handelte: Shiva und Parvati, auf dem Stier Nandi reitend, sind auf einem Türsturz am nördlichen Sanktuarium zu sehen, auf einem anderen erkennt man Brahma.

Alle Heiligtümer sind gen Osten ausgerichtet und besitzen (heute zerfallene) Galerien; an allen vier Seiten sind noch *gopura*, Torvorbauten, zu erkennen. Hinter ihnen befinden sich vier L-förmige Becken, deren Wasserflächen mit bunten Lotosblüten übersät sind und an deren Ecken sich imposante, mehrköpfige *Naga*-Köpfe emporrecken.

Ein riesiger, rund 1200 mal 500 Meter großer Stausee *(Baray)* nördlich der Residenz versorgte wahrscheinlich deren zahlreiche Bewohner einst mit Wasser.

Prasat Hin Khao Phnom Rung ⓫

ปราสาทหินเขาพนมรุ้ง

Siehe S. 270f.

In heißem Wasser lösen sich die Kokons der Seidenraupen, Surin

Surin ⓬

สุรินทร์

Provinz Surin. *42 000.* *TAT, Khorat (0-4421-3666).* *tägl.* *Elefantenauftrieb (Nov).*

Die Seiden- und Elefantenstadt Surin verdankt ihren Namen dem ersten Regenten Phraya Surin Phakdi Si Narong Wang. Gefechtsbereit zeigt ihn eine moderne Statue in der Stadt. 1760 übernahm Phraya Surin aus dem Stamm der Suay die Herrschaft, nachdem er maßgeblich an der Rückführung eines entlaufenen weißen Königselefanten *(siehe S. 102)* mitgewirkt hatte – so berichtet die Sage.

Den Prozess der Seidenherstellung *(siehe S. 256f)* können Besucher in den umliegenden Dörfern verfolgen. Die Seidenweber der Provinz stellen über 700 verschiedene Muster her; besonders populär sind ihre Rautenmuster.

Als die Roten Khmer in den 1970er Jahren ihre Terrorherrschaft in Kambodscha ausübten, flüchteten Tausende von Kambodschanern über die Banthat-Berge in die Provinz Surin; sie bildeten dort mit den bereits hier lebenden Laos-Flüchtlingen, Thai und Suay-Stämmen ein buntes Bevölkerungsgemisch. Inzwischen sind sie bis auf wenige Ausnahmen wieder repatriiert.

Größte Attraktion ist der alljährliche Elefantenauftrieb im **Surin-Sportpark**. Ganzjährig zeigt das **Surin-Museum** Geräte, die für Elefantenfang und -abrichtung verwendet werden, darunter Büffelhautseile, mit denen die Suay-Stammesmitglieder wilde Elefanten fangen. Auch ihre Schutzanzüge und Amulette mit magischen Formeln sind ausgestellt. Elefantenfang und -abrichtung ist in Surin seit alters Männersache. Frauen ist es sogar verboten, Gegenstände zu berühren, die mit der Jagd zu tun haben, damit sie die magische Aura eines Elefantenfängers nicht zerstören.

Phraya-Surin-Denkmal

Surin-Museum
Chitramboong Rd. *Mi So*

Wegweiser zum Elefanten-Dorf Ban Ta Klang

Ban Ta Klang ⓭

บ้านตากลาง

Provinz Surin. *7000.* *TAT, Khorat (0-4421-3666).* *tägl.* *Elefantenauftrieb (Nov).*

Ban Ta Klang wird von Angehörigen des Stamms der Suay bewohnt. Der Beiname »Elefantendorf« zeigt schon, dass die Suay als Experten für Fang und Abrichtung wilder Elefanten zu Arbeitstieren bekannt sind. Sie sollen Anfang des 9. Jahrhunderts aus Zentralasien nach Thailand eingewandert sein und schon früh Elefanten bei Bauarbeiten eingesetzt haben, insbesondere bei der Errichtung von Khmer-Tempeln. Heute ist Ban Ta Klang Haupttrainingszentrum für die beim Elefantenauftrieb in Surin eingesetzten Tiere. Im Oktober, ungefähr einen Monat vor der Veranstaltung in Surin, beginnt das Training der Tiere, das kurz vor dem Auftrieb intensiviert wird. Die rund 50 Kilometer Wegstrecke nach Süden zur Arena in den Außenbezirken Surins legen die *mahout* auf dem Rücken ihrer Elefanten zurück.

Szene in Surin: Die Elefantenfütterung bedeutet für den *mahout* Pause

Prasat Hin Khao Phnom Rung 11

ปราสาทหินเขาพนมรุ้ง

Elefanten-skulptur

HOCH OBEN auf der Kuppe des erloschenen Vulkans Khao Phnom Rung erstreckt sich dieser Khmer-Tempelkomplex. Der Hindu-Tempel an einem solchen Ort symbolisiert die Wohnstätte Shivas auf dem Heiligen Berg Krailasa; der Prozessionsweg zum Hauptheiligtum hat eine Länge von 200 Metern. Mit dem Bau der Tempelanlage an der Route ins kambodschanische Angkor *(siehe S. 254f)* wurde im frühen 10. Jahrhundert begonnen. Die Bauten sind so angeordnet, dass die aufgehende Sonne beim Songkran-Fest im April *(siehe S. 44)* durch alle 15 Tore des westlichen *gopura* zu sehen ist.

Giebelrelief am Westportal
Affen retten Sita mit einem Streitwagen, der dem Tempel nachgebildet ist.

★ Hauptheiligtum
Der maiskolbenförmige prang *des Hauptheiligtums ist der kosmologische Gipfel am Ende des Prozessionsweges.*

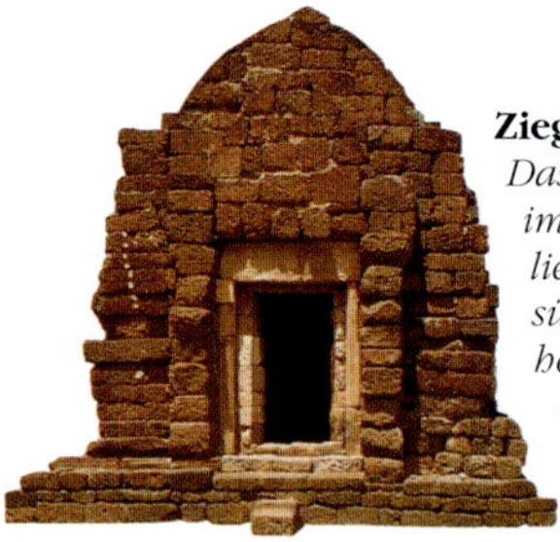

Ziegel-Sanktuarium
Das Laterit-Bauwerk im Bayon-Stil (13. Jh.) liegt unmittelbar südöstlich vom Hauptheiligtum und wurde erst später als Bibliothek in die Anlage eingefügt.

NICHT VERSÄUMEN

- ★ **Hauptheiligtum**
- ★ ***Naga*-Brücke**
- ★ **Zierteiche**
- ★ **Prozessionsweg**

★ *Naga*-Brücke
Die Brücke innerhalb des heiligen Bezirks verbindet den östlichen Torvorbau, gopura, *mit dem Hauptheiligtum. Der Schlangenkörper bildet das Brückengeländer.*

Giebel über dem *Mandapa*-Portal
Das Giebelrelief stellt den tanzenden Shiva als Nataraja dar. Seine ausgebreiteten zehn Arme symbolisieren Tod und Zerstörung.

INFOBOX

50 km südlich von Buriram, nahe Hwy. 24, Provinz Buriram.
TAT, Khorat (0-4421-3666).
ab Khorat oder Surin bis Ban Ta Ko, dann songthaew.
tägl. 9–17 Uhr.
Phnom-Rung-Fest (Apr).

Der Stier Nandi
Die Skulptur des legendären Reittiers Shivas befindet sich im ersten, östlichen Saal des Hauptheiligtums.

Die Treppen sind Teil des Prozessionswegs im heiligen Tempelbezirk.

★ **Zierteiche**
Vor dem Eingang zum heiligen Bezirk liegen vier Teiche, Symbole der vier heiligen Flüsse des indischen Subkontinents. Die Naga*-Brücke, im Bild hinten, führt in den Komplex.*

★ **Prozessionsweg**
Der Prozessionsweg steht für die spirituelle Reise aus der irdischen Welt in den Hindu-Pantheon.

Mekong-Becken

Rund 2000 Kilometer *von seiner Quelle im Transhimalaya entfernt, erreicht der Mekong bei Chiang Khan Nordostthailand; zuvor durchfließt er China, Myanmar, die Nordspitze Thailands und Laos. Ab Chiang Khan bildet der Fluss bis zu seinem Übertritt nach Kambodscha die Grenze zu Laos. Dieses Grenzgebiet bietet viele noch wenig bekannte Natur- und Kulturattraktionen.*

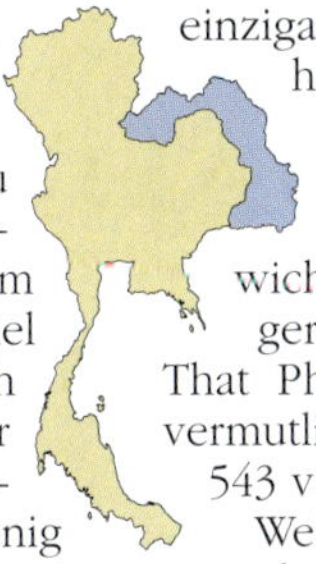

Das fruchtbare Kulturland des Mekong-Beckens steht in starkem Kontrast zum südlich und westlich liegenden trockenen Khorat-Plateau, aber auch zu den zerklüfteten laotischen Bergen am anderen Ufer. Auf dem fruchtbaren Boden gedeiht viel Obst und Gemüse, dass auch vermarktet wird. Wegen der Ferne zu Bangkok ist das Gebiet bis heute wirtschaftlich wenig entwickelt; so hat es sich als eine der schönsten und natürlichsten Regionen des Landes erhalten.

Durch Nong Khai, die wichtigste Stadt der Region, fließt der Durchgangsverkehr in die laotische Hauptstadt Vientiane. Fährt man von hier aus nach Westen, kommt man in zahllose pittoreske Orte und Dörfer mit traditionellen Teakholzhäusern. Im Phu-Phrabat-Geschichtspark (nahe Ban Phu) überraschen seltsam geformte Sandsteinfelsen. Nahebei im Wat Khaek stehen die in ihrer Art einzigartigen buddhistischen und hinduistischen Riesenstatuen.

Auf seinem weiteren Weg, vorbei an Nakhon Phanom, passiert der Mekong eine der wichtigsten buddhistischen Pilgerstätten Thailands: Wat Phra That Phanom. Die Anlage entstand vermutlich nach dem Tod Buddhas 543 v. Chr.

Weiter flussabwärts kommt man nach Pha Taem, einem Felsvorsprung mit prähistorischen Malereien. Kurz darauf mündet der Mun bei Khong Chiam in den Mekong, und dieser wird zum »zweifarbigen Fluss«, bevor er seinen Lauf durch Laos und Kambodscha fortsetzt. Im thailändisch-kambodschanischen Grenzgebiet finden immer wieder Kampfhandlungen statt, sodass Prasat Khao Phra Wihan, die prächtigste aller Khmer-Stätten in Thailand, nicht immer zugänglich ist.

Blick von Nakhon Phanom über den Mekong nach Laos

◁ **Für den Nordosten charakteristische bizarre Felsformationen**

Überblick: Mekong-Becken

Der gewaltige Mekong bildet auf 750 Kilometer Länge die Grenze zwischen Nordostthailand und Laos. Im Gegensatz zum sonst eher kargen Boden dieser Region gibt es in seinem Tal sehr fruchtbare Böden. Zwischen Chiang Khan und Pha Taem verläuft die Straße parallel zum Strom. Sehenswert ist die Route von Nong Khai nach Westen durch verschlafene Orte und Dörfer mit ihren schönen Holzhäusern. Im Süden des nördlichen Grenzabschnitts liegen die Nationalparks Phu Rua, Phu Kradung und Phu Hin Rong Kla und noch südlicher die größte Stadt der Region, Ubon Rachathani.

Legende

- Autobahn
- Hauptstraße
- Nebenstraße
- Panoramastraße
- Fluss
- Aussichtspunkt

Farbenfrohe Szene: Phi-Ta-Khon-Fest in Loei

Sehenswürdigkeiten auf einen Blick

Chiang Khan 6
Chong Mek 20
Khong Chiam 19
Loei 4
Mukdahan 17
Nakhon Phanom 14
Nong Khai S. 282f 10
Pak Chom 7
Pha Taem 18
Phu-Hin-Rong-Kla-Nationalpark 2
Phu-Kradung-Nationalpark S. 276f 1
Phu-Phrabat-Geschichtspark 12
Phu-Rua-Nationalpark 3
Prasat Khao Phra Wihan 22
Prasat Prang Ku 23
Renu Nakhon 15
Sakhon Nakhon 13
Sangkhom 8
Si Chiangmai 9
Sirindhorn-Staudamm 21
Ubon Ratchathani 24
Vientiane S. 284f 11
Wat Phra That Phanom 16

Tour

Mekong-Dörfer 5

Im Mekong-Becken unterwegs

Als Ausgangspunkte für Touren bieten sich Nong Khai, Loei, Nakhon Phanom und Ubon Ratchathani an. Zwei Bahnstrecken erschließen die Region: Aus Bangkok kommend, kann man ab Khorat entweder weiter nach Ubon Ratchathani fahren oder nach Udon Thani. Bus, Mietauto und *songthaew* sind allerdings die bequemsten Transportmöglichkeiten. Auf einigen Mekong-Abschnitten verkehren kleine Boote.

Chedi **im laotischen Stil in Sakhon Nakhon**

Siehe auch

- ***Übernachten*** S. 397ff
- ***Restaurats*** S. 422f

Phu-Kradung-Nationalpark ❶

อุทยานแห่งชาติภูกระดึง

Blüte

Es gibt zwei Legenden über den Phu Kradung, den »Glockenberg«: Einst soll aus seinem Gipfel ein von Indra produzierter Glockenton erklungen sein; die Variante lautet, dass der Berg wie eine Glocke tönen soll, wenn ihn ein Stab berührt. Das Gebiet mit dem steil ansteigenden und oben abgeflachten Berg ist heute ein 348 Quadratkilometer großer Nationalpark, dessen Plateau in 1350 Meter Höhe liegt. Wegen des kühlen Klimas gedeihen hier auch Pflanzen, die in anderen Teilen Thailands unbekannt sind. Die Pinienwälder und Grasländer sind Heimat vieler Tierarten.

Asiatischer Schwarzbär
Er ernährt sich in den Wäldern Südostasiens von Insektenlarven, Nüssen und Früchten.

Wasserfälle
Phu Kradung ist übersät von Wasserfällen, die am Ende der Regenzeit im Oktober besonders eindrucksvoll sind.

Asiatischer Schakal
In Thailand gibt es zwei Wildhundarten: Der asiatische Schakal mit buschigem Schwanz lebt am Phu Kradung. Die andere Spezies ist der Rothund.

Pha Lom Sak
Die bizarre Sandsteinformation liegt am südlichen Rand des Plateaus. Von hier aus genießt man einen herrlichen Blick über die umliegenden Berge und Täler. Im Sommer scheint sie magische Anziehungskraft zu besitzen; dann ist sie von Massen fotografierender Ausflügler belagert.

Pha Nok An
Atemberaubende Sonnenaufgänge bieten sich von der »Schwalbenklippe« im Osten des Plateaus aus. Schwalbenpärchen nisten im Schutz des Felsüberhangs – daher der Name.

INFOBOX

Provinz Loei. Zentrum ca. 8 km nahe Hwy. 201, auf Hwy. 2019. *TAT, Udon Thani (0-4232-5406); Parkverwaltung (0-4281-1112 für Bungalowreservierung).* *Bus nach Pha Nokkao, dann* songthaew. *Zugang zum Plateau nur zu Fuß.* *Mitte Juli–Anfang Sep (Regenzeit).*

Kannenpflanzen
Diese Pflanzen fangen in ihren Kannen Insekten und »fressen« sie, indem sie sie zersetzen.

Der Name Phone-Phop-Wasserfall geht auf den ersten thailändische Box-Weltweister Phone Kingphet zurück. Als er hier im kühlen Klima trainierte, um sich an die Bedingungen in Übersee zu gewöhnen, entdeckte er zufällig den Wasserfall.

0 Kilometer 10

LEGENDE

- Straße
- Wanderweg
- Information
- Campingplatz/Bungalows
- Aussichtspunkt

DIE BALLADE VOM PHU KRADUNG

1969 schrieb der thailändische Lyriker Angkhan Kalyanaphong eine Hymne über die noch nicht zerstörten Naturschönheiten am Phu Kradung. Die nur unvollkommen übertragbaren Zeilen aus *Lam Nam Phu Kradung* (»Phu-Kradung-Ballade«) spiegeln die Naturverbundenheit des Dichters wider:

»Allabendlich sitze ich bei Sonnenuntergang auf der Makduk-Klippe/ Und sehe, wie die bunten Strahlen/ Die Wolken durchdringen und den Himmel erglühen lassen.«

Reizvolle Landschaft am Sa-Anodat-Teich

Stromschnellen im Phu-Hin-Rong-Kla-Nationalpark

Phu-Hin-Rong-Kla-Nationalpark ❷

อุทยานแห่งชาติภูหินร่องกล้า

Provinz Phitsanulok. Zentrum beim Hwy. 2331, 31 km südöstlich von Nakhon Thai. *TAT, Phitsanulok (0-5525-2743); Verwaltung (0-2579-5734, 0-2579-7223 für Bungalowreservierung). ab Loei oder Phitsanulok nach Nakhon Thai, dann* songthaew.

Der etwa 300 Quadratkilometer große Phu-Hin-Rong-Kla-Nationalpark – im Phu Man Khao bis 1620 Meter hoch – wartet mit einer vielgestaltigen Flora und Fauna sowie mit einem Freilichtmuseum auf, das an das kommunistische Lager der 1960er und 1970er Jahre in dieser Region erinnert. Die thailändische Regierung hatte seit den 1950er Jahren die Ausbreitung des Kommunismus mit Sorge verfolgt; die offenen Kämpfe zwischen der Kommunistischen Partei Thailands (KPT) und dem Militär brachen 1964 aus. Bald verschanzte sich die KPT in den Wäldern des Phu-Hin-Rong-Kla-Gebirges. Es war ideal wegen der Lage von rund 1000 Meter Höhe, der Nähe zum seit 1975 von der kommunistischen Pathet Lao regierten Laos *(siehe S. 285)* und des Zugangs über Laos zum Hauptquartier im chinesischen Kunming. Besonders aktiv war die KPT seit 1976 aufgrund des Zulaufs von Studenten nach dem Militärputsch in Bangkok, doch 1979 wandten sich viele Anhänger ab und machten von der Amnestie der Regierung Gebrauch. Angriffe der Regierungstruppen führten 1982 zum Fall der Basis. Zwei Jahre später wurde das Gebiet Nationalpark.

Erinnerung an die Kämpfe zwischen thailändischem Militär und KPT

Phu-Rua-Nationalpark ❸

อุทยานแห่งชาติภูเรือ

Provinz Loei. Zentrum nahe Hwy. 203, 60 km westlich von Loei. *TAT, Udon Thani (0-4232-5406); Parkverwaltung (0-2579-5743, 0-2579-7223, 0-1991-8745 für Bungalowreservierung). ab Loei bis Phu Rua-Dorf, dann* songthaew.

Der Name Phu Rua, »Schiffsberg«, beschreibt das Aussehen der höchsten Erhebung, die die Gestalt einer chinesischen Dschunke hat. Vom 1365 Meter hohen Gipfel bietet sich ein herrlicher Blick nach Süden über Loei bis nach Laos. Auch der Sitzende Buddha lässt andächtig den Blick über Ebenen von grandioser Schönheit schweifen.

Man kann bis auf den Phu-Rua-Gipfel fahren und passiert unterwegs einige bizarr gestaltete Felsgebilde. Zwei übereinander geschichtete Riesen-Sandsteinblöcke, die von einem dritten abgedeckt werden, sodass das Ganze wie ein Riesenpilz aussieht, bilden die ungewöhnlichste Formation (Hin Ta oder »Schildkrötenfels«).

Bizarre Felsformation im Phu-Rua-Nationalpark

Wer Zeit für die Erkundung des 121 Quadratkilometer großen Nationalparks mitbringt, findet markierte Pfade vor. Sie führen über Wiesen, durch Felsengärten, Kiefern- und Laubwälder. Rundblicke hat man von Phu Kut aus und den Klippen Pha Lon Noi, Pha Dong Tham San, Pha Yat und Pha Sap Thong. An vielen Stellen gibt es Wasserfälle; besonders interessant sind Huai Phai, Huai Ta Wat und Lan Hin Taek.

Im Phu-Rua-Nationalpark leben Hirsche, Wildschweine, viele Vogelarten und die *tao puru*, seltene siamesische Großkopf-Schildkröten.

Phu Rua gehört zu den kältesten Regionen des Landes; 1981 gab es hier mit –4 °C einen absoluten Kälterekord.

Für den Nordosten charakteristische Hügellandschaft bei Loei

Loei ❹

เลย

Provinz Loei. 24 000. TAT, Udon Thani (0-4232-5406). tägl. Baumwollblütefest (Feb), Phi-Ta-Khon-Fest (Mai), Raketenfest (Mai).

Loei bedeutet bedeutet in Thai »jenseits« oder »äußerst« – ein angemessener Name für die im nördlichsten Teil Nordostthailands, am Rand des Khorat-Plateaus gelegene Provinz mit der gleichnamigen Provinzstadt. Obwohl verwaltungsmäßig ein Teil von Isan (Nordosten), ähnelt die Provinz in Klima und Natur eher Nordthailand: Kälte und Nebel im Winter, sengende Hitze im Sommer. Einst wurden bei der siamesischen Regierung in Ungnade gefallene Beamte ins ferne Loei strafversetzt. Die positive Seite der isolierten Lage Loeis ist, dass hier noch viele traditionelle Werte kultiviert werden.

Die sich am Westufer des Loei erstreckende Stadt hat ihren Besuchern einige Sehenswürdigkeiten zu bieten: einen lebhaften Markt an der Loei-Brücke und ganz in der Nähe gelegen: **Lak Muang**, die »Stadtsäule«. Interessant ist auch **Chao Pho Kut Pong**, ein alter chinesischer Schrein, eine bei den Einheimischen populäre Kultstätte. In der an Bodenschätzen reichen Region werden auch hochwertige Baumwollstoffe hergestellt, von deren Qualität man sich in Läden an der Charoenraj und der Ruamchai Road in Loei überzeugen kann.

Die Stadt bietet einige preisgünstige Unterkünfte, sodass es sich anbietet, von hier aus die beiden Nationalparks Phu Rua und Phu Kradung *(siehe S. 276f)* zu besuchen.

Phi-Ta-Khon-Fest

Phi-Ta-Khon-Kostüm

Jährlich wird zu Beginn der Regenzeit im Juni im 80 Kilometer westlich von Loei gelegenen Dan Sai das ursprünglich nur hier beheimatete Phi-Ta-Khon-Fest *(siehe S. 43ff)* begangen – eine Gelegenheit für Buddhisten, sich Verdienste zu erwerben und um Regen zu bitten. Im Juli wird – weniger authentisch – das Fest in Loei wiederholt. Phi Ta Khon geht auf die buddhistische Legende von der letzten Inkarnation Buddhas als Prinz Vessandorn zurück. Als Vessandorn in seine Heimatstadt zurückkehrte, bereitete man ihm dort einen so herzlichen Empfang, dass die herbeieilenden Geister das Ereignis mitfeierten. Heutzutage verkleiden sich junge Männer mit Patchwork-Gewändern und Masken als Geister *(phi ta khon)*. Hinter bemalten Masken aus Kokospalmenholz mit starrenden Mündern, Adlernasen und Kronen aus Weidenkörben treiben die Verkleideten Schabernack mit den Zuschauern. Dabei wird drei Tage lang ein Buddha-Bildnis durch die Stadt getragen. Mönche rezitieren öffentlich aus der Vessandorn-Erzählung. Am dritten Tag umkreisen die »Geister« drei Mal den zentralen *wat*, bevor sie ihre Masken zum Abschluss des Fests in den Fluss werfen.

Als Geister verkleidete junge Männer vor dem Umzug mit dem Buddha-Bildnis in Loei

Phi-Ta-Khon-»Geister« necken die Zuschauer

Wat Tha Kok (Chiang Khan): Schmuckfassade im laotischen Stil

Chiang Khan ❻

เชียงคาน

Provinz Loei. 52 000. ab Loei oder Nong Khai. TAT, Udon Thani (0-4232-5406).

Die beiden längs des Mekong-Südufers verlaufenden Parallelstraßen Chiang Khans säumen heruntergekommene Teakholzhäuser mit Läden und Lokalen; dazwischen stehen Tempel. Sehenswert sind Wat Santi und Wat Pa Klang, vor über 100 Jahren von laotischen Immigranten erbaut, sowie Wat Si Khun Muang, Wat Tha Kok und Wat Mahathat. Letzterer besitzt einen bereits 1654 entstandenen *bot*; Kolonnaden und Fensterläden zeigen – etwa am Wat Tha Kok – Einflüsse aus der französischen Kolonialzeit. Wat Tha Khok überrascht durch eine bemalte Decke. Seine Außenmauern sind so schmutzig rot wie das Wasser des Mekong, verursacht durch den Holzeinschlag in Laos und den abgeschwemmten Mutterboden.

Umgebung: Wat Tha Khaek liegt zwei Kilometer östlich vom Wat Tha Kok am Mekong. Der lang vernachlässigte Tempel wird aufwändig – teils traditionell, teils modern – restauriert. Zwei Kilometer weiter flussabwärts finden sich die malerischen Kaeng-Kut-Khu-Stromschnellen.

Pak Chom ❼

ปากชม

Provinz Loei. 43 000. ab Loei oder Nong Khai. TAT, Udon Thani (0-4232-5406). tägl.

Pak Chom ist kaum mehr als eine pittoreske Siedlung mit baufälligen Holzhäusern entlang dem Mekong-Ufer, rund 40 Kilometer nordöstlich von Chiang Khan. Es bietet sich für eine Erholungspause in malerischer Landschaft an. In den 1960er und 1970er Jahren hatte der Ort wegen des Lagers Ban Winai *(siehe S. 196)* mit rund 15 000 Laos-Flüchtlingen größere Bedeutung. Es wurde 1975 für die aus dem benachbarten Laos geflohene Hmong-Minderheit eingerichtet, nachdem die Pathet Lao *(siehe S. 285)* die Monarchie gestürzt und die Macht im Land ergriffen hatte. 1992 siedelte man die Hmong nach Chiang Kham in die Provinz Chiang Rai um und löste das Lager auf.

Tour: Mekong-Dörfer ❺

Die Tour bietet Dörfer, Tempel, Wälder und Flusslandschaft. Wohl kein Fluss auf der Welt gleicht dem 4025 Kilometer langen Mekong mit seinen roten Fluten. Er entspringt im Himalaya, bildet auf 750 Kilometer Länge die Grenze zwischen Laos und Thailand, fließt durch Kambodscha und Vietnam und mündet ins Südchinesische Meer. In seinen Schwemmlandebenen gibt es fruchtbaren Boden und reiche Ernten.

Ban Muang ④
An dieser Stelle des Mekong sieht man häufig Fischer ihre Netze auswerfen.

Routeninfos

Länge: *120 km .*
Rasten: *In Chiang Khan gibt es ein paar Restaurants und mehrere Pensionen mit Küche. Letztere findet man auch in Pak Chom, Sangkhom und Si Chiangmai. In einigen Häusern werden auch Mietfahrräder angeboten. Die meisten Orte haben auch Kolonialwarenhändler.*
Verkehrsmittel: *Zwischen den wichtigsten Orten verkehren Regionalbusse, zwischen Chiang Khan und Pak Chom auch Schnellboote.*

Pha Baen ②
Eines von vielen kleinen Dörfern mit malerischen Holzhäusern und Aussicht über den Fluss.

Pak Chom ③
Den Abschnitt zwischen Chiang Khan und Pak Chom kann man auf der Straße oder mit einem Schnellboot zurücklegen.

Chiang Khan ①
Viele Tempel und Geschäftshäuser in Chiang Khan zeigen laotischen Einfluss.

Legende

- Routenempfehlung
- Andere Straße
- Fluss

Sangkhom ❽

สังคม

Provinz Nong Khai. *19 000.*
ab Loei oder Nong Khai. *TAT, Udon Thani (0-4232-5406).*

DIE ENTSPANNTE Atmosphäre und die Lage in einem sehr fruchtbaren Abschnitt des Mekong-Tals machen den Reiz der Stadt aus. Aufgereiht am Flussufer stehen einige baufällige Holzhäuser. Sangkhom bietet sich insbesondere als Basis für Ausflüge in die Umgebung an.

UMGEBUNG: Sehenswert sind vor allem die **Than-Thip-Wasserfälle** außerhalb von Sangkhom und drei Kilometer abseits der Hauptstraße gelegen. Sie sind von Dschungel und Bananenhainen umgeben. Am Fuß der beiden am besten zugänglichen Hauptebenen liegen Wasserbecken, die für ein erfrischendes Bad ideal sind. Furchtlosere Naturen können auch noch höher gelegene Ebenen erkunden.

Baumschnittkunst in den Gärten des Fisheries Department

Si Chiangmai ❾

ศรีเชียงใหม่

Provinz Nong Khai . *26 000*
ab Loei oder Nong Khai. *TAT, Udon Thani (0-4232-5406).* *tägl.*

VON HIER AUS sieht man die laotische Hauptstadt Vientiane *(siehe S. 284f)* am anderen Mekong-Ufer. In der Stadt leben viele Flüchtlinge aus Laos und Vietnam. Bekannt ist Si Chiangmai als größter Hersteller der Welt von Frühlingsrollen-Umhüllungen. Bei schönem Wetter sieht man sie am Straßenrand auf Bambusgestellen trocknen.

UMGEBUNG: Rund fünf Kilometer vor Si Chiangmai liegen die Gärten des **Fisheries Department**, in denen Bäume so beschnitten werden, dass sie wie Elefanten aussehen.

Nong Khai ⑩

หนองคาย

Village-Weaver-Ladenschild

DIE EINST VERSCHLAFENE Grenzstadt Nong Khai entwickelt sich seit einigen Jahren zum aufstrebenden Wirtschaftszentrum im Nordosten – in erster Linie dank der 1994 eingeweihten Freundschaftsbrücke. Durch diese erste Brückenverbindung über den Mekong zwischen Thailand und Laos hat sich der Handel zwischen beiden Ländern intensiviert. Dennoch hat sich Nong Khai noch viel von seinem von Besuchern geschätzten Flair einer gemütlichen Mekong-Stadt bewahrt.

Keinerlei Hektik herrscht in Nong Khais Meechai Road

Überblick: Nong Khai

In Nong Khais Straßen und Gassen *(soi)* reihen sich die traditionellen Läden in alten Holzhäusern aneinander. Am lebhaftesten geht es im Viertel um den Sadet-Bootshafen zu; dafür sorgen der Markt und die dortigen Restaurants mit Mekong-Blick. Der Wohlstand der Stadt lässt sich an der wachsenden Zahl von Lokalen, Einkaufszentren und Banken-Hochhäusern ablesen.

Relief an der rückwärtigen Fassade des Wat Si Muang

Indochina-Markt

ตลาดอินโดจีน

Nahe Rimkhong Rd., *Tha Sadet*

tägl.

Auf dem Markt wird der rege Regionalhandel zwischen Thailand und Laos abgewickelt. Ein bilaterales Visa-Abkommen erlaubt es Händlern beider Länder, sich drei Tage in Vientiane *(siehe S. 284f)* bzw. in Nong Khai aufzuhalten. Hier kann man Kleidung, Töpfe und Pfannen, Nahrungsmittel, Fischernetze, Bambustische und anderes kaufen.

Prap-Ho-Denkmal

อนุสาวรีย์ปราบฮ่อ

Janjopthit Rd.

Das Wahrzeichen der Stadt, das Prap-Ho-Denkmal mit Gedenktafeln in Thai, Lao, Chinesisch und Englisch, wurde 1886 zu Ehren derer errichtet, die 1855–77 die Invasion der Ho-Chinesen abwehrten. Am 5. März finden hier Gedenkfeiern statt.

Prajak Road

ถนนประจักษ์

In der Prajak Road sollten Sie in den Village-Weaver-Shop gehen, einen Fabrikladen mit traditionellen Seidenprodukten. Hier ist man auf die *Mutmee*-Technik spezialisiert, die im Nordosten gebräuchliche Ikat-Färberei. Der Laden entstand als Arbeitsbeschaffungsmaßnahme, um junge Frauen von der Abwanderung in die großen Zentren abzuhalten. Auch der Markt hinter der Prajak-Road-Busstation ist empfehlenswert.

Wat Si Muang

วัดศรีเมือง

Nahe Meechai Rd. tägl.

Tempelbauten und *chedi* des Wat Si Muang weisen laotische Stilmerkmale auf. Figurenreich ist der Schrein beim Haupteingang des *wat*, vor dem sich Opfergaben türmen. Im Westabschnitt der Meechai Road, Richtung Wat Pho Chai, liegen weitere Tempel.

Wat Pho Chai

วัดโพธิ์ชัย

Pho Chai Rd. tägl.

Der jüngst restaurierte und etwas aufgeputzt wirkende Wat Pho Chai liegt im Südosten der Stadt am gleichnamigen Straßenmarkt. Seine Hauptkapelle zieren beeindruckende *Naga*-Balustraden, auf dem oberen Absatz der Treppenflucht bewachen zwei brüllende Löwen das heilige Buddha-Bildnis Luang Pho Phra Sai im Innern. Dieser Buddha aus Gold mit einer rubinenbesetzten Fiale wurde einst im alten Lao-Königreich Lan Xang gegossen und stand später in Vientiane *(siehe S. 284f)*. Während der ersten Thai-Invasion 1778 fiel er Prinz Chakri, dem späteren Rama I. (1782–1809), in die Hände. Bei der Überfahrt stürzte das Bildnis in den Mekong, tauchte jedoch wie durch ein Wunder wieder auf und fand nach der Bergung seinen Platz im Wat Pho Chai. Auf den Tempelwänden ist diese wundersame Geschichte dargestellt.

Wächter-Löwe, Wat Pho Chai

Das Buddha-Bildnis Luang Pho Phra Sai im Wat Pho Chai

Weitere wat

Nong Khai besitzt zahlreiche kleinere, doch sehenswerte *wat*, die eine laotisch beeinflusste Architektur aufweisen. Zu nennen sind: **Wat Haisoke**, **Wat Lamduan** und **Wat Si Sumang**, alle drei mit Blick über den Mekong, sowie **Wat Si Khun Muang**.

UMGEBUNG: Die Grenzstadt Nong Khai, für Urlauber und Händler auf dem Weg in die laotische Hauptstadt Vientiane schon immer eine wichtige Durchgangsstation, erlebte 1994 mit der Eröffnung der **Freundschaftsbrücke** einen Wirtschaftsboom. Die mit thailändischen, laotischen und australischen Mitteln erbaute Brücke verbindet das thailändische Ban Chommani am Westrand von Nong Khai mit Tha Na Laeng am anderen Ufer des Mekong, rund 20 Kilometer vor Vientiane. Der Sandstrand von Chommani zu Füßen der Brücke ist bei Niedrigwasser während der Trockenzeit ein beliebter Picknickplatz der Thailänder.

Näher am Stadtzentrum liegt der 1847 von den Fluten des Mekong erfasste Lao-*chedi* **Phra That Nong Khai**. Mit der Zeit ist er immer mehr Richtung Flussmitte abgedriftet und heute nur noch bei Niedrigwasser zu sehen.

Die größte Sehenswürdigkeit, der Openair-Themenpark **Wat Khaek**, erstreckt sich fünf Kilometer östlich der Stadt. Gründer des 1978 eröffneten Parks, auch Sala Kaew Ku genannt, war der thailändisch-indische Schamane Luang Pu Bunleua Surirat, angeblich von einem Hindu-Guru in Vietnam ausgebildet. Der nach Laos und dann wegen der Pathet Lao *(siehe S. 285)* nach Thailand geflohene Schamane bestückte den Park mit riesigen hinduistischen und buddhistischen Betonskulpturen. Unter den überlebensgroßen Statuen fallen vor allem zwei ins Auge: Rahu, der Gott der Finsternis, und die allergrößte Statue im Park, die 25 Meter hohe siebenköpfige *naga* mit einem winzigen, auf dem zusammengerollten Schlangenleib sitzenden Buddha. Gesteigert wird die exotische Atmosphäre des Ortes durch Räucherkerzen und Flötenklänge.

Siebenköpfige *naga*, Wat Khaek

Der Park-Schrein besteht aus einer zweistöckigen Ausstellungshalle, die u. a. viele Fotos von Luang Pu, dem »Verehrungswürdigen Großvater«, zeigt. Er soll ein derartiges Charisma besitzen, dass jeder seinen Besitz dem Tempel übereignet, sobald er das von ihm gereichte Wasser getrunken hat.

> **INFOBOX**
>
> Provinz Nong Khai. *48 000.* *3 km westlich der Stadt an der Kaeo Worawut Rd.* *Praserm Rd.* *TAT, Udon Thani (0-4232-5406).* *tägl.* *Nong-Khai-Fest (März), Bun Bang Fai (Rakentenfest; Mai).*

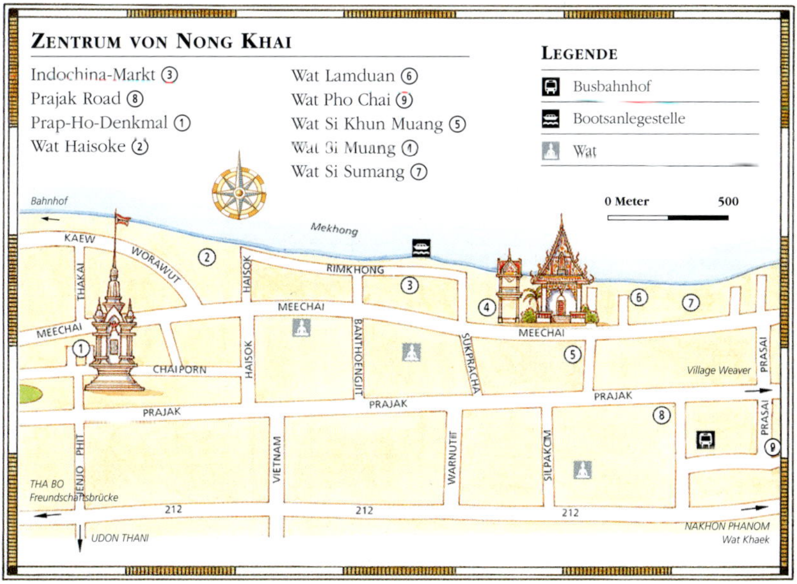

Vientiane ⓫

เวียงจันทน์

Tempelportal

Vientiane stand während seiner tausendjährigen Geschichte unter der Herrschaft der Khmer, Vietnamesen, Thai und Franzosen. Im 16. Jahrhundert war es Metropole des Lan-Xang-Reichs, später jedoch vom Königreich Ayutthaya abhängig. 1828 vereinnahmten die Thai Vientiane; 1893 wurde es Hauptstadt des französischen Protektorats Laos. In dem 1953 unabhängig gewordenen Land wurde Vientiane 1975 zur Hauptstadt der sozialistischen Republik erklärt.

Überblick: Vientiane

Jahrzehntelang hat sich Vientiane kaum gewandelt; dies wird sich durch die Intensivierung des Handels mit Thailand über die Freundschaftsbrücke *(siehe S. 283)* ebenso schnell ändern, wie dies bei vielen thailändischen Städten jenseits des Mekong der Fall war.

Vientiane war eine bedeutende Stadt im französischen Indochina – neben Ho-Chi-Minh-Stadt (Saigon) und Phnom Penh. Sie strahlt mit ihren Villen und Boulevards noch viel Kolonialatmosphäre aus – ein merkwürdiger Kontrast zu den Bauten im laotischen und thailändischen Stil und den mit russischer Hilfe hochgezogenen Wohnblocks.

Laden in Vientiane

Wat Haw Pha Kaew

Setthathirat Rd. *Di–So.*
Feiertage.

Der Tempel beherbergte einst den Phra Kaeo, den Smaragd-Buddha *(siehe S. 79)*, der von den Thai 1778 geraubt und nach Bangkok in den Wat Phra Kaeo gebracht wurde. (Phra Kaeo ist die Thai-, Pha Kaew die Lao-Umschrift.) 1994 übergab Thailand Laos eine Reproduktion des geraubten Buddha. Erst im Lauf des 20. Jahrhunderts wurde der seit der Plünderung 1828 brachliegende Tempel als Museum restauriert, einziges Originalteil ist das Portal.

Wat Sisaket

Lane Xang Rd. *Di–So.*
Feiertage.

Der 1818 errichtete *wat* überstand als einer von wenigen den Thai-Überfall von 1828 und ist heute der älteste und wohl interessanteste Tempel Vientianes. Bemerkenswert sind vor allem die 2052 kleinen Buddha-Figuren aus Terrakotta, Bronze und Holz in den Kreuzgangnischen. Weitere 300 Buddha-Bildnisse zieren einen langgestreckten Sims unterhalb der Nischen.

Lao-Revolutionsmuseum

Samsenthai Rd. *tägl.*
Feiertage.

Exponate und Fotografien dokumentieren die Kolonialzeit, die Unabhängigkeitsbewegung (1940er/1950er Jahre) und die Machtübernahme durch die Pathet Lao.

Wat Mixai

Setthathirat Rd. tägl.
Zwei *nyak*, Wächterstatuen, flankieren das Eingangstor der teils im Rattanakosin-Stil (19. Jh.) erbauten Anlage.

Wat Ong Theu

Setthathirat Rd. tägl.
Die erste Tempelanlage des Wat Ong Theu, einer der bedeutendsten laotischen Sakralkomplexe, entstand im 16. Jahrhundert. Der 1828 zerstörte Tempel wurde im 19. und 20. Jahrhundert wiederaufgebaut. Er beherbergt eine bronzene Buddha-Statue aus dem 16. Jahrhundert, flankiert von zwei stehenden Buddhas, sowie eine Novizen-Schule.

Wat Hai Sok

Setthathirat Rd. tägl.
Wat Hai Sok wurde jüngst – wie auch andere Tempel in Vientiane – restauriert. Eindrucksvoll ist das fünffach gestaffelte Tempeldach.

UMGEBUNG: Der **Pha That Luang**, etwas abseits im Nordosten der Stadt an einem Berghang gelegen, wird als das bedeutendste buddhistische Bauwerk in Laos betrachtet. Angeblich soll an dieser Stelle im 3. Jahrhundert v. Chr. ein *chedi* für das Brustbein Buddhas errichtet worden sein. Wahrscheinlicher jedoch ist, dass an dieser Stelle einst ein Khmer-*prasat* stand. Die heutige Anlage stammt von 1566, als Vientiane Hauptstadt des Lan-Xang-Reichs wurde. 1900 restaurierten die Franzosen den im 18. und 19. Jahrhundert zerstörten Tempel nicht gerade originalgetreu; eine gelungenere Restaurierung fand in den 1930er Jahren statt.

Im Südosten des Zentrums liegt auf einem angeblich 1563 zur Kultstätte erkorenen Ort der populärste Tempel Vientianes: **Wat Si Muang**.

Wat Sok Pa Luang hat einen guten Ruf als Lehrstätte der buddhistischen Meditationsform *vipassana*.

INFOBOX

Provinz Vientiane, Laos.
5,7 Millionen. *4 km westlich vom Zentrum.* *nahe Khu Vieng Rd.* *ab Nong Khai.* *Setthathirat Rd./Pang Kham Rd.* *tägl.* *Bun-That-Lung-Fest (Mitte Nov).* **Währung:** Kip, thailändischer Baht, US-$.
Visa und Einreise: *Visa für Vientiane müssen mindestens zwei Tage vorher beim laotischen Konsulat in Bangkok beantragt werden. Für Reisen im Land ist eine Spezialerlaubnis notwendig. Wer sich nicht an die Vorschriften hält, muss mit Geldstrafen, Ausweisung, Gefängnis oder Einreiseverbot rechnen.*

PATHET LAO

Die Laotische Patriotische Front (LPF) entstand nach dem Zweiten Weltkrieg und kämpfte mit der Kommunistischen Partei Vietnams gegen die Franzosen. Seit 1953 unabhängig, war Laos zunächst eine von Frankreich und den USA gestützte Monarchie, gegen die sich in den 1960er Jahren der Kampf der Pathet Lao, des militärischen Arms der LPF, richtete. Im Vietnamkrieg bombardierten die USA wiederholt Laos, um den Pathet-Lao-Nachschub für Nordvietnam zu unterbinden. 1975, nach Abzug der Amerikaner, übernahm die Pathet Lao mit einem unblutigen Putsch die Macht und rief die Demokratische Volksrepublik Laos aus.

Propaganda für die Laotische Volkspartei

Der Ho-Nang-Ussa-Felsen im Phu-Phrabat-Geschichtspark

Phu-Phrabat-Geschichtspark ⓬

อุทยานประวัติศาสตร์ภูพระบาท

Am Hwy. 2021, 10 km westlich von Ban Phu, Provinz Udon Thani. *TAT, Udon Thani (0-4232-5406).* *ab Nong Khai oder Udon Thani bis Ban Phu, dann* songthaew. *tägl.*

HAUPTATTRAKTION des Geschichtsparks sind die Sandstein-Felsgebilde, die niemanden unberührt lassen. Die Einheimischen kennen viele Mythen und Geschichten über sie. In einer heißt es, Prinzessin Ussa sei einst von ihrem Vater nach Phu Phrabat zum Studium geschickt worden, doch sie verliebte sich in Prinz Barot. Ihr erzürnter Vater forderte Prinz Barot zu einem Tempelbau-Wettstreit heraus, doch er unterlag. Die Sandsteinplatte Kok Ma Thao Barot wird als Prinz Barots Stallung angesehen, der pilzförmige Ho-Nang-Ussam-Felsen als Residenz Prinzessin Ussas, wo sie viele Jahre in Verbannung verbrachte.

Die 6000-jährige Geschichte der Stätte manifestiert sich in den Höhlenzeichnungen, die man unter zwei Felsüberhängen fand, von den Einheimischen Tham Wua und Tham Khon (»Ochsen-Höhle« und »Menschen-Höhle«) genannt.

Am Parkeingang steht eine etwas kitschige Nachbildung des Wat Phra That Phanom *(siehe S. 287)*. Der **Wat Phraphutthabat Bua Bok** beherbergt den von den Thai verehrten Bua-Bok-Buddha-Fußabdruck; er ist eine veritable Pilgerstätte.

Wat Phra That Choeng Chum, der Haupttempel in der einstigen Khmer-Stadt Sakhon Nakhon

Sakhon Nakhon ⓭

สกลนคร

Provinz Sakhon Nakhon. *52 000.* *TAT, Nakhon Phanom (0-4251-3490).* *tägl.* *Wachsschloss-Zeremonie (Okt).*

SAKHON NAKHON bietet zwei Sehenswürdigkeiten. Einmal den Tempelkomplex **Wat Phra That Choeng Chum** mit den großzügigen *Bot-* und *Wihan*-Gebäuden, einem Khmer-*prang* (10. Jh.) und einem 24 Meter hohen, weiß gekalkten *chedi* im laotischen Stil aus der Ayutthaya-Zeit.

Über ein *Wihan*-Portal gelangt man in den alten *prang*, in dessen Unterbau eine alte Khmer-Inschrift eingraviert ist. Ihn umgeben Buddha-Bildnisse, die im laotischen und im Khmer-Stil gehalten sind. Auf dem Gelände gibt es zudem eine interessante Ausstellung brahmanischer Grundsteine *(luk nimit)*, die riesigen Kanonenkugeln ähneln.

Der fünfstufige Khmer-*prang* des **Wat Phra That Narai Cheng Weng** (11. Jh.) war ein Hindu-Heiligtum. Der Namensbestandteil Cheng Weng erinnert an die Gründerin – Narai ist der Thai- und Khmer-Name für Vishnu. Der Türsturz über dem Ostzugang zeigt den auf einem Löwenkopf tanzenden Shiva, eine Metapher für den Weltuntergang. Am Nordportikus sieht man Vishnu; in zweien seiner vier Hände trägt er Lotos und Keule.

Nakhon Phanom ⓮

นครพนม

Provinz Nakhon Phanom. *32 000.* *TAT, 1841 Soontomvijit Rd., Nakhon Phanom (0-4251-3490).* *tägl.* *Bootsprozession (Okt).* *tat.ne@npu.msu.ac.th*

NAKHON PHANOM – »Hügelstadt« – empfiehlt sich als Station, wenn man einige erholsame Tage am Mekong verbringen möchte. Während der Trockenzeit zieht sich der Strom so weit vom Strand **Hat Sai Tai Muang** zurück, dass man beinahe zu Fuß nach Laos gelangt, das sich malerisch am anderen Ufer erstreckt. Allerdings kann man hier weder ein Visum bekommen, noch darf man die Grenze überschreiten.

An Vollmond im elften Mondmonat gibt es auf dem Mekong eine Bootsprozession, mit der das Ende der Regenzeit gefeiert wird. Die Boote, meist aus Bambus- oder Bananenstauden, werden mit Opfergaben beladen. Meist sind es brennende Kerzen, Räucherwerk, Blumen und Konfekt.

Renu Nakhon ⓯

เรณูนคร

Provinz Nakhon Phanom. *39 000.* *ab Nakhon Phanom.* *TAT, Nakhon Phanom (0-4251-3490).* *Mi.*

BEKANNT IST das Dorf in erster Linie wegen seiner feinen Webarbeiten und Stickereien. Mittwochs kann man auf dem Wochenmarkt bunte Baumwoll- und Seidenstoffe pro *phun* (à 75 Zentimeter) kaufen. Auch Kleider von der Stange und Mobiliar aus ganz Nordostthailand und Laos gibt es hier. Textilstände finden sich zudem im Viertel um den **Phra That Renu**. Für das 1918 errichtete Bauwerk stand der *chedi* im benachbarten That Phanom Pate.

Große Stoffauswahl in einem Laden in Renu Nakhon

Wat Phra That Phanom ⓰

วัดพระธาตุพนม

DIE TEMPELANLAGE IM ENTLEGENEN That Phanom beherbergt den heiligsten Schrein Nordostthailands und ist wegen des Ziegel-und Stuck-*chedi* im laotischen Stil berühmt. Er entstand vor rund 1500 Jahren, allerdings der Legende nach bereits acht Jahre nach Buddhas Tod 535 v. Chr. Damals sollen lokale Würdenträger ihn als Schrein für das Brustbein Buddhas erbaut haben. Das restaurierte Bauwerk wurde zuletzt 1975 nach starken Regenfällen instand gesetzt. Jedes Jahr lockt das einwöchige Tempelfest bei Vollmond im dritten Mondmonat zahlreiche Pilger aus Thailand und Laos nach That Phanom.

INFOBOX

Zentrum von That Phanom, Provinz Nakhon Phanom. *TAT, Nakhon Phanom (0-4251-3490).* *ab Nakhon Phanom, Sakhon Nakhon oder Mukdahan.* *tägl. 6–19 Uhr.* *Phra-That-Phanom-Fest (Feb/März).*

Steinerner Löwe
Dies ist einer von zwei Löwen, die sich am Hauptweg des äußeren Tempelbezirks finden. Das mythische Tier dient als Wächter und wehrt die bösen Geister ab.

Pilger im Wat Phra That Phanom
Das ganze Jahr über kommen zahlreiche Pilger, um hier zu beten. Viele Gläubige stammen aus Laos, denn für sie ist der Tempel die bedeutendste Kultstätte nach dem Thai Luang in Vientiane.

ZENTRALER *CHEDI*

Der 57 Meter hohe *chedi* im Zentrum der Anlage hat die Form einer stilisierten länglichen Lotosknospe. Für das jetzige, 1977 neu errichtete Bauwerk, diente der That Luang im laotischen Vientiane als Vorbild.

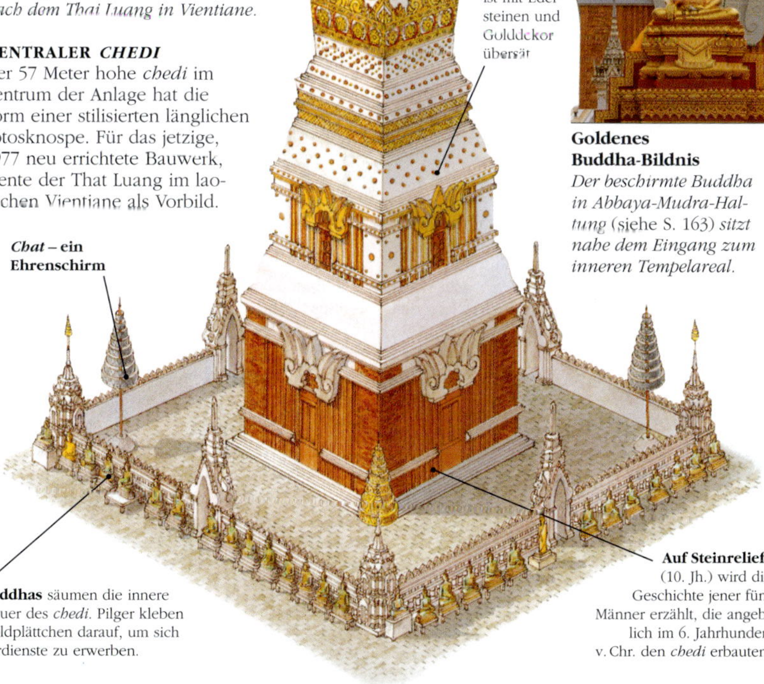

Der Goldschmuck in Form einer vielblättrigen Lotosblüte symbolisiert den Pfad zur Erleuchtung.

Der *chedi* ist mit Edelsteinen und Golddekor übersät.

***Chat* – ein Ehrenschirm**

Buddhas säumen die innere Mauer des *chedi*. Pilger kleben Goldplättchen darauf, um sich Verdienste zu erwerben.

Auf Steinreliefs (10. Jh.) wird die Geschichte jener fünf Männer erzählt, die angeblich im 6. Jahrhundert v. Chr. den *chedi* erbauten.

Goldenes Buddha-Bildnis
Der beschirmte Buddha in Abbaya-Mudra-Haltung (siehe S. 163) *sitzt nahe dem Eingang zum inneren Tempelareal.*

Der Markt für laotische und vietnamesische Waren am Flussufer in Mukdahan

Mukdahan ⓱

มุกดาหาร

Provinz Mukdahan. *35 000.* *TAT, Nakhon Phanom (0-4251-3490).* *tägl.* *Ruam-Pao-Tha-Ma-Kham-Wan-Chai-Khong-Jahrmarkt (Jan).*

Mukdahan ist die Hauptstadt der jüngsten Provinz Thailands, die 1980 aus Teilen der Provinzen Nakhon Phanom und Ubon Ratchathani gebildet wurde.

Die Samran Chai Khong Road am Ufer des Mekong ist für Besucher sehenswert; von hier aus erblickt man am anderen Ufer Suwannakhet, die zweitgrößte laotische Stadt; ihr verdankt Mukdahan seinen Aufschwung als Handelszentrum. Am Pier werden ständig laotische und thailändische Boote be- und entladen. Mit Visum *(siehe S. 451f)* darf man von Mukdahan aus nach Laos einreisen.

Sitzender Buddha im Wat Yot Kaew Siwichai, Mukdahan

Der Uferabschnitt zwischen **Wat Si Mongkol Tai** und **Wat Yot Kaew Siwichai** ist beinahe vollständig mit Marktständen belegt. Leider gibt es hier kaum traditionelle laotische und vietnamesische Waren zu kaufen; Plastikramsch überwiegt. Der Markt lohnt aber wegen seiner für die Region typischen Süßwaren und der farbigen Atmosphäre einen Besuch.

Den Wat Si Mongkol Thai mit seinen charakteristischen mythischen Figuren am Portal der Hauptkapellen erbauten vietnamesische Immigranten 1956.

Der etwas überladenere Wat Yot Kaew Siwichai beherbergt einen Gold-Buddha. Dieser sitzt in einem vorn offenen und an den Querseiten verglasten *wihan*. An der nahe gelegenen Song Nang Sathit Road befindet sich der chinesische Chao-Fa-Mung-Muang-Schrein, der ein Mukdahan bewachendes Geistwesen beherbergt. Hier steht auch die Stadtsäule **Lak Muang**, die stets mit bunten Girlanden geschmückt ist.

Umgebung: Vom Gipfel des 500 Meter hohen **Phu Manorom** überblickt man die gesamte Provinzhauptstadt. Hier oben steht auch ein Pavillon, in dem eine Kopie von Buddhas Fußabdruck aufbewahrt wird.

Phu Manorom
Beim Hwy. 2034, 5 km südlich von Mukdahan. *tägl.*

Pha Taem ⓲

ผาแต้ม

18 km nördlich von Khong Chiam, Provinz Ubon Ratchathani. *TAT, Ubon Ratchathani (0-4524-3770).* *tatuban@uban.a-net.net.th* *ab Ubon Ratchathani bis Khong Chiam, dann* tuk-tuk. *tägl.*

Nur auf Umwegen gelangt man zur 18 Kilometer hinter Khong Chiam beginnenden Zufahrtsroute zur »bemalten Felsklippe« Pha Taem; nehmen Sie am besten ein Mietauto oder ein *tuk-tuk*. Kurz vor Ankunft sehen Sie am Straßenrand den Sandsteinfelsen Sao Chialiang, der an Ho Nang Ussa im Phu-Phrabat-Geschichtspark *(siehe S. 285)* der Provinz Udon Thani erinnert.

Zu Fuß geht es auf einem unmarkierten Pfad die letzten Meter vom Parkplatz bis zum Felsen. Die riesigen Gestalten und geometrischen Formen auf seiner Stirnseite sollen rund 4000 Jahre alt sein. Sie sind mit farbechten roten Pigmenten aus Erdreich, Baumharz und Fett gemalt worden. Auf einer Breite von 170 Metern sieht man u. a. Abbildungen von Fischreusen, Wildtieren, küchenschabenartigen Riesenfischen, eckigen Menschengestalten und ein Handabdruck-Band von 30 Metern Länge. Man glaubt, dass es sich bei den Künstlern nicht um Höhlenbewohner, sondern um Reisanbau betreibende Bewohner von Ban Chiang *(siehe S. 262f)* handelte. Der Blick von Pha Taem über den Mekong und den laotischen Dschungel ist – vor allem bei Sonnenuntergang – traumhaft.

Prähistorische Felsmalerei, Pha Taem

Khong Chiam ⓳

โขงเจียม

Provinz Ubon Ratchathani.
29 000. TAT, Ubon Ratchathani (0-4524-3770). tägl.

KHONG CHIAM liegt unweit der Stelle, an der sich die tiefblauen Wassermassen des Mun mit den roten Schlammfluten des Mekong zum Maenam Song Si, zum »zweifarbigen Fluss«, vereinen. Die unterschiedliche Wasserfarbe rührt von den mitgeführten Sand- und Tonsedimenten der beiden Flüsse her.

Vom Ufer sieht man das Phänomen am schönsten vom **Wat Khong Chiam** aus; einen unmittelbaren Eindruck von diesem am stärksten im April ausgeprägten Farbschauspiel erhält man nur von einem Ausflugsschiff, das direkt an die Stelle des Zusammenflusses fährt. Die Schiffe von Khong Chiam legen auch am anderen Ufer in Laos an, dort ist jedoch kein Grenzübergang. In Khong Chiam kann man auch bei der Herstellung von Fischreusen zusehen.

Khong Chiam: Fischreusen aus Weidenruten

Chong Mek ⓴

ช่องเม็ก

Provinz Ubon Ratchathani.
7000. ab Ubon Ratchathani. TAT, Ubon Ratchathani (0-4524-3770). tägl.

FÜR URLAUBER ist Chong Mek an der thailändisch-laotischen Grenze einer der wenigen Grenzübergänge nach Laos; die beiden anderen sind Nong Khai *(siehe S. 282f)* und Chiang Khong *(siehe S. 239)*. Für die Einreise nach Laos ist ein zuvor in Bangkok zu beantragendes Visum *(siehe S. 451)* erforderlich. Wer kein Visum hat, darf – sogar ohne Pass – 200 Meter weit ins Land, um an den Marktständen und in den zollfreien Läden herumzustöbern.

Chong Mek besitzt das Flair eines abgelegenen Grenzorts; auch sein kleiner laotischer Markt ist interessant und beliebt. Junge Frauen und Kinder verkaufen Obst, französische Baguettes, Textilien und die geflochtenen Weidentische *(tok)*, an denen die Laoten, die Nord- und die Nordostthailänder essen.

Gelegentlich trifft man auch ältere Frauen, die seltene Pflanzen und Blumen verkaufen. Marktbesucher sollten diese jedoch nicht erwerben, da es sich häufig um schützenswerte Pflanzen aus dem immer stärker von der Zerstörung bedrohten laotischen Regenwald handelt.

Auf dem Sirindhorn-Stausee

Sirindhorn-Staudamm ㉑

เขื่อนสิรินธร

Provinz Ubon Ratchathani. *TAT, Ubon Ratchathani (0-4524-3770, 0-2436-3179 für Unterkünfte). ab Ubon Ratchathani bis Chong Mek, dann songthaew.*

DER NACH Sirindhorn, der zweitältesten Tochter König Bhumibols, benannte Staudamm mit Stausee (43 km lang) entstand 1971 (Turbinenleistung: 24 000 Kilowatt).

Um den Kontrollpunkt wurde ein Besucherpark mit Restaurant und Bungalows angelegt. Die Staumauer ist begehbar; außerdem kann man eine Bootsfahrt auf dem Stausee unternehmen.

Seit den 1950er Jahren entstanden mit Mitteln der Weltbank mehrere von Politik und Wirtschaft unterstützte Staudämme in Thailand, die den steigenden Bedarf an Elektrizität decken sollen. Seit einiger Zeit formiert sich jedoch Widerstand gegen den Bau weiterer Dämme.

Beim Kerzenfest in Ubon Ratchathani sind wahre Schnitzereikunstwerke von Riesenkerzen zu sehen ▷

Prasat Khao Phra Wihan ㉒

ปราสาทเขาพระวิหาร

Nahe Hwy. 221, 95 km südlich von Ubon und Si Saket, Kambodscha. *TAT, Ubon Ratchathani (0-4524-3770). ab Ubon oder Si Saket bis Kantharalak, dann* songthaew. *tägl.*

EINE DER eindrucksvollsten Khmer-Anlagen neben Angkor *(siehe S. 254f)* – und wahrscheinlich älter als diese – erstreckt sich in fantastischer Lage auf einem Plateau der Dang-Rek-Kette. Im thailändisch-kambodschanischen Streit um die Besitzverhältnisse fällte der Internationale Gerichtshof 1962 folgende Entscheidung: Obwohl am leichtesten über Thailand zu erreichen, steht der Tempel auf den Staatsgebiet von Kambodscha.

Während der Herrschaft der Roten Khmer Mitte der 1970er Jahre lag der Tempel im Sperrgebiet. Seit dem vietnamesischen Einmarsch in Kambodscha 1978 war die Region bis Ende der 1980er Jahre zwischen den rivalisierenden Gruppen umstritten und erst nach Entschärfung der Landminen Anfang der 1990er Jahre wieder öffentlich zugänglich. Da es in Kambodscha immer noch zu Unruhen kommt, ist der Tempelbezirk zeitweise geschlossen.

Relief im Prasat Khao Phra Wihan, von Kambodscha aus gesehen

Gut erhaltenes Fels-*gopura* im Prasat Khao Phra Wihan

Wenn er zugänglich ist, passieren Besucher zu Fuß einige Kontrollpunkte, gelangen dann über mehrere Treppen und durch steinerne *gopura*, danach über eine 850 Meter lange, von *naga* gesäumte Balustrade zum *prasat*. Dieses heute weitgehend in Ruinen liegende Zentralheiligtum war Shiva gewidmet; vor allem der Turm *(prang)* müsste dringend restauriert werden. Der Blick über das kambodschanische Plateau ist herrlich. Auch wenn das Areal geschlossen ist, kann man von Thailand aus die Flachreliefs erkennen.

Unterbau für drei *prang*-Ruinen, Prasat Prang Ku

Prasat Prang Ku ㉓

ปราสาทปรางค์กู่

Nahe Hwy. 2234, 70 km westlich von Si Saket, Provinz Si Saket. *TAT, Ubon Ratchathani (0-4524-3770). ab Ubon oder Si Saket nach Kantharalak, dann* songthaew. *tägl.*

ZUM AREAL DES Khmer-Tempels aus dem 11. Jahrhundert im Prang-Ku-Distrikt der Provinz Si Saket gehören drei Ziegel-*prang* auf einem gemeinsamen Unterbau. Das schönste Detail besteht in einem horizontal durch zwei lange *naga*-Körper geteilten Türsturz. Seinen Mittelpunkt bildet Vishnu auf dem Reittier *garuda*. Zu beiden Seiten des mythischen Vogels erkennt man Löwen mit Blumengirlanden im geöffneten Maul und in der oberen Reliefhälfte tanzende Gottheiten. Vor dem Prasat Prang Ku erstreckt sich ein Khmer-Wasserspeicher *(baray)*, ein Lebensraum für viele Vogelarten.

Ubon Ratchathani ㉔

อุบลราชธานี

Provinz Ubon Ratchathani. *104 000. TAT, 264/1 Khuan Thani Rd., Ubon Ratchathani (0-4524-3770). tägl. Ubon-Kerzenfest (Ende Juli).* www.tat.or.th

SEIT DEM 10. Jahrhundert gehörte die heutige Provinz Ubon Ratchathani, auch Ubon genannt, zum Khmer-Reich. Später fiel die Region an das Königreich Ayutthaya *(siehe S. 56f)*. Die gleichnamige Provinzhauptstadt am Nordufer des Mun wurde Ende des 18. Jahrhunderts von Einwanderern aus Laos gegründet. An einigen Sakralbauten ist der laotische Einfluss noch deutlich sichtbar. Während des Vietnamkriegs war die Stadt Ubon Versorgungsstation für einen amerikanischen Luftstützpunkt. Damals wuchs sie sehr, dass sie heute zu den größten thailändischen Städten zählt.

Zunächst hinterlässt Ubon den Eindruck eines tristen Beton-Dschungels. Doch die Stadt besitzt eines der besten

Museen Nordostthailands, das **Ubon-Nationalmuseum**, sowie – in der ganzen Stadt verstreut – einige faszinierende Tempel. Das im früheren Landsitz Königs Vajiravudh (1910–25) untergebrachte Museum zeigt Khmer-, Hindu- und buddhistische Kultbilder aus Laos, zudem traditionelles Gerät und Kunsthandwerk. Besonders beeindruckend ist eine seltene Riesen-Bronzetrommel (4. Jh.), die Kultzwecken diente.

Wat Thung Si Muang ist wegen seiner Teakholz-Bibliothek der interessanteste Tempel Ubons. Der unter König Rama III. (1824–51) erbaute *wat* besitzt 150 Jahre alte Wandgemälde mit Darstellungen einiger *Dschataka*-Episoden Buddhas *(siehe S. 26)*. Darüber hinaus gibt es auch einen Pavillon (*mandapa*), erbaut über einem Fußabdruck Buddhas.

Figur im Wat Supattanaram Worawihan

Der 1853 mit Unterstützung König Mongkuts (1851–68) errichtete **Wat Supattanaram Worawihan** war der erste der Thammayut-Sekte geweihte Tempel im Nordosten; der König selbst gehörte diesem puritanischen Zweig des Theravada-Buddhismus an. Die vietnamesischen Handwerker errichteten das Bauwerk in einer Mischung aus Khmer-, Thai- und europäischen Architekturstilen.

Der jüngere **Wat Phra That Nong Bua** entstand 1957 zur Erinnerung an den 2500. Todestag Buddhas. Seine beiden viereckigen, weiß getünchten Türme zieren Buddhas in Nischen und Reliefdarstellungen früherer Existenzen Buddhas. Weitere Tempel in Ubon: der **Wat Cheng** mit laotischen Holzschnitzereien, der 1855 errichtete **Wat Si Ubon Rattanaram**, der einen aus Chiang Saen stammenden Topas-Buddha besitzt, und die Kultstätte der Einheimischen, der Haupttempel **Wat Maha Wanaram**.

Buddha-Figuren in den Nischen des Wat Phra That Nong Bua

Zur Pilgerstätte wird Ubon jährlich zu Beginn der Fastenzeit: Beim Kerzenfest *(siehe S. 45)* werden riesige Kerzen-Schnitzereikunstwerke durch die Straßen getragen.

Ubon-Nationalmuseum

Khuan Thani Rd. ☎ *0-4525-5071.*
Mi–So. *Feiertage.*

Zentrum von Ubon Ratchathani

Ubon-Nationalmuseum ②
Wat Cheng ④
Wat Maha Wanaram ⑤
Wat Si Ubon Rattanaram ③
Wat Supattanaram Worawihan ①
Wat Thung Si Muang ⑥

0 Meter 50

Legende

Busbahnhof
Bootsanlegestelle
Information
Wat
Kirche

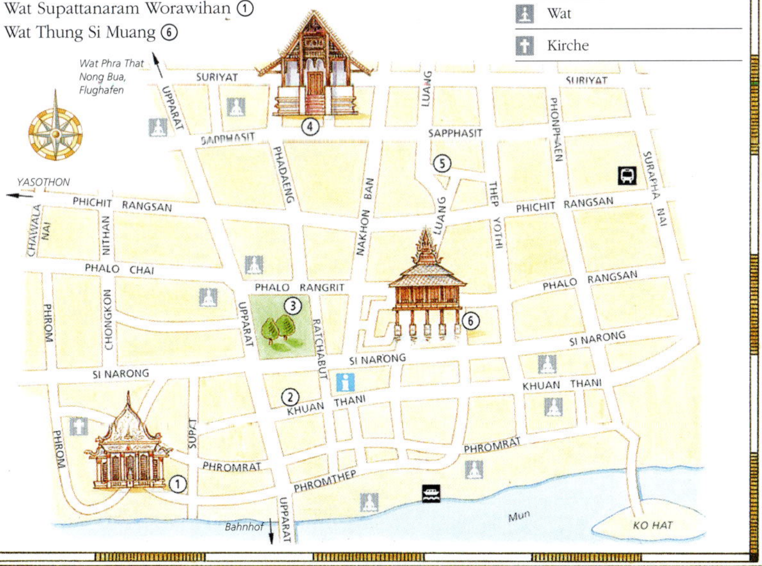

Der Golf von Thailand

Der Golf von Thailand im Überblick

Einheimische und Ausländer strömen in die Golf-Ferienorte – angelockt von herrlichen Sandstränden und Restaurants, in denen es köstliches Seafood gibt. Bangkoker bevorzugen Cha-am und Hua Hin; das neue Ferienzentrum Pattaya ist eher etwas für Sportfans und Nachtschwärmer. Chaiya und Phetchaburi bieten Architektur- und Kunstschätze sowie eine für die Westküste und den Süden typische Kulturvielfalt. In den Nationalparks im Landesinneren kommen Liebhaber exotischer Flora und Fauna auf ihre Kosten. Seit einigen Jahren werden auch die vorgelagerten Inseln populär: Sonnenanbeter – die sonnenreichsten Tage liegen zwischen Dezember und August – bevölkern die Ko-Samui-Strände vor der Westküste, andere bevorzugen Ko Samet und die einsamen Ko-Chang-Strände vor der Ostküste.

Phetchaburi (siehe S. 318ff), *dessen Geschichte bis ins 11. Jahrhundert zurückreicht, ist nur selten Ziel von Urlaubern. Es besitzt mehr als 30* wat *– u. a. Wat Mahathat (14. Jh.) – und ein schönes historisches Stadtviertel.*

Der Meeres-Nationalpark Angthong (siehe S. 330f) *erstreckt sich über mehrere Inseln mit reicher Fauna. Er ist von Ko Samui aus leicht zu erreichen.*

Ko Samui (siehe S. 326ff) *ist das bekannteste Strandbad am westlichen Golf. Es bietet Besuchern Angebote in allen Preisklassen.*

◁ **Urlauber genießen Sonne und Strandleben am Jomtien Beach in Pattaya**

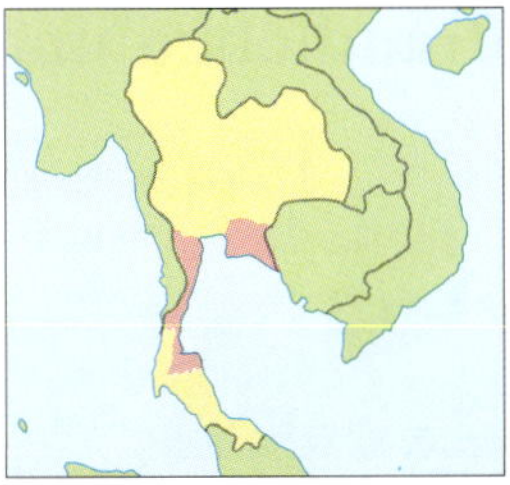

ZUR ORIENTIERUNG

Ko Samet (siehe S. 308f) *im Osten gilt als Paradies für preisbewusste Urlauber, die günstige Unterkünfte, weiße Sandstrände und sauberes Wasser suchen.*

Pattaya (siehe S. 307) *ist Ziel unterschiedlichster Interessen. Familien kommen wegen des Strandlebens und der Sportmöglichkeiten, Nachtschwärmer wegen des Nachtlebens in Diskos, Go-go-Bars und Bierkneipen.*

Ko Chang (siehe S. 312f) *gehört zu einem aus 52 Inseln bestehenden Archipel und hat wenig touristische Infrastruktur – ideal für Urlauber, die das einfache Strandleben bevorzugen.*

Strandleben und Unterhaltung

Windsurfer vor der Küste von Jomtien Beach

Eine thailändische Strandkultur gibt es seit den 1920er Jahren, seit der Eröffnung der Bahnlinie Bangkok–Hua Hin und des ersten Golfklubs der Region. Der Eisenbahn-Ingenieur A. O. Robins plante damals den Royal Hua Hin Golf Course. An den Wochenenden zieht es die Bangkoker nach Hua Hin und ins benachbarte jüngere Cha-am; sie sind jedoch eher am Genuss frischer Meeresfrüchte interessiert als an Schwimmen und Sonnenbaden. Urlauber haben inzwischen die Sandstrände, das saubere Wasser und die guten Sportmöglichkeiten entdeckt, sodass – sehr zur Sorge von Umweltschützern – der Bau von Hotels und Golfplätzen derzeit Hochkonjunktur hat. Es gibt jedoch auch noch ruhige Strände wie Ko Chang.

***Bangpra-Golfplatz** in Pattaya – einer von vielen in den bewaldeten Hügeln der Provinz Chon Buri* (siehe S. 445).

***Cha-am** (siehe S. 320), früher ein Fischerdorf, lockt mit zahlreichen Strandrestaurants.*

Das Hotel Sofitel Central in Hua Hin (siehe S. 321), *früher Railway Hotel, wurde restauriert und verströmt nun wieder die Eleganz des Kolonialstils der 1920er Jahre.*

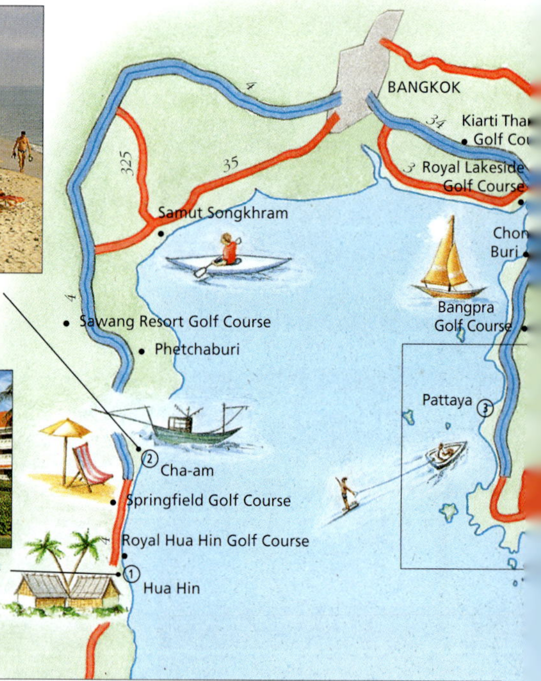

Die besten Strände am nördlichen Golf

Hua Hin Beach ①
Thailands elegantestes Seebad – viel Atmosphäre, gute Restaurants: Spezialität Meeresfrüchte.

Cha-am Beach ②
Am Wochenende viele Thailänder, an Wochentagen ruhig. Ausgezeichnete Seafood-Spezialitäten.

Jomtien Beach, Pattaya ③
14 Kilometer langer Strand, ideal für Familien. Hervorragende Wassersportmöglichkeiten.

Glass Sand Beach (Hat Sai Kaeo), Ko Samet ④
Längster und belebtester Strand der Insel, dessen Sand sehr sauber ist. Herrlich klares Wasser, ausgezeichnete Wassersportmöglichkeiten.

White Sand Beach (Hat Sai Khao), Ko Chang ⑤
Populärster Strand auf der kaum erschlossenen Insel. Fischen, Schnorcheln, Bootsausflüge.

Pattaya

Thailands größtes, turbulentestes Seebad zieht sowohl männliche Singles als auch Familien an, die Pauschalreisen gebucht haben. Singles kommen vor allem wegen der Go-go-Bars und jener Etablissements, die während des Vietnamkriegs gern von US-Soldaten besucht wurden. Attraktiv für Familien sind die Lokale, die Golfplätze und der Jomtien Beach (südlich des Pattaya-Strands) mit den besten Wassersportmöglichkeiten ganz Thailands.

Pattaya – ein beliebtes Wassersportzentrum

Ein fast leerer Strand auf Ko Chang (siehe S. 312f) *– keine Seltenheit. Die saubersten Strände der noch unberührten Insel liegen im Westen. Als Teil des Meeres-Nationalparks wird sie nur eingeschränkt erschlossen.*

Tauchen *ist vor der östlichen Golfküste ganzjährig möglich, nicht jedoch vor Ko Samui und vor den Andamanen, die dem Monsun stärker ausgesetzt sind* (siehe S. 22f).

Thailändische Edelsteine

Ring mit Sternrubin

SEIT DEM 15. Jahrhundert genießt Chanthaburi (»Mondstadt«) wegen seines Edelsteinreichtums im Westen einen legendären Ruf. Schon während des Khmer-Reichs im 9. Jahrhundert *(siehe S. 52f)* war Chanthaburi als Handelsstadt bekannt. Neben Bangkok ist die Stadt heute als Edelsteinzentrum und wegen ihrer geschickten Edelsteinschleifer weltberühmt. Die Steine – hauptsächlich Rubine und Saphire, auch Zirkone, Spinelle und Granate – werden im Tagebau oder in bis zu sechs Metern Tiefe abgebaut. Früher stießen Bauern beim Pflügen darauf; heute sind die Minen um die Stadt fast erschöpft. 70 Prozent der Rubine auf dem Weltmarkt stammen aus Thailand.

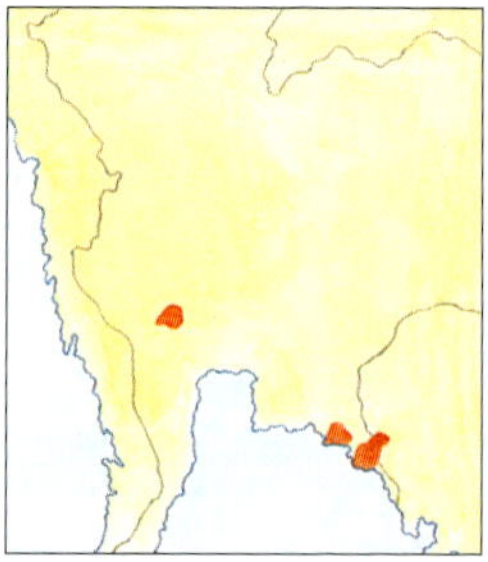

EDELSTEINFÖRDERUNG

■ *Rubin- und Saphirminen*

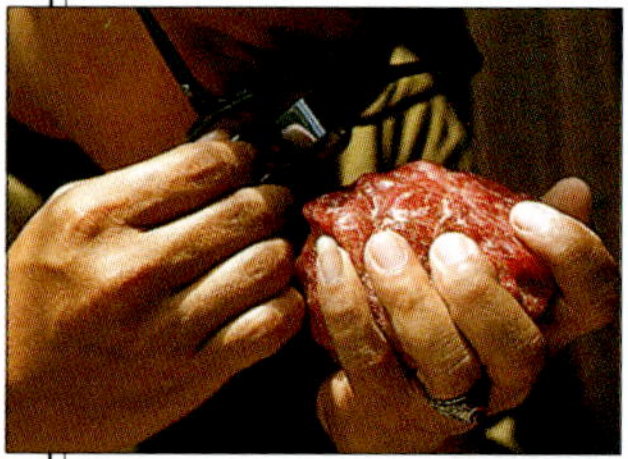

Bei der Prüfung der Edelsteine im Muttergestein *wird ein Schleifplan erstellt, um das Material maximal zu nutzen und schöne Formen zu erzielen.*

Pumpmaschine für wasserhaltigen Kies, in dem Edelsteine wie Rubine enthalten sein können.

EDELSTEINABBAU

Minenführungen werden von den Läden in Chanthaburi organisiert. Da die Minen erschöpft sind, kommt das Material heute meist aus Kambodscha oder Vietnam.

Einfache Schleifscheiben *werden meist in kleinen Familienbetrieben verwendet. In größeren Unternehmen wird mit moderner Ausrüstung wie Diamantsägen gearbeitet.*

Facettieren der Edelsteine

Thai genießen Weltruf wegen ihres Könnens, Edelsteine zu facettieren, d. h. exakt zu beschleifen. Sie machen dies mit einfachen Werkzeugen und geschultem Blick. Moderne Facettiermaschinen besitzen häufig Diamantschneider oder Laser, was die Geschwindigkeit und Präzision des Beschleifens erhöht. Anschließend werden die Steine nach Größe und Qualität sortiert. Qualitätsmerkmale sind Glanz, Farbe, Leuchtkraft und Reinheit.

Moderne Facettiergeräte zum Edelsteinschleifen

Die meisten Händler *kaufen »Rohedelsteine«, da sie deren Qualität auch ungeschliffen beurteilen können. Sie lassen diese meist in eigenen Werkstätten beschleifen. Unerfahrene sollten beim Kauf sehr vorsichtig sein* (siehe S. 456).

Handeln *gehört in Edelstein-Städten wie Bo Rai* (siehe S. 311) *zum Geschäft. Wenn die Meinungen über den Rohedelstein oder den geschliffenen Stein differieren, wird höflich, aber hart gefeilscht.*

Für Design und Herstellung *von Edelsteinschmuck sind feines Gespür und gutes Auge nötig; beides besitzen thailändische Handwerker. Die Schönheit der Steine wird durch die Fassungen unterstrichen.*

Die ganze Familie ist an der Suche nach Edelsteinen beteiligt; oft helfen auch schon die Kleinen.

Mit Pfannen wird edelsteinhaltiger Kies gehoben, dann geschüttelt, damit die Edelsteine auf den Boden sinken.

Die teuersten *unter den thailändischen Edelsteinen sind tiefblaue Saphire und blutrote Rubine sowie farblich ausgefallene (gelbe) Saphire. Eine dauerhafte Farbauffrischung kann auch durch Erhitzen des Steins auf etwa 2000 °C erzielt werden.*

Sternsaphir

Sternrubin

Grüner Saphir

Zirkon

Rubin

Olivin

Gelber Saphir

Östliche Golfküste

Die Ostküste des Golfs von *Thailand, die Region zwischen Bangkok und der kambodschanischen Grenze, präsentiert sich voller Konstraste. Laute Urlauberhochburgen sind hier ebenso vertreten wie malerische und noch unberührte Inseln; Ölraffinerien und Industriekomplexen an der Küste stehen weiter landeinwärts kaum besuchte exotische Nationalparks gegenüber.*

Nach dem Niedergang der Khmer-Herrschaft kamen viele Thai in die edelsteinreiche und fruchtbare Region, die bis Anfang des 15. Jahrhunderts Grenzland zwischen Khmer- und Sukhotai-Reich war. Das Edelsteinzentrum Chanthaburi musste sich im 18. und 19. Jahrhundert erst gegen birmanische, dann gegen französische Besatzer wehren und nahm in der Folgezeit viele Vietnam-Flüchtlinge auf.

Die bewaldete Ostküstenregion mit Obsthainen, Bergwerks- und Fischerdörfern erlebte in den letzten Jahren durch Ölwirtschaft und Tourismusindustrie einen dramatischen Wandel. Einige Orte haben dennoch ihren Charme bewahrt. In den Strandlokalen werden unter freiem Himmel köstliche Meeresfrüchte serviert, etwa in Si Racha. Ganz anders präsentiert sich das grelle Pattaya, die berüchtigte Amüsiermeile von amerikanischen Marinesoldaten während des Vietnamkriegs. Doch abgesehen von seinem schlechten Ruf hat es als Wassersport-Hochburg viel zu bieten.

Im dichten Regenwald der Rayong südlich und östlich vorgelagerten gebirgigen Inseln ist eine reiche Pflanzen- und Tierwelt beheimatet. Einsame Pfade, Wasserfälle und Kalksteinfelsen gibt es in den Nationalparks Khao Chamao, Khao Kitchakut und Khao Sabap. Als Ferienziele locken die weißen Strände der Insel Ko Samet und die Buchten von Ko Chang. Die Stadt Trat ist nicht nur Ausgangspunkt für Ko Chang, sondern auch für Tagestouren zum Edelsteinmarkt Bo Rai.

Buddistische Novizen in einem Höhlenschrein des Nationalparks Khao Chamao-Khao Wong

◁ Insel-Feeling – Ko Chang lädt ein zum entspannten Genießen

Überblick: Östliche Golfküste

KILOMETERLANGE IDYLLISCHE Strände und tropische Temperaturen – an der östlichen Golfküste finden Sonnenanbeter ihr Paradies. Wer ausspannen, köstliches Seafood genießen oder Wassersport treiben will, ist hier richtig. Die Palette der Ferienziele reicht vom turbulenten Pattaya mit seinem regen Nachtleben bis zu unbekannteren und noch wenig erschlossenen Inseln. Ko Chang etwa gehört zum exotischen Meeres-Nationalpark. In den Regenwäldern der drei anderen Nationalparks der Region lebt eine artenreiche Tierwelt. Bedeutendste Stadt der Gegend ist Chanthaburi, seit langer Zeit weltweit bekanntes Zentrum der Edelsteinverarbeitung.

LEGENDE

- Autobahn
- Hauptstraße
- Nebenstraße
- Panoramastraße
- Fluss
- Aussichtspunkt

Entspannung pur an einem der weißen Strände von Ko Samet

SEHENSWÜRDIGKEITEN AUF EINEN BLICK

Bo Rai 12
Chanthaburi 10
Khao-Chamao-Khao-Wong-Nationalpark 7
Khao-Khieo-Zoo 1
Khao-Kitchakut-Nationalpark 9
Khao-Sabap-Nationalpark 11
Khlong Yai 15
Ko Chang 13
Ko Samet 6
Ko Sichang 3
Pattaya 4
Rayong 5
Si Racha 2
Trat 14
Wat Khao Sukim 8

AN DER ÖSTLICHEN GOLFKÜSTE UNTERWEGS

Die Ostküstenregion ist durch ein dichtes öffentliches Verkehrsnetz, das auch die Hauptinseln mit einbezieht, gut erschlossen. Zweimal täglich verkehren Züge vom Hua-Lamphong-Bahnhof in Bangkok nach Si Racha und Pattaya. Chon Buri und Sattahip besitzen einen Inlandsflughafen. Am bequemsten fährt man mit den regelmäßig verkehrenden und alle Hauptorte anfahrenden regionalen Überlandbussen, die am Bangkoker östlichen Busbahnhof abfahren. Orte, die nicht ans Busnetz angeschlossen sind, erreicht man per *songthaew* vom Busbahnhof. Der innerstädtische Festlandsverkehr wird mit *songthaew*, Rikschas und *tuk-tuk* abgewickelt. Täglich verkehren Fähren von Ban Phe nach Ko Samet; von dort geht es per *songthaew* zu den Hauptstränden und mit Fischerbooten zu den umliegenden Inseln. In Laem Ngop starten Fähren zu den Inseln Ko Chang und Ko Mak.

Das imponierende Innere der Haupthalle im Wat Khao Sukim

SIEHE AUCH

- ***Übernachten*** S. 399ff
- ***Restaurants*** S. 423ff

0 Kilometer 25

Bungalows unter Palmen auf Ko Chang

Khao-Khieo-Zoo ❶

สวนสัตว์เขาเขียว

An der Route 3144, 10 km südöstlich von Chon Buri, Provinz Chon Buri. *0-3842-7667.* *Chon Buri, dann samlor.* *tägl. 8–18 Uhr.*

Über 50 Arten Vögel und Säugetiere, z. B. Rotwild, Zebras und Tiger, leben in dem offenen Zoo. Viele sind in Südostasien beheimatet. Die Säugetiere bewohnen weitläufige Gehege; die Vögel werden in einer Riesenvolière gehalten. Am besten fährt man per Auto zu dem idyllisch in bewaldeter Hügellandschaft gelegenen Zoo.

Vogelliebhaber sollten noch zwölf Kilometer weiter nach Süden bis in die Sumpfgebiete um den **Bang-Phra-Stausee** fahren. Dort leben seltene Vogelarten.

Si Racha ❷

ศรีราชา

Provinz Chon Buri . *28 000.* *TAT, Pattaya (0-3842-7667).* *tägl.*

Vor der Fahrt nach Ko Sichang sollten Sie die hier zu Meeresfrüchten servierte Si-Racha-Sauce *(nam-phrik-si-racha)* kosten, die an Schärfe der Tabasco-Sauce kaum nachsteht. Von der Uferpromenade Jermjompol ragen zahlreiche Piers wie Greifarme ins Meer; an deren Ende liegen die Freiluft-Lokale. Hier gibt es Austern *(hoi nang rom)* oder Muscheln *(hoi thot)* mit Si-Racha-Dip. Auf einem Felsvorsprung – gelegentlich auch als Pier benutzt – steht **Ko Loi**, ein buddhistischer Tempel im thailändisch-chinesischen Stil. Sehenswert sind ein Buddha-Fußabdruck, ein Guanyin-Bildnis (chinesische Göttin der Barmherzigkeit) und ein Teich mit Wasserschildkröten, die gefüttert werden – Buddhisten erwerben sich so Verdienste *(siehe S. 125)*.

Durch die Straßen Si Rachas und Ko Sichangs knattern die Motorrad-Rikschas mit rückwärtigen Beifahrersitzen.

Rama V. meditierte im Wat Atsadangnimit auf Ko Sichang

In Si Racha und auf Ko Sichang verkehren Motorrad-Rikschas

Ko Sichang ❸

เกาะสีชัง

Provinz Chon Buri. *4600.* *von Si Racha.* *TAT, Pattaya (0-3842-7667).*

Das zerklüftete Eiland, das einstige Refugium von König Chulalongkorn (Rama V.), diente früher als Zollstation für Schiffe, die Bangkok anliefen. Heute geht es hier ziemlich gemächlich zu. Wer die lauten Küstenorte am Golf scheut, dem wird die Insel mit einigen zerfallenen Bauten und einer Handvoll Gästehäusern gefallen.

An der Ostküste liegt das einzige, etwas heruntergekommene Fischerdorf der Insel, **Tha Bon**, unmittelbar nördlich davon steht der **Chinesische Tempel** mit seinen bunten Höhlenschreinen.

Die ruhigen Strände **Hat Sai Khao** und **Hat Tham** befinden sich im Westen. Auf einem Hügelgelände im Süden erstrecken sich die grün überwucherten Ruinen des einstigen **Sommerpalasts von Rama V.** Die um 1890 erbaute Sommerresidenz wurde nach der französischen Invasion 1893 aufgegeben, 1901 teilweise demontiert und für den Bau des Vimanmek-Palasts in Bangkoks Dusit-Park *(siehe S. 98ff)* verwendet.

Die verbliebenen Teile des Komplexes werden derzeit restauriert; zwei pistaziengrüne Villen am Strand **Hat Tha Wang** sind bereits fertig gestellt. Vom Rest sieht man nur noch Ruinen – geheimnisvolle Treppen, Felsenteiche, zersprungene Mosaikfußböden. Erhalten blieb allein der runde **Wat Atsadangnimit** auf dem Hügel mit einem auseinanderfallenden *chedi*, der früheren Meditationshalle des Königs.

Hier oben hat man einen herrlichen Rundblick und kann neben nistenden Seevögeln auch gelbe Eichhörnchen beobachten.

Pattaya ❹

พัทยา

Provinz Chon Buri. 89 000. TAT, 382/1 Mu 10 Chaihat Rd., Pattaya (0-3842-7667). tägl. Pattaya-Festival (Apr).

NICHT VIEL blieb vom früheren Glanz Pattayas, von der Strandidylle der 1950er Jahre, als die Stadt im Vietnamkrieg Urlaubsziel amerikanischer GIs wurde. Damals wurde das »Patpong am Meer« *(siehe S. 112)* geboren, eines der berüchtigtsten thailändischen Rotlichtviertel mit ei-

Ein Jet-Ski wartet am Strand von Pattaya auf Wassersportler

Einheimische beim Picknick am Suan-Son-Strand bei Rayong

nem Neon-Dschungel an Gogo-Bars und Transvestiten-Shows.

Trotz des miserablen Rufs kommen die Pauschalurlauber wegen der preisgünstigen Familienhotels in Scharen. Denn es gibt in Pattaya lange Strände (das Meer ist leider oft verschmutzt), ausgezeichnete Restaurants und die besten Wassersportmöglichkeiten des Landes.

Pattaya besitzt drei Buchten: In der Mitte erstreckt sich **Pattaya Beach** (3 km); in der Central Pattaya Road parallel zum Strand reihen sich die Apartmenthäuser, Schnellrestaurants und Souvenirläden aneinander.

Der Papageifisch lebt in den Gewässern um Pattaya

Das Sex-Gewerbe ist an der South Pattaya Road, am »Strip«, angesiedelt. Ruhiger geht es in der North Pattaya Road zu, hier finden sich viele Bierbars unter freiem Himmel.

Viele Besucher sind gern am 14 Kilometer langen Familienstrand **Jomtien Beach**, der sich an der südlichen Landzunge von Pattaya hinzieht. Hier gibt es auch die besten Wassersportbedingungen, da das Meer sauberer ist. Im Angebot: Wasserski, Jet-Ski, Windsurfen, Segeln, Parasailing, Sportfischen und Scuba-Diving. Zudem kommen Golfer, Tontaubenschützen, Reiter und Tennisspieler auf ihre Kosten.

Das Fischerdorf an der **Naklua Bay**, nördlich von Pattaya Beach, strahlt noch viel Atmosphäre aus.

Rayong ❺

ระยอง

Provinz Rayong. 56 000. TAT, 153/4 Sukhumvit Rd., Rayong (0-3865-5420). tägl. Früchte-Fest (Mai).

WOHL JEDER Bewohner der Region um den Fischereihafen Rayong kennt das Denkmal von Sunthorn Phu, des berühmtesten thailändischen Dichters *(siehe S. 309)*.

Die Attraktionen befinden sich jedoch außerhalb, so der 25 Kilometer südöstlich liegende Strand **Ban Phe**, von wo sich die Küstenstraße nach Laem Mae Phim (20 km) windet. Ban Phe ist auch Fährhafen für Ko Samet *(siehe S. 308f)* und die zum Laem-Ya-Mu-Ko-Samet-Nationalpark gehörenden Inseln **Ko Man Nok** und **Ko Man Klang** sowie für **Ko Saket**. Die Parkaufsicht hat sich erfolgreich gegen eine extensive Erschließung der Inseln gewehrt, allerdings schädigen Jet-Skiläufer das Korallenriff.

In den Strandpark **Suan Son** (»Kiefernpark«), fünf Kilometer hinter Ban Phe, zieht es viele Thai zum Picknick an die weißen Sandstrände. Meeresfrüchte und eine einheimische Form des Wellenreitens tragen zu seiner großen Beliebtheit bei.

Hiesige Spezialitäten sind Früchte wie Ananas und Durian *(siehe S. 129)*, *nam pla* (Fischsauce) und *nam phrik kapi* (Krabbenpaste).

Ko Samet ❻

เกาะเสม็ด

Provinz Rayong. 5000. ab *Ban Phe (Rayong) zum Na-Dan-Pier.* *TAT, Rayong (0-3865-5420).* *tägl.*

EINHEIMISCHE UND Urlauber kommen wegen des tiefblauen Wassers und der hellen Sandstrände in Scharen nach Ko Samet. Die nur sechs Kilometer lange und drei Kilometer breite Insel lässt sich größtenteils zu Fuß durchstreifen. Im Dschungel im Inselinnern leben seltene Geckos und Nashornvögel.

Seit die Insel 1981 Nationalpark wurde, beschränkte man sich auf wenig Infrastruktur; dennoch gibt es heute einige Unterkünfte. Eine 1990 verfügte Sperrung Ko Samets für Übernachtungsgäste stieß auf so vehementen Widerstand der Geschäftsleute und Einwohner, dass sie nach vier Tagen aufgehoben wurde.

Im Fischerort **Na Dan**, Fährhafen zum festländischen Ban Phe, wurden einst chinesische Dschunken durchsucht, denn in den Buchten Ko Samets sollen früher Piraten ihr Unwesen getrieben haben. Auch von anderen Stränden der Insel kann man nach Ban Phe zurückfahren.

Die schönsten Strände der drachenförmigen Insel liegen im Osten, etwa der längste und aufgrund seines klaren, seichten Wassers belebteste **Hat Sai Keo** (»Glassandstrand«), wo auch Windsurfen möglich ist. Schiffsrundfahrten und eintägige Schnorchel-Trips starten von hier.

Weiter südlich liegen die ebenfalls beliebten Strände **Ao Hin Khok**, **Ao Phai** und **Ao Nuan**. Am Ao Hin Khok steht das Denkmal von Prinz und Meerjungfrau; Vorbild für den Künstler waren zwei Gestalten aus dem Epos *Phra Aphaimani* des bekannten Dichters Sunthorn Phu.

Mit Ausnahme der gelegentlich überfüllten **Ao Wong Duan** (»Mondbucht«) sind die Strände ganz im Süden der Insel fast immer menschenleer. An der malerischen Landenge von **Ao Kui** ist

Sonnenuntergang an der malerischen Küste Ko Samets

Entspannung garantiert. Nur kurz ist der Weg zwischen Kui Na Nok und Ao Kui Na Nai, wo man den Sonnenaufgang und -untergang genießen kann. Vor der Südspitze liegen auch die schönsten Korallenriffe der Insel.

An der weitgehend unzugänglichen Westküste gibt es lediglich an der »Paradiesbucht« **Ao Phrao** ein paar Übernachtungsmöglichkeiten.

In letzter Zeit sind auf Ko Samet einige Malariafälle bekannt geworden; treffen Sie daher Vorkehrungen. Für Notfälle steht die Klinik bei Na Dan zur Verfügung.

Luxus-Bungalows am beschaulichen Ao-Phrao-Strand, Ko Samet

Khao-Chamao-Khao-Wong-Nationalpark ❼

อุทยานแห่งชาติเขาชะเมา-เขาวง

Provinz Raypong. Zentrum 17 km nördlich vom Hwy. 3 bei Klaeng. *TAT, Rayong (0-3865-5420); Parkverwaltung, Bangkok (0-2579-5734 für Bungalowreservierung). Rayong oder Chanthaburi, dann* songthaew.

Über den Feldern des Tieflands erheben sich die Berge Khao Wong und Khao Chamao des Nationalparks. Im Schutz der immergrünen, für Bauern und Jäger schwer zugänglichen Tropenwälder leben Tiger, Elefanten, asiatische Schwarzbären und andere Säugetiere. Hier ist auch der Tor-Soro-Karpfen beheimatet. Der Name des Bergs Chamao (wörtlich »betrunken«) leitet sich angeblich von der Benommenheit ab, die man nach dem Genuss des Karpfens verspürt.

Zu den Attraktionen des Parks zählen die Becken des **Khao-Chamao-Wasserfalls** und die über 80 **Khao-Wong-Kalksteinhöhlen**, unter ihnen Tham Pet (»Diamantenhöhle«) und Tham Lakhon (»Theaterhöhle«), vier Kilometer südöstlich des Hauptquartiers der Parkaufsicht. Bei Niedrigwasser kann man hinter dem **Hok-Sai-Wasserfall** hinaufsteigen und auf der Anhöhe campen.

Leicht begehbare Pfade gibt es wenige; gut erschlossen ist die Route entlang des Khao-Chamao-Wasserfalls, die in der Nähe der höchsten Ebene des Chong-Kaep-Wasserfalls endet. Vom Kontrollpunkt im Nordwesten führt ein Elefantenpfad durch das wildtierreiche Khlong-Phlu-Tal.

Standseilbahn zum Wat Khao Sukim

Wat Khao Sukim ❽

วัดเขาสุกิม

Khao Bay Si, Tha-Mai-Bezirk, 16 km nördlich von Chanthaburi, nahe Route 3322. *TAT, Rayong (0-3865-5420). Chanthaburi, dann* songthaew.

Der blass orangefarbene Tempel liegt auf halber Höhe des Bergs Sukim. Zum Tempel eines der populärsten Meditationslehrer Thailands, Luang Pho Somchai, gelangt man per Standseilbahn oder über eine Treppe mit *naga*. Sehenswert sind die Perlmuttintarsien der Tempeltische und das Museum. Der Schmuck und die Keramiken im Bencharong-, Khmer- und Ban-Chiang-Stil dokumentieren, wie reich ein verehrter Mönch durch die Gaben sich Verdienste erwerbender Buddhisten werden kann.

Der Dichter Sunthorn Phu

Die oft moralisierende Lyrik Sunthorn Phus (1786–1855), des bekanntesten Thai-Dichters, genoss am Hof der Könige Rama II. und III. höchstes Ansehen. Bei seinem ersten Versepos, *Phra Aphaimani*, ließ sich der Dichter von der Landschaft seines Wohnorts, der Insel Ko Samet (damals Ko Kaew Pisadan) inspirieren. Das Epos handelt von Prinz Phra Aphaimani, der im Unterwasserkönigreich einer Riesin gefangen gehalten wird, die ihm verfallen ist. Es gelingt ihm, mit der Hilfe einer Meerjungfrau nach Ko Samet zu entkommen, indem er die Riesin durch magische Flötenklänge in Schlaf versetzt hat. Dann vermählt er sich mit einer Prinzessin.

***Phra-Aphaimani*-Denkmal auf Ko Samet**

Khao-Kitchakut-Nationalpark 9

อุทยานแห่งชาติเขาคิชฌกูฏ

Provinz Chanthaburi. Zentrum beim Hwy. 3249, 28 km nordöstlich von Chanthaburi. *Zentrum (0-3945-2074).* *Chanthaburi, dann* songthaew.

Der etwas über 1000 Meter hohe Granitberg Khao Kitchakut erhebt sich im kleinsten der thailändischen Nationalparks (29 km²). Der 13-stufige **Krathin-Wasserfall**, die größte Sehenswürdigkeit des Parks, liegt direkt beim Hauptquartier der Parkaufsicht, wo auch der relativ leichte Anstieg beginnt.

An den vierstündigen Aufstieg zum Gipfel des Phrabat wagen sich nur ehrgeizige Wanderer und Scharen von Pilgern, die wegen des im Granit erkennbaren Fußabdrucks Buddhas kommen. Doch auch die zahlreichen von der Natur geschaffenen Felsformationen in Gestalt eines Elefanten, einer Riesenschildkröte, einer Pagode und einer Bettelschale sind Attraktionen. In der Nähe des Parks liegt das viel größere, jedoch weniger besuchte **Khao Soi Dao Wildlife Sanctuary** (745 km²). In beiden Parks stehen die letzten noch erhaltenen Areale der einst ausgedehnten Tieflandregenwälder unter Schutz. Für die regionale Wirtschaft lebensnotwendig, sammelt sich an ihren Hängen Regenwasser für die Plantagen; zudem sind sie Lebensraum vieler bedrohter Tiere, z. B. Malaienbär, Binturong (Katzenbär), Silberfasan oder Elefant; im Bergregenwald des Reservats gibt es Schopfgibbons.

Logo der thailändischen Nationalparks

Khao Soi Dao Wildlife Sanctuary

Beim Hwy. 317, 25 km nordwestlich von Chanthaburi. *TAT, Rayong (0-3865-5420).* *Chanthaburi, dann* songthaew.

Erfrischung am Krathin-Wasserfall, Khao-Kitchakut-Nationalpark

In der Kirche der Unbefleckten Empfängnis in Chanthaburi

Chanthaburi 10

จันทบุรี

Provinz Chanthaburi. *44 000.* *TAT, Rayong (0-3865-5420).* *tägl.* *Früchtefest (Mai/Juni).*

Das reiche und einladende Chanthaburi, inmitten von üppigen Pfefferstrauch- und Gummibaumplantagen, halten viele für Thailands attraktivste Stadt. In die seit dem 15. Jahrhundert als Edelsteinzentrum *(siehe S. 300f)* bekannte Stadt zog es auch viele ethnische Gruppen. Die Vietnamesen, die größte Minderheit, kamen in drei Wellen: Im 19. Jahrhundert flohen sie vor der Katholikenverfolgung in Südvietnam, Anfang des 20. Jahrhunderts vor der französischen Kolonialmacht und 1975 vor den siegreichen nordvietnamesischen Kommunisten. An der Uferstraße Rim Nam Road des Vietnamesen-Viertels reihen sich zahllose Läden in malerischen Holzhäusern aneinander.

Unvergessen in Chanthaburi ist König Taksin, der die Birmanen im 18. Jahrhundert aus der Stadt vertrieb und so Thailands Wiedervereinigung ermöglichte. Ihm zu Ehren errichtete man zwei Denkmäler: das wie König Taksins Hut gestaltete Monument **San Somdej Prachao Taksin** an der Tha Luang Road und das Bronzestandbild im **Taksin-Park**, das den König ähnlich wie auf der 20-Baht-Banknote beim Kampf zeigt.

Die größte Kathedrale des Landes, die **Kirche der Unbefleckten Empfängnis**, erhebt sich am Ufer des

Die Früchtefeste im Mai

Festtagsstimmung herrscht alljährlich im Mai oder Juni (je nach Erntezeit) während der mehrtägigen Früchtefeste in den drei Provinzen Rayong, Chanthaburi und Trat. Sie sind die Anbauregionen von Rambutan, Durian und Mangostane. In den Straßen der drei Provinzstädte gibt es zu dieser Zeit die Früchte zu kaufen. Auf dem Festprogramm stehen Umzüge mit blumen- und früchtegeschmückten Wagen und Schönheitswettbewerbe – wie bei jedem thailändischen Provinzfest. Höhepunkt für Obstbauern und Besucher ist – neben anderen Auszeichnungen – die Prämierung der reifsten Durian oder der am schönsten gewachsenen Frucht. Für die Besucher gibt es außerdem kulturelle Darbietungen und Ausstellungen mit regionalem Kunsthandwerk. In Chanthaburi kann man an Straßenständen fantasievoll geflochtene Strohmatten kaufen, eine Spezialität der Provinz.

Beim Früchtefest in Chanthaburi

Chanthaburi. Die Kirche im französischen Kolonialstil wurde an der Stelle einer Missionskapelle (18. Jh.) errichtet. Die Franzosen hielten Chanthaburi 1893–1904 besetzt, um die Rückgabe von Thailand besetzter laotischer und kambodschanischer Gebiete zu erzwingen. Um die Einheit Thailands nicht aufs Spiel zu setzen, entschloss sich König Chulalongkorn schließlich zur Rückgabe der Gebiete.

Händler aus aller Welt treffen sich im **Edelsteinviertel** *(Talat Phloi)* an der Kreuzung Si Chan und Thetsaban 4. An Wochenenden werden Steine in allen Farben, jedoch nicht in Spitzenqualität, aus Myanmar, Kambodscha und den hiesigen Minen an Straßenständen feilgeboten.

Khao-Sabap-Nationalpark ⓫

อุทยานแห่งชาติน้ำตกพลิ้ว

Provinz Chanthaburi. Zentrum beim Hwy. 3, 14 km südöstlich von Chanthaburi. *TAT, Rayong (0-3865-5420); Parkverwaltung (0-2579-5734 für Bungalowreservierung). Chanthaburi, dann* songthaew.

Einer der artenreichsten Regenwälder Thailands steht in dem äußerst beliebten Nationalpark (135 km²) unter Schutz. In diesem Tierparadies leben über 156 Vogel- und 32 Säugetierarten, u. a. Schwarzbären, Tiger, Leoparden, Hirsche und Makaken. Einzigartig schöne Wasserfälle gehören zu den weiteren Attraktionen; besonders eindrucksvoll ist der **Phliu-Wasserfall**, vor dem zwei *chedi* stehen: der *chedi* Alongkon und der drei Meter hohe, pyramidenförmige *chedi*, den König Chulalongkorn in der von ihm geliebten Region zur Erinnerung an Königin Sunantha errichten ließ, die 1876 im Bang-Pa-in-See ertrank *(siehe S. 171)*.

Denkmal des Königs Taksin, Chanthaburi

Schwieriger zu erreichen sind der 20 Meter zu Tal donnernde Trok-Nong- und der Klang-Wasserfall. Die Zufahrtsstraße zum Park wird von Souvenir-Läden gesäumt.

Bo Rai ⓬

บ่อไร่

Provinz Trat. *26 000. TAT, 100 Mu 1 Trat-Laem Ngop Rd., Laem Ngop, Provinz Trat (0-3959-7255). tägl.*

Früher war die kleine Stadt an der Ostküste ein blühendes Edelsteinzentrum. Ihre einst wegen der Rubine *(tab tim)* berühmten Minen sind inzwischen jedoch beinahe erschöpft, sodass in Bo Rai nur noch wenig Edelsteine gehandelt werden. Einzig der **Khlong-Yaw-Markt** besitzt noch Bedeutung. Auf ihm herrscht das umgekehrte Ritual des normalen Handels: Die Käufer sitzen an Tischen, während die Verkäufer herumgehen und Ware anbieten.

Leider zerstörte der Edelsteinbergbau große Regionen der Provinz Trat. Der Mutterboden wurde abgetragen, und zurück blieb unfruchtbarer, rotbrauner Schlamm.

Sorgfältige Prüfung von Edelsteinen auf dem Markt in Bo Rai

Am Khlong Phrao in Ko Chang: Bungalows unter Kokospalmen

Ko Chang ⓭

เกาะช้าง

Provinz Trat. *4800.* *von Laem Ngop.* *TAT, 100 Mu 1 Trat-Laem Ngop Rd., Laem Ngop, Provinz Trat.* *0-3959-7255.*

Mehr als 50 Inseln umfasst der Meeres-Nationalpark Ko Chang, darunter als größte die gebirgige Insel Ko Chang; zwei Drittel der 650 Quadratkilometer großen Parkfläche bestehen aus Meer. Trotz des glasklaren Wassers und der Bilderbuchstrände ist der Archipel noch kaum touristisch entwickelt, denn einige Inseln werden ausschließlich als Luxus-Feriendomizile in Privatbesitz genutzt.

Seit chinesische Bauern Mitte des 19. Jahrhunderts nach Ko Chang kamen, ging der Tierwelt viel Lebensraum verloren. Nur einige kleine Landsäugerarten überlebten: Hirsche, Bärenmakaken und Zibetkatzen. Außerdem gibt es hier rund 75 Vogelarten, Reptilien und Amphibien wie Eidechsen, Pythons, Kobras und einheimische Ko-Chang-Frösche.

Das gebirgige Terrain erschwert Ausflüge ins Inselinnere; seit dem Küstenstraßenbau Anfang der 1990er Jahre hat sich die Infrastruktur jedoch etwas verbessert. Die schönsten Strände liegen im Westen, insbesondere an der Ao-Sai-Khao-Küste, wo sich auch der muschelübersäte und bungalowgesäumte **Hat Sai Khao** (»weißer Sandstrand«) befindet, der längste und belebteste der Insel. Beim Infostand am Strand kann man Bootsfahrten, Angel- und Schnorcheltrips buchen; dies ist auch in vielen Gästehäusern möglich. Weiter südlich erstreckt sich der schönere und ruhigere **Hat Khlong Phrao**, in der Nähe des Fischerdorfs Ban Khlong Phrao. Da der Tourismus noch in den Anfängen steckt, ist die Fischerei der wichtigste Wirtschaftszweig.

Hat Khlong Phrao, einer der schönsten Strände auf Ko Chang

Unter den noch ziemlich einsamen Stränden im Süden zeichnet sich der in einer geschützten Bucht im Südwesten gelegene **Ao Bang Bao** durch besondere Schönheit aus. Östlich davon umrahmt der Ao Sa Lak Phet eine Bucht in der Nähe einiger Fischerdörfer und Bungalows. Vor der Küste sind zwei Wracks der thailändischen Marine zu besichtigen.

Einen Besuch lohnen zwei der zahlreichen Wasserfälle der Insel: Vom in der Nähe der Parkverwaltung im Osten liegenden dreistufigen **Than-Mayom-Wasserfall** bietet sich ein herrlicher Blick. Der Khlong-Phlu-Wasserfall, oberhalb von Khlong Phrao an der Westküste, belohnt den Wanderer nach einem leichten Drei-Kilometer-Anstieg mit einem erfrischenden Wasserbecken.

Für Schnorchler, Taucher und Ausflügler sind einige Inseln vor Ko Chang ideal; sie besitzen artenreiche Korallenpopulationen und breite Muschelbänke. Nicht zum Nationalpark gehört die zweitgrößte Insel **Ko Kut** mit herrlichen Stränden und Wasserfällen. Vor der Korallenküste von **Ko Wai** im Süden Ko Changs liegen reiche Fischgründe.

Um **Ko Rang**, noch weiter im Süden gelegen, scharen sich zahlreiche Korallenriff-Inseln. Auf der flachen Insel **Ko Mak** gibt es neben Kokospalmen-Plantagen einen einsamen Strand im Nordwesten, ein Fischerdorf und Korallenriffe. Die Strände der Palmeninsel **Ko Kradat** zählen zu den schönsten. Auf der Insel in Privatbesitz gibt es einige Luxushotels, aber auch Bungalow-Unterkünfte.

Gegen die Sandmücken-Plage des Archipels sollte man Vorsorge treffen.

Walzenschwamm vor Ko Chang

Trat ⓮

ตราด

Provinz Trat. 16 500. *TAT, 100 Mu 1 Trat-Laem Ngop Rd., Laem Ngop, Provinz Trat (0-3959-7255).* *tägl.* *Rakham-Obstfest (Mai/Juni).*

Die kleine, lebhafte Provinzhauptstadt Trat passieren die meisten Urlauber heute lediglich auf ihrem Weg nach Ko Chang. Doch von der zunehmenden Popularität des Inselarchipels wird sicher auch Trat profitieren. Es bietet einige Attraktionen, u. a. die Straßenmärkte an der Tait Mai Road und der Sukhumvit Road; sehr reichhaltig ist das Angebot an Ess- und Trinkbarem auf dem überdachten Sukhumvit-Markt. In Trat starten auch die – in den Ferienhotels angebotenen – Besichtigungsfahrten zu den Edelsteinminen in der Umgebung; auch Bo Rai *(siehe S. 300f)* steht auf dem Programm.

Zwei Kilometer südwestlich von Trat liegt, umgeben von Bäumen, der **Wat Buppharam** (»Blumentempel«). Einige der alten Gebäude in der Anlage, *wihan*, Glockenturm und Mönchszellen *(kuti)* stammen aus der Ayutthaya-Periode *(siehe S. 56f)*.

Durian-Verkäufer auf einem der lebhaften Märkte Trats

Khlong Yai ⓯

คลองใหญ่

Provinz Trat. *14 000.* *TAT, 100 Mu 1 Trat-Laem Ngop Rd., Laem Ngop, Provinz Trat (0-3959-7255).* *tägl.*

In der malerischen Küstenstadt nahe der Grenze zu Kambodscha gibt es thailändisch-kambodschanische Märkte und Imbissstände für Nudeln mit Meeresfrüchten.

Auf der Fahrt von Khlong Yai zur Grenze nach **Hat Lek** erblickt man auf der einen Seite die kambodschanischen Cardamom Berge und auf der anderen Fischfarmen und offenes Meer. In Hat Lek endet die Sukhumvit Road *(siehe S. 132)* aus Bangkok; gegenwärtig gibt es hier keinen Besucherübergang.

Der Fischfang – hier Trawler im Hafen von Ko Chang – bildet die Haupteinnahmequelle der Insel

WESTLICHE GOLFKÜSTE

DIE HÜGELLANDSCHAFT *der westlichen Golfküste erstreckt sich über rund 600 Kilometer von Bangkok nach Surat Thani. Die Inseln des Ko-Samui-Archipels, Ko Pha Ngan und Ko Tao, und der zum Meeres-Nationalpark erklärte Angthong-Archipel sind Hauptanziehungspunkte. Versäumen Sie jedoch nicht die vielen Attraktionen auf dem Festland: Städte, Strände und Nationalparks.*

Kilometerlange einsame Sandstrände bestimmen über weite Strecken die Landschaft der westlichen Golfküste, die Verbindung zwischen dem buddhistischen Kernland und dem maritimen islamischen Süden. Uralte Tempelarchitektur, beschauliche Fischerdörfer, üppige Obstplantagen und an Sandstränden reiche Küstenorte prägen diese Region.

Die bis zu 1329 Meter ansteigende Tenasserim-Kette bildet das Rückgrat der Halbinsel und schirmt den Küstenstreifen vor den Monsunregen aus Südwesten ab. Dennoch gedeihen in der fruchtbaren Küstenregion Ananas, Zuckermais, Zuckerrohr, Bananen, Spargel und Mangostane.

Die schnell von Bangkok aus zu erreichenden Strände haben sich auf Wochenend-Urlauber eingestellt. Besondere Anziehungskraft üben die von Kasuarinen gesäumten Uferpromenaden in Cha-am und Hua Hin aus. Hua Hin ist der älteste Badeort Thailands. Wegen der von hier leicht zu erreichenden Golfplätze gilt das Gebiet als Golfparadies schlechthin. Auf den weiter südlich liegenden, gut erschlossenen Inseln des Ko-Samui-Archipels kann man tauchen und sonnenbaden.

Wanderer und Vogelfreunde zieht es in die Nationalparks Khao Sam Roi Yot und Kaeng Krachan, in deren Salzmarschen von August bis April Zugvögel Station machen.

Zu den sehenswerten Westküstenstädten zählt Phetchaburi mit seinem architektonischen Erbe aus den Khmer-, Mon-, Ayutthaya- und Rattanakosin-Epochen. Das einst bedeutende Chaiya weiter südlich besitzt archäologische Zeugnisse aus der Srivijaya-Zeit *(siehe S. 336f)*.

Fischerboote ankern in der Bucht von Prachuap Khiri Khan

◁ **Gläubige opfern im Wat Mahathat, Phetchaburi**

Überblick: Westliche Golfküste

Ein langer, schmaler Küstenstreifen, geschützt durch eine Gebirgskette an der Grenze zu Myanmar, zieht sich von Phetchaburi bis zur Handelsstadt Surat Thani. Im Norden liegt Hua Hin, eines der ältesten Seebäder Thailands, und noch weiter nördlich das modernere Cha-am. Auch landeinwärts gibt es Naturschönheiten, den hügeligen Kaeng-Krachan-Nationalpark und die bizarren Kalksteinformationen im küstennahen Khao-Sam-Roi-Yot-Nationalpark. Richtung Süden locken die erst jüngst für den Tourismus erschlossenen Inseln des Ko-Samui-Archipels mit der am stärksten besuchten Hauptinsel Ko Samui. Rucksackurlauber bevorzugen eher Ko Tao und Ko Pha Ngan. Wohl kaum zu überbieten ist die Schönheit des Meeres-Nationalparks Angthong mit seiner noch fast unberührten Inselwelt.

Sehenswürdigkeiten auf einen Blick

- Cha-am 3
- Chaiya 9
- Chumphon 8
- Hua Hin 5
- Kaeng-Krachan-Nationalpark 2
- Khao-Sam-Roi-Yot-Nationalpark 6
- Ko Pha Ngan 12
- *Ko Samui S. 326ff* 11
- Ko Tao 14
- Mareukathayawan-Palast 4
- Meeres-Nationalpark Angthong 13
- *Phetchaburi S. 318ff* 1
- Prachuap Khiri Khan 7
- Surat Thani 10

TV-Antennenwald auf Häuserdächern im Zentrum von Phetchaburi am Fluss Phet

Sonnenbaden an weißen Sandstränden

An der westlichen Golfküste unterwegs

Die meisten Sehenswürdigkeiten sind problemlos über die Hauptstraßen 4 und 41 zu erreichen. Klimatisierte Busse und Züge verkehren täglich zwischen den wichtigsten Städten und von dort nach Bangkok (Bangkok–Hua Hin drei bis vier Stunden mit Bus oder Zug; Bangkok-Surat Thani elf Stunden per Bus, 11 bis 13 Stunden per Bahn). Ko Samui, Surat Thani, Prachuap Khiri Khan und Hua Hin haben Inlandsflughäfen. Für Ausflüge in die Region können *songthaew* und Rikschas gemietet werden, in Cha-am, Hua Hin und auf Ko Samui auch Autos. Die meisten Fähren zum Ko-Samui-Archipel starten in Surat Thani und Don Sak. Nach Ko Tao kommt man auch via Chumphon. (Eine Fahrt von Bangkok nach Ko Samui dauert insgesamt 16 Stunden.)

Siehe auch

- ***Übernachten*** S. 401ff
- ***Restaurants*** S. 425ff

Kalksteinformationen, Khao-Sam-Roi-Yot-Nationalpark

Im Detail: Phetchaburi ❶

เพชรบุรี

Detail, Phra Nakhon Khiri

DAS SCHON SEIT DEM 11. Jahrhundert besiedelte Phetchaburi (oft Phetburi geschrieben) gehört zu den ältesten Städten des Landes und war schon früh eine bedeutende Handels- und Kulturstadt. Es gibt 30 Tempel mit Stilelementen der Mon-, Khmer- und Ayutthaya-Architektur. Im 19. Jahrhundert wurde die Stadt königliche Residenz, als König Mongkut auf dem Khao-Wang-Hügel westlich des Zentrums seinen Sommerpalast errichten ließ – heute Teil des Phra-Nakhon-Khiri-Geschichtsparks *(siehe S. 320)*. Weitere Sehenswürdigkeiten sind Wat Yai Suwannaram (17. Jh.), Wat Kamphaeng Laeng mit fünf Khmer-*prang* und das historische Stadtviertel. Übernachtungsmöglichkeiten gibt es kaum; die meisten Besucher kommen als Tagesausflügler aus dem 123 Kilometer entfernten Bangkok.

Phra Song Road
An dieser Straße liegen mehrere wat.

Phra-Nakhon-Khiri-Geschichtspark

Wat Mahathat
*Die drei weißen Khmer-*prang *des Tempels (14. Jh.) domnieren die Skyline des Stadtzentrums. Engel- und Göttergestalten zieren die Dächer des zentralen* wihan *und des* bot.

NICHT VERSÄUMEN

★ **Phra-Nakhon-Khiri Geschichtspark**

★ **Wat Kamphaeng Laeng**

★ **Wat Yai Suwannaram**

Geschäftshäuser aus Holz
In vielen Städten hat Beton Holz als Baumaterial abgelöst, doch in Phetchaburi gibt es noch viele Holzhäuser, etwa an der Uferstraße.

★ Phra-Nakhon-Khiri-Geschichtspark
König Mongkut, ein passionierter Astronom, ließ nahe seinem Sommerpalast ein Observatorium errichten. Der Komplex beherbergt heute ein Museum (siehe S. 320). *Vom Schlosspark aus genießt man eine herrliche Aussicht auf Phetchaburi.*

INFOBOX

Provinz Phetchaburi. 33 000. Rot Fai Rd., 1,5 km nordwestlich der Stadt. Chisa-in Rd., nahe Chomrut-Brücke. TAT, Cha-am (0-3247-1005). tägl. Phra-Nakhon-Khiri-Jahrmarkt (Feb). @ tatphet@tat.or.th

★ Wat Yai Suwannaram
Berühmt ist der Tempel aus der Ayutthaya-Zeit (siehe S. 56f) *wegen seiner* Bot-*Wandbilder mit Darstellungen von Hindu-Gottheiten. Ein Handschriften-Archiv auf Pfählen, mitten in einem Teich gelegen, gehört zur Anlage.*

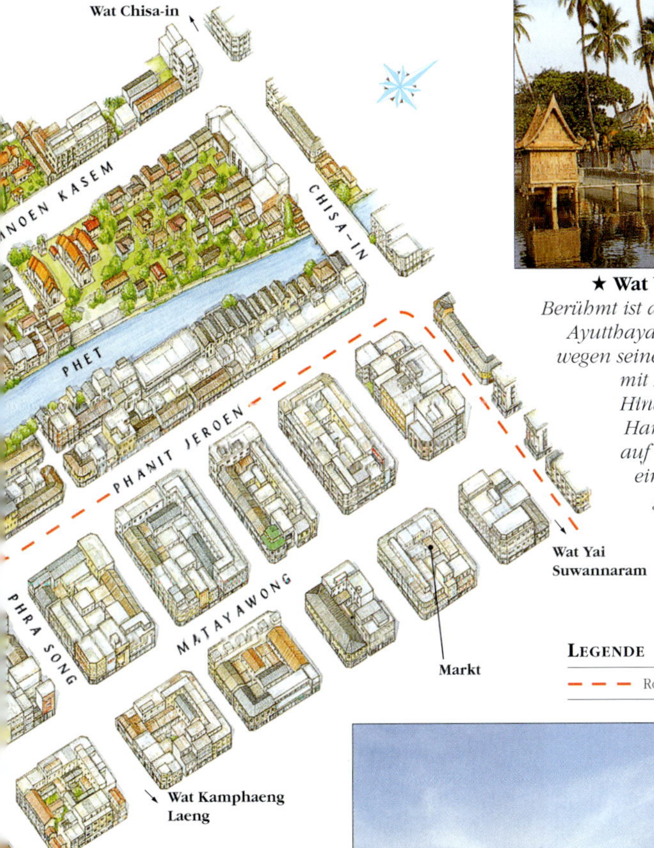

0 Meter 75

LEGENDE

– – – Routenempfehlung

★ Wat Kamphaeng Laeng
*Dies ist einer der wenigen Khmer-Schreine außerhalb des Nordwestens. Seine fünf stark baufälligen Laterit-*prang *im Khmer-Stil stammen wahrscheinlich aus dem 12. Jahrhundert. Buddhistisch wurde der Hindu-Schrein erst später.*

Der luxuriöse Sommerpalast Ramas IV., Phra Nakhon Khiri

Überblick: Außerhalb von Phetchaburi

Mitten durch Phetchaburi fließt der Fluss Phet, an dessen Ufern sich die 30 historischen Tempel der Provinzhauptstadt erheben. Die Spitztürme der gut erhaltenen *wat* im Ayutthaya-Stil und aus anderen Epochen bestimmen die Skyline. In westlicher Richtung erheben sich in der Ferne drei große Hügel majestätisch über die Stadt.

Auf dem 92 Meter hohen Maha-Samana-Hügel liegt **Phra Nakhon Khiri**, die »himmlische Bergstadt« (kurz Khao Wang). König Mongkut (Rama IV.) ließ den Sommerpalast – einen kühnen Mix aus thailändischer und ausländischer Architektur – in den 1850er Jahren zwischen Bäumen, Felsen und Grotten erbauen. Von hier aus hat man einen herrlichen Blick auf Phetchaburi.

Der Palastkomplex erstreckt sich auf drei Kegeln: Königspalast und Ho Chatchawan Wiangchai, das Observatorium (Rama IV. war ein vorzüglicher Amateur-Astronom), liegen im Westen; der von Rama V. in Auftrag gegebene weiße *chedi* Phra That Chomphet nimmt die mittlere Anhöhe ein, während Wat Maha Samanaram mit einigen sehr schönen Fresken auf einer Kuppe im Osten liegt. Die Seilbahn nimmt Besuchern den beschwerlichen Anstieg zur Königsresidenz ab, die 1988 zum Geschichtspark erklärt wurde.

Nördlich vor der Stadt liegt die Stalaktiten-Grotte **Tham Khao Luang**, zugleich ein Kultort mit *chedi* und Buddha-Figuren. Der **Wat Bun Thawi** rechts vom Eingang ist wegen der Holztäfelungen im Portal bemerkenswert.

Phra Nakhon Khiri
Khao Wang, Phetchaburi.
0-3242-5600. *tägl.*

Tham Khao Luang
Hwy. 3173, 3 km nördlich von Phetchaburi. *tägl.* *Spende erbeten.*

Kaeng-Krachan-Nationalpark ❷

อุทยานแห่งชาติแก่งกระจาน

Provinz Phetchaburi. Zentrum beim Hwy. 3175, 47 km südlich von Phetchaburi. *TAT (0-3247-1005); Verwaltung (0-2579-5734, 0-2579-7223 für Bungalowreservierung).* *Phetchaburi, dann songthaew.*

Schätzungsweise 40 Groß-Säugetierarten wie Tiger, Leoparden, Elefanten, Gibbons, zwei Arten asiatischer Bären und Languren (blätterfressende Affen) leben im größtem thailändischen Nationalpark (2920 km²). Das 1981 zum Reservat erklärte Areal umfasst beinahe die Hälfte des Gebiets der Provinz Phetchaburi. In ihm liegt eines der ursprünglichsten Regenwaldgebiete Thailands. Der bei Urlaubern noch wenig bekannte Park besitzt herrliche Wanderpfade. Im Westen erstreckt sich das Gelände bis zur Tenasserim-Kette an der Grenze zu Myanmar. Auf dem durch mehrere Flüsse gespeisten **Kaeng-Krachan-Stausee** (45 km²) verkehren Ausflugsschiffe. Tausende von Zugvögeln, sogar aus Sibirien und China, suchen seine salzhaltigen Ufermarschen als Rast- und Nistplatz auf.

Auch Tiger leben im Kaeng-Krachan-Nationalpark

Cha-am-Strand, Pferdevermieter

Cha-am ❸

ชะอำ

Provinz Phetchaburi. *20 500.* *TAT, 500/51 Phetkasem Rd., Cha-am (0-3247-1005).* *tägl.*

Seit Mitte der 1980er Jahre hat sich das beschauliche Fischerdorf Cha-am zum vielbesuchten Wochenend-Eldorado der Bangkoker entwickelt. Apartment-Betonburgen und Ferienhotels wuchsen am langen Sandstrand empor. Unter der Woche geht es hier jedoch meist noch ziemlich ruhig zu.

Der Ferienort zieht in erster Linie Thai an, die eher wegen der Strandbars kommen, weniger um zu schwimmen. Am Strand stehen unter Schatten spendenden Sonnenschirmen aufgereiht die Tische, an denen den Ausflüglern Spezialitäten wie Tintenfische, Garnelen und Muscheln serviert werden; dazu gibt es scharfe

Dips und kühles Bier – eine Gaumenfreude. Wer es eleganter mag, für den gibt es am nördlichen Strand auch größere Restaurants.

Mareukathayawan-Palast ❹

พระราชนิเวศน์มฤคทายวัน

Nahe Hwy. 4, 9 km südlich von Cha-am. *TAT, Cha-am (0-3247-1005).* *von Cha-am.* *tägl. 8.30–16.30 Uhr.* *Spende erbeten.* *im Schlafsaal.*

Die Sommerresidenz Ramas VI., der Mareukathayawan-Palast (»Palast der Liebe und Hoffnung«), liegt auf halbem Weg zwischen Cha-am und Hua Hin. Der vergoldete Teakholzbau wurde 1923 nach den Plänen eines italienischen Architekten in nur 16 Tagen errichtet und stand seit dem Tod des Königs leer. Seit den 1970er Jahren wird er restauriert; die Wiederherstellungsarbeiten stehen kurz vor der Vollendung.

Die Hallen, Veranden und königlichen Räume des luftigen Palasts sind schlicht ausgestattet und in Pastelltönen gehalten. Obwohl die Residenz günstig liegt, kommen nur wenige Besucher.

Hua Hin ❺

หัวหิน

Provinz Prachuap Khiri Khan.
31 000. *Information, 114 Phetkasem Rd., Hua Hin (0-3247-1005).* *tägl.*

Seit Eröffnung der Zugstrecke Bangkok–Hua Hin 1911 entwickelte sich Thailands ältestes Seebad sprunghaft, denn die 190-Kilometer-Reise von der Hauptstadt ans Meer war nun leicht zu bewältigen. Zwischen 1922 und 1923 entstanden die von Rama VI. in Auftrag gegebene Neun-Löcher-Golfanlage und das im Kolonialstil gehaltene Railway Hotel.

Altes Schild des Bahnhofs in Hua Hin

Hua Hin profitierte vom Heilbäder-Boom der damaligen Zeit. Rangniedrige Mitglieder der Königsfamilie, die High Society und Ausländer kamen in Scharen. 1926 ließ Prinz Chulachakrabongse den Sommerpalast **Klai Klangwon** (»fern von Sorgen«) errichten, der heute noch von der Königsfamilie bewohnt wird. Hua Hin büßte zwar nach dem Zweiten Weltkrieg an Popularität ein, doch heute liegt es dank seiner historischen Bedeutung bei jungen Bangkokern wieder im Trend. Zur entspannten Familienatmosphäre tragen Ponyreiten, Golf, Fischrestaurants und der Markt bei, auf dem es Souvenirs aus polierten Muschelschalen zu kaufen gibt.

Hua Hins Flair der 1920er Jahre lässt sich im Railway Hotel, heute **Hotel Sofitel Central**, nachempfinden. 1993 wurde ein Architektenteam für die Restaurierung des in den 1960er Jahren völlig heruntergekommenen Hotels mit dem Outstanding Conservation Award der thailändischen Architektenkammer ausgezeichnet – das elegante Ambiente mit der Originalausstattung des Teeraums war wiederhergestellt worden. Vor seiner Wiedereröffnung diente das Haus als Kulisse für den Film *The Killing Fields.*

Auf dem Khao-Takiap-Hügel (»Essstäbchen-Hügel«) im Süden des Hauptstrands stehen mehrere *chedi* und Schreine; in der Nähe liegt **Wat Khao Lad** mit einer 20 Meter hohen Buddha-Figur.

Weitläufige offene Halle mit Galerie im Nordflügel des Mareukathayawan-Palasts

Khao-Sam-Roi-Yot-Nationalpark ❻

อุทยานแห่งชาติเขาสามร้อยยอด

Provinz Prachuap Khiri Khan. Besucherzentrum beim Hwy. 4, 37 km südlich von Pranburi. *TAT, Cha-am 0-3247-1005; Verwaltung 0-2579-7223 (für Bungalowreservierung).* *Pranburi, dann songthaew.*

KONTRASTREICHER könnte der 98 Quadratkilometer große Park an der Engstelle der Halbinsel am Golf von Thailand nicht sein: Er bietet Meer, Sand- und Sumpfgebiete und ein an Grotten reiches Kalkmassiv. Bekannt gemacht haben den Park seine charakteristischen Kalksteinformationen (Khao Sam Roi Yot bedeutet »Gebirge der 300 Bergspitzen«), die unvermittelt über der Sumpfebene bis zu 650 Meter Höhe aufragen.

In den Feuchtgebieten finden Wasservögel Lebensraum: Millionen von Zugvögeln machen hier zwischen August und April Station. Zudem gibt es viele andere Tiere, etwa die seltenen Maronenlanguren, die Javaneraffen und die nachtaktiven Lori.

Waldpfade führen zu einigen Grotten: **Tham Phraya Nakon** besitzt einen für König Rama V. 1896 erbauten Pavillon; in der **Tham Sai** gibt es einen versteinerten Wasserfall.

Warnhinweis im Nationalpark: Vorsicht Affen!

Der Wat Chong Kra Chok überragt Prachuap Khiri Khan

Prachuap Khiri Khan ❼

ประจวบคีรีขันธ์

Provinz Prachuap Khiri Khan. 61 000. *TAT, Cha-am 0-3247-1005.* *tägl.*

IN DER BESCHAULICHEN Verwaltungsstadt Prachuap Khiri Khan, der »Stadt zwischen den Bergen«, fühlt man sich wegen der Zuckerhut-Kalksteingebilde an beiden Enden der Sandbucht ein wenig wie in »Klein-Rio«. Basis der regionalen Wirtschaft ist die Fischerei; in zahlreichen guten Restaurants und an Ständen entlang der Uferpromenade kann man sich von der Qualität der frischen Meeresfrüchte überzeugen.

Schöne Strände liegen im Norden und Süden der Bucht. Vom nahen Hügel, auf dem sich der **Wat Chong Kra Chok** erhebt, hat man den besten Ausblick. Auch rund 300 Makaken leben hier; abends sieht man sie die Jasminbäume emporklettern.

Chumphon ❽

ชุมพร

Provinz Chumphon. *34 000.* *TAT, Surat Thani 0-7728-8818.* *tatsurat@samart.co.th* *tägl.* *Luang-Suan-Buddha-Bilder-Parade und Bootsrennen (5 Tage im Okt).*

NICHT WENIGE betrachten die Provinz Chumphon als Übergangsregion zweier Kulturen, der buddhistischen des thailändischen Kernlands und der stark islamisch geprägten der Malaiischen Halbinsel. Prinz Chumphon, der Vater der Königlichen Marine – er starb 1923 –, wurde in der Provinzhauptstadt Chumphon geboren. Das 1975 ausgemusterte, 68 Meter lange Torpedoboot **HMS *Chumphon*** liegt vor der Küste.

Immer beliebter als Tauchgründe werden die Riffe der 47 Eilande, die der 222 Kilometer langen Küste der Provinz vorgelagert sind. In der Stadt kann man Tauch-Tagesausflüge zu den Inseln **Samet**, **Mattra**, **Ngam Yai** und **Ngam Noi** buchen. Von Chumphon kommt man rasch nach Ko Tao *(siehe S. 331)*.

CHAIYAS ROLLE IM SRIVIJAYA-REICH

Srivijaya-Votivtafel

Das vom Mahayana-Buddhismus geprägte Königreich Srivijaya *(siehe S. 52f)* herrschte vom 7. bis 13. Jahrhundert über die Malaiische Halbinsel und Teile Indonesiens. Zwar gehen die meisten Wissenschaftler heute davon aus, dass Palembang auf Sumatra die Hauptstadt Srivijayas war, doch die Entdeckung von Tempelrelikten und einigen exquisiten Stein- und Bronzestatuen (die meisten sind heute im Nationalmuseum in Bangkok) zeugen von der Bedeutung der Stadt Chaiya. Wegen ihrer geostrategischen Lage am Meer spielte die Hafenstadt eine wichtige Rolle im Ost-West-Handel zwischen Indien, der Malaiischen Halbinsel und China. Der im späten 7. Jahrhundert in der Region weilende chinesische Mönch I Chinga berichtete von der religiösen und zivilisatorischen Hochkultur der Stadt. Einige Chaiya-Herrscher waren mit dem javanischen Herrscherhaus durch Heirat verbunden. Möglicherweise ist der Name »Chaiya« eine Abkürzung von »Siwichaiya« (eine andere Transkription von Srivijaya) und entstand aufgrund der regionalen Gewohnheit, die letzte Wortsilbe zu betonen.

In Chaiya gefundene Bronzestatue (8. Jh.)

Buddha-Figuren im Phra Boromathat Chaiya, einem von wenigen erhaltenen Tempeln der Srivijaya-Epoche

Chaiya 9

ไชยา

Provinz Surat Thani. 35 000. TAT, Surat Thani 0-7728-8818. tägl. Chak Phra Festival (Okt/Nov).

Die etwas düstere kleine Bahnstation Chaiya ist eine der ältesten und historisch bedeutsamsten Städte Südthailands. Hier fand man zahlreiche formvollendete Skulpturen aus der Srivijaya-Epoche (7.–13. Jh.).

Die stark von Mon- und indischen Stilelementen geprägten Bildnisse stellen bengalische Buddhas und vielarmige hinduistische Götter dar. Man kann sie, neben zahlreichen Votivtafeln, im **Chaiya-Nationalmuseum** bewundern. In Museumsbesitz befinden sich auch Kunstobjekte aus der Ayutthaya-Zeit. Das zwei Kilometer westlich der Stadt liegende Museum ist zu Fuß vom Bahnhof aus in zehn Minuten zu erreichen.

Neben dem Museum erhebt sich der Srivijaya-Tempel **Phra Boromathat Chaiya** *(siehe S. 336f)*, dessen zentraler *chedi* aus Ziegel und Pflanzenfasermörtel (8. Jh.) aufwändig restauriert wurde. Er steht auf einem quadratischen Unterbau, besitzt vier Vorbauten und ein gestuftes Dach, das von Mini-*stupa* gekrönt wird. Heute kommen die Gläubigen hauptsächlich, um den 1949 verstorbenen Mönch Phra Chaiya Wiwat zu ehren.

Chaiya-Nationalmuseum

Phra Boromathat Chaiya. 0-7743-1066. Mi–So. Feiertage

Umgebung: Ins Meditationszentrum International Dhamma Hermitage *(siehe S. 446)* im **Wat Suan Mok**, südwestlich von Chaiya, kommen Buddhisten aus aller Welt, die die von Tempelgründer Buddhadhasa Bhikkhu – er starb 1993 – propagierte Lehre der Einfachheit anzieht. Die Pflicht der Tempelbewohner, körperliche Arbeit zu leisten, unterstreicht den Gedanken des einfachen Lebens – ohne aufwändige religiöse Zeremonien und Feiern. Jeweils am ersten Tag eines Monats beginnen die zehntägigen Kloster-Meditationszyklen.

Fresken mit Szenen aus dem Leben Buddhas, Wat Suan Mok

Wat Suan Mok

7 km südlich von Chaiya beim Hwy. 41. 0-7743-15

Surat Thani 10

สุราษฎร์ธานี

Provinz Surat Thani. 116 000. Phun Phin, 14 km westlich von Surat Thani, dann Bus. Ban Don (in der Stadt); Thong, 6 km östlich der Stadt. TAT, 5 Talat Mai Rd., Surat Thani (0-7728-8818). tatsurat@samart.co.th Rambutan-Jahrmarkt (Aug), Chak Phra Festival (Okt/Nov).

Surat Thani ist Wirtschaftszentrum und Exporthafen für Gummi und Kokosnüsse. Es besaß wegen seiner strategischen Lage an der Mündung der Flüsse Tapi und Phum Duang bereits in der Srivijaya-Epoche Bedeutung. Heute noch herrscht buntes Treiben am Fluss: Fähren fahren zu den Lebensmittel- und Blumenmärkten am Wasser. Surat Thani ist auch das Tor zu den Strandparadiesen von Ko Samui und Ko Pha Ngan.

Stattliche Palmen und tiefblaues Wasser an einem Strand auf Ko Samui ▷

Ko Samui ⓫

เกาะสมุย

Kokosnüsse – Hauptanbauprodukt auf Ko Samui

KO SAMUI IST mit 247 Quadratkilometern nach Ko Phuket und Ko Chang die drittgrößte Insel Thailands. Man nannte sie die größte Kokospalmen-Plantage der Welt, bis sie in den 1970er Jahren von den Rucksackurlaubern entdeckt wurde. Seither ist der Tourismus zur Haupteinnahmequelle geworden. Ko Samuis lange, paradiesische Strände locken jährlich rund eine halbe Million Urlauber an; Chaweng gilt als Treffpunkt des internationalen Jet-set. Wahrscheinlich wird sich der Charakter Ko Samuis allmählich wandeln, da immer mehr Luxushotels für Pauschalurlauber entstehen.

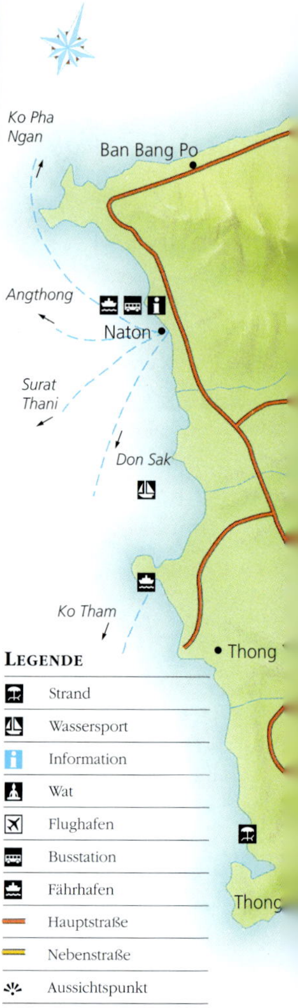

Naton

Naton, Inselhauptstadt und Hauptfährhafen, wurde um 1905 gegründet, als man den Ort zum Verwaltungszentrum erkor. Besiedelt wurde die Insel erstmals Mitte des letzten Jahrhunderts durch chinesische Kaufleute, die auf der Suche nach Handelsbeziehungen für Baumwolle und Kokosnüsse hierher kamen.

In Naton bleiben nur wenig Urlauber, es sei denn, sie wollen die erste Fähre nach Surat Thani nehmen, im Supermarkt einkaufen oder Wechselstuben besuchen.

Die 50 Kilometer lange Hauptstraße rund um die Insel verläuft durch Naton. Im Fährhafen starten *songthaew* entweder nach Norden in Richtung Chaweng-Strand und Flughafen oder in südlicher Richtung nach Lamai.

Der »Monumental-Buddha« auf Ko Faan vor der Küste Ko Samuis

Maenam

Den westlichsten Abschnitt der Nordküste bildet der vier Kilometer lange, sehr schmale Sandstrand, von dem man weit nach Ko Pha Ngan *(siehe S. 329)* hinüber blickt. Er ist nicht sehr schön, doch bei Urlaubern beliebt, weil er ausgezeichnete Windsurf-

Maenam im Norden ist einer der ruhigeren Strände Ko Samuis

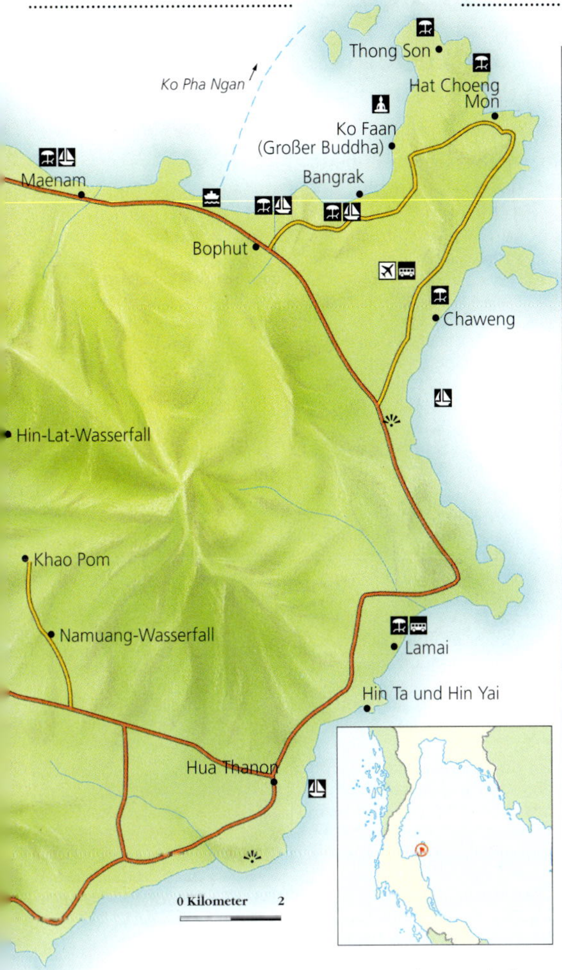

Möglichkeiten bietet – vor allem von Dezember bis Februar wenn die Nordost-Monsune Richtung Küste wehen.

Bophut
Besser erschlossen ist das östlich von Maenam liegende Bophut. Im Dorf am Ostende der Bucht gibt es Bungalows, eine Bank, Bars, Restaurants und vielerlei Möglichkeiten für Wassersport. Beliebt ist der zwei Kilometer lange Sandstrand bei Familien und Rucksackurlaubern. Von Bophut aus verkehren täglich Fähren zum Ha-Rin-Strand auf Ko Pha Ngan.

Bangrak
An Bohut schließt Bangrak, der »Große-Buddha«-Strand, an. Zwar ist das Meer hier nicht so sauber wie etwa vor Chaweng und Lamai *(siehe S. 328)*, dafür gibt es viele preiswerte Unterkünfte. Über einen Damm geht es vom Ostende des Strands zum Eiland Faan mit dem monumentalen Gold-Buddha. Die Statue ist ein Anziehungspunkt für Einheimische und asiatische Urlauber, die sich Verdienste *(siehe S. 125)* erwerben wollen. Andenkenstände und Cafés vor der *Naga*-Treppe haben das Areal in einen Basar verwandelt.

Thong Son und Ao Choeng Mon
Fährt man an der Küste weiter, kommt man zu den Felsbuchten am Nordost-Kap. Von der Hat-Thong-Bucht aus kann man bis Ko Pha Ngan sehen. Die meisten Unterkünfte auf der Landzunge bietet Ao Choeng Mon, eine Bucht mit schönen Stränden, wo man gut baden kann.

INFOBOX

Provinz Surat Thani. 42 000. 23 km von Naton. von Surat Thani, Tha Thong und Don Sak. TAT, Naton 0-7742-0-504 oder TAT, Surat Thani (0-7728-8818); Songserm Travel, 64/1–2 Naton Pier, Chonvithi Rd., Naton 07-742-1316 (für Fähre). 3 km südlich von Naton (0-7742-1281). tägl.

Paragliding am Chaweng-Strand – ein beliebter Sport

Typische Ko-Samui-Strandhütten im Schatten von Palmen

Überblick: Ko Samui – Ostküste und weitere Sehenswürdigkeiten

Urlauber aus aller Welt strömen nach Chaweng und Lamai an der Ostküste Ko Samuis wegen der herrlichen Sandstrände und des Nachtlebens. Die ruhigeren Strände im Süden und an der Westküste, die *wat*, die Berge und atemberaubend schönen Wäldern im Inselinneren genießen weniger Aufmerksamkeit.

Muslimische Fischer legen an der Ostküste Ko Samuis an

Chaweng

Chaweng, der längste, belebteste und schönste Strand, zieht sich fünf Kilometer an der Ostküste entlang. Schon seit vielen Jahren haben ihn preisbewusste Besucher wegen der einfachen Strandbungalows, aber auch wegen des warmen Wassers und weißen Sands für sich entdeckt. Allerdings entstehen derzeit eher anspruchsvollere Unterkünfte für Pauschalreisende.

Am Nordende Chawengs liegt eine geschützte, ein Meter tiefe Lagune, ideal für Kinder und Windsurf-Anfänger. Den Mittel- und Südabschnitt säumen Kokospalmen. Malerisch wird der Strand im südlichen Abschnitt, wo sich Felsen mit kleineren Sandmulden abwechseln.

Für sportlich Aktive werden Windsurfen, Kanufahren, Paragliding, Scuba-Diving, Tennis und Volleyball angeboten.

Chaweng besitzt die beste Infrastruktur Ko Samuis. Reisebüros, Banken, Supermärkte, Auto- und Fahrradverleih – alles ist hier zu finden. Ständig werden neue Bars, Lokale und Klubs eröffnet, die in erster Linie ein junges Publikum anziehen – doch auch Familien kommen hierher.

Lamai

An Ko Samuis zweitlängstem Strand (4 km) hat man sich in erster Linie auf preisbewusst reisende Gäste aus Europa eingestellt. Größte Aktivität herrscht im Mittelabschnitt des Strands, hinter dem sich zahllose Bars, Nachtklubs und Restaurants etabliert haben. In Letzteren gibt es auch westliche Küche.

Das Dorf Lamai am beschaulichen Nordabschnitt des Strands besitzt noch viele alte strohgedeckte Teakholzhäuser. Unbedingt sehenswert ist die Wat Lamai Cultural Hall (1826) mit ihrem Volkskundemuseum für Kunst und Kunsthandwerk Ko Samuis.

Auf einem Kap im Süden sieht man die Felsen Hin Ta und Hin Yai, die in ihrer Gestalt einem männlichen und einem weiblichen Geschlechtsorgan ähneln.

Chaweng – der längste und attraktivste Strand auf Ko Samui

Süd- und Westküste

An der Süd- und Westküste liegen zahllose ruhige Strände mit einfachen Holzunterkünften, Thong Krut etwa gehört dazu. Auch Thong Yang – nur 1,5 Kilometer südlich der Anlegestelle der aus Don Sak kommenden Autofähre – ist ein Paradies für Urlauber, die bei ihrem Aufenthalt absolute Ruhe suchen.

Baden am Namuang-Wasserfall im Innern Ko Samuis

Das Inselinnere

Wer etwas anderes als nur Strandleben sucht, dem bietet das Inselinnere Abwechslung. Es ist von dichtem Regenwald und Kokospalmen-Plantagen überzogen und erscheint ziemlich unzugänglich, doch es gibt einige unbefestigte Pisten, die mit Jeeps und Motorrädern bewältigt werden können, sowie zwei Straßen zu den malerischen Wasserfällen Ko Samuis.

Zum 30 Meter in die Tiefe stürzenden Namuang-Wasserfall – zehn Kilometer von Naton und fünf Kilometer von der Küstenstraße entfernt – kommen die Besucher, um zu baden und zu picknicken. Näher an Naton (3 km) liegt der kleinere Hin-Lat-Wasserfall. Am spektakulärsten sind beide am Ende der Regenzeit von Dezember bis Januar.

Ko Pha Ngan ⓬

เกาะพงัน

Provinz Surat Thani. 3000. von Naton nach Ko Samui bis Tong Sala. TAT, Surat Thani (0-7728-8818). tägl.

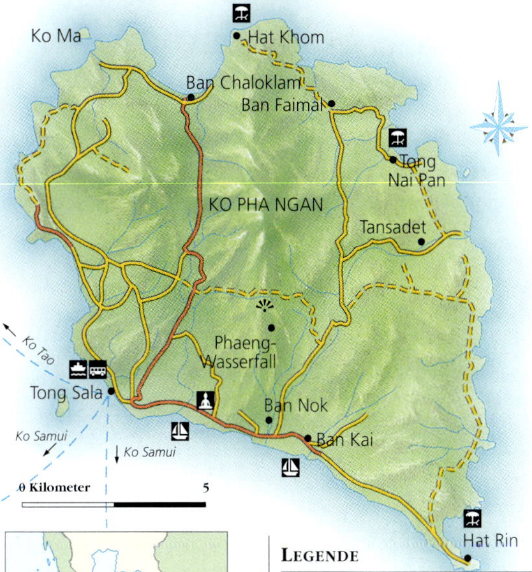

Legende

- Strand
- Wassersport
- Wat
- Busbahnhof
- Fährhafen
- Hauptstraße
- Nebenstraße
- Piste
- Aussichtspunkt

Ko Pha Ngan, ein Drittel kleiner und sieben Kilometer nördlich von Ko Samui gelegen, besitzt die gleiche Inselstruktur: Sandstrände, leicht erreichbare Korallenriffe und ein gebirgiges, bewaldetes Inneres. Preisbewusst Reisende genießen hier in Rattanhütten an herrlichen Buchten die pure Urlaubsidylle. Die Insel ist wegen ihres schlechten Straßennetzes kaum erschlossen. Einige Stellen sind nur per Schiff oder mit Jeeps über zerfurchte Pisten zu erreichen.

Tong Sala

Im Fährhafen und Dienstleistungszentrum der Insel Ko Pha Ngan gibt es eine Bank, eine Poststelle für postlagernde Sendungen, einen Supermarkt, ein Reisebüro und einen Fotoladen. Neben dem Pier wartet eine *Songthaew*-Flotte, um Besucher rund um die Insel zu befördern.

Hat Rin

Die größte Bungalowsiedlung liegt auf der Südostspitze um Hat Rin – zehn Kilometer von Tong Sala entfernt. Populär ist sie vor allem bei Rucksackurlaubern, denen die Ko-Samui-Strände mittlerweile zu kommerziell sind. Zu beiden Seiten der Landzunge erstreckt sich jeweils ein breiter Strand, dessen Unterkünfte eine Woche vor und nach den jeden Monat bei Vollmond stattfindenden nächtlichen Strandpartys ausgebucht sind.

Der blendend weiße Hat-Rin-Strand auf Ko Pha Ngan

Chaloklam

Ein strenger Geruch von gesalzenem und getrocknetem Fisch kommt von den Läden an der Strandpromenade. Asiatische Urlauber kaufen hier Fisch, wenn sie vom Besuch des im Inselinneren liegenden Chao-Mae-Koan-Im-Schreins zurückkommen. Fischer flicken Netze und nehmen Fische aus; unmittelbar daneben gibt es Pizzerias und andere Imbissbuden. Sauberere Strände als diejenigen in Stadtnähe – zu empfehlen ist Khom – finden sich im Osten.

Trockenfisch in Chaloklam

Tong Nai Pan

Die meisten Strände liegen an der Ostküste, sind jedoch nur über eine unbefestigte Piste zugänglich. Landschaftlich am schönsten ist die Zwillingsbucht von Tong Nai Pan Noi und Tong Nai Pan Yai im Nordosten. Man kommt mit Jeeps von Tong Sala dorthin oder von Januar bis September mit Schnellbooten vom Maenam-Strand auf Ko Samui aus.

Fährt man von hier drei Kilometer nach Süden, gelangt man zum Tansadet, dem größten Fluss und Wasserfall der Insel. Zwischen 1888 und 1909 suchte König Chulalongkorn ihn zehnmal auf, daher der Name »Königsstrom«. Seither haben sich die meisten Thai-Monarchen mit Felsinschriften hier ein Denkmal gesetzt. In den beiden Wasserfällen Sampan und Daeng kann man baden; zwischen September und Dezember ist es jedoch wegen der Regenfälle zu gefährlich, am Ufer entlang zu wandern.

Meeres-National-park Angthong ⓭

อุทยานแห่งชาติทางทะเลอ่างทอง

Provinz Surat Thani. Zentrum auf Ko Wua Talab. ⛴ *von Ko Samui.* ℹ *TAT, Surat Thani (0-7728-8818); Parkverwaltung (0-7728-6025, 0-2579-5734 für Bungalowreservierung).*

DIE 40 WEITGEHEND unbewohnten Inseln des Meeres-Nationalparks Angthong unterscheiden sich in ihrer rauen Schönheit von der Palmeninsel Ko Samui, die nur 31 Kilometer südlich liegt. Die Inseln von Angthong (»Goldbucht«) – Gesamtfläche 102 Quadratkilometer – sind versunkene Kegel eines Kalksteinmassivs, das weiter südlich in der Provinz Nakhon Si Thammarat bis zu 1835 Meter Höhe ansteigt.

Seine unberührte Schönheit verdankt Angthong weitgehend der Royal Thai Navy, der die Region bis 1980 als militärisches Sperrgebiet unterstand. Danach wurde sie Meeres-Nationalpark, und heute haben Fähren die Marineschiffe verdrängt. Meist kommen Tagesausflügler aus Ko Samui, um sich an den kristallweißen Stränden zu erholen, die sattgrünen Wälder und Kalksteinhöhlen zu erforschen, mit Kanus um die Felsküsten zu fahren oder zwischen den farbenfrohen Korallenriffen zu schnorcheln.

Der Archipel besitzt eine artenreiche Land- und Meeresfauna: Man kann Panther, Eichhörnchen, Rhesusaffen, Seeotter und Pythons beobachten; wegen der wenigen natürlichen Feinde sind sogar Maronenlanguren zu sehen. Salangane, Brahminenweihe und der Eurasische Kuckuck gehören zu den 40 hier beheimateten Vogelarten.

Taucher vor dem Korallenriff **Ko Sam Sao** kreuzen vielleicht die Bahnen der *Plathu*-Makrelen, die eine wichtige Nahrung der Thai darstellen. Die Meeresgründe um den Angthong-Archipel sind ein bevorzugter Laichplatz dieser Meeresfische. Mit etwas Glück sieht man auch Delfine; allerdings sind sie sehr scheu, denn sie werden hier leider gejagt.

Fähre zum Meeres-Nationalpark Angthong

LEGENDE

- Strand
- Wassersport
- Information
- Fährhafen
- Fußweg
- Aussichtspunkt

Blick auf Ko Wua Talab vom Meeres-Nationalpark Angthong

Mit Booten geht es von der Fähre weiter nach Ko Mae Ko

Die Parkverwaltung und die einzigen Urlauber-Unterkünfte des Archipels liegen auf der größten Insel **Ko Wua Talab** (»Insel des schlafenden Rindes«). Von hier gelangt man nach steilem 400-Meter-Anstieg zu einem Aussichtspunkt mit herrlichem Blick über den Archipel, über Ko Pha Ngan und Ko Samui bis zum Festland – besonders schön in der Morgen- und Abenddämmerung. Steil aufwärts geht es auch zur Tham Buabok (»gewellte Lotoshöhle«) – der Name leitet sich von der Gestalt einiger Stalaktiten und Stalagmiten ab.

Am Badestrand **Ko Mae Ko** liegt inmitten steiler Felsen der türkisfarbene Thale Noi; dieser See gab dem Archipel seinen Namen »Goldbucht«.

Kaurimuschel (Ko Tao)

Ko Tao ⓮

เกาะเต่า

Provinz Surat Thani. 957.
von Chumphon oder Ko Samui.
TAT, Surat (0-7728-8818).

Die 40 Kilometer nördlich von Ko Pha Ngan liegende »Schildkröten-Insel« ist als kleinste der Ferieninseln im Ko-Samui-Archipel zugleich die schönste.

Als besondere Attraktion gelten die Tauchgründe vor Ko Tao. Wegen des klaren Wassers, der abwechslungsreichen Tauchplätze, der exotischen Korallenbauten und der artenreichen Meeresfauna gehört Ko Tao zu den schönsten Tauchregionen des Landes. Hauptziele für Taucher sind Green Rock, Chumphon Pinnacle und Southwest Pinnacle. Wegen der seichten Buchten und des klaren Wassers eignen sich viele Plätze auch für Anfänger. Im Mai hat man oft die maximale Sicht von 40 Metern. Auf der Insel gibt es rund zehn ganzjährig geöffnete Tauchzentren. Hauptsaison ist von Dezember bis April.

Die zerklüftete Insel wird im Inneren von Wald überzogen; an ihrer Ostküste finden sich abgelegene Höhlen, an der Westküste ausgedehnte Sandstrände. Es gibt zahlreiche einfache Bungalows, die in der Hochsaison jedoch ausgebucht sein können.

Faulenzen könnte man auch auf den drei **Ko-Nang-Yuan**-Inseln, die Ko Tao im Nordwesten vorgelagert sind. Sie sind durch Sandbänke miteinander verbunden und von Korallenriffen umgeben.

Meeresfauna und Korallenriffe im Tauchparadies Ko Tao

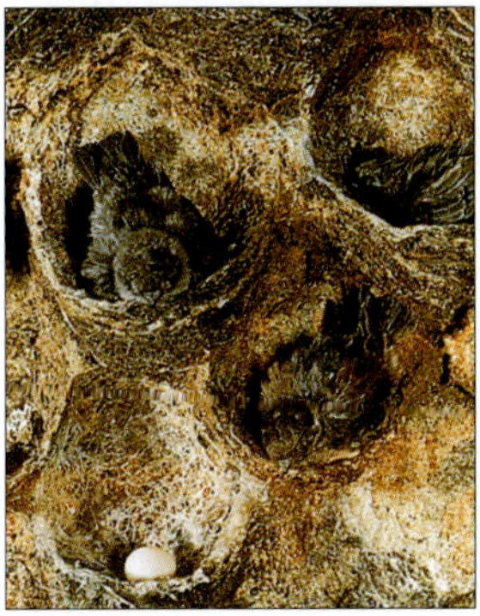

Vogelnester – in Asien eine Delikatesse

Vogelnester-Suppe

Die Vogelnester-Suppe besteht tatsächlich aus Vogelnestern – hier ist der Name nicht irreführend wie bei der Bombay-Ente. Es müssen allerdings besondere Nester sein: die der Braunrumpfsegler, Salangane und Seeschwalben. Gekocht verwandeln sich die feinen, aus Speichel hergestellten Gebilde in eine weiche, nudelähnliche Fasermasse, die in Südostasien und Ostasien als Aphrodisiakum gilt. Wegen der angeblich potenzsteigernden Wirkung werden die Vogelnester für viel Geld gehandelt. Nestersammeln ist nur mit staatlicher Lizenz möglich; daher stehen viele der bedeutendsten Sammelplätze, die Höhlen auf Ko Phi Phi Ley *(siehe S. 363)* etwa, unter strengster Bewachung. Gesammelt werden darf nur zwischen Februar und April sowie im September. Die flinken Sammler klettern über stark schwankende Bambusstangen-Gerüste die Höhlenwände empor, um ihrem gefährlichen Job nachzugehen.

SÜDTHAILAND

Südthailand im Überblick

Die schmale Halbinsel, die den Süden Thailands bildet, erstreckt sich von Ranong an der Grenze zu Myanmar bis nach Malaysia und ist eine einzigartige Region. Das Landesinnere dominieren bewaldete Berge, das Hinterland und die Inseln der Phangnga-Bucht in der Andamanensee gehören zu den außergewöhnlichsten Teilen des Landes. Hier erheben sich Kalksteinfelsen und kleine Inseln bis zu 300 Meter hoch aus dem seichten Wasser. An der Südküste und rund um die Andamanen liegen einige der besten Sandstrände und Tauchreviere Thailands. Die meisten Besucher zieht es in die Badeorte Phuket und Krabi, wenngleich der Süden noch mehr zu bieten hat, darunter historische Orte wie Songkhla und Nakhon Si Thammarat. Weihnachten 2004 wurden große Teile der Region von einem verheerenden Tsunami getroffen; schätzungsweise 5300 Menschen starben. Doch die Thais haben schnell reagiert; der schon geleistete Wiederaufbau ist beeindruckend.

Die Phangnga-Bucht (siehe S. 354ff) *gehört mit ihren ungewöhnlichen Kalksteinformationen zu den schönsten Plätzen Südthailands. Die mangrovengesäumte Bucht kann aufgrund der starken Erosion nur aus sicherer Entfernung betrachtet werden.*

Phuket (siehe S. 348ff) *ist Thailands größte Insel und zugleich die reichste Provinz. Schon im 19. Jahrhundert, als die Chinesen die Insel noch als Anlegestelle für ihre Schiffe nutzten, war Phuket recht wohlhabend. Heute ist es eines der beliebtesten Reiseziele in Thailand. Phuket ist ein moderner Ort mit Luxushotels, Restaurants und Läden an vielen der großartigen Strände. Für Wassersportler und Taucher ist Phuket der ideale Urlaubsort.*

◁ **Eine Reihe goldener Buddhas im Innenhof des Wat Wang, nahe Phatthalung**

Nakhon Si Thammarat (siehe S. 368ff), *einst Hauptstadt des Srivijaya-Reichs* (siehe S. 336f), *ist heute das kulturelle Zentrum Südthailands. Doch trotz solch schöner Sehenswürdigkeiten wie Wat Mahathat, dem größten Heiligtum des Südens, und einem der letzten* nang talung *(Schattenspiel-Theater), kommen nur wenige Besucher in die Stadt.*

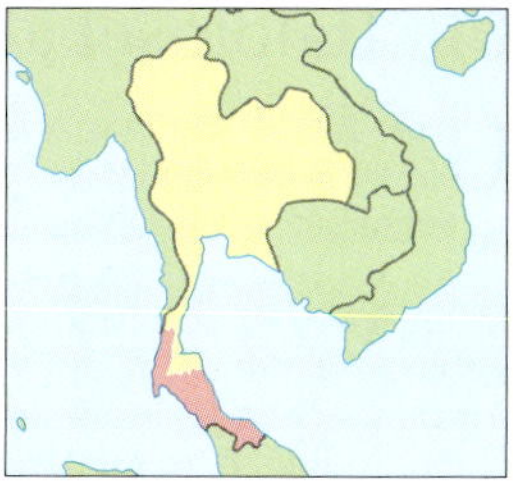

Zur Orientierung

Im Songkhla-Nationalmuseum (siehe S. 374f) *ist eine Sammlung von Keramiken, Kunstgegenständen und Möbeln zu sehen. Das Museum liegt in einer ehemaligen Gouverneursresidenz im chinesischen Stil.*

Korlae-*Fischerboote* (siehe S. 378) *mit ihrer bunten Bemalung sind die Farbtupfer im muslimischen Süden. Die schönsten sieht man in Pattani, das einst ein unabhängiger muslimischer Staat war.*

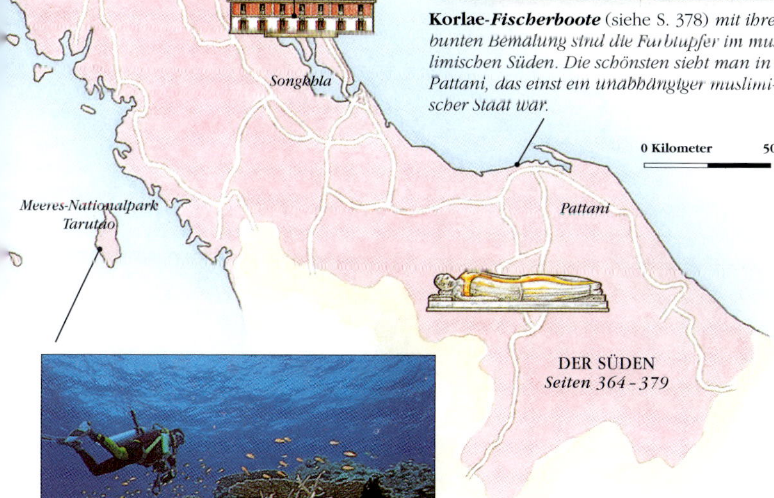

Im Meeres-Nationalpark Tarutao (siehe S. 376) *lebt eine Vielzahl wilder Tiere. Außerdem erwarten Sie hier einige der schönsten Strände und Insellandschaften des gesamten Landes.*

Die Halbinsel als kultureller Schnittpunkt

Über 2000 Jahre lang war die Halbinsel, die heute zwischen Malaysia, Thailand und Myanmar aufgeteilt ist, ein wichtiger kultureller Schnittpunkt. Funde im Isthmus von Kra (vor allem die historischen Speicher von Nakhon Si Thammarat, Chaiya, Sathing Phra und Takua Pa) beweisen, dass schon vor dem ersten Jahrtausend Beziehungen nach China, Indien, dem Mittleren Osten und auch Rom bestanden. Vom 7. bis zum 13. Jahrhundert gehörte fast das ganze Gebiet zum hinduistisch-buddhistischen Srivijaya-Reich. Danach gelangte der Buddhismus von Birma und Siam aus nach Süden, während der von arabischen Händlern verbreitete Islam vor allem an der Südspitze der Halbinsel Anhänger fand. Engländer, Holländer und andere Kolonialmächte befuhren im 16. Jahrhundert die Straße von Malakka und brachten ihre Kultur mit.

Der Islam, *die Hauptreligion in Malaysia, ist heute auch im Süden Thailands weit verbreitet. In vielen Städten gibt es sowohl Minarette als auch buddhistische Tempel.*

Prähistorische Malereien *sind in der Phangnga-Bucht* (siehe S. 354ff) *und anderen Teilen der Halbinsel zu finden. Hier lebten mindestens seit der letzten Eiszeit Menschen. Damals gab es die Halbinsel noch gar nicht – zwischen Borneo und Sumatra lag noch festes Land.*

Handelswege

Die Straße von Malakka war immer ein natürlicher Kanal gewesen. Schon vor 2000 Jahren steuerten chinesische, indische und arabische Schiffe ihre Häfen an, um Handel zu treiben, Vorräte aufzunehmen oder zu »überwintern«. Vom 16. Jahrhundert an kamen europäische Schiffe dazu; doch mit der zunehmenden Technisierung der Schiffe verloren einige der Häfen an Bedeutung.

Legende

- Lokale Handelswege (ab dem 5. Jh. v. Chr.)
- Wichtige Handelswege während der Srivijaya-Periode (7.–13. Jh.)
- Wichtige Handelswege der Europäer (ab dem 16. Jh.)

Trommeln, *die im 5. Jahrhundert im nordvietnamesischen Dong Son hergestellt wurden, fand man in Chaiya und Nakhon Si Thammarat sowie auf Sumatra. Sie sind ein Beweis für frühe Handelsbeziehungen.*

Das Srivijaya-Reich *(7.–13. Jh.) dominierte die Halbinsel bis hinauf nach Chaiya. Der zunächst hinduistische, dann buddhistische Staat hat viele Bodhisattva-Statuen hervorgebracht – Erleuchtete, die auf das* nirwana *verzichten, um die Menschheit zu retten.*

***Diese Kanone** der Niederländischen Ostindien-Kompanie steht in Nakhon Si Thammarat, einer alten Stadt im Süden Thailands* (siehe S. 368ff). *Die Ostindien-Kompanie trieb in ganz Südostasien Handel.*

Srivijaya-Architektur

Chedi **im Wat Phra Boromathat in Chaiya**

Das Srivijaya-Reich kontrollierte den Handel in Häfen wie Chaiya *(siehe S. 322f)* und Takua Pa im Isthmus von Kra. In der Golfregion und im Süden sind unzählige Artefakte gefunden worden, doch die meisten der aus Stuck und Ziegeln erbauten *chedi* sind längst umgebaut worden. Das wichtigste noch erhaltene Exemplar steht im Wat Phra Boromathat in Chaiya. Das kreuzförmige Gebäude hat vier Etagen, die sich nach oben hin verjüngen. An jeder Ecke steht ein kleinerer *chedi*. Es wurde im 9./10. Jahrhundert gebaut und mehrfach restauriert, zuletzt 1930.

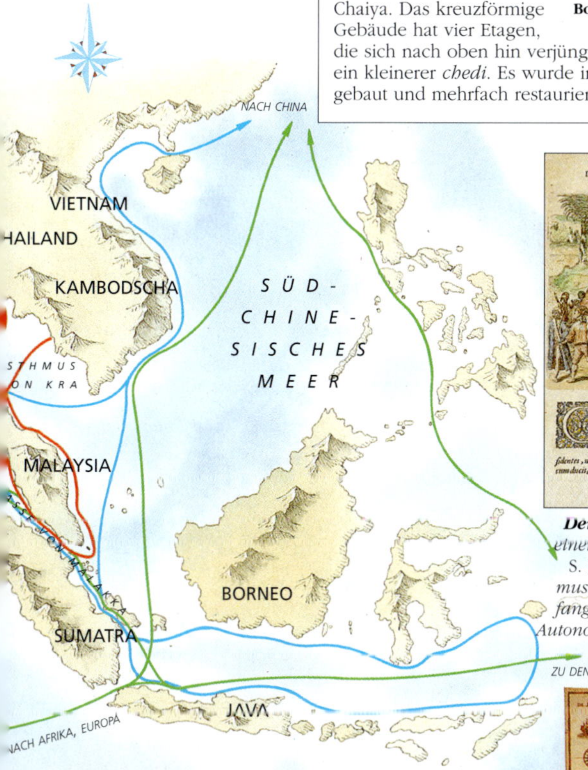

***Der europaische** Stich zeigt einen Marsch in Pattani* (siehe S. 378), *einem von mehreren muslimischen Staaten, die Anfang des 20. Jahrhunderts ihre Autonomie an Bangkok verloren.*

***Thai und Birmanen** kämpften nach dem Niedergang von Srivijaya um den Norden. 1785 tobte die Schlacht um Phuket* (siehe S. 348ff).

***Europäische** Handelsinteressen führten zur Erstellung detaillierter Karten Südostasiens. Diese französische Karte (17. Jh.) zeigt die Handelswege entlang der Ostküste der Halbinsel, von Batavia (Djakarta) auf Java bis nach Ayutthaya in Siam.*

Korallenriffe

Anemonenfisch

Die Andamanensee hat die schönsten Korallenriffe Thailands. Sie bestehen aus Millionen winziger Lebewesen; 1000 Jahre kann es dauern, bis ein Meter Riff entstanden ist. Korallenriffe bieten vielen Meerestieren Schutz und Nahrung. Sie sind die Grundlage für ein einzigartiges Ökosystem und bestehen aus Riffbildnern – Hartkorallen, deren Kalksteinskelette das Riff bilden – und Riffbewohnern wie Seeigeln, deren Überreste nach ihrem Tod ebenfalls zur Riffbildung beitragen. Obwohl der Tsunami 2004 viele Riffe beschädigte, vor allem die Riffe vor Ko Surin, Ko Similan und Ko Phi Phi, ist der Schaden doch nicht so groß, wie zuerst angenommen wurde.

Schnorcheln *ist eine einfache Methode, sich ein Korallenriff anzusehen. Viele Riffe liegen in flachem, klarem Wasser, also in idealen Schnorchelrevieren.*

Meergrundeln *– kleine Fische mit stachligen Flossen – leben meist in tropischen Gewässern. Oft teilen sie sich Sandbauten mit Garnelen.*

Drückerfische *haben einen aufrecht stehenden Stachel in der Rückenflosse. Damit verkeilen sie sich zum Schutz gegen Raubfische unter Steinen.*

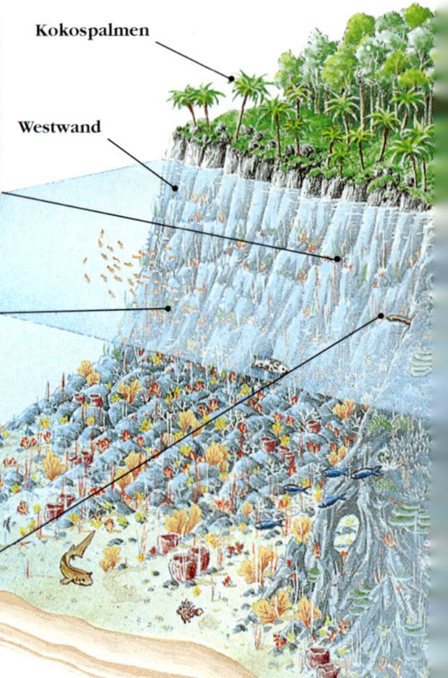

Typisches Riff

Auf der Ostseite senkt sich das Riff allmählich ab, erhebt sich noch einmal zu einer Kuppe und fällt dann steil ab. Auf dieser Seite befinden sich die meisten Hartkorallen. Die Westwand ist wesentlich steiler und steiniger. Zwischen den Steinen leben Weichkorallen, aber auch Aale finden hier Zuflucht.

Muränen *sind Raubfische, die in Spalten auf vorbeiziehende Fische lauern und diese von dort angreifen. Hungrige Garnelen putzen anschließend die Futterreste aus den Zähnen der Räuber.*

Zebrahaie *stellen für den Menschen keine Gefahr dar. Am Shark Point bei Ko Phi Phi können Taucher zusehen, wie diese Fische in der Strömung treiben oder zwischen den Riffen schwimmen.*

***Viele Seevogelarten** sind auf Inseln mit Korallenriffen zu beobachten. Dieser große Silberreiher gehört zu den Watvögeln. Er fängt mit seinem rasiermesserscharfen Schnabel kleine Fische.*

***Gerätetauchen** ist eine gute Möglichkeit, die Riff-Ökosysteme kennenzulernen (siehe S. 444). Die meisten Tauchschulen, die auch Geräte verleihen und Tauchgänge bei Inseln wie Ko Phi Phi anbieten, haben ihren Sitz in Phuket. Achten Sie beim Tauchen darauf, keine der empfindlichen Korallen zu berühren, denn dadurch kann das Riff beschädigt werden.*

***Rochen** bevorzugen die Nähe von Korallenriffen. Der Manta kann eine Spannweite bis zu sechs Metern haben. Der Blauflecken-Stechrochen hat einen Giftstachel.*

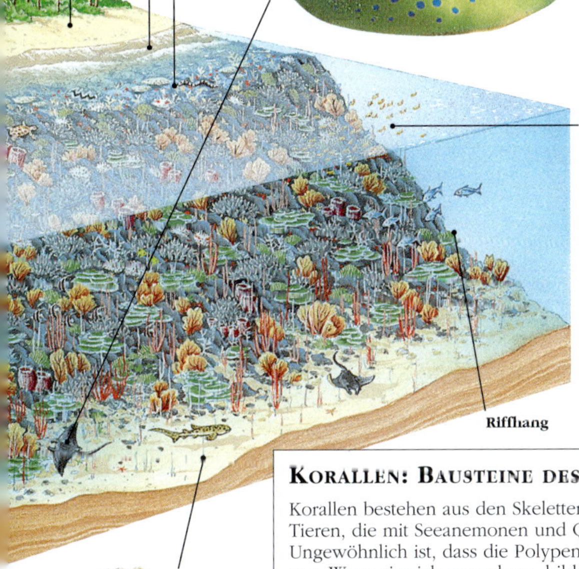

***Schnappbarsche** folgen oft Meerbarben und fressen alle Kleinfische, die den Barben entwischt sind.*

***Der Große Einsiedlerkrebs** ist am Boden des Riffs beheimatet. Seine Weichteile steckt er zum Schutz vor Feinden in eine leere Muschelschale.*

Korallen: Bausteine des Riffs

Korallen bestehen aus den Skeletten von Polypen, kleinen Tieren, die mit Seeanemonen und Quallen verwandt sind. Ungewöhnlich ist, dass die Polypen ein Außenskelett besitzen. Wenn sie sich vermehren, bildet sich allmählich eine Kolonie. Ein Riff kann sich aus mehr als 200 Arten zusammensetzen, darunter Hartkorallen wie der Mäanderkoralle und bunten Weichkorallen, die kein Außenskelett schützt.

Felsähnliche Hartkoralle

Pflanzenähnliche Weichkoralle

Mangrovenwälder

Weißkehl-Eisvogel

MANGROVENWÄLDER WACHSEN nur in tropischen Brack- und Salzwasserzonen von Flussmündungen. In Thailand findet man sie in Buchten, vor allem in Phangnga *(siehe S. 354ff)*. Mangroven sind die einzigen Bäume, die unter diesen Bedingungen überleben können. Zwischen ihren stelzenartig geformten Wurzeln bilden sich Kanäle und Dämme aus der angeschwemmten Erde, die in dem Wurzelsystem hängen blieb. Obwohl die Mangrovenwälder als wirtschaftlich nutzlos gelten, sind sie doch wichtige Ökosysteme – nämlich Lebensraum für Krustentiere, Fische, Vögel, Schlangen und sogar Säugetiere. Vom Menschen unberührte Mangrovenwälder werden bis zu 25 Meter hoch. In Wäldern, die schon einmal abgeholzt wurden, erreichen die nachwachsenden Bäume nur noch Höhen zwischen fünf und zehn Metern.

Die stelzenähnlichen Wurzeln *der meisten Mangroven sorgen dafür, dass der Baum dem Gezeitenwechsel standhält. Außerdem verhindern sie, dass der Stamm bei Flut im Wasser steht. Sie saugen auch nährstoffreiches Sediment an.*

Die Luftwurzeln *mancher Arten haben spezielle Atemporen, über die die Pflanze bei Ebbe Sauerstoff aufnimmt.*

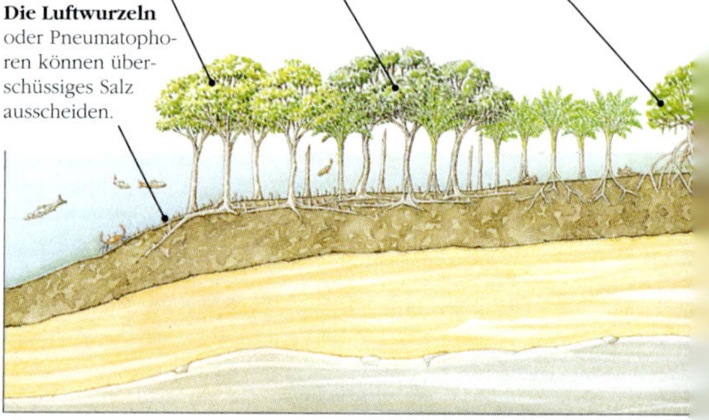

QUERSCHNITT DURCH EINEN MANGROVENHAIN

Dieser Querschnitt zeigt die typische Anordnung der Bäume in einem thailändischen Mangrovenwald. Bei Flut gehen kleine Fische und Wirbellose zwischen den Bäumen auf Nahrungssuche. Wenn bei Ebbe die Baumwurzeln wieder zum Vorschein kommen, finden sich Krebse und Watvögel ein, die den Schlamm nach gestrandeten Fischen absuchen.

Schlammspringer*, so benannt nach ihrer Fortbewegungsweise bei Ebbe, sieht man überall in den Mangrovenwäldern. Außerhalb des Wassers überleben sie nur kurze Zeit.*

Krokodile *waren einst Herrscher der Sümpfe. Heute werden sie in Farmen gezüchtet und sind in freier Wildbahn kaum anzutreffen.*

Kleinkrallenotter *halten sich oft in Mangrovenwäldern auf. Sie geben dort auf die Suche nach Weichtieren und Krebsen.*

Männliche Winkerkrabben *ernähren sich von organischen Teilchen, die sie mit ihrer vergrößerten Schere aus dem Schlamm filtern. Wie andere Krabben nutzen auch sie ihre auffälligen Scheren zur Werbung um einen Partner.*

Rhizophoren *wie die hier abgebildeten in der Phangnga-Bucht kommen in thailändischen Mangrovenwäldern häufig vor. Die ungewöhnliche Form ihrer Samenkapseln ermöglicht ihre Vermehrung. Die dolchartigen Fortsätze bohren sich in den Schlamm und verhindern, dass die Samen bei Flut fortgespült werden.*

Nachtbaumnattern *können ausgezeichnet schwimmen und gelangen auch auf Bäume. Sie ruhen tagsüber und gehen nachts auf die Jagd nach Fröschen und Fischen.*

***Bruguiera*-Bäume** wachsen in festem Schlamm, der nur bei Hochwasser überflutet wird.

***Nipa*-Palmen** bevorzugen weichen Schlamm außerhalb der Wellenzone. *Nipa* wird von den Thai zum Einwickeln von Tabak und als Zusatz für Süßigkeiten und Alkohol verwendet.

Krebse fressende Makaken *leben in den Mangrovenwäldern. Sie können schwimmen und gehen bei Ebbe auf Jagd. Auf ihrem Speiseplan stehen auch Samen.*

DIE ZERSTÖRUNG DER MANGROVENWÄLDER IN THAILAND

Obwohl die Mangrovenwälder seit 1946 unter Schutz stehen, sind seit den 1960er Jahren etwa 60 Prozent gerodet worden. Man ging 1996 davon aus, dass nur noch etwa 120 Quadratkilometer übrig sind. Diese Vernichtung eines Lebensraums hat nicht nur den Tierbestand dezimiert, auch die Bodenerosion wird zum Problem. Da die Mangrovenwurzeln, die bis dahin das Mündungssediment abfingen, jetzt fehlen, verteilt es sich nun über ein größeres Gebiet, und das Salzwasser dringt weiter landeinwärts. Die Vernichtung erreichte ihren Höhepunkt in den 1980er Jahren mit dem Aufkommen von Garnelenfarmen in den ehemaligen Mangrovensümpfen. Neben dem Abholzen der Bäume nutzten die Garnelenfarmer darüber hinaus die Flutkanäle zur Entsorgung der nährstoffreichen Ausscheidungen aus ihren Zuchtbecken. Dadurch verringerte sich der Sauerstoffgehalt des Wassers, in dem sich Fische und Krebse fortpflanzen. Auch die Produktion von Holzkohle trägt zur Vernichtung bei. Schon lange werden große Mangroven für die Verkohlung gefällt. Ein weiterer Faktor, der zur Vernichtung der Mangrovenwälder beiträgt, ist der Ausbau von Straßen und Häfen.

Garnelenfarm in einem früheren Mangrovensumpf

OBERE ANDAMANEN-KÜSTE

DIE THAILÄNDISCHE ANDAMANEN-KÜSTE *besticht durch palmenbewachsene Sandstrände und das üppige Grün des Regenwalds. Rund um Ko Phuket hat die Küste Urlaubern viel zu bieten. Diese Region war 2004 am schlimmsten von der Tsunami-Katastrophe betroffen, vor allem Ranong und die Inseln Ko Surin, Ko Similan und Ko Phi Phi. Doch der Wiederaufbau geht zügig voran.*

Die Küste um Phuket war schon immer ein Anziehungspunkt für Einheimische wie Fremde. Gewürzhändler gingen dort ebenso vor Anker wie Schürfer, die es auf die reichen Zinnvorkommen abgesehen hatten. Der Regenwald bedeckt einen Großteil des fruchtbaren Hinterlandes, doch es gibt dort auch viele ausgedehnte Kautschuk-, Kaffee-, Cashew-, Bananen- und Zibetfruchtplantagen.

Phuket ist eine Urlaubsinsel mit traumhaften Stränden, erstklassigen Tauchmöglichkeiten und der am höchsten entwickelten touristischen Infrastruktur im Süden Thailands. In den letzten 20 Jahren haben sich viele der Fischerdörfer auf Phuket und um Krabi zu Ferienzentren gewandelt. Langboote bringen die Urlauber zu Sehenswürdigkeiten wie den Kalksteinformationen der Phangnga-Bucht. In den Mangrovensümpfen – die nur mit dem Kanu zu erreichen sind – finden Otter, Affen und Seeadler den ihnen gemäßen Lebensraum.

Die Landschaft um Ko Phi Phi ist wunderschön, und die Tauchgründe suchen ihresgleichen. Wer aber neben Sand und Sonne auch seine Ruhe haben will, sollte sich für weniger erschlossene Inseln, etwa Ko Lanta, entscheiden. Naturbelassene Urlaubsorte gibt es zwischen Ranong und Phuket zu entdecken; landeinwärts liegt der Khao-Sok-Nationalpark. Westlich davon bieten Ko Surin und Ko Similan Tauchreviere von Weltklasse.

Während des von Juni bis Oktober kontinuierlich wehenden Südwestmonsuns sind einige der äußeren Inseln nicht zu erreichen.

Typische Strandszene in Thailand: Sonne, Sand und Wassersport

◁ Nicht nur eine Urlaubsinsel – die üppigen Reisfelder von Phuket

Überblick: Obere Andamanen-Küste

Einige der schönsten Strände Südostasiens liegen an diesem Teil der Andamanen-Küste. Wer Phuket als Ausgangspunkt nimmt, kann zwischen zwölf Sandstränden wählen. Die Anzahl bzw. Auswahl an Läden, Restaurants, Land- und Wassersportarten ist riesig. Lohnend: ein Tagesausflug zu den Kalksteinformationen der Phangnga-Bucht. Ein anderer Ausgangspunkt ist das ruhigere Krabi, an dem es neben Stränden auch atemberaubende Klippen gibt. Von Krabi und Phuket aus ist die idyllische Inselwelt von Ko Phi Phi leicht zu erreichen. Hinter den einsamen Stränden von Khao Lak erheben sich die Monsunwälder der Tenasserim-Berge. Taucher und Schnorchler werden die unbewohnten Archipele Similan und Surin mit ihren faszinierenden Korallen und Meerestieren lieben.

Segeln vor der Küste des unbewohnten Similan-Archipels

Ein einsamer Strand auf Ko Phi Phi – erstaunlicherweise noch keine Seltenheit

Sehenswürdigkeiten auf einen Blick

Ao Nang ❽
Khao-Lak-Küste ❸
Khao-Phanom-Bencha-Nationalpark ❼
Khao-Sok-Nationalpark ❷
Khlong Thom ❿
Ko Lanta ⓬
Ko Phi Phi ⓫
Ko Surin und Ko Similan ❹
Krabi ❾
Phangnga-Bucht S. 354ff ❻
Phuket S. 348ff ❺
Ranong ❶

Siehe auch

- ***Übernachten*** S. 403f
- ***Restaurants*** S. 427ff

Bewaldete Hügel und Kalksteinfelsen im Khao-Sok-Nationalpark

An der oberen Andamanen-Küste unterwegs

Die meisten Besucher landen auf Phukets modernem Flughafen, denn Phuket und Krabi sind die besten Ausgangspunkte für eine Rundreise. Zwischen Phuket, Krabi, Phangnga und Ranong verkehren klimatisierte Busse, doch es ist bequemer, sich in Phuket oder Krabi ein Auto zu mieten. Eine Eisenbahn existiert nicht. Ko Similan erreichen Sie von Phuket, Ko Surin von Ranong aus; von Phuket aus können Sie auch hinfliegen. Um die kleineren Buchten bei Ko Phi Phi, Phangnga oder Ko Lanta zu erforschen, eignen sich Thailands Wassertaxis, die Langboote, am besten.

Legende

- Hauptstraße
- Nebenstraße
- Panoramastraße
- Fluss
- Aussichtspunkt

Langboote am Strand von Ko Poda bei Krabi

Wasser aus einer der geothermischen Quellen von Ranong

Ranong ❶

ระนอง

Provinz Ranong. *15 000.*
tägl. *TAT, Surat Thani (0-7728-8818).*

Die ersten Bewohner von Ranong waren Chinesen, die im späten 18. Jahrhundert in den Zinnminen arbeiteten. Heute ist Ranong eine bedeutende Grenzstadt, von der aus man mit dem Boot Ausflüge nach **Victoria Point** (Kaw Thaung) in Myanmar unternehmen kann. Die Stadt ist bekannt für zollfreie Waren und ihr Kunsthandwerk. Offiziell müssen Ausländer ein Visum vorlegen, kontrolliert wird aber kaum.

Zu den Sehenswürdigkeiten von Ranong gehören seine heißen Quellen am Fluss Khlong Hat Sompen beim **Wat Tapotaram**, etwa einen Kilometer östlich des Stadtzentrums. Das Wasser wird in drei Betonröhren abgeleitet, denen die Namen Vater, Mutter und Kind gegeben wurden. Es ist mit rund 65 °C zu heiß zum Baden, doch ein Stück flussabwärts liegt das Hotel Jansom Thara Spa Resort, in dessen Pool das Wasser auf 42 °C abgekühlt ist. Gegen eine Gebühr können Sie hier baden, auch wenn Sie kein Gast des Hauses sind.

Khao-Sok-Nationalpark ❷

อุทยานแห่งชาติเขาสก

Provinz Surat Thani. Zentrum beim Hwy. 401, 40 km östlich von Takua Pa.
TAT, Surat Thani (0-7728-8818) oder Parkverwaltung (0-2562-0760 für Bungalowreservierung). *ab Surat Thani oder Takua Pa.*

Der Khao-Sok-Nationalpark und die umliegenden Naturschutzgebiete bilden das schönste Waldstück Thailands. Der höchste Punkt des 738 Quadratkilometer großen Parks liegt 960 Meter hoch; seine 100 Inseln entstanden 1982 beim Bau des Rachabrapha-Damms.

Im Park leben neben Elefanten, Tigern, Bären, Wildschweinen und Affen auch über 180 Vogelarten, unter ihnen Nashornvögel und Argusfasane. Die nachtaktiven Säugetiere bekommt man nur selten zu Gesicht, stößt auf den vielen ausgeschilderten Wegen allerdings häufig auf ihre Spuren. Leider fallen viele der Elefanten und Tiger trotz der Bemühungen der Wildhüter Wilderern zum Opfer. Von Jahr zu Jahr zieht der Park mehr Besucher an, die dort wandern, Kanu fahren und Tiere beobachten oder so interessante Pflanzen wie die Riesenrafflesie bestaunen. Viele der Wanderwege eignen sich für jedermann; anspruchsvollere Wege laden Erfahrene zu verschiedenen Touren ein. Khao Sok wird vom Sommer- und Wintermonsun heimgesucht. Die Regenzeit dauert von Mai bis November. Trocken ist es nur zwischen Januar und April – dann ist die beste Reisezeit.

Chinesischer Muntjak in Khao Lak

Khao-Lak-Küste ❸

เขาหลัก

Provinz Phangnga. *TAT, Surat Thani (0-7621-1036).* *von Takua Pa oder Phuket.*

Die Küste südlich von Takua Pa bietet ausgedehnte Kiesel- und Sandstrände. Die Nutzung der einst beschaulichen Region nimmt zu. Der kleine Küstenort Khao Lak zwischen Takua Pa und Thai Muang ist ein guter Ausgangspunkt für die Erforschung des Gebiets. Für Übernachtungen stehen Bungalows zur Verfügung; der Strand ist wunderschön. (Er wurde 2004 stark vom Tsunami getroffen).

Der nahe **Khao-Lak-Nationalpark** ist für seine Schönheit berühmt; der Regenwald erstreckt sich dort bis an die Küste; darin leben Chinesische Muntjaks und Kleinbären. Der Park ist leider wie alle anderen Nationalparks in Thailand den Aktionen von zahlreichen Wilderern ausgesetzt.

Zwischen November und April verkehrt eine Fähre zwischen dem Fischerdorf Tap Lamu und Hat Khao Lak sowie Ko Similan.

Khao-Lak-Nationalpark
Zentrum 25 km südlich von Takua Pa.
Parkverwaltung (0-2562-0760).

Khao Sok, eine Wildnis aus Wald, Kalksteinklippen und Wasserfällen

Ko Similans Felsen, unter denen gewaltige Unterwassergrotten liegen

Ko Surin und Ko Similan ❹

เกาะสุรินทร์และสิมิลมิลัน

Provinz Phangnga. *TAT, Phuket (0-7621-1036) oder Parkverwaltung (0-2562-0760 für Bungalowreservierung auf Similan).* **Surin** *ab Ban Hin Lat, beim Hwy. 4, 50 km nördlich von Takua Pa.* **Similan** *ab Taplamu, beim Hwy. 4, 39 km südlich von Takuna Pa; oder auf Tauchausflug ab Khao Lak Coast oder Ko Phuket.* *Beste Tauchzeit Dez–Anfang Mai.* *Mitte Mai–Mitte Nov.*

Sie liegen nur 100 Kilometer voneinander entfernt und 60 Kilometer vor der Westküste – doch Ko Surin und Ko Similan stellen die entlegensten Inseln Thailands dar. Der Südwestmonsun macht sie von Mai bis Oktober unzugänglich. In der übrigen Zeit aber gehören die beiden Archipele zu den besten Tauchgebieten der Welt.

Die fünf **Surin**-Inseln sind nahezu unbewohnt; dort leben nur ein paar Wildhüter. Auf Ko Surin Nua gibt es eine Herberge, doch die meisten Besucher ziehen die Übernachtung im Zelt vor.

Auf den beiden größten Inseln Ko Surin Nua und Ko Surin Tai stehen dichte Hartholzwälder. Seeadler, Warane und Krebse fressende Makaken werden Sie dort häufig zu Gesicht bekommen. In den Gewässern um die Inseln leben Korallen, Plattnasenrochen, Gitarrenfische und Walhaie. Überfischung hat jedoch zu einer Verarmung der Fischbestände geführt, deshalb sind viele Taucher der Ansicht, dass es um die Similanen herum mehr zu sehen gibt.

Die neun **Similan**-Inseln wurden Mitte der 1980er Jahre zum Nationalpark erklärt. Der Name Similan soll vom malaysischen *sembilan* stammen, das neun bedeutet. Die Inseln sind numeriert von Ko 1 bis Ko 9 – 4, 7, 8 und 9 wurden durch den Tsunami stark in Mitleidenschaft gezogen, sind aber nach wie vor für Besucher und Taucher zugänglich. Auf Ko 4 (Ko Miang) befinden sich das Besucherzentrum, ein Restaurant, Bungalows und ein Campingplatz, der Zweipersonenzelte verleiht. Der Sand am Strand der Inseln glänzt in strahlendem Weiß. Vorgelagert sind riesige Granitfelsen, so groß wie Häuser. Darunter liegen zahlreiche Grotten und Tunnel, was die Inseln für Taucher und Schnorchler besonders reizvoll macht.

Auf dem Meeresboden gibt es neben Dorn-, Stern- und Fächerkorallen auch unzählige Fische zu sehen, etwa Mantarochen, sowie riesige Meeresschildkröten. Zu den gefährlicheren Fischen gehören Zackenbarsche, giftige Steinfische und Rotfeuerfische. Zu beobachten sind auch Haie wie Schwarz- und Weißspitzen-, Zebra-, Hammer-, Stierkopf- und Walhaie.

Ein Taucher inmitten der Korallen vor Ko Similan

Die grösste Blume der Welt

Khao Sok ist einer der wenigen Orte, an denen die Riesenblume *Rafflesia kerri* wächst. Die übelriechende tropische Pflanze hat weder Wurzeln noch Blätter, denn sie ist ein Schmarotzer. Fast das ganze Jahr über ruht sie in Form von Fäden in den Wurzeln ihres Wirtsbaums. Einmal im Jahr durchbricht dann eine kleine Knospe die Rinde. Im Lauf der nächsten Monate wächst sie zur Größe einer Wassermelone heran und öffnet sich schließlich zur größten Blüte der Welt mit einem Durchmesser von bis zu 80 Zentimetern. Ihr Gestank lockt Insekten an, die sie bestäuben. Nach wenigen Tagen verwelkt die orangerote Blüte zu einer unansehnlichen, faulenden Masse. Einige beschilderte Pfade im Khao-Sok-Nationalpark führen zu den Riesenblumen.

Eine aufgeblühte *Rafflesia kerri* im Khao-Sok-Nationalpark

Phuket ❺

ภูเก็ต

Strand von Patong auf Phuket

PHUKET IST THAILANDS größte Insel und mit Besucherzahlen bis zu einer Million pro Jahr zugleich der beliebteste Urlaubsort in ganz Südostasien. Die rund 48 Kilometer lange und etwa 550 Quadratkilometer große Insel ist auch die reichste Provinz des Landes. Der Reichtum, der ursprünglich auf der Zinnförderung beruhte, hat seine Quelle heute im Massentourismus. Die Nordspitze der Insel ist lediglich durch eine schmale Wasserstraße vom Festland getrennt, die von der etwa 700 Meter langen Sarasin-Brücke überspannt wird.

Sportfischen
Vor Phuket kann man Tunfische und Barrakudas fangen.

Halb vergrabener Buddha
Wat Phra Tong wurde um eine vergoldete Buddha-Statue herum errichtet, die halb vergraben ist. Es heißt, dass jeder, der sie auszugraben versucht, sterben muss.

★ Strände (Westküste)
Das sauberste Wasser und der beste Sand erwarten Sie hier. Patong verfügt bereits über viele Hotels. Auf Karon und Kata geht es noch ruhiger zu.

Kap Promthep liegt am Südende von Ko Phuket. Von hier aus hat man einen wunderbaren Ausblick, der bei Sonnenuntergang besonders beeindruckend ist.

LEGENDE

- Strand
- Wassersport
- Information
- Wat
- Flughafen
- Busbahnhof
- Fährhafen
- Hauptstraße
- Nebenstraße
- Aussichtpunkt

NICHT VERSÄUMEN

- ★ Strände (Westküste)
- ★ Thai-Dorf
- ★ Meeresforschungszentrum

Infobox

Provinz Phuket. 73 000.
29 km nördlich von Phuket-Stadt. Phangnga Rd., Phuket-Stadt. Ko Phi Phi bis Phuket-Hochseehafen. TAT, 73–75 Phuket Rd. (0-7621-1036).
tathkt@phuket.ksc.co.th.
Phuket Rd. (0-7621-2046).
Vegetarisches Fest (9 Tage Ende Sep/Anfang Okt).
King's Cup-Regatta (Dez).
www.phuket.com

Die Gibbon-Auswilderungsstation im Khao Phra Taew Forest Park versucht, zahme Gibbons wieder an die Freiheit zu gewöhnen.

Heldinnen-Monument
Zwei tapfere Schwestern brachten die Frauen von Phuket dazu, sich in der Schlacht von Thalang 1785 gegen die Eindringlinge aus Birma zur Wehr zu setzen.

Schmetterlingsgarten und Aquarium
Im überdachten Garten werden unzählige Schmetterlingsarten gezüchtet. 50 Aquarien beherbergen einheimische Fische.

In Phuket-Stadt faszinieren die sino-portugiesischen Häuser aus dem 19. Jahrhundert. Es ist der Verkehrsknotenpunkt der Insel.

★ Thai-Dorf
Das Dorf bietet Elefantenritte an und gewährt Einblicke in die thailändische Kultur – man kann Thai-Boxen und klassische Tänze sehen.

★ Meeresforschungszentrum
Im Aquarium des Instituts werden Salz- und Süßwasserfische, Hummer, Schildkröten und Weichtiere gehalten.

Phuket-Stadt

Detail eines Tempeldrachen

PHUKET-STADT ENTSTAND Anfang des 19. Jahrhunderts, als die Zinnvorkommen der Insel Tausende von chinesischen Arbeitern anlockten. Viele Händler machten mit Zinn ein Vermögen und bauten sich großartige Häuser; ihre Kinder gingen in Britisch-Penang zur Schule. Das Geschäftsviertel hat seinen ursprünglichen Charme bis heute bewahrt denn im Gegensatz zum Rest der Insel erfüllt es in erster Linie die Bedürfnisse der Einheimischen, nicht die der Besucher. Das chinesische Erbe ist in den sino-portugiesischen Läden, den Tempeln, der örtlichen Küche und dem Vegetarischen Fest erhalten geblieben.

Eine der alten sino-portugiesischen Villen in Phuket

Chinesische Häuser

Thalang Rd., Yaowarat Rd., Krabi Rd., Phangnga Rd.

Das Herz Phukets bildet das alte sino-portugiesische Viertel mit seinen riesigen Villen im Kolonialstil. Die meisten von ihnen wurden zwischen 1851 und 1910 erbaut. Am besten erhalten sind die Häuser in der Ranong Road. Leider steht keine der alten Villen für Besichtigungen offen, und bisher kam auch niemand auf die Idee, in einer von ihnen ein Museum einzurichten. Die Besitzer der chinesischen Geschäftshäuser unternehmen ebenfalls wenig, um ihre Gebäude vor dem Verfall zu schützen.

Ausstellung im Hotel Thavorn

ห้องแสดงของเก่าโรงแรมถาวร

74 Rasada Rd. *0-7621-1334.*

tägl.

Der Besitzer des Hotels hat eine Reihe von Artefakten und Bildern zum Thema »Phuket« gesammelt und stellt sie in der Hotelhalle aus. Unter den sehr fantasievoll angeordneten Exponaten befinden sich Modelle der Zinnminen, Bilder mit Darstellungen der Stadt aus dem 19. Jahrhundert, chinesische Truhen und alte Webstühle.

Markt

ตลาดสด

Ranong Rd. *tägl.*

Der 24-Stunden-Markt in der Ranong Road wird Ihre Sinne betören. Auf dem Marktplatz bieten die Händler alle nur denkbaren Lebensmittel an, darunter Gewürze, *Kapi*-Fisch, lebende Aale und saftige Zibetfrüchte.

Rang Hill

เขารัง

Von dem Hügel blickt die Statue von Khaw Sim Bee Na-Ranong (1857–1913) auf die Stadt herab. Er war von 1901 bis zu seinem Tod Gouverneur von Phuket und genoss eine beträchtliche Unabhängigkeit von Bangkok, gilt aber als derjenige, der die Insel schließlich der Herrschaft der Zentralregierung unterstellte.

Bang-Niew-Tempel

ศาลเจ้าบางเหนียว

Phuket Rd. *tägl.*

Hier steigen die *Naga*-Anhänger während des Vegetarischen Fests auf mit Messern gespickte Leitern. Der Innenhof ist Göttern aus der chinesischen Mythologie geweiht, darunter Siew, Hok und Lok, die für ein langes Leben, Kraft und Glück stehen.

VEGETARISCHES FEST IN PHUKET

Zu Beginn des neunten chinesischen Mondmonats wird in Phuket das neuntägige Vegetarische Fest gefeiert. Die Tradition begann vor 150 Jahren, als eine Truppe chinesischer Schausteller in Phuket die Pest überlebte – dank grausamer chinesischer Praktiken. Heute soll das Fest Körper und Seele der Gläubigen reinigen. Sie kleiden sich in Weiß, leben vegetarisch und entsagen Alkohol und Sex. Höhepunkt ist die Parade der *Naga*-Anhänger, deren Körper von Metallstäben durchbohrt sind. Andere steigen mit Messern gespickte Leitern hinauf, halten ihre Hände in siedendes Öl oder gehen über glühende Kohlen. Je schrecklicher ihr Leiden ist, desto größer fällt die Belohnung für sie und für ihren *Naga*-Tempel aus.

***Naga*-Anhänger bei der Parade**

Wat Mongkol Nimit, ein Bauwerk im Rattanakosin-Stil

Wat Mongkol Nimit
วัดมงคลนิมิต
Yaowarat Rd. *tägl.*
Das Schönste an diesem Tempel sind seine Türen. Er wird als Gemeindezentrum genutzt, in dem die Mönche *takraw* spielen.

Chui-Tui-Tempel
ศาลเจ้าจุ้ยตุ่ย
Ranong Rd. *tägl.*
Der chinesische Tempel wird von vielen Leuten besucht, die dort nummerierte Stäbchen aus einem Behälter schütteln, die dem vegetarischen Gott Kiu Wong In gewidmet sind. Zu jeder Nummer gibt es ein Horoskop.

UMGEBUNG: Drei Kilometer nördlich von Phuket-Stadt liegen **Schmetterlingsgarten** und **Aquarium**. Die feuchte Wärme macht den Garten zum idealen Lebensraum von Hunderten von tropischen Schmetterlingen, Skorpionen, Hirschkäfern und anderen Insekten sowie einem verspielten Otter. Im Aquarium tummeln sich Kugelfische und Schwarzspitzenhaie.

Im **Thai-Dorf**, vier Kilometer nördlich von Phuket-Stadt, sind kulturelle Vorführungen und Tierdressuren aus den unterschiedlichen Regionen Thailands zu sehen. Vorgeführt werden etwa Thai-Boxen, Tänze, Hahnen- und Schwertkämpfe sowie eine nachgestellte thailändische Hochzeit; zudem wird die Arbeit mit Elefanten demonstriert und ein Tauziehen mit Besuchern veranstaltet.

Im Dorf kann man außerdem *yan lipao* *(siehe S. 101)* kaufen sowie Taschen und Schmuck aus Schilf, die auf für den Süden Thailands typische Art geflochten sind. Man kann dabei den Handwerkern bei der Arbeit zuzusehen. Es gibt auch einen **Orchideengarten**, in dem jedes Jahr 40 000 Orchideen gezüchtet werden, die man dort kaufen kann.

Schmetterlingsgarten und Aquarium
Yaowarat Rd. *0-7621-5616*
tägl. 9–17 Uhr.

Thai-Dorf und Orchideengarten
Thepkasattri Rd. *0-7621-4860.*
tägl.

INFOBOX

Provinz Phuket. *74 000.*
südlicher Busbahnhof, nahe Phang Nga Rd. *TAT, 73–75 Phuket Rd. (0-7621-1036).*
Phuket Rd. (0-7635-5015).
tägl. *Vegetarisches Fest (9 Tage Ende Sep/Anfang Okt).*

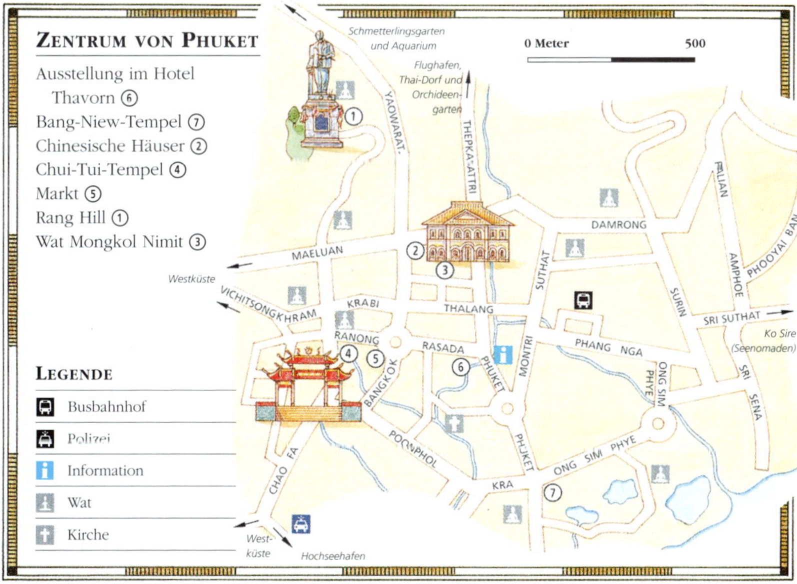

Überblick: Phuket

Hibiskusblüte

BEI DEN FRÜHEN europäischen Händlern hieß Phuket Junkceylon; sein heutiger Name könnte vom malaysischen *bukit* (»Berg«) stammen. Viele zieht es sofort nach ihrer Ankunft in eine Feriensiedlung, die sie während des Urlaubs nicht wieder verlassen – die besten Strände gibt es an der lang gestreckten Westküste. Die Stadt lockt jedoch auch mit einigen kulturellen und historischen Sehenswürdigkeiten, und auch das Hinterland lohnt einen Besuch.

Hat Patong
Der am besten erschlossene Strand ist der drei Kilometer lange Hat Patong. Einst eine Bananenplantage, bildet er heute fast eine eigene Stadt mit Hotels, Restaurants, Diskos und Bierbars – kurz: mit munterem Nachtleben. Tagsüber werden verschiedene Wassersportarten angeboten, etwa Parasailing, Wasserski, Tauchen und Hochseeangeln.

Obwohl Patong sich immer weiter ausbreitet, sind die südlichen Strände noch eher ruhig. Hier kann man auf einem Elefanten durch Mandelbaum- und Tamarindenhaine bis ans Kap reiten.

Hat Karon und Hat Kata
Die Strände liegen südlich von Patong und erfreuen sich ebenso großer Beliebtheit. Am langen Sandstrand von Karon stehen Hotels; es gibt einen weiteren: der winzige Karon Noi. Die Strände an den von Felsvorsprüngen beschatteten Buchten von Kata Yai und Kata haben einen intimeren Charakter. Auf der Landzunge zwischen Karon und Kata erwarten Sie gute Restaurants.

Weitere Strände im Westen
Nördlich von Patong liegen die kleineren Strände von Kamala, Surin und Pansea. Der halbmondförmige Kamala-Strand ist relativ wenig erschlossen; zwischen den Hütten der muslimischen Fischer finden sich jedoch einige Restaurants. Im Süden liegt das **Phuket FantaSea**, ein Themenpark mit einer spektakulären nächtlichen Show, Tanz und Elefanten.

Weiter nördlich findet sich das friedvolle Hat Bang Tao, das bei Familien sehr beliebt ist. Hier stehen einige exklusive Hotels, und es gibt viel Wassersport.

Einige Landzungen weiter liegen drei weitere Strände: Hat Nai Thon, wenig erschlossen und ruhig, Hat Nai Yang, am Wochenende von Thailändern besucht, und der einsame Hat Mai Khao.

Ein Hotelbau überragt den beliebten Strand von Patong

Phuket FantaSea
99 Kamala-Strand. *0-7627-1222.* *Mi–Mo 17.30–23.30 Uhr.*

Kap Promthep, einer der besten Aussichtspunkte auf Phuket – vor allem bei Sonnenuntergang

Seenomaden der Andamanensee

Die Seenomaden oder *chao ley* stammen vermutlich von den Andamanen oder den Nikobaren jenseits der Andamanensee ab. Phukets Nomaden kamen vor rund 200 Jahren vom Mergui-Archipel westlich von Birma. Heute sieht man sie auf Phuket in Rawai, Ko Sire, in der Nähe von Sapam und in den nördlich gelegenen Dörfern Laem La und Nua. Sie setzen sich aus drei ethnischen Gruppen zusammen: Moklen, Moken und Urak Lawoi. Sie leben entlang der Andamanensee auf Ko Surin, Ko Phra Tong, in Phangnga und weiter südlich auf den Inseln Phi Phi, Lanta, Talibong, Tarutao und Langkawi. Sie sprechen ihre eigene Sprache und hängen einem animistischen Glauben an. Einmal im Jahr halten sie eine spirituelle Reinigungszeremonie ab, bei der sie von Menschen gefertigte Dinge in ein Boot legen und es aufs Meer hinaustreiben lassen.

Fisch ist das Hauptnahrungsmittel der Seenomaden

Buchten im Südwesten

Ao Nai Harn, eine Bucht an der Südspitze von Phuket, ist Heimat des exklusiven Phuket-Yachtklubs. Der Strand (jedermann zugänglich) gilt als einer der schönsten der Insel. Vom zwei Kilometer entfernten Kap Promthep auf der Südspitze haben Sie einen schönen Ausblick.

Sandkrabbe im Meeresforschungszentrum

Nördlich von Promthep, auf der Ostseite, liegt Hat Rawai und ein Stück weiter Ao Chalong. Der Sand hier ist nicht so strahlend weiß, doch es gibt einige ausgezeichnete Fischrestaurants, in denen auch Einheimische verkehren.

Ao Chalong gilt wegen seiner geschützten Lage als beliebte Anlaufstelle für ausländische Yachten. Von hier aus fahren Boote zu den Inseln Lone, Hai und Bon, wo gute Schnorchelgründe liegen.

Auf Kap Phanwa liegt das Aquarium von Phuket, das zum **Meeresforschungszentrum** gehört. Hier sind Fische, Korallen, Krebse und Schildkröten zu sehen.

Meeresforschungszentrum
Spitze von Kap Phanwa. *0-7639-1126.* *tägl. 8.30–16 Uhr.*

Nordostküste

Der idyllische Sandstrand von Ko Naga Noi, einer Insel vor Phukets Nordostküste, lädt zum Schwimmen und Entspannen ein. Auf der Insel steht die **Naga-Perlenfarm**, deren Besitzer gern die Zucht von Südseeperlen demonstrieren. Vom nordöstlichsten Punkt Phukets, der Landzunge Kap Khut, aus haben Sie einen schönen Blick auf die Monolithen der Phangnga-Bucht. Auf dem ruhigen Wasser des Kanals zwischen Phuket und der Phangnga-Bucht segeln muslimische Fischer, die hier Seebarsche fangen.

Naga-Perlenfarm
Ko Naga Noi. *0-7621-9870.* *tägl.*

Thalang

In der Stadt im Zentrum von Phuket tobte 1785 eine berühmte Schlacht gegen die Birmanen, von der das acht Kilometer südlich gelegene Heldinnen-Monument Zeugnis ablegt. Etwas östlich vom Denkmal liegt das Thalang-Nationalmuseum. Zu den Ausstellungsstücken gehören Artefakte aus dem 5. Jahrhundert, chinesisches Porzellan und lebensgroße Nachbildungen der Kämpfenden aus dem Krieg gegen Birma.

Thalang besitzt einen guten Markt. In der Nähe liegt der Wat Phra Tong, in dessen Mitte eine vergoldete Buddha-Statue zu bestaunen ist, die zur Hälfte im Boden vergraben ist. Der Legende zufolge muss jeder sterben, der versucht, sie auszugraben.

Thalang-Nationalmuseum
Beim Hwy. 402, gegenüber dem Heldinnen-Denkmal. *0-7631-1025.* *Mi–So.* *Feiertage.*

Khao Phra Taew Forest Park

Vier Kilometer östlich von Thalang liegt der Khao Phra Taew Forest Park, ein wichtiges Schutzgebiet, in dem der letzte unberührte Regenwald von Phuket gedeiht.

Im Park befinden sich zwei Wasserfälle. Der Ton-Sai-Wasserfall gilt als der hübschere. Am Ostrand des Parks stürzt der Bang-Pae-Wasserfall herab, in dessen See man das ganze Jahr über baden kann.

In der Nähe des Letzteren befindet sich die **Gibbon-Auswilderungsstation**. Sie will zahme Gibbons wieder in die freie Wildbahn zurück versetzen. Finanziert wird sie durch Spenden der Besucher.

Khao Phra Taew Forest Park
Thalang-Bezirk. *tägl.*

Gibbon-Auswilderungsstation
Nahe Bang-Pae-Wasserfall. *tägl.*

Ein Korb Limonen auf dem Markt von Thalang, Phuket

Phangnga-Bucht ❻

อ่าวพังงา

Seeadler, Phangnga-Bucht

Den besten Eindruck von der Großartigkeit der Landschaft im Süden vermittelt die etwa 400 Quadratkilometer große Phangnga-Buch mit den gewaltigen Kalksteinfelsen, die sich bis zu 350 Meter hoch aus dem Wasser erheben. Unter vielen der über 40 Felsen liegen schmale Tunnel oder Grotten. Auch entlang der Küste dieser Region sind steile, mit Gestrüpp bewachsene Felsen zu finden. Phangnga ist der spektakulärste Überrest der einst gewaltigen Tenasserim-Berge, die zwischen Thailand und China verlaufen.

Geschützte Mangroven
Am Nordende der Phangnga-Bucht, wo einige Flüsse ins Meer münden, gedeihen Thailands größte, noch erhaltene Mangrovenwälder (siehe S. 340f).

Schnell entstehen Höhlen an der Oberfläche. Manche sind nur bei Ebbe zu sehen.

Ausgewaschene Klippen
Die Erosion am Fuß der Felsen liegt bei etwa einem Meter in 5000 Jahren.

In Risse dringt Wasser ein, das den Kalkstein aushöhlt.

Kalkablagerungen in Höhlen
In den meisten Höhlen finden sich beeindruckende Stalagmiten und Stalaktiten.

Querschnitt durch einen Felsen der Phangnga-Bucht

Die Kalksteinlandschaft der Phangnga-Bucht bezeichnen Geologen als Unterwasserkarst. Typisch für Karstland ist, dass Wasser durch Risse eindringt und den Kalkstein von innen her erodieren lässt. Dadurch entstehen Tunnel; in dieser Region haben sich außerdem Spalten und riesige Unterwasserkammern *(hong)* gebildet.

Ausläufer der Phangnga-Bucht
Die Kalksteinfelsen formen eine imposante Szenerie.

INFOBOX

Provinz Phangnga. *TAT, Phuket (0-7621-2213).* *von Phuket oder Krabi bis Phangnga-Stadt, dann mit Langboot; Fährausflug von Phuket oder Phangnga aus.*

Einzelne Kalknadeln
In der Bucht steht eine Reihe einzelner Kalksteinnadeln, abgesprengte Teile, denen die Gezeiten ihre jetzige Form gegeben haben.

DIE ENTSTEHUNG DER FELSFORMATIONEN

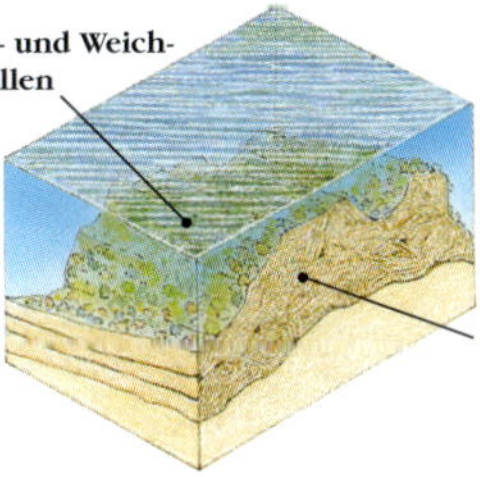

Vor 130 Millionen Jahren *lag das Gebiet unter Wasser und war Bestandteil eines riesigen Korallenriffs mit dicken Kalkablagerungen*

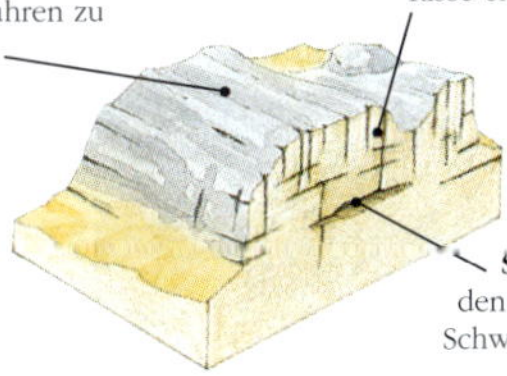

Vor 75 Millionen Jahren *drückten Verschiebungen der Platten die versteinerten Ablagerungen nach oben. Der starre Fels brach.*

Vor 20 000 Jahren*, am Ende der letzten Eiszeit, stieg der Meeresspiegel an. Wellen und Gezeitenwechsel beschleunigten die Erosion.*

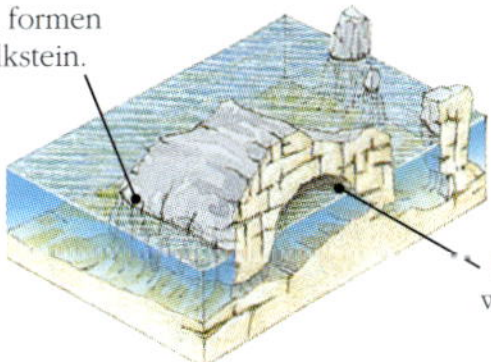

Vor 8000 Jahren *lag der Wasserstand etwa vier Meter höher als heute; dadurch entstand die an den meisten Felsen sichtbare Kante.*

Überblick: Phangnga-Bucht

Muschel, Phangnga

Die meisten Bootstouren führen zu den wichtigsten Sehenswürdigkeiten, etwa zum Fischerdorf über dem Wasser, zur »James-Bond-Insel« und zu einigen der schönsten Höhlen. In manchen Höhlen finden sich prähistorische Malereien oder buddhistische Schreine. Wegen der starken Erosion dürfen Besucher manche Bereiche der Phangnga-Bucht vorläufig nicht befahren. Richtung Osten zieht sich die Karstszenerie auch landeinwärts weiter; dort erheben sich die Klippen über den von Flüssen durchzogenen Tälern.

Tham Lot ist ein 50 Meter langer Tunnel, von dessen Decke Stalaktiten herabhängen.

★ Fischerdorf Panyi

In dem Dorf, das auf Stelzen über dem Wasser steht, leben etwa 120 Familien, die Fischsauce, getrocknete Garnelen und Krebspaste verkaufen.

Suwan-Kuha-Höhle (Wat Tham)

Der Höhlentempel weist zwischen Stalaktiten und Stalagmiten ein Buddha-Bildnis, Schreine und chedi *auf.*

★ »James-Bond-Insel«

Die Insel (eigentlich: Ko Khao Phing Kan) und das nahe Ko Tapu (»Nagelinsel«) wurden durch den James-Bond-Film »Der Mann mit dem goldenen Colt« (1974) berühmt.

Auf Ko Phanak gibt es See-*hong* mit von Pflanzen bewachsenen Wänden sowie Schlangen und Affen.

Ko Hong

Ein Netzwerk aus Lagunen, Höhlen und Tunneln verläuft unter der Insel. Aus Gründen des Naturschutzes ist das Betreten derzeit verboten.

Mangrovenwälder
Für gute Bootsfahrer besteht die Gelegenheit, bei Flut die Mangrovenkanäle zu befahren.

Kautschuk-Plantagen
Kautschuk ist eines der wichtigsten Produkte um Phangnga. Latex, das aus den Bäumen tropft, füllt man zum Aushärten in Schalen.

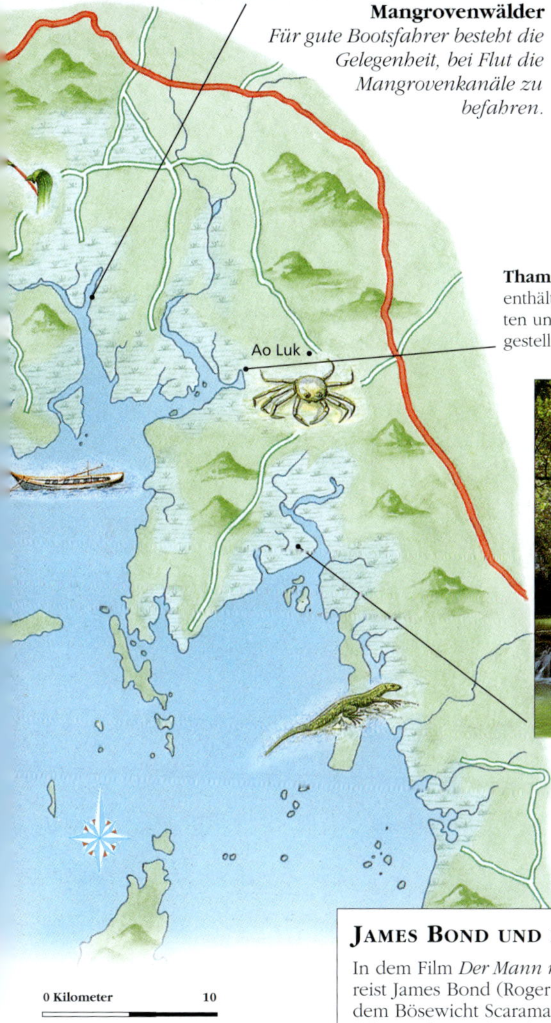

Tham Hua Gralok (»Schädel-Höhle«) enthält prähistorische Malereien aus roten und schwarzen Pigmentfarben. Dargestellt sind Menschen und Tiere.

Tanboke-Koranee-Nationalpark
Der Nationalpark im Ao-Luk Distrikt ist bekannt für seine Miniatur-Wasserfälle inmitten einer Kalksteinlandschaft.

James Bond und das Inselversteck

In dem Film *Der Mann mit dem goldenen Colt* (1974) reist James Bond (Roger Moore) auf der Suche nach dem Bösewicht Scaramanga (Christopher Lee) in den Fernen Osten. Schließlich findet er dessen Versteck: eine Insel vor China. Tatsächlich aber fanden die Dreharbeiten auf Ko Khao Phing Kan in der Phangnga-Bucht statt.

Scaramanga und Bond

Nicht versäumen

★ **Fischerdorf Panyi**

★ **»James-Bond-Insel«**

Ko Tapu, die »Nagelinsel« in der Phangnga-Bucht ▷

Khao-Phanom-Bencha-Nationalpark ❼

อุทยานแห่งชาติเขาพนมเบญจา

Provinz Krabi. Zentrum beim Hwy. 4, 20 km nördlich von Krabi. *TAT, Phuket (0-7621-2213); Parkverwaltung (0-2562-0760). Krabi, dann Bus.*

DER 500 Quadratkilometer große tropische Regenwald erlangte seinen Namen durch den Gipfel des Khao Phanom Bencha (1350 m).

Trotz illegaler Abholzung und Wilderei ist der Regenwald des Parks immer noch Lebensraum für über 150 Vogelarten, unter ihnen Nashornvögel und Zaunkönigstimalien. Zu den 32 dort heimischen Säugetieren gehören Kragen- und Malayenbär, Nebelparder, Wildschwein, Binturong und Serau.

Der **Huay-To-** und der **Huay-Sadeh-Wasserfall** liegen nur knapp drei Kilometer vom Gebäude der Parkverwaltung entfernt. Die Parkangestellten bieten Führungen auf die Gipfel an. Der beschwerliche Aufstieg lohnt sich – von oben eröffnet sich einem ein großartiger Panoramablick über das gesamte Regenwaldgebiet.

Nebelparder im Nationalpark

Ao Nang ❽

อ่าวนาง

18 km westlich von Krabi-Stadt, Provinz Krabi. *TAT, Phuket (0-7621-2213). Krabi, dann* songthaew.

VON NOVEMBER bis April ist die Bucht Ziel vieler Urlauber, denen Phuket zu hektisch ist. Bis zum Beginn der 1980er Jahre lebten die muslimischen Dorfbewohner vom Fischfang und dem Anbau von Kokosnüssen und Kautschukbäumen. Heute gibt es an dem zwei Kilometer langen Sandstrand eine ständig wachsende Zahl von Hotels, Fischrestaurants, Tauchschulen und Kanu-Vermietern. Nahebei liegt der kaum besuchte Strand von Pai Plong. In der Hochsaison ist Ao Nang Ausgangspunkt für Langbootausflüge zur **Railae-Phra-Nang-Landzunge**, die drei Kilometer südöstlich liegt. Ihre Kalksteinklippen, der weiße Sand und das klare Wasser locken viele Besucher an.

Der schönste Strand dieser Region ist **Hat Phra Nang**, westlich der Landzunge Phra Nang. Überragt wird er von einer Kalksteinklippe, in die **Tham Phra Nang Nok** gehauen wurde. In ihr befindet sich ein Schrein für die verlorene Seele der Prinzessin Phra Nang, deren Schiff im 4. Jahrhundert v. Chr. vor dieser Insel gesunken sein soll. Heute legen die örtlichen Fischer in der Hoffnung auf einen reichen Fang Weihrauch, Obst und Wasser vor dem Schrein nieder. Im Inneren des Felsens befindet sich die Lagune **Sa Phra Nang**, die man über einen steilen Pfad erreicht.

Spaziergang am Strand von Ko Poda, einer Insel bei Ao Nang

Rechts und links von Phra Nang liegen die weißen Sandstrände von Ost- und West-Railae; im Westen gibt es den feineren Sand. Von West-Railae und Phra Nang fahren Boote zum südwestlich gelegenen **Ko Poda**, wo Sie Tigerbarsche mit der Hand füttern können, und zur weiter südlich gelegenen **Ko Hua Khwan** (»Hühnerinsel«). Beide Inseln sind von einem einmaligen Schnorchel- und Tauchgebiet umgeben.

In den Höhlen von **Ko Hong**, 25 Kilometer nordwestlich von Ao Nang, werden die essbaren Nester der Salanganen *(siehe S. 331)* gesammelt.

Das Verwaltungsgebäude des **Phi-Phi-Hat-Nopparat-Thara-Meeres-Nationalparks** im Westen von Ao Nang steht direkt am Strand. Zu dem insgesamt 390 Quadratkilometer großen Park gehören Ko Phi Phi *(siehe S. 362f)*, Ko Mai Phai und Ko Yung (auch: Ko »Moskito«).

Idyllische Bucht im Phi-Phi-Hat-Nopparat-Thara-Meeres-Nationalpark

Phi-Phi-Hat-Nopparat-Thara-Meeres-Nationalpark

Zentrum 3 km westlich von Ao Nang.
TAT, Krabi (0-7561-2740)
Krabi, dann songthaew.

Krabi ❾

กระบี่

Provinz Krabi. *25 000.*
TAT, Uttarakit Rd., Krabi (0-7561-2740). *tägl.*
www.krabi.sawadee.com

IN DEM KLEINEN Fischereihafen, Hauptstadt der Provinz Krabi, befindet sich der Fährhafen für Fahrten zu Inseln wie Ko Lanta im Süden, Ko Phi Phi im Südwesten und den Stränden von Ao Nang im Westen. Der an der Mündung des Krabi gelegene Ort erhielt seinen Namen nach einem Schwert oder *krabi*, das in der Nähe gefunden worden sein soll. Krabi ist von Kalksteinfelsen umgeben, die denen in der Phangnga-Bucht *(siehe S. 354ff)* ähneln. Zu den bemerkenswertesten gehören die beiden **Hügel von Kanap Nam**, die wie Wachtposten an beiden Seiten des Flusses stehen. Im Osten grenzt ein Mangrovenwald an die Stadt. Am Chao-Fa-Pier in der Stadtmitte können Sie ein Langboot mieten, um damit die Mangroven zu erkunden.

UMGEBUNG: Acht Kilometer nördlich der Stadt liegt der **Wat Tham Sua** (»Tigerhöhlen-Tempel«), so benannt nach einer Felsformation, die aussieht wie die Pranke eines Tigers. Der Tempel ist einer der bekanntesten *wat* in den Waldgebieten Südthailands. Ein kreisförmig angelegter Pfad lädt zu einem Spaziergang ins nahe gelegene bewaldete Tal ein, in dem die *kuti* stehen, einfache Hütten, in denen Mönche und Nonnen leben.

Eine Treppe führt auf die Klippen, wo eine Buddha-Statue thront und ein Fußabdruck des Erleuchteten zu besichtigen ist. Außerdem bietet sich von hier aus ein schöner Ausblick.

Entspannung in der warmen Quelle bei Khlong Thom

Buddha-Bildnis auf den Klippen, Wat Tham Sua, Provinz Krabi

BERGSTEIGEN AUF KRABIS FELSEN

Krabi und Ko Phi Phi sind die einzigen Orte in Thailand, die Klettern anbieten. Die wabenartigen Kalksteinklippen an der Phra-Nang-Landzunge bei Krabi und auf Ko Phi Phi locken Kletterer aus aller Welt an. Nur Südfrankreich soll über ähnlich anspruchsvolle Klippen verfügt. Nach dem französischen System beurteilt, variieren sie zwischen einer leichten »4« und einer sehr schwierigen »8b«. Zwischen den Touren können die Bergsteiger ein Bad nehmen.

Kletterer an der »Thalwand Wall«, Tham Phra Nang bei Ao Nang

Khlong Thom ❿

คลองท่อม

Provinz Krabi . *60 000*
TAT, Phuket (0-7621-2213). *tägl.*

DAS 40 KILOMETER südlich von Krabi gelegene Khlong Thom ist bekannt für sein Museum im **Wat Khlong Thom**. Der Abt des Tempels hat eine Reihe frühgeschichtlicher Bildwerke und Waffen aus der Region zusammengetragen. Besonders interessant ist eine Sammlung unverwechselbarer Perlen *(lukbat)*.

Wo heute Khlong Thom ist, lag einst der Hafen Kuan Lukbat. Vom 5. Jahrhundert an wurde er von ausländischen Händlern und Emissären benutzt, die die Halbinsel überquerten, um von hier nach Nakhon Si Thammarat und Surat Thani *(siehe S. 336f)* zu gelangen.

Nur die wenigsten wagten es, durch die gefährliche, von Piraten belagerte Straße von Malakka zu segeln; die meisten zogen es vor, über Land zu reisen.

UMGEBUNG: Holprige zwölf Kilometer landeinwärts von Khlong Thom aus gibt es eine warme Quelle mitten im Wald, in der man schwimmen kann.

Acht Kilometer weiter liegt der **Tung-Tieo-Wanderweg**. Der ausgeschilderte Weg durch das Schutzgebiet führt vorbei an leuchtend blauen Seen. Der Wald ist das einzige Gebiet der Welt, in dem die fast flugunfähigen Gurney-Pittas leben, die man bislang für ausgestorben hielt.

Ko Phi Phi ⓫

เกาะพีพี

Provinz Krabi. *1200.* *von Phuket oder Krabi.* *TAT, Phuket (0-7621-2213).* *Chinesisches Neujahrsfest (Feb), Songkran (Apr), Loy Kratong (Nov).* www.phi-phi.com

Das wunderschöne, 40 Kilometer südlich von Krabi gelegene Ko Phi Phi (gesprochen »Pi Pi«) besteht aus zwei Inseln: Phi Phi Don und Phi Phi Ley. Beide gehören zum **Phi-Phi-Hat-Nopparat-Thara-Nationalpark**, dem auch ein Teil des Festlands bei Ao Nang *(siehe S. 360)* zugerechnet wird.

Die Inseln sind berühmt für ihre atemberaubende Landschaft. Die senkrecht in die Höhe ragenden Kalksteinklippen, die auf Phi Phi Don bis 314 und auf Phi Phi Ley bis 374 Meter hoch sind, locken Kletterer aus aller Welt an *(siehe S. 361)*. Auch Naturliebhaber kommen auf ihre Kosten, denn auf und in den Korallenbänken leben unzählige Meerestiere.

Phi Phi Don

Die zwei Hälften von Phi Phi Don, der größeren der beiden Inseln, verbindet eine einen Kilometer lange Landenge miteinander. Hier steht das Fischerdorf Ban Ton Sai, das 2004 durch den Tsunami schwer beschädigt wurde; derzeit wird alles in dem früheren Urlauberort rekonstruiert.

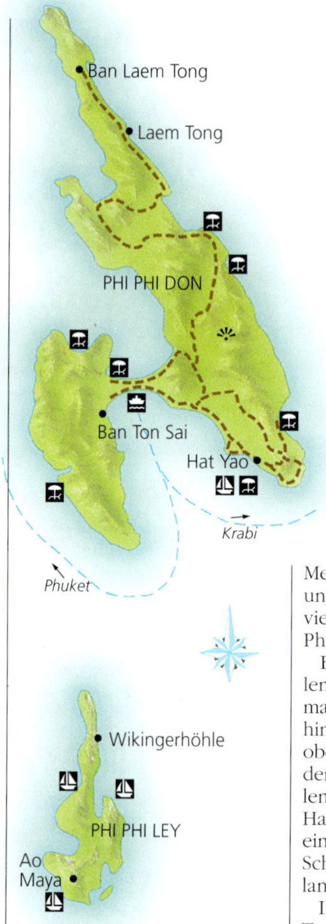

0 Kilometer 2

Legende

- Strand
- Wassersport
- Fährhafen
- Fußweg
- Aussichtspunkt

Ein angenehmer Spaziergang an der Küste führt von Ban Ton Sai nach Hat Yao mit seinem weißen Sand, einer unglaublichen Vielfalt an Meerestieren und einem ungehinderten Blick auf das vier Kilometer entfernte Phi Phi Ley.

Es lohnt sich auch, die steilen Pfade zu den zwei Felsmassiven von Phi Phi Don hinaufzusteigen; von dort oben haben Sie einen wundervollen Ausblick. Die Korallenbänke von Hin Pae vor Hat Yao und bei Ko Phai sind eines der besten Tauch- und Schnorchelreviere ganz Thailands.

Im Norden liegt Ban Laem Tong, ein Dorf der Seenomaden. Die Seenomaden ernähren sich nur von Fischen, die sie in den einsamen Buchten des nahe gelegenen Laem Tong fangen.

Ko Phi Phis atemberaubende Landschaft steigt in der Gunst der Besucher stetig

Ein paradiesischer Strand von vielen auf Ko Phi Phi

Höhlenmalereien auf den Andamanen

In den Provinzen Phangnga *(siehe S. 354ff)* und Krabi *(siehe S. 361)* gibt es viele prähistorische Malereien, vor allem in Höhlen auf den Andamanen. Bei den meisten der in Rot und Schwarz ausgeführten Arbeiten handelt es sich um stilisierte Darstellungen von Fischen, Menschen, Händen und manchmal auch um unterbrochene Linienmuster, die vermutlich Symbolcharakter haben. Einige der Bilder stellen Fabelwesen dar – halb Mensch, halb Meerestier. Die Malereien waren vermutlich Teil religiöser Rituale und sollten Glück bringen. Viele lassen sich bis ins Neolithikum zurückdatieren, doch die Zeichnungen von Dschunken in der Phangnga-Bucht und im irreführenderweise so genannten Wikingergrab auf Phi Phi Ley sind wohl nur wenige hundert Jahre alt.

Bootszeichnungen in einer Höhle

Phi Phi Ley

Im Gegensatz zu Phi Phi Don ist Phi Phi Ley ursprünglicher; es wurde ebenfalls 2004 vom Tsunami getroffen. Wer die Malereien der Wikingerhöhle sehen will, kann auf Phi Phi Don einen Tagesausflug mit dem Boot buchen. Sehenswert sind auch die Nester der Salanganen, aus denen die berühmte Vogelnester-Suppe gemacht wird. Die Sammler klettern an wackligen Bambusgerüsten empor, um sie zu ernten. Bewaffnete Wächter schützen die Höhlen. Die Korallenriffe von Ao Maya, einer Bucht im Südwesten der Insel, sind exzellente Schnorchelgebiete.

Umgebung: Auf vielen Inseln der Region leben bedrohte Vogelarten wie der Weißbauch-Seeadler und der Mukimaki-Schnäpper.

Ko Lanta ⓬

เกาะลันตา

Provinz Krabi. *25 000.* *von Krabi oder Bo Muang.* *TAT, Phuket (0-7621-2213).*

Am südöstlichen Ende der Provinz Krabi liegt der Ko-Lanta-Archipel, der aus 52 Inseln besteht, von denen 15 zum Ko-Lanta-Meeres-Nationalpark gehören. In diesem Park leben viele Tiere, unter ihnen Lemuren, Languren, Zibetkatzen, Kantschile und über 100 Vogelarten. Die meisten Tiere sind auf den kleineren, abgelegeneren Inseln heimisch.

Der seltene Weißbauch-Seeadler

Die hölzernen Hafenanlagen von Ban Sala Dan sind das Tor nach **Ko Lanta Yai**, einer überwiegend muslimischen Fischerinsel. Mit einer Länge von etwa 25 Kilometer ist sie die größte Insel des Archipels. Ihre bewaldeten Hügel führen sanft zu unzähligen, nach Westen exponierten Sandstränden hinunter, und obwohl die Landschaft mit der von Ko Phi Phi nicht zu vergleichen ist, bietet sie eine Alternative für Gäste, die die Abgeschiedenheit suchen.

Die Landzunge Laem Kaw Kwang im Nordwesten der Insel bietet einen unvergleichlichen Ausblick auf Ko Phi Phi.

Im Dorf Ban Sangka-u leben wiederum Seenomaden, die für ihre farbenprächtigen Rituale bekannt sind, unter ihnen die *Loi-rua*-Zeremonie. Dabei lassen sie ein zwei Meter langes Modellboot ins Meer hinaustreiben, um so das Schicksal günstig zu stimmen.

Bungalows auf einer der Inseln von Ko Lanta

Der Süden

Der Süden Thailands ist *Malaysia ähnlicher als dem weit im Norden liegenden Zentrum. Viele kommen hierher, um die Kultur, den Dialekt und die Küche dieses Landesteils kennen zu lernen und mehr über seine Geschichte zu erfahren. Genauso reizvoll ist auch die Landschaft: hohe Berge im Inneren der Halbinsel und traumhafte Strände und Inseln an der Westküste.*

Im tiefen Süden Thailands hat man oft das Gefühl, überhaupt nicht mehr in Thailand zu sein. Der Einfluss der indischen, chinesischen und malaysischen Kultur spiegelt sich nicht nur in der Architektur sondern auch in der dunkleren Hautfarbe der Menschen wider. Sie sprechen neben einem Thai-Dialekt auch Yawi, eine Sprache, die aus Malaysia und Indonesien stammt.

Die meisten Menschen südlich von Songkhla sind Muslime. Pattani, im 17. Jahrhundert ein malaysisches Königreich, gilt noch heute als Zentrum des Islam. Dennoch ist der Wat Phra Mahathat in Nakhon Si Thammarat einer der verehrtesten buddhistischen Tempel in Thailand. Einen weiteren Beweis für Nakhons Rolle als religiöses Zentrum auf den Handelswegen zwischen Indien und China stellen die vielen Hindu-Schreine und Hindu-Gebräuche dar, nicht zuletzt der vom Hinduismus inspirierte *Manohra*-Tanz. In Songkhla befinden sich die besten und angesehensten Schulen des Südens. Das nahe gelegene Hat Yai hat sich vom kleinen Eisenbahnstädtchen zu einem wichtigen Einkaufs- und Unterhaltungszentrum gewandelt.

Bisher haben nur wenige Urlauber die Strände der Westküste und die Inseln des Meeres-Nationalparks Tarutao entdeckt. Das Hinterland ist noch weniger erschlossen. In den bewaldeten Bergen, die bis Mitte der 1970er Jahre kommunistischen Guerilleros geeigneten Unterschlupf boten, leben noch heute Negritostämme; auch einige Tiger und Elefanten haben hier ihren Lebensraum.

Zwei muslimische Mädchen – der Islam ist im Süden weit verbreitet

◁ **Detail einer Treppe zum Wat Pha Kho in Sathing Phra**

Überblick: Der Süden

Die östliche Tiefebene gehört zu den fruchtbarsten Teilen des Landes. Sie ist das ganze Jahr über warm und feucht – ideal für den Anbau von Kaffee, Bohnen, Ananas, Cashewnüssen, Zwillingspflaumen, Ölpalmen und Kautschukbäumen. Hat Yai, die Hauptstadt, liegt ebenso in dieser Region wie die kulturellen Zentren Nakhon Si Thammarat und Songkhla. Im Westen bieten sowohl die Trang-Küste als auch der Tarutao-Archipel nicht nur Sandstrände, sondern auch großartige Korallenriffe. Die Ostküste ist weniger reizvoll, doch Städte wie Songkhla lohnen den Besuch. Die drei Provinzen südlich von Hat Yai – Yala, Pattani und Narathiwat – sind stark vom muslimischen Malaysia beeinflusst. Die Unterschiede in der Sprache, der Küche und der Religion sind nicht zu übersehen. In den Bergen an der malaysischen Grenze leben Tiger, Elefanten und andere Wildtiere.

Minarett der Freitagsmoschee, Nakhon Si Thammarat

Sehenswürdigkeiten auf einen Blick

Banthat-Berge 5
Betong 14
Hat-Chao-Mai-Nationalpark 3
Hat Yai 9
Meeres-Nationalpark Tarutao 11
Nakhon Si Thammarat S. 368f 1
Narathiwat 15
Pattani 12
Phatthalung 6
Songkhla 8
Thale-Ban-Nationalpark 10
Thale-Noi-Wasservögelpark 7
Trang 4
Trangs Andamanen-Inseln 2
Yala 13

Menschenleerer Strand im Tarutao-Archipel

Im Süden unterwegs

Hat Yai verfügt über ein gutes Verkehrsnetz. Für die 930 Kilometer lange Anreise von Bangkok benötigt man mit dem Bus etwa 14, mit dem Zug etwa 17 Stunden. Die meisten anderen großen Städte sind ebenfalls mit Bus oder Zug erreichbar. Die Autobahnen 4 und 41 stellen die wichtigsten Nord-Süd-Verbindungen dar. Die meisten Straßen sind asphaltiert; Busse fahren die Sehenswürdigkeiten an. Die Region verfügt über sechs Inlandsflughäfen. Besucher aus Singapur und Malaysia kommen gewöhnlich in Gruppen; zudem gibt es Individualurlauber. Für Letztere ist ein Mietwagen die bequemste Art der Fortbewegung. Die Inseln vor der Ostküste sind von Pak Meng, Pak Bara und Kantang aus zu erreichen.

Fischerdorf in der Provinz Narathiwat

Siehe auch

- ***Übernachten*** S. 405
- ***Restaurants*** S. 429

Nakhon Si Thammarat ❶

นครศรีธรรมราช

Silberne Figur

NAKHON SI THAMMARAT wird nur in wenigen Reiseführern erwähnt, obwohl der Ort viele Sehenswürdigkeiten bietet. Unter dem Namen Ligor soll er einst die Hauptstadt von Tambralinga gewesen sein, einem Königreich, das vor dem 7. Jahrhundert existierte. Bis zum 13. Jahrhundert spielte die Stadt eine wichtige Rolle im Srivijaya-Reich *(siehe S. 336f)*. In dieser Zeit wurde es zu einem religiösen Zentrum mit dem Sanskrit-Namen Nagara Sri Dhammaraja (»Stadt des heiligen Dharma-Königs«). Indische Händler ließen sich in Nakhon nieder – deshalb trifft man hier auf Hindu-Schreine, *Nang-talung*-Schattenspiele *(siehe S. 373)* und fein gravierte Niello-Arbeiten *(siehe S. 433)*.

Wat Phra Mahathat

วัดมหาธาตุ

Rachadamnoen Rd., 2 km südlich des Bahnhofs. *tägl.*

Wat Phra Mahathat ist einer der heiligsten Tempel Thailands. Sein Alter ist unklar – doch es wird auf mindestens 1500 Jahre geschätzt. Der *chedi* (13. Jh.) soll einst zur Unterbringung von Buddha-Reliquien aus Sri Lanka gedient haben; er ist 77 Meter hoch und mit etwa 1000 Kilogramm Gold belegt.

Die Wihan-Luang-Kapelle besticht durch eine wundervoll bemalte Decke (18. Jh.), obwohl die Wihan-Phra-Halle vielleicht noch eindrucksvoller ist. Ihre Tür aus der Sukhothai-Periode schmückt ein Mosaik aus Smaragden und Schnitzereien, die die Götter Phrom und Vishnu darstellen. Ein kleines Museum zeigt eine leider unbeschriftete, aber dennoch beeindruckende Auswahl archäologischer Funde, darunter Schmuck und religiöse Skulpturen wie Dvaravati-Stücke aus der Zeit vom 6. bis 13. Jahrhundert.

Der vergoldete *chedi* des großartigen Wat Phra Mahathat

Sightseeing in Nakhon – am besten in einer Rikscha

Nakhon-Si-Thammarat-Nationalmuseum

พิพิธภัณฑสถานแห่งชาตินครศรีธรรมราช

Rachadamnoen Rd., 2,5 km südlich vom Bahnhof. *(0-7534-1075).* *Mi–So.* *Feiertage.*

Den Mittelpunkt des Nationalmuseums bildet die aus dem 9. Jahrhundert stammende Vishnu-Statue im südindischen Pala-Stil. Sie wurde unter einem Baum im Kapong-Distrikt bei Takua Pa in Phangnga gefunden, wo sich viele indische Auswanderer niedergelassen hatten.

Weitere Glanzstücke sind die zwei seltenen Bronzetrommeln aus Nordvietnam. In der Thai-Galerie gibt es religiöse Kunst aus der Dvaravati-, der Srivijaya- und der Rattanakosin-Ära. Interessant sind auch die Buddha-Statuen im Sing-Stil.

Schattenspiel-Theater (Suchart House)

บ้านหนังตะลุงสุชาติ

110/18 Si Thammasok Soi 3. *tägl.*

In der *Nang-talung*-Werkstatt von Suchart Subsin wird eine südostasiatische Form der Unterhaltung am Leben erhalten, die in Thailand auszusterben droht. Man kann die Herstellung der Lederpuppen bewundern und die Produkte auch erwerben. Manchmal führt Suchart ein improvisiertes Schattenspiel auf.

Ho Phra I-suan (Shiva)
หอพระอิศวร
Rachadamnoen Rd. ◯ *tägl.*
In der Halle des Schreins gibt es eine *shivalinga*, eine vermutlich aus dem 6. Jahrhundert stammende phallische Darstellung der hinduistischen Gottheit Shiva. Shiva wurde hier im ersten Jahrtausend sehr verehrt.

Ho Phra Buddha Sihing
หอพระพุทธสิหิงค์
Rachadamnoen Rd. ◯ *Mi–So.*
Der Phra Buddha Sihing gehört zu den am meisten verehrten Buddha-Statuen Thailands. Die Figur in diesem Tempel wurde in einer Originalform von 157 aus Sri Lanka gegossen, die gegen Ende des 13. Jahrhunderts nach Nakhon gebracht wurde. Einheimische Künstler gaben dem Buddha mit der Andeutung eines Lächelns und einem runderen Gesicht ihre persönliche Note.

Ho Phra Buddha Sihing mit der heiligen Phra-Buddha-Sing-Statue

Ho Phra Narai
หอพระนารายณ์
Rachadamnoen Rd. ◯ *tägl.*
Die fünf *linga* (phallische Skulpturen), die hier entdeckt wurden, stammen vermutlich aus dem 1. Jahrtausend. Sie befinden sich heute im Wat-Mahathat-Museum.

Tha Chang Road
ถนนท่าช้าง
Schmuckgeschäfte existieren hier seit 1804, als Emigranten aus dem Saiburi-Distrikt nach Nakhon zogen. Westlich vom Sanam-Na-Muang-Paradeplatz durften sich jedoch nur Gold- und Silberschmiede niederlassen.

Typische Niello-Arbeit

Nordtor
กำแพงเมืองเก่า
Östlich der Rachadamnoen Rd.
Die alten Stadtmauern umgaben ursprünglich eine Fläche von 892 000 Quadratmetern. Das nördliche Tor ist eine Rekonstruktion des Originals.

Infobox

Provinz Nakhon Si Thammarat. 105 000. ✈ 15 km nördlich von Nakhon. Yommarat Rd. nahe Karom Rd. TAT, Sanam Na Muang, Rachadamnoen Rd., Nakhon Si Thammarat (0-7534-6516). tägl. Fest des 10. Mondmonats (Sep/Okt).

Wat Sao Thong
วัดเสาทอง
Rachadamnoen Rd. ◯ *tägl*
Das Besondere an dem *wat*, der an den Wang-Tawan-Tok-Tempel grenzt, ist seine Holzkonstruktion im Thai-Stil (1888–1901). De facto sind es drei miteinander verbundene Häuser, die durch Schnitzereien an Türen, Giebeln und Fensterrahmen bestechen. Die thailändische Architektenvereinigung bedachte sie 1993 mit einem Preis für hervorragende Restaurierung.

Bovorn Bazaar
ตลาดบวร
Rachadamnoen Rd. ◯ *tägl.*
Der Basar ist ein beliebter Treffpunkt in der Stadtmitte. Dort finden sich Cafés, Bars und zwei gute Restaurants.

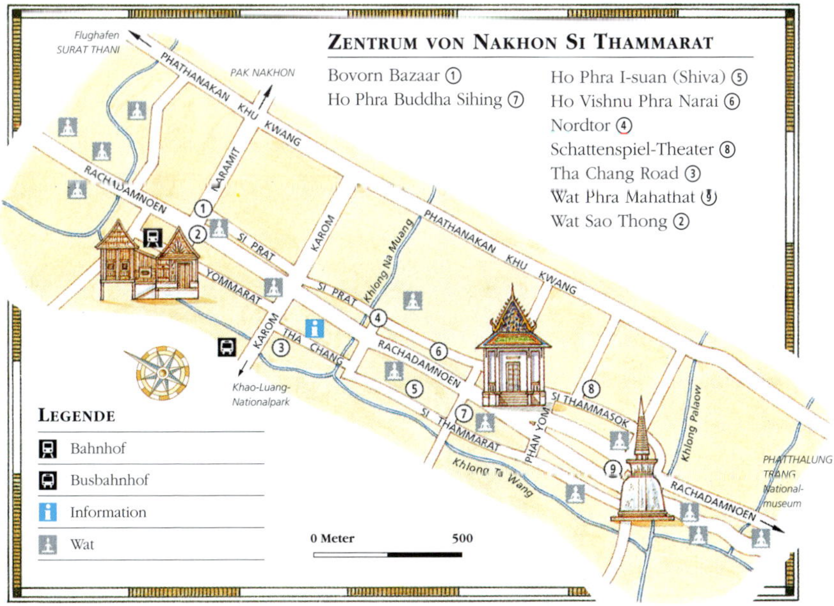

Üppige Vegetation im Hat-Chao-Mai-Nationalpark

Trangs Andamanen-Inseln ❷

หมู่เกาะอันดามันจังหวัดตรัง

Provinz Trang. *Langboot ab Kantang bis Ko Muk, Ko Kradan und Ko Libong sowie von Pak Meng bis Ko Hai und Ko Muk.* *Nakhon Si Thamarat (0-7534-6515); Verwaltung (0-2579-7223).*

Die etwa 50 Inseln vor der Küste der Provinz Trang sind bisher kaum erschlossen. Derzeit gelten ihre Sandstrände, Korallen und die vielfältige Tierwelt noch als Geheimtipp unter Urlaubern.

Das bewaldete **Ko Hai** oder **Ko Ngai** erreicht man am leichtesten von Pak Meng auf dem Festland aus. Es bietet die größte Auswahl an Übernachtungsmöglichkeiten. Die Strände sind atemberaubend, vor allem die an der Ostküste; gleiches gilt für die Korallenbänke vor der Insel.

Ko Muk, acht Kilometer südöstlich von Ko Hai, ist wegen Tham Morakhot an der Westküste bekannt. Ein langer Kalksteintunnel führt vom Meer in eine von Klippen umgebene Lagune. Die Insel kann man nur bei Ebbe mit dem Boot erreichen.

Ko Kradan, die schönste Insel, ist auch eine der abgelegensten. Ihr weißer Sandstrand und die guten Schnorchelmöglichkeiten machen sie besonders anziehend.

Weiter südlich und näher am Festland liegt **Ko Libong**, die größte Insel. Bekannt wurde sie wegen ihrer Artenvielfalt an Vögeln.

Hat-Chao-Mai-Nationalpark ❸

อุทยานแห่งชาติหาดเจ้าไหม

Provinz Trang. *TAT, Nakhon Si Thammarat (0-7534-6515); Verwaltung (0-2579-5734 für Bungalowreservierung).* *ab Trang nach Kantang, dann songthaew.*

Zum Hat-Chao-Mai-Nationalpark, etwa 50 Kilometer westlich der Stadt Trang, gehören Mangrovensümpfe, Karstlandschaften und verborgene Strände, zu denen man durch Höhlen an den Stränden von Yao und Yongling gelangt. Gut besucht sind die Fischrestaurants am Pak-Meng-Strand im Norden des Parks. Hier legen die Boote für die Inselrundfahrten ab. Neun der Inseln gehören zum Nationalpark. Mit etwas Glück kann man Seekühe sehen, die sich zwischen den Inseln und dem Festland aufhalten.

***Tuk-tuk* in Trang**

Trang ❹

ตรัง

Provinz Trang. *64 000.* *TAT, Nakhon Si Thammarat (0-7534-6515).* *tägl.* *Vegetarisches Fest (Okt).*

Schon im 1. Jahrhundert war Trang ein wichtiges Handelszentrum. In der Srivijaya-Zeit zwischen dem 7. und 13. Jahrhundert gelangte die Stadt zu Wohlstand, den sie sich bis heute erhalten konnte. Kautschuk, Palmöl und Fischerei sind die wichtigsten Wirtschaftszweige. Der Tourismus hat bislang kaum Bedeutung, doch das könnte sich in naher Zukunft ändern.

Die vielen chinesischen Arbeiter, die in der zweiten Hälfte des 19. Jahrhunderts hierherkamen, gaben der Stadt ihren chinesischen Charakter (und sorgten für gute chinesische Restaurants). Das Vegetarische Fest, das dem von Phuket ähnelt *(siehe S. 350)*, ist berühmt für die Intensität seiner asketischen Rituale, zu denen das Durchbohren verschiedener Körperteile gehört.

Das **Rubber Museum** zeigt die Werkzeuge, die zur Herstellung der Kautschukplatten gebraucht werden, die in ganz Thailand vor den Plantagengebäuden zum Trocknen aufgehängt werden. Zudem informiert die Ausstellung über Methoden der Kautschukgewinnung. Im Fitnesspark am Ostende der Phattalung Road erhebt sich ein Denkmal von Khaw Sim

Bootsanlegestelle an der Mündung des Trang-Flusses

Bee Na-Ranong, dem ersten Gouverneur von Trang, der 1890 bis 1901 regierte. Von dort aus erreicht man nach einem kurzen Fußmarsch das Clarion MP Hotel, erbaut in Form eines Ozeandampfers.

Rubber Museum
Trang Non-Formal Education Center, Phatthalung Rd. *0-7521-8440.* *Mo–Fr.*

Umgebung: Die Provinz Trang lebte vom Zinnabbau. 1901 wurden dann die ersten Kautschukbäume aus Indonesien und Malaysia importiert. Der erste Kautschukbaum des Landes steht noch heute in Kantang, 22 Kilometer südwestlich von Trang, nahe einem Museum. Von Kantang aus fahren Boote zu vielen der nahe gelegenen Inseln.

Dichter Regenwald an den Hängen der Banthat-Berge

Kautschukplantagen in der Provinz Trang

Banthat-Berge ❺

เขาบรรทัด

Provinz Trang. *Nakhon Si Thammarat (0-7534-6515); Verwaltung (0-2579-5734).*

Die üppig bewachsenen Banthat-Berge im Osten erstrecken sich nach Süden bis ins Grenzgebiet zwischen der Provinz Trang und dem Nachbarstaat Malaysia.

Die Berge gehören zu den wenigen Orten Thailands, an denen noch heute Angehörige vom Stamm der Sakai ein Leben als Jäger und Sammler führen. Dieses ethnisch einzigartige Negrito-Volk spricht eine dem Mon-Khmer verwandte Sprache. Gruppen von 30 bis 50 Stammesmitglieder leben in einfachen Grashütten in der Nähe von Flüssen; sie jagen mit Blasrohr und vergifteten Pfeilen. Waldrodung und der Kontakt mit der Kultur des Tieflands haben dazu geführt, dass einige der Sakai heute als Landarbeiter tätig sind.

Die Berge sind Lebensraum vieler Amphibien und Reptilien, darunter Zwerggeckos, Frösche und Kröten; es finden sich seltene Vögel wie Nashornvögel, Habichtskuckucke und Narzissschnäpper. Das 20 Kilometer östlich von Trang am Highway 4 gelegene **Khao Chong Nature and Wildlife Study Center** lohnt einen Besuch. Es besitzt einen eindrucksvollen Zoo und zwei Wasserfälle. Südlich davon liegt das Vogelschutzgebiet **Khlong Lamchan**, auf dessen Seen viele Entenarten leben.

Die Nebenstraßen nach Süden, die an der Westflanke der Berge entlangführen, bieten großartige Wasserfälle, Höhlen und schattige Picknickplätze. Sehenswert: die **Ton-Tay-Wasserfälle**, der Regenbogen, der sich oft nachmittags über dem Sairung-Fall bildet, und die Stalaktiten und Stalagmiten von Tham Chang Hai nahe bei Muansari im Nayong-Distrikt.

Weiter im Süden und von Satun aus leicht erreichbar liegt der Thale-Ban-Nationalpark *(siehe S. 376)*.

Dugongs

Dugongs – Seekühe – waren in Thailand nahezu ausgerottet, doch heute steigt ihre Zahl allmählich wieder an. Der Bereich um Trangs Andamanen-Inseln gehört zu den wenigen Gewässern, in denen diese Tiere zu sehen sind. Die bis zu drei Meter großen und 400 Kilogramm schweren Pflanzenfresser ernähren sich vor allem von Seegras, das um Ko Libong und im Mündungsgebiet des Flusses Trang wächst. In der thailändischen Folklore gelten die Tränen der Dugongs als Liebestrank.

Eine Seekuh – heute stehen die sanften Riesen unter Schutz

Phatthalung 6

พัทลุง

Provinz Phatthalung. 43 000. TAT, Nakhon Si Thammarat (0-7534-6515). tägl. Phon-Lak-Phra-Wettbewerb (3 Tage im Okt oder Nov).

PHATTALUNG GEHÖRT zu den wenigen Reisanbaugebieten im Süden Thailands. Besser bekannt ist die Provinz aber als die erste in Thailand, in der *nang talung* (Schattentheater) aufgeführt wurde – vielleicht stammt der Name *nang talung* sogar von Phattalung. Diese Art des Puppenspiels wird hauptsächlich in den Provinzen Phattalung und Nakhon Si Thammarat gezeigt.

Die Stadt Phattalung wurde im 19. Jahrhundert unter der Regierung von Rama III. *(siehe S. 60f)* gegründet. Heute ist sie schachbrettartig angelegt, umgeben von Kalksteinbergen im Norden und dem Thale-Luang-See im Osten.

Phattalung liegt zwischen zwei interessanten Bergen: **Khao Ok Talu** (»Berg der eingedrückten Brust«) im Nordosten und **Khao Hua Taek** (»Berg des eingeschlagenen Schädels«) im Nordwesten. Der Sage zufolge haben die beiden Berge, die »Ehefrau« und die »Geliebte«, miteinander um den im Norden gelegenen Khao Muang (den männlichen Berg) gekämpft und dabei Wunden davongetragen. Tatsächlich hat Khao Ok Talu einen natürlichen Tunnel, und Khao Hua Taek eine Vertiefung an der Spitze. In Letzterem befinden sich die Grotten von **Wat Tham Kuha Sawan**. In der unteren Höhle wurden Buddha- und Mönchsstatuen aufgestellt; die obere bietet einen guten Ausblick auf Khao Ok Talu und die Stadt Phattalung.

Khao Ok Talu, der »Berg der eingedrückten Brust«

UMGEBUNG: Üppige Reisfelder liegen um Phattalung. Bei **Lam Pam**, einem kleinen Fischerdorf sechs Kilometer östlich von Phattalung, münden Kanäle mit langsam fließenden Wasser in den Thale-Luang-See. Am windigen, aber ruhigen Strand von Sansuk gibt es gute Fischrestaurants. Hier kann man auch Boote für Ausflüge zu den nahe gelegenen Inseln Ko Si und Ko Ha mieten.

Zwei Kilometer vor Lam Pam liegt **Wat Wang**, Phattalungs ältester Tempel. Neben dem *chedi* wurde ein *bot* errichtet, dessen Wände mit verblassten Malereien geschmückt sind, die buddhistische Themen und Episoden aus dem *Ramakien (siehe S. 36f)* darstellen.

Der restaurierte **Gouverneurspalast** liegt ganz in der Nähe. Er wurde 1889 gebaut und besteht aus zwei Gebäuden. Das näher an der Straße stehende Teakholzgebäude war das Wohnhaus der Gouverneursfamilie. Das Hauptgebäude am Fluss wurde um einen Innenhof errichtet, in dem sich ein riesiger Baum befindet.

Der restaurierte Gouverneurspalast in Pam Lam

Gouverneurspalast

Hwy. 4047, 4 km östlich von Phatthalung. tägl 8.30–16 Uhr.

Thale-Noi-Wasservögelpark 7

ทะเลน้อย

332 km nordöstlich von Phatthalung, Provinz Phatthalung. *TAT, Nakhon Si Thammarat (0-7534-6515); Verwaltung, Bangkok (0-2579-7223, 0-2579-5734, 0-7461-4865).* *von Phatthalung, dann mit Langboot.* *tägl. 8.30–16 Uhr.*

Ein Long-tail – Langboot im Thale-Noi-Wasservögelpark

DAS GRÖSSTE Vogelschutz-Feuchtgebiet Thailands bietet Tausenden exotischer Vogelarten auf ihrem Weg von Sibirien und China nach Sumatra und Australien einen Ort zum Ausruhen. Das 30 Quadratkilometer große Gebiet lässt sich am besten mit einem Langboot erkunden, das man in Phattalung für eine zweistündige Rundfahrt mieten kann. Schilf und andere Pflanzen lassen Thale Noi wie ein Sumpfgebiet erscheinen, doch tatsächlich handelt es sich um einen etwa 1,5 Meter tiefen Süßwassersee. Brackig wird er nur bei starkem Südwind, wenn salzigeres Wasser von den beiden südlich gelegenen Seen Thale Luang und Songkhla nach Norden kommt. Die beste Zeit zur Vogelbeobachtung ist die Morgendämmerung, vor allem zwischen Januar und April. Dann treffen die meisten der 150 Vogelarten ein und erhöhen den Bestand des Parks auf etwa 100 000 Vögel. Im Mai fliegen viele Vögel wieder weg; von Oktober bis Dezember sind nur ein paar einheimische Arten übrig. Die Aussichtsplattform im See ist ein guter Beobachtungsposten. Zu den Vögeln, die den Park anfliegen, gehören Purpurhühner, Blatthühnchen, Pfeifente und Weißkehl-Eisvogel, der langbeinige *nok i-kong,* der seltene Weiße Sichler und der Graureiher.

Weißkehl-Eisvogel

Im Park wächst hauptsächlich *don kok*, eine Schilfart, mit der die *nok i-kong* Plattformen über dem Wasser bauen, auf denen sie brüten.

An den Ufern des Thale Noi wohnen etwa 100 Familien in hölzernen Pfahlbauten. Sie leben vom Fischfang und der Herstellung von Binsenmatten.

NANG TALUNG – SCHATTENSPIEL

Puppe aus dem *Ramakien*

Nang talung ist die thailändische Version des Schattenspiels, einer Kunstform, die in Asien schon seit 400 v. Chr. existiert. *Nang-talung*-Vorführungen beginnen spätabends, dauern mehrere Stunden und sind immer noch wichtiger Bestandteil des dörflichen Lebens im Süden. Die gesamte Vorstellung wird von nur einer Person, dem *nai nag*, gegeben. Er sitzt hinter einem beleuchteten Wandschirm und bewegt bis zu sechs Puppen auf einmal. Die ungefähr 50 Zentimeter großen Puppen bestehen aus Leder *(nang)* und haben bewegliche Gelenke. Der Puppenspieler gibt jeder Puppe eine eigene Stimme; Musiker sorgen für die Untermalung. Das etwas formellere *nang yai* basiert auf dem *Ramakien (siehe S. 36f)*, *nang talung* dagegen handelt von Alltagsproblemen, die jedem vertraut sind. Der *nai nag* erfindet die Geschichten und verwendet Charaktere, die leicht zu erkennen sind, beispielsweise überdeutlich nachgearbeitete Comicfiguren. Einmal im Jahr ehren die Lehrlinge ihren Meister mit einer *Wai-kru*-Zeremonie (»dem Meister Respekt erweisen«).

Ein Puppenspieler bei einer *Nang-talung*-Vorführung

Zuschauerblick auf das Schattentheater

Songkhla ❽

สงขลา

Provinz Songkhla. 85 000. *in Hat Yai, 36 km südwestlich von Songkhla.* *TAT, Hat Yai (0-7424-3747).* *tathayai @hatyai.inet.co.th* *tägl.* *Chinesisches Mondfest (Sep/Okt).*

Das einst als Singora (»Löwenstadt«) bekannte Songkhla wurde in der Srivijaya-Periode (*siehe S. 336f*) zur bedeutenden Hafenstadt. Eine Zeitlang galt es als Piratenhafen, doch dann gewann es wieder an Ansehen und zog arabische, indische, chinesische und Khmer-Händler an. Küche und Sprache verraten dieses multikulturelle Erbe noch heute. An den Häusern in den Straßen Nakhon Nok und Nakhon Nai ist außerdem hinsichtlich der Architektur ein gewisser portugiesischer Einfluss zu erkennen.

Heute ist die Stadt, die auf der Landzunge zwischen dem Golf von Thailand und dem Thale Sap liegt, ein wichtiger Fischereihafen und zudem das administrative Zentrum dieser Region.

Wat Chai Mongkhon, Songkhla

An Songkhlas größtem Strand **Hat Samila**, über den die **Meerjungfrauenstatue** wacht, gibt es mehrere gute Fischrestaurants. Weiter im Süden, bei Khao Seng, befindet sich ein muslimisches Fischerdorf, in dem die bunten *Korlae*-Fischerboote *(siehe S. 378)* zu sehen sind.

Das **Songkhla-Nationalmuseum** liegt in einem Gebäude, das 1878 im südlichen Thai-Chinesischen Stil als Residenz für den Vizegouverneur Phraya Suntharanuraksa gebaut wurde. Vom begrünten Innenhof führen zwei Wendeltreppen in den holzgetäfelten ersten Stock, in dem die Exponate untergebracht sind: Bencharong-Gefäße, Tonwaren, die vor Songkhla im Meer gefunden wurden, Dvaravati-Säulen und Buddha-Statuen sowie einige Ban-Chiang-Gefäße, die auf 3000 v. Chr. datiert wurden.

Von gleicher Bedeutung ist das **Patrsee-Museum** im Wat Matchimawat (auch Wat Klang). Seine Ganesha-Statuette (Figur des Elefantengotts), soll aus dem späten 6. Jahrhundert stammen und ist die früheste der Halbinsel. Chinesische Emailarbeiten aus der Qwingching-Dynastie sowie U-Thong-Waren aus dem 15. und europäische Gefäße aus dem 18. Jahrhundert beweisen, welche Bedeutung Songkhla früher einmal hatte.

Im **Wat Chai Mongkhon** liegt eine Buddha-Reliquie aus Sri Lanka begraben. Songkhla ist eine reizvolle Stadt und eignet sich zum Spazierengehen. Beeindruckend sind vor allem die kunstvoll beschnittenen Bäume von Khao Noi sowie der Blick vom **Khao Tung Kuan** auf den Thale Sap. Restaurants und Bars mit Live-Musik gibt es rund um die Chaiya Road.

Kunstvoll verzierte Tür im Songkhla-Nationalmuseum

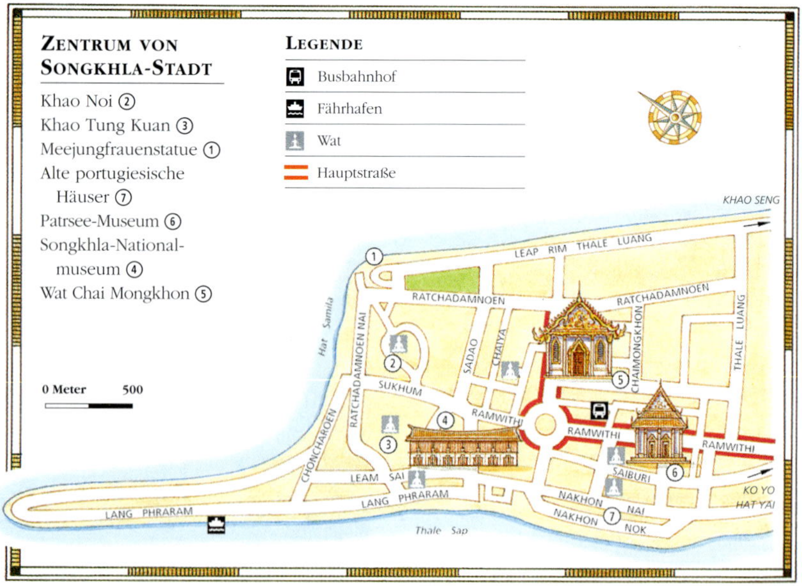

Songkhla-Nationalmuseum

Rong Muang Rd. *Mi–So.* *Feiertage.*

Patrsee-Museum

Wat Matchimawat, Saiburi Rd. *Mi–So.* *Feiertage.*

Umgebung: Die Prem-Tinsulanond-Brücke, die längste Brücke Thailands, führt von Songkhla über den Thale Sap und die Insel **Ko Yo** im Westen des Sees zum schmalen Küstenstreifen im Norden. Diese Verkehrsanbindung hat zum Aufschwung der Baumwollwebereien und der Fischfarmen auf der Insel geführt.

Auf Ko Yo wurde das **Folkloremuseum** eingerichtet, um die reichhaltige Volkskunst des Südens zu bewahren. Zu den Exponaten gehören Artefakte aus Geschichte, Ethnologie und Religion, etwa Stoffe, Gefäße und Metallwaren sowie Kunsthandwerk. Beispiele hierfür sind Rattan- und Messingarbeiten aus Ranong, *Kris*-Dolche aus Pattani, *Krajude*-Matten aus Chumphon und Taubenkäfige aus Songkhla.

Wat Pha Ko im **Sathing-Phra**-Distrikt nördlich von Songkhla soll der älteste Tempel der Provinz sein. Dort gefundene Artefakte zeigen, dass Sathing Phra ein wichtiger Hafen war, in dem Töpferwaren aus Pa-o an Khmer-, Cham- und chinesische Händler verkauft wurden.

Folkloremuseum

Institute of Southern Thai Studies, Ko Yo, 14 km südwestlich von Songkhla. *tägl.*

Drei junge Gläubige vor einem buddhistischen Schrein in Hat Yai

Hat Yai ❾

หาดใหญ่

Prrovinz Songkhla. *159 000.* 12 km westlich von Hat Yai. *TAT, 1/1 Soi 2, Niphat U-thit Rd., Hat Yai (0-7424-3747).* *Adresse wie TAT (0-7424-6733).* *tägl.* *Chinesisches Mondfest (Sep/Okt).* www.hatyai.com

Hat Yai, der wichtigste Verkehrsknotenpunkt und zugleich die Wirtschaftsmetropole des Südens, wird sicher nie einen Schönheitspreis gewinnen. Der günstig gelegene Güterbahnhof hat ebenso zum Wohlstand der Stadt beigetragen wie seine Billigprodukte und der stetige Strom malaysischer Wochenendurlauber, die die Restaurants, Läden und Bars besuchen. Hier hört man außer Thai auch Malaiisch, Englisch, Yawi, Hokkien und Mandarin. Eine Warnung: In einigen der Salons, die »traditionelle Massage« anbieten, wird nicht nur massiert!

Bäuerin mit Waren auf dem Markt von Hat Yai

Da Hat Yai kulturell wenig bietet, nutzen die meisten Besucher ihren Aufenthalt in der drittgrößten Stadt Thailands zum Shopping. Viel gekauft werden Elektrogeräte auf dem Kim-Yong-Markt, Äpfel sowie Zibetfrüchte von Straßenhändlern und in Bangkok hergestellte Kleidung und Lederwaren in den Kaufhäusern.

An jedem ersten Samstag im Monat finden an wechselnden Orten Stierkämpfe statt. Dabei werden die Stiere aufeinander gehetzt; es siegt der Stier, der den anderen zurückdrängt. Das hektische Wettgebaren der Zuschauer ist fast noch interessanter als der Kampf.

Wat Hat Yai Nai, westlich vom Stadtzentrum gelegen, ist im Besitz des drittgrößten liegenden Buddhas der Welt. Die Statue ist 35 Meter lang und 15 Meter hoch – und begehbar. Auf dem Tempelareal werden Kräutersaunas und -massagen angeboten.

Umgebung: Der Ton-Nga-Chang-Wasserfall, 24 Kilometer westlich von Hat Yai, erhielt seinen Namen nach den zwei Flüssen, die hier über sieben Stufen herabstürzen. Beste Besuchszeit ist die kühle Jahreszeit (ab November).

Fischfarmen bei Ko Yo auf dem Thale-Sap-See, nahe Songkhla

Die Fähre von Pak Bara zum Tarutao-Meeres-Nationalpark

Thale-Ban-Nationalpark ⑩

อุทยานแห่งชาติทะเลบัน

Provinz Satun. Am Hwy. 4184, 37 km von Satun. *TAT, Hat Yai (0-7423-1055); Parkverwaltung (0-2579-5734, 0-7479-7073 für Bungalowreservierung).* *Satun, dann* songthaew.

Thale Ban besteht aus einem üppigen Regenwald mit Wasserfällen. Der Park befindet sich in den Banthat-Bergen *(siehe S. 371)* an der malaysischen Grenze. Hier leben u. a. Malaienbären, Tiger und seltene Vögel wie der Fledermaus-Gleitaar. Der Park bietet Wanderwege und mehrere Badeplätze. Fünf Kilometer von der Parkverwaltung entfernt stürzt der Yaroy-Wasserfall herab.

Die nächst gelegene Stadt und Tor zum Park ist **Satun**. Von hier aus kommt man leicht nach Pak Bara, von wo die Fähren nach Tarutao und an die Westküste ablegen.

Meeres-Nationalpark Tarutao ⑪

อุทยานแห่งชาติตะรุเตา

Provinz Satun. 22 km von Pak Bara. *TAT, Hat Yai (0-7423-1055) oder Parkverwaltung (0-7478-1285).* *von Pak Bara; regelmäßige Überfahrten nur Mitte Nov–Mitte Mai.*

Die 51 Inseln des Meeres-Nationalparks Tarutao bilden den südwestlichsten Teil Thailands, acht Kilometer von der malaysischen Insel Langkawi entfernt. Tarutao ist berühmt für seine Tauchreviere, die zu den besten der Welt gehören. Vor den Inseln kann man Pott- und Zwergwale sowie Seekühe und Delfine beobachten. Um diese Inseln leben etwa 25 Prozent aller Fischarten der Welt, darunter 92 Arten von Korallenfischen.

Jahrhundertelang galten die Inseln als Piratenversteck, bis die britische Royal Navy in den 1960er Jahren das Unwesen unterband. 1974 wurde der gesamte Archipel zu Thailands erstem Nationalpark erklärt.

Karettschildkröte in Tarutao

Der Park bietet atemberaubende, naturbelassene Landschaft, viele Tierarten und wundervolle Korallen. Diese Attraktionen sind jedoch nur von Mitte November bis Mitte Mai zugänglich, da die Fähren von Pak Bara den Rest des Jahres wegen der Monsunstürme nicht verkehren. **Ko Tarutao**, die größte Insel, ist 26 Kilometer lang und bietet die reizvollste Landschaft. Sie ist fast überall von tropischem Regenwald bedeckt; am höchsten Punkt ragt sie 708 Meter aus dem Meer. Übernachtungs- und Unterhaltungsmöglichkeiten stehen Besuchern an den Stränden der Westküste zur Verfügung.

Die Fähren von Pak Bara legen in Ao Phante Malaka an, wo sich auch die Parkverwaltung, Bungalows, zwei Restaurants und dar einzige Laden befinden. Die halbstündige Wanderung auf die Tobo-Klippen, von denen man einen schönen Ausblick hat, lohnt sich ebenso wie die zwei Kilometer lange Bootsfahrt zur Krokodilhöhle mit ihren vielen Stalagmiten. Hier sind zwar schon seit vielen Jahren keine Krokodile mehr gesehen worden, doch auf der Insel leben viele andere Tiere wie Hirsche, Wildschweine, Makaken, Otter und Weichschildkröten.

Ko Adang und **Ko Lipey** bieten ebenfalls Übernachtungsmöglichkeiten an. Der höchste Punkt des 62 Kilometer vom Festland entfernten Ko Adang liegt bei 703 Metern. Die Insel ist bewaldet und besitzt mehrere Wasserfälle wie den Rattana-Fall an der Südwestküste. Hier kann man in Sichtweite des Meeres im Süßwasser baden.

Die zwei Kilometer südlich von Ko Adang gelegene kleinere Insel Ko Lipey verfügt über schöne Wanderwege, die durch Kokospalmenplantagen an den Strand von Pattaya führen. Hier lebt eine Gemeinschaft von Seenomaden, die bei der Gründung des Parks von Ko Rawi und Ko Adang vertrieben wurden.

Ko Kra, vor Lipeys Ostküste gelegen, bietet wundervolle Korallen – wie auch Ko Yang, das zwischen Ko Rawi und Ko Adang liegt.

Ko Khai (»Eierinsel«), westlich von Tarutao gelegen, beeindruckt mit einem Felsbogen und schönen Sandstränden, an denen Meeresschildkröten ihre Eier ablegen – daher der Name der Insel.

Korallenriff im Meeres-Nationalpark Tarutao

Seafood-Delikatessen im Süden

DIE GRÖSSTE Köstlichkeit im Süden Thailands ist frisches Seafood. Das ganze Jahr über werden sowohl am Golf von Thailand als auch an der Andamanen-Küste Fische, Krebse, Hummer, Muscheln, Garnelen, Schnecken und Tintenfische angeboten. Heutzutage sind zwar überall im Land tiefgefrorene Produkte erhältlich, doch ein frisch gefangener Fisch, einfach zubereitet und in einem Restaurant direkt am Strand serviert, verwöhnt den Gaumen unübertrefflich. Das muss nicht teuer sein; auf jedes Fünf-Sterne-Restaurant kommt ein halbes Dutzend Straßenrestaurants, wo Seafood in erstaunlicher Vielfalt angeboten wird.

***Ho mok*, Creme aus Meeresfrüchten mit frischer Minze**

Hoi nang rom sot, *eine einfache Vorspeise aus frischen Austern, ohne Schale serviert und mit Limonenscheiben verfeinert.*

***Charamet-Fisch**, bekannt für sein zartes, saftiges Fleisch, ist hier in einer süßen Pflaumensauce* (neung buay) *zubereitet und mit Ingwer, Zitronenmelisse und Chili gewürzt.*

GEGRILLTER FISCH

Thale phao, gegrillten Fisch, essen die Einheimischen genauso gern wie die Urlauber. Man kann die auf Eis liegenden frischen Fische und Krustentiere selbst auswählen; bezahlt wird meist nach Gewicht.

Thot man kung *(tiefgefrorenes Garnelengebäck) wird mit einer süßen Dipsauce serviert – ein ideales Gericht für alle, die keine scharf gewürzten Speisen mögen.*

Pla meuk op sos noei *(Tintenfisch in Butter gebacken) ist mit »Blumen« und »Blättern« aus Gemüse verziert – wie viele thailändische Gerichte. Garnituren dieser Art werden nicht gegessen.*

Kung mangkon phat phrik phao *(gegrillter Hummer in Chilisauce) ist um Phuket, wo Hummer häufig vorkommt, besonders beliebt.*

Phanaeng kung makheuathet *besteht aus Tomaten, die mit einem Curry aus Garnelen und Kokosmilch gefüllt sind – eine Spezialität aus Hat Yai und Phuket.*

Pattani ⓬

ปัตตานี

Provinz Pattani. 47 000. TAT, Narathiwat (0-7351-6144). tägl. Lim Ko Niaw Festival (März).

DAS IM FRÜHEN 15. Jahrhundert gegründete Pattani war einst ein halbautonomes Sultanat. Heute ist es das Herz des muslimischen Südens (75 Prozent der Einwohner der Provinz sind Muslime). In Pattani leben aber auch viele Chinesen; diese Mischung macht die Stadt besonders interessant.

Abgesehen von der **Matsayit-Klang-Moschee** besitzt Pattani kaum Attraktionen; sehenswert ist der Hafen mit seinen bunten Fischerbooten.

UMGEBUNG: Die östlich der Stadt gelegene **Kru-Se-Moschee** ist architektonisch nicht weiter bemerkenswert, hat jedoch eine interessante Geschichte. Ende des 16. Jahrhunderts heiratete der chinesische Händler Lim To Khieng eine Einheimische, konvertierte zum Islam und begann mit dem Bau. Seine Schwester Lim Ko Niaw reiste aus China an, um dagegen zu protestieren, und er schwor ihr, nach China zurückzukehren, sobald die Moschee fertig gestellt wäre – er sorgte jedoch dafür, dass sie nie vollendet wurde. Auf ihrem Sterbebett verfluchte seine Schwester den Bau und jeden, der ihn fertig stellen würde. Die Moschee ist noch heute unvollendet.

Wat Khuha Phimuk mit einem liegenden Buddha in der nahen Höhle

Muslimische Frauen in Pattani

KORLAE-FISCHERBOOTE

Schon seit Jahrhunderten bemalen die muslimischen Fischer an der Ostküste (von Ko Samui aus südwärts) ihre Boote, die *korlae* genannt werden. Die schönsten Beispiele dieses leider zurückgehenden Brauchs stammen aus den Werften des Saiburi-Distrikts von Pattani. Ursprünglich waren es Segelboote, die heute jedoch mit Motorkraft angetrieben werden. Die am häufigsten dargestellten Figuren sind der *Singha*-Löwe, der *Gagasura*-Hornissenvogel, die *Payanak*-Seeschlange und der *Garuda*-Vogel aus der asiatischen Mythologie. Es stört jedoch auch niemanden, wenn der Hintergrund zufällig aussieht wie die Schweizer Alpen.

Kämpfende Fabelwesen auf einem *Korlae*-Boot

Yala ⓭

ยะลา

Provinz Yala. 75 000. TAT, Narathiwat (0-7351-6144). ASEAN-Taubenfestival (1. Wochenende im März); Yala-Stadtsäulen-Fest (25.–30. Mai).

YALA, OFT ALS die sauberste Stadt Thailands bezeichnet, hat ein Schachbrettmuster von Straßen und Alleen. Die Stadt ist wohlhabend und eher ruhig; zum Leben erwacht sie nur beim jährlichen Gurr-Wettbewerb des ASEAN-Taubenfestivals, zu dem Teilnehmer aus ganz Südostasien kommen. In Yala befindet sich die größte Moschee Thailands.

UMGEBUNG: Viele Gäste besuchen Yala nur, um sich die acht Kilometer außerhalb der Stadt gelegene Ausgrabungsstätte von **Wat Khuha Phimuk**, in der Region auch Wat Na Tham genannt, anzusehen. In einer Höhle neben dem Tempel liegt eine 25 Meter lange Buddha-Statue. Sie stammt aus dem 8. Jahrhundert, dem Beginn der Srivijaya-Periode, und soll einst den Kopf des Hindu-Gottes Vishnu getragen haben. Zu den kostbaren, in diesem Gebiet gefundenen Artefakten gehören Votiv-*stupa* aus dem Nordosten Indiens und aus dem 9. Jahrhundert stammende stehende bronzene Buddhas im südindischen Stil. In der Museumshalle am Fuß der *Naga*-Treppe, die in die Tempelhöhle führt, sind Fundstücke aus der Srivijaya-Periode ausgestellt.

Betong ⓮

เบตง

Provinz Yala. *27 000.* *Sungai Kolok, Narathiwat (0-7361-2126).* *tägl.*

BETONG IST die südlichste Stadt Thailands. Sie liegt hoch in den Bergen, fünf Kilometer von der malaysischen Grenze und 140 Kilometer von Yala entfernt.

Betong hat, abgesehen von dem 40 Meter hohen *stupa* des **Wat Phuttha Tiwat**, kaum Sehenswürdigkeiten zu bieten. Der Tempel wurde Ende der 1980er Jahre in einem der Srivijaya-Periode nachempfundenen Stil erbaut.

UMGEBUNG: Die Serpentinenstraße von Yala nach Betong windet sich durch bewaldete Berge, in denen noch heute Angehörige des Sakai-Stamms leben.

Zwischen den 1940er und den 1980er Jahren bot der Wald Anhängern der Kommunistischen Partei Malaysias, die Thailand als Exil gewählt hatten, Unterschlupf. Eine Straße führt zum ehemaligen unterirdischen Guerillalager **Piya Mit**, das zu einem Museum umgewandelt wurde. Hier lebten 180 Kommunisten unentdeckt in einem etwa einen Kilometer langen Tunnelnetz, zehn Meter unter der Erde.

Das Ende kam mit dem 1989 zwischen Malaysia und Thailand geschlossenen Friedensvertrag. Die meisten der Revolutionäre siedelten sich in der Gegend an; einige arbeiten heute als Fremdenführer im früheren Lager. Der Schornstein der raffiniert angelegten Küche leitet den Rauch auf die andere Bergseite, um den Standort nicht zu verraten. Die Tarnung war so erfolgreich, dass das Lager nie entdeckt wurde. Weitere Ausstellungsstücke sind Schuhe, Uniformen, Messer und Taschenlampen. Gäste können in modernen Bungalows übernachten.

Piya Mit

Provinz Betong. Beim Hwy. 410, 19 km nördlich von Betong. *tägl.*

Narathiwat ⓯

นราธิวาส

Provinz Narathiwat. *43 000.* *TAT Region 3, 102/3 Mu 2 Kaluwonca, Muang, Narathiwat (0-7351-6144).* *tatnara@csocoms.com* *Chao Mae Toe Moe Festival (Ende Apr/Anfang Mai), Narathiwat-Fest (3. Woche im Sep).*

NUR WENIGE Urlauber besuchen Narathiwat, obwohl es ein idealer Ausgangspunkt für Ausflüge in die Umgebung ist. Die Stadt verfügt über Hotels und Restaurants, und die hier spürbare Lebensfreude passt gut zu einer der kleinsten Provinzhauptstädte Thailands. Im muslimischen Fischerdorf kann man *Korlae*-Boote sehen. In Stadtnähe befinden sich auch schöne Strände – der beste ist derjenige von Ao Manao.

Alltagsszene, Wandmalerei im Wat Chonthara Sing He

Der gewaltige Buddha auf dem Khao Kong bei Narathiwat

UMBEGUNG: Der südlich der Stadt gelegene **Taksin-Palast** ist die Sommerresidenz des Königs. Wenn die königliche Familie nicht dort wohnt, ist die Residenz der Öffentlichkeit zugänglich.

An der Straße nach Rangae liegt der Berg **Khao Kong** mit dem größten sitzenden Buddha (24 m) Thailands. Die Statue ist vergoldet.

Nahe der malaysischen Grenze, 34 Kilometer südlich von Narathiwat, befindet sich **Tak Bai**. Hauptattraktion des Orts ist der Wat Chonthara Sing He, ein Außenposten des Buddhismus in einer muslimischen Gegend, in der fast nur malaiisch gesprochen wird. Der *wat* wurde 1873 von König Chulalongkorn errichtet, der damit seinen Anspruch auf ein Gebiet geltend machte, das die Engländer in den Malaiischen Bund einbeziehen wollten.

Die Architektur des Tempels ist ein Mix aus südthailändischen und chinesischen Elementen, wobei der chinesische Einfluss vor allem am Dach zu erkennen ist. Eines der Gebäude enthält eine liegende Buddha-Statue, die mit chinesischen Keramiken aus der Song-Dynastie verziert ist. Ein anderes schmücken Wandbilder aus der Regierungszeit Königs Mongkut.

Taksin-Palast

Beim Hwy. 4048, 8 km südlich von Narathiwat. *tägl.* *in der Regel Aug und Sep.*

Zu Gast in Thailand

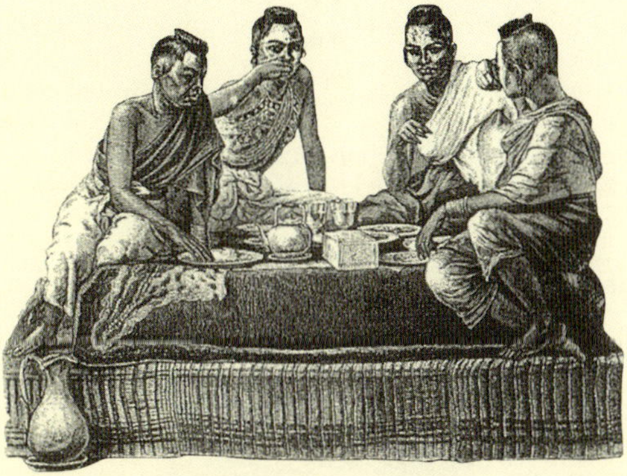

ÜBERNACHTEN

Thailand bietet Übernachtungsmöglichkeiten in jeder Preisklasse, die allerdings sehr ungleichmäßig verteilt sind: In den Urlaubszentren ist das Angebot groß, doch auf dem Land werden Sie bestenfalls einfache Gästehäuser finden. Die Großstädte verfügen alle über mindestens ein Hotel von internationalem Standard; in Bangkok gibt es einige der besten Hotels der Welt. Hotels der mittleren Kategorie stehen in fast allen Städten, und obwohl gelegentlich etwas eintönig, sind sie doch durchweg sauber und werden von Fachleuten geführt. Badezimmer nach westlichem Standard sind die Regel; Klimaanlagen weit verbreitet (zumindest gibt es Ventilatoren). All diese Hotels bieten einen Wäschedienst sowie einen Hotelsafe an. Die thailändischen Gästehäuser stellen eine preiswerte Alternative für Reisende mit begrenztem Budget dar. Besucher können zudem auch im Zelt oder im Bungalow eines Nationalparks übernachten oder aber in einem Kloster um einen Schlafplatz bitten.

Page im Oriental Hotel

Hotelkategorien

Die Hotels sind nicht offiziell klassifiziert; allerdings gehören manche der **Thai Hotels Association** an. Der Preis ist also der einzige Hinweis darauf, was die Häuser bieten *(siehe S. 384)*. Die Kategorien variieren von einfach bis luxuriös. In Hotels der untersten Preisklasse hat Sauberkeit allerdings nicht immer Priorität.

Den besten Service bekommen Sie oft in ehemaligen Luxushotels, die von den Hotelketten in die zweite Kategorie gedrängt wurden. Sie bieten dasselbe wie diese Hotels, jedoch preisgünstiger.

Luxushotels

Thailands Luxushotels brauchen den Vergleich mit denjenigen anderer Länder nicht zu scheuen; ihre Anzahl und ihr Standard steigen von Jahr zu Jahr. In den klimatisierten Oasen in Bangkok und anderen Großstädten wird jeder Gast wie ein Staatsoberhaupt behandelt. Die Zimmer verfügen über jeden Luxus, vom übergroßen Bett über TV bis hin zur gut sortierten Mini-Bar. In weltberühmten Hotels wie dem Oriental oder dem Shangri-La haben Sie zusätzlich noch einen fantastischen Ausblick über den Fluss Chao Phraya.

Diese Luxushotels bieten alle möglichen Einrichtungen, etwa Business-Center, Bankettsäle, Konferenzzimmer,

Das Melia Hotel in Hua Hin mit Meeresblick *(siehe S. 402)*

Einkaufspassagen, Cafés, Fitness-Center, Swimmingpools und mehrere Restaurants.

Die Luxushotels in Thailand bieten bis zu zehn Küchen; Thai ist natürlich Standard, doch auch die chinesische Küche – oft durch eine Region wie Kanton oder Szetschuan geprägt – ist vielfach vertreten. Italienische und französische Restaurants sind sehr beliebt. Zunehmende Verbreitung finden auch die deutsche, die englische, die japanische und die mexikanische Küche.

Verglichen mit entsprechenden Unterkünften im Westen, bekommen Sie in diesen Hotels einen ausgezeichneten Service für Ihr Geld.

Strandhotels

Wie die Luxushotels der Großstädte sind auch die Strandhotels an Ausstattung und Eleganz kaum zu überbieten. Zudem hat man von ihnen fast immer einen wundervollen Ausblick. Hotels wie das Regent in Chiang Mai, das Maiton Island in Phuket und das Dusit Resort in Cha-am sind Design-Oasen der Ruhe und Opulenz. Dort können Sie von allem das Beste erwarten und werden

Das Conrad-Zimmer im Oriental Hotel in Bangkok *(siehe S. 390)*

◁ **Frische Wassermelonen auf dem »schwimmenden Markt« von Damnoen Saduak bei Bangkok**

Felix River Kwai Resort am Fluss Khwae Yai, Kanchanaburi *(siehe S. 391)*

es auch bekommen. Das hervorragend geschulte Personal ist traditionell gekleidet, und niemand sollte sich wundern, wenn sich die Kellnerin einem Tisch auf Knien nähert. (Die Etikette verlangt, dass der geehrte Gast die Bediensteten körperlich überragt.) Die Speisen sind vielfältig und fast immer von ausgezeichneter Qualität.

Die meisten Hotels bieten ihren Gästen diverse Unterhaltungs- und Sportmöglichkeiten an, etwa Schwimmen (manche haben mehrere Pools), Garten-Jacuzzis, Sauna, Tennis, Wassersport und sogar Reiten oder Polo. In Chiang Mai werden auch Elefantenritte organisiert.

Gästehäuser

Gästehäuser gibt es erst seit dem Auftauchen der Rucksackurlauber in den 1970er Jahren. Noch heute werden die Häuser meist von westlichen Reisenden aufgesucht; sie bieten ein gutes Preis-Leistungs-Verhältnis.

In Bangkok ist die Khao San Road das Ziel von Reisenden mit begrenztem Budget, denen ein Dach über dem Kopf wichtiger ist als Komfort. Von Ausnahmen abgesehen, sind Bangkoks Gästehäuser wenig bemerkenswert.

Außerhalb der Großstadt aber, vor allem in Chiang Mai, sind die Gästehäuser ansprechend sauber, hübsch und erstaunlich preisgünstig. Die meisten Zimmer haben Klimaanlage oder Ventilatoren sowie ein Bad. Manche Gästehäuser bieten Swimmingpools, Restaurants und guten Service für etwa 400 Baht pro Nacht – ein Bruchteil dessen, was die Übernachtung etwa in einem Strandhotel kosten würde. Billigere Gästehäuser verlangen teils nur 100 Baht, doch dafür müssen Sie sich mit asiatischen Toiletten und Duschen zufrieden geben.

Thai-Hotels und chinesische Hotels

Thai- und chinesische Hotels gibt es überall; sie werden aber kaum von Urlaubern aus westlichen Ländern aufgesucht. Sie sind einfach ausgestattet und haben die typisch asiatischen Toiletten (sie sind sauber, aber man muss sich hinhocken, statt zu sitzen).

Thai-Hotels sind architektonisch wenig aufregend; meist handelt es sich um Betonbauten, die unzählige identische Räume enthalten. Wie alle Hotels in Thailand sind sie sauber; das Personal ist freundlich. In den meisten können Sie zwischen Zimmern mit Klimaanlage *(hong air)* oder mit Ventilatoren *(hong patlom)* wählen.

Chinesische Hotels dagegen erkennen Sie an einer Reihe von »Reich-der-Mitte«-Merkmalen – nicht nur an der überaus ernst blickenden Dame am Empfang, die über die Schlüssel wacht. Die Trennwände enden gewöhnlich etwa 30 Zentimeter über dem Boden und etwa einen Meter unter der Decke, wodurch von Privatsphäre natürlich keine Rede sein kann. Die überall hängenden Spiegel sollen böse Geister vertreiben, und Wandschmuck wie Drachen und rotgoldene Figuren (die Glück bringen sollen) gibt es im ganzen Haus.

Nur wenige Häuser dieses Hoteltyps besitzen Restaurants. In abgelegenen Gebieten der Zentralebene und im Nordosten sind diese Häuser aber oft die einzige Übernachtungsmöglichkeit.

Klöster

Klöster sind Orte der Zuflucht und Besinnung. Buddhistische Gäste und solche, die mehr über Buddhismus lernen wollen, können gegen eine geringe Gebühr in einem *wat* übernachten.

Die Ausstattung ist einfach, frühes Aufstehen Pflicht. Es herrscht Geschlechtertrennung. Einlass finden nur Reisende mit entsprechenden Umgangsformen (Näheres zur Etikette *siehe Seite 455*).

Gästehaus Nong Sam, Chiang Khan, Nordostthailand *(siehe S. 397)*

Ferienwohnungen

Ferienwohnungen sind in ganz Thailand sehr günstig zu mieten, doch die meisten Urlauber machen davon keinen Gebrauch. Das hat folgende Gründe: In Thailand ist das Essen im Restaurant nicht teuer, die Vermieter sprechen gewöhnlich keine Fremdsprache, und Vermietungsangebote richten sich in der Regel ausschließlich an Thai. Wer allerdings einige Wochen oder länger an einem Ort bleiben will, für den lohnt sich eine Ferienwohnung. Die Einheimischen helfen sicher gern beim Abschluss eines Mietvertrages für ein paar Tage oder Wochen.

Traditionelles Schlafzimmer: Die Matratzen liegen auf dem Boden

Übernachten in Nationalparks

Zelten ist in den meisten Nationalparks gegen eine geringe Gebühr erlaubt, doch die Campingplätze sind im Vergleich zu europäischen sehr einfach ausgestattet. Die Thai können dem Phänomen »Zelten« nichts abgewinnen; sie verstehen nicht, wieso jemand im Zelt schlafen will, obwohl ein billiges Hotel in der Nähe ist. Außerdem sind Camper den Gefahren der Wildnis ausgesetzt. Moskitonetze und ein gutes Insektenschutzmittel gehören deshalb zur Grundausstattung für Reisende.

In vielen Nationalparks können Besucher in Betonbungalows übernachten. Da deren Zahl begrenzt ist, empfiehlt es sich, beim **Forestry Department** in Bangkok einen Bungalow reservieren zu lassen.

Preise

Thailands außerordentlich vielseitiges Hotelangebot bietet für jeden Geldbeutel etwas. In Luxushotels wie Bangkoks Oriental oder Chiang Mais Regent sind nach oben keine Grenzen gesetzt. 40 000 Baht kostet hier eine Suite pro Nacht; für den alltäglichen Luxus bezahlt man immer noch zwischen 10 000 und 15 000 Baht pro Nacht.

In den Touristenhotels von Bangkok, Chiang Mai, Pattaya, Phuket oder Ko Samui kostet eine Übernachtung 1000 bis 4000 Baht; ein klimatisiertes Zimmer in einem Hotel in der Provinz kostet zwischen 700 und 1500 Baht je nach Saison. In der kühlen Saison sind die Preise überall am höchsten. In der heißen Zeit (März bis Mai) und der Regenzeit (Mai bis Oktober) sinken sie fast überall – nicht aber in der Hauptstadt. Ein sauberes, einfaches Zimmer in einem Thai- oder China-Hotel in Bangkok kostet rund 500 Baht, auf dem Land zwischen 150 und 250 Baht.

Beachten Sie die örtlichen Besonderheiten: In Surin etwa steigen die Hotelpreise während des Elefantenauftriebs im November ins Unermessliche. Zudem sind dann die Zimmer in der normalerweise preisgünstigen Stadt schon Monate vorher ausgebucht.

Am günstigsten sind die Gästehäuser von Chiang Mai und anderen Ferienzentren. In einem Thai-Pfahlbau aus Teakholz können Sie schon für 100 bis 500 Baht übernachten – dieser günstige Preis hat schon viele Besucher verleitet, länger zu bleiben als eigentlich geplant. Die Übernachtung in einem Strandbungalow kostet etwa das Gleiche, ist aber nicht so komfortabel. Hier ist man den Insekten ausgeliefert.

Strandidylle: Zelt und Bungalows in Ao Phrao auf Ko Samet

Reservierung

Zimmerreservierung empfiehlt sich in den Luxushotels und denen der mittleren Preisklasse, vor allem an Feiertagen. Thai- und China-Hotels sowie Gästehäuser nehmen keine Reservierungen entgegen. In Ferienzentren und Luxushotels spricht man Englisch. Andernorts sind Kenntnisse der Landessprache von Vorteil. Man kann Zimmer auch über die **TAT-Büros** reservieren lassen.

Steuern

Die Besteuerung in Thailand ist verwirrend und scheinbar nicht regelmäßig. Alle Hotels müssen sieben Prozent Mehrwertsteuer erheben; einige Luxushotels schlagen noch zehn Prozent für den Service auf. In manchen Häusern ist die Steuer schon in den angegebenen Preisen enthalten. In Touristenhotels wird die Steuer zum Teil erst aufgeschlagen, wenn der Gast seine Rechnung bekommt. Vergessen Sie also nicht, schon vor dem Einchecken zu fragen, ob die Steuer bereits im Preis enthalten ist.

In den kleinen Hotels auf dem Land wird die Steuer fast nie kassiert; und der Service (wenn überhaupt) durch Trinkgeld belohnt.

Preisnachlass

Scheuen Sie sich nicht, nach »Sonderangeboten« oder einem Preisnachlass zu fragen. Im schlimmsten Fall riskieren Sie eine höfliche Absage, doch außerhalb Bangkoks und in der Nebensaison kann man so beträchtliche Summen sparen. Fragen wird nicht als unhöflich betrachtet – penetrantes »Bohren« schon. Viele Hotels gewähren Nachlässe, wenn das Geschäft schlecht geht. Über Sonderangebote informieren die meisten Hotelbesitzer ihre Gäste.

Trinkgeld

Trinkgeld ist nur in der Hauptstadt und den großen Urlaubsorten Ko Samui, Phuket, Pattaya und Chiang Mai üblich.

Die Gepäckträger erwarten ein Trinkgeld; die Angestellten werden nur für besonders guten Service belohnt. Sie freuen sich aber auch über ein paar Worte des Dankes und ein Lächeln.

In Bezug auf die Höhe des Trinkgelds gibt es keine Regeln; die normal üblichen zehn Prozent sind wesentlich zu hoch bemessen. Zwischen zehn und 50 Baht reichen in jedem Fall aus. Teure Hotels setzen den Service ohnehin mit auf die Rechnung.

Reisen mit Kindern

Thai lieben Kinder und sind ihnen gegenüber sehr tolerant. Europäische Kinder kommen den Thai so exotisch und puppenhaft vor wie ihre Kinder den Menschen aus dem Westen. Dennoch verfügen nur wenige Mittelklassehotels über Einrichtungen für Kinder. Noch ein wichtiger Hinweis: In der Öffentlichkeit zu stillen, ist in Thailand verpönt.

Der Großteil der Strand- und Luxushotels bietet mittlerweile einen Babysitter-Service an, und vielfach ist die Übernachtung im Zimmer der Eltern kostenlos. Wenn Planschbecken vorhanden sind, müssen Eltern ihre Kinder an diesen allerdings selbst beaufsichtigen.

Bungalows unter Kokospalmen auf Ko Chang

Hotel Khon Kaen, Nordostthailand *(siehe S. 397)*

Behinderte Reisende

Selbst Luxushotels bieten wenige Einrichtungen für behinderte Gäste. Rollstuhl-Rampen sind nur in ganz neuen Luxushotels zu finden, doch fast jedes bessere Hotel hat einen Fahrstuhl. Damit erschöpft sich allerdings auch schon die behindertengerechte Ausstattung.

Thailands Wirtschaft entwickelt sich schnell, und der Tourismus boomt, doch es wird sicher noch Jahre dauern, bis das Bewusstsein für die Bedürfnisse Behinderter geweckt ist. Derzeit besteht die einzige Möglichkeit darin, das Hotel sorgfältig auszuwählen und früh zu buchen.

Auf einen Blick

Thai Hotels Association

Flughafen Bangkok.
☎ 0-2535-2558.

Forestry Department

Phahon Yothin Rd, Bangkok.
☎ 0-2579-0529.

Wichtige TAT-Büros

Bangkok
☎ 0-2694-1222.
W www.tat.or.th

Chiang Mai
☎ 0-5324-8604.

Ko Samui
☎ 0-7728-8818.

Pattaya
☎ 0-3842-8750.

Phuket
☎ 0-7621-2213.

Highlights: Luxushotels

THAILAND VERFÜGT ÜBER EINE bemerkenswerte Anzahl Hotels von internationalem Standard. Sie befinden sich überwiegend in großen Städten wie Bangkok und Chiang Mai sowie in den Urlaubszentren wie Pattaya und Phuket. Doch mit zunehmender Ausweitung des Tourismus entstehen auch in kleineren Orten laufend neue Hotels, und nur wenige andere Länder Südostasiens verfügen über so viele Übernachtungsmöglichkeiten dieser Qualität. Viele Hotels brauchen den Vergleich mit europäischen und amerikanischen nicht zu scheuen. Einige von ihnen, etwa das Oriental in der Hauptstadt Bangkok und das Amanpuri Resort auf Phuket, zählen zu den renommiertesten der Welt. Hier sind die besten Hotels jeder Region aufgeführt.

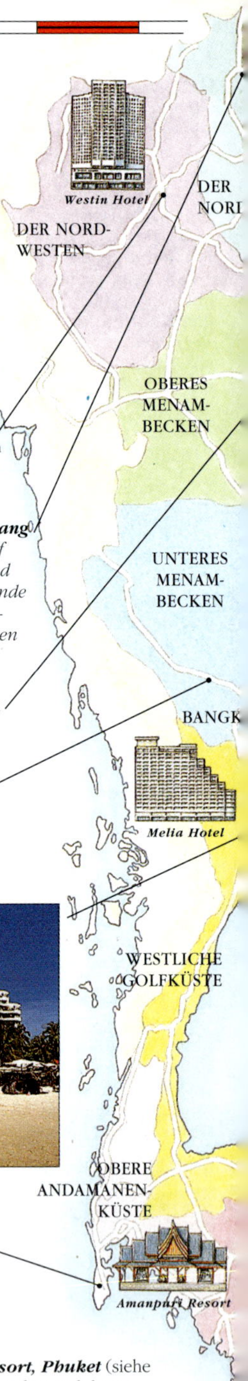

Westin Hotel, Chiang Mai *(siehe S. 394).* Hier genießen die Reichen und Berühmten Luxus zu enormen Preisen.

Dusit Island Resort, Chiang Rai (siehe S. 395), *liegt auf einer Insel im Fluss Kok und bietet ein weitläufiges Gelände mit Swimmingpool, Tennisplätzen und ausgezeichneten Restaurants.*

Pailyn Hotel, Phitsanulok *(siehe S. 392),* hat moderne Zimmer mit Flussblick, eine Sauna und zwei Restaurants.

Felix River Kwai Resort *(siehe S. 391)* ist geschickt in die künstlich gestaltete Landschaft am Fluss Khwae eingebaut. Es gibt zwei Swimmingpools, 24-Stunden-Zimmerservice sowie Nichtraucher- und behindertengerechte Zimmer.

Melia Hotel, Hua Hin (siehe S. 402), *liegt am Strand des beliebten Urlaubsgebiets. Die Einrichtungen entsprechen internationalem Standard; alle Zimmer haben Balkone mit Seeblick.*

Amanpuri Resort, Phuket (siehe S. 404), *ist architektonisch beeindruckend und bietet unvergleichlichen Luxus. Die Gäste wohnen in geräumigen Pavillons in einem schattigen Kokospalmenwäldchen.*

Sima Thani Hotel, Khorat *(siehe S. 397)*, außerhalb des Ortskerns gelegen, geräumig und sehr geschmackvoll dekoriert. Das Haus bietet erstklassige Einrichtungen wie Swimmingpool, Fitness-Center, Sauna, zwei Restaurants und zwei Bars. Besonders beeindruckend ist die fünfstöckige Empfangshalle.

Pathumrat Hotel, Ubon Ratchathani (siehe S. 399), *ein modernes siebenstöckiges Hotel in der Nähe des Stadtzentrums. Die gemütlichen, klimatisierten Räume sind mit Mini-Bar und TV ausgestattet. Es gibt ein Café und einen Swimmingpool.*

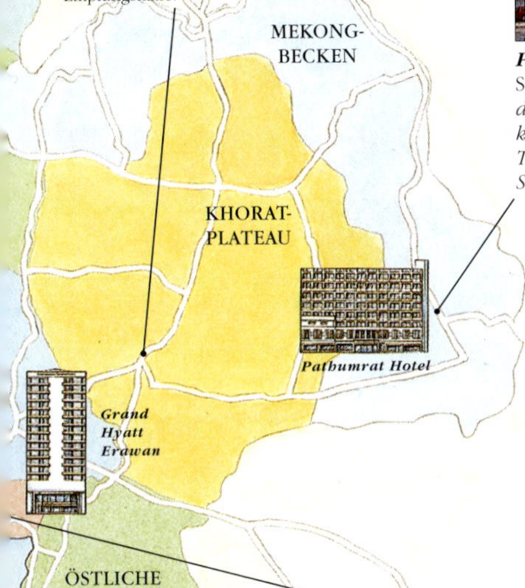

Oriental Hotel, Bangkok (siehe S. 390). *Es gilt schon seit langer Zeit als eines der besten Hotels der Welt. Ausstattung und Service machen den Aufenthalt in diesem Haus zu einem unvergesslichen Erlebnis.*

Grand Hyatt Erawan, Bangkok (siehe S. 389), *ist eines der besten Luxushotels der Stadt.*

Royal Cliff Beach Resort, Pattaya (siehe S. 400), *nahe dem Jomtien-Strand gelegen, ist das beste Familienhotel der Region. Es bietet ausgezeichneten Service und diverse Sportarten und Aktivitäten. Die meisten Zimmer haben Meerblick.*

Royal Crown Hotel, Songkhla *(siehe S. 405)*, ein beliebtes Hotel in guter Lage. Service und Restaurant sind ausgezeichnet.

DER SÜDEN

0 Kilometer 200

Hotelauswahl

Die Hotels in dieser Liste sind nach Preiskategorie und Lage geordnet, beginnend mit Bangkok; den Stadtplan für Bangkok finden Sie auf den Seiten 134–145. Viele Hotels bieten ausgezeichnete Einrichtungen. Die Farbmarkierungen am Rand verweisen auf die jeweilige Region. Eine Auswahl guter Restaurants ist auf den Seiten 412–429 aufgeführt.

Bangkok

Hotel	Preis	Kreditkarten	Swimmingpool	Westliche Badezimmer	Coffee Shop	Garten/Terrasse
Altstadt: *BK Guest House.* **Stadtplan** 2 D3. 11/1 Soi Surao, Chakrabongse Rd. ☎ *0-2281-3048.* FAX *0-2281-3048.* Saubere, sehr günstige Zimmer mit Gemeinschaftsbad. Nahe am Chao-Phraya-Fluss und an der Altstadt. ***Zimmer:*** *25.*	Ⓑ			■		
Altstadt: *Peachy Guest House.* **Stadtplan** 1 C4. 10 Phra Athit Rd. ☎ *0-2281-6471.* Ein wunderschöner Garten hebt dieses Gästehaus angenehm von den vielen anderen in und um Banglamphu ab. ***Zimmer:*** *45.* ▤ *15.*	Ⓑ			■		■
Altstadt: *Khao San Palace.* **Stadtplan** 2 D4. 139 Khao San Rd. ☎ *0-2282-0578.* Seit einigen Jahren ist die Khao San Road das Ziel von Rucksackurlaubern – vorher war es Soi Ngam Duphli südlich vom Lumphini-Park. ***Zimmer:*** *62.* ▤ *62.*	ⒷⒷ					
Altstadt: *New Nith Jaro-n Hotel.* **Stadtplan** 2 D4. 183 Khao San Rd. ☎ *0-2281-9872.* Ruhiges, sauberes Hotel in der geschäftigen Khao San Road. Alle Zimmer sind mit Deckenventilatoren und großzügigen Baderäumen ausgestattet. ***Zimmer:*** *26.* ▤ *2.*	ⒷⒷⒷ			■		
Altstadt: *Phra Athit Mansion.* **Stadtplan** 1 C4. 22 Phra Athit Rd. ☎ *0-2280-0744.* FAX *0-2280-0742* Einfaches, sauberes Hotel nahe am Fährhafen Phra Athit. Geeignet für junge Leute mit begrenztem Budget. ***Zimmer:*** *35.* ▤ *0.*	ⒷⒷⒷ	*MC V*		■		
Altstadt: *Royal.* **Stadtplan** 2 D4. 2 Ratchadamnoen Klang Ave. ☎ *0-2222-9111.* FAX *0-2224-2083.* Eines von Bangkoks ältesten Hotels. 1992 kam es während einer Demonstration zu Auseinandersetzungen im Foyer. 24 TV ***Zimmer:*** *300.* ▤ *300.*	ⒷⒷⒷⒷ	*MC V*	●	■	●	
Chinatown: *River View Guest House.* **Stadtplan** 6 F3. 768 Soi Phanu Rang Si, Songwat Rd. ☎ *0-2234-5429.* FAX *0-2237-5428.* Vom Restaurant im achten Stock hat man einen schönen Blick auf den Fluss; allerdings ist das Essen zweitklassig. Gleichwohl: sauberes und freundliches Haus, mit etwas langsamem Service. TV ***Zimmer:*** *45.* ▤ *12.*	ⒷⒷ	*AE MC V*		■		
Chinatown: *Grand China Hotel.* **Stadtplan** 6 F2. 409–421 Yaowarat Rd. ☎ *0-2226-1267.* FAX *0-2224-7999.* Einfaches Mittelklassehotel mitten in der geschäftigen Chinatown. Im Umkreis liegen viele indische, chinesische und Thai-Restaurants. TV ***Zimmer:*** *150.* ▤ *150.*	ⒷⒷⒷ	*AE DC MC V*		■	●	
Chinatown: *White Orchid.* **Stadtplan** 6 E2. 409–421 Yaowarat Rd. ☎ *0-2226-0026.* FAX *0-2221-8101.* Einfaches, aber respektables Hotel in der Nähe der vielen Gold- und Kräuterläden in der Sampeng Lane von Chinatown. TV ***Zimmer:*** *300.* ▤ *300.*	ⒷⒷⒷ	*AE DC MC V*		■	●	
Dusit: *Bangkok International Youth Hostel.* **Stadtplan** 2 F2. 25/2 Phitsanulok Rd. ☎ *0-2281-0361.* FAX *0-2628-7416.* Sauber und preiswert; im Keller gibt es ein gutes Restaurant. Es gelten die üblichen Jugendherbergsvorschriften. Nahe am Vimanmek-Palast im relativ ruhigen Dusit-Viertel gelegen. ***Zimmer:*** *20 (64 Betten).* ▤ *17.*	Ⓑ			■	●	■
Dusit: *Villa Guest House.* **Stadtplan** 2 D3. Samsen Soi 1. ☎ *Kein Telefon.* Klein und einfach, aber ungewöhnlich für Bangkok – so ruhig und freundlich, dass man sich vorkommt wie in einem Privathaus. Ausgesprochen günstig, deshalb oft ausgebucht. ***Zimmer:*** *10.* ▤ *0.*	Ⓑ			■		

Stadtplan siehe Seiten 134–145

Preiskategorien für ein Doppelzimmer pro Nacht, inklusive Steuern (Luxushotels):

Ⓑ unter 350 Baht
ⒷⒷ 350–800 Baht
ⒷⒷⒷ 800–1600 Baht
ⒷⒷⒷⒷ 1600–3200 Baht
ⒷⒷⒷⒷⒷ über 3200 Baht

Kreditkarten
AE = American Express; DC = Diners Club; MC = MasterCard; V = Visa.

Westliche Badezimmer
Westliche Toiletten, Dusche und/oder Badewanne. Ansonsten sind nur asiatische Toiletten vorhanden.

Coffee Shop
Hotel mit Café.

Garten/Terrasse
Hotel mit Garten, Hof oder Terrasse.

	Kreditkarten	Swimmingpool	Westliche Badezimmer	Coffee Shop	Garten/Terrasse
Dusit: *Trang.* **Stadtplan** 2 D2. ⒷⒷⒷ 99/8 Wisut Kasat Rd. *0-2281-2083.* FAX *0-2280-3610.* Mittelklassehotel am Fluss nördlich der Altstadt. Günstige Lage inmitten aller Attraktionen des Dusit-Viertels. TV ***Zimmer:*** *186.* *186.*	AE MC V	●	■	●	
Dusit: *Royal Princess.* **Stadtplan** 3 A4. ⒷⒷⒷⒷⒷ 269 Lan Luang Rd. *0-2281-3088.* FAX *0-2280-1314.* Luxushotel in günstiger Nähe der Sehenswürdigkeiten des Dusit-Viertels und der Altstadt. Ausgezeichnetes China-Restaurant, aber auch italienische und japanische Küche. 24 TV ***Zimmer:*** *170.* *170.*	AE DC MC V	●	■	●	■
Innenstadt: *Niagara.* **Stadtplan** 7 B5. ⒷⒷ 26 Soi Suksa Witthaya. *0-2233-5783.* FAX *0-2233-6563.* Das beste preiswerte Hotel im Silom-Viertel – weit genug vom nächtlichen Bar- und Verkehrslärm entfernt. ***Zimmer:*** *90.* *48.* 24 TV			■	●	
Innenstadt: *White Lodge.* **Stadtplan** 7 C1. ⒷⒷ 36/8 Soi Kasem San 1. *0-2216-8867.* FAX *0-2216-8228.* Sauber, freundlich und preiswert. Inmitten des Siam-Square-Geschäftsviertels in der Nähe des Jim-Thompson-Hauses gelegen. ***Zimmer:*** *26.* *26.*			■	●	
Innenstadt: *Mandarin Bangkok.* **Stadtplan** 7 B3. ⒷⒷⒷⒷ 662 Rama IV. Rd. *0-2238-0231.* FAX *0-2237-1620.* W *www.mandarin–bkk.com* Das Hotel im Zentrum verfügt über geräumige Zimmer zu vernünftigen Preisen Das Frühstücksbüfett ist überaus reichhaltig. 24 TV ***Zimmer:*** *400.* *400.*	AE DC MC V	●	■	●	
Innenstadt: *Mercure.* **Stadtplan** 4 F5. ⒷⒷⒷⒷ City Square, 35 New Petchaburi Rd. *0-2253-0510.* FAX *0-2253-0556.* Riesiger Komplex, speziell für Geschäftsreisende. Elf Konferenzzimmer und ein Ballsaal. 24 TV ***Zimmer:*** *644.* *644*	AE DC MC V	●	■	●	
Innenstadt: *Asia.* **Stadtplan** 3 C5. ⒷⒷⒷⒷⒷ 296 Phaya Thai Rd. *0-2215-0808.* FAX *0-2215-4360.* W *www.asiahotel.com* Das 1964 erbaute Asia hat fünf gute Restaurants – chinesisch, vietnamesisch und Thai. Das Hotel liegt in der Nähe des Siam Center. 24 TV ***Zimmer:*** *439.* *439.*	AE DC MC V	●	■	●	
Innenstadt: *Amari Watergate.* **Stadtplan** 4 E5. ⒷⒷⒷⒷⒷ 847 Petchaburi Rd. *0-2653-9000.* FAX *0-2653-9045.* W *www.amari.com* Attraktives Luxushotel im Herzen des Pratunam-Geschäftsviertels. Es gibt mehrere Hotelrestaurants, von denen das italienische schon höchstes Lob erhalten hat. 24 TV ***Zimmer:*** *569.* *569.*	AE DC MC V	●	■	●	■
Innenstadt: *Conrad Hotel.* **Stadtplan** 8 D3. ⒷⒷⒷⒷⒷ All Seasons Place, 87 Wireless Road. *0-2690-9999.* FAX *0-2690-9980.* Mitten im Geschäftszentrum und in Gehentfernung zum Lumphini-Park gelegen. Das Hotel bietet alle Annehmlichkeiten einer luxuriösen Unterkunft. 24 TV ***Zimmer:*** *392.* *392.*	AE DC MC V	●	■	●	■
Innenstadt: *Dusit Thani.* **Stadtplan** 8 D4. ⒷⒷⒷⒷⒷ 946 Rama IV. Rd. *0-2236-0450.* FAX *0-2236-6400.* W *www.dusit.com* Vom Restaurant ganz oben (23. Stockwerk) hat man einen der schönsten Blicke über Bangkok. Pyramidenförmiger Bau, baumgesäumte Pool-Anlage und acht Restaurants. 24 TV ***Zimmer:*** *530.* *530.*	AE DC MC V	●	■	●	■
Innenstadt: *Grand Hyatt Erawan.* **Stadtplan** 8 D1. ⒷⒷⒷⒷⒷ 494 Ratchadamri Rd. *0-2254-1234.* FAX *0-2253-5856.* W *www.bangkok.hyatt.com* Das Hotel in der Nähe von Ploenchit bietet geräumige und luxuriöse Zimmer, ein vierstöckiges Atrium und eine reichhaltige Kunstsammlung. 24 TV ***Zimmer:*** *389.* *389.*	AE DC MC V	●	■	●	■

Zeichenerklärung siehe hintere Umschlagklappe

Preiskategorien für ein Doppelzimmer pro Nacht, inklusive Steuern (Luxushotels):

Ⓑ unter 350 Baht
ⒷⒷ 350–800 Baht
ⒷⒷⒷ 800–1600 Baht
ⒷⒷⒷⒷ 1600–3200 Baht
ⒷⒷⒷⒷⒷ über 3200 Baht

KREDITKARTEN
AE = American Express; DC = Diners Club; MC = MasterCard; V = Visa.

WESTLICHE BADEZIMMER
Westliche Toiletten, Dusche und/oder Badewanne. Ansonsten sind nur asiatische Toiletten vorhanden.

COFFEE SHOP
Hotel mit Café.

GARTEN/TERRASSE
Hotel mit Garten, Hof oder Terrasse.

	Kreditkarten	Swimmingpool	Westliche Badezimmer	Coffee Shop	Garten/Terrasse
INNENSTADT: *Hilton International Bangkok.* **Stadtplan** 8 E1. ⒷⒷⒷⒷⒷ 2 Witthayu Rd. *0-2390-0410.* FAX *0-2390-0411.* W *www.hilton.com* Absolut alles, was man von einem Hilton erwarten darf: Luxus, Komfort, Geschmack – es gibt sogar einen Thai-Brahmin-Fruchtbarkeitsschrein. 24 TV ***Zimmer:*** *338.* *338.*	AE DC MC V	●	■	●	■
INNENSTADT: *Holiday Inn Silom Bangkok.* **Stadtplan** 7 A5. ⒷⒷⒷⒷⒷ 981 Silom Rd. *0-2238-4300.* FAX *0-2238-5289.* W *www.bangkok-silom.holiday-inn.com* Wundervolles, mit viel Marmor ausgestattetes Hotel am Westende der Silom Road in der Nähe des Geschäfts- und Einkaufsviertels und der Sehenswürdigkeiten. 24 TV ***Zimmer:*** *726.* *726.*	AE DC MC V	●	■	●	
INNENSTADT: *Indra Regent.* **Stadtplan** 4 E5. ⒷⒷⒷⒷⒷ 120/126 Ratchaprarop Rd. *0-2208-0022.* FAX *0-2208-0388.* W *www.indrahotel.com* Im geschäftigen Pratunam-Viertel gelegenes Hotel, das über Business-Einrichtungen verfügt. Hier befindet sich auch die Haltestelle von luxuriösen Überlandbussen. 24 TV ***Zimmer:*** *439.* *439.*	AE DC MC V	●	■	●	■
INNENSTADT: *Montien.* **Stadtplan** 7 C3. ⒷⒷⒷⒷⒷ 54 Surawong Rd. *0-2234-8060.* FAX *0-2236-5218.* W *www.montienhotel.com* Gemessen am Preis sind die Zimmer etwas einfach, aber die Lage ist perfekt: Der Silom-Finanzdistrikt und das Nachtleben von Patpong sind nur einen Steinwurf entfernt. 24 TV ***Zimmer:*** *475.* *475.*	AE DC MC V	●	■	●	
INNENSTADT: *Oriental.* **Stadtplan** 6 F4. ⒷⒷⒷⒷⒷ 48 Oriental Ave. *0-2236-0400.* FAX *0-2236-1937.* W *www.mandarin-oriental.com* Das legendäre Hotel, das 1876 erbaut wurde *(siehe S. 110)*, gilt noch heute als eines der besten der Welt. Beeindruckend sind auch der Garten und der Blick auf den Fluss. 24 TV ***Zimmer:*** *395.* *395.*	AE DC MC V	●	■	●	■
INNENSTADT: *Regent.* **Stadtplan** 8 D2. ⒷⒷⒷⒷⒷ 155 Ratchadamri Rd. *0-2251-6127.* FAX *0-2266-2769.* Zentral gelegenes Weltklassehotel, das seinen Gästen sogar Yoga und Tanz im eigenen Ballsaal anbietet. 24 TV ***Zimmer:*** *356.* *356.*	AE DC MC V	●	■	●	■
INNENSTADT: *Royal Orchid Sheraton.* **Stadtplan** 6 F3. ⒷⒷⒷⒷⒷ 2 Captain Bush Lane, Si Praya Rd. *0-2236-3535.* FAX *0-2236-8320.* W *www.sheraton.com* Das elegante Hotel für Geschäftsreisende teilt sich mit dem Oriental einen Hubschrauber-Service. Von den 28 Stockwerken aus hat man einen schönen Blick über den Chao Phraya. 24 TV ***Zimmer:*** *733.* *733.*	AE DC MC V	●	■	●	■
THON BURI: *Royal City* ⒷⒷⒷⒷ 800 Borom Ratchonni Rd. *0-2435-8888.* FAX *0-2434-3636.* W *www.royalrivergroup.com* Das erstklassige Hotel am Chao Phraya liegt etwas abseits der üblichen Touristenrouten. Es verfügt über ein Gartencafé und ein französisches Restaurant. 24 TV ***Zimmer:*** *401.* *401.*	AE DC MC V	●	■	●	■
THON BURI: *Royal River.* **Stadtplan** 1 A2. W *www.royalrivergroup.com* ⒷⒷⒷⒷ 219 Charan Sanit Wong Rd. *0-2433-0300.* FAX *0-2433-5880.* Das bestausgestattete Luxushotel am Westufer des Chao Phraya. 24 TV ***Zimmer:*** *436.* *436.*	AE DC MC V	●	■	●	■
THON BURI: *Marriott Royal Garden Riverside.* **Stadtplan** 6 E4. ⒷⒷⒷⒷⒷ 257/1–3 Charoen Nakhon Rd. *0-2476-0022.* FAX *0-2476-1120.* W *www.royal–garden.com* Das Luxushotel am Westufer des Chao Phraya hat fünf Restaurants, einen 45 000 Quadratmeter großen Park und eine heiße Quelle, die bis zu zehn Personen Platz bietet. 24 TV ***Zimmer:*** *413.* *413.*	AE DC MC V	●	■	●	■
ABSTECHER: *Nasmin Hotel* Ⓑ 2/16 Kraiphet Rd., Ratchaburi. *0-3233-7551.* FAX *0-3233-7633.* Ratchaburi ist nicht gerade für seine Beschaulichkeit berühmt. Doch das einfache Hotel bietet geräumige, komfortable Zimmer. Alle Zimmer haben entweder Ventilatoren oder Klimaanlage. TV ***Zimmer:*** *78.* *10.*					

Stadtplan siehe Seiten 134–145

ABSTECHER: *Park Hotel* ⒷⒷⒷ
6 Sukhumvit, Soi 7. *0-2255-4300.* FAX *0-2255-4309.*
Sehr komfortabel, mit Pool, Sporthalle und Sauna ausgestattet und für den Westen von Sukhumvit auch nicht zu teuer. Über die Schnellstraße gute Anbindung zum Flughafen. 24 TV ***Zimmer:*** *139.* *139.*
AE DC MC V

ABSTECHER: *Ambassador* ⒷⒷⒷⒷ
171 Soi 11, Sukhumivt Rd. *0-2254-0444.* FAX *0-2253-4123.*
Ein weiteres großes Hotel, das im Herzen von Sukhumvit liegt. Auf der Terrasse im Erdgeschoss befindet sich eine Auswahl ethnischer Restaurants. 24 TV ***Zimmer:*** *750.* *750.*
AE DC MC V

ABSTECHER: *Fortune Blue Wave* ⒷⒷⒷⒷ
Fortune Town Building, 1 Ratchadaphisek Rd. *0-2641-1500.* FAX *0-2641-1530.*
Ein großes, komfortables Hotel für Geschäftsreisende. Es verfügt über drei asiatische Restaurants, ein Café und eine Bar. Das Thailand Cultural Center liegt ganz in der Nähe. 24 TV ***Zimmer:*** *428.* *428.*
AE DC MC V

ABSTECHER: *Amari Airport* W *www.amari.com* ⒷⒷⒷⒷⒷ
333 Chert Wudthakas Rd., Don Muang. *0-2566-1020.* FAX *0-2566-1941.*
Das Hotel ist durch Gänge mit den In- und Auslandsterminals von Bangkoks Flughafen und dem Bahnhof von Don Muang verbunden. Ideal für Durchreisende, aber sehr teuer. 24 TV ***Zimmer:*** *305.* *305.*
AE DC MC V

ABSTECHER: *Landmark Plaza.* **Stadtplan** 8 F2. ⒷⒷⒷⒷⒷ
138 Sukhumvit Rd. *0-2254-0404.* FAX *0-2253-4259.* @ *landmark@mozart.inct.co.th*
Der große Hotelkomplex liegt in der Nähe des National Convention Center, hat eine vierstöckige Einkaufspassage und zehn hervorragende Restaurants. 24 TV ***Zimmer:*** *415.* *415.*
AE DC MC V

ABSTECHER: *Sukhothai Bangkok.* **Stadtplan** 8 D4. ⒷⒷⒷⒷⒷ
13/3 Sathorn Tai Rd. *0-2287-0222.* FAX *0-2287-4980.* W *www.sukothai.com*
Der 24 000 Quadratmeter große Park mit seinen Teichen und Pagoden macht dieses Hotel außerordentlich attraktiv – dafür ist es auch eines der teuersten Hotels von Bangkok. 24 TV ***Zimmer:*** *224.* *224.*
AE DC MC V

UNTERES MENAM-BECKEN

AYUTTHAYA: *New BJ Guest House* Ⓑ
16/7 Naresuan Rd. *0-3524-6046.*
Zentral gelegen und sauber – perfekt für Reisende mit schmalen Budget. Fahrradverleih und gute Küche im Haus. ***Zimmer:*** *19.* *0.*

AYUTTHAYA: *U Thong Inn* ⒷⒷⒷ
210 Rodjana Rd. *0-3524-2236.* FAX *035242235.* W *www.uthonginn.com*
Das beste Hotel in Ayutthaya, von dem aus alle wichtigen Sehenswürdigkeiten leicht zu erreichen sind. 24 TV ***Zimmer:*** *208.* *208.*
AE DC MC V

BANG PA-IN: *Phra Intaracha* ⒷⒷ
136 Mu 7, Tambon Chiangraknoi. *0-3536-1081.*
Wenige Gäste übernachten in Bang Pa-in, dafür liegt es zu dicht bei Bangkok. Dieses Hotel ist das beste am Ort. ***Zimmer:*** *50.* *18.*

KANCHANABURI: *Jolly Frog Back-Packers* Ⓑ
28 Soi China Maenam Kwai Rd. *0-3451-4579.*
Origineller Name, originelles Konzept. Dieses einzigartige Bambus-»Motel« mit Restaurant liegt direkt am Fluss. ***Zimmer:*** *50.* *0.*

KANCHANABURI: *Felix River Kwai Resort* ⒷⒷⒷ
9/1 Mu 3, Thamakhan. *0-3451-5061.* FAX *0-3451-5095.*
Luxushotel mit parkartigem Garten, direkt am Fluss Khwae. Geboten werden Tennisplätze, zwei große Swimmingpools und ein Privatsafe in jedem Zimmer. 24 TV ***Zimmer:*** *255.* *255.*
AE DC MC V

LOP BURI: *Asia Lopburi Hotel* Ⓑ
1/7–8 Sorasak Rd. *0-3641-1892.* FAX *0-3641-1892.*
Zentral gelegen, mit Blick auf den Palast von König Narai. Preiswertes, aber einfaches Haus. ***Zimmer:*** *110.* *20.*

LOP BURI: *Lopburi Inn* ⒷⒷⒷ
28/9 Narai Maharat Rd. *0-3641-2300.* FAX *0-3641-1917.*
Eines der besten Hotels der Zentralebene, das allerdings mehr als drei Kilometer von Lop Buris Sehenswürdigkeiten entfernt liegt.
24 TV ***Zimmer:*** *142.* *142.*
AE MC V

Zeichenerklärung siehe hintere Umschlagklappe

Preiskategorien für ein Doppelzimmer pro Nacht, inklusive Steuern (Luxushotels):

Ⓑ unter 350 Baht
ⒷⒷ 350–800 Baht
ⒷⒷⒷ 800–1600 Baht
ⒷⒷⒷⒷ 1600–3200 Baht
ⒷⒷⒷⒷⒷ über 3200 Baht

Kreditkarten
AE = American Express; DC = Diners Club; MC = MasterCard; V = Visa.

Westliche Badezimmer
Westliche Toiletten, Dusche und/oder Badewanne. Ansonsten sind nur asiatische Toiletten vorhanden.

Coffee Shop
Hotel mit Café.

Garten/Terrasse
Hotel mit Garten, Hof oder Terrasse.

Hotel	Preis	Kreditkarten	Swimmingpool	Westliche Badezimmer	Coffee Shop	Garten/Terrasse
Nakhon Pathom: *Nakhon Inn* 55 Ratwithi Rd. ☎ *0-3425-1152.* FAX *0-3425-4998.* Ein angenehmes, sauberes Hotel, das zwar über wenig Charme verfügt, aber immer noch das beste am Ort ist. ***Zimmer:** 70.* *70.*	ⒷⒷ			■	●	■
Sangkhla Buri: *P Guesthouse* 81/1 mu 1 Tambon Noog Loo, Sangkhla Buri. ☎ *0-3459-5139.* FAX *0-3459-5139* Das am See gelegene Gästehaus bietet eine außergewöhnlich schöne Sicht über den See zum Mon-Dorf. Es gibt auch die Möglichkeit, Bungalows mit Seeblick zu mieten. ***Zimmer:** 24.* *2.*	Ⓑ					

Oberes Menam-Becken

Hotel	Preis	Kreditkarten	Swimmingpool	Westliche Badezimmer	Coffee Shop	Garten/Terrasse
Kamphaeng Phet: *Phet Hotel* 99 Wichit Rd. ☎ *0-5571-2810.* Das in der Nähe des Markts gelegene saubere Hotel hat einen kleinen Pool und bietet Gästen viel für ihr Geld. 24 TV ***Zimmer:** 235.* *235.*	ⒷⒷ	MC V	●	■	●	■
Kamphaeng Phet: *Cha Kang Rao* 123/1 Thesa Rd. ☎ *0-5571-1315.* FAX *0-5571-1326.* Das Hotel liegt im neueren Teil von Kamphaeng Phet, nicht allzu weit von der Altstadt entfernt. Tennisplätze. 24 TV ***Zimmer:** 90.* *90.*	ⒷⒷⒷⒷ	MC V		■	●	
Mae Sot: *Central Mae Sot Hill Hotel* 100 Asia Highway. ☎ *0-5553-2601.* FAX *0-5553-2608.* Geboten werden: Tennisplätze, Disko, Cocktailbar, Ballsaal und ein ausgezeichnetes Restaurant. Das Haus ist für Kinder besonders geeignet wegen des Extra-Schwimmbeckens. 24 TV ***Zimmer:** 120.* *120.*	ⒷⒷⒷ	AE DC MC V	●	■	●	■
Phitsanulok: *Phitsanulok Youth Hostel* 38 Sanam Bin Rd. ☎ *0-5524-2060.* Schöne Jugendherberge in einem alten, mit Jasmin überwachsenen Holzhaus mit großer Teakholz-Veranda. ***Zimmer:** 24.* *0.*	Ⓑ			■		■
Phitsanulok: *Pailyn* 38 Baromatrailokanart Rd. ☎ *0-5525-2412.* FAX *0-5525-8185.* Das beste Hotel am Ort, das Gäste mit hübschen Zimmern, Flussblick und zwei Restaurants verwöhnt. 24 TV ***Zimmer:** 247.* *247.*	ⒷⒷⒷⒷ	AE MC V		■	●	
Sawankhalok: *Muang Inn* 21 Kasem Rat Rd. ☎ *0-5564-1753.* FAX *0-5564-1662.* Die einzige empfehlenswerte Unterkunft in Sawankhalok. Angenehme Atmosphäre und ein gutes Thai-Restaurant. ***Zimmer:** 39.* *20.*	ⒷⒷ			■	●	
Sukhothai: *Anasukho Guest House* 234/6 Chodwithithong Rd. ☎ *0-5561-1315.* Das große und gemütliche Hotel war früher eines von drei »Nr.-4«-Gästehäusern in Neu-Sukhothai. ***Zimmer:** 5.* *0.*	Ⓑ					■
Sukhothai: *Sawasdiphong* 56/2–5 Singhawat Rd. ☎ *0-5561-1567.* FAX *0-5561-2268.* Sauber, gemütlich, aber nichts Besonderes. Das Restaurant allerdings ist hervorragend. ***Zimmer:** 23.* *15.*	Ⓑ			■		
Sukhothai: *Thai Village House* 214 Charotvithwong Rd. ☎ *0-5561-2275.* FAX *05561-2583.* Attraktive Teakholz-Bungalows im Besitz des Sukhothai Cultural Center. Reservierung erforderlich. ***Zimmer:** 80.* *80.*	ⒷⒷ	MC V		■		■
Tak: *Wiang Tak* 25/3 Mahathai Bamrung Rd. ☎ *0-5551-1950.* FAX *0-5551-2687.* Tak hat nur wenige einfache Hotels entlang der Hauptstraße. Dies ist das größte und beste. ***Zimmer:** 100.* *100.*	ⒷⒷⒷ	AE MC V		■	●	

UMPHANG: *Umphang Country Huts* ⒷⒷⒷ 141 Mu, 1 Tambon Umphang. *0-5556-1079.* Die einfachen Hütten am Rand von Umphang sind die bequemste »Dschungel«-Unterkunft in dieser Provinz. ***Zimmer:*** *18.* ▤ *0.*			■		■

DER NORDWESTEN

CHIANG DAO: *Chiang Dao Hills* ⒷⒷⒷ 28 Mu 6, Ping Kong, Chiang Dao. *0-5323-2434.* FAX *0-5325-1372.* Isoliert liegende, ruhige Bungalow-Feriensiedlung in einer sanften Hügellandschaft. Sehr gutes Restaurant. ***Zimmer:*** *36.* ▤ *0.*			■		■
CHIANG MAI: *Daret's Guest House* Ⓑ 4/5 Chaiyaphum Rd. *0-5323-5440.* Altes und beliebtes Haus für Rucksackurlauber im Gebiet Tha Phae Gate. Daret's Restaurant ist bekannt für seine preiswerten, mild gewürzten und leckeren Mahlzeiten. ***Zimmer:*** *28.* ▤ *0.*			■		■
CHIANG MAI: *La Maloon* Ⓑ 1 Chaban Rd. *0-5327-1001.* Hübsches Gästehaus aus Holz mit Gartenbar unter französischer Leitung. Das Essen ist gut und relativ preiswert. ***Zimmer:*** *3.* ▤ *0.*			■		■
CHIANG MAI: *Al Farooq* ⒷⒷ 341 Charoen Prathet Rd. *0-5382-1107.* FAX *0-5382-1106.* Mittelklassehotel im muslimischen Viertel im Süden der Stadt. Bekannt ist es vor allem für sein Restaurant, das vorzügliche vegetarische und Halal-Gerichte anbietet. 24 TV ***Zimmer:*** *100.* ▤ *100.*			■	●	
CHIANG MAI: *Anodard* ⒷⒷ 57/59 Ratchamankha Rd. *0-5327-0755.* FAX *0-5327-0759.* Altmodisches Hotel innerhalb der Stadtmauern. Sauber und schlicht. 24 TV ***Zimmer:*** *120.* ▤ *42.*	*MC V*	●	■	●	
CHIANG MAI: *Baan Jong Come* ⒷⒷ 47 Tha Phae Rd., Soi 4. *0-5327-4823.* Haus in zentraler, aber ruhiger Lage in einer Nebenstraße. Es verfügt über eine gemütliche Gartenatmosphäre und freundliche Angestellte, die gern Ausflugstipps geben. ***Zimmer:*** *74.* ▤ *5.*			■		■
CHIANG MAI: *Chatree Guest House* ⒷⒷ 11/10 Suriyawong Rd. *0-5327-9221.* FAX *0-5327-9085.* Die Atmosphäre in diesem Gästehaus ist angenehmer, als seine Lage im Nachtbasar-Viertel vermuten lässt. 24 TV ***Zimmer:*** *120.* ▤ *120.*	*MC V*	●	■		
CHIANG MAI: *Lai Thai Guest House* ⒷⒷ 111/4–5 Khotchasan Rd. *0-5327-1725.* FAX *0-5327-2724.* Ein gut ausgestattetes Gästehaus am Graben, der Chiang Mais Stadtmauer umgibt – idealer Ort, um das Songkran-Fest im April mitzuerleben. 24 TV ***Zimmer:*** *120.* ▤ *40.*	*AE MC V*	●	■	●	
CHIANG MAI: *Tapae Place* ⒷⒷ 2 Tha Phae Rd., Soi 3. *0-5320-1042.* FAX *0-5327-1982.* Angenehmes und freundliches Hotel, das in einer der ruhigen, hübschen Nebenstraßen von Chiang Mai in der Nähe des Tha Phae Gate und des Nachtbasars liegt. 24 TV ***Zimmer:*** *90.* ▤ *90.*	*AE DC MC V*		■	●	■
CHIANG MAI: *Top North Guest House* ⒷⒷ 15 Mun Muang Rd., Soi 2. *0-5327-8900.* FAX *0-5327-8485.* Das moderne Gebäude im nordthailändischen Stil liegt in der Altstadt nahe den Bars in der Mun Muang Road. Es bietet Motorradvermietung und Trekking-Service. 24 ***Zimmer:*** *90.* ▤ *50.*	*MC V*	●	■	●	■
CHIANG MAI: *Diamond Riverside* ⒷⒷⒷ 33/10 Charoen Prathet Rd. *0-5327-0080.* FAX *0-5327-1482.* Luxushotel am Ping-Fluss mitten im Stadtkern in der Nähe des Nachtbasars. Das Restaurant ist in einem schönen, 150 Jahre alten Teakhaus auf dem Gelände untergebracht. 24 TV ***Zimmer:*** *423.* ▤ *423.*	*AE DC V*	●	■	●	■
CHIANG MAI: *River View Lodge* ⒷⒷⒷ 25 Charoen Prathet Rd., Soi 2. *0-5327-1110.* FAX *0-5327-9019.* Das Hotel sieht von außen aus wie ein Schweizer Chalet, die Zimmer sind jedoch im traditionellen Lanna-Stil eingerichtet. Das Haus verfügt über Flussblick und Pool. ***Zimmer:*** *36.* ▤ *36.*	*MC V*	●	■		■

Zeichenerklärung siehe hintere Umschlagklappe

Preiskategorien für ein Doppelzimmer pro Nacht, inklusive Steuern (Luxushotels):

Ⓑ unter 350 Baht
ⒷⒷ 350–800 Baht
ⒷⒷⒷ 800–1600 Baht
ⒷⒷⒷⒷ 1600–3200 Baht
ⒷⒷⒷⒷⒷ über 3200 Baht

Kreditkarten
AE = American Express; DC = Diners Club; MC = MasterCard; V = Visa.

Westliche Badezimmer
Westliche Toiletten, Dusche und/oder Badewanne. Ansonsten sind nur asiatische Toiletten vorhanden.

Coffee Shop
Hotel mit Café.

Garten/Terrasse
Hotel mit Garten, Hof oder Terrasse.

	Kreditkarten	Swimmingpool	Westliche Badezimmer	Coffee Shop	Garten/Terrasse
Chiang Mai: *Chiang Mai Orchid* ⒷⒷⒷⒷ 22 Huai Kaeo Rd. *0-5322-2091.* FAX *0-5322-1625.* Das im Nordwesten der Stadt gelegene, schon lange bestehende Luxushotel ist für seine Weine und seinen Weinkeller berühmt. Außerdem bietet es ein Fitness-Center. 24 TV ***Zimmer:*** *266.* *266.*	AE DC MC V	●	■	●	■
Chiang Mai: *Lotus* ⒷⒷⒷⒷ 99/4 Huai Kaeo Rd., Mu 2. *0-5322-4333.* FAX *0-5322-4493.* Die Gäste des Hotels, das zu einem der größten Einkaufszentren von Chiang Mai gehört, kommen in erster Linie zum Einkaufen und wegen des Nachtlebens. 24 TV ***Zimmer:*** *750.* *750.*	AE DC MC V	●	■	●	
Chiang Mai: *Novotel Chiang Mai* ⒷⒷⒷⒷ 183 Chang Puek Rd. *0-5322-5500.* FAX *0-5322-5505.* Modernes Hotel im Norden von Chiang Mai. Im angrenzenden, vom Hotel geführten Freizeitpark gibt es mexikanisches Essen, Springbrunnen, Pools und ein Wellenbad. 24 TV ***Zimmer:*** *159.* *159.*	AE DC MC V	●	■	●	
Chiang Mai: *Chiang Mai Sports Club* ⒷⒷⒷⒷⒷ 284 Mu 3, Tambon Don Kaew, Mae Rim. *0-5329-8330.* FAX *0-5329-7897.* Großartiges Sportangebot von Reiten bis Schwimmen. Auch Nicht-Sportler kommen in der wundervollen Landschaft auf ihre Kosten. 24 TV ***Zimmer:*** *48.* *48.*	AE DC MC V	●	■	●	■
Chiang Mai: *Regent Chiang Mai* ⒷⒷⒷⒷⒷ Mae Rim–Samoeng Old Rd. *0-5329-8181.* FAX *0-5329-8189.* Das Regent hat die schönste Lage: Es liegt inmitten eines 80 000 Quadratmeter großen Parks mit Seen, Seerosenteichen und terrassenartigen Reisfeldern im Mae-Sai-Tal. 24 TV ***Zimmer:*** *64.* *64.*	AE DC MC V	●	■	●	■
Chiang Mai: *Westin Chiang Mai* ⒷⒷⒷⒷⒷ 318/1 Chiang Mai–Lamphun Rd. *0-5327-5300.* FAX *0-5327-5299.* Im Westin gibt es die teuersten Zimmer von Chiang Mai. Zu den Reichen und Berühmten, die hier abgestiegen sind, gehört auch Elizabeth Taylor. 24 TV ***Zimmer:*** *526.* *526.*	AE DC MC V	●	■	●	■
Lamphun: *Suan Kaew Bungalow* Ⓑ 209 Lamphun–Lampang Highway, Mu 4. *Kein Telefon.* Kleines, einfaches Hotel, direkt außerhalb des Orts – viel angenehmer als das heruntergekommene Si Lamphun Hotel. ***Zimmer:*** *8.* *0.*			■		■
Lampang: *Asia Lampang* ⒷⒷ 229 Boonyawat Rd. *0-5422-7844.* FAX *0-5422-4436.* Ein altes Hotel, das renoviert wurde, um mit neueren Häusern wie dem Wiengthong konkurrieren zu können. Es bietet Gästen immer noch viel für ihr Geld. 24 TV ***Zimmer:*** *73.* *73.*	MC V		■	●	
Lampang: *Lampang Wiengthong* ⒷⒷⒷ 138/109 Paholyothin Rd. *0-5422-5801.* FAX *0-5422-5803.* Luxushotel im Geschäftsviertel von Lampang, nicht mit den übrigen Etablissements der Stadt zu vergleichen. Sehr gemütlich, auch für Geschäftsreisende geeignet. 24 TV ***Zimmer:*** *235.* *235.*	AE DC MC V	●	■	●	■
Mae Hong Son: *Piya Guest House* Ⓑ 1 Khunlum Phrapat Rd. *0-5361-1260.* Direkt am Ufer des Chong-Kham-Sees gelegen und damit perfekt für Reisende mit schmalem Geldbeutel, die den berühmten Frühnebel von Mae Hong Son sehen wollen. TV ***Zimmer:*** *20.* *20.*			■		■
Mae Hong Son: *Golden Pai Resort & Golden Paisuit* ⒷⒷⒷ 285 Mui Pangmu. *0-5361-2265.* FAX *0-5361-2265.* Eine Anlage im Lanna-Stil nahe am Fluss Pai in den Bergen. Ideal für Naturliebhaber. TV ***Zimmer:*** *63.* *63.*	MC V	●		●	■

MAE HONG SON: *Imperial Tara* ⓑⓑⓑⓑ
149 Mu 8, Tambon Pang Mu. 0-5361-1473. FAX 0-5361-1252.
Nahe der Stadt und mitten im besten Trekking-Gebiet: Das Hotel besitzt landestypische Architektur und ist in einem tropischen Park situiert.
24 TV *Zimmer:* 104. 104.
AE DC MC V ● ■ ● ■

MAE HONG SON: *Rooks Holiday Resort & Hotel* ⓑⓑⓑⓑ
114/5–7 Khunlum Phrapat Rd. 0-5361-2324. FAX 0-5361-1524.
Die Anlage liegt an den Fuß des Doi Kong Mu geschmiegt; es gibt einzelne Bungalows oder moderne Hotelzimmer.
24 TV *Zimmer:* 114. 114.
AE DC MC V ● ■ ● ■

PAI: *Rim Pai Cottages* ⓑⓑ
17 Mu, Viang Tal Rd. 0-5369-9133. FAX 0-5369-9234.
Die beste Übernachtungsmöglichkeit in Pai. Thai-Häuser sind verfügbar. Preis inklusive Frühstück. *Zimmer:* 30. 0.
■ ■

DER NORDEN

CHIANG KHONG: *Ruanthai Sophopan* ⓑ
83 Mu 8 Sai Klang Rd. 0-5379-1023.
Saubere, hübsche Zimmer in einem Teakhaus. Von der Terrasse direkt am Ufer des Mekong blickt man auf Laos. *Zimmer:* 30. 0.
■ ■

CHIANG RAI: *Boonbundan Guest House* ⓑ
1005/13 Chet Yot Rd. 0-5371-7040. FAX 0-5371-2914
Das Hotel liegt einer ruhigen, schattigen Gegend nahe dem Stadtzentrum. Schönes Gartenrestaurant. Die Bungalows sind ventilatorgekühlt; Klimaanlage gibt es nur im neueren Hauptgebäude. *Zimmer:* 53. 16.
■ ■

CHIANG RAI: *Golden Triangle Inn* ⓑⓑ
590/2 Paholyothin Rd. 0-5371-1339. FAX 0-5371-3936.
Mittelklassehotel mit japanischem Garten und Zimmern im Thai-Stil. Preis inklusive amerikanischem Frühstück. *Zimmer:* 31. 31.
MC V ■ ● ■

CHIANG RAI: *Dusit Island Resort* ⓑⓑⓑⓑ
1129 Kraisora Sit Rd. 0-5371-5777. FAX 0-5371-5801. W www.dusit.com
Von dem auf einer Insel im Fluss Kok gelegenen Hotel kann man die Aktivitäten auf dem Fluss beobachten. Die Atmosphäre ist angenehm, und es gibt ein Gartenrestaurant. 24 TV *Zimmer:* 271. 271.
AE DC MC V ● ■ ● ■

CHIANG RAI: *Little Duck* ⓑⓑⓑⓑ
199 Paholyothin Rd. 0-5371-5620. FAX 0-5371-5639. @ chitpong@chmai.loxinfo.co.th
Dies ist kein kleines Hotel, sondern ein gewaltiger Komplex, der an ein Einkaufszentrum angeschlossen ist und über einen Billardsaal und Konferenzräume verfügt. 24 TV *Zimmer:* 330. 330.
AE DC MC V ● ■ ● ■

CHIANG RAI: *Rimkok Resort Hotel* ⓑⓑⓑⓑ
6 Mu 4, Thaton Rd. 0-5371-6445. FAX 0-5371-5859.
Hotel am Ufer des Mae Kok – nur fünf Kilometer vom Stadtzentrum und vom Flughafen entfernt. Guter Service und hübsche Zimmer. Exzellentes Thai-Restaurant. 24 TV *Zimmer:* 256. 256.
AE DC MC V ● ■ ● ■

CHIANG RAI: *Wiang Inn* ⓑⓑⓑⓑ
893 Paholyothin Rd. 0-5371-1533. FAX 0-5371-1877.
Ein typisches, großes Provinzhotel, das alles bietet – auch Disko und Massage. 24 TV *Zimmer:* 260. 260.
AE DC MC V ● ■ ● ■

CHIANG SAEN: *Gin Guest House* ⓑ
71 Chiang Saen–Sop Ruak Rd. Mu 8. Kein Telefon.
Hübsche Bungalows in einem Litschi-Garten. Vermietung von Fahrrädern für Fahrten zum Goldenen Dreieck. *Zimmer:* 13. 0.
■ ■

DOI MAE SALONG (SANTIKHIREE): *Mae Salong Resort* ⓑⓑ
Chiang Rai–Mae Chan Rd. 0-5376-5014. FAX 0-5376-5135.
Das beste Hotel in dieser schönen, abgelegenen Stadt – mit einem guten Blick auf die Berge an der Grenze zu Myanmar. Das Restaurant ist berühmt für seine Yunnan-Küche. 24 TV *Zimmer:* 92. 0.
MC V ■ ■

GOLDENES DREIECK: *The Imperial Golden Triangle Resort* ⓑⓑⓑⓑ
222 Golden Triangle, Sop Ruak. 0-5378-4001. FAX 0-5378-4006.
Alle Räume bieten einen guten Blick auf das Goldene Dreieck – den Zusammenfluss von Ruak und Mekong. Im Restaurant gibt es Thai- und westliche Gerichte. 24 TV *Zimmer:* 73. 73.
AE DC MC V ● ■ ● ■

Preiskategorien für ein Doppelzimmer pro Nacht, inklusive Steuern (Luxushotels):

- Ⓑ unter 350 Baht
- ⒷⒷ 350–800 Baht
- ⒷⒷⒷ 800–1600 Baht
- ⒷⒷⒷⒷ 1600–3200 Baht
- ⒷⒷⒷⒷⒷ über 3200 Baht

Kreditkarten
AE = American Express; DC = Diners Club; MC = MasterCard; V = Visa.

Westliche Badezimmer
Westliche Toiletten, Dusche und/oder Badewanne. Ansonsten sind nur asiatische Toiletten vorhanden.

Coffee Shop
Hotel mit Café.

Garten/Terrasse
Hotel mit Garten, Hof oder Terrasse.

Hotel	Kreditkarten	Swimmingpool	Westliche Badezimmer	Coffee Shop	Garten/Terrasse
Goldenes Dreieck: *Meridien Baan Boran* ⒷⒷⒷⒷⒷ 229 Mu 1, Golden Triangle, Sop Ruak. ☎ *0-5378-4086.* FAX *0-5378-4090.* @ *mbboran@loxinfo.co.th* Eines von Nordthailands luxuriösesten Hotels im traditionellen Stil. Freizeitangebote sind: Mountainbikefahren, Elefantenreiten, Boots- und andere Ausflüge. 24 TV ***Zimmer:*** *110.* ▤ *110.*	AE DC MC V	●	■	●	■
Mae Sai: *Mae Sai Plaza* Ⓑ 383/2 Sailomchoi Rd. ☎ *0-5373-2230.* Die außergewöhnliche Ansammlung von Zimmern und Hütten wurde in einer Felswand errichtet. Der Blick über den Fluss nach Myanmar ist faszinierend. ***Zimmer:*** *60.* ▤ *0.*			■		■
Mae Sai: *Mae Sai Guest House* ⒷⒷ 688 Paholythin Rd. ☎ *0-5373-2021.* Hübsche Bungalows am Fluss Sai. So dicht an Myanmar, dass man den Frauen am anderen Ufer jeden Morgen beim Wäschewaschen zusehen kann. TV ***Zimmer:*** *14.* ▤ *0.*			■		■
Nan: *Sukkasem* Ⓑ 119–121 Ananta Worarittidet Rd. ☎ *0-5471-0141.* FAX *0-5477-1581.* Einfacher Stahlbetonbau im historischen Nan, der sich nur durch seine niedrigen Preise und seine Sauberkeit auszeichnet. ***Zimmer:*** *43.* ▤ *4.*			■		
Nan: *Dheveraj* ⒷⒷⒷ 466 Sumon Dheveraj Rd. ☎ *0-5471-0094.* FAX *0-5471-1365.* Das beste Hotel in Nan, allerdings etwas modernisierungsbedürftig. Es ist um einen Hof mit Springbrunnen errichtet. Große, saubere Zimmer und zuvorkommendes Personal. 24 TV ***Zimmer:*** *154.* ▤ *115.*	MC V		■	●	■
Phrae: *Nakhon Phrae Tower* ⒷⒷ 3 Muang Hit Rd. ☎ *0-5452-1321.* FAX *0-5452-3503.* Der Hotelkomplex bietet moderne Zimmer mit allem Komfort. Ausflüge zu den Bergvölkern und den nahe gelegenen Handwerkszentren können organisiert werden. 24 TV ***Zimmer:*** *139.* ▤ *139.*	AE DC MC V		■	●	■
Phrae: *Mae Yom Palace* ⒷⒷ 181/6 Yantrakit Koson Rd. ☎ *0-5452-1029.* FAX *0-5452-2904.* Mit Abstand das beste Hotel am Ort; gut geführt, freundlich, sauber. Ausflüge zu den Bergvölkern im Angebot. 24 TV ***Zimmer:*** *104.* ▤ *104.*	AE MC V	●	■	●	■
Tha Ton: *Mae Kok River Lodge* ⒷⒷⒷ 3 Chiang Mai–Tha Ton Rd. ☎ *0-5345-9328.* FAX *0-5345-9329.* Kleines Hotel im wunderschönen, abgelegenen Grenzgebiet zu Myanmar. Spezialisiert auf »Spur-des-Tigers«-Trekking. ***Zimmer:*** *22.* ▤ *0.*	AE MC V		■		■
KHORAT-PLATEAU					
Buribum: *Wong Tong* ⒷⒷⒷ 512/1 Chira Rd. ☎ *0-4461-2540.* FAX *0-4462-0859.* Im Stadtzentrum gelegen, bietet das dreistöckige, im nördlichen Stil dekorierte Hotel einen gehobenen Zimmerservice. TV ***Zimmer:*** *71.* ▤ *71.*	MC V		■	●	
Chaiyaphum: *Lertnimitra* Ⓑ 447/1 Nivesrat Rd. ☎ *0-4481-1522.* FAX *0-4482-2335.* Chaiyaphum ist der beste Ort für Ausflüge zu den »Seidendörfern«. Das Hotel bietet klimatisierte Bungalows sowie klimatisierte bzw. ventilatorgekühlte Zimmer im Hauptgebäude. TV ***Zimmer:*** *79.* ▤ *59.*	MC V		■	●	
Khon Kaen: *Suksawat* Ⓑ 2/2 Klang Muang Rd. ☎ *0-4323-6472.* Das Suksawat ist ein altes Holzhaus in einer ruhigen Nebenstraße. Es verfügt über keine besonderen Einrichtungen, besitzt aber mehr Atmosphäre als viele der größeren Hotels. ***Zimmer:*** *38.* ▤ *0.*			■		■

KHON KAEN: *Khon Kaen* 43/2 Pimpasute Rd. *0-4323-7177.* FAX *04-324-2458.* Modernes Hotel mit Nachtklub und Karaoke-Bar. Im Restaurant: Thai-, westliche und japanische Spezialitäten. 24 TV **Zimmer:** *134.* *134.*	ⒷⒷ	AE DC MC V		■	●	
KHORAT: *Doctor's House* 78 Sup Siri Rd., Soi 4. *0-4425-5846.* Nette, preiswerte Zimmer und eine schöne Sitzecke im Garten. Das freundliche Personal gibt gern Ausflugstipps. Wegen der familiären Atmosphäre kommen die Gäste immer wieder. **Zimmer:** *4.* *0.*	Ⓑ			■		■
KHORAT: *Siri* 688 Pho Klang Rd. *0-4424-2831.* Nette Unterkunft, beliebt bei Reisenden mit schmalem Geldbeutel. Im Erdgeschoss ist ein Veteranencafé – Khorat war im Vietnamkrieg ein US-Luftwaffenstützpunkt. Serviert wird Fastfood. **Zimmer:** *40.* *10.*	Ⓑ			■		
KHORAT: *Royal Princess* 1137 Sura Nari Rd. *0-4425-6629.* FAX *0-4425-6601.* Geschmackvoll im nordöstlichen Thai-Stil eingerichtetes Luxushotel. Das chinesische Restaurant ist hervorragend; es bietet auch gute einheimische Küche. 24 TV **Zimmer:** *188.* *188.*	ⒷⒷⒷⒷ	AE DC MC V	●	■	●	■
KHORAT: *Sima Thani* Mittraphap Rd. *0-4421-3100.* FAX *0-4421-3121.* Das beste Hotel in Khorat mit allen modernen Einrichtungen, allerdings weit vom Zentrum entfernt. Schöner Garten, in dem Statuen im Khmer-Stil stehen. 24 TV **Zimmer:** *265.* *265.*	ⒷⒷⒷⒷ	AE DC MC V	●	■	●	■
PHIMAI: *Old Phimai Guest House* 214 Mu 1 Chomsudasadet Rd. *0-4447-1918.* Das bildschöne Holz-Gästehaus unter freundlicher Leitung bietet hübsche, ruhige Zimmer und einen gemütlichen Dachgarten. Der Tempel von Phimai liegt ganz in der Nähe. **Zimmer:** *8.* *2.*	Ⓑ					■
ROI ET: *Petcharat* 66–80 Haisok Rd. *0-4351-1741.* FAX *0-4351-4078.* Ein gewöhnliches Provinzhotel; sauber, aber schlicht. Die Zimmer zur Straße sind sehr laut. 24 TV **Zimmer:** *151.* *151.*	ⒷⒷ	MC V		■	●	
SURIN: *Petchkasem* 104 Chitbumrung Rd. *0-4451-1274.* FAX *0-4451-4041.* Luxushotel mit klimatisierten Räumen, guten Einrichtungen für Geschäftsreisende. 24 TV **Zimmer:** *162.* *162.*	ⒷⒷⒷ	MC V		■	●	■
SURIN: *Tong Tarin* 60 Sirirat Rd. *0-4451-4281.* FAX *0-4451-1580.* Surins bestes Hotel, direkt am Stadtrand gelegen. Durch seine Marmor-Empfangshalle macht es einen luftigen Eindruck und bietet alles, was man von einem Luxushotel erwartet. 24 TV **Zimmer:** *233.* *233.*	ⒷⒷⒷ	MC V	●	■	●	■
UDON THANI: *Charoen* 549 Phosri Rd. *0-4224-8155.* FAX *0-4224-1093.* Gut eingeführtes Hotel für Geschäftsreisende. Es bietet klimatisierte Räume, eine Bar und eine Disko. 24 TV **Zimmer:** *241.* *241.*	ⒷⒷ	AE DC MC V		■	●	■
UDON THANI: *Charoensri Grand Royal* 277/1 Prajak Rd. *0-4234-3555.* FAX *0-4234-3550.* Das beste Hotel im weiten Umkreis. Es hat zwar wenig Ausstrahlung, doch die sauberen, großen Zimmer mit dem schönen Ausblick machen diesen Mangel mehr als wett. 24 TV **Zimmer:** *255.* *255.*	ⒷⒷⒷ	MC V	●	■	●	
MEKONG-BECKEN						
CHIANG KHAN: *Nong Sam Guest House* 407 Mui Rim Kong Rd. *0-4282-1457.* Große, gemütliche Zimmer in Bungalows aus Holz und Stein. Geführt wird das Haus von einem Engländer und seiner thailändischen Frau. Das von ihr zubereitete Essen ist hervorragend. **Zimmer:** *6.* *0.*	Ⓑ					■
LOEI: *Phuluang* 55 Charoen Rat Rd. *0-4281-1532.* FAX *0-4281-2558.* Typisches Thai-Hotel – saubere, schlichte Zimmer mit entsprechenden Einrichtungen. Nachtklub. TV **Zimmer:** *86.* *86.*	ⒷⒷ			■	●	

Zeichenerklärung siehe hintere Umschlagklappe

Preiskategorien für ein Doppelzimmer pro Nacht, inklusive Steuern (Luxushotels):
Ⓑ unter 350 Baht
ⒷⒷ 350–800 Baht
ⒷⒷⒷ 800–1600 Baht
ⒷⒷⒷⒷ 1600–3200 Baht
ⒷⒷⒷⒷⒷ über 3200 Baht

Kreditkarten
AE = American Express; DC = Diners Club; MC = MasterCard; V = Visa.

Westliche Badezimmer
Westliche Toiletten, Dusche und/oder Badewanne. Ansonsten sind nur asiatische Toiletten vorhanden.

Coffee Shop
Hotel mit Café.

Garten/Terrasse
Hotel mit Garten, Hof oder Terrasse.

	Kreditkarten	Swimmingpool	Westliche Badezimmer	Coffee Shop	Garten/Terrasse
Mukdahan: *Hua Nam* Ⓑ 36 Samut Sakdarak Rd. ☎ *0-4261-1137.* Die großen Zimmer sind sauber und preiswert. Das Haus liegt nahe der Bootsanlegestelle nach Suwannakhet in Laos. ***Zimmer:*** *30.* ▤ *10.*					
Mukdahan: *Mukdahan* Ⓑ 8/8 Samut Sakdarat Rd. ☎ *0-4261-1619.* Einfaches Hotel, außerhalb des Orts direkt am Fluss. Es ist sauber und freundlich und bietet landestypische Speisen. 🍴 ***Zimmer:*** *60.* ▤ *30.*			■	●	■
Mukdahan: *Mukdahan Grand* ⒷⒷⒷⒷ 78 Songnang Sathit Rd. ☎ *0-4261-2025.* FAX *0-4261-2021.* Das beste Hotel im Ort gewährt einen schönen Blick über den Mekong nach Suwannakhet in Laos. 🍴 24 TV ▣ ***Zimmer:*** *171.* ▤ *171.*	AE MC V		■	●	■
Nakhon Phanom: *River Inn* Ⓑ 19 Apiban Bancha Rd. ☎ *0-4251-1305.* Recht schäbiges Hotel in einer der ältesten Städte Thailands, das aber zumindest dicht am Mekong liegt. 🍴 ***Zimmer:*** *16.* ▤ *8.*			■	●	■
Nakhon Phanom: *Maenam Khong Grand View* ⒷⒷⒷ 527 Sunthorn Wichit Rd. ☎ *0-4251-3564.* Das luxuriöseste Hotel in Nakhon Phanom. Der großartige Blick über den Mekong nach Laos macht den Aufenthalt zu einem Erlebnis. 🍴 24 TV ▣ ***Zimmer:*** *150.* ▤ *150.*	DC MC V		■	●	■
Nong Khai: *Mut Mee Guest House* Ⓑ 1111/4 Kaew Worawut Rd. ☎ *0-1261-2646.* FAX *0-4246-0717.* @ *mutmee@nk.kac.co.th* Ein Engländer und seine thailändische Frau sind die Besitzer dieser gastfreundlichen Anlage mit Zimmern und Bambushütten in einem Mangobaumgarten direkt am Mekong. Fahrradvermietung. ***Zimmer:*** *10.* ▤ *0.*					■
Nong Khai: *Holiday Inn Mekong Royal Nong Khai* ⒷⒷⒷⒷ 222 Had Jommani Rd. ☎ *0-4242-0024.* FAX *0-4242-1280.* Luxushotel in der Nähe der Freundschaftsbrücke, die 1993 fertiggestellt wurde und Thailand mit Laos verbindet. 🍴 24 TV ▣ ***Zimmer:*** *198.* ▤ *198.*	AE DC MC V	●	■	●	■
Nong Khai: *Nong Khai Grand Thani* ⒷⒷⒷⒷ 589 Nong Khai–Ponephisai Rd. ☎ *0-4242-0033.* FAX *0-4241-2026.* Mittelklassehotel im Süden der Stadt auf dem Weg zum Wat Khaek. Zu den Einrichtungen gehört eine Disko. 🍴 24 TV ▣ ***Zimmer:*** *130.* ▤ *130.*	AE DC MC V	●	■	●	
That Phanom: *Chai Wan Hotel* Ⓑ 38 Phanom Phanarak Rd. ☎ *0-4254-1391.* Das traditionelle Thai-Hotel wurde um einen Innenhof gebaut. Alle Zimmer haben Baderäume im Thai-Stil. 🍴 ***Zimmer:*** *20.* ▤ *0.*					■
Phu Kradung: *Phu Kradung National Park Bungalows* ⒷⒷ Phu-Kradung-Nationalpark. ☎ *0-2579-0529.* Hübsche, gepflegte Bungalows auf der Leeseite eines Hügels inmitten des Nationalparks. Unbedingt frühzeitig reservieren. 🍴 ***Zimmer:*** *16.* ▤ *0.*			■		■
Ubon Ratchathani: *Tokyo* Ⓑ 360 Upparat Rd. ☎ *0-4524-1739.* FAX *0-4526-3140* Das Tokyo ist ein freundliches, preiswertes Hotel mit sauberen Zimmern. Obwohl es nichts Besonderes bietet, ist es sehr beliebt. ***Zimmer:*** *70.* ▤ *10.*			■		
Ubon Ratchathani: *Regent Palace* ⒷⒷ 265–271 Kulyangkun Rd. ☎ *0-4524-5046/7.* FAX *0-4524-5597.* Das Hotel hat u. a. einen Billardklub und eine Cocktailbar. Es ist sauber, komfortabel und ruhig, allerdings nicht besonders aufregend. 🍴 24 TV ▣ ***Zimmer:*** *120.* ▤ *120.*	MC V		■	●	

UBON RATCHATHANI: *Pathumrat* ⒷⒷⒷ
337 Chayangkun Rd. ☎ 0-4524-1501. FAX 0-4524-2311.
Luxushotel, in dem viele Reisegruppen Station machen. Zum Haus gehören eine Disko und ein Nachtklub. 24 TV **Zimmer:** 50. 50.

AE MC V	●	■	●	

ÖSTLICHE GOLFKÜSTE

BANG SAEN: *Bang Saen Villa Resort* ⒷⒷⒷ
190 Mu 13, Beach Rd. ☎ 0-3838-1772. FAX 0-3838-1772.
Eines von mehreren Strandhotels nördlich von Si Racha. Es bietet den besten Blick über die Bucht und ist berühmt für seine Fischgerichte. 24 TV **Zimmer:** 79. 79.

V	●	■	●	■

CHANTHABURI: *Chanthaburi Riverside* ⒷⒷⒷ
63 Mu 9, Chantanimit V Rd. ☎ 0-3931-1726. FAX 0-3931-1726.
Exklusives Strandhotel in Flussnähe mit höflichem, fleißigem Personal und viel Liebe zum Detail. Es bietet alles, was man sich vorstellen kann – sogar einen eigenen botanischen Garten. 24 TV **Zimmer:** 72. 72.

V	●	■	●	■

CHANTHABURI: *KP Grand* ⒷⒷⒷ
35/200–201 Trirat Rd. ☎ 0-3932-3201. FAX 0-3932-3215.
Das geräumige und luxuriöse Hotel ist vermutlich das beste der Stadt. Probieren Sie den Reis mit Zibetfrüchten, wenn diese Früchte reif sind (März–Mai). 24 TV **Zimmer:** 202. 202.

AE DC MC V	●	■	●	■

KO CHANG: *White Sand Beach Resort* ⒷⒷ
Hat Sai Khao. ☎ 0-2234-7294.
Ein Paradies mit stabilen, mit Palmwedeln gedeckten Hütten, Hängematten zwischen Palmen und weißem Korallensand. **Zimmer:** 68. 0.

				■

KO CHANG: *Ko Chang Resort* ⒷⒷⒷ
39 Mu 8. ☎ 0-3859-7028. FAX 0-3959-7114.
Traumhafte Bungalows inmitten von Palmen am Südchinesischen Meer – eine Zuflucht im Robinson-Crusoe-Stil. TV **Zimmer:** 56. 56.

AE DC MC V		■	●	■

KO SAMET: *Naga* Ⓑ
Ao Hin Kok. ☎ 0-1239-9922.
Einfache, an einem Hügel gelegene Bungalows mit Blick auf die Hin-Kok-Bucht. Im angrenzenden Restaurant bekommt man leckere selbstgebackene Brote und Kuchen. **Zimmer:** 21. 0.

KO SAMET: *Ao Kiu Coral Beach Bungalows* ⒷⒷ
Tambon Phe Muang District ☎ & FAX 0-1218-6231.
Die Zimmer liegen am ruhigsten Strand (Ao Kiu Na Nok) der Insel; sie sind freundlich, sauber und architektonisch schön. Es stehen auch einfachere, preiswertere Zimmer zur Verfügung. **Zimmer:** 27. 0.

KO SAMET: *Wongduan Resort* ⒷⒷ
Ao Wong Duan. ☎ 0-3865-1777. FAX 0-3865-1819.
Komfortable Bungalowsiedlung an der Wong-Duan-Bucht. Leider wird die Ruhe oft durch Wasserskifahrer gestört. Den meisten Rucksackurlaubern sind diese Bungalows zu teuer. **Zimmer:** 54. 30.

MC V		■		

KO SAMET: *Diamond Beach and Sea View* ⒷⒷⒷ
Hat Sai Kaeo. ☎ 0-1239-0208.
Großzügig angelegte Bungalowsiedlung an einem unverdorbenen Strand. Das Restaurant versorgt die ausgelassenen, lebhaften Gäste mit ausgezeichnetem frischem Seafood. **Zimmer:** 70. 0.

MC V		■		■

KO SAMET: *Samet Ville Resort* ⒷⒷⒷ
88/1 Mu 4, Pae. ☎ 0-3865-1681/2. FAX 0-3865-1681.
Die Luxusunterkunft in idyllischer Lage abseits der vielen Bungalows ist für Samet relativ teuer. **Zimmer:** 66. 12.

		■	●	■

PATTAYA: *Diamond Beach* ⒷⒷ
3499 Banglamung Rd. ☎ 0-3842-9885. FAX 0-3842-4888.
Wer inmitten von Pattayas belebter Strandpromenade wohnen möchte, ist hier am richtigen Ort. Geboten werden ein Schönheitssalon, eine Videothek und ein Massagestudio. 24 TV **Zimmer:** 188. 188.

AE DC MC V	●	■	●	

PATTAYA: *Diana Inn* ⒷⒷ
216/6–9 Pattaya 2nd Rd. ☎ 0-3842-9675. FAX 0-3842-4566.
Freundlich, sauber, preiswert. Im Restaurant gibt es eine große Auswahl an Gerichten zu günstigen Preisen. 24 TV **Zimmer:** 107. 107.

AE MC V	●	■	●	■

Zeichenerklärung siehe hintere Umschlagklappe

Preiskategorien für ein Doppelzimmer pro Nacht, inklusive Steuern (Luxushotels):

Ⓑ unter 350 Baht
ⒷⒷ 350–800 Baht
ⒷⒷⒷ 800–1600 Baht
ⒷⒷⒷⒷ 1600–3200 Baht
ⒷⒷⒷⒷⒷ über 3200 Baht

Kreditkarten
AE = American Express; DC = Diners Club; MC = MasterCard; V = Visa.

Westliche Badezimmer
Westliche Toiletten, Dusche und/oder Badewanne. Ansonsten sind nur asiatische Toiletten vorhanden.

Coffee Shop
Hotel mit Café.

Garten/Terrasse
Hotel mit Garten, Hof oder Terrasse.

Pattaya: *Mermaid's Beach Resort* ⒷⒷ
75/1 Mu 12, Nong Pru Jomtien Beach Rd. *0-3823-1907.* FAX *0-3823-1908.*
Eines der bestgeführten Hotels am familienorientierten Strand von Jomtien; gutes Fischrestaurant im Haus. TV ***Zimmer:*** *103.* *103.*

Pattaya: *Palm Garden* ⒷⒷ
240/1 Mu 5, Pattaya 2nd. Rd. *0-3842-9386.*
Das saubere, relativ preiswerte Hotel mit hübschem Garten liegt im ruhigen Norden der Stadt. 24 TV ***Zimmer:*** *115.* *115.*

Pattaya: *Peace Resort* ⒷⒷ
179/40 Mu 5, Pattaya–Naklua Rd. *0-3842-6605.* FAX *0-3842-6607.*
Die Anlage liegt abseits des lärmenden Südteils der Stadt. Besonders reizvoll ist der parkartige Garten. 24 TV ***Zimmer:*** *80.* *80.*

Pattaya: *Grand Jomtien Palace* ⒷⒷⒷ
356 Jomtien Beach Rd. *0-3823-1405.* FAX *0-3823-1404.*
Das südlich von Pattayas Nachtleben gelegene Hotel bietet einen schönen Ausblick über die Jomtien-Bucht. 24 TV ***Zimmer:*** *330.* *330.*

Pattaya: *Little Duck Pattaya Resort* ⒷⒷⒷ
336/22 Pattaya Klang Rd. *0-3842-8065.* FAX *0-3842-6043.*
Das hochtechnisierte Mittelklassehotel liegt mitten im Vergnügungsviertel und verfügt über eine Disko. 24 TV ***Zimmer:*** *146.* *146.*

Pattaya: *A-One Royal Cruise* ⒷⒷⒷⒷ
499 Beach Rd. Nord. *0-3842-4875.* FAX *0-3842-4242.*
Das Hotel in der Form eines Kreuzfahrtschiffs bietet einen unvergleichlichen Blick über die Bucht. Außerdem: Disko, Frisier- und Schönheitssalon sowie Einkaufspassage. 24 TV ***Zimmer:*** *200.* *200.*

Pattaya: *Amari Orchid Resort* ⒷⒷⒷⒷ
240 Mu 5, Pattaya Beach Rd. *0-3842-8161.* FAX *0-3842-8165.* W *www.amari.com/orchid*
Eine große Anlage, die am ruhigen Nordende von Pattayas halbmondförmiger Bucht liegt. Zu ihr gehören ein asiatisches und ein westliches Restaurant. 24 TV ***Zimmer:*** *236.* *236.*

Pattaya: *Asia Pattaya* ⒷⒷⒷⒷ
Pratumnak Rd. *0-3825-0491.* FAX *0-2215-2642.*
Sehr exklusives Hotel, das auf einer flachen Klippe mit Blick auf Ao Noi liegt. Es verfügt über Tennisplätze, einen Golfplatz und Wassersportausrüstungen. 24 TV ***Zimmer:*** *320.* *320.*

Pattaya: *Central Wong Amat* ⒷⒷⒷⒷ
277–8 Mu 5, Pattaya–Naklua Rd. *0-3842-6999.* FAX *0-3842-8599.*
Gut ausgestattetes Haus, das alles bietet – von der Videothek bis zum Tennisplatz. 24 TV ***Zimmer:*** *178.* *178.*

Pattaya: *Royal Cliff Beach Resort* ⒷⒷⒷⒷ
378 Pratumnak Rd. *0-3825-0421.* FAX *0-3825-0511.* W *www.royalcliff.com*
Ein auf einer Klippe oberhalb von Jomtien errichtetes Luxushotel, das einfach alles bietet, darunter vier Swimmingpools und acht Restaurants. 24 TV ***Zimmer:*** *757.* *757.*

Pattaya: *Woodland Resort* ⒷⒷⒷⒷ
164/1 Mu 5, Pattaya–Naklua Rd. *0-3842-1707.* FAX *0-3842-5663.*
Attraktives Strandhotel im Kolonialstil. Gepflegter Garten und weit genug von den Abgasen der Stadtmitte entfernt. 24 TV ***Zimmer:*** *81.* *81.*

Rayong: *Rayong* Ⓑ
65/1–3 Sukhumvit Rd. *0-3861-1073.*
Preiswertes Thai-Hotel mit freundlichem Personal und sauberen Zimmern. Restaurant und Verkaufsstände in der Nähe. ***Zimmer:*** *51.* *14.*

Hotel	Kreditkarten	Swimmingpool	Westliche Badezimmer	Coffee Shop	Garten/Terrasse
Mermaid's Beach Resort	AE DC MC V	●	■	●	■
Palm Garden	AE MC V	●	■	●	■
Peace Resort	MC V	●	■	●	■
Grand Jomtien Palace	AE MC V	●	■	●	■
Little Duck Pattaya Resort	AE DC MC V	●	■	●	
A-One Royal Cruise	AE DC MC V	●	■	●	
Amari Orchid Resort	AE DC MC V	●	■	●	■
Asia Pattaya	V	●	■	●	■
Central Wong Amat	AE DC MC V	●	■	●	■
Royal Cliff Beach Resort	AE DC MC V	●	■	●	■
Woodland Resort	AE DC MC V	●	■	●	■
Rayong			■		■

RAYONG: *Hin Suay Nam Sai* ⒷⒷⒷⒷ
250 Mu 2, Klang. *0-3863-8264.* FAX *0-3863-8415.*
Luxushotel mit Park und Privatstrand. Ein Paradies für Tennisfreunde.
24 TV ***Zimmer:*** *171.* *171.*

AE DC MC V · ● · ■ · ● · ■

RAYONG: *Saikaew Villa* ⒷⒷⒷⒷ
59 Mu 4, Ben Phe, Rayong. *0-3864-4144.*
Im Herzen des Strands von Saikaew stehen viele Bungalows zur Verfügung. Strom- und Wasserversorgung für alle Einrichtungen rund um die Uhr. Landschaftlich schöne Umgebung. 24 TV ***Zimmer:*** *70.* *70.*

MC V · – · ■ · – · ■

RAYONG: *Novotel Coralia Rimpae* ⒷⒷⒷⒷⒷ
4/5 Mu 3, Pae Klang Kam Rd. *0-3864-8008.* FAX *0-3864-8002.*
Wie viele Hotels an Thailands Golfküste ist auch dieses außerordentlich gut ausgestattet; es verfügt über vier Swimmingpools. 24 TV
Zimmer: *189.* *189.*

AE MC V · ● · ■ · ● · ■

TRAT: *Laem Ngop Inn* Ⓑ
19/14 Tambon Laem Ngop. *0-3959-7044.* FAX *0-3959-7144.*
Für die meisten Leute ist Laem Ngop nur eine Zwischenstation auf dem Weg von oder nach Ko Chang. Das einfache Hotel ist das beste in Trat und bietet einen schönen Blick auf Ko Chang. TV ***Zimmer:*** *31.* *26.*

– · – · ■ · – · –

TRAT: *Muang Trat* ⒷⒷ
40 Wichitjanya Rd. *0-3951-1091.*
Sauberes und angenehmes Hotel im Geschäftsviertel von Trat; das Personal ist sehr zuvorkommend. TV ***Zimmer:*** *150.* *65.*

MC V · – · ■ · – · –

WESTLICHE GOLFKÜSTE

CHA-AM: *Santisuk Bungalows and Beach Resort* ⒷⒷⒷ
263/3 Ruamchit Rd. *0-3247-1212.*
Geschmackvoll eingerichtetes, beliebtes und halbwegs preiswertes Hotel, das sowohl Zimmer als auch Bungalows anbietet. ***Zimmer:*** *62.* *3.*

MC V · – · ■ · ● · ■

CHA-AM: *Beach Garden* ⒷⒷⒷⒷ
949/21 Cha-am Beach. *0-3247-1334.* FAX *0-3247-1291.*
Südlich vom Ortskern gelegen, wird dieses Hotel von europäischen Reisegruppen bevorzugt Es bietet Wassersport, vier Pools, Tennis, Angeln und sogar einen Minigolfplatz. 24 TV ***Zimmer:*** *230.* *230.*

AE DC MC V · ● · ■ · ● · ■

CHA-AM: *Cha-am Methavalai* ⒷⒷⒷⒷ
220 Ruamchit Rd. *0-3243-3250.* FAX *0 3243 1590.* W *www.methavalai.com*
Die Bungalows mit mehreren Zimmern sind vor allem für Familien geeignet. Sauber und sehr hübsch. 24 TV ***Zimmer:*** *153.* *153.*

AE DC MC V · ● · ■ · ● · ■

CHA-AM: *Regent Cha-am* ⒷⒷⒷⒷ
849/21 Phetkasem Rd. *0-3245-1240.* FAX *0-3247-1492.* W *www.regent-chaam.com*
Luxushotel und Bungalows auf einem mehr als 120 000 Quadratmeter großen Gelände – schon fast ein eigenes Dorf. Es gibt zudem Squash- und Tennisplätze. 24 TV ***Zimmer:*** *650.* *650.*

AE DC MC V · ● · ■ · ● · ■

CHA-AM: *Dusit Resort and Polo Club* @ *polo@dusit.com* ⒷⒷⒷⒷⒷ
1349 Phetkasem Rd. *0-3252-0009.* FAX *0-3252-0296.* W *www.dusit.com*
Elegantes Hotel. Die großen, luxuriösen Zimmer haben beeindruckende Marmorbäder. Angebotene Sportarten sind Reiten, Polo und Wassersport.
24 TV ***Zimmer:*** *316.* *316.*

AE DC MC V · ● · ■ · ● · ■

CHUMPHON: *Chumphon Cabana Resort & Diving Center* ⒷⒷⒷ
69 Mu 8, Hat Thung Wua Laen. *0-7756-0246.* FAX *0-7756-0245.* @ *info@cabana.co.th*
In Strandnähe gelegenes Hotel mit gut möblierten Zimmern, Suiten und Bungalows sowie einem Tauchzentrum. ***Zimmer:*** *158.* *158.*

AE DC MC V · ● · ■ · – · ■

HUA HIN: *Ban Boosarin* ⒷⒷⒷ
3/8 Poonsuk Rd. *0-3251-2076.* FAX *0-7751-2089.*
Hua Hin war Thailands erste Feriensiedlung, als sich der Ort in den 1920er Jahren zum Seebad entwickelte. In diesem Hotel wohnt man noch preisgünstig und in Strandnähe. TV ***Zimmer:*** *10.* *10.*

– · – · ■ · – · ■

HUA HIN: *Chom View Hotel & Resort* ⒷⒷⒷⒷ
93 Soi Talay 12. *0-3251-1383.* FAX *0-3251-1662.*
Das Hotel liegt fünf Minuten Fahrtzeit südlich von Hua Hin, ruhig und direkt am Strand. Es eignet sich hervorragend zum Entspannen. Luxuriöse Apartments und preiswertere Zimmer. 24 TV ***Zimmer:*** *43.* *43.*

AE DC MC V · ● · ■ · – · ■

Zeichenerklärung siehe hintere Umschlagklappe

Preiskategorien für ein Doppelzimmer pro Nacht, inklusive Steuern (Luxushotels):
- Ⓑ unter 350 Baht
- ⒷⒷ 350–800 Baht
- ⒷⒷⒷ 800–1600 Baht
- ⒷⒷⒷⒷ 1600–3200 Baht
- ⒷⒷⒷⒷⒷ über 3200 Baht

Kreditkarten
AE = American Express; DC = Diners Club; MC = MasterCard; V = Visa.

Westliche Badezimmer
Westliche Toiletten, Dusche und/oder Badewanne. Ansonsten sind nur asiatische Toiletten vorhanden.

Coffee Shop
Hotel mit Café.

Garten/Terrasse
Hotel mit Garten, Hof oder Terrasse.

	Kreditkarten	Swimmingpool	Westliche Badezimmer	Coffee Shop	Garten/Terrasse
Hua Hin: *Melia Hua Hin* ⒷⒷⒷⒷ 33/3 Naresdamri Rd. *0-3251-1006.* Luxuriöser Hotelhochbau direkt am Strand. Alle Zimmer verfügen über einen Balkon mit Meerblick. 24 TV ***Zimmer:*** *297.* *297.*	AE DC MC V	●	■	●	■
Hua Hin: *Royal Garden Resort* ⒷⒷⒷⒷ 107/1 Phetkasem Rd. *0-3251-1881.* FAX *0-3251-2422.* Luxuriöse Feriensiedlung mit Golf, Tennis, Wassersport und anderen Sportarten. Es gibt es eine Einkaufspassage und einen Kinderspielplatz. 24 TV ***Zimmer:*** *218.* *218.*	AE DC MC V	●	■	●	
Hua Hin: *Sofitel* ⒷⒷⒷⒷ 1 Damnoen Kasem Rd. *0-3251-2021.* FAX *0-3251-1014.* W *www.sofitel.com* Das Dorf im Thai-Stil – in einem Garten mit Springbrunnen und Teichen – ist ein luxuriöses Urlaubsdomizil für die Reichen Bangkoks und wohlhabende ausländische Besucher. 24 TV ***Zimmer:*** *255.* *255.*	AE DC MC V	●	■	●	■
Hua Hin: *Royal Garden Village* ⒷⒷⒷⒷⒷ 43/1 Phetkasem Rd. *0-3252-0250.* FAX *0-3252-0259.* Traditioneller Thai-Bau in einem tropischen Garten. Die Zimmer sind im Thai-Stil mit Teak und Rattan möbliert. Zu den Sportangeboten gehören Golf, Segeln, Surfen und Kajakfahren. TV ***Zimmer:*** *162.* *162.*	AE DC MC V	●	■	●	■
Ko Pha Ngan: *Island View Cabana* Ⓑ 106 Mu 7, Mae Hat Beach. *0-7737-7019.* Saubere, freundliche und einfache Unterkunft an der Nordwestküste der Insel. Das Restaurant serviert Meeresfrüchte. Die Insel Ko Mae bildet einen schönen Hintergrund zu diesem Paradies. ***Zimmer:*** *33.* *0.*					■
Ko Pha Ngan: *Nice Beach Bungalow* ⒷⒷ Had Thong Nai Pan Beach. *0-1229-4745.* @ *nicebeach@kophangan.com* Angenehme und ruhige Anlage direkt am weißen Sandstrand. Sehr gute Schwimm- und Tauchmöglichkeiten. ***Zimmer:*** *30.* *0.*	MC V				
Ko Samui: *Coral Cove Chalet* ⒷⒷⒷ 210 Mu 4 Coral Cove Beach, Tong Takian Beach. *0-7742-2260.* FAX *0-7742-2496.* Die Siedlung gehört zu den exklusivsten von Lamai. Die um einen Pool angeordneten Häuser stehen in einer kleinen Bucht, die von Hunderten von Kokospalmen gesäumt ist. TV ***Zimmer:*** *60.* *60.*	AE MC V	●	■	●	■
Ko Samui: *Golden Sand Resort* ⒷⒷⒷ 124/2 Lamai Beach. *0-7742-4031.* FAX *0-7742-4032.* Das lebhafte Strandhotel bietet Billard, Tennis und eine Videothek. Es gibt keinen Pool, doch der Ozean ist leicht zu erreichen. TV ***Zimmer:*** *76.* *35.*	MC V		■		■
Ko Samui: *Chaweng Blue Lagoon* ⒷⒷⒷⒷ 99 Mu 2, Chaweng Beach. *0-7742-2037.* FAX *0-7742-2401.* W *www.samuibeach.com* Thai-Häuser flankieren den Strand von Chaweng. Hier gibt es einen großen Swimmingpool, ein Kinderbecken und einen Spielplatz. Im Angebot: Wassersportarten wie Kajakfahren. TV ***Zimmer:*** *60.* *60.*	AE DC MC V	●	■	●	■
Ko Samui: *Coral Bay Resort* ⒷⒷⒷⒷ 9 Mu 2, Tambon Bophut. *0-7742-2223.* FAX *0-7742-2392.* Bungalowsiedlung am Nordende des Strands von Chaweng, die jeden Komfort und viele Wassersportarten bietet. Die Bungalows sind mit Möbeln aus Kokospalmenholz eingerichtet. TV ***Zimmer:*** *42.* *42.*	AE MC V	●	■	●	■
Ko Samui: *Central Samui Beach Resort* W *www.samuibeach.com* ⒷⒷⒷⒷⒷ 38/2 Mu 3, Bophut, Chaweng Beach. *0-7723-0500.* FAX *0-7742-2385.* Ein Garten und der Ausblick auf den schönsten Teil des Strands von Chaweng machen den Reiz der Anlage aus. Zudem: Schönheitssalon und eine Boutique. 24 TV ***Zimmer:*** *208.* *208.*	AE DC MC V	●	■	●	■

KO SAMUI: *Chaweng Regent Hotel* www.samuibeach.com ⒷⒷⒷⒷⒷ
155/4, Mu 3 Chaweng Beach. 0-7742-2008. FAX 0-7742-2222.
Vorzüglich ausgestattetes Urlaubsdomizil mit einem schönen Strandblick. Spezialitäten des Restaurants sind leckere Krebse, Hummer, Krabben und Garnelen. 24 TV *Zimmer:* 141. 141.
AE DC MC V

KO SAMUI: *Poppies Samui Seaside Cotages* ⒷⒷⒷⒷⒷ
21/8 Mu 3, Chaweng. 0-7742-2419. FAX 0-7742-2420.
Luxuriöse Häuschen, mit kunstvollen Schnitzereien. Durch die lockere Anordnung bleibt die Privatsphäre gewahrt. TV *Zimmer:* 24. 24.
AE DC MC V

KO TAO: *Nang Yuan Dive Resort* ⒷⒷ
Ko Nang Yuan, nr Ko Tao, Surat Thani. 0-7742-7046.
Die Bungalowsiedlung liegt auf einer von nur drei Inseln eines kleinen Archipels, der von einem Ring türkisfarbener Korallenriffe umgeben ist. Hier kann man hervorragend tauchen. *Zimmer:* 53. 53.
MC V

PHETCHABURI: *Khao Wang Hotel* ⒷⒷ
123 Ratwithi Rd. 0-3242-5167. FAX 0-3241-0750.
Das einfache Hotel in einer der ältesten Städte des Landes befindet sich in unmittelbarer Nähe des Khao-Wang-Palasts und der Tempel auf dem Berg Phra Nakhon Kiri. TV *Zimmer:* 49. 10.

PRACHUAP KHIRI KHAN: *Hadthong* ⒷⒷ
7 Susuk Rd. 0-3261-1960. FAX 0-3260-1057.
Das gemütliche Hotel ist das beste der Stadt. Schöner Ausblick über das Meer und die »Spiegel-Berge«. TV *Zimmer:* 142. 142.
AE MC V

SURAT THANI: *Wang Tai* ⒷⒷⒷ
1 Talat Mai Rd. 0-7728-3020. FAX 0-7728-1007.
Vom Café des Hotelhochhauses am Stadtrand genießt man die Aussicht auf die Tapi-Mündung. Das Hotel verfügt über ein Restaurant, eine Bar, eine Disko und einen Golfplatz. 24 TV *Zimmer:* 230. 230.
AE DC MC V

OBERE ANDAMANEN-KÜSTE

KO PHI PHI: *Phi Phi Banyan Villa* ⒷⒷⒷⒷ
129 Mu 7, Ao Nang, Ko Phi Phi Don. 0-7561-1233. FAX 0-189-6264.
Komfortable Villa nahe dem öffentlichen Strand mit Blick über die Ton-Sai-Bucht. 24 *Zimmer:* 79. 0.

KO PHI PHI: *Phi Phi Island Cabana* ⒷⒷⒷⒷ
Ton Sai Beach, Ko Phi Phi Don. und FAX 0-7561-2132.
Phi Phi besteht aus zwei Inseln: Phi Phi Don ist die belebtere, auf Ton Sai gibt es mehr Übernachtungsmöglichkeiten. Die gut ausgestatteten Bungalows stehen in wildnisartiger Landschaft. TV *Zimmer:* 222. 140.
AE MC V

KO PHI PHI: *Holiday Inn Resort* ⒷⒷⒷⒷⒷ
Laem Tong, Ko Phi Phi Don. 0-7621-4654.
Die exklusivste Unterkunft der Inseln. Das Design der Bungalows und der Familiensuiten hat bereits einen Preis gewonnen. Außerdem: Tennisplätze, ein Süßwasserpool und ein Jacuzzi. TV *Zimmer:* 80. 80.
AE DC MC V

KO LANTA: *Khaw Kwang Beach Bungalows* Ⓑ
16 Mu 1, Tamboon Saladan, Ko Lanta Yai. 0-7562-1373.
Die Bungalows im Westen von Ban Sala Dan haben alle ein eigenes Badezimmer. *Zimmer:* 45. 0.

KO LANTA: *The Narima Bungalow Resort* ⒷⒷⒷⒷ
98 Mu 5, Klong Nin. 0-7560-7700. FAX 0-7560-7709. www.narima-lanta.com
Der nahe dem Strand gelegene Komplex befindet sich in einer angenehmen Umgebung. Die Bungalows sind für zwei bis drei Personen eingerichtet. Gutes Essen. Reservierung wird empfohlen. *Zimmer:* 32. 32.
MC V

KRABI: *Best Western Ban Ao Nang Resort* ⒷⒷⒷⒷ
31/3 Mu 2, Ao Nang.Beach. 0-7563-7074. FAX 0-7563-7070.
Das wenige Meter vom Strand entfernte moderne, drei Stockwerke hohe Hotel ist freundlich, sauber und komfortabel. TV *Zimmer:* 109. 104.
V

KRABI: *Krabi Resort* ⒷⒷⒷⒷ
232 Mu 2, Ao Nang Beach. 0-7563-7030. FAX 0-7563-7052.
Die luxuriöseste Unterkunft in Ao Nang. Übernachtungen wahlweise im modernen Hotelgebäude oder in einem der palmgedeckten Bungalows. Gepflegte, farbenprächtige Gärten. TV *Zimmer:* 103. 103.
AE MC V

Zeichenerklärung siehe hintere Umschlagklappe

Preiskategorien für ein Doppelzimmer pro Nacht, inklusive Steuern (Luxushotels):

Ⓑ unter 350 Baht
ⒷⒷ 350–800 Baht
ⒷⒷⒷ 800–1600 Baht
ⒷⒷⒷⒷ 1600–3200 Baht
ⒷⒷⒷⒷⒷ über 3200 Baht

KREDITKARTEN
AE = American Express; DC = Diners Club; MC = MasterCard; V = Visa.

WESTLICHE BADEZIMMER
Westliche Toiletten, Dusche und/oder Badewanne. Ansonsten sind nur asiatische Toiletten vorhanden.

COFFEE SHOP
Hotel mit Café.

GARTEN/TERRASSE
Hotel mit Garten, Hof oder Terrasse.

Hotel	Kreditkarten	Swimmingpool	Westliche Badezimmer	Coffee Shop	Garten/Terrasse
KRABI: *Phra Nang Inn* ⒷⒷⒷⒷ 119 Mu 2, Ao Nang Beach. *0-7563-7130.* FAX *0-7563-7134.* Das ländliche Hotel ist aus Kiefern- und Palmenholz errichtet. Es gewährt einen schönen Blick über den Strand von Ao Nang und bietet ein Restaurant und einen kleinen Pool. *Zimmer: 83. 30.*	AE MC V	●	■	●	■
KRABI: *Sheaton Krabi Beach Resort* ⒷⒷⒷⒷ 1 Thungfah Rd. *0-7562-8000.* FAX *0-7562-8028.* Teures Etablissement, das jeden Luxus bietet, darunter einen Schönheitssalon. Das Hotel liegt dicht am Stadtzentrum, doch etwas abseits vom Strand. 24 *Zimmer: 221. 221.*	AE MC V	●	■	●	■
PHANGNGA: *Phangnga Bay Resort* ⒷⒷⒷ 20 Thadan Rd., Panyi. *0-7641-2067.* FAX *0-7641-2070.* Modernes Mittelklassehotel am Rand der Bucht. Der Ausblick ist etwas enttäuschend, doch das Haus verfügt über einen Swimmingpool und ein empfehlenswertes Restaurant. *Zimmer: 88. 88.*	AE MC V	●	■	●	■
PHUKET: *Felix Karon Phuket* W *www.phuket.com/felix* ⒷⒷⒷⒷ 4/8 Patak Rd., Karon Beach. *0-7639-6666.* FAX *0-7639-6853.* @ *felix@phuket.com* Das Hotel eignet sich vor allem für Familien mit Kindern. Es liegt in der Nähe des beliebten Strands von Karon. *Zimmer: 81. 81.*	AE DC MC V	●	■	●	■
PHUKET: *Pearl Village* W *www.pearlvillage.com* ⒷⒷⒷⒷ Nai-Yang-Strand und Nationalpark. *0-7632-7006.* FAX *0-7632-7338.* Das Hotel liegt am Rand eines Nationalparks nördlich von Phuket-Stadt. Es verfügt über zwei Pools. Zu den berühmten Gästen des Hauses gehörte Michael Jackson. 24 *Zimmer: 226. 226.*	AE DC MC V	●	■	●	■
PHUKET: *Thara Patong Beach Resort* ⒷⒷⒷⒷ 81 Thaweewongse Rd. *0-7634-0135.* FAX *0-7634-0446.* @ *tharaphatong@phuket.com* Attraktives Strandhotel, das alles bietet, vom Außen-Jacuzzi bis zu Tennis und Sauna. Zudem verfügt es über ein Kinder-Schwimmbecken und ein hervorragendes Fischrestaurant. 24 *Zimmer: 128. 128.*	AE DC MC V	●	■	●	■
PHUKET: *Amanpuri* W *www.amanresorts.com* ⒷⒷⒷⒷⒷ Pamesa Beach 118 Mu 3,5, Sri Santhorn Rd. *0-7632-4333.* FAX *0-7632-4100.* *Amanpuri* ist ein Sanskrit-Wort, das »Ort des Friedens« bedeutet. Damit ist der Pavillonkomplex perfekt beschrieben. Abends finden Vorführungen statt, z. B. Tänze und Schwertkämpfe. 24 *Zimmer: 40. 40.*	AE DC MC V	●	■	●	■
PHUKET: *Banyan Tree Resort* @ *banyantree@lagunaphuket.com* ⒷⒷⒷⒷⒷ 33 Moo 4, Sri Sunthorn Rd., Cherngtalay. *0-7632-4374.* FAX *0-7632-4356.* Luxuriöse Hotelanlage mit prachtvollen Villen, einem gepflegten Strand und hervorragenden Restaurants. 24 *Zimmer: 108. 108.*	AE DC MC V JVB	●	■	●	■
PHUKET: *Diamond Cliff Resort & Spa* ⒷⒷⒷⒷⒷ 284 Pra Baramee Rd, Kalim, Patong. *0-7634-0501.* FAX *0-7634-0507.* Die Anlage liegt in den Hügeln oberhalb von Patong, doch das Nachtleben ist nicht weit entfernt. Die Gäste können zwischen asiatischen und europäischen Restaurants wählen. 24 *Zimmer: 333. 333.*	AE DC MC V	●	■	●	■
PHUKET: *Laguna Beach Club* ⒷⒷⒷⒷⒷ 323 Sri Sunthorn Rd., Cherngtalay. *0-7632-4320.* FAX *0-7632-4174.* Ein weiteres Strandhotel, das einfach alles bietet. Für Eltern besonders interessant ist der »Kids Club«, in dem Kinder unter Aufsicht spielen können. 24 *Zimmer: 252. 252.*	AE DC MC V	●	■	●	■
PHUKET: *The Maiton Resort* W *www.phuket.com/maiton* ⒷⒷⒷⒷⒷ 100 Moo 7, Sakdidei Rd., Maiton Island. *0-7621-4954.* FAX *0-7621-4959.* Maiton ist eine etwa zwei Kilometer lange und 400 Meter breite Insel vor der Küste. Es gibt dort keinen Ort; das Hotel bietet Ruhe und Entspannung mit allem Komfort. *Zimmer: 75. 75.*	AE DC MC V	●	■		■

Der Süden

Hat Yai: *Garden Home* ⒷⒷ 51/2 Hoi Muk Rd. *0-7423-4444.* FAX *0-7423-4444.* Attraktives, modernes Hotel, das um einen Garten mit Wasserfall errichtet wurde. In der Nähe bieten Verkaufsstände leckere Speisen feil. **Zimmer:** *103.* *103.*	MC V		■	●	■
Hat Yai: *Diamond Plaza* ⒷⒷⒷ 62 Niphat Uthit 3 Rd. *0-7423-0130.* FAX *0-7423-9824.* Das freundliche und relativ günstige Hotel liegt in der Nähe von Hat Yais Nachtleben. **Zimmer:** *272.* *272.*	AE MC V	●	■	●	■
Hat Yai: *J B Hotel* W *www.jb-hotel.com* ⒷⒷⒷⒷ 99 Jootee Anusorn Rd. *0-7423-4300.* FAX *0-7423-4328.* @ *jb@jb-hotel.com* Das Hotel, das beste der Stadt, befindet sich nördlich des Stadtkerns. **Zimmer:** *432.* *432.*	AE DC MC V	●	■	●	■
Ko Tarutao: *National Park Bungalows* ⒷⒷ Tarutao-und-Adang-Meeres-Nationalpark. *0-2579-5734.* FAX *0-2579-1154.* Die Bungalows bieten wenig Annehmlichkeiten, doch die Lage ist einmalig. **Zimmer:** *16.* *0.*					■
Nakhon Si Thammarat: *Taksin* ⒷⒷ 1584/23 Sripad Rd. *0-7534-2790.* FAX *0-7534-2794.* Die meisten Hotels in Nakhon Si Thammarat bieten nichts Besonderers, und dieses macht darin keine Ausnahme. Die Zimmer sind sauber und preiswert; das Personal ist freundlich. **Zimmer:** *120.* *120.*			■	●	
Nakhon Si Thammarat: *Thai* ⒷⒷ 1375 Rachadamnoen Rd. *0-7535-6505.* FAX *0-7534-4858.* Das Hotel, das nur zwei Blocks vom Bahnhof entfernt liegt, ist zwar sauber, aber wenig bemerkenswert. Es bietet eine Videothek, eine Diskothek und eine Einkaufspassage. **Zimmer:** *215.* *120.*	MC V		■	●	
Narathiwat: *Tanyong* ⒷⒷⒷ 16/1 Sopha Phisai Rd. *0-7351-1477.* FAX *0-7351-1834.* Hotel im chinesischen Stil mit guter malaysischer Küche. Die Mango- und Reisspezialitäten sind zu empfehlen. **Zimmer:** *84.* *84.*	MC V		■	●	■
Pattani: *My Garden* ⒷⒷ 8/28 Charoen Pradit Rd. *0-7333-1055.* FAX *0-7333-6217.* Das beste Hotel von Pattani. Es liegt etwa einen Kilometer außerhalb der Stadt; seine Disko ist sehr beliebt. Das Restaurant Diana auf der anderen Straßenseite ist auf Seafood spezialisiert. **Zimmer:** *136.* *109*	MC V		■	●	■
Phatthalung: *Lam Pam Resort* ⒷⒷ 88 Mu 6, Tambon Lam Pam. *0-7461-1486.* FAX *0-7461-0213.* Saubere, schlichte Häuschen und ein gutes Restaurant, etwa 15 Autominuten außerhalb der Stadt am Thale-Sap-See gelegen. Viele halten dies für die beste Unterkunft von Phattalung. **Zimmer:** *76.* *76.*	V		■	●	■
Songkhla: *Lake Inn* ⒷⒷ 301–3 Nakhon Nok Rd. *0-7432-1044.* FAX *0-7443-7275.* Das Mittelklassehotel liegt im westlichen Teil von Songkhla, direkt am wichtigsten Pier für die Fischerboote vom Thale-Sap-See. Im Hotel gibt es – logischerweise – ein gutes Fischrestaurant. **Zimmer:** *79.* *79.*	AE DC MC V		■		■
Songkhla: *Royal Crown Songkhla* ⒷⒷⒷ 38 Sai Ngam Rd. *0-7431-1918.* FAX *0-7432-1027.* Sauberes, zentral gelegenes Haus, das bei den ausländischen Angestellten von Ölfirmen besonders beliebt ist. **Zimmer:** *52.* *52.*	AE MC V		■	●	■
Trang: *Clarion MP Resort Hotel* ⒷⒷⒷ 184 Trang–Phatthalung Rd. *0-7521-4230.* FAX *0-7521-1177.* Das Hotel in der Form eines Kreuzfahrtschiffs bietet alle Annehmlichkeiten, darunter ein Gartenrestaurant, mehrere Pools, eine Karaoke-Bar und eine Bar in der Lobby. **Zimmer:** *190.* *190.*	MC V	●	■	●	■
Trang: *Thumrin Thana Hotel* ⒷⒷⒷ 69/8 Thrang Thana Rd. *0-7521-1211.* FAX *0-7522-3288.* Hoher Hotelbau in der Stadtmitte nahe dem Bahnhof. Obwohl das Haus mittlerweile etwas schäbig aussieht, gehört es noch immer zu den besseren Hotels von Trang. **Zimmer:** *289.* *289.*	AE MC V		■	●	■

Zeichenerklärung siehe hintere Umschlagklappe

Restaurants, Cafés und Bars

Thailand ist ein glückliches, weil fruchtbares Land. Die Einwohnerzahl war im Vergleich zur Fläche stets gering – Hunger ist ein unbekanntes Phänomen. Aus dem 13. Jahrhundert ist ein Zitat von König Ramkamhaeng, Herrscher von Sukhothai, überliefert: »Dies ist ein blühendes Land ... im Wasser schwimmen Fische, auf den Feldern wächst Reis.« Er hätte die vielen tropischen Früchte und Gewürze erwähnen können, deren Zahl seither noch beträchtlich zugenommen hat, denn eine Fülle an Pflanzen aus dem tropischen Amerika gedeiht in ihrem neuen Anbaugebiet bestens. Die Thai-Küche ist dank der abwechslungsreichen Gerichte und Zutaten exzellent. Thai essen für ihr Leben gern, häufig sechs- oder siebenmal am Tag. Überall, wo Menschen sind, findet man Lokale und Imbissstände. Nicht nur auf Geschmack und Frische, auch auf eine Präsentation legt man hier wert. Selbst einfache Speisen werden mit Blumen und Rosetten aus geschnitztem Obst und Gemüse verziert.

Das traditionelle Essbesteck

Der Große Ballsaal des Holiday Inn in der Silom Road, Bangkok

Restaurants

Man trifft in Thailand auf eine Vielzahl von Gastronomiebetrieben, von winzigen Cafés über dicht belaubte *suan aban* – Gartenrestaurants – bis hin zu Luxustempeln. Die Öffnungszeiten sind, anders als bei den allgegenwärtigen Straßenständen, eingeschränkt. Die meisten Lokale in den Städten, vor allem solche, die westliches Essen anbieten, öffnen gegen 11 Uhr und schließen zwischen 22 Uhr und Mitternacht. Die Öffnungszeiten sind stets – mit den akzeptierten Kreditkarten – an der Tür angeschrieben. Außerhalb der Ferienzentren kann es schwierig werden, ein westliches Frühstück zu bekommen; in dem Fall muss ein Thai-Omelett als Ersatz dienen.

In fast jeder größeren Stadt oder Ferienanlage erscheinen zumindest monatlich kostenlose Informationsbroschüren für Besucher, die an Hotelrezeptionen, in Banken, Wechselstuben und vielen Restaurants ausliegen. Darin findet man Restaurants nach angebotener Küche und Spezialitäten aufgelistet, oft mit Beschreibung der Anfahrt und der Telefonnummer für Reservierungen. Abseits der typischen Feriengegenden führen die großen Hotels in allen Städten klimatisierte Restaurants mit thailändischer und chinesischer Küche.

Restaurant im Sadet-Markt am Mekong, Nong Khai

Die Thai haben die westliche Küche, vor allem Fastfood, begeistert aufgegriffen. Die Filialen von Fastfood-Ketten sind zahllos. Sehr beliebt sind Pizza und Pasta, die in fast jedem Ort angeboten werden – allerdings in unterschiedlicher Qualität.

Coffee Shops

Coffee Shops in Ferienanlagen und internationalen Hotels sind das, was ihr Name besagt: Lokale mit Sitzplätzen, wo man Cappuccino oder Espresso trinkt, einen Imbiss zu sich nimmt und sich die Zeit vertreiben kann. Anders die »Coffee Bars« in den kleineren Städten oder Thai-Hotels: Hierbei handelt es sich um Nachtklubs mit Live-Musik, schummriger Atmosphäre und einer Schar von Hostessen, die Gäste zum Geldausgeben animieren sollen. Der Unterschied zwischen beiden Etablissements ist im Allgemeinen schon von außen leicht auszumachen.

Essen an Straßen- und Marktständen

Das Essensangebot der unzähligen Straßenstände gehört zum besten und preiswertesten in Thailand. Die Buden sind meist bescheiden und sauber; oft sind es fahr-

Verkaufsstand mit Obst und Getränken, Phuket

bare Garküchen, die abends nach Hause geschoben und gereinigt werden. Die Zutaten sind für alle sichtbar in Glasbehältern verwahrt. Kurz gebraten, über Holzkohle gegrillt oder gekocht, bedeutet, dass die frischen Speisen ausreichend erhitzt werden und ohne Bedenken genossen werden können.

Die Kundschaft gibt über die Qualität eines jeden Standes Aufschluss. Lassen sich auf den schlichten Bänken um den Ständen viele Einheimische nieder, dann ist das Essen mit großer Wahrscheinlichkeit gut. Einen Geschäftsmann neben einem *Tuk-tuk*-Fahrer sitzen zu sehen, ist keine Seltenheit. In Thailand schätzt man gutes, preiswertes Essen in allen Schichten.

Am besten merken Sie sich die thailändischen Namen Ihrer Lieblingsgerichte *(siehe Glossar S. 410f)*. Sie können aber auch auf ein Gericht deuten und um eine Kostprobe bitten – Thailänder erwarten meist nicht, dass Besucher ihre Sprache sprechen, und sind immer hilfsbereit und aufmerksam.

KHANTOKE

KHANTOKE-MAHLZEITEN haben in Nordthailand Tradition und werden in Chiang Mai und anderen Städten oft von Hotels für Gäste arrangiert. Dabei sitzt man auf erhöhten Plattformen um einen runden Tisch. Das Mahl besteht aus nordthailändischen Speisen wie *nam phrik num* (sehr scharfer Dip), *kap mu* (Schweineschwarte) und *kaeng kai* (Hühner-Gemüse-Curry). Dazu gibt es *khao niaw* (Klebreis) und lokales Bier. *Khantoke*-Mahlzeiten werden oft von traditionellen Tanzdarbietungen umrahmt.

PREISE

DAS ESSEN IST sicherlich einer der billigsten Aspekte einer Thailandreise. Ein alkoholisches Getränk kommt hingegen oft teurer als die ganze Mahlzeit. Die Preise sind auf der Speisekarte neben dem jeweiligen Gericht aufgelistet; der Preis für Meeresfrüchte ist meist nach Gewicht angegeben. In größeren Restaurants und internationalen Hotels werden meist Service und Mehrwertsteuer aufgeschlagen und auf der Rechnung ausgewiesen.

Selbst in kleinen Lokalen sind die Preise auf einer Tafel (in arabischen Ziffern) angeschrieben. Es wird selten um Nahrungsmittel gefeilscht, obwohl Thailänder ansonsten mit Begeisterung handeln.

Neonschild eines Restaurants

***Satay* für Passanten: Straßenverkäufer in einem Park in Bangkok**

TRINKGELD

TRINKGELD WAR früher unbekannt, erfreut sich aber durch das Verhalten der Besucher wachsender Beliebtheit. Man sollte es nicht prozentual berechnen: Zehn Prozent sind bei 50 Baht angemessen, wären aber bei einem teuren Mahl weit überzogen.

ESSGEWOHNHEITEN IN THAILAND

DIE THAILÄNDISCHE Einstellung zum Essen ist einfach: Wer Hunger hat, soll essen. Die meisten Thailänder essen wenig, dafür aber häufig. Unsere drei Hauptmahlzeiten gibt es in Thailand nicht. Zwar nimmt man durchaus Frühstück, Mittag- und Abendessen ein, dazwischen aber auch jederzeit eine Schale Nudeln, einen gebratenen Snack oder eine Süßspeise. Essen ist einfach Genuss, ohne komplizierte Rituale und Vorschriften, dennoch sollten Besucher einige Regeln beachten. Thailänder essen mit einer Gabel in der linken Hand und einem Löffel in der Rechten. Die Gabel dient lediglich dazu, das Essen auf den Löffel zu schieben – sie direkt zum Mund zu führen wäre unfein. Da die Speisen – vor allem Fleisch – vor dem Garen in Stücke geschnitten werden, benötigt man kein Messer.

Nudelgerichte verraten oft starke Einflüsse der chinesischen Küche und werden mit Stäbchen und einem Löffel gegessen. Eine weitere Ausnahme bildet Klebreis *(khao niaw)*, den man mit den Fingern isst. Das Essen in Thailand wird in großen, gemeinschaftlichen Schüsseln serviert. Für den individuellen Gebrauch sind nur die kleinen Reisschalen bestimmt. Der Reis wird zuerst gereicht, darüber gibt man dann zwei oder drei Löffel aus den Gemeinschaftsschüsseln. Nachschlag ist jederzeit erlaubt. Sich den Teller vollzuladen gilt als unhöflich, denn zu essen gibt es reichlich.

Was isst man in Thailand?

Drei Chili-Sorten

DIE THAILÄNDISCHE KÜCHE ist bekannt für ihre scharfen, pikanten Aromen. Europäische Kaufleute führten im 16. Jahrhundert Chili-Schoten ein *(siehe S. 153)*, die großen Anklang fanden, vor allem die kleinen, scharfen. Es gibt aber auch milde Speisen. Hauptnahrungsmittel ist Reis. An zweiter Stelle stehen Reisnudeln, die sowohl in trockenen, gebratenen Speisen als auch in Suppen Verwendung finden. Die Thai-Küche ist nahr- und schmackhaft: Fleisch wird kurz angebraten, Gemüse gekocht.

Reisbrei (khao tom) *ist das Thai-Standardfrühstück. Oft wird ein Ei hinzugefügt und mit gegart. Als Würze eignen sich am besten Chilis in Reisessig.*

Würzzutat aus Chilis in Fischsauce *(nam pla phrik)*

Würzzutat aus Fischsauce und zerstoßenen Chilis

Nudelsuppe (kuaytiaw nam), *mit Gemüse und oft auch Fleischbällchen als Einlage, wird als einziges Thai-Gericht mit Stäbchen gegessen.*

Gebratene Reisgerichte (khao phat) *werden mit Eiern, Fleischstreifen und Gemüse zubereitet. Ein nahrhaftes Mahl, das man zu jeder Tageszeit genießen kann.*

Phat thai *besteht aus flachen Reisnudeln, die mit Tofu, Gemüse, Ei, Erdnüssen und getrockneten Garnelen gebraten werden. Es ist das Nationalgericht Thailands.*

Weizennudeln mit Scheiben von rotem Schweinefleisch (bami haeng mu daeng) *ist ein typisches Gericht, das Straßenverkäufer überall anbieten.*

Tom yam, *die berühmteste Thai-Suppe, wird aus größeren Garnelen und Tomaten zubereitet und oft in einer Terrine serviert. Gewürzt wird mit Koriander, Zitronengras und Chili.*

Mu sap bai kraphao *(gebratenes Schweinefleisch mit Thai-Basilikum) ist oft Bestandteil eines gemeinschaftlichen Mahls.*

Phanaeng-*Curry* (kaeng phanaeng) *ist ein »trockenes« Hühnercurry. Weitere Zutaten: Garnelen, Koriandersamen, rote Chilis und Basilikum.*

Grüner Curry (kaeng khiaw wan), *gekocht in Kokosmilch, besitzt ein mildes, süßes Aroma. Grüne Chilis geben ihm eine pikante Note.*

Gedünsteter Reis (khao suay) *ist die Basis eines Mahls und wird stets zuerst serviert. Bei einem sehr scharfen Essen kühlt Reis den Gaumen.*

Klebreis (khao niaw) *wird in einem zugedeckten Körbchen gegart und serviert. Er wird mit den Fingern gegessen, manchmal auch zu einer Kugel gerollt, mit der anderes Essen zum Mund geführt wird.*

Gebratene Wasserlilien (phat pak bung) *ergeben eine einfache milde Speise, oft als Teil einer Hauptmahlzeit. Sie sind in einer Minute zubereitet.*

Mango mit Klebreis (khao niaw mamuang) *wird oft mit Kokoscreme gesüßt und ist sehr beliebt. Man verwendet hierzu nur reife, sehr süße Mangos.*

Kokosnusscreme (sangkhaya) *ist ein Dessert aus Kokosmilch, Eiern und Zucker. Es wird mit Klebreis oder in einem Kürbis gebacken serviert.*

Nam phrik *heißt eine Reihe beliebter Gerichte, bei denen eine aufwändig hergestellte Chili-Paste als Dip zu rohem Gemüse und zu frittiertem Fleisch gereicht wird. Eine regionale Spezialität ist* nam phrik ong *mit knuspriger Schweinekruste. Bei Festen oder in erstklassigen Restaurants wird das Gemüse oft zu Blütenformen geschnitzt.*

Papaya-Salat (som tam) *ist in Thailand sehr beliebt. Die Papaya wird in dünne Scheiben geschnitten und mit Chilis gemischt. Passt gut zu Huhn.*

Meeresfrüchte-Salat (yam thalay) *gibt es in Südthailand oft als Vorspeise. Die Meeresfrüchte werden einfach auf Salatblättern angerichtet.*

GETRÄNKE

In Thailand wachsen Früchte im Überfluss *(siehe S. 129)*; aus ihnen wird Saft gewonnen. Beliebt ist Kokossaft, der mit dem Strohhalm direkt aus der Kokosnuss getrunken wird. Tee und Kaffee werden gekühlt serviert. Thai-Bier passt besser zu scharfem Essen als Wein. Zu den Hauptmahlzeiten reicht man Wasser *(nam plao)*.

Roselle-Saft **Eistee** **Singha-Bier** **Chang-Bier**

Glossar typischer Thai-Gerichte

***Khanom khrok* – Kokospudding**

THAILAND IST BERÜHMT für seine Küche *(siehe S. 34f)*. Speisen werden in Bananenblätter gehüllt; sogar Straßenverkäufer dekorieren kreativ. Die kunstvolle Präsentation und Vielfalt der Speisen können verwirrend sein: Bisweilen weiß man nicht genau, ob es sich um ein süßes oder pikantes Gericht handelt. In diesem Glossar werden typische Gerichte vorgestellt; phonetische Erläuterungen für die Bezeichnungen der Gerichte *siehe Seite 503*.

Straßenverkäuferin beim Zubereiten von Gerichten über Holzkohle

AUSWAHL DER SPEISEN

DIE SPEISEN stehen in Lokalen manchmal auf Englisch, bisweilen auch in anderen Sprachen auf der Karte. Die Namen der Gerichte sind oft von den Hauptzutaten abgeleitet. So lässt sich die Bezeichnung *khao mu daeng* als »Reis, Schweinefleisch, rot« übersetzen. Mit geringen Kenntnissen des Thailändischen kann man oft die Zusammensetzung einer Speise herausfinden. Ist keine Karte vorhanden, stehen die Tagesgerichte in der Auslage. Wenn Sie das Gericht nicht kennen, werden Sie auf die Frage *»Nee arai na?«* (»Was ist das?«) eine Reihe von Zutaten als Antwort erhalten. Für Vegetarier ist es kein Problem, fleischlose Speisen *(mai ao nua)* zu bekommen, allerdings ist an vielen Gerichten Fischsauce. Die Thai-Küche verwendet kaum Milchprodukte, kommt also Veganern entgegen. Thailänder sind es gewohnt, dass Besucher milde Gerichte verlangen *(»Mai ao phet na«)* oder wissen wollen, ob eine Speise scharf gewürzt ist *(»Phed mai?«)*. Würzzutaten wie Chilis in Essig, Zucker oder Fischsauce stehen immer auf dem Tisch bereit.

SNACKS

Thailänder lieben Snacks. An jeder Ecke gibt es Garküchen.

Hühner-*satay*

Bami mu daeng
บะหมี่หมูแดง
Eiernudeln mit Schweinefleisch.

Kai ping
ไก่ปิ้ง
Eier, über Holzkohle gebraten.

Kai yang
ไก่ย่าง
Huhn, über Holzkohle gegrillt.

Khanom beuang
ขนมเบื้อง
Gefüllte Pfannkuchen.

Khanom khrok
ขนมครก
Kokospudding.

Khao tom mud
ข้าวต้มมัด
Klebreis, in Bananenblättern serviert.

Kluay ping
กล้วยปิ้ง
Bananen, gegrillt.

Look chin ping
ลูกชิ้นปิ้ง
Fleischbällchen mit Chilisauce.

Po pia
ปอเปี๊ยะ
Frittierte Frühlingsrollen.

Sai krok
ไส้กรอก
Rinds- oder Schweinswürste.

Satay
สะเต๊ะ
Rind-, Schweine- oder Hühnerfleisch am Spieß mit Erdnusssauce und Gurke.

Tua thot
ถั่วทอด
Geröstete Cashew-/Erdnüsse.

Straßenverkäufer und ihre Kunden auf einem Markt in Bangkok

NUDELN

Reisnudeln gibt es als *sen yai* (breit), *sen lek* (mittel) und *sen mi* (dünn). *Bami* sind Eiernudeln, *woon sen* dünne, durchsichtige Sojanudeln.

Bami nam
บะหมี่น้ำ
Eiernudeln in Brühe mit Gemüse und Fleisch oder Fisch.

Kuaytiaw haeng
ก๋วยเตี๋ยวแห้ง
»Trockene« Reisnudeln mit Gemüse, Fleisch oder Fisch.

Kuaytiaw nam
ก๋วยเตี๋ยวน้ำ
Reisnudeln in Kraftbrühe mit Gemüse, Fleisch oder Fisch.

Look chin pla
ลูกชิ้นปลา
Fischbällchen mit Nudeln.

Phad thai
ผัดไทย
Gebratene Reisnudeln mit Tofu, Ei, Garnelen, Erdnüssen, Bohnensprossen, Chilis.

Reisgerichte

Reis ist das wichtigste Nahrungsmittel. Ein Gruß wie unser »Wie geht's?« lautet *»Kin khao mai?«* (etwa »Hast Du heute schon Reis gegessen?«).

Khao man kai
ข้าวมันไก่
Huhn nach chinesischer Art mit Reis, in Hühnerbrühe gekocht.

Khao mok kai
ข้าวหมกไก่
Huhn biriyani auf Thai-Art.

Khao mu daeng
ข้าวหมูแดง
Schweinefleisch auf chinesische Art im Reisbett.

Khao na ped
ข้าวหน้าเป็ด
Gebratene Ente auf Duftreis.

Khao phad mu/kung
ข้าวผัดหมูหรือกุ้ง
Reis mit Fleisch oder Garnelen.

Suppen

Es gibt viele Suppen. Manche, etwa *jok*, werden zum Frühstück gegessen. Das englische »soup« wird auch verstanden.

Jok
โจ๊ก
Reissuppe mit Schweinefleisch und Ingwer.

Khao tom
ข้าวต้ม
Reissuppe mit verschiedenen Fleisch- und Gemüsebeilagen.

Tom jeud tao hu
ต้มจืดเต้าหู้
Tofu-Brühe mit Schweinefleisch.

Tom kha kai
ต้มข่าไก่
Hühnersuppe mit Galgant, Kokosmilch, Zitronengras.

Tom yam kung
ต้มยำกุ้ง
Garnelen, Pilze, Zitronengras, Galgant und Koriander.

Currys

Currys werden entweder *rat khao* (als Platte mit Reis) serviert oder in einer Schale als Beilage.

Kaeng kari kai
แกงกะหรี่ไก่
Huhn und Kartoffeln auf indische Art.

Kaeng khiaw wan
แกงเขียวหวาน
Mildes, grünes Curry.

***Khao tom mat* – Klebreis, in Bananenblätter gehüllt**

Kaeng matsaman
แกงมัสมัน
Mildes Curry mit Rindfleisch, Erdnüssen, Kartoffeln und Kokosmilch.

Kaeng phanaeng
แกงแพนง
»Trockenes« Curry mit Kokosnuss und Basilikum.

Kaeng phed
แกงเผ็ด
Scharfes Curry mit roten Chilis, Zitronengras, Koriander.

Kaeng som
แกงส้ม
Scharf-saures Curry, häufig mit Fisch.

Seafood

Die Auswahl an Fischgerichten und Meeresfrüchten ist groß.

Hoi malaeng pu op
หอยแมลงภู่อบ
Gedünstete grüne Muscheln.

Hoi thod
หอยทอด
In Teig ausgebackene Austern mit Ei auf Sojasprossen.

Meeresfrüchte aus Südthailand

Hu chalam
หูฉลาม
Haifischflossensuppe.

Kung mangkon phao
กุ้งมังกรเผา
Gegrillter Hummer.

Pla meuk yang
ปลาหมึกย่าง
Gebratener Tintenfisch.

Pla nung khing
ปลานึ่งขิง
Gedünsteter Fisch mit Ingwer, Chilis und Pilzen.

Pla thod
ปลาทอด
Frittierter Fisch.

Pu neung
ปูนึ่ง
Krabben.

Regionale Gerichte

Kaeng hang le
แกงฮังเล
Schweinefleischcurry, Erdnüsse und Ingwer (Chiang Mai).

Khao soi
ข้าวซอย
Hühner- oder Rindercurry mit Weizennudeln, frischer Limette und eingelegtem Kohl (Spezialität aus dem Norden).

Larb ped
ลาบเป็ด
Würzige Minz-Ente (Norden).

Som tam
ส้มตำ
Grüner Papaya-Salat mit Erdnüssen (Nordosten).

Yam thalay
ยำทะเล
Meeresfrüchte-Salat (Süden).

Desserts

Grundzutaten der *khong wan*, der »süßen Sachen«, sind meist Kokosnüsse oder Früchte.

Foy thong
ฝอยทอง
Gesüßter Eigelbschmarren.

Khao niaw mamuang
ข้าวเหนียวมะม่วง
Frische Mango mit Klebreis und Kokosmilch.

Kluay buat chi
กล้วยบวดชี
Bananen in Kokosmilch.

Mo kaeng
หม้อแกง
Eiercreme nach Thai-Art.

Getränke

Bia
เบียร์
Bier (meist in Flaschen).

Cha ron
ชาร้อน
Tee mit Kondensmilch.

Kafae
กาแฟ
Kaffee, oft aus Instantpulver.

Nam cha
น้ำชา
Chinesischer Tee ohne Milch.

Nam kuad
น้ำขวด
Wasser (in Flaschen).

Kokosnüsse, »schwimmender Markt«

Restaurantauswahl

Die folgenden Restaurants wurden wegen des ausgezeichneten Essens, des ansprechenden Ambientes und des guten Preis-Leistungs-Verhältnisses ausgewählt. Die Liste beginnt mit Bangkok; den Stadtplan für Bangkok finden Sie auf den Seiten 134–145. Durch die Randmarkierung finden Sie leicht Lokale in der für Sie in Frage kommenden Region.

Bangkok

Restaurant	Preis	Kreditkarten	Thai-Spezialitäten	Andere Asien-Gerichte	Westliche Gerichte	Tische im Freien
Altstadt: *Vegetarian Restaurant.* **Stadtplan** 2 D4. 85/2 Soi Wat Bawon, Seitenstraße der Tanao Rd. ☎ *Kein Telefon.* Große Auswahl an guten vegetarischen Gerichten, etwa indische Kartoffel-Currys, *khanom chin* (Nudeln) und Kokosmilch-Desserts.	Ⓑ		●	■		
Altstadt: *Maharajah.* **Stadtplan** 2 D4. Khao San Rd. ☎ *Kein Telefon.* Schmackhaftes, preiswertes indisches Essen. Die Hauptkundschaft auf der betriebsamen Khao San Road sind Pauschalurlauber. ▤	ⒷⒷ			■		
Altstadt: *Sorn Daeng.* **Stadtplan** 2 E4. 77 Ratchadamnoen Klang Ave. ☎ *0-2224-3088.* In der Nähe des Demokratie-Denkmals gelegen. Köstliches, dabei preiwertes Thai-Essen mit Spezialitäten aus dem Süden wie *kaeng matsaman* (Rindfleisch-Curry) und Seafood. ▤	ⒷⒷ	AE DC MC V	●		●	
Chinatown: *Nai Sow.* **Stadtplan** 6 E1. 3/1 Maitri Chit Rd. ☎ *0-2222-1539.* Das chinesisch-thailändische Restaurant ist berühmt für das beste *tom young kum* (Garnelen in scharf-saurer Sauce) in Bangkok.	Ⓑ	MC V	●	■		
Chinatown: *Royal India.* **Stadtplan** 6 D1. 392/1 Chak Phet Rd. ☎ *0-2221-6565.* Gutes nordindisches Essen zu vernünftigen Preisen. Auf der Speisekarte finden sich sowohl vegetarische als auch Fleischgerichte. Besonders schmackhaft sind die indischen Brote. Sehr empfehlenswert. ▤	Ⓑ			■		
Chinatown: *Samrat.* **Stadtplan** 6 D1. Chak Phet Rd. ☎ *Kein Telefon.* Freundliches, von Sikhs geführtes Restaurant in einer winzigen Gasse neben dem ATM-Kaufhaus. Ausgezeichnete *dhals* und Currys; als passendes Getränk gibt es *chai* (gewürzten indischen Tee).	Ⓑ			■		
Dusit: *Empress.* **Stadtplan** 3 A4. Royal Princess Hotel, 269 Lan Luang Rd. ☎ *0-2281-3088.* Bekanntes chinesisches Restaurant im Royal Princess Hotel, das vor allem für seine südchinesische Küche berühmt ist. Empfehlenswert: die kantonesischen Spezialitäten, darunter die *dim sum.* ▤ 🍷	ⒷⒷⒷ	AE DC MC V		■		
Dusit: *Piccolo.* **Stadtplan** 3 A5. Royal Princess Hotel, 269 Lan Luang Rd. ☎ *0-2281-3088.* Elegantes Restaurant mit norditalienischen Spezialitäten. Es gibt sogar Kalbfleischgerichte – eine Rarität in Bangkok. Ebenso empfehlenswert sind die verschiedenen Pasta-Gerichte. ▤ 🍷	ⒷⒷⒷⒷ	AE DC MC V			●	
Innenstadt: *Thai Room.* **Stadtplan** 7 C3. 30/37 Patpong, Soi 2. ☎ *0-2233-7920.* Im Herzen Patpongs gelegen. Stammkunden kommen vor allem wegen der mexikanischen Spezialitäten wie *tacos, nachos* und *fajitas.* Zudem gibt es über 100 Thai-Gerichte und herrliche Sandwiches. ▤	ⒷⒷ	AE MC V	●	●	●	
Innenstadt: *Arirang.* **Stadtplan** 8 C4. 106–108 Silom Rd., Soi 4. ☎ *0-2234-1096.* Zartes koreanisches Rindfleisch; probieren Sie die Speisen mit *kimchi* (eingelegtem Kohl). Freundliche Bedienung. ▤	ⒷⒷⒷ	AE		■		
Innenstadt: *Bobby's Arms.* **Stadtplan** 7 C3. 2. Stock, Parkhaus-Gebäude, Patpong, Soi 2. ☎ *0-2233-6828.* Der gleichbleibend beliebte englische Pub liegt etwas versteckt hinter dem zweiten Stock des Patpong-Parkhauses. Es gibt typisches Pub-Essen, von Steak über *pies* bis zu Würstchen mit Kartoffelbrei. ▤ 🍷	ⒷⒷⒷ	AE DC MC V			●	

Stadtplan siehe Seiten 134–145

Preiskategorien für ein Abendessen pro Person, inklusive Service, ohne Alkohol:

Ⓑ unter 100 Baht
ⒷⒷ 100–200 Baht
ⒷⒷⒷ 200–500 Baht
ⒷⒷⒷⒷ 500–1000 Baht
ⒷⒷⒷⒷⒷ über 1000 Baht

Thai-Spezialitäten
Das Restaurant serviert thailändische Küche.

Andere Asien-Gerichte
Es gibt Gerichte aus anderen asiatischen Ländern wie China, Korea, Japan oder Indien.

Westliche Gerichte
Französische, italienische u. a. westliche Speisen.

Tische im Freien
Man kann draußen *(ahan suan)* auf einer Terrasse, im Garten oder im Innenhof essen.

Restaurant	Preis	Kreditkarten	Thai-Spezialitäten	Andere Asien-Gerichte	Westliche Gerichte	Tische im Freien
Innenstadt: *Bussaracum.* **Stadtplan** 7 C4. Psethiwan Bldg., Silom Rd. *0-2266-6312.* Renommiertes Restaurant, das vor allem königlich-thailändische Küche bietet *(siehe S. 34)*. Spezialitäten wie *foi thong* oder »Goldfäden« (eine Speise aus Eigelb) genießt man in eleganter Umgebung.	ⒷⒷⒷ	AE DC MC V	●			
Innenstadt: *El Gordo's Cantina.* **Stadtplan** 7 C4. 130/8 Soi 8, Silom Rd. *0-2237-1415.* Tex-Mex-Gerichte. Das richtige Lokal für alle, die gern *burritos, tortillas* und andere mexikanische Spezialitäten essen. Die Besitzer sind zu Recht stolz auf ihre *margaritas.*	ⒷⒷⒷ	AE DC MC V			●	
Innenstadt: *Gaddi's Grill.* **Stadtplan** 7 B3. Mandarin Bangkok Hotel, 662 Rama IV Rd. *0-2677-6240.* Angesehenes Grillrestaurant, das amerikanische Steaks, Neuseeland-Lamm, geräucherten schottischen Lachs und regionales Seafood serviert. Auch französischer Käsekuchen ist zu haben.	ⒷⒷⒷ	AE DC MC V			●	
Innenstadt: *Himali Cha Cha* 1229/11 Charoen Krung (New) Rd. *0-2235-1569.* Delikatessen der Mogul-Küche werden in dem alten indischen Restaurant geboten. Köstliches frisches Brot und erstklassige *dhals.*	ⒷⒷⒷ	AE MC V		■		
Innenstadt: *Royal Kitchen.* **Stadtplan** 8 E4. 218/1 Siam Square, Soi 1. *0-2250-1633.* Silberne Essstäbchen und schön dekorierte, intime Speiseräume bilden das perfekte Ambiente, um die besten chinesischen Speisen zu genießen. Die mittags angebotenen *dim sum* sind exzellent.	ⒷⒷⒷ	AE DC MC V		■		
Innenstadt: *Sichuan Garden.* **Stadtplan** 8 E1. World Trade Center, Ratchadamri Rd. *0-2255-9840.* Die hier servierte Szetschuan Küche ist würziger und schärfer als alle anderen regional-chinesischen Küchen und sehr beliebt in Bangkok. Modernes, ansprechendes Ambiente.	ⒷⒷⒷ	AE DC MC V		■		
Innenstadt: *Trattoria da Roberto.* **Stadtplan** 7 C4. 37/9 Patpong, Soi 2. *0-2233-6851.* Ein Restaurant mitten im Vergnügungsviertel. Italienisches Essen vom Feinsten in traditionellem italienischem Ambiente. Bemerkenswert: Kalbfleisch *parmigiani* und die Spaghetti mit Meeresfrüchten.	ⒷⒷⒷ	AE DC MC V			●	
Innenstadt: *Mayflower.* **Stadtplan** 8 D4. Dusit Thani Hotel, 946 Rama IV Rd. *0-2236-0450.* Prämiertes chinesisches Restaurant – eines der besten in Bangkok –, das auf kantonesische Küche spezialisiert ist. Prachtvolle, aufwändig gestaltete Inneneinrichtung mit chinesischen Antiquitäten.	ⒷⒷⒷⒷ	AE DC MC V		■		
Innenstadt: *Noble House.* **Stadtplan** 8 E1. Hilton International Bangkok, 2 Witthayu (Wireless) Rd. *0-2253-0123.* Hervorragende kantonesische Küche. Das Dekor des Lokals ist an alte chinesische Handelshäuser angelehnt. Mittags servieren Bedienungen in traditioneller chinesischer Kleidung hervorragende *dim sum.*	ⒷⒷⒷⒷ	AE DC MC V		■		
Innenstadt: *Le Banyan.* **Stadtplan** 8 F2. 59 Sukhumvit Soi 8. *0-2253-5556.* In dem traditionellen Thai-Haus, das nur abends geöffnet hat, wird klassische französische Küche, etwa *foie gras*, serviert.	ⒷⒷⒷⒷⒷ	AE DC MC V			●	
Innenstadt: *Le Normandie.* **Stadtplan** 6 F4. Oriental Hotel, 48 Oriental Ave *0-2659-9000.* Drei-Sterne-Koch Georges Blanc ist ständiger Berater dieses unvergleichlichen französischen Lokals. Genießen Sie beim Essen den Blick über den Chao Phraya.	ⒷⒷⒷⒷⒷ	AE DC MC V JCB			●	

Zeichenerklärung siehe hintere Umschlagklappe

Preiskategorien für ein Abendessen pro Person, inklusive Service, ohne Alkohol:

Ⓑ unter 100 Baht
ⒷⒷ 100–200 Baht
ⒷⒷⒷ 200–500 Baht
ⒷⒷⒷⒷ 500–1000 Baht
ⒷⒷⒷⒷⒷ über 1000 Baht

Thai-Spezialitäten
Das Restaurant serviert thailändische Küche.

Andere Asien-Gerichte
Es gibt Gerichte aus anderen asiatischen Ländern wie China, Korea, Japan oder Indien.

Westliche Gerichte
Französische, italienische u. a. westliche Speisen.

Tische im Freien
Man kann draußen *(ahan suan)* auf einer Terrasse, im Garten oder im Innenhof essen.

Restaurant	Preis	Kreditkarten	Thai-Spezialitäten	Andere Asien-Gerichte	Westliche Gerichte	Tische im Freien
Innenstadt: *Spice Market.* **Stadtplan** 8 D2. Regent Hotel, 155 Ratchadamri Rd. ☎ *0-2251-6127.* Eines der besten Thai-Restaurants, mit umfangreicher Speisekarte. Die Ausstattung ist einem alten thailändischen Gewürzladen nachempfunden. Köstliche Currys und thailändische Süßigkeiten.	ⒷⒷⒷⒷⒷ	AE DC MC V	●			■
Thon Buri: *Rim Nam.* **Stadtplan** 6 D2. 111 Somdet Phra Pin Klao Rd. ☎ *0-2424-1112.* Am Ufer des Chao Phraya in der Nähe der Phra-Pin-Klao-Brücke kann man thailändische und chinesische Fischgerichte genießen.	ⒷⒷ	V	●	■		■
Thon Buri: *Sala Rim Nam.* **Stadtplan** 6 F4. Gegenüber Oriental Hotel, 48 Oriental Ave. ☎ *0-2437-3080.* Gutes Essen und romantische Lage am Ufer gegenüber dem Oriental-Pier (Fährverbindung zum Hotel). Das Restaurant ist berühmt für das exzellente Seafood und den klassischen Thai-Tanz.	ⒷⒷⒷⒷⒷ	AE DC MC V	●			■
Abstecher: *Cabbages and Condoms* 10 Sukhumvit, Soi 12. ☎ *0-2229-4610.* Etwas Besonderes: Hier gibt es Thai-Gerichte mit ökologischen Zutaten. Der Name spielt auf das Werk Mechai Viravaidyas an, der für Familienplanung wirbt. Vom Erlös wird seine Arbeit unterstützt.	Ⓑ	AE DC MC V	●			■
Abstecher: *Mangsawirat* Seitenstraße der Ratwithi Rd., Provinz Nakhon Pathom. ☎ *Kein Telefon.* Beliebtes vegetarisches Restaurant mit reichhaltiger Speisekarte. Besonders empfehlenswert ist *kaeng kari* (indisches Kartoffel-Curry).	Ⓑ		●			
Abstecher: *Nakhon Inn* 55 Ratwithi Rd., Nakhon Pathom, Provinz Nakhon Pathom. ☎ *0-3425-1152.* Restaurant und Coffee Shop, wo man zentralthailändische Speisen wie *tom yam kung* (würzige Suppe mit Garnelen) und auch bekannte westliche Gerichte serviert, z. B. Steak mit Pommes frites.	ⒷⒷ	AE	●		●	
Abstecher: *Bei Otto* 1 Sukhumvit, Soi 20. ☎ *0-2260-0869.* Beliebtes deutsches Restaurant mit Bierstube, Delikatessengeschäft und Bäckerei. Zu essen gibt es u. a. gemischte Wurstplatte, Schweinshaxe mit Sauerkraut, Wiener Schnitzel und Rösti.	ⒷⒷⒷ	AE DC MC V			●	
Abstecher: *Bourbon Street* W *www.bourbonstbkk.com* Washington Square, Sukhumvit, Soi 22. ☎ *0-2259-0328.* Kreolisches Restaurant mit Cajun-Küche mitten in Bangkok. Es gibt z. B. *gumbo, jambalaya,* rote Bohnen mit Reis, »geschwärzten« Fisch und Fisch nach Cajun-Art.	ⒷⒷⒷ	AE MC V				
Abstecher: *Cedar* 4/1 Sukhumvit, Soi 49/9. ☎ *0-2391-4482.* Köstliche libanesische, nahöstliche und griechische Gerichte, etwa Tzatziki, Moussaka, Hummus, Felafel und Kebab. Die Ausstattung erinnert an ein (sehr aufwändig gestaltetes) arabisches Zelt.	ⒷⒷⒷ	AE DC V		■	●	
Abstecher: *Le Dalat* 47/1 Sukhumvit, Soi 23. ☎ *0-2258-4192.* Eine von drei Filialen des berühmten Vietnam-Restaurants in Bangkok. Genießen Sie *cha glo* (Frühlingsrollen) oder *naem meuang* (gegrillte Fleischbällchen in Salatblättern) in eleganter Umgebung.	ⒷⒷⒷ	AE DC MC V		■		
Abstecher: *Huntsman Pub.* **Stadtplan** 8 F2. Landmark Plaza Hotel, 138 Sukhumvit Rd. ☎ *0-2254-0404.* Aufstrebender Pub im englischen Stil mit typischen Speisen wie *steak and kidney pie.* Man serviert aber auch bekannte Thai-Gerichte. Es gibt eine gut bestückte Bar und jeden Abend Live-Programm.	ⒷⒷⒷ	AE DC MC V	●		●	

Stadtplan siehe Seiten 134–145

ABSTECHER: *Kisso* Delta Grand Pacific Hotel, 259 Sukhumvit Rd. *0-2254-4998.* Das exklusive japanische Restaurant serviert ausgezeichnete *sushi, tempura, sashimi* u. a. klassische Gerichte. Es gibt Mittagsmenü, Essen à la carte und an den Wochenenden japanisches Büfett.	ⒷⒷⒷ	AE DC MC V		■		
ABSTECHER: *Lemongrass* 5/1 Soi 24, Sukhumvit Rd. *0-2258-8637.* Beliebtes Restaurant in elegantem Holzhaus. Auf der Speisekarte steht moderat gewürztes zentralthailändisches Essen. Empfehlenswert: *kai yang phak phanaeng* (süß-scharfes Grillhuhn).	ⒷⒷⒷ	AE DC MC V	●			
ABSTECHER: *Man Ho.* **Stadtplan** 8 F2. 4 Sukhumvit, Soi 2. *0-2656-7700.* Das Restaurant im JW Marriot Hotel bietet exzellente chinesische Speisen an. Empfehlenswert: Seafood und vegetarische Gerichte.	ⒷⒷⒷ	AE DC MC V			●	
ABSTECHER: *Nang Yuan Restaurant* Fortune Town Bldg., 1 Ratchadaphisek Rd. *0-2641-1500.* Chinesische Spezialitäten, etwa gedünstete Vogelnester mit roten Datteln und Ginseng. Vorzügliche *Dim-sum*-Mittagsbüffets.	ⒷⒷⒷ	AE DC MC V		■		■
ABSTECHER: *Pan Pan 33* Soi 33, Sukhumvit Rd. *0-2258-5071.* Lauter Köstlichkeiten: Salami, Calzone-Pizza vom Holzofen, Salate und Pasta – und der Espresso.	ⒷⒷⒷ	AE DC MC V			●	
ABSTECHER: *Seafood Town* 7 Soi 24, Sukhumvit Rd. *0-2661-0037.* Das definitiv beste Lokal für Fischgerichte, die schnell und lecker zubereitet werden. Da es mittags stets voll wird, ist ein Abendesssen eher zu empfehlen.	ⒷⒷⒷ	AE MC V	●	■	●	
ABSTECHER: *Señor Pico* Rembrandt Hotel, Sukhumvit, Soi 18. *0-2261-7100.* Hier gibt es einige der besten mexikanischen und Tex-Mex-Gerichte in Bangkok, u. a. *fajitas, nachos* und gemischte Platten, aber auch gute Steaks. Die Atmosphäre ist fröhlich.	ⒷⒷⒷ	AE DC MC V			●	
ABSTECHER: *Stable* Soi 8, Sukhumvit Rd. *0 2253 3410.* Stable ist das beste Lokal in Bangkok für Freunde der hervorragenden dänischen Küche. Ganz besonders empfehlenswert ist das überaus große Smorgaas-Büffet.	ⒷⒷⒷ	AE DC MC V	●			■
ABSTECHER: *Celadon.* **Stadtplan** 8 D4. Sukhothai Bangkok Hotel, 13/3 Sathorn Tai Rd. *0-2287-0222.* Ein erstklassiges Thai-Restaurant mit delikaten Speisen wie *gai hor phai toey* (gegrilltes Huhn in gerollten Pinienblättern) und *tom kha kai* (Hühnersuppe mit Kokosnuss und Galgant).	ⒷⒷⒷⒷ	AE DC MC V	●			■
ABSTECHER: *Trader Vic's* Marriott Royal Garden Riverside, Charoen Nakhon Rd. *0-2476-0021.* Hier gibt es polynesische Küche – Spanferkel und geräucherte oder gebratene Brotfrucht – neben einigen internationalen Gerichten. Die Spezialität des Hauses sind Kalbskoteletts.	ⒷⒷⒷⒷ	AE DC MC V		■		

UNTERES MENAM-BECKEN

AYUTTHAYA: *Chainam* 36/2 Uthong Rd. *0-3525-2013.* Gute Thai- und auch westliche Küche zu vernünftigen Preisen. Empfehlenswert vor allem, wenn man westliches Frühstück wünscht.	ⒷⒷ		●	■	●	■
AYUTTHAYA: *Phae Krung Kao* 4 Mu 2, Uthong Rd. *0-3524-1555.* Hübsches, schwimmendes Restaurant mit großer Fischkarte und guter Auswahl an Gerichten mit Huhn oder Schwein. Vornehmlich Thai-Küche, aber auch einige chinesische Köstlichkeiten.	ⒷⒷ	AE MC V	●	■		
KANCHANABURI: *Mae Nam* Am Ende der Lak Muang Rd. *0-3451-2811.* Großes, schwimmendes Restaurant mit Seafood-Spezialitäten. Abends spielt eine Band Thai-Pop oder westliche Unterhaltungsmusik.	ⒷⒷ		●	■		

Zeichenerklärung siehe hintere Umschlagklappe

Preiskategorien für ein Abendessen pro Person, inklusive Service, ohne Alkohol:

Ⓑ unter 100 Baht
ⒷⒷ 100–200 Baht
ⒷⒷⒷ 200–500 Baht
ⒷⒷⒷⒷ 500–1000 Baht
ⒷⒷⒷⒷⒷ über 1000 Baht

Thai-Spezialitäten
Das Restaurant serviert thailändische Küche.

Andere Asien-Gerichte
Es gibt Gerichte aus anderen asiatischen Ländern wie China, Korea, Japan oder Indien.

Westliche Gerichte
Französische, italienische u. a. westliche Speisen.

Tische im Freien
Man kann draußen *(ahan suan)* auf einer Terrasse, im Garten oder im Innenhof essen.

Restaurant	Preis	Kreditkarten	Thai-Spezialitäten	Andere Asien-Gerichte	Westliche Gerichte	Tische im Freien
Kanchanaburi: *New Isaan* 292/1–2 Saengchuto Rd. ☎ *Kein Telefon.* In dem einfachen Restaurant gibt es nordöstliche Spezialitäten. Probieren Sie *kai yang* (Grillhähnchen) oder *som tam* (Papaya-Salat).	ⒷⒷ		●			
Kanchanaburi: *Punnee Café and Bar* Saengchuto Rd. ☎ *0-3451-3503.* Thai-Küche mit westlichem Einschlag und europäisches Essen nach Thai-Art. Laut Werbung gibt es hier »das kälteste Bier der Stadt«.	ⒷⒷ		●		●	■
Lop Buri: *Sala Mangsawarit (Vegetarian Pavillon)* 26/47 Soonkangkha Manora. ☎ *Kein Telefon.* Speziell für Vegetarier ist dies das beste Restaurant und die preiswerteste Möglichkeit, thailändische vegetarische Kost zu genießen. Allerdings ist es nur begrenzt geöffnet. *nach 14 Uhr.*	Ⓑ		●			
Lop Buri: *Asia Lopburi Hotel* 1/7–8 Sorasak Rd. ☎ *0-3641-1892.* Gute chinesische und thailändische Küche zu vernünftigen Preisen. Ideal, um die beliebten *priaw wan* (süß-saure Gerichte) oder *kai phat pet mamuang* (gebratenes Huhn mit Cashewkernen) zu probieren.	ⒷⒷ		●	■		
Suphan Buri: *Wang Kung* Nang Pim Rd. ☎ *Kein Telefon.* Ansprechendes Restaurant mit guten chinesischen und Thai-Gerichten. Leicht zu finden: Chinesische Laternen hängen vor der Tür.	ⒷⒷ	*MC V*	●	■		
Oberes Menam-Becken						
Kamphaeng Phet: *Malai* 77 Thesa Rd. ☎ *0-5571-1630.* Schmackhaftes Essen des Nordostens. Das kleine Lokal hat kein englisches Aushängeschild; halten Sie sich an die Reiskörbe, die davor hängen. Wir empfehlen *Nam-phrik*-Dips auf Pfefferbasis.	Ⓑ		●			■
Kamphaeng Phet: *Phayao* 217–219 Thesa Rd. ☎ *0-5571-2174.* Die beliebte Bäckerei verkauft Brot und süße Kuchen, dazu Tee oder Kaffee. Ein idealer Ort, wenn man in Kamphaeng Phet frühstücken möchte.	Ⓑ				●	
Kamphaeng Phet: *Ruan Phae Rim Ping* 120 Soi 1, Thesa 2 Rd. ☎ *0-5571-2767.* Idyllisches Gartenrestaurant am Ufer des Ping. Zu den Spezialitäten zählt *miang sawoei*, ein pikantes thailändisches Hors d'œuvre aus frischem Ingwer, Erdnüssen und würzigen Saucen.	ⒷⒷ	*MC V*	●	■		■
Mae Sot: *Pim Hut* 415/11–12 Intharakiri, Tang Kim Chiang Rd. ☎ *0-5553-2818.* Eines von mehreren sauberen und preiswerten Restaurants in dieser Straße. Die Karte umfasst westliche, thailändische und chinesische Speisen. Gutes westliches Frühstück zu moderaten Preisen.	Ⓑ		●	■	●	
Mae Sot: *Kangtung* 2/1 Sri Phanich Rd. ☎ *0-3553-2030.* Vorzügliche kantonesische Küche, das beste China-Restaurant in der Stadt. Meist gibt es mittags deliziöse *dim sum*.	ⒷⒷ			■		
Phitsanulok: *Laap Phet Nong Khai* 27/36 Ekhatotsarot Rd. ☎ *0-5524-4804.* Spezialität des Hauses ist ein vorzüglicher *lap phet* (Entensalat). Daneben gibt es viele andere Gerichte aus Zentral- und Nordostthailand, etwa *khao niaw mamuang* (Mango mit Klebreis)	Ⓑ		●			

PHITSANULOK: *Rim Nam Food Market* Phuttha Bucha Rd. *Kein Telefon.* Auf dem Markt gibt es eine Ansammlung von Garküchen, die u. a. *phak bung loy fa* (kurz gebratene Purpurwinde) anbieten. Die Speise wird kunstvoll vom Koch zum Personal durch die Luft gewirbelt.	Ⓑ		●	■		■
PHITSANULOK: *Fah Thai* Phuttha Bucha Rd. *0-5524-2743.* Das Boot-Restaurant gleitet abends am Ufer des Nan entlang; serviert wird u. a. *kluay tak* (süße Bananen), eine regionale Spezialität.	ⒷⒷ		●			■
PHITSANULOK: *Ketnikaa* 66 Phuttha Bucha Rd. *0-5524-1333.* In dem vornehmen Lokal werden Meeresspezialitäten serviert, z. B. Garnelen. Abends gibt es Live-Musik.	ⒷⒷ	MC V	●	■	●	■
SUKHOTHAI: *Night Market* Abgesehen von der Nikhon Kasem Rd. *Kein Telefon.* Eine Vielzahl an thailändischen Gerichten ist hier erhältlich. Probieren Sie *phat thai,* ein Omlette mit Muscheln, oder *kai ping,* eine auf Holzkohle gebratene Eierspeise.	Ⓑ		●	■		■
SUKHOTHAI: *Coca Sukhothai* Sawasdiphong Hotel, 56/2–5 Singhawat Rd. *0-5561-1567.* Ein thailändisches *Suki*-Lokal – hier kochen die Gäste ihr Essen selbst am Tisch. Es gibt leckere Mahlzeiten aus frischem Fisch, Huhn, Schwein, Rind und Meeresfrüchten mit frischem Gemüse in einer schmackhaften Brühe.	ⒷⒷ	MC V	●	■	●	
SUKHOTHAI: *Dream Café and Antique House* 86/1 Singhawat Rd. *0-5561-2081.* Stilvolles Restaurant mit Thai-Antiquitäten (19. Jh.). Reichhaltiges Angebot thailändischer und westlicher Gerichte sowie thailändische Kräuterdrinks, die die Lebensgeister wecken sollen.	ⒷⒷ	MC V	●		●	
TAK: *Jintana* 2/46 Paholyothin Rd. *0-5551-1638.* Großes Restaurant mit schöner Gartenterrasse. Zu den Spezialitäten des Hauses zählen Fischgerichte und Spare Ribs mit Knoblauch.	ⒷⒷ		●	■		■
DER NORDWESTEN						
CHIANG MAI: *Galare Food Centre* 89/2 Chang Khlan Rd. *0-5327-2067.* Garküchen-Ansammlung, ganz in der Nähe des Nachtbasars; erhältlich sind verschiedene Speisen aus Nord- und Zentralthailand, indisches Essen und Seafood. Abends häufig thailändische Tanzdarbietungen.	Ⓑ		●	■	●	■
CHIANG MAI: *New Lamduan Faham Khao Soi* Nördlich der Rama-IX.-Brücke, Charoen Rat Rd. *Kein Telefon.* Ein unprätentiöses Restaurant mit hervorragender Küche. Von König Bhumibol heißt es, er schätze das *khao soi* (Huhn und Nudeln in scharfer Brühe).	Ⓑ		●			
CHIANG MAI: *Raan Khao Soi Islam* Charoen Prathet Rd., Soi 1. *0-5327-1484* Sauberes, freundliches Halal-Lokal, mit dem besten *khao soi* (Brühe mit Nudeln) in Thailand. Auf der Speisekarte stehen auch *samosas* und *khao mok kai* (Huhn biriyani). *nach 15 Uhr.*	Ⓑ		●	■		
CHIANG MAI: *Sri Pen* 103 Inthawarorot Rd. *0-5321-5328.* Erstklassige nordthailändische Gerichte, perfekt zubereitet, dazu frische Gemüse und Klebreis – alles für wenig Geld. *nach 15 Uhr.*	Ⓑ		●			
CHIANG MAI: *Brasserie Restaurant* 37 Charoen Rat Rd. *0-5324-1665.* *Pla meuk krathiam phrik tai* (gebratener, gefüllter Tintenfisch) ist nur eine von vielen Spezialitäten in dem Restaurant am Fluss.	ⒷⒷ	MC V	●		●	■
CHIANG MAI: *Chiang Mai Ban Yuan* 8 Phra Pok Klao Rd, Soi 11. *0-5341-6083.* Delikate vietnamesische Gerichte, z. B. *nam nyang* (gegrilltes Schweinefleisch), das nach einem alten Familienrezept zubereitet wird.	ⒷⒷ			■		■

Preiskategorien für ein Abendessen pro Person, inklusive Service, ohne Alkohol:

Ⓑ unter 100 Baht
ⒷⒷ 100–200 Baht
ⒷⒷⒷ 200–500 Baht
ⒷⒷⒷⒷ 500–1000 Baht
ⒷⒷⒷⒷⒷ über 1000 Baht

THAI-SPEZIALITÄTEN
Das Restaurant serviert thailändische Küche.

ANDERE ASIEN-GERICHTE
Es gibt Gerichte aus anderen asiatischen Ländern wie China, Korea, Japan oder Indien.

WESTLICHE GERICHTE
Französische, italienische u. a. westliche Speisen.

TISCHE IM FREIEN
Man kann draußen *(aban suan)* auf einer Terrasse, im Garten oder im Innenhof essen.

CHIANG MAI: *Gallery* ⒷⒷ
25–29 Charoen Rat Rd. *0-5324-8601.*
Bestes Essen, etwa *nam phrik ong* (Curry von Tomaten und Schweinefleisch), in einem paradiesischen Garten am Fluss. Reservieren!

CHIANG MAI: *JJ Bakery* ⒷⒷ
2–6 Ratchadamnoen Rd. *0-5321-3088.*
Von Reisenden und Einheimischen stets gern besuchtes Lokal mit guter Thai-Küche, wenn auch die meisten Gäste wegen der Sandwiches, Salate und anderer Imbisse kommen.

CHIANG MAI: *Rosemary Irish Pub* ⒷⒷ
24/1 Rachawithi Rd. *0-5321-4554.*
Irische und englische Hausmannskost; beliebt sind die Sandwiches und das Eis, die in gemütlicher Pub-Atmosphäre serviert werden. Es gibt diverse frische Brote, etwa Baguette und Soda-Brot.

CHIANG MAI: *Smiling Monkey* ⒷⒷ
40/1 Bamrung Buri Rd. *0-5327-7538.*
Nettes Gartenrestaurant unter englischer Leitung, das leckere Gerichte wie *kaeng khiaw wan* (Grünes Curry) bietet oder zu einem Drink an der Bar des reizenden alten Teakhauses einlädt.

CHIANG MAI: *Whole Earth* ⒷⒷ
88 Si Don Chai Rd. *0-5328-2463.*
Etabliertes vegetarisches und südasiatisches Restaurant in reizvoller Umgebung, nicht weit vom Nachtbasar. Eines der wenigen Restaurants in Chiang Mai mit indischer Küche.

CHIANG MAI: *Antique House* ⒷⒷⒷ
71 Charoen Prathet Rd. *0-5327-6810.*
Genießen Sie ein köstliches nord- oder zentralthailändisches Mahl in dem restaurierten Holzhaus aus dem 19. Jahrhundert oder in dem kleinen Garten, den antikes Lanna-Mobiliar und -Handwerk ziert.

CHIANG MAI: *Babylon* ⒷⒷⒷ
100/63 Huai Kaew Rd. *0-5321-2180.*
Die Atmosphäre ist wie in einem italienischen Café. Auf der Karte: Spaghetti mit Gorgonzola.

CHIANG MAI: *Kaeng Ron Ban Suan* ⒷⒷⒷ
149/3 Soi Chom Doi Mu 2. *0-5321-3762.*
Das Lokal liegt herrlich am Fuß des Doi Suthep. Die nordthailändische Küche bietet u. a. *sai wua* (Wurst nach Art des Nordens) oder *pak kut* (Thai-Gemüse, das nur wildwachsend geerntet wird).

CHIANG MAI: *Khun Pad's Kitchen* ⒷⒷⒷ
49/1–8 Arrak Rd., Suandok Gate. *0-5381-4558.*
Charmantes Restaurant im Paddy Fields Hotel mit feiner thailändischer Küche. Die entspannte Atmosphäre schätzen Einheimische und Besucher. Fragen Sie nach einem Tisch auf der Terasse.

CHIANG MAI: *Old Chiang Mai Cultural Center* ⒷⒷⒷ
185/3 Wualai Rd. *0-5327-5097.*
Hier kann man ein traditionelles *Khantoke*-Mahl bei klassischem thailändischem Tanz und Musik genießen. Das Lokal befindet sich in in einem von mehreren Häusern im Lanna-Stil. ● *nach 21 Uhr.*

CHIANG MAI: *Le Coq d'Or* ⒷⒷⒷⒷ
68/1 Ko Klang Rd. *0-5328-2024.*
Chiang Mais bestes französisches Restaurant befindet sich in einer Villa, die einst der erste britische Konsul von Chiang Mai bewohnte. Die Weinkarte ist ungewöhnlich lang für Thailand.

	KREDITKARTEN	THAI-SPEZIALITÄTEN	ANDERE ASIEN-GERICHTE	WESTLICHE GERICHTE	TISCHE IM FREIEN
Gallery	MC V	●		●	■
JJ Bakery	AE MC V	●		●	■
Rosemary Irish Pub		●		●	■
Smiling Monkey	MC V	●			■
Whole Earth		●	■		
Antique House	MC V	●	■		■
Babylon	MC V			●	
Kaeng Ron Ban Suan	AE DC MC V	●			■
Khun Pad's Kitchen		●		●	■
Old Chiang Mai Cultural Center	MC V	●			■
Le Coq d'Or	AE DC MC V			●	

	Preis	Karten				
CHIANG MAI: *Piccola Roma Palace* 144 Charoen Prathet Rd. ☎ *0-5327-1256.* Täglich frisches Seafood. Angelo, der italienische Besitzer, kann die längste Weinkarte Nordthailands vorweisen. Luxusausstattung kombiniert mit exzellentem italienischem Essen.	ⒷⒷⒷⒷⒷ	AE MC V			●	
LAMPANG: *Mackenna Pub* Tipchang Rd., neben Riverside Bar und Restaurant. ☎ *Kein Telefon.* Begehrt sind *kap klaem* (Snacks), dazu trinkt man kühles Bier oder Thai-Whisky. Genießen Sie *mu sap bai kaprao* (Schweinehackfleisch mit Basilikum) zusammen mit der Aussicht auf den Fluss Yom.	Ⓑ	MC V	●			■
LAMPANG: *Khrua Tai Rim Nam* Pamai Rd., Amphur Wiang Neua. ☎ *Kein Telefon.* Das große Teakhaus am Ufer des Wang ist das beste Restaurant im alten Wiang-Neua-Viertel. Probieren Sie *tot man kung* (Garnelenküchlein mit süßer Tamarindensauce).	ⒷⒷ		●			■
LAMPANG: *Riverside Bar and Restaurant* 328 Tipchang Rd., neben Mackenna Pub. ☎ *0-4522-1861.* Gut besuchter Pub am Flussufer. Die ausgezeichnete Küche bietet Thai-Gerichte wie *phat kari pu* (Krabbenfleisch in gelber Currysauce). Jeden Abend Live-Musik.	ⒷⒷ	MC V	●		●	■
LAMPANG: *Suki Bhami Coca* 138/72 74 Paholyothin Rd. ☎ *0-5431-6440.* Thailändische *Suki*-Küche, bei der man das Essen auf heißen Platten am Tisch selbst gart. Bei den Einheimischen sehr beliebt.	ⒷⒷ	MC V	●	■		
LAMPHUN: *Ba-Mii Kwangtung* Ecke Rot Kaew Rd./Inthayongyot Rd. ☎ *Kein Telefon.* Die exzellenten Nudeln machen das Lokal zum besten Lamphuns. Es gibt kein englisches Schild, doch da gleich am Eingang gekocht wird, ist es kaum zu verfehlen. ● *meist nach Einbruch der Dunkelheit.*	Ⓑ		●			
MAE HONG SON: *Good Luck Restaurant* Khunlum Phraphat Rd. ☎ *Kein Telefon.* Kleines Restaurant mit gutem Essen; gekocht wird thailändisch, griechisch, türkisch, jüdisch, arabisch und vegetarisch.	Ⓑ		●	■	●	
MAE HONG SON: *Bai Fern* Khunlum Phraphat Rd. ☎ *0-5361-1374.* Reizvolles Restaurant mit angenehmer Atmosphäre in einem großen Holzhaus. Gutes, preiswertes zentralthailändisches und chinesisches Essen in großer Auswahl; zudem gibt es einfache westliche Speisen.	ⒷⒷ		●		●	■
MAE HONG SON: *Khai Muk* Khunlum Phraphat Rd. ☎ *0-5361-2092.* Schlicht und gemütlich; bei Einheimischen und Gästen gleichermaßen beliebt. Chinesische und thailändische Küche, darunter *kai phat met mamuang* (gebratenes Huhn mit Cashewkernen).	ⒷⒷ		●	■		■
MAE HONG SON: *Golden Teak* Highway 108 ☎ *0-5361-1021.* In dem drei Kilometer außerhalb der Stadt gelegenen Lokal wird köstliche Thai-Küche serviert. Draußen blickt man aufs Tal.	ⒷⒷⒷ	AE DC MC V	●			■
MAE SARIANG: *Inthira Restaurant* Wiang Mai Rd ☎ *0-5368-1529.* Das Inthira bietet die beste thailändische und chinesische Küche in dieser abgelegenen Stadt. Sehr beliebt sind *kop krob* (ausgebackene Frösche) zum Mittagessen.	Ⓑ		●	■		
PAI: *Own Home Restaurant* Ratchadamrong Rd. ☎ *Kein Telefon.* Versuchen Sie internationale Spezialitäten wie Felafel mit Hummus und Tzatziki, indische *samosas,* mexikanische *burritos* und vegetarisches Thai-Essen.	Ⓑ		●	■	●	■
PAI: *Tai Yai Restaurant* Ratchadamnoen Rd. ☎ *Kein Telefon.* Hier gibt es das beste westliche Frühstück in Pai, mit selbstgebackenem Vollkornbrot, Müsli und Kaffee aus der Region. Dies ist zudem eines der wenigen Lokale, die noch nach 22 Uhr geöffnet haben.	Ⓑ		●		●	

Zeichenerklärung siehe hintere Umschlagklappe

Preiskategorien für ein Abendessen pro Person, inklusive Service, ohne Alkohol:

Ⓑ unter 100 Baht
ⒷⒷ 100–200 Baht
ⒷⒷⒷ 200–500 Baht
ⒷⒷⒷⒷ 500–1000 Baht
ⒷⒷⒷⒷⒷ über 1000 Baht

Thai-Spezialitäten
Das Restaurant serviert thailändische Küche.

Andere Asien-Gerichte
Es gibt Gerichte aus anderen asiatischen Ländern wie China, Korea, Japan oder Indien.

Westliche Gerichte
Französische, italienische u. a. westliche Speisen.

Tische im Freien
Man kann draußen *(ahan suan)* auf einer Terrasse, im Garten oder im Innenhof essen.

Der Norden

Restaurant	Preis	Kreditkarten	Thai-Spezialitäten	Andere Asien-Gerichte	Westliche Gerichte	Tische im Freien
Chiang Khong: *Lawt Tin Lu* Sai Klang Rd., Soi 2. ☎ *Kein Telefon.* Filiale eines bekannten Shan-China-Restaurants aus Kengtung (Osten von Myanmar), mit gutem chinesischen und thailändischen Essen.	Ⓑ		●	■		
Chiang Rai: *Mae Oui Kiaw* 106/9 Ngam Muang Rd. ☎ *0-5371-2770.* Beste nordthailändische Küche, die traditionelle Gerichte wie *nam phrik ong* (Curry von Tomaten und Schweinefleisch) und *kaeng hang le* (Schweinefleischcurry mit Ingwer) bietet. ● *nach 18 Uhr.*	Ⓑ		●			
Chiang Rai: *Raan Ahaan Islam* 142 Itsaraphap Rd. ☎ *Kein Telefon.* Gutes Halal-Etablissement; zu den Spezialitäten des Hauses gehören *khao mok kai* (Huhn biriyani) und *khao soi* (Curry von Weizennudeln und Kokosmilch mit Rindfleisch oder Huhn). ● *nach 15 Uhr.*	Ⓑ		●			■
Chiang Rai: *Golden Triangle International Café* 590 Paholyothin Rd. ☎ *0-5371-1339.* Zentralthailändisches Essen, nicht zu scharf, außer auf Wunsch. Es gibt auch westliche Gerichte, einschließlich Frühstück. ▤	ⒷⒷ	MC V	●		●	
Chiang Rai: *Yunnan* 2211/6 Khwae Wai Rd. ☎ *0-5371-3263.* Chinesisches Essen, einschließlich Szetschuan-Küche. Es gibt Speisen wie Yunnan-Schinken und gebratene Milch nach Kunming-Art. 🍷	ⒷⒷ			■		
Chiang Rai: *Chinatown* Dusit Island Resort, 1129 Kraisorn Sit Rd. ☎ *0-5371-5777.* Sehr reichhaltige chinesische Speisekarte. Mittags gibt es *dim sum*, abends wird in schickem Ambiente eine hervorragende Peking-Ente serviert. ▤ 🍷	ⒷⒷⒷ	AE DC MC V		■		
Chiang Rai: *Giovanni's Pizza* 595 Paholyothin Rd. ☎ *Kein Telefon.* Das beste italienische Restaurant in Chiang Rai. Eine Vielzahl an Antipasti, Pizzas, Pasta- und Fleischgerichten. Der Favorit der Stadt für die Ausländer. ▤ 🍷	ⒷⒷⒷ				●	
Chiang Saen: *Bierstube* 897/6 Paholyothin Rd. ☎ *0-5371-4195.* Dies ist das richtige Lokal, wenn es Sie nach deftiger deutscher Kost verlangt. Es gibt wohlbekannte Gerichte wie Wiener Schnitzel, dazu Bier vom Fass oder auch Schnaps. ▤ 🍷	ⒷⒷⒷ				●	
Doi Mae Salong (Santikhiree): *Mae Salong Villa* 5 Mu 1, Doi Mae Salong. ☎ *0-5376-5115.* Beliebtes Restaurant, das einen schönen Blick auf die Berge bietet. Nachts wird oft an einem wärmenden Holzfeuer gegrillt. Vornehmlich chinesische Spezialitäten, insbesondere aus Yunnan. 🍷	ⒷⒷⒷ	AE MC V	●	■	●	■
Fang: *Parichat Road* Rawp Wiang Rd. ☎ *Kein Telefon.* Das kleine, saubere Lokal ist auf Nudeln spezialisiert. Zu empfehlen ist das delikate *khao soi* (Weizennudeln in Hühner- oder Rindfleisch-Curry-Brühe). Dazu werden Limetten und Chilis gereicht.	Ⓑ		●			
Goldenes Dreieck: *Border View* Delta Golden Triangle Hotel, 222 Golden Triangle, Sop Ruak. ☎ *0-5378-4001.* Auf der Terrasse über dem Mekong lässt sich stilvoll speisen. Hervorragende thailändische, chinesische und westliche Küche. ▤ 🍷 🍸	ⒷⒷⒷ	AE DC MC V	●	■	●	

Goldenes Dreieck: *Sala Maenam* ⒷⒷⒷ AE DC MC V
Le Meridien, Baan Boran. ☎ *0-5378-4086.*
Aufstrebendes Lokal, das nicht laotische, sondern thailändische, chinesische und westliche Kost anbietet. Das Essen ist gut, die Lage, im Herzen des Goldenen Dreiecks, noch besser.

Mae Sai: *Jo Jo's Cafe* Ⓑ
233/1 Mui Paholyothin Rd. ☎ *0-5373-1662.*
Abwechslungsreiche Karte mit vorzüglichem Thai- und westlichem Fastfood zu vernünftigen Preisen. Probieren Sie *khao soi* (Reisnudeln in Curry-Sauce) oder *khao molk kai* (muslimisches Huhn biriyani).

Mae Sai: *Rabieng Kaew* ⒷⒷ
356/2 Mu 1, Paholyothin Rd. ☎ *0-5373-1173.*
Exzellentes zentral- und nordthailändisches Essen, zudem einige andere asiatische Spezialitäten wie auf koreanische Art gegrilltes Rindfleisch – frisch und zart. Abends wird nordthailändische Musik gespielt.

Nan: *No Name* Ⓑ
38/1 Suriyapong Rd. ☎ *Kein Telefon.*
Sehr preisgünstige Nudelgerichte. Probieren Sie *kuaytiaw reua* – wörtlich »Boot-Nudeln« –, eine köstliche, pikante Brühe.

Phrae: *Night Market* Ⓑ
Pratuchai Intersection. ☎ *Kein Telefon.*
Der Nachtmarkt bietet kleine Garküchen mit Tischen auf der Straße. Hier kann man für wenig Geld schmackhaftes zentralthailändisches und thailändisch-chinesisches Essen genießen.

Phrae: *Ban Fai* ⒷⒷⒷ MC V
57/6 Mu 1, Yantrakit Koson Rd. ☎ *0-5452-3114.*
Ein großes Restaurant mit gutem Thai-Essen und dem vielleicht besten Seafood in der Stadt.

Khorat-Plateau

Buriram: *Phnom Rung Park* Ⓑ
Phnom Rung Hill. ☎ *Kein Telefon.*
Hier gibt es Verkaufsstände und kleine Restaurants, die leckere Speisen servieren, etwa *som tam* (Papaya-Salat) oder Huhn mit Klebreis. Es ist die einzige Essgelegenheit bei Prasat Hin Khao Phnom Rung.

Chaiyaphum: *Phaibun* Ⓑ
Ratchathan Rd. ☎ *Kein Telefon.*
Großes, komfortables und sauberes Restaurant mit guter zentralthailändischer und chinesischer Kost. Probieren Sie *mu prio wan* (süß-saures Schweinefleisch) oder *kaeng khiaw wan* (Grünes Curry).

Khon Kaen: *Nong Lek* ⒷⒷ
54/1–3 Klang Muang Rd. ☎ *0-4326 1759.*
Gutes thailändisches und chinesisches Essen; Spezialitäten des Hauses sind *khao na pet* (Ente mit Reis) und Seafood.

Khon Kaen: *Pa Uan J. C. Esan* ⒷⒷ
Laub Baeng Rd. ☎ *0-4332-0182.*
Die Gerichte des Nordostens sind bei den Einheimischen sehr beliebt – doch Vorsicht: sehr scharf! Spezialitäten sind z. B. gegrillter Fisch und Rindsbrühe mit Chili und *somtam* (Papaya-Salat).

Khorat: *VFW (Veterans of Foreign Wars) Café* Ⓑ
167–168 Phok Klang Rd. ☎ *0-4424-2831.*
Das Café, von ehemaligen GIs gegründet, ist auf US-Fastfood und einfache Thai-Gerichte spezialisiert. Auch zum Frühstücken ideal.

Khorat: *Great Wall* ⒷⒷ MC V
Chomphon Rd. ☎ *Kein Telefon.*
Khorat hat eine große chinesisch-thailändische Gemeinde. Genießen Sie hier die hervorragende kantonesische Küche in gemütlicher, entspannter Atmosphäre.

Phimai: *Bai Toey* Ⓑ
Phimai Main Street. ☎ *0-4447-1725.*
Gartenlokal mit einfacher Thai- und westlicher Kost. Probieren Sie Vegetarisches und die Süßspeisen aus Klebreis und Kokosmilch.

Zeichenerklärung siehe hintere Umschlagklappe

Preiskategorien für ein Abendessen pro Person, inklusive Service, ohne Alkohol:

Ⓑ unter 100 Baht
ⒷⒷ 100–200 Baht
ⒷⒷⒷ 200–500 Baht
ⒷⒷⒷⒷ 500–1000 Baht
ⒷⒷⒷⒷⒷ über 1000 Baht

Thai-Spezialitäten
Das Restaurant serviert thailändische Küche.

Andere Asien-Gerichte
Es gibt Gerichte aus anderen asiatischen Ländern wie China, Korea, Japan oder Indien.

Westliche Gerichte
Französische, italienische u. a. westliche Speisen.

Tische im Freien
Man kann draußen *(aban suan)* auf einer Terrasse, im Garten oder im Innenhof essen.

Restaurant	Preis	Kreditkarten	Thai-Spezialitäten	Andere Asien-Gerichte	Westliche Gerichte	Tische im Freien
Roi Et: *Neua Yang Kaolee* Rim Beung Plan Chai Rd. *Kein Telefon.* Exzellentes Gartenrestaurant am Ufer des Beung-Phlan-Chai-Sees im Stadtzentrum. Es hat seinen Namen von der Spezialität des Hauses: Rindfleisch, das am Tisch nach koreanischer Art zubereitet wird.	ⒷⒷ	MC V		■		■
Surin: *Paetee* 40/42 Tessabali Rd. *0-4451-1682.* Gute thailändische und chinesische Küche mit Meeresrüchten, auch wenn die äußere Aufmachung etwas langweilig anmutet.	ⒷⒷⒷ	MC V		■		
Udon Thani: *Rung Thong* Hor Nalika Clock Tower. *0-4222-3154.* Einfaches Lokal mit delikaten, preiswerten Gerichten aus Zentral- und Nordostthailand, einschließlich Thai-Currys. Probieren Sie *tom kha kai* (Hühnersuppe mit Kokosmilch und Zitronengras).	Ⓑ		●			
Udon Thani: *Madame Kiu* Adunyadet Rd. *Kein Telefon.* Das Lokal hat bis 4 Uhr morgens geöffnet und serviert gute zentralthailändische, chinesische sowie einfache westliche Gerichte. Spezialität ist *kung phat phrik phao* (gebratene Garnelen mit Chilis).	ⒷⒷ		●	■	●	
Udon Thani: *Mayfair* Charoen Hotel, 549 Phosri Rd. *0-4224-8155.* Prämiertes Restaurant, dessen Küche als die beste in Udon Thani gilt. Auf der reichhaltigen Speisekarte finden sich thailändische und chinesische Kost sowie gutes westliches Frühstück.	ⒷⒷⒷ	AE DC MC V	●	■	●	
Mekong-Becken						
Chiang Khan: *Suksomboon Hotel* 243/3 Chai Khong Rd. *0-4282-1064.* Das Lokal ist direkt am Mekong gelegen. Wer einen robusten Magen hat, sollte *gung ten* probieren, fangfrische, noch lebende Garnelen aus dem Fluss in einer Zitronen-Chili-Sauce.	Ⓑ		●	■	●	
Loei: *Savita* 317/2 Loeidansai Rd. *0-4281-2499.* Savita ist ein Restaurant mit Coffee Shop, das zentralthailändisches Essen und Fastfood wie Hamburger und Sandwiches serviert.	ⒷⒷ	MC V	●		●	
Mukdahan: *Night Market* Songnang Sathit Rd. *Kein Telefon.* Verkaufsstände des Nachtmarkts sind nahe der Bushaltestelle. Thailändische, laotische und vietnamesische Spezialitäten für wenig Geld.	Ⓑ		●	■		
Mukdahan: *Riverside* Samran Chai Khong Rd. *Kein Telefon.* Von der schattigen Terrasse am Fluss hat man einen herrlichen Blick auf das laotische Suwannakhet. Serviert wird thailändische und chinesische Küche und kaltes Bier. Tipp: *lap phet* (pikanter Entensalat).	ⒷⒷ		●	■		■
Nakhon Phanom: *Nawt Laap Phet* 494 Aphiban Bancha Rd. *0-4251-1994.* Neben nordöstlichen Delikatessen gibt es Standardgerichte wie Grillhuhn und Papaya-Salat. Besonders lecker ist *yang seua rong hai* (wörtlich »gegrillter schreiender Tiger«): Rindfleisch mit Chilis.	Ⓑ		●			
Nakhon Phanom: *Mekhong Golden Giant Catfish* 417 Sunthon Wichit Rd. *0-4251-1218.* *Pla buk* (Mekong-Riesenwels) schmeckt pfannengerührt mit Thai-Basilikum *(phat kraphao)* oder im Tontopf gegart *(op mo din).*	ⒷⒷ	AE MC V		■	●	■

NONG KHAI: *Udom Rot* 423 Rim Khong Rd. *0-4241-2561.* Herrlicher Blick auf den Mekong und die Schiffe nach Laos. Deliziös sind *phat thai* (Reisnudeln, gebraten mit Sojasprossen, Ei, Schweinefleisch und getrockneten Garnelen, dazu frische Limettenscheiben).	Ⓑ		●	■	●	■
NONG KHAI: *Indochine* 189/1 Meechai Rd. *Kein Telefon.* Hier kann man vietnamesische Kochkunst kennen lernen. Typische Gerichte sind Frühlingsrollen mit frischem grünem Gemüse, gegrillte Würste und verschiedene Speisen auf Eibasis.	ⒷⒷ			■		
THAT PHANOM: *That Phanom Pochana* Phanom Phanarak Rd. *0-4254-1189.* Das Lokal liegt zentral nahe dem Triumphbogen. Auf der Karte: preisgünstige thailändische und chinesische Fischgerichte.	Ⓑ		●	■		
UBON RATCHATHANI: *Jiaw Kii* Khuan Thani Rd. *Kein Telefon.* Ideales Frühstückslokal, das *khao tom* (Reissuppe) und westliches Frühstück wie *ham and eggs* mit warmen Brötchen serviert.	Ⓑ		●		●	
UBON RATCHATHANI: *Indochine* Wat Chang, 168–170 Sapphasit Rd. *0-4524-5584.* Aus dem ganzen Land kommen die Gäste, um hier vietnamesische Köstlichkeiten – vor allem die Omeletts – zu essen und die gemütliche Atmosphäre in dem alten Teakholz-Haus zu genießen.	ⒷⒷ	V		■		

ÖSTLICHE GOLFKÜSTE

CHANTHABURI: *Chanthon Phochana* 126/4 Benchamarachutit Rd. *0-3932-1240.* In dem blitzsauberen Restaurant wird thailändisch und chinesisch gekocht. Der gute Ruf von Chanthaburis Nudelgerichten bestätigt sich, wenn man *sen mi phat pu* (Krabbenfleisch mit Nudeln) probiert.	Ⓑ		●	■		
CHANTHABURI: *Mangsawirat* Tha Chalab Rd., Soi 3. *Kein Telefon.* Winziges vegetarisches Lokal nahe dem Taksin-Park. Zu delikatem Essen gibt es frische Fruchtsäfte, etwa aus Guave, *roselle* (schmeckt wie schwarze Johannisbeere), Kokosnuss und Tamarinde.	Ⓑ		●			
KO CHANG: *Sunset (Tawanploh)* 39 Mu 4, Ko Chang. *Kein Telefon.* Für die wenig erschlossene Insel ein sehr gehobenes Restaurant, wo Seafood und viele andere Gerichte serviert werden.	ⒹⒹⒹ	AE DC MC V	●	■	●	■
PATTAYA: *Poteen Still* 219/68 Soi Yamato. *0-384-20644.* Hier wird eine einzigartige Mischung aus irischem Pub-Essen, etwa *fish and chips*, Guinness in Dosen und Thai-Gerichten serviert.	Ⓑ		●		●	
PATTAYA: *Ali Baba* 1/13–14 Central Pattaya Rd. *0-3842-9262.* Das Restaurant hat zwei Speisekarten: Innen wird nordindische, draußen südindische vegetarische Kost serviert. Große Auswahl an Curries, *dhals,* indischen Broten und erfrischenden *raitas.*	ⒷⒷ	AE MC V		■		■
PATTAYA: *Babay Philipino* 485/3 Pattaya 2nd Rd. *0-3842-6191.* Philippinisches Essen wie Spanferkel, *gambas al ajillio* (rohe Garnelen in Knoblauch und Olivenöl) oder *gambas rebosado* (in Butter gebackene Garnelen). Live-Musik.	ⒷⒷ	MC V		■		■
PATTAYA: *Nang Loi* 214/10 South Pattaya Beach Road. *0-3842-8487.* Fischrestaurant am »Strip« von Pattaya. Sie können hier den Fisch ihrer Wahl in der gewünschten Zubereitungsart bestellen. Auch die Steaks sind empfehlenswert. Von der Terrasse blickt man aufs Meer.	ⒷⒷ	AE MC V	●		●	■
PATTAYA: *Russkii* 205/8–9 Pattaya 2nd Rd. *0-3842-9662.* Dies ist das beste russische Lokal in Pattaya. Probieren Sie Borschtsch, *pelmeni* (Klößchen) oder Huhn nach Kiew-Art.	ⒷⒷ				●	

Zeichenerklärung siehe hintere Umschlagklappe

Preiskategorien für ein Abendessen pro Person, inklusive Service, ohne Alkohol:

Ⓑ unter 100 Baht
ⒷⒷ 100–200 Baht
ⒷⒷⒷ 200–500 Baht
ⒷⒷⒷⒷ 500–1000 Baht
ⒷⒷⒷⒷⒷ über 1000 Baht

Thai-Spezialitäten
Das Restaurant serviert thailändische Küche.

Andere Asien-Gerichte
Es gibt Gerichte aus anderen asiatischen Ländern wie China, Korea, Japan oder Indien.

Westliche Gerichte
Französische, italienische u. a. westliche Speisen.

Tische im Freien
Man kann draußen *(aban suan)* auf einer Terrasse, im Garten oder im Innenhof essen.

Pattaya: *Vientiane* ⒷⒷ
485/18 Pattaya 2nd Rd. ☎ *0-3841-1298.*
Hier werden ausgezeichnete laotische, vietnamesische, thailändische und chinesische Gerichte sowie Seafood serviert.

Pattaya: *Bruno's Restaurant & Wine Bar* ⒷⒷⒷ
Zentrale Einkaufsarkade, Pattaya 2nd Rd.. ☎ *Kein Telefon.*
Schlicht aber elegant, zeichnet sich dieses Restaurant durch eine internationale Speisekarte mit verschiedenen Spezialitäten des Hauses aus. Die Weinbar ist in einer Art Höhle eingerichtet – mit einem Weinkeller mit 150 verschiedenen Sorten.

Pattaya: *Delany's* ⒷⒷⒷ
Pattaya 2. Rd. ☎ *0-3871-0641.*
Traditioneller irischer Pub, für junge, trendige Leute; abends gibt es meist Live-Musik. Zur Mittagszeit ist das »Irish Curry« bei den Gästen besonders beliebt.

Pattaya: *Green Bottle* ⒷⒷⒷ
Diana Inn, 216/6–9 Pattaya 2nd Rd. ☎ *0-3842-9675.*
Im gemütlichen Pub im englischen Stil kann man ganz vorzüglich essen. Zu den Delikatessen gehören Hummer, geröstete Ente in Rotweinsauce und Filetsteak im Speckmantel, gefüllt mit Gänseleberpastete.

Pattaya: *La Gritta* ⒷⒷⒷ
Amari Orchid Resort, 240 Mu 5, Pattaya Beach Rd. ☎ *0-3842-8161.*
La Gritta gilt als Pattayas bestes italienisches Restaurant und ist auf Seafood spezialisiert. Neben den italienischen Standards wie Pizzas und Pasta-Gerichten werden regionale Produkte auf italienische Art zubereitet.

Pattaya: *Lobster Pot* ⒷⒷⒷ
288 Beach Rd., South Pattaya. ☎ *0-3842-6083.*
Elegantes Fischrestaurant mit großer Speisekarte und angenehmer Atmosphäre. Die Seafood-Spezialitäten sind berühmt – hier gibt es den besten Hummer in Pattaya.

Pattaya: *Mai Kai Supper Club* ⒷⒷⒷ
Hotel Tropicana, Pattaya Beach Rd. ☎ *0-3842-8645.*
Polynesische Spezialitäten und wohl bekannte westliche Kost können Sie in diesem klimatisierten komfortablen Lokal mit Blick auf die Bucht von Pattaya genießen. Eine haitianische Band sorgt abends für Live-Musik.

Pattaya: *Pan Pan San Domenico* ⒷⒷⒷ
313–313/1 Tappaya Rd. ☎ *0-3825-1874.*
Hier handelt es sich um ein italienisches Restaurant der Spitzenklasse. Vom Essen bis zur Ausstattung ist alles exquisit. Das begrenzte Speisenangebot wird durch eine große Auswahl an frischen Desserts und Kuchen wettgemacht.

Pattaya: *Pattaya Park Tower* ⒷⒷⒷ
345 Jomtien Beach Rd. ☎ *0-3825-1201.*
Im 52. Stock von Pattayas höchstem Gebäude erwarten Sie ein atemberaubender Blick und gutes Essen. Das Büfett hält japanische, thailändische, chinesische und europäische Speisen bereit.

Pattaya: *PIC Kitchen* ⒷⒷⒷ
Soi 5, Pattaya Beach Rd. ☎ *0-3842-8387.*
Das Restaurant verteilt sich auf mehrere Teakhäuser und bietet hervorragendes Thai-Essen. Zum Essen sitzt man auf Bodenpolstern. Wöchentlich gibt es traditionellen Thai-Tanz.

	Kreditkarten	Thai-Spezialitäten	Andere Asien-Gerichte	Westliche Gerichte	Tische im Freien
Vientiane	MC V	●	■		
Bruno's Restaurant & Wine Bar	MC V	●	■	●	■
Delany's	AE DC MC V		■	●	
Green Bottle	AE DC MC V	●		●	
La Gritta	AE MC V			●	
Lobster Pot	AE MC V	●		●	
Mai Kai Supper Club	AE DC MC V		■	●	
Pan Pan San Domenico	AE MC V			●	
Pattaya Park Tower	AE MC V	●	■	●	
PIC Kitchen	AE MC V	●		●	■

PATTAYA: *Red Baron* ⒷⒷⒷ AE DC MC V
Amari Orchid Resort, 240 Mu 5, Pattaya Beach Rd. *0-3842-8161.*
Schickes Restaurant in ruhiger Lage am Strand, das deutsche und Schweizer Kost serviert.

PATTAYA: *Ruen Thai* ⒷⒷⒷ AE MC V
485/3 Pattaya 2nd Rd. *0-3842-5911.*
Hier werden in Openair-Holzpavillons Thai-Speisen von höchster Qualität serviert, begleitet von Jazzklängen und klassischem thailändischen Tanz. Für Kinder steht ein Spielplatz zur Verfügung.

PATTAYA: *Sugar Hut* ⒷⒷⒷ AE DC MC V
391/18 Tappaya Rd. *0-3825-1686.*
Prachtvolle Teakhäuser in einmaliger Lage. Es dominiert zentralthailändische Küche – ein Gaumen- und Augenschmaus. Das Preis-Leistungs-Verhältnis könnte kaum besser sein.

SI RACHA: *Chua Li* ⒷⒷⒷ MC V
46/22 Sukhumvit Rd., Soi 10. *0-3831-1244.*
Hervorragende Meeresfrüchte mit Schwerpunkt auf Thai- und chinesischem Essen. Die würzige Sauce namens *nam phrik si racha* mundet vorzüglich zu gegrilltem Hummer oder Languste.

TRAT: *Sang Fah* ⒷⒷ
156–157 Sukhumvit Rd. *0-3951-1222.*
Auf der umfangreichen Speisekarte findet sich viel Seafood. Wir raten zu *tom yam pla chon* (pikanter Fischtopf).

WESTLICHE GOLFKÜSTE

CHA-AM: *Family Shop* ⒷⒷ
Ruamchit Rd. *Kein Telefon.*
Solides Restaurant direkt am Meer. Es gibt frisches, gegrilltes Seafood, unter dem vor allem die saftigen Riesengarnelen hervorstechen.

CHA-AM: *Sorndaeng* ⒷⒷ
Cha-am Methavali Hotel, 220 Ruamchit Rd. *0-3243-3250.*
Cha-am ist bekannt für seine Seafood-Gerichte. Hier werden sie bestens nach thailändischer wie westlicher Art zubereitet.

HUA HIN: *Maria Ice Cream* Ⓑ
54/2 Decha Nuchit Rd. *Kein Telefon.*
Herrliches hausgemachtes Eis (in den Geschmacksrichtungen Papaya, Durian, Wassermelone, Kokosnuss etc.). Es gibt auch Thai Snacks.

HUA HIN: *Museum* ⒷⒷ AE DC MC V
Hotel Sofitel Central, 1 Damnoen Kasem Rd. *0-3251-2036.*
Das Lokal ist, entsprechend dem Sofitel Hotel (früher Railway Hotel, *siehe S. 321*), im Stil der 1920er Jahre gehalten. Hier gibt es traditionellen *high tea* – mit unwiderstehlichem Gebäck.

HUA HIN: *Charlie's Seafood* ⒷⒷⒷ
Naresdamri Rd. *Kein Telefon.*
Große Auswahl an frischem Seafood zu niedrigen Preisen. Zu den empfehlenswerten Hausgerichten zählen *pla kapong* (Barsch) und *hoi malaeng pu* (Miesmuscheln).

HUA HIN: *Goya* ⒷⒷⒷ AE DC MC V
Melia Hua Hin Hotel, 33 Naresdamri Rd. *0-3251-2888.*
Eins der wenigen spanischen Restaurants in Thailand. Geboten werden Paella, Gazpacho und verschiedene Tapas. Besonders lecker sind die Meeresfrüchte.

HUA HIN: *Railway* ⒷⒷⒷ AE DC MC V
Hotel Sofitel Central, 1 Damnoen Kasem Rd. *0-3251-2036.*
Restaurant im früheren Railway Hotel – mit der Kulisse eines Bahnhofs aus den 1920er Jahren – mit französischer und asiatischer Küche; am Tagesbüfett gibt es Italienisches oder Thailändisches.

HUA HIN: *Saeng Thai* ⒷⒷⒷ MC V
Am Pier der Naresdamri Rd. *0-3251-2144.*
Großes Openair-Restaurant direkt am Meer, zugleich eines der ältesten Fischrestaurants in der Stadt. Sowohl Einheimische als auch Besucher wissen das Speisenangebot schon seit langem zu schätzen.

Preiskategorien für ein Abendessen pro Person, inklusive Service, ohne Alkohol:

Ⓑ unter 100 Baht
ⒷⒷ 100–200 Baht
ⒷⒷⒷ 200–500 Baht
ⒷⒷⒷⒷ 500–1000 Baht
ⒷⒷⒷⒷⒷ über 1000 Baht

Thai-Spezialitäten
Das Restaurant serviert thailändische Küche.

Andere Asien-Gerichte
Es gibt Gerichte aus anderen asiatischen Ländern wie China, Korea, Japan oder Indien.

Westliche Gerichte
Französische, italienische u. a. westliche Speisen.

Tische im Freien
Man kann draußen *(aban suan)* auf einer Terrasse, im Garten oder im Innenhof essen.

	Kreditkarten	Thai-Spezialitäten	Andere Asien-Gerichte	Westliche Gerichte	Tische im Freien
Hua Hin: *Suan Luang* ⒷⒷⒷⒷ Royal Garden Village, 43/1 Phetkasem Rd. *0-3252-0250.* In traditioneller Thai-Ausstattung wird erstklassiges Thai-Essen serviert, umrahmt von klassischer thailändischer Live-Musik.		●			
Hua Hin: *Palm Pavilion* ⒷⒷⒷⒷⒷ Hotel Sofitel Central, 1 Damnoen Kasem Rd. *0-3251-2036.* Dies ist ein weiteres elegantes Lokal im Stil der 1920er Jahre mit großer Seafood-Karte. Rindfleisch und Lamm werden importiert. Reservierung erforderlich!	AE DC MC V	●		●	■
Ko Pha Ngan: *Island View Cabana* Ⓑ Mae Hat Beach. *Kein Telefon.* Wer preiswerte internationale Küche sucht, ist mit diesem ruhigen Restaurant bestens beraten. Bestellen Sie, sofern erhältlich, Steak *pla chalam* (frisches Haifischsteak über Holzkohle gegrillt).		●		●	■
Ko Samui: *Brasserie* ⒷⒷ Beach Cumber Hotel, 3–5 Mu 2, Chaweng Beach. *0-7742-2041.* Wie überall auf Ko Samui gibt es hier exzellentes Seafood – mit dem Unterschied, dass hier italienische Kochkunst gepflegt wird.	MC V	●		●	■
Ko Samui: *Happy Elephant* ⒷⒷ 19/1 Mu 1, Tambon Bophut. *0-7724-5347.* Hier wird thailändische und westliche Kost zu niedrigen Preisen serviert. Wohlschmeckend die Meeresgerichte, v. a. *kung pan oy* – Garnelenküchlein auf frischem Zuckerrohr, gegrillt mit süßer Tamarindensauce.		●		●	
Ko Samui: *Captain's Choice* ⒷⒷⒷ Boathouse Hotel, Choeng Mon Beach. *0-7742-5041.* Spitzenrestaurant, das unterschiedlichste Meeresfrüchte-Spezialitäten serviert. Neben Garnelen, Tintenfisch, Krabben, Hummern und Langusten gibt es auch seltenere Delikatessen wie Haifisch.	AE DC MC V	●	■	●	■
Ko Samui: *Coral Cove Chalet Restaurant* ⒷⒷⒷ Lamai Beach. *0-7742-2260.* Das Lokal ist herrlich gelegen, das Essen schmackhaft und frisch, z. B. *tom kha kai* (Huhn in Kokosmilch) und *kung phao* (gegrillte Garnelen). Auch gutes westliches Frühstück kann man haben.	AE MC V	●		●	■
Ko Samui: *Island Restaurant* ⒷⒷⒷ North Chaweng Beach. *Kein Telefon.* Hier gibt es mit die größten Portionen auf Ko Samui; das Angebot umfasst Seafood und italienische Speisen, aber auch importiertes Fleisch wie Beefsteak aus Australien und Lamm aus Neuseeland.	AE MC V	●		●	■
Ko Samui: *Kinaree* ⒷⒷⒷ 14/3 Mu 2, Tambon Bophut. *0-7742-2015.* Elegantes, mit Farnen geschmücktes Restaurant, wo man sich an Hummer, gefüllten Krebsen u. a. Köstlichkeiten erfreuen kann.	AE DC MC V	●		●	
Ko Samui: *Laguna Terrace* ⒷⒷⒷ Blue Lagoon Hotel, 99 Mu 2, Chaweng Beach. *0-7742-2037.* Die Speisekarte ist eine Mischung aus Seafood sowie thailändischer und europäischer Küche. Dienstags, donnerstags und samstags gibt es ein günstiges Mittagsbüfett. Abends ist Thai-Tanz angesagt.	AE MC V	●	■	●	■
Ko Samui: *Chez Andy* ⒷⒷⒷⒷ 164/2 Chaweng Beach Rd. *0-7742-2593.* Ein Schweizer Restaurant mit Schweizer, deutscher, thailändischer und internationaler Küche. Der Chefkoch behauptet, das beste Steak der Insel zu servieren.	MC V			●	■

Ko Tao: *Ko Tao Cottage* 19/1 Chalok Ban Khao Beach. ☎ *0-7745-6133.* Das Restaurant, eines der besten auf dem Inselchen, befindet sich in wohltuender Entfernung zum Trubel in Ban Hat Sairee. Natürlich steht Seafood auf der Speisekarte, dazu westliche und Thai-Küche.	ⒷⒷ	*AE MC*	●	■	●	■
Phetchaburi: *Ban Khanom Thai* 130 Petchkasem Rd. ☎ *0-3242-8011.* Phetchaburi ist berühmt für seine Thai-Süßigkeiten – der Name dies Lokals bedeutet »Haus der Thai-Desserts«. Probieren Sie *khanom mo kaeng,* eine Paste aus Mungobohnen, Eiern, Kokosnuss und Zucker.	Ⓑ		●			
Prachuap Khiri Khan: *Phloen Samut* 44 Beach Rd. ☎ *0-3260-1866.* Hier sollten Sie sich die Spezialität *pla samli taet diaw* vorsetzen lassen, kurz gebratener, getrockneter *cotton fish* mit Mangosalat. 🍷	ⒷⒷⒷ		●	■		■
Surat Thani: *Suan Isaan* Bei der Donnok Rd., 1 Damnoen Kasem Rd. ☎ *Kein Telefon.* Traditionelles Thai-Restaurant mit Köstlichkeiten aus dem Nordosten, etwa *kai yang* (gegrilltes Huhn) und *som tam* (Papaya-Salat).	ⒷⒷ		●			■

Obere Andamanen-Küste

Ko Lanta: *La Crêperie* Ko Lanta Yai. ☎ *Kein Telefon.* In dem Lokal erhält das Seafood eine französische Note. Die Meeresfrüchte-Pfannkuchen sind ein Traum.	ⒷⒷ		●		●	■
Ko Phi Phi: *The Rock Restaurant* Ton Sai Village, Ko Phi Phi Don. ☎ *0-7561-2402.* Das in seinem Stil einzigartige Restaurant verfügt über Tische auf Terrassen unter Bäumen. Besonders zu empfehlen ist rotes Curry mit Garnelen. Beim Rock Barbecue grillen Sie selbst auf dem Tisch.	ⒷⒷ		●	■	●	■
Ko Phi Phi: *Patcharee Seafood* Ton Sai Village, Ko Phi Phi Don. ☎ *Kein Telefon.* Hier gibt es exzellentes frisches Seafood – allerdings relativ teuer. Empfehlenswert: gegrilltes Haifischsteak.	ⒷⒷⒷⒷ		●		●	■
Krabi: *Panan Makanan Islam* Ecke Ruen Rudi Rd./Maharat Rd. ☎ *Kein Telefon.* Krabi liegt weit südlich, kein Wunder also, hier malaiische Küche vorzufinden. Serviert werden *biryanis* und *satays,* aber auch das wenig bekannte *kaeng matsaman* (Rindercurry mit Erdnusssauce).	Ⓑ		●	■		
Krabi: *Kotung* 36 Kongkha Rd. ☎ *0-7561-1522.* Das saubere und preiswerte Lokal mit freundlicher Bedienung serviert Seafood der zentral- und südthailändischen Küche. *Tom yam kung* (Brühe mit Garnelen und Pilzen) schmeckt vorzüglich. ● *So.*	ⒷⒷ		●	■		
Phangnga: *Duang* 122 Phetkasem Rd. ☎ *0-7641-2216.* In diesem Restaurant wird chinesisch und südthailändisch gekocht. Besonders frisch ist das Seafood, z. B. das köstliche *tom yam thalay* (würziger Seafood-Topf) und *kung phao* (gegrillte Garnelen).	Ⓑ		●			■
Phuket: *Somjit Noodles* 214/6 Phuket Rd. ☎ *Kein Telefon.* In dem schlichten, sauberen Lokal gibt es authentische Thai- und Hokkien-Nudeln. Probieren Sie die Insel-Delikatesse: *khanom chin nam ya phuket* (chinesische Nudeln in Curry-Fischsauce).	Ⓑ		●	■		
Phuket: *Baan Rim Pa* 100/7 Kalim Beach Rd. ☎ *0-7634-0789.* Auf einer Klippe am Nordende des Strands von Patong bekommt man klassische Thai-Küche mit den einschlägigen Gerichten.	ⒷⒷ	*AE MC V*	●			■
Phuket: *Pop & Jazz* 43 Phuket Villa 1, Soi 1 Yaowarat Rd. ☎ *Kein Telefon.* Hier werden Spezialitäten aus der Zentralebene und dem Norden serviert. Wir empfehlen *khao soi* (würzige Curry-Brühe mit Huhn oder Rindfleisch) und *nam phrik ong* (würziges Schweinefleisch-Curry). ▤	ⒷⒷ	*AE MC V*	●			

Zeichenerklärung siehe hintere Umschlagklappe

Preiskategorien für ein Abendessen pro Person, inklusive Service, ohne Alkohol:

Ⓑ unter 100 Baht
ⒷⒷ 100–200 Baht
ⒷⒷⒷ 200–500 Baht
ⒷⒷⒷⒷ 500–1000 Baht
ⒷⒷⒷⒷⒷ über 1000 Baht

Thai-Spezialitäten
Das Restaurant serviert thailändische Küche.

Andere Asien-Gerichte
Es gibt Gerichte aus anderen asiatischen Ländern wie China, Korea, Japan oder Indien.

Westliche Gerichte
Französische, italienische u. a. westliche Speisen.

Tische im Freien
Man kann draußen *(ahan suan)* auf einer Terrasse, im Garten oder im Innenhof essen.

Restaurant	Preis	Kreditkarten	Thai-Spezialitäten	Andere Asien-Gerichte	Westliche Gerichte	Tische im Freien
Phuket: *Bluefin Tavern* 111/17 Taina Rd., Kata Beach. *0-7633-0856.* Pub im Neuengland-Stil, mit großer Auswahl an leckeren Speisen. Typisch sind Corned beef, *pastrami,* Roastbeef-Sandwiches, kubanische Schwarze-Bohnen-Suppe, Texas-Chili und Fischeintopf.	ⒷⒷⒷ				●	■
Phuket: *Giorgio's* Beach Rd., Patong. *Kein Telefon.* Vornehmlich italienische Küche, serviert im tropischen Garten. Wählen Sie zwischen Pizza, Pasta, Delikatessen wie Meeresfrüchte-Suppe und italienischen Weinen. Zum Nachtisch gibt es Schweizer Gebäck.	ⒷⒷⒷ	AE MC V			●	■
Phuket: *Kan Eang Seafood* Chalong Bay. *0-7638-1323.* Hier kann der Gast seine Lieblings-Meeresfrüchte in der Auslage wählen. Die delikate Thai-Küche bietet beispielsweise *ho mok* (Seafood-Curry-Mousse).	ⒷⒷⒷ	AE DC MC V	●			■
Phuket: *Kiko* Diamond Cliff Resort, 61/9 Kalim Beach, Patong. *0-7634-0501.* In dem Strandrestaurant wird erlesenes japanisches Essen bereitet, mit frisch aus Japan importierten Zutaten. Hervorragend sind klassische Speisen wie *teppanyaki, sushi* und *sashimi.*	ⒷⒷⒷ	AE DC MC V		■		
Phuket: *Pae Thip* Pearl Village Hotel, Nai Yang Beach und Nationalpark. *0-7632-7006.* Das Restaurant liegt inmitten eines Sees und ist umgeben von Landschaftsgärten. Japanische Küche, koreanische Barbecue-Gerichte und wunderschön angerichtete Thai-Speisen.	ⒷⒷⒷ	AE DC MC V	●	■		■
Phuket: *Lighthouse* Cape Panwa Hotel, Ao Makham. *0-7639-1123.* Das Lighthouse hat ein erlesenes Angebot an Seafood-Gerichten, u. a. Austern, Hummer und gefüllte Krebse.	ⒷⒷⒷⒷ	AE DC MC V			●	
Phuket: *Saffron* Banyan Tree Hotel, 393 Mu 2, Cherngtalay. *0-7632-4374.* Mischung aus nahöstlicher und südasiatischer Küche. Probieren sollten Sie die *fukulmas peggadu badun* (pfannengerührte Hühnerleber mit Zwiebeln) und Chili-Krebse nach Singapur-Art.	ⒷⒷⒷⒷ	AE DC MC V		■		
Phuket: *Thainaan* 16 Wichitsongkhram Rd. *076-226164.* Asiatische und westliche Küche mit frischem Fisch und exotischen Delikatessen, serviert in schöner Umgebung.	ⒷⒷⒷⒷ	AE MC V	●	■	●	■
Phuket: *La Trattoria* Dusit Laguna Resort, 390 Sri Sunthorn Rd., Cherngtalay. *0-7632-4324.* In dem Openair-Restaurant können Sie sich an klassisch-italienischer Kost höchster Qualität erfreuen. Für Phuket sind die Gerichte teuer, doch für Liebhaber der italienischen Küche genau das Richtige.	ⒷⒷⒷⒷ	AE DC MC V			●	■
Phuket: *Regatta Bar and Grill* Phuket Yacht Club, Nai Harn Beach. *(076) 381156.* Der europäische Chefkoch kreiert *nouvelle cuisine* vom Allerfeinsten. Das Ambiente ist bezaubernd, der Blick auf die Nai-Ham-Bucht atemberaubend. Abends gibt es Live-Musik.	ⒷⒷⒷⒷⒷ	AE DC MC V			●	
Ranong: *Khun Nunt* 35/3 Luang Rd. *(077) 821910.* Obwohl die Ausstattung einfach ist, ist dies das beste Restaurant der Westküste, um die berühmten Krebse des Orts in verschiedenen Variationen zu testen. In der Saison empfehlenswert: Wildgerichte.	ⒷⒷ		●			

RANONG: *Palm Court* Jansom Thara Hotel, 2/10 Phetkasem Rd. ☎ *0-7781-1510.* Das beste Restaurant in Ranong bietet eine riesige Auswahl an thailändischen und chinesischen Speisen. Spezialität des Hauses ist gegrilltes Spanferkel. 🍷	ⒷⒷⒷ	AE MC V	●	■	●	
DER SÜDEN						
HAT YAI: *Ruby* Niyomrat Rd. ☎ *Kein Telefon.* Nordindische *dhals,* Currys, *biriyanis* und Tandoori-Gerichte – in diesem muslimischen Restaurant ist das Essen ausschließlich *halal.*	Ⓑ		●	■		
HAT YAI: *Sumatera* Cheevanusorn Rd. ☎ *Kein Telefon.* Malaysias Küche, allerdings deutlich indonesisch inspiriert. Probieren Sie *mee goreng* (Nudeln mit Eiern und Garnelen), *nasi goreng* (Reis mit Eiern und Garnelen) oder *rojak* (Salat mit Erdnusssauce).	ⒷⒷ			■		
HAT YAI: *Hua Lee* Niphat Uthit 3 Rd. ☎ *Kein Telefon.* Genießen Sie typisch chinesische Gerichte wie *rang nok* (Vogelnester-Suppe) und *hu chalam* (Haifischflossensuppe). Das authentische Lokal ist bei der chinesischen Bevölkerung von Hat Yai sehr beliebt und hat bis spät nachts geöffnet.	ⒷⒷⒷ	AE DC MC V		■		
NAKHON SI THAMMARAT: *Hao Coffee* Bovorn Bazaar, Ratchadamnoen Rd. ☎ *Kein Telefon.* Stilvoll mit Thai-Antiquitäten dekorierter Coffee Shop. Gute Thai-Snacks und westliches Frühstück; internationale Kaffeesorten.	Ⓑ		●		●	■
NAKHON SI THAMMARAT: *Tamnak Thai* 378 Omkhai Rd. ☎ *Kein Telefon.* In einem See gelegenes, bezauberndes Ensemble von Pavillons mit Brunnen und Verbindungsstegen. Küche (haupsächlich Thai) und Atmosphäre – zu der auch die Live-Musik beiträgt – sind gut. ▤	ⒷⒷⒷ		●	■		■
NARATHIWAT: *Rim Nam* Jaturong Ratsami Rd. ☎ *Kein Telefon.* Narathiwats bestes Restaurant liegt zwei Kilometer außerhalb des Orts. Seafood- und Currygerichte der Küche Südthailands und Malaysias.	ⒷⒷ		●	■		
PATTANI: *Chong Ah* 190 Prida Rd. ☎ *Kein Telefon.* Süd- und zentralthailändische sowie chinesische Gerichte in großer Auswahl. Das Lokal ist bei den Einheimischen sehr beliebt.	ⒷⒷ		●	■		
PHATTHALUNG: *Khrua Cook* Prachabamrung Rd. ☎ *Kein Telefon.* Hervorragendes Seafood – versuchen Sie *pla samli taet diaw* (gebratener *cotton fish* mit Mangosalat) oder frittierte Garnelen.	Ⓑ		●		●	
SONGKHLA: *Khunying* Srisuda Rd. ☎ *Kein Telefon.* Lassen Sie sich die hervorragenden Curry- und Nudelgerichte nicht entgehen, z. B. *khanom chin nam ya* (Nudeln mit Fisch-Curry) und *kaeng khiaw wan* (Grünes Curry).	Ⓑ		●			
SONGKHLA: *Bua Kaew* 13 Ratchadamnoen Rd. ☎ *0-7431-4816.* Erstklassiges Essen zu guten Preisen. Typische Beispiele sind *phat pla meuk* (pikanter Tintenfisch) oder *phat kari pu* (gelbe Curry-Krebse). Sie können aber auch chinesische Gerichte bestellen. ▤	ⒷⒷ	MC V	●	■		
SONGKHLA: *Ou-en* Srisuda Rd. ☎ *Kein Telefon.* Beliebtes China-Restaurant mit Gerichten nach Mandarin-Art sowie südthailändischen Speisen. Spezialität des Hauses ist Peking-Ente.	ⒷⒷ		●	■		■
TRANG: *Khao Tom Phui* 111 Talat Rd. ☎ *0-7521-0127.* Auf der Speisekarte stehen thailändische und chinesische Kost. Lecker sind *pumpui kha na fai daeng* (Pfannengemüse in Bohnensauce) und *pla kaphong nam daeng* (Seebarsch in süß-scharfer Sauce).	Ⓑ		●	■		■

Zeichenerklärung siehe hintere Umschlagklappe

Läden und Märkte

Thailand gilt wegen der guten Qualität, der großen Auswahl und den niedrigen Preisen vieler Waren als Einkaufsparadies. Begehrt sind die kunsthandwerkliche Erzeugnisse – von preiswerten Weidenkörbchen bis zu wertvollen Antiquitäten. Typische Landesprodukte sind z. B. dreieckige Kissen, farbenfrohe Erzeugnisse der Bergvölker und feiner Silberschmuck. Viele der Waren werden von Kunsthandwerkszentren angeboten. Thai-Seide ist weltberühmt und in einer Fülle von traditionellen und modernen Designs erhältlich. Vor allem in der Hauptstadt Bangkok kann man sich aus Seide oder anderen Stoffen hochwertige Kleidung zu niedrigen Preisen nähen lassen. Berühmt ist das Angebot an Edelsteinen; Bangkok gilt hierfür als wichtiges Handelszentrum. Die Mischung aus Moderne und Tradition – die Konsumtempel Bangkoks neben quirligen Märkten und Straßenständen – macht dieses Land für jeden Einkaufsbummel so attraktiv.

Straßenstand mit Kräutern

Asia Books – eine der besten Buchhandelsketten in Thailand

Öffnungszeiten

Die meisten kleineren Läden haben montags bis samstags von 8 bis 20/21 Uhr geöffnet, Kaufhäuser und Souvenirgeschäfte in belebten Vierteln von 10 bis 21/22 Uhr. In Bangkok und in Ferienorten haben viele Geschäfte auch sonn- und feiertags geöffnet. Während der chinesischen und thailändischen Neujahrsfeste (Februar und April) sind viele Läden tagelang geschlossen. Lebensmittelmärkte sind meist von Sonnenaufgang bis nachmittags geöffnet; Märkte für Urlauber haben Einkaufszeiten von spätnachmittags bis Mitternacht und später.

Bezahlen

Der thailändische Baht ist an den US-Dollar gekoppelt und erweist sich seit Mitte der 1980er Jahre als stabile Währung. Auch in Laos kann man mit Baht zahlen. Kreditkarten werden in vielen Läden Bangkoks, in Ferienorten und zunehmend in Provinzstädten akzeptiert, dabei stehen Visa und American Express an erster Stelle, gefolgt von MasterCard. Gehobene Geschäfte akzeptieren alle bekannten Kreditkarten. Oft wird bei Zahlung mit Kreditkarte ein Aufschlag von bis zu fünf Prozent berechnet.

Reklamationen

Beim Kauf teurer Waren sollten Sie sich eine Rechnung *(bai set)* mit Adresse und Steuernummer des Geschäfts ausstellen lassen. Wenn Sie die zehn Prozent Mehrwertsteuer zurückfordern möchten, bitten Sie um Ausfüllung des entsprechenden Formulars zur Vorlage beim Zoll am Flughafen.

Wer sich Waren nach Hause senden lassen will, sollte bereits vorher sämtliche Kosten wie Versicherung, Steuer und Transport abgeklärt haben.

Reklamationen sind eigentlich nur selten nötig. Falls es doch einmal dazu kommen sollte: Prinzipiell müsste es in guten Geschäften jederzeit möglich sein, fehlerhafte oder nicht passende Ware umzutauschen. In kleinen Läden und auf Märkten sollten Sie es mit Ihrem Charme versuchen.

Handeln

In den Städten geht der Trend zu Ladenketten mit festen Preisen. Da die Thai jedoch für ihr Leben gern handeln, kann man in vielen Läden, Fachgeschäften und natürlich auf Märkten feilschen. Zu beachten ist: Der Verkehrswert der Ware muss einem bewusst sein, um sich nicht mit lächerlich niedrigen Beträgen zu blamieren. Das Nennen der Thai-Zahlen kann den Verkäufer von seinem Angebot abbringen. Bekunden Sie Desinteresse, wenn er auf seinem Preis beharrt. Dies ist eine bessere Strategie, als erst zu feilschen und dann, wenn der Verkäufer nachgibt, vom Kauf ablassen zu wollen.

Schmuckverkäufer, Khao San Road, Bangkok

Fashion Island: eines von Bangkoks neuen High-Tech-Einkaufszentren

Kaufhäuser und Einkaufszentren

Kaufhäuser internationalen Stils gehören zum Einkaufsalltag in Bangkok. Die zwei größten Ketten sind **Robinson's**, u. a. mit Filialen im Bang-Rak-Viertel in der Silom und der Sukhumvit Road, und, für etwa gehobenere Ansprüche, die **Central**-Kette im Silom Complex, etwas weiter die Silom und die Chidlom Road hinunter, und in Lad Phrao.

In Bangkoks Innenstadt stehen bereits unzählige Einkaufszentren, etwa **Peninsula Plaza**, und Einkaufspassagen wie das **Emporium** und das **Central World Plaza**, beide spezialisiert auf Designer-Ware. Mittlerweile geht der Trend zu riesigen Einkaufskomplexen außerhalb des Stadtkerns, etwa **Fashion Island** in der Ramindra Road. Die Malls bilden die Zentren wachsender Außenbezirke und ähneln eigenständigen, klimatisierten Städten, wo neben Mode und Hausrat auch Autos und Häuser verkauft werden. Sie beherbergen Restaurantanlagen, Wasserparks, Kinos, Konzerthallen, Skatingbahnen und Vergnügungsparks.

In den Außenbezirken Bangkoks befinden sich zwei der fünf weltweit größten Einkaufskomplexe. **Seacon Square** in der Srinakharin Road im Südosten umfasst einen Vergnügungspark und hat eine Gesamtlänge von mehr als einem Kilometer.

Im übrigen Land macht sich ein wahrer Gigantismus breit: In den Städten und Ferienorten sind bereits Einkaufszentren wie das **Kad Suan Kaew** in Chiang Mai und die **Mike Shopping Mall** in Pattaya entstanden.

Englischsprachige Literatur

Es gibt drei englischsprachige Buchhandelsketten, die teils auch deutschsprachige Literatur führen: **Asia Books, Kinokuniya** und **Bookazine** mit Filialen in Bangkok, Chiang Mai und Pattaya. Die DK-Zweigstelle im Seacon Square ist einer der größten Buchläden Südostasiens.

Märkte und Strassenhändler

Im Zentrum jeder thailändischen Stadt findet man einen Straßenmarkt mit frischen Lebensmitteln, Kunsthandwerk und Hausrat. Bedeutend sind dabei u. a. der Chatuchak-Markt *(siehe S. 131)* im Norden Bangkoks, der riesige Chiang-Mai-Nachtbasar *(siehe S. 216)* und der etwas kleinere Nachtmarkt in Chiang Rai. Zu Märkten im Zentrum Bangkoks *siehe S. 436f.*

Straßenstände sieht man im ganzen Land; einige verkaufen Devotionalien wie Jasmin-Ringe *(siehe S. 27)*, andere Souvenirs (nicht immer handelt es sich um ganz legale Angebote). In Chiang Mai, Pattaya und Patong auf Phuket gibt es eine Vielzahl solcher Stände. In Bangkok konzentrieren sie sich auf die Silom und die Sukhumvit Road sowie die Viertel Banglampu und Patpong.

Fabriken und Kunsthandwerkszentren

Führungen durch Fabriken und Kundsthandwerkszentren sind vor allem im Norden und Nordosten beliebt. Die Preise sind festgelegt, Führer und Vermittler nehmen allerdings Provision.

Imitate

Der thailändische Handel mit Fälschungen ist so berüchtigt, dass die schlechtesten Imitate als Souvenirs begehrt sind – Waren, die berühmte, völlig inadäquate Logos schmücken wie Louis-Vuittons-Hüfttaschen oder Chanel-T-Shirts. Umgekehrt werden gute Kopien mit falschen Markenzeichen wie Levi's Jeans zu Sammlerobjekten. Verständlich, dass die Hersteller der Originale erbost sind. Allerdings können Entwicklungsländer durch die Nachahmung eines Originals Fertigkeiten erwerben, die den Aufbau innovativer Industriezweige fördern. Die Bestrafung von Verstößen gegen das Copyright hat den Handel mit Imitaten eingedämmt; aus einigen Fälschern wurden sogar offizielle Importvertretungen. Der Zoll kann Imitate beschlagnahmen.

Imitate teurer Armbanduhren an einem Stand in Pattaya

Thai-Seide

Die alte Kunst der Seidenweberei *(siehe S. 256f)* wurde nach dem Zweiten Weltkrieg von Jim Thompson *(siehe S. 116f)* wieder belebt und ist heute ein blühendes Geschäft. Thai-Seide gibt es uni, gemustert oder im feinen *Mut-mee*-Stil mit vorgefärbten Fäden *(ikat)*. Neben typischen Thai-Designs werden aus dem schweren, leuchtenden und etwas rauhen Stoff auch Kleider, Kissen, Wandbehänge etc. hergestellt. Viele der Schneidereien nähen Kleidung nach Maß sowie nach Kundenvorstellungen.

Die meiste Seide kommt aus dem Norden und Nordosten, aber auch in und um Bangkok sind Webereien angesiedelt. Die beste Auswahl und Qualität findet man in der Bangkoker Surawong Road, vor allem bei **Jim Thompson** und **Khanitha**, ferner bei **Shinawatra** in der Sukhumvit Road. In Chiang Mai ist die San Kamphaeng Road für ihre Seidengeschäfte berühmt; das renommierteste ist **Shinawatra Thai Silk**.

Ende November/Anfang Dezember findet in Khon Kaen die Seidenmesse statt: Die Stadt quillt dann über von Händlern und Stoffballen. Auch **Prathamakant** besitzt ein erstklassiges Sortiment.

Thai-Seide – in allen Farben des Regenbogens

Kleidung

Thailändische Schneider fertigen günstige Anzüge und Kleider nach Maß. Widerstehen Sie aber unseriösen 24-Stunden-Angeboten inklusive einem »free gift«. Sie be-

Anzüge nach Maß sind eine Spezialität vieler Thai-Schneider

kommen wesentlich bessere Ware, wenn Sie vorher Design, Verarbeitung und Schnitt absprechen und auf ein oder zwei Anproben bestehen. In Bangkok werben unzählige chinesische und indische Schneider in Touristenzeitungen und vor ihren Läden in der Sukhumvit, Charoen Krung und Khao San Road. Schnitte und Designs berühmter Marken werden meist mit großem Geschick kopiert. Hören Sie sich nach Empfehlungen um.

Andere beliebte Thai-Kleidungsstücke sind etwa weite Fischerhosen, gebatikte Sarongs (vor allem im Süden, z. B. auf Ko Yo und in Songhkla) oder Westen und Hosen aus den Stoffen der Bergstämme aus dem Nordosten.

Kunsthandwerk

Die meisten Produkte thailändischen Kunsthandwerks werden im Norden und Nordosten produziert. Chiang Mai bietet die größte Auswahl. Auf dem Nachtbasar findet man alles von Lackarbeiten bis zu Teakholzmöbeln, und für die – oft überteuerten – Läden in der San Kamphaeng Road (Highway 1006) braucht man Stunden.

Gutes nordöstliches Kunsthandwerk wie farbenprächtige Kissen hat Prathamakant in Khon Kaen aufzuweisen.

Ein lohnender Fundort für Kunsthandwerk und Antiquitäten ist Ayutthaya, vor allem um die Wat Phra Si Sanphet und die Si Sanphet Road, wo man bei **Kim Jeng** einmalige Steinmetzarbeiten erstehen kann. In der Nähe liegt das **Bang Sai Folk Arts and Crafts Center**, das Dorfbewohnern die Möglichkeit gibt, auf traditionelle Art ihren Lebensunterhalt zu sichern *(siehe S. 101)*. Die Waren werden auch in zwölf **Chitrlada**-Läden im Land verkauft.

Kunsthandwerk von bester Qualität wird zu Festpreisen in den Boutiquen der meisten Luxushotels, in **Silom Village, River City** und im preiswerteren **Narayanaphand-Kaufhaus** in Bangkok angeboten. Im Süden des Landes ist Thai Village in Phuket-Stadt zu empfehlen.

Kunst der Bergstämme

Trachten und Kunsthandwerk der Bergvölker sind faszinierende Souvenirs, etwa Kopfschmuckgehänge der Akha, gemusterten Decken und Kissenbezüge der Lahu, Hmong-Jacken, farbenprächtige Lisu-Gewänder, hölzerne Kuhglocken, mandelförmige Bambuskästchen, mit Schnitzereien verzierte Holzkästen und Rattan-Flechtwerk. Gute Adressen in Chiang Mai sind **Hill Tribe Products Foundation**, **Thai Tribal Crafts** und **Old Chiang Mai Cultural Center**. Auch das **Chiang Rai Handicraft Center** bietet eine große Auswahl. In Bangkok gibt es den Chatuchak-Markt *(siehe S. 131)*. Wer im Laden von **Cabbages and Condoms** einkauft, kann sicher sein, dass sein Geld an die Stämme geht.

Eine Lisu-Frau verkauft Produkte ihres Stamms in Chiang Rai

Korbverkäuferin in Nordthailand

Holz, Bambus und Rattan

Erzeugnisse aus Holz, Bambus und Rattan sind billig und können auch versandt werden. Mit Schnitzereien verzierte Friese, Wandschirme und Türstöcke gibt es überall, vor allem in Chiang Mai: **Hangdong Rattan** ist ein Tipp für Holzmöbel, **Raeng Jai** für Rattan und Bambus. Holzschnitzereien sind in Mae Tha und Ban Luk bei Lampang und auch im Bo-Hang-Viertel von Chiang Mai zu finden. Feine Korbwaren gibt es in Hang Dong und Saraphi, im Süden Chiang Mais.

Denken Sie daran, dass der Erwerb von Holzwaren erheblich zur Zerstörung von Thailands Wäldern beiträgt.

Wunderschöne blauweiße und Seladon-Keramik in Bangkok

Keramik

Früher wurden zarte Bencharong-Töpferwaren in China angefertigt und in Thailand mit Blütenmustern verziert. Heute findet die gesamte Fertigung in Thailand statt. In Bencharong kann man ein komplettes Service kaufen, einschließlich der typischen runden Schüsseln. In Bangkok ist das Angebot des Chatuchak-Markts besser als das der Geschäfte im Zentrum. Die schwere Seladon-Keramik erkennt man an eingeritzten Mustern unter der dicken, durchsichtigen Glasur aus Grün, Blau oder Braun mit gesprungener Patina. Seladon kauft man am besten in Chiang Mai (führender Hersteller ist hier **Mengrai Kilns**) – aber auch in Bangkok im **Thai Celadon House** und in vielen Kunsthandwerksläden, u. a. in der Silom und der Charoen Krung Road.

Lampang ist bekannt für feine blauweiße Keramik, die von Herstellern wie **Indra Ceramics** angefertigt wird.

Lackwaren

Lackwaren sind typisch für Nordthailand: Blumen- und Flammenmuster oder schwarzgoldene Porträts auf Bambus- oder Holzuntergrund sind beliebte Motive. Recht verbreitet ist der birmanische Stil: roter Ocker auf Bambus und Rattan mit Bildhaftem oder Blumenmustern. Lackarbeiten gibt es in den Kunsthandwerksläden von Chiang Mai und Bangkok.

Niello- und Zinnarbeiten

Bei der Niellotechnik werden Blüten- oder Flammenmuster in Silbergegenstände geritzt, die man dann schwarz färbt. So entstehen hübsche Manschettenknöpfe, Pillendöschen und Schmuckgegenstände. Die schönsten Exemplare kommen aus Nakhon Si Thammarat.

Das Zinngewerbe Südthailands bringt typische Erzeugnisse wie Kannen, Tabletts, Vasen und Dosen hervor. Eine gute Auswahl bieten Kaufhäuser in Bangkok und Geschäfte in Phuket-Stadt.

Kalaga-Stickerei

Kalaga-Stoffe bestehen aus bunten metallischen Fäden, Perlen, Flicken und Ziermünzen, die auf einen schwarzen Stoff genäht werden. Die alte birmanische Kunst wurde erst vor kurzem wiederbelebt; alte Stücke sind selten und teuer. Die erhältlichen modernen Stickereien wirken oft überladen und schlecht gearbeitet, doch die sorgfältig gewirkten (auch teureren), schlichten traditionellen Designs können schöne Kissen, Wandbehänge, Taschen und Mützen ergeben. Man kauft am besten in Orten an der Grenze zu Myanmar, z. B. in Mae Sot und Mae Sai.

Musikinstrumente, Masken, Puppen

Musikinstrumente, z. B. *khaens* (Mundorgeln), *Pi-phat*-Ensemble-Gongs oder Trommeln, sind imposante Souvenirs. Es gibt sie im Nachtbasar in Chiang Mai und in Bangkok im Silom Village, Narayanaphand-Kaufhaus, auf dem Chatuchak- und dem Nakorn-Kasem-Markt. Hier findet man auch *Khon*-Masken, die aufwändigen *Hoon-krabok*-Figuren sowie die *Nang-taloong*- und *Nang-yai*-Puppen des Schattenspiels.

Im Süden ist Nakhon Si Thammarat der beste Ort, um Schattenspiel-Puppen zu kaufen, vor allem das **Shadow Puppet Theater**. Wenn Sie vorher anrufen, wird Ihnen der Puppenmacher-Meister sein Handwerk vorführen.

Das Narayanaphand-Kaufhaus in Bangkok

Antiquitäten

Besucher sind auf Thai-Antiquitäten oft derart versessen, dass die wenigen verbliebenen Stücke sehr teuer, illegaler Herkunft oder aber Fälschungen sind. Tatsächlich ist Thailand ein wichtiger Markt für Antiquitäten aus ganz Südostasien. Manche Läden sehen aus wie Museen, vollgestopft mit Statuen, Glocken, Keramik, Lackwaren und Tempelkunst. Auch wer nicht ans Kaufen denkt, ist davon fasziniert.

Schnäppchen sind selten zu machen, doch liegen die Preise unter denen von Honkong oder Singapur. Die Tha Phae und Loi Khro Road in Chiang Mai sind etwas preiswerter als in Bangkok Charoen Krung Road, River City, Chatuchak-Markt und – in Chinatown – der Wang-Burapha- und Nakorn-Kasem-Markt. Am ersten Samstag im Monat finden im River City Auktionen statt. Angeboten werden gute Kopien, eine billigere und kulturell korrekte Alternative.

Empfehlenswerte Geschäfte sind **Amaravadee Antiques** und **Borisoothi Antiques** in Chiang Mai sowie **Fine Arts** und **NeOld** in Bangkok.

Für Antiquitäten und Buddha-Bildnisse müssen Ausfuhrgenehmigungen vom Fine Arts Department über das **Nationalmuseum** eingeholt werden, was mindestens eine Woche dauert *(siehe S. 451)*. Thailändische Zollbeamte halten sich strikt an Vorschriften – verständlich, da bereits ein Großteil des kulturellen Erbes außer Landes geschafft wurde.

Antiquitäten in einem edleren Geschäft in Bangkok

Kunden bewundern Goldschmuck in Bangkoks Chinatown

Schmuck

Thai-Schmuck ist oft groß, ausdrucksvoll und fein verziert. Die Silberverarbeitung hat Tradition, vor allem im Norden, Nordosten und bei den Bergstämmen. In der Wualai Road in Chiang Mai gibt es ein großes Sortiment.

Schmuck und im laotischen Stil gearbeitete Gürtel sind gern mit Silberfäden und filigranen Details verziert, oft unter Einbeziehung von Silberperlen und flachen Anhängern. In den Städten und Ferienzentren setzt sich zeitgenössisches, internationales Design durch. Im Siam Square und auf dem Chatuchak-Markt in Bangkok gibt es günstigeren Schmuck u. a. im modernen Ethno-Stil, fantasievoll aus Nüssen, Muscheln und Bohnen gefertigt.

Die schönsten Schmuckartikel findet man in Bangkoks Einkaufszentrum **Peninsula Plaza** und in Hotels wie dem Dusit Thani. Manche Geschäfte arbeiten auch nach Kundenvorgaben, etwa **Uthai's Gems** in Bangkok und **Shiraz** in Chiang Mai. Bei **Astral Gemstone Talismans** produziert Richard Brown individuelle Stücke nach der Vedischen Astrologie.

Gold ist eine beliebte, uralte Form tragbaren Reichtums; am häufigsten sieht man das intensiv gelbe Gold chinesischen Stils. In vielen Städten haben sich chinesische Goldhändler niedergelassen.

Achtung: Amulette gelten nicht als Schmuck. Der Handel wird von buddhistischen Stellen ungern gesehen; sie befürchten eine Ausbreitung des Aberglaubens. Zur Ausfuhr von Amuletten brauchen Besucher eine Genehmigung.

Edelsteine

Bangkok ist vielleicht der weltgrößte Handelsplatz für Edelsteine. Im Land werden Rubine, rote und blaue Spinelle, orangefarbene und weiße Zirkone sowie gelbe und blaue Saphire *(siehe S. 300f)* gefördert. Es gibt Märkte um Chanthaburi, Kanchanaburi, Mae Sai und in Mai Sot nahe der Grenze zu Myanmar, wo die Preise etwas niedriger liegen als in Bangkok. Auf jedem Fall braucht man für den Kauf ein geschultes Auge! Hochwertige Perlen bekommt man nur auf Phuket (z. B. im **Pearl Center** in Phuket-Stadt).

Silberanhänger mit Edelsteinen

Betrügereien sind in Bangkok und Chiang Mai an der Tagesordnung. So kann Ihnen jemand lächelnd erklären, es sei ein Feiertag, und Steuern würden daher ausgesetzt. Auf solche Tricks sind schon viele hereingefallen – kaufmännische Rhetorik und manchmal spendierte Drinks mit gewissen Zusätzen tun ein Übriges.

Am **Asian Institute of Gemological Sciences** in Bangkok kann man Edelsteine kennen lernen und sie prüfen und klassifizieren (aber nicht schätzen) lassen.

AUF EINEN BLICK

KAUFHÄUSER UND EINKAUFS-ZENTREN

Central Department Store
Silom Complex, 191 Silom Rd., Bangkok. **Stadtplan** 7 A4. *0-2231-3333.*

Emporium
Sukhumvit Rd., Prompong, Bangkok. **Stadtplan** 8 F1. *0-2664-8000.*

Fashion Island
5/5 Ramindra Rd., Bangkok. *0-2947-5000.*

Kad Suan Kaew
99/4 Mu 2, Huai Kaew Rd., Chiang Mai. *0-5322-4444.*

Mike Shopping Mall
262 Mu 10, Pattaya Beach Rd., Pattaya. *0-3841-2000.*

Peninsula Plaza
153 Ratchadamri Rd., Bangkok. **Stadtplan** 8 D1. *0-2253-9762.*

Robinson's
2 Silom Rd., Bang Rak, Bangkok. **Stadtplan** 8 D3. *0-2266-3340.*

Seacon Square
904 Srinakharin Rd., Bangkok. *0-2721-8888.*

Central World Plaza
Ratchadamri Rd., Bangkok. **Stadtplan** 8 D1. *0-2255-9400.*

BUCHLÄDEN MIT ENGLISCHER LITERATUR

Asia Books
221 Sukhumvit Rd., Bangkok. *0-2651-0428.*

Bookazine
1. Stock, CP Tower, 313 Silom Rd., Bangkok. **Stadtplan** 7 C4. *0-2231-0016.*

Kinokuniya
6. Stock, Isetan, Ratchadamri Rd., Bangkok. **Stadtplan** 8 D1. *0-2255-9834.*

THAI-SEIDE

Jim Thompson's
9 Surawong Rd., Bangkok. **Stadtplan** 7 C3. *0-2234-4900.*

Khanitha
113–5 Surawong Rd., Bangkok. **Stadtplan** 7 C3. *0-2235-0464.*

Prathamakant
79/2–3 Ruenrom Rd., Khon Kaen. *0-4322-4080.*

Shinawatra
94 Sukhumvit Rd., Soi 23, Bangkok. *0-2258-0295.*

Shinawatra Thai Silk
73 San Kamphaeng Rd., Chiang Mai. *0-5333-1187.*

KUNST UND KUNSTHANDWERK

Bang Sai Folk Arts and Crafts Center
Tambon, Bang Sai, Provinz Ayutthaya. *0-3536-6092.*

Chitrlada Shop
Chitrlada-Palast, Bangkok. **Stadtplan** 3 D2. *0-2282-8435.*

Kim Jeng
12 Mui 2, Kamang, Ayutthaya.

Narayanaphand Department Store
127 Ratchadamri Rd., Bangkok. **Stadtplan** 8 D1. *0-2252-4670.*

River City
23 Trok Rongnamkaeng, Yotha Rd., Bangkok. **Stadtplan** 6 F3. *0-2237-0077.*

Silom Village
286 Silom Rd., Bangkok. **Stadtplan** 7 A4. *0-2233-9447.*

Thai Village
52/11 Thepkasattri Rd., Muang Phuket. *0-7621-4860.*

KUNSTHANDWERK DER BERGSTÄMME

Cabbages and Condoms
10 Sukhumvit, Soi 12, Bangkok. **Stadtplan** 8 F1. *0-2229-4611.*

Chiang Rai Handicrafts Center
732 Mu 5 Rimkok, Phahon Yothin Rd., Chiang Rai. *0-5371-3355.*

Hill Tribe Products Foundation
21/17 Suthep Rd., Chiang Mai. *0-5327-7743.*

Old Chiang Mai Cultural Center
183/3 Wualai Rd., Chiang Mai. *0-5327-5097.*

Thai Tribal Crafts
208 Bamrung Rad Rd., Chiang Mai. *0-5324-1043.*

HOLZ, BAMBUS UND RATTAN

Boss Decor
12/7 Loi Khro Rd., Chiang Mai. *0-5320-7011.*

Hangdong Rattan
54/55 Loi Kro Rd., Muang, Chiang Mai. *0-5320-816.*

KERAMIK

Indra Ceramics
382 Lampang–Denchai Rd., Lampang. *0-5422-1189.*

Mengrai Kilns
79/2 Araks Rd., Chiang Mai. *0-5327-2063.*

Thai Celadon House
8/6–8 Sukhumvit Soi 16, Bangkok. *0-2229-4383.*

PUPPEN

Shadow Puppet Theater
110/18 Si Thammasok Soi 3, Nakhon Si Thammarat. *0-7534-6394.*

ANTIQUITÄTEN

Amaravadee Antiques
141 Chiang Mai–Hot Rd., Chiang Mai. *0-5344-1628.*

Borisoothi Antiques
15/2 Chiangmai-San Kamphaeng Rd., Chiang Mai. *0-5333-8462.*

Nationalmuseum
Fine Arts Department, 1 Na Phra That Rd., Bangkok. **Stadtplan** 1 C4. *0-2224 -1370.*

NeOld
149/2–3 Surawong Rd., Bangkok. **Stadtplan** 7 B4. *0-2235-8352.*

The Fine Arts
3/F Zimmer 354 River City, Bangkok. **Stadtplan** 6 F3. *0-2237-0077, –354.*

SCHMUCK

Astral Gemstone Talismans
3. Stock, Lang Suan Balcony, 99/22 Soi Lang Suan, Bangkok. **Stadtplan** 8 F2. *0-2251-0577.*

Shiraz
170 Thapae Rd., Chiang Mai. *0-5325-2382.*

Thai Lapidary
1009–1011 Silom Rd., Bangkok. **Stadtplan** 7 C4. *0-2236-2134.*

Uthai's Gems
28/7 Soi Ruam Rudi, Phloen Chit Rd., Bangkok. **Stadtplan** 8 F2. *0-2253-8582.*

EDELSTEINE

Asian Institute of Gemological Sciences
6. Stock, Jewellery Trade Center, 919/1 Silom Rd., Bangkok. **Stadtplan** 7 A4 *0-2267-4315.*

Pearl Center
83 Ranong Rd., Soi Phutorn, Phuket-Stadt. *0-7621-1707.*

Highlights: Straßenmärkte in Bangkok

Marktblumen gefällig?

MÄRKTE SIND WICHTIGER Bestandteil des Bangkoker Alltags. Auf speziellen oder gemischten Märkten kann man herrlich stöbern; das Angebot ist überaus reichhaltig. Sie sollten nicht zu viele Märkte auf einmal besuchen – besser ist es, sich auf ein Gebiet zu konzentrieren. Als hilfreich für die Planung von Marktbesuchen hat sich Nancy Chandlers *Market Map and Much More* erwiesen; es ist in Bangkok überall erhältlich.

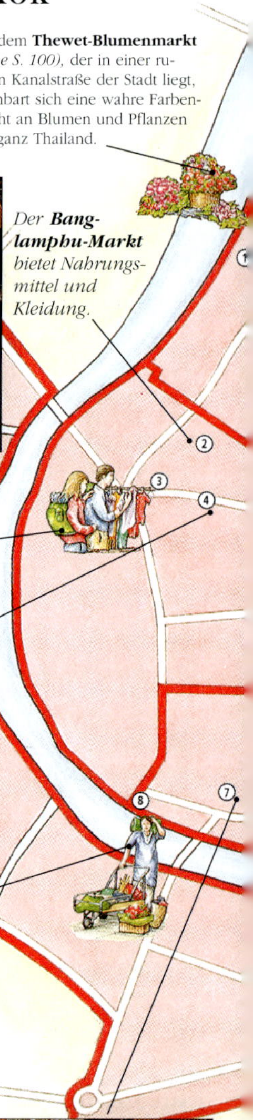

Auf dem **Thewet-Blumenmarkt** *(siehe S. 100)*, der in einer ruhigen Kanalstraße der Stadt liegt, offenbart sich eine wahre Farbenpracht an Blumen und Pflanzen aus ganz Thailand.

*Der **Banglamphu-Markt** bietet Nahrungsmittel und Kleidung.*

*Der **Khao-San-Road-Markt** erstreckt sich zwar nur entlang einer winzigen Straße, genießt aber unter Rucksackurlaubern einen fast legendären Ruf. Neben Rucksäcken, Wanderstiefeln und anderer Reiseausrüstung gibt es Secondhand-Bücher, Schmuck, Kleidung, Taschen und billige Kassetten.*

*Der **Bo-Be-Markt**, an der Ecke Krung Kasem Road/Lan Luang Road, ist einer der wichtigsten Stoffmärkte für chinesische Seide.*

*Der **Pak-Khlong-Markt*** (siehe S. 94) *ist Bangkoks stimmungsvollster Großmarkt für Frischwaren. Marktbetrieb herrscht 24 Stunden am Tag; am preiswertesten ist die Zeit zwischen 22 und 5 Uhr, wenn exotische Blumen, Früchte und Gemüse die Straße säumen.*

*Der **Phahurat-Markt*** (siehe S. 94) *bildet das kommerzielle Zentrum der indischen Gemeinde Bangkoks. In der Luft liegt das Aroma indischer Speisen und Gewürze.*

STRASSENMÄRKTE IN BANGKOK

- Banglamphu-Markt ②
- Bangrak-Markt ⑬
- Bo-Be-Markt ④
- Kao-Markt ⑩
- Khao-San-Road-Markt ③
- Nakorn-Kasem-Markt (Diebesmarkt) ⑤
- Pak-Khlong-Markt ⑧
- Patpong/Silom-Markt ⑫
- Phahurat-Markt ⑦
- Pratunam-Markt ⑪
- Sampeng-Lane-Markt ⑨
- Briefmarken-Markt ⑥
- Thewet-Blumenmarkt ①

*Der **Nakorn-Kasem-Markt*** (siehe S. 94) *in Chinatown (auch Diebesmarkt) war einst Absatzmarkt für gestohlene Ware. Heute bietet er Töpfe, Antiquitäten, Keramik und Möbel. Hier ist geschicktes Feilschen angesagt sowie ein guter Blick für Imitate.*

Der **Briefmarken-Markt** findet jeden Sonntag vor dem Hauptpostamt in der Charoen Krung Road statt. Thailand ist für seine schönen Briefmarken bekannt.

Der **Pratunam-Markt** *(siehe S. 114f)* ist ein Labyrinth von überdachten Ständen mit indischen Stoffen und Nähmaterialien. Daneben werden Gegenstände des täglichen Lebens verkauft.

Der **Kao-Markt** *(siehe S. 92f)*, zwischen Yaowarat Road und Sampeng Lane, versorgt die chinesische Bevölkerung seit mehr als 200 Jahren mit traditionellen Kult- und Dekorationsgegenständen.

*Der **Sampeng-Lane-Markt** liegt im ehemaligen Rotlichtbezirk. Günstig sind hier hochwertige Stoffe, Spielzeug und Haushaltswaren.*

Der **Patpong/Silom-Markt** *(siehe S. 111f)* ist ein neonbestrahltes Durcheinander von Buden, die billige Souvenirs und Imitate anbieten.

*Auf dem **Bangrak-Markt*** (siehe S. 111), *einem kleinen, lokalen Basar, kaufen viele der Spitzenhotels Obst, Gemüse, Fleisch und Seafood ein. Stoff und Kleidung werden ebenfalls angeboten.*

Was kauft man in Thailand?

Spielzeug-*tuk-tuk*

Thailändische Märkte, Kunsthandwerkszentren und Fachgeschäfte bieten eine Riesenauswahl an Souvenirs. Vor allem handgearbeitete Produkte sind beliebt; fast jede Region hat ihre eigene Spezialität. Aus dem Süden kommen Niello-Arbeiten und Puppen; die farbenfrohen Erzeugnisse der Bergstämme, Lack- und Silberwaren werden im Norden produziert; der Nordosten ist berühmt für Seidenstoffe und Kissen. Die größte Auswahl an Artikeln bieten Bangkok und Chiang Mai.

Nang-taloong-Puppe

Traditionelle Masken und Puppen

Maskentanz und Puppenspiel haben eine lange Tradition. Obwohl immer weniger Aufführungen stattfinden, sind Masken und Figuren schöne Mitbringsel. Bevorzugt werden Figuren aus dem *Ramakien* *(siehe S. 36f)* dargestellt – in Form von riesigen *Nang-yai*-Puppen aus Leder, kleinen *Nang-taloong*-Figuren für das Schattenspiel, *Hoon-krabok*-Marionetten und den kleineren *hoon lek* *(siehe S. 38f)*. Gute Einkaufsorte sind der Süden und der Chatuchak-Markt in Bangkok.

Figur eines Thai-Musikers

Khon-Maske eines Dämons

*Aus **Rattan und Weidenflechtwerk** gibt es viele verschiedene Dinge, von einfachen Reiskörbchen bis zu strapazierfähigen Rattan-Möbelgarnituren. Tabletts, Kisten und Taschen werden auf vielen Thai-Märkten angeboten. Renommierte Geschäfte können den Transport großer Gegenstände nach Europa organisieren.*

***Niello** ist ein altes Handwerk, das seit Hunderten von Jahren im Süden ausgeübt wird. Heute befindet sich das Zentrum der Niello-Produktion in der Provinz Nakhon Si Thammarat. Bei der Herstellung ritzt man Muster in Gegenstände aus Silber oder Gold, die dann mit einer schwarzen Metalllegierung eingerieben werden (Schmuck ist sehr preiswert).*

***Holzschnitzerei** ist ein anspruchsvolles Handwerk. Hergestellt wird alles – von winzigen Schalen und Pillendöschen bis hin zu riesigen Schränken, Wandschirmen und Betten. Allerdings kann sich darunter Holz von illegal gefällten Bäumen befinden.*

***Lackwaren** umfassen Schmuckkästchen, Armreifen, Schalen und Tabletts. Das Lackieren von Holz oder Bambus und die feine Handbemalung ist eine Spezialität des Nordens. Die zwei verbreitetsten Dekorstile sind Gold auf schwarzem Lack und – als birmanische Variante – Gelb und Grün auf Rot. Chiang Mai hat das beste Angebot.*

***Erzeugnisse der Bergstämme** werden überall in den Orten Nordthailands verkauft; in Chiang Mai gibt es die größte Auswahl. Zu den schönsten Stücken zählen Patchwork-Taschen, farbenfrohe Decken, feiner Silberschmuck sowie handbestickte Jacken und Hüte. Wenn Sie an einer Trekkingtour teilnehmen, besuchen Sie sicherlich auch ein Bergdorf, wo Sie die typischen Produkte direkt von den Erzeugern kaufen und manchmal bei der Herstellung zusehen können.*

Blauweißes Service

***Keramik** wird in Thailand schon seit Jahrhunderten hergestellt. Obwohl viele Designs chinesische Einflüsse widerspiegeln, gibt es doch einige Stile mit eindeutig thailändischer Prägung. Hierzu gehört die farbenprächtig emaillierte Bencharong-Keramik, meist in Form kleiner Schalen oder Vasen. Ein weiteres Beispiel ist Seladon, erkennbar an der charakteristischen rissigen Patina über der zumeist hellgrünen Glasur.*

Bencharong-Gefäß

Seladon-Vase

*Die **Silberverarbeitung** ist ein traditionelles Gewerbe Nordthailands. Getriebene Silberschalen, Vasen und Dosen, oft mit Reliefmustern verziert, sind beliebte Kaufobjekte, vor allem in Chiang Mai. Feiner Silberschmuck in traditioneller und moderner Formgebung ist auch in vielen nördlichen Landesteilen erhältlich.*

Silberner Vogel

Verzierte Silberschale

Silberdeckel mit Hanuman

Orchideen-Schmuckstück

Ring mit gelbem und blauem Saphir

Verschiedene Saphire

***Schmuck und Edelsteine** sind für Thailand-Reisende besonders verlockend. Das Land ist nicht nur eines der größten Förderländer von Rubinen und Saphiren, sondern auch bekannt für seinen meisterlichen Schmuck. Gute Qualität zu angemessenen Preisen findet man bei Juwelieren, die ihre Stücke in den Läden der gehobenen Hotels ausstellen. Laien sollten Edelsteine nicht zum Weiterverkauf erwerben.*

Wandbehang aus Seide

Thai-Stoffe

Seide ist der bekannteste Thai-Stoff und der beliebteste Artikel bei Besuchern *(siehe S. 432)*; sie ist in vielen Arten, Stärken und Designs, alten wie modernen, und in *Mud-mee*-Färbetechnik erhältlich. Baumwollwaren können sich ebenfalls sehen lassen: *Pha-sin*-Röcke und dreieckige *Mawn-sam-liam*-Kissen sind mit komplizierten Mustern versehen. Berühmt sind die geometrischen Muster der Bergstämme. Im Süden gibt es überall gebatikte Sarongs und weite Fischerhosen.

Mawn-sam-liam-Kissen

Gemustere Seidenkrawatte

Schal aus Thai-Rohseide

Traditionelle Fischerhose

Pha-sin-Baumwollrock

Unterhaltung

Das moderne Thailand hat viele Vergnügungen importiert – von Hollywoodfilmen bis Karaoke. Doch noch immer sind traditionelle Formen der Unterhaltung gefragt. Zwar überleben die anmutigen Bewegungen des klassischen *Khon*-Tanzdramas lediglich als Besucherattraktion, doch wie eh und je werden Veranstaltungen wie *Muay-thai*-Boxen mit leidenschaftlicher Anteilnahme verfolgt. Frohsinn *(sanuk)* ist eine Grundeinstellung der Thai, selbst bei ernsten Anlässen wie religiösen Feierlichkeiten. Das Alltagsleben versteht man nur, wenn man in die nationalen Vorlieben eintaucht, etwa beim Besuch eines Folk-Klubs, eines Spiels oder eines Kinos mit einem Thai-Film.

Thai-Tänzer im Rosengarten, Bangkok

Das Thailand Cultural Center ist das wichtigste Konzerthaus

Informationen

Hinweise zu wichtigen Veranstaltungen und Feiern kann man der Broschüre entnehmen, die in allen TAT-Büros ausliegt. Einen detaillierteren Veranstaltungskalender bietet die Zeitschrift *Metro,* die beste Informationsquelle nicht nur für Bangkok, sondern auch für Veranstaltungen im übrigen Land. Lohnend ist die Lektüre der englischsprachigen Zeitungen *Bangkok Post* und *Nation* sowie der vielen kostenlosen Broschüren für Urlauber. Auch Hotels geben Tipps.

Bangkoks Programmzeitschrift

Kartenvorverkauf

Karten für Kultur- und Sportevents können Sie bei größeren Hotels und Reisebüros vorbestellen. Karten erhält man auch am Veranstaltungsort oder bei **Central Chidlom,** 1027 Ploenchit Road, bei **Asia Books** und an Vorverkaufsschaltern aller Filialen des **Robinson**-Kaufhauses *(siehe S. 435).*

Theater- und Tanzvorführungen

Eine Aufführung des stilisierten Tanzdramas *khon,* bei dem nur männliche maskierte Darsteller mitwirken, mutet an, als erwachten die Wandgemälde des Wat Phra Kaeo zum Leben. Leider lässt das öffentliche Interesse an den Tanzdramen – meist Inszenierungen des *Ramakien* – nach; sie werden immer seltener. Ähnliches gilt für das weniger stilisierte **Lakhon-Theater** und *Hoon-lek*-Marionettenspiele *(siehe S. 38f).*

Eine besondere Atmosphäre bietet Sanam Luang, die »Königswiese«, wenn Zeremonien wie der Geburtstag des Königs oder eine Trauerfeier stattfinden. Aufführungen bei diesen Anlässen können Tage dauern. Gekürzte Versionen inszenieren das **Nationaltheater** (im Haus am letzten Samstag und Sonntag im Monat, im Freien jeden Samstag und Sonntag von Dezember bis Mai) und das moderne **Royal Chalermkrung Theater** in Bangkok sowie das **Old Chiang Mai Cultural Center**. In den größeren Städten werden bei unzähligen Dinner-Shows Programmzettel von stattfindenden Tanzaufführungen verteilt. Die berühmten *Khantoke*-Mahlzeiten *(siehe S. 34)* in Chiang Mai, die von Tanzdarbietungen umrahmt werden, veranstalten **Khantoke Palace**, **Khun Kaew Khantoke Palace** und **Lanna Khantoke**. In Bangkok sind der **Rosengarten** und **Silom Village** empfehlenswert; das **Sala-Rim-Nam**-Restaurant des Oriental präsentiert authentischen *khon*. *Lakhon* ist in Bangkok auch im Lak Muang in der Nähe des Sanam Luang zu sehen, zudem am Erawan-Schrein, wo sich die Gläubigen Verdienste erwerben, indem sie die Tänzer für Darbietungen bezahlen *(siehe S. 114).* Weit verbreitet ist das *Likay*-Tanzdrama bei Tempelfesten und Festivals. Dank seiner Slapstick-Effekte sowie frivoler und satirischer Elemente hat es seine Popularität bewahrt. In Südthailand heißt sein traditionelles Pendant *manora*.

Das *Nang-talung*-Schattenspiel ist in Malaysia und Indonesien häufig zu sehen, hat aber nur im äußersten Süden Thailands, in Phatthalung und vor allem in Nakhon Si Thammarat *(siehe S. 373),* überlebt. Noch seltener ist *nang yai,* bei dem riesige, flache Lederpuppen von einer Gruppe von Marionettenspielern bewegt werden.

Traditionelle *Khon*-Aufführung

Konzerte, Theater und Ausstellungen

Die wichtigsten Veranstaltungsorte liegen in Bangkok. Das hochmoderne **Thailand Cultural Center** hat die landesweit beste technischen Ausrüstung und zieht internationale Künstler an. Auch das **Saeng Arun Arts Center** bietet Interessantes, meist allerdings in Thai. In den Räumen des **Goethe-Instituts** und der **Alliance Française** finden erstklassige Ausstellungen, Konzerte und Filmvorführungen statt. Topstars treten häufig in Hotels, etwa dem **Dusit Thani** *(siehe S. 389)*, auf. Das **Bangkok Playhouse** inszeniert gelegentlich englische Stücke und beherbergt zudem die **Art-Corner-Galerie**; der beste Ort für zeitgenössische Thai-Kunst ist **Tadu.** Das **Patravadi-Theater** führt optisch ansprechende Musicals auf, die auf den überaus beliebten klassischen Stoffen basieren.

Im Cabaret-Stil kostümierte Tänzer bei einer Musikveranstaltung

Kino

Thai sind begeisterte Kinogänger. Bangkok hat riesige Kinokomplexe; auf dem Land gibt es über 2000 mobile Kinos, die improvisierte Openair-Vorführungen veranstalten. Die Geschichte der thailändischen Filmindustrie ist lang und sehr wechselhaft, tendiert aber, trotz sozialkritischer Klassiker wie *Luk Isan* (1978), zu Melodram, Komödie und Actionfilm. Hongkong-Filme waren lange Zeit populär, wurden aber in den frühen 1990er Jahren von Hollywood-Produktionen ab-

Gemalte Kinoplakate sieht man in Thailand noch häufig

gelöst. Einige Kinos in Bangkok (z. B. **Lido** und **Siam Cinema**), Chiang Mai, Pattaya, Phuket und Hat Yai zeigen auch Filme in Originalversion.

Diskos, Bars, Komödien, Musik- und Folk-Klubs

Die Volksmusik hat, im Wettstreit mit internationalem Rock und zuckersüßem Thai-Pop, ihre Popularität wiedererlangt. Sie ist in Radio, Fernsehen und Bars, bei Festivals und spontanen Zusammenkünften vor allem außerhalb Bangkoks zu hören. Volksmusik wird in den für Besucher nicht zuträglichen Cafés gespielt, die auch *talok* (Komödie) aufführen.

Wichtige Musikstile sind *rum wong*, sehr rhythmisch, und oft von scherzhaftem Tanz begleitet, *look thung* (»Landmusik«), eine Kombination aus Big-Band-Musik, kostümierten Tanzgruppen und Gesang, und *look krung*, eine schmalzige Balladenmusik. Bus- und Taxichauffeure bevorzugen den schnelleren *Mo'lam*-Sound, der sich durch *Khaen*-Begleitung und Rap-artigen Gesang auszeichnet. An Wochenenden kann man im **Petchkasem Hotel** in Surin *kantrum* hören, eine Musik im Khmer-Stil. *Phleng phua chiwit* (»Lieder für das Leben«) ist ein trauriger Stil, der während der Studentenunruhen in den 1970er Jahren entstand und feste Veranstaltungsorte wie das **Raintree** hat. Junge Rockbands werden häufig in **O'Reilly's Irish Pub** eingeführt; schickere Musikbars gibt es in großen Hotels: **Riva** (Sheraton Grande), **Spasso** (Grand Hyatt Erawan), **Angelini** (Shangri-La), **Lord Jim's** (Oriental) und die jazzige **Bamboo Bar**.

Viele Thailänder verstehen unter Nachtleben ein gemeinsames Essen mit Freunden bei Whisky und Live-Musik; immer beliebter werden Karaoke, Diskos und Bars mit bestimmten Musikrichtungen. Ein beliebtes Viertel ist Sarasin. Hier treffen sich (Möchtegern-)Künstler in der **Blue's Bar**. Im Trend-Lokal, Silom Soi 4, drängeln sich smarte Youngsters, während die Schwulenszene sich in Silom Soi 2 und im **Utopia** trifft. Das beste Internetcafé ist **Cyberia**. In Chiang Mai ist das **Riverside** am Ping-Fluss ein beliebter Treff.

Zu den großen Klubs in Bangkok zählen das populäre **Narcissus**, das protzige **Cubanos** und das gehobene **La Lunar.**

Die Sexszene in Bangkoks Patpong *(siehe S. 112)* – Nana Entertainment Plaza (Sukhumvit Soi 3) und Soi Cowboy (Seitenstraße der Soi Asoke) – und diejenige in Pattaya und Patong auf Phuket sind berüchtigt für ihre bizarren Shows und ihren Nepp. Die King's-Group-Bars gehören noch zu den »anständigeren«. Populär in dieser »Unterhaltungssparte« sind die Travestieshows der *katoeys* oder »lady-boys«. Die »gesäuberten« Auftritte im **Calypso Cabaret** in Bangkok, im **Blue Moon Cabaret** in Chiang Mai, im **Simon Cabaret** in Patpong und im **Alcazar** in Pattaya ziehen Scharen von Urlaubern an.

Unterhaltung für Erwachsene, King's Group

Tempelfeste und Festivals

Der Thai-Kalender ist voll von Nationalfeiertagen und lokalen Festen *(siehe S. 42ff)*. Sie können religiöser Natur sein, auf die Ernte bezogen, einem lokalen Helden gewidmet sein, oder es sind Aktivitäten wie Bootsrennen und Drachen steigen lassen.

Neben anderen Veranstaltungen finden in den meisten *wat* auch Tempelfeste statt. Oft ist es Zufall, wenn man als Besucher dabei ist, abgesehen von Feiern wie dem Tempelfest am Goldenen Hügel *(siehe S. 46)* in Bangkok. Genauso interessant wie die Zeremonien ist das Drumherum: schillernde Gestalten wie die *katoeys* (Transvestiten), Volksmusik *(likay* und *lam wong)*, Schönheitswettbewerbe und Wer-kann-das-heißeste-*som-tam*-essen-Wettkämpfe. Zudem gibt es Hahnenkämpfe und solche mit siamesischen Kampffischen.

Besucher-Events sind die Feuerwerke und Festlichkeiten, die im November in Loy Krathong in den Ruinen von Sukhotai und während der Woche der Khwae-Brücke in Kanchanaburi *(siehe S. 46)* stattfinden.

Parade während des Loy-Krathong-Fests in Lampang

Muay thai und Krabi-krabong

Thailändisches Kickboxen, *muay thai,* ist landesweit sehr beliebt *(siehe S. 40f)*. In den meisten Provinzen gibt es Box-Arenen; die beiden wichtigsten Austragungsorte befinden sich in der Hauptstadt: Im **Lumphini-Stadion** werden dienstags, freitags und samstags Wettkämpfe ausgetragen, im **Ratchadamnoen-Boxstadion** montags, mittwochs, donnerstags und sonntags. Wenn Sie *muay thai* erlernen wollen, wenden Sie sich an die **International Amateur Muay Thai Federation**; sie informiert über Studios und Lehrer.

***Muay-thai*-Boxen – Thailänder sind leidenschaftliche Fans**

Eine weitere Kampfsportart ist *krabi-krabong*, nach einigen der verwendeten Waffen auch »Schwertkampf« genannt. Die Vermittlung der Techniken entspricht alten Regeln; heute wird ein guter Kämpfer allerdings eher an Geschicklichkeit und Mut als an ausgeteilten Verletzungen gemessen. Darbietungen sieht man oft in Kulturveranstaltungen für Besucher. Die Techniken des *krabi-krabong* kann man an der **Buddhai Sawan Fencing School of Thailand** erlernen.

Takraw

Dem akrobatischen, südostasiatischen *Takraw*-Sport gehen junge Thai-Männer scheinbar bei jeder Gelegenheit nach. Sinn des Spiels ist, einen geflochtenen Rattan-Ball unter Einsatz aller Körperteile außer den Händen in der Luft zu halten. Westliche Besucher sind meist begeistert von der Gewandtheit, den ballettreifen Sprüngen und den blitzschnellen Reaktionen der Spieler.

Es gibt komplizierte Versionen, bei denen individuelles Können im Vordergrund steht. Beim klassischen *takraw* versuchen die Mannschaften, den Ball innerhalb einer gewissen Zeit öfter als ihre Gegner in eine Art Basketball-Netz zu befördern. Dem Volleyball ähnlich ist *sepak takraw*, was Disziplin bei der Olympiade werden soll.

Das akrobatische *takraw*

Fussball, Rugby und Billard

Die Thai sind seit Jahren Fußballfans. 1996 wurde eine Profi-Fußball-Liga gegründet. Auch Rugby hat ein großes Publikum sowie etablierte Klubs, die in einer Liga und den Hong Kong Sevens spielen. Die meisten Spiele finden in Bangkok statt: im **Pathumwan-Stadion**, den **Hua-Mark-Stadien**, dem **Army-Stadion** und dem **Royal Bangkok Sports Club**.

In keinem nicht-anglophonen Land hat Billard eine solche Popularität erlangt wie in Thailand. Da es in gefährlicher Nähe zu Glücksspielen angesiedelt ist, ist es für die jungen Spieler nicht leicht, Champions wie James Wattana nachzueifern. Es gibt jedoch »saubere« Klubs, etwa **Max Break**. Im März und September finden Wettbewerbe von Weltruf statt.

Auf einen Blick

Traditionelle Theater-/Tanzaufführungen

Khantoke-Palast
288/19 Chang Khlan Rd., Chiang Mai.
☎ 0-5327-2757.

Khum-Kaew-Khantoke-Palast
252 Phra Pok Klao Rd., Chiang Mai.
☎ 0-5321-0663.

Lanna Khantoke
33/10 Charoen Prathet Rd., Chiang Mai.
☎ 0-5327-0080.

Nationaltheater
1 Na Phra That Rd., Bangkok. **Stadtplan** 1 C4.
☎ 0-2224-1342.

Old Chiang Mai Cultural Center
185/3 Wualai Rd., Chiang Mai.
☎ 0-5327-5097.

Rosengarten
Nahe Hwy. 4, 32 km westlich von Bangkok.
☎ 0-2295-3261.

Royal Chalermkrung Theater
66 Charoen Krung Rd., Bangkok. **Stadtplan** 6 D1.
☎ 0-2222-0434.

Sala Rim Nam
Oriental Hotel, 48 Oriental Avenue, Bangkok.
Stadtplan 6 F4.
☎ 0-2236-0400.

Silom Village
286 Silom Rd., Bangkok.
Stadtplan 7 A4.
☎ 0-223-44581.

Konzerte, Ausstellungen, modernes Theater

Alliance Française
29 Sathorn Tai Rd., Yannawa, Bangkok.
Stadtplan 8 D4.
☎ 0-2213-2122.

Bangkok Playhouse/Art Corner
2884/2 New Phetchaburi Rd., Bangkok.
☎ 0-2319-7641.

Goethe-Institut
18/1 Soi Atthakan Prasit, Sathorn Tai Rd., Bangkok.
Stadtplan 8 E4.
☎ 0-2287-0942.
W www.goethe.de

Patravadi Theater
69/1 Soi Wat Rakhang, Arun Amarin Rd., Thon Buri, Bangkok. **Stadtplan** 1 B5. ☎ 0-2412-7287.

Saeng Arun Arts Center
5. Stock, Plan-Geb., 4 Soi Suksa Witthaya, Bangkok.
Stadtplan 7 B5.
☎ 0-2237-0080/-801–7).

Tadu
Pavillon Y-Geb., Royal City Avenue, zwischen Rama IX und New Petchaburi Rd., Bangkok. **Stadtplan** 8 D1.
☎ 0-2203-0927.

Thailand Cultural Center
Ratchadaphisek Rd., Bangkok. ☎ 0-2245-7742.

Kino

The Lido
256 Rama I Rd., Siam Square, Bangkok.
Stadtplan 7 C1.
☎ 0-2252-6498.

Siam Cinema
Siam Square, Rama I Rd., Bangkok. **Stadtplan** 7 C1.
☎ 0-2251-1735.

Diskos, Bars, Musik-/Folk-Klubs, Komödie

Alcazar
Pattaya Second Rd., Pattaya. ☎ 0-3842-8746.

Angelini
Shangri-La Hotel, 89 Soi Wat Suan Phu, Bangkok.
Stadtplan 6 F5.
☎ 0-2236-7777.

Blue Moon Cabaret
5/3 Mun Muang Rd., Chiang Mai.
☎ 0-5328-4031.

Blue's Bar
231/16 Soi Sarasin, Ratchadamri Rd., Bangkok.
Stadtplan 8 E3.
☎ 0-2252-7335.

Calypso Cabaret
Asia Hotel, 296 Phayathai Rd., Bangkok.
☎ 0-2216-8937.

Cubanos
19 Sukhumvit Soi 19, Bangkok.
☎ 0-2255-5800.

La Lunar
Sukhumvit Soi 26, Bangkok.
☎ 0-2261-3991.

Lord Jim's/Bamboo Bar
Oriental Hotel, 48 Oriental Avenue, Bangkok.
Stadtplan 6 F4.
☎ 0-2236-0400.

Ministry of Sound
2 Sukhumvit Soi 12, Bangkok.
☎ 0-2229-5850.

Narcissus
112 Sukhumvit Soi 23, Bangkok.
☎ 0-2258-2549.

O'Reilly's Irish Pub
62 Silom Rd., Bangkok.
Stadtplan 8 C4.
☎ 0-2632-7515.

Petchkasem Hotel
104 Chitbumrung Rd., Surin. ☎ 0-4451-1274.

Raintree
116/64 Soi Rang Nam, nahe Phaya Thai Rd., Bangkok. ☎ 0-2245-7230.

Riva's
Sheraton Grand Hotel, 250 Sukhumvit Rd., Bangkok.
☎ 0-2653-0333.

The Riverside
9–11 Charoenraj Rd., Chiang Mai.
☎ 0-5324-3239.

Simon Cabaret
100/6–8 Mu 4, Karon Rd., Patong, Phuket.
☎ 0-7634-2011.

Spasso
Grand Hyatt Erawan Hotel, 494 Ratchadamri Rd., Bangkok.
Stadtplan 8 D1.
☎ 0-2254-1234.

Sphinx
100 Silom Soi 4, Bangkok.
☎ 0-2234-7249.

Muay Thai und Krabi-krabong

Buddhai Sawan Fencing School
5/1 Phet Kasem Rd., Thon Buri, Bangkok.
Stadtplan 5 A4.
☎ 0-2421-1906.

International Amateur Muay Thai Federation
Pathumwan-Stadion, 54 Rama I Rd., Bangkok.
Stadtplan 7 B1.
☎ 0-2214-0120 x 1475.

Lumphini-Stadion
Rama IV Rd., Bangkok.
Stadtplan 8 E4.
☎ 0-2252-8765.

Ratchadamnoen-Boxstadion
1 Ratchadamnoen Nok Rd., Bangkok.
Stadtplan 2 F4.
☎ 0-2281-4205.

Fussball, Rugby und Billard

Army-Stadion
Wiphawadirangsit Rd., Bangkok.
☎ 0-2278-5095.

Hua-Mark-Stadien (drinnen und draußen)
2088 Ramkhamhaeng Rd., Bangkok.
☎ 0-2318-0946.

Pathumwan-Stadion
54 Rama I Rd., Bangkok.
Stadtplan 7 B1.
☎ 0-2214-0120.

Royal Bangkok Sports Club
1 Henri Dunant Rd., Pathumwan, Bangkok.
Stadtplan 8 D2.
☎ 0-2255-1420.

Sport und Aktivurlaub

Möglichkeiten zur Freizeitgestaltung gibt es in Thailand in Hülle und Fülle. Die bezaubernde Südküste ist ideal für alle Wassersportarten – von Segeln, Wasserskifahren und Windsurfen bis zum Hochseefischen und Tauchen, um die traumhaften Korallenriffe zu entdecken. Nordthailands Bergwälder sind berühmt für ihre Wasserfälle, ihre Höhlen und ihre exotische Fauna mit vielen seltenen Vögeln, Gibbons, Elefanten und Tigern. Trekkingtouren durch diese reizvolle Landschaft, bei denen oft auch Besuche in den Dörfern der Bergstämme auf dem Programm stehen, sind mittlerweile umstritten und sollten nur bei verantwortungsvollen Anbietern mit kundigen Führern gebucht werden. Thailand besitzt ein ganzes Netz an landschaftlich herrlichen Nationalparks. Um Natur und Landschaft näher zu erforschen, gibt es mehrere Möglichkeiten: Kanufahrten, gemächliche Ausflüge auf Bambusflößen, aufregende Wildwasserfahrten, Elefantenritte durch die Landschaft oder auch Klettertouren. Manche Besucher des Landes nutzen auch das kontinuierlich wachsende Angebot an Golfplätzen. Andere erwerben im Urlaub kulturelle Fertigkeiten: buddhistische Meditation, traditionelle Massagetechniken und Kochkunst, einschließlich der raffinierten Gemüse-Schnitzereien.

Windsurfen vor der Küste

Tauchen an den Riffen vor den Küsten und Inseln

Tauchen und Schnorcheln

Herrliche Korallenriffe mit regem Unterwasserleben, dazu zahllose Tauchunternehmen, machen Thailand zu einem der am besten zugänglichen und lohnendsten Ziele für Unterwasser-Fans. Die Andamanen-Küste und ihre Inseln *(siehe S. 338ff)* sind von prachtvollen Riffen, Meeresgräben und versunkenen Felsspitzen umgeben; dazu kommt eine Sichtweite von oft über 30 Meter. Hier kann man eine reiche Unterwasserwelt beobachten – in manchen Tauchrevieren auch Wal-Haie. Einige der besten Tauchplätze liegen in den Meeres-Nationalparks, so in den Surin-, Similan- und Tarutao-Archipelen in der Andamanensee, Angthong vor der westlichen und Ko Chang vor der östlichen Golfküste. Das einstmals so schöne Ko Phi Phi genießt leider keinen Reservat-Status und wurde bereits durch unbedachtes Ankern und Schnorchler, die die Korallen wegbrachen, arg verwüstet. Fischen mit Schleppnetzen, Harpunen und Sprengstoff hat einige Riffe zerstört; hinzu kommt die wachsende Verschmutzung.

Aufgrund der Monsun-Stürme *(siehe S. 22f)* sind die Andamanen-Tauchregionen nur von November bis April zugänglich; die seichteren Gewässer am westlichen Golf von Januar bis Oktober. Die Ostküste hat das ganze Jahr hindurch Saison. Tauchtrips können einen bis mehrere Tage dauern. Viele der bisher unberührten Riffe um die Andamanen-Inseln von Myanmar werden von Phuket aus erschlossen. In Bangkok bietet **Dive Info** spezielle Trips an. Tauchunternehmen sind der Übersicht *(siehe S. 447)* zu entnehmen; umfassende Informationen über Anbieter und Tauchregionen finden Sie in den Büchern *Asian Diver Scuba Guide: Thailand* (Asian Diver) und *Diving in Thailand* (Asia Books). Tauchkurse gemäß PADI und NAUI werden vielerorts angeboten; die wichtigsten Schulen befinden sich (nach Größe) in Phuket, Pattaya, Khao Lak sowie auf Ko Tao, Ko Samui, Ko Phi Phi und Krabi.

Grundregeln beim Tauchen: Ausrüstung überprüfen; nur tauchen, wenn Sie Vertrauen zum Lehrer haben und gut unterwiesen wurden. Vergewissern Sie sich, dass die Kommunikation klappt und die Gruppe überschaubar ist. Berühren Sie niemals Korallen.

Segeln

Thailands Küste ist bei der Yacht-Vereinigung beliebt, die sich jedes Jahr im Dezember für die King's Cup Regatta auf Phuket trifft. Das Chartern einer Yacht oder die Aufnahme in eine Crew ist möglich in Hua Hin oder bei **Ocean Marina** in Pattaya. Die besten Möglichkeiten, die schönste Szenerie und die größte Auswahl an Segelunternehmen hat man auf Phuket, wo sich u. a. **Southeast Asia Liveaboards**, **Sunsail** und **Thai Marine Leisure** befinden.

Kanus – die beste, oft einzige Möglichkeit, die Küste zu erkunden

Wassersport

Die Popularität der verschiedenen Wassersportarten hat in den letzten Jahren sprunghaft zugenommen, obwohl sie einen beträchtlichen Störfaktor darstellen. So ist etwa in Krabi Wassersport untersagt. In den meisten Ferienorten werden aber Surfbretter vermietet; Wasserski oder aufblasbare »Bananenboote« sind heute sogar in Meeres-Nationalparks wie Ko Samet an der Tagesordnung. Das größte Angebot mit Paragliding, Wasserski- und Motorboot-Verleih, hat man am Jomtien-Strand in Pattaya, in Hua Hin und Cha-am sowie am Patong- und am Karoen-Strand auf Phuket. Angler werden in Pattaya und auf Phuket gut bedient.

Kanufahrten sind nicht nur die ruhigste Art, die Karstinseln der Phangnga-Bucht und des Angthong-Archipels zu bewundern, sondern auch die einzige Möglichkeit, eingefallene Meereshöhlen zu erkunden. Diese von Wäldern umgebenen *hong* wurden vom Unternehmen **Sea Canoe Thailand** entdeckt, das ökologische Touren zu den »verlorenen Welten« unternimmt.

Wildwasserfahrten

Beliebt sind, vor allem auf den Flüssen im Norden, beschauliche Fahrten auf Bambusflößen. Mehr Adrenalinschübe verspricht Wildwasser-Rafting. Die oberen Abschnitte des Pai- und des Moei-Flusses sind ideal für den immer populärer werdenden Sport. Weltklasseruf genießt Umphangs Mae-Klong-Region nahe Mai Sat. Zwei renommierte Veranstalter sind **Thai Adventure Rafting** und **The Wild Planet**.

Golf

Golf genießt schon fast fanatische Popularität in Thailand. Es entstehen immer mehr Golfplätze, auf denen bereits internationale Wettbewerbe statt finden. Die Plätze um Bangkok sind meist flach und eher reizlos; die Plätze auf Phuket, in Khao Yai, Chiang Mai und Kanchanaburi bieten dagegen überwältigende Landschaftskulissen.

Exklusivität ist Markenzeichen vieler Klubs; in Pattaya, Phuket und Hua Hin erfreuen sich aber Pauschalangebote für Golfferien besonderer Beliebtheit. Die besten Führer für Golfer sind die *Thailand Golf Map* und der *Thailand Golf Guide*. Bei TAT erhält man eine kostenlose Liste von Thailands 75 schönsten Golfplätzen. Im empfehlenswerten **Thana City Golf and Country Club** gibt es eine David-Leadbetter-Golfschule.

Ein besonderes Abenteuer ist der Ritt auf einem Elefanten

Elefantenritte

Nach der Mechanisierung des Holzfällens, das zudem 1989 verboten wurde, waren thailändische Elefanten plötzlich beschäftigungslos. Reitausflüge mit Besuchern sind an sich ein begrüßenswerter Weg, um das Überleben der nationalen Symbole zu gewährleisten, nachdem die Wälder in den Niederungen weitgehend verschwunden sind. Leider setzen einige skrupellose *Mahout* ihre Tiere unter Drogen, um deren Arbeitsleistung zu erhöhen. In Teilen der Bevölkerung regt sich Widerstand dagegen.

Ein einstündiger Ritt reicht vielen. Bei den meisten Trekkingtouren ist ein Ritt inklusive. Anbieter sind auch Elefantencamps, hauptsächlich um Chiang Mai: das **Elephant Training Center Taeng Dao**, das **Mae Sa Elephant Camp** und das **Thai Elephant Conservation Center**. In Bangkoks **Dusit-Zoo** und **Safariwelt** können Sie ebenfalls auf Elefanten reiten.

Golfen vor Traumkulisse im Natural Park Golf Club in Pattaya

Trekking

In Thailand findet man ideale Trekkingmöglichkeiten vor, von steilen Karstwäldern in Krabi und Khao Sok bis zu den sanft gerundeten Berglandschaften um Mae Hong Son und Loei.

Die Schönheit des Landes und die Abstecher zu den Bergstämmen haben zu einem wahren Boom geführt. Es ist zu befürchten, dass auf solche Weise Traditionen und Werte der Stämme verlorengehen. Zudem kommen sich Trekker oft vor wie Voyeure, vor allem wenn ihnen Menschen wie die langhalsigen Padaung *(siehe S. 206)* vorgeführt werden. Versuchen Sie, zu kommunizieren, und bitten Sie um Fotografier-Erlaubnis.

Die Dörfer um Chiang Mai und Chiang Rai (zunehmend auch um Pai und Mae Hong Son) sind traurige Opfer kommerzieller Ausbeutung. An der Grenze zu Myanmar, vor allem in Tak, kann geschossen werden. Die Malaria ist hier, wie auch in Kanchanaburi, eine weitere Gefahr. Grundsätzlich gilt: je weiter weg von den Städten, desto größer das Gesundheitsrisiko.

Für reines Natur-Trekking sind Khao Yai *(siehe S. 174f)* und der Süden geeignet. Manche Touren können eine Woche dauern; die meisten erstrecken sich aber über zwei oder drei Nächte und sehen den Besuch mindestens eines Dorfs vor. Es gibt viele unseriöse Angebote. Die TAT-Büros führen Listen über die

Trekker bei einer Pause im beliebten Khao-Yai-Nationalpark

von Verbänden wie **Guide Association of Chiang Mai** und **Jungle Tour Club of Northern Thailand** anerkannten Veranstalter.

Alle Treks sollten von mindestens zwei kompetenten Führern geleitet werden (die über Kenntnisse der Stammessprachen und -gebräuche verfügen sollten). Gruppen sollten höchstens acht Teilnehmer umfassen, der Trek polizeilich gemeldet sein und der Transport nicht in öffentlichen Bussen durchgeführt werden. Wichtig für Trekker: den Rucksack mit Plastiktüten auslegen, in die nasse Kleidung gegeben wird, um Feuchtigkeit zu vermeiden; immer in trockener Kleidung schlafen – auch wenn man dann tagsüber nasse Sachen tragen muss; Kopfbedeckung tragen, eingelaufene Wanderschuhe, lange Hosen gegen Blutegel; und Sonnen- und Insektenschutz nicht vergessen. In den Bergen sind die Nächte kalt, also für Wärmeschutz sorgen (wärmende Oberteile und Hosen sowie Seidenschlafsäcke). Beste Trekkingzeit ist von November bis Februar und zu Beginn der Regenzeit im Juni und Juli. Der Begriff »Öko-Tourismus« wird oft missbraucht. Verlässliche Veranstalter sind **Siam Safari**, **The Trekking Collective** und **Phuket Trekking Club**; die **Friends of Nature** organisieren Öko-Treks. Dies gilt auch für **The Wild Planet** und **Bike and Travel**, die Mountainbike-Trips durchführen.

Gemächliche Floßfahrt auf dem Ping bei Chiang Mai

Kulturelle Fortbildung

Kurse über Meditation und Buddhismus können eine wertvolle Bereicherung sein. Über Meditationen in Englisch und Möglichkeiten einer längeren Klausur informiert Sie die **World Fellowship of Buddhists**. Herzlich aufgenommen werden Besucher zu den einen Monat dauernden Klausuren des **Northern Insight Meditation Center**. Klausuren gibt es auch im strengen **Wat Pa Nanachat Beung Rai**, bei der **Dhammakaya Foundation** und an den jeweils ersten zehn Tagen eines Monats im modern gesinnten **International Dhamma Hermitage**. Die beiden Letztgenannten nehmen auch Frauen auf, viele *wat* hingegen nur Männer. Auch traditionelle Thai-Massage, ein Mix aus Yoga, Reflexzonenmassage und Akupressur, kann man erlernen. Englischsprachige Kurse finden im **Wat Pho** *(siehe S. 88f)* statt; der Chiang-Mai-Stil wird im dortigen **Medicine Hospital** und **Institute of Thai Massage** gelehrt.

Hohe Kunst der Gemüseschnitzerei

Thai-Küchentechniken kann man sich in den Kochkursen des **Dusit Thani** und **Oriental Hotel** *(siehe S. 389f)* aneignen. Weitere Anbieter sind **URM Baking and Cooking School** und **Community Services of Bangkok**.

Auf einen Blick

Tauchen und Schnorcheln

Andaman Divers
Hat Patong, Phuket.
0-7634-1126.

Dive Info
Chitlom BTS Station, Bangkok.
0-2655-4646.
www.diveinfo.net

Fantasea Divers
219 Rat U-thit Rd., Patong, Phuket.
0-7634-0088.
info@fantasea.net

Hippo Diving Center
Phi Phi, Caban, Ko Phi Phi Patong, Phuket.
0-1894-0853.

Samui International Diving School
Angthong Rd., Naton, Ko Samui und Ko Tao.
0-7723-1242.

Sea Dragon Dive Center
9/1 Mu 7, T. Khuk Khak, A. Takua Pa, Phang Nga, Khao Lak.
0-7642-0420.

Sea Hawk Divers
2/4 Soi Kuan Yang, Prabaramee Rd., Phuket.
0-7634-1179.

Segeln

Ocean Marina
274 Sukhumvit Rd., Jomtien, Pattaya.
0-3823-7310.

Southeast Asia Live-aboards
225 Rat-U-Thit, 200 Years Rd., Patong, Phuket.
0-7634-0406.
www.seal-asia.com

Sunsail
20/5 Mu Z, Ko Kaew, Phuket.
0-7623-9057.
www.sunsail.com

Thai Marine Leisure
Boat Lagoon 20–7/8, Ko Kaew, Phuket.
0-7623-9111.
www.thaimarine.com

Wassersport

Deutsches Haus
(Hochseefischen)
Soi 4 Beach Rd., Pattaya.
0-3842-8725.

Game Fishing
6/16 Chalong Bay, Phuket. 0-1723-1292, 0-7628-0996.

Santana Canoeing
92/18 Sawatdirak Rd., Patong, Phuket.
0-7629-4220.
adrea@santanaphuket.com
www.santanaphuket.com

Sea Canoe Thailand
367/4 Yaowarat Rd., Muang Phuket.
0-7621-2172.
metro@seacanoe.com
www.seacanoe.com

Sun & Sand Tour
Pearl Hotel, Montrl Rd., Phuket-Stadt.
0-7621-1044.
www.pearlhotel.com

Wildwasserfahrten

Thai Adventure Rafting
73/7 Charoenprathet Rd., Chiang Mai.
0-5327-7178.
rafting@activethailand.com
www.activethailand.com

The Wild Planet
9 Sukhumvit Soi 55, Bangkok. 0-2712-8407.
info@wild-planet.co.th
www.wild-planet.co.th

Golf

Natural Park Golf Club
Nahe Hwy. 3, km 83, bei Pattaya.
0-3839-3001.

Thana City Golf and Country Club
Bang Na Trat Rd., am Hwy. 34, km 14, nahe Bangkok.
0-2336-1968.
thanacity@loxinfo.co.th

Elefantenritte

Elephant Training Center Taeng Dao
Am Hwy. 107, 56 km nördlich von Chiang Mai.
0-5329-8553.

Mae Sa Elephant Camp
535 Mu 1 Mae Rim, 20 km nördlich von Chiang Mai.
0-5329-7060.

Thai Elephant Conservation Center
Thung Kwian, 37 km nordwestlich von Lampang.
0-5324-8604 (TAT).

Trekking

Bike and Travel
802/756 River Park Mu 12, Lam Lukka, Pathum Thani.
0-2990-0900.

Friends of Nature
133/21 Ratchaprarop Rd., Bangkok.
Stadtplan 4 E4–5.
0-2642-4426.

Guide Association of Chiang Mai
Sarika Tour Co, 1/1 Nimmanhamin Soi 4, Chiang Mai.
0-5321-2942.
tatami@samart.co.th

Jungle Tour Club of Northern Thailand
Gem Travel Company, Charoen Prathet Rd., Chiang Mai
0-5327-1680.
www.thaifocus.com

Phuket Trekking Club
58/5 Soi Patong Resort, Bangla Rd., Patong, Phuket. 0-7634-1453.
trekking@phuket.ksc.co.th

Siam Safari
PO Box 296, Phuket 3000.
0-7628-0116.

The Trekking Collective
25/1 Ratchawithi Rd., Chiang Mai.
0-5341-9079.
trek-collective@cm.ksc.co.th

Kulturelle Fortbildung

Dhammakaya Foundation
23/2 Mu 7 Khlong Sam, Khlong Luang, Pathum Thani.
0-2524-0257.

Community Services of Bangkok
15/1 Sukhumvit Rd,, Soi 33, Bangkok.
0-2258-5652.

Institute of Thai Massage
17/7 Morakot Rd., Chiang Mai.
0-5321-8632.

International Dhamma Hermitage
Wat Suan Mok, Chaiya, Surat Thani.
0-7743-1552.

Northern Insight Meditation Center
Wat Ram Poeng, Canal Rd., Chiang Mai.
0-5327-8620.

Old Medicine Hospital
78/1 Soi Moh Shivagah Komarapaj, Wualai Road, Chiang Mai.
0-5327-5085.

UFM Baking and Cooking School
593/29–39 Sukhumvit Soi 33/1, Bangkok.
0-2259-0620, -288.

Wat Pa Nanachat Beung Rai
Baan Bung Wai, Amphoe Warinchamrab, Ubon Ratchathani.

World Fellowship of Buddhists
33 Sukhumvit Rd., Bangkok.
0-2661-1284-7.

Grund-informationen

Praktische Hinweise

Für die jährlich zwölf Millionen Besucher wird in Thailand gut gesorgt. Hier besteht eine der bestorganisierten Tourismusindustrien ganz Asiens. Das Hauptbüro des hilfreichen Fremdenverkehrsverbands, der Tourism Authority of Thailand (TAT), befindet sich in Bangkok; hinzu kommen landesweite Filialen und mehrere Büros in Übersee. In diesem Reiseführer sind für jeden Ort und jede Sehenswürdigkeit die TAT-Adressen und TAT-Telefonnummern aufgeführt. Der Fremdenverkehr entwickelt sich rapide. Das Land öffnet sich seit Jahren auch Individualreisenden, die sich nicht auf Touren oder Touristenmagneten wie Bangkok oder Phuket beschränken wollen. In ganz Thailand erteilen renommierte Reisebüros Informationen, buchen Flüge und Zimmer und organisieren Touren. Vor der Reise sollte man allerdings ein wenig planen, um der schlimmsten Regenzeit und großen Festen wie dem Chinesischen Neujahr *(siehe S. 44ff)*, zu entgehen.

Wachablösung der Königlichen Garde, Bangkok

Reisezeit

Das Wetter in Thailand neigt zu Extremen, mit ganzjährigen Trockenperioden, großer Hitze und Regenfällen biblischen Ausmaßes. Die beste Reisezeit ist von November bis Februar, während der etwas kühleren, trockenen Monate. Natürlich ist dies auch die Hauptsaison, in der es schon mal zu Gedränge kommen kann. Die heiße Jahreszeit von März bis Juli ist bisweilen unerträglich; die Regenzeit von Juni bis Oktober ist die am wenigsten vorhersagbare der drei Jahreszeiten. Temperaturen und Niederschläge *siehe S. 44ff.*

Reiseausstattung

Thailand hat feucht-heißes Klima; tragen Sie daher leichte Kleidung aus Naturfasern. Im Norden und Nordosten ist zur kühlen Jahreszeit ein Pullover sinnvoll. Während der Regenzeit kommt es im ganzen Land zu plötzlichen Wolkenbrüchen; nützlich ist daher ein leichter Regenmantel. In Tempeln wird angemessene Kleidung erwartet *(siehe S. 455)*. Ein Erste-Hilfe-Set ist empfehlenswert *(siehe S. 458)*.

Buchen der Reise

Bangkok ist eine wichtige Drehscheibe für andere Ziele in Südostasien. Man sollte Flugtickets also schon frühzeitig kaufen, vor allem in der Hauptsaison zwischen November und Februar, wenn Flüge und Hotels entsprechend belegt sind. Wer in dieser Zeit nach Thailand reisen möchte, sollte mindestens drei bis sechs Monate vor Abflug buchen.

Reisedokumente

Besucher aus Deutschland, Österreich und der Schweiz benötigen für die Einreise nach Thailand einen noch mindestens sechs Monate gültigen Reisepass. Kinder dürfen nur einreisen, wenn sie einen eigenem Reisepass haben. Für einen Aufenthalt von bis zu 30 Tagen ist kein Visum erforderlich. Bei der Ankunft muss ein Beleg des Rückflugs oder der Weiterreise erbracht werden. Wer länger als 30 Tage bleiben möchte, muss sich vor der Einreise um ein Visum bemühen. Visa werden von allen thailändischen Botschaften und Konsulaten ausgestellt. Das Touristenvisum erlaubt einen Aufenthalt von 60 Tagen.

Ein 90-Tage-Visum (*Non-immigrant*-Visum) muss im Heimatland beantragt werden. Benötigt wird dafür ein Bestätigungsschreiben einer thailändischen Stelle, in dem der Aufenthalt in Thailand begründet wird – etwa wegen Geschäftstätigkeit oder wegen eines Studiums.

Für alle Visa gilt, dass der Reiseantritt in Thailand innerhalb von 90 Tagen nach Ausstellungsdatum erfolgen muss. Über Visaverlängerungen entscheidet das **Immigration Department** in Bangkok oder jede andere Einwanderungsbehörde in Thailand. Der Aufenthalt über die Visumfrist hinaus wird mit

Urlauber am Strand von Patong, Phuket

◁ *Samlor* auf dem Markt in Lop Buri

200 Baht pro Tag bestraft und kann schwer wiegende Konsequenzen haben. Wiedereinreisevisa *(re-entry visas)*, die das Verlassen des Landes und eine Rückkehr innerhalb von 60 Tagen gestatten, können beim Bangkok Immigration Department beantragt werden. In einigen Fällen wird ein Beleg über den finanziellen Unterhalt des Besuchers während seines Aufenthalts verlangt. Sicherheitshalber sollte man diese Dinge vorab bei der Botschaft oder beim Konsulat klären.

Die Einreise in Nachbarstaaten Thailands hängt von der politischen Situation *(siehe S. 456)* ab. Ein Vier-Wochen-Touristenvisum für Myanmar stellt die Botschaft des Landes in Bangkok gegen eine Gebühr aus. Ein 15-Tage-Visum für Laos gibt es von der laotischen Botschaft. Für Kambodscha kann man bei Ankunft im Flughafen in Phnom Penh ein 15-Tage-Visum gegen eine Gebühr beantragen.

Impfschutz

Es gibt keine Impfpflicht, sofern man nicht aus einem Land einreist, in dem Gelbfieber auftritt. Empfehlenswert ist Impfschutz gegen Polio, Tetanus, Typhus und Hepatitis A. Wer in entlegenere Regionen reist oder länger als zwei bis drei Wochen bleiben möchte, sollte zusätzlich gegen TBC, Hepatitis B, Tollwut, Diphtherie und Japanische Hirnhautentzündung geschützt sein *(siehe S. 458f)*. Den aktuellen Stand erfahren Sie bei einem tropenmedizinischen Institut oder Ihrem Hausarzt, der Sie auch über die Maßnahmen einer Malaria-Prävention berät.

Einige Impfungen werden separat oder stufenweise verabreicht; mit der Einnahme von Malariatabletten beginnt man eine Woche vor Abflug und setzt die Behandlung bis zu mehreren Wochen nach der Rückkehr fort. Daher sollte man mindestens sechs Wochen vor Reiseantritt den Arzt aufsuchen.

Zoll

Bei der Einreise nach Thailand gelten standardisierte Zollbestimmungen. Während des Flugs erhält man ein weißes Zollformular, das bei Abholung des Gepäcks ausgefüllt den Zollbeamten übergeben wird. Neben den üblichen Gebrauchsgegenständen dürfen folgende Waren nach Thailand eingeführt werden: pro Person 200 Zigaretten oder 250 g Tabak, 1 l Wein oder Spirituosen. Informationen zu Ausfuhrbestimmungen und zur Mehrwertsteuerrückerstattung erhalten Sie unter: www.customs.go.th.

Duty-Free-Logo der TAT

Ein Auto oder Motorrad für Besichtigungszwecke kann für bis zu sechs Monate eingeführt werden, muss aber vor Urlaubsantritt bei der thailändischen Botschaft angemeldet werden. Strengstens verboten ist dagegen die Einfuhr von Drogen *(siehe S. 456)*, Handfeuerwaffen und Pornos.

Eingeführte Geldbeträge unterliegen seit einer 1991 erfolgten Lockerung der Devisenverordnung keiner Höchstgrenze mehr. Übersteigt der Wert jedoch 10 000 US-Dollar, ist eine Deklaration erforderlich. Generell sollten aber hier die aktuellen Richtlinien erfragt werden.

Die Ausfuhr von Antiquitäten und Buddha-Statuen ist nicht gestattet. Dafür ist in Einzelfällen eine Genehmigung des Fine Arts Departments in Bangkok einzuholen. Gleiches gilt für bestimmte Lederwaren (z. B. Elefant, Krokodil, Schlange).

Die Ausfuhr thailändischer Währung ist bis zur Höhe von 20 000 Baht erlaubt. Bei größeren Summen muss eine Genehmigung eingeholt werden. Ausländische Währungen kann man in beliebiger Höhe ausführen.

Auf einen Blick

Immigration Department
Soi Suanphlu, Sathorn Tai Rd., Bangkok.
☎ *0-2287-3101.*

Fine Arts Department
Nationalmuseum, 1 Na Phra That Rd., Phra Nakhon, Bangkok.
☎ *0-2224-1370 oder -1333.*

Botschaften

Deutschland
9 South Sathorn Rd., Bangkok 10120. ☎ *0-2287-9000.*
W www.bangkok.diplo.de

Konsulat in Chaing Mai
199/163 Moo 3, Baan Nai Fun 2, Kan Klong Chonpratan Rd., Chiang Mai 50100.
☎ *0-5383-8735.*

Österreich
14 Soi Nandha, nahe So1, Sathorn Thai Rd., Bangkok 10120.
☎ *0-2287-3970.*

Schweiz
35 North Wireless Rd., Bangkok 10501. ☎ *0-2253-0156.*

Abflugsteuer

Bei Flügen aus Thailand *(siehe S. 466f)* wird eine Abflugsteuer von 500 Baht pro Person erhoben; bei Inlandflügen beträgt sie 30 Baht. Erkundigen Sie sich bei Ihrer Fluggesellschaft, ob diese im Ticketpreis enthalten sind.

Buddha-Bildnisse – Ausfuhr verboten

Information

In den vielen Filialen der Tourism Authority of Thailand (TAT) wird einem weitergeholfen, sei es mit Infos zu Sehenswürdigkeiten und Veranstaltungen, mit Karten oder Broschüren. Es sind auch Listen empfehlenswerter Hotels und Reiseveranstalter erhältlich. Ein Infoschalter befindet sich am Don-Muang-Flughafen. Die meisten thailändischen Provinzhauptstädte haben ein TAT-Büro (in diesem Führer aufgelistet), und auch im Ausland gibt es Niederlassungen.

TAT-Logo

Eintrittspreise

Eintrittspreise für Sehenswürdigkeiten sind meist gering, bei staatlichen Einrichtungen (auch den meisten Nationalparks) ca. 10 bis 50 Baht, bei privaten Betreibern bis zu 100 Baht und mehr. Gelegentlich zahlen Besucher (rechtmäßig) höhere Preise, da man davon ausgeht, dass ihnen mehr Geld zur Verfügung steht als Einheimischen. Die großen *wat* haben feste Eintrittspreise, in kleineren sollte man spenden.

Typische Eintrittskarten zu historischen Stätten

Öffnungszeiten

Diesem Reiseführer können Sie Besuchstage und -zeiten der Sehenswürdigkeiten entnehmen. Fast alle Attraktionen haben ganzjährig geöffnet; während der Regenzeit kann auf einigen Inseln im Süden des Landes der Fähr- und Hotelbetrieb eingeschränkt sein. Museen und Sehenswürdigkeiten öffnen meist zwischen 8 und 9 Uhr und schließen zwischen 15.30 und 18 Uhr. Manche machen von 12 bis 13 Uhr Mittagspause.

Die meisten Sehenswürdigkeiten sind täglich geöffnet; manche staatlichen Museen haben an Feiertagen sowie montags und dienstags geschlossen.

Große Kaufhäuser öffnen täglich von 10 bis 21 Uhr, kleine Läden von 8 bis 21 Uhr. In kleineren Städten ist oft täglich Markt. Büros arbeiten Montag bis Freitag 8 bis 12 und 13 bis 17 Uhr; Behörden Montag bis Freitag 8.30 bis 12 Uhr und 13 bis 16.30 Uhr. Während des Chinesischen Neujahrsfests schließen vor allem im Süden viele Läden. Banköffnungszeiten *siehe S. 460.*

Phra Si Rattana Chedi, Wat Phra Kaeo, Bangkok

Einrichtungen für Behinderte

Das Pflaster ist mitunter recht holprig, und Fußgängerbrücken sind häufig nur über steile Treppen erreichbar. Mit Rollstuhlrampen sind lediglich Spitzenhotels in den größeren Städten ausgestattet. Am einfachsten ist es, eine organisierte Tour zu buchen *(siehe S. 471)*. Detaillierte Auskünfte erteilt die **Association of Physically Handicapped People**.

Farbbroschüren über Thailand sind bei TAT erhältlich

Einrichtungen für Kinder

Die Thai lieben Kinder und tun alles für sie. Die großen Hotels bieten einen sehr kinderfreundlichen Service, und die TAT-Büros erteilen Auskünfte über geeignete Unternehmungen mit Kindern, etwa Zoobesuche. Kopfbedeckung und Sonnencreme sind für Kinder bei Aufenthalten an der Sonne ein Muss – übrigens auch für Erwachsene. Es gibt in Thailand viele Essensstände und flexible Küchenchefs, die bereitwillig kindgerechte Alternativen zu scharfen Speisen servieren.

Gebetsstätten für Besucher

Besucher haben verschiedene Möglichkeiten, um buddhistische Studien zu betreiben *(siehe S. 446)*. Das **International Buddhist Meditation Center** gibt Auskunft über Kurse auf Englisch und in anderen Sprachen in den *wat* in und um Bangkok.

In Bangkok finden Sie einige religiöse Zentren, die englischsprachige Gottesdienste anbieten. In der **Christuskirche** werden anglikanische und episkopalische Messen gehalten; in der **Holy Redeemer Catholic Church** finden sonntags Messen statt. Die Jewish Association hält bisweilen Gottesdienste im **Jewish Community Center** ab; in der **Haroon-Moschee** kommen Muslime zusammen.

Schild auf Ko Samet mit der Bitte, den Strand sauber zu halten

Es gibt auch deutschsprachige Gottesdienste (evangelisch: 343/1 Sukumvit Soi 31; katholisch: Kapelle des St. Louis Hospital in der Sathorn Road). Erkundigen Sie sich auch in Ihrem Hotel.

Sprache

Aufgrund seiner Feinheiten in der Betonung ist Thai für Ausländer eine schwierige Sprache; dennoch ist es nützlich, einige Standardsätze *(siehe S. 500ff)* zu beherrschen. Manche der Einheimischen in Ferienorten und viele Angestellte an den Hotelrezeptionen sprechen Englisch, teilweise auch Deutsch. Auch Namen von Straßen und Sehenswürdigkeiten werden oft transkribiert; Speisekarten in Restaurants sind oft in Thai und Englisch gehalten. In Thailand existieren mehrere Transkriptionssysteme, deshalb können verschiedene Karten und Schilder unterschiedliche Schreibungen aufweisen. Sogar in den Broschüren wichtiger Sehenswürdigkeiten werden schwer durchschaubare Transkriptionen verwendet.

Beachten Sie, dass »J« und »Ch« austauschbar sind, ebenso »D« und »T.« »Ph« wie in Phuket wird »P« ausgesprochen, niemals «F«.

Thai-Zeitrechnung und Kalender

Bangkok ist der mitteleuropäischen Zeit um sechs, der Sommerzeit um fünf Stunden voraus. Obwohl das Zeitsystem überwiegend auf der 24-Stunden-Einteilung des Tages (beginnend bei 0 Uhr) basiert, hat Thailand auch ein eigenes System, was für Besucher verwirrend sein kann. Die Thai gliedern den Tag in vier Abschnitte zu je sechs Stunden. Dabei ist 7 Uhr unserer Zeit mit 1 Uhr morgens nach thailändischer Rechnung gleichzusetzen, 19 Uhr mit 1 Uhr nachts.

Außerdem sind in Thailand zwei Kalender gültig: der gregorianische (westliche) und der buddhistische. Die buddhistische Zeitrechnung setzt 543 Jahre vor der gregorianischen ein. Das Jahr 1957 entspricht demnach dem Jahr 2500, das Jahr 2005 dem Jahr 2548.

Masse und Gewichte

In Thailand ist das metrische System in Gebrauch, obwohl auf Märkten und außerhalb Bangkoks teilweise noch traditionelle Einheiten verwendet werden.

Der Baht bezeichnet die Landeswährung und auch die Gewichtseinheit bei der Goldbewertung.

Elektrizität

Die Anschlusswerte für den elektrischen Strom betragen in Thailand 220 Volt Wechselstrom/50 Hz. Die Steckdosen sind auf europäische und amerikanische Stecker abgestimmt. Adapter gibt es in allen Warenhäusern oder Elektrogeschäften zu kaufen, ebenso das für den Betrieb von Laptops unentbehrliche Zubehör.

Stromausfälle kommen immer seltener vor, sind aber vor allem zur Regenzeit in den kleineren Städten nicht ungewöhnlich. In ländlichen Gegenden kann es nicht schaden, immer eine Taschenlampe parat zu haben.

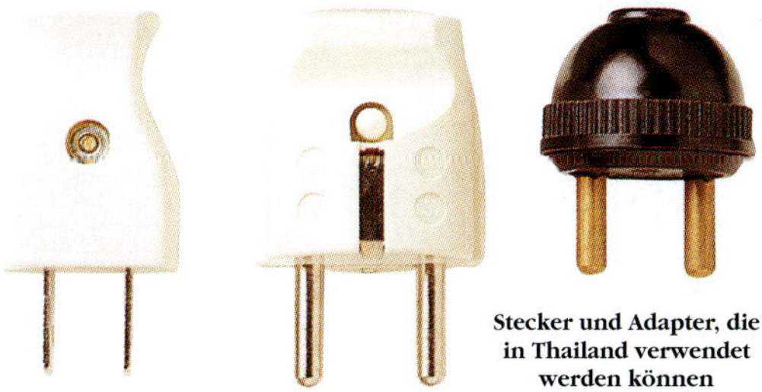

Stecker und Adapter, die in Thailand verwendet werden können

Auf einen Blick

TAT-Zentrale
1600 New Phetburi Rd., Bangkok.
☎ *0-2250-5500.*

Association of Physically Handicapped People
73/7–8 Tivanond Rd., Talad Kwan, Nonthaburi.
☎ *0-2951-0567.*

Gebetsstätten für Besucher

Christuskirche
11 Convent Rd., Bangkok.
☎ *0-2234-3634.*

Haroon-Moschee
Nahe Charoen Krung Rd., Bangkok. ☎ *Kein Telefon.*

Holy Redeemer Catholic Church
123/19 Soi Ruam Rudi, 5 Witthayu (Wireless) Rd., Bangkok.
☎ *0-2256-6305.*

International Buddhist Meditation Center
Wat Mahathat, 3 Maharaj Rd., Bangkok. ☎ *0-2222-6011.*

International Church
Soi Pridi 31, Klongtong, Bangkok.
☎ *0-2713-2232.*

Jewish Community Center
121 Soi Sainamtip 2, Soi 22 Sukhumvit Rd., Bangkok.
☎ *0-2258-2195.*

Fotografieren

Filme sollte man wegen der Hitze möglichst kühl aufbewahren. Die Höflichkeit gebietet es, wie in jedem anderen Land auch, erst um Erlaubnis zu fragen, bevor man Menschen fotografiert; vor allem Mönche oder Angehörige mancher Stämme könnten sich gestört fühlen.

Umgangsformen

Nicht ohne Grund heißt Thailand auch »Land des Lächelns«. Die Thai sind ein ausgesprochen freundliches und hilfsbereites Volk, und der Umgang mit ihnen fällt leicht – ein offenes Lächeln oder ein herzliches Lachen ist das beste Rezept. Als Buddhisten sind die Thailänder auch ausgesprochen tolerant; dennoch gibt es einige Tabus, die hauptsächlich das Königshaus und die Religion betreffen. Besucher sollten vor allem um respektvolles Benehmen in den *wat* und vor Buddha-Bildnissen bemüht sein. Thai versuchen, Auseinandersetzungen – die als sehr schlechtes Benehmen gelten – um jeden Preis zu vermeiden. Wer die Beherrschung verliert oder herumbrüllt, egal in welcher Situation, verliert in den Augen eines Thai sein Gesicht.

König Bhumibol bei einer Zeremonie im Wat Benchamabophit

***Wai* – der traditionelle Gruß unter Thailändern**

Begrüssung

Beim *wai*, dem thailändischen Gruß, werden die Handflächen aneinandergelegt auf Kinnhöhe gehoben. Die Geste bedeutete früher, dass man keine Waffen bei sich trug. Dem *wai* wohnen feine Nuancen inne, die Status, Geschlecht und Alter anzeigen – demzufolge müssen die Hände auf einer bestimmten Höhe gehalten werden. Der »niedere« Partner grüßt zuerst und hält die Hände höher und länger zusammen; der Höhergestellte erwidert seinem Status entsprechend.

Von Nicht-Thai wird nicht erwartet, dass sie diese Feinheiten beherrschen; am einfachsten ahmt man den Gruß des anderen nach. Generell gilt, dass man Kinder, männliche oder weibliche Bedienungen oder Straßenverkäufer nicht mit dem *wai* begrüßt.

Thai reden sich auch in förmlichen Situationen mit Vornamen an. Die höfliche Form der Anrede ist das geschlechtsneutrale »Khun«, dem der Vorname oder Kosename folgt. Jeder Thai hat einen Kosenamen, meist mit einfacher Bedeutung wie *Moo* (Schwein) oder *Koong* (Garnele).

Körpersprache

Der Kopf gilt den Thai als heiliger Körperteil. Berühren Sie niemals den Kopf eines anderen, auch nicht den eines Kindes. Die Füße sind der »niederste« Körperteil. Es ist sehr unhöflich, jemandem die Füße entgegenzustrecken. Wenn Sie auf dem Boden sitzen, vor allem in Tempeln, knien Sie sich oder platzieren die Füße seitlich; steigen Sie nicht über Sitzende hinweg, sondern lassen Sie diesen Zeit, Ihnen auszuweichen.

Das Königshaus

Die königliche Familie genießt allerhöchstes Ansehen. Jede Kritik wird daher schnell als Majestätsbeleidigung aufgefasst, was für Thai eine Kränkung und für Ausländer eine Gefängnisstrafe bedeuten kann. Geldscheine, Münzen und Briefmarken tragen die Porträts von Königen und sollten respektvoll behandelt werden. Heiligtümer, die mit der Monarchie in Beziehung stehen, dürfen nicht fotografiert werden, etwa der *bot* im Wat Phra Kaeo mit dem Smaragd-Buddha.

Die Nationalhymne

Die Hymne wird täglich um 8 und um 18 Uhr gespielt und ist dann im Radio und in öffentlichen Parks und Gebäuden wie dem Lumphini-Park und dem Bahnhof Hua

Gläubige vor einem Buddha, die Füße von ihm abgewandt

Auf ihrem täglichen Rundgang erhalten Mönche Essensgaben

Lamphong in Bangkok über Lautsprecher zu hören. Es ist höflich, dann jede Tätigkeit zu unterbrechen und stehenzubleiben. In Kinos wird die Nationalhymne vor jeder Vorstellung zu einem Porträt des Königs gespielt. Dabei erhebt sich das Publikum in respektvollem Schweigen.

Mönche

Das Mönchtum *(sangha)* rangiert in Status und Ansehen gleich hinter dem Königshaus. Die meisten Tabus in Verbindung mit Mönchen betreffen Frauen: Ein Mönch darf eine Frau nicht berühren oder unmittelbar etwas von ihr entgegennehmen. In öffentlichen Verkehrsmitteln sollte man sich als Frau daher nicht neben einen Mönch setzen. Wenn Sie einem Mönch etwas geben möchten, tun Sie dies über einen Mittelsmann oder legen Sie die Gabe in seiner Nähe ab. Dies gilt nicht für Nonnen.

Es ist nicht verboten, Mönche anzusprechen, die ihre Englischkenntnisse gern an Besuchern testen. *Wai* erwidern Mönche jedoch niemals.

Benehmen im Wat

Wie in allen Gebetshäusern sind in den *wat* Regeln zu beachten. Von Besuchern wird saubere, sittsame Kleidung erwartet, d.h. Oberarme und die Beine bis zur Wadenmitte sollten bedeckt sein. Vor Betreten des Tempels zieht man die Schuhe aus. Steigen Sie möglichst über die Türschwelle eines *wat* hinweg und nicht darauf, denn die Thai glauben, dass einer der neun Geister des Hauses darin wohnt.

Alle Buddha-Bildnisse sind heilig, egal wie klein oder in welchem Zustand sie auch sein mögen. Auf gar keinen Fall sollte man beim Sitzen mit den Füßen in ihre Richtung zeigen.

Manche Tempelbezirke sind für Frauen nicht zugänglich – dann sind entsprechende Hinweisschilder aufgestellt.

Angemessene Kleidung

Die Thai schätzen sittsame Kleidung, sowohl in der Stadt als auch auf dem Land. Vor allem Frauen sollten daher nicht zu leicht bekleidet – in zu kurzen Röcken, Shorts oder knappen Tops – auf die Straße gehen. Zu formellen Anlässen oder in feineren Restaurants sieht man ganz selten Thai-Frauen in schulterfreien, ärmellosen Kleidern oder Tops, denn dies würde in derartigen Situationen als unpassend empfunden. Sonnenbaden »oben ohne« ist verpönt, was auch in den von Europäern geprägten Urlaubsorten gilt. Die Thai finden diese Praxis peinlich, wenn nicht sogar anstößig.

Hinweisschild vor dem Wat Phra Kaeo, Bangkok

Kommunikation

Feilschen ist gängige Praxis in Thailand *(siehe S. 430)*. Obwohl jeder seine eigene Technik hat und, je nachdem, ein Lächeln oder Pokerface aufsetzt, darf man doch nie zu weit gehen. Bleiben Sie auch im Umgang mit Angestellten der Hotelrezeptionen, Bedienungen und anderen Personen immer höflich, und vermeiden Sie es, zu schreien oder gereizt zu wirken – Thai lernen von Kindheit an, immer sanft zu sprechen und direkten Konflikten auszuweichen. Wer es gewöhnt ist, seinen Willen durch Unduldsamkeit durchzusetzen, wird hier bald feststellen müssen, dass man ihn ignoriert, anstatt näher auf ihn einzugehen.

Besucher feilschen mit Händlern im Bahnhof Hua Hin

Trinkgeld

Trinkgeld zu geben ist in Thailand nicht Tradition, hat sich in Urlaubsgebieten aber eingebürgert. Taxifahrer erwarten ein Trinkgeld; runden Sie auf die nächste Zehnerstelle auf. Auch Gepäckträger und Friseure rechnen mit einem Trinkgeld. Auf den Rechnungen gehobener Restaurants und Hotels wird der Service meist mit zehn Prozent veranschlagt, auch wenn zusätzlich Steuer berechnet wird *(siehe S. 385)*.

Rauchen

Die meisten Restaurants haben Raucherzonen; nur in den Filialen westlicher Fastfood-Ketten herrscht Rauchverbot. In öffentlichen Gebäuden wie Kinos und Theatern, Einkaufszentren sowie in allen öffentlichen Verkehrsmitteln von Bangkok ist Rauchen verboten.

Sicherheit und Notfälle

Als Besucher ist man in Thailand relativ sicher. Wer grundlegende Vorsichts- und Gesundheitsmaßnahmen beachtet, dem kann wenig passieren: Ignorieren Sie Kundenfänger, begeben Sie sich nicht in unsichere Grenzregionen, achten Sie auf Wertgegenstände, und vermeiden Sie Unterkunft oder Mahlzeiten in unhygienischer Umgebung. In Bangkok und den Provinzhauptstädten gibt es ein gut funktionierendes Netz an Notdiensten. Grundsätzlich gilt: je entlegener die Gegend, desto größer das Risiko und desto geringer die Chancen auf Hilfe in Notlagen. Die Krankenhäuser in den großen Städten und Ferienorten sind modern ausgerüstet und haben gute, oft englischsprachige Ärzte.

Notfälle

Es gibt keinen landesweiten Notruf; die Telefonisten sprechen kein Englisch. Im Notfall wenden Sie sich an das Tourist Assistance Center; es ist von 8 bis 24 Uhr erreichbar, danach ist man auf das Hotelpersonal angewiesen. Während der Geschäftszeiten kann man beim TAT-Büro *(siehe S. 452)* anrufen.

Die städtische Streifenpolizei ist in Bangkok für Notfälle zuständig. Alle Bangkoker Kliniken haben Notfallambulanzen, die rund um die Uhr geöffnet sind.

Feuerwehrfahrzeug

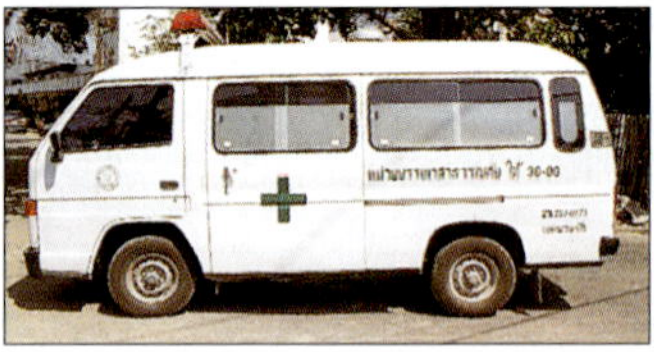

Krankenwagen

Streifenwagen der Touristenpolizei, wie man ihn meist in Städten sieht

Vorsichtsmassnahmen

Trotz seiner Grösse ist Bangkok verhältnismäßig sicher. Kriminalität und Gewalt richten sich in der Regel nicht gegen Urlauber. Zurückhaltung ist das beste Mittel, um Ärger zu vermeiden. Vorsicht vor Taschendieben ist bei Sehenswürdigkeiten und auf Bahnhöfen geboten. Wedeln Sie nicht mit Bündeln von Geldscheinen herum, und haben Sie immer ein Auge auf Ihr Gepäck. Verlangen Sie eine Quittung, wenn Sie Wertsachen im Hotelsafe verwahren, und behalten Sie Ihre Kreditkarten im Blick. Es ist schon vorgekommen, dass Urlauber während langer Zug- oder Busfahrten mit Schlafmitteln außer Gefecht gesetzt und beraubt wurden. Lehnen Sie höflich ab, wenn Fremde Ihnen etwas anbieten. Thailand ist ein guter Einkaufsort für Edelsteine *(siehe S. 434)*; erwerben Sie jedoch als Laie keine größeren Mengen. Vorsicht ist auch geboten, wenn man in entlegenen Gebieten, nachts in ärmeren Stadtvierteln oder allein unterwegs ist.

Touristenpolizist mit Barett, daneben gewöhnlicher Polizist

Drogen

Der Verkauf oder Erwerb von Opium, Heroin oder Marihuana ist verboten. Drogenbesitz oder -handel wird mit schweren Strafen geahndet. Vor allem an der Nordgrenze sind Drogenkuriere unterwegs; seien Sie hier vor Fremden auf der Hut. Lassen Sie Ihr Gepäck nicht unbeaufsichtigt. Nehmen Sie kein fremdes Gepäck an – vor allem nicht beim Einchecken!

Gefahrenzonen

Gefährlich können die Grenzregionen sein – wegen Streitigkeiten zwischen Stämmen und unklarer Grenzlinien. Entlang der kambodschanischen Grenze stellen Rebellen der Roten Khmer, Landminen oder Minenfallen ein Risiko dar. An der Grenze zu Myanmar kommt es häufig zu Gefechten; hier sollte man nicht allein auf entlegenen Straßen reisen. Im tiefen Süden gab es seit Anfang 2004 eine Welle von Anschlägen radikaler Muslime. Einige Provinzen – Narathiwat, Yala, Pattani und Songkhla – stehen unter Notstandsrecht. Derzeit wird vor Reisen in diese Regionen gewarnt. Bitte erkundigen Sie sich genau.

Als Frau unterwegs

Selten werden Frauen in Thailand belästigt. Auch Bangkok ist kein gefährliches Pflaster: Die Hotels sind sicher, und Taxis stehen immer zur Verfügung. Alleinreisende sollten zu jemand in Bangkok Verbindung halten und ihm Aufenthaltsort und -dauer mitteilen. Übrigens halten Thai Alleinreisende für bedauernswert und bieten daher – ohne böse Hintergedanken – bisweilen ihre Begleitung an.

Touristenpolizei

In allen wichtigen Urlaubsorten ist Touristenpolizei stationiert; die Polizisten sprechen Englisch und stehen mit den TAT-Büros in Kontakt. Diese Truppe, die seit 1982 für kriminelle Delikte in Zusammenhang mit Urlaubern zuständig ist, kümmert sich bereitwillig um alles – von Kreditkartenbetrug bis zu überhöhten Barrechnungen. Sie hilft in Notfällen und dolmetscht. Die Bangkoker Touristenpolizei ist vor dem südwestlichen Eingang des Lumphini-Parks stationiert. Das Tourist Assistance Center hilft ebenfalls in Notfällen und hat Erfahrung mit Beschwerden aller Art.

Abzeichen der Touristenpolizei

Hilfe in Rechtsfragen

Einige Versicherungen decken Rechtskosten ab, etwa nach einem Autounfall. Im Gegensatz zu anderen Ländern, wo man am Unfallort wartet, ist es in Thailand sinnvoller, vom nächsten Telefon aus die Touristenpolizei oder das Tourist Assistance Center anzurufen. Es gibt keine eigens für Ausländer zuständigen Justizstellen.

Im Ernstfall benachrichtigen Sie Ihre Botschaft *(siehe S. 451)*; nachts wird die Nummer des zuständigen Beamten durchgesagt. Wenn Sie keinen Rechtsschutz haben, sollten Sie beim nächsten Konsulat um Rat fragen.

Thailändisches Apothekenschild

Logo der Thailändischen Gesellschaft des Roten Kreuzes

Ärztliche Versorgung

Eine Reisekrankenversicherung für Thailand abzuschließen, ist dringend zu empfehlen. Staatliche wie private Krankenhäuser in Bangkok sind modern, sauber und leistungsfähig, allerdings haben die staatlichen längere Wartezeiten. Viele Ärzte haben im Westen studiert und sprechen gut Englisch. Die besten Kliniken außerhalb Bangkoks liegen in den großen Städten: Khon Kaen im Nordosten, Chiang Mai im Norden, Phuket im Süden. Notfälle behandeln auch die Militärkrankenhäuser. Für augenärztliche oder zahnärztliche Behandlung geht man am besten nach Bangkok. Das Thailändische Rote Kreuz in der Rama IV Road übernimmt Impfungen und verarztet Schlangenbisse.

Apotheken

In Bangkok gibt es genügend gut sortierte Apotheken – in jeder Hauptstraße und jedem Einkaufskomplex befinden sich gleich mehrere. Supermärkte haben Drogerieabteilungen. Alle führen modernste Medikamente und verkaufen sogar Antibiotika ohne Rezept.

Apotheken sind meist von 8 bis 21 Uhr geöffnet, in Bangkoks Innenstadt im Bereich Silom und Sukhumvit Road vereinzelt auch bis 22 oder 23 Uhr. Sie haben alle das gleiche Apothekenschild. In kleineren Städten sind Apotheken weniger gut sortiert; in entlegenen Regionen kann es schwierig werden, etwa Tampons zu bekommen.

Auf einen Blick

Notfälle

1554 (Bangkok).

Notrufnummern

Tourist Assistance Center
0-2281-5051. (Bangkok).

Metropolitan Mobile Police
191 (Bangkok).

Touristenpolizei

Bangkok
1155.

Chiang Mai
0-5324-8130 oder 1155.

Ko Phuket
0-7625-4693 oder 1155.

Ko Samui
0-7742-1281 oder 1155.

Surat Thani
0-7622-5361 oder 1155.

Krankenhäuser

Bangkok
Bangkok General Hospital, Soi Soonvijai, New Petchaburi Rd.
0-2310-3000.

Bumrungrad Hospital, Sukhumvit, Soi 3.
0-2667-1000.

Chiang Mai
McCormick Hospital, Kaew Nawarat Rd.
0-5324-0823.

Öffentliche Toiletten

Alle Hotels und viele Pensionen haben Toiletten mit Wasserspülung; Toilettenpapier vermisst man öfter. Einige verfügen über Sprühvorsätze als Papierersatz. In manchen Lokalen und Sehenswürdigkeiten gibt es asiatische Hock-Toiletten, dazu Gießkelle und einen Eimer mit Wasser zur Körperreinigung und zum Spülen der Toilette. Papier wird in einem Behälter entsorgt.

Schutz vor Hitze

Die Gewöhnung an die bisweilen drückende Hitze kann unerwartet lange dauern. Man sollte sich in den ersten Tagen schonen. Wichtig sind eine hohe Flüssigkeitszufuhr, viele Ruhepausen im Schatten und das Meiden der Mittagssonne. Auch nach der Eingewöhnung können Flüssigkeitsverlust und Salzmangel noch zum Problem werden. Man sollte viel trinken – vor allem Mineralwasser – und das Essen gelegentlich nachsalzen.

Fächer gegen die Hitze

Die Hitze kann harmlose Pilzinfektionen fördern, insbesondere, wenn man zu enge Kleidung oder Schuhe trägt. Unter der Haut eingeschlossener Schweiß führt manchmal zu juckendem Hautausschlag. Ein gutes Thai-Mittel (auch zur Prophylaxe) ist kühlender Körperpuder. Die Kleidung sollte luftig sein, am besten aus reiner Baumwolle. Generell mittags und vor allem auf den Inseln ist die Sonnenstrahlung sehr intensiv; unverzichtbar sind daher Sonnenschirm und ein breitkrempiger Hut.

Körperpuder gegen Sonnenallergie

Erste-Hilfe-Set

Erste-Hilfe-Artikel führen alle Apotheken in den größeren Städten. In ländlichen Regionen oder auf abgelegenen Inseln sollte man eine Grundausstattung dabei haben: neben persönlichem Bedarf Aspirin oder andere Schmerzmittel (helfen auch gegen Fieber), Desinfektionsmittel für kleinere Schnitte oder Bisse, ein Mittel gegen Magenverstimmung, Insektenschutz, Pflaster, Schere, Pinzette und Thermometer. Tigerbalsam, das beliebte asiatische Allheilmittel, ist in jeder Apotheke erhältlich und wirkt bei Kopf- und Muskelschmerzen sowie Insektenstichen.

Tigerbalsam hilft bei Stichen, Schmerzen und Zerrungen

Reisedurchfall

Durchfall ist eine typische Reisekrankheit und entsteht durch Bakterien in Speisen und Wasser. Betroffene sollten einige Tage lang nur wenig Essen zu sich nehmen und sehr viel trinken – aber kein Leitungswasser, sondern in Flaschen abgefülltes Wasser. Eiswürfel in großen Hotels und Lokalen sind meist unbedenklich, meiden sollte man allerdings Eis von Straßenverkäufern. Auch das Essen ist in Hotels und guten Restaurants meist einwandfrei; etwas Vorsicht ist bei den Straßenständen geboten. Wählen Sie Stände, die bei den Einheimischen populär sind, und sehen Sie bei der Zubereitung zu. Manchmal benötigt der Magen ein paar Tage, bis er sich auf fremde Speisen eingestellt hat. Empfindliche sollten sich an frisches, geschältes Obst und gut durchgegarte, heiße Gerichte halten. Essen Sie nichts stark Gewürztes auf nüchternen Magen. Gebratene Nudel- oder Reisgerichte und Nudelsuppen sind gut verdaulich.

Bei Durchfall helfen verschiedene Medikamente; am wirkungsvollsten sind meist Elektrolytlösungen, die es in den Apotheken gibt. Da der Körper viel Wasser verliert, ist es wichtig, viel zu trinken

Schnitte und Bisse

Stiefel und lange Hosen sollte man im hohen Gras oder Wald ländlicher Gebiete tragen, um gegen Schlangenbisse und Blutegel (zur Regenzeit) geschützt zu sein. Die Bisse nur weniger Schlangenarten sind gefährlich. Bei einem Biss binden Sie den betroffenen Körperteil oberhalb der Bissstelle ab und stellen den Körperteil ruhig. Suchen Sie dann sofort einen Arzt auf. Quallen hinterlassen schmerzhafte Rötungen; Linderung verschafft Essig. Schnitte von Korallen heilen aufgrund des leichten Gifts nur langsam; sie müssen desinfiziert werden. Verbände und Pflaster verzögern die Schorfbildung und sollten bald abgenommen werden.

Insekten als Krankheitsüberträger

Sieben der 410 thailändischen Moskitoarten übertragen Malaria. Die Symptome sind Kopfschmerz, Fieber und Schüttelfrost. Bei diesen Anzeichen sollte man umgehend einen Arzt aufsuchen. In großen Städten und Ferienorten treten aufgrund der Luftverschmutzung kaum Malariamoskitos auf. Am größten ist das Risiko an der Grenze zu Myanmar und Kambodscha und, in geringerem Ausmaß, in einigen ländlichen Gegenden nördlich von Chiang Mai. Allerdings wechseln die Risikoregionen ständig. Aktuelle Informationen und Hinweise für die wirkungsvollste Prophylaxe erteilen Kliniken und Tropeninstitute.

Gegen einige Medikamente sind die Malariaerreger bereits resistent. Man lässt sich also besser gar nicht erst stechen: Malariamücken sind von Sonnenuntergang bis Sonnenaufgang aktiv; in dieser Zeit sollte man sich mit reichlich Insektenschutzmittel besprühen, nur lange Hemden und Hosen in hellen Farben (dunkle Farben ziehen Moskitos an) tragen sowie Moskitonetze

Wichtig für Outdoor-Fans: Insektenschutzmittel und Moskito-Coil

Scharfe Currys vom Stand – für empfindliche Mägen weniger geeignet

und -Coils (Spiralen, die abgebrannt werden und intensiv riechen) verwenden.

Von Moskitos wird auch das Denguefieber übertragen – allerdings tragen nur wenige Mücken das Virus in sich. Denguefieber ist zwar heftig und unangenehm, verläuft aber äußerst selten tödlich. Häufige Symptome sind Fieber, Kopfschmerz, Muskel- und Gliederschmerzen und Ausschlag. Eine Prävention gibt es nicht.

In Nordthailand und einigen ländlichen Regionen können bestimmte nachtaktive Moskitos und Zecken die Japanische Hirnhautentzündung übertragen, die sich u. a. in Kopfschmerz, Fieber, Schüttelfrost und Erbrechen äußert. Suchen bei diesen Symptomen sofort den Arzt auf. Wer auf dem Land (vor allem während der Regenzeit) unterwegs ist, sollte sich vorsorglich impfen lassen.

Krankheitsüberträger Mensch und Tier

Aids wird bekanntlich durch Körperflüssigkeiten übertragen. Nicht immer sind Bluttransfusionen in Thailand verlässlich – am sichersten sind sie in den großen Kliniken. Das gleiche gilt für Injektionen; hier sollte man sich vergewissern, das neue Nadeln verwendet werden, oder eigene mitbringen. Grundsätzlich ist bei jeder Behandlung mit Nadeln Vorsicht geboten, seien es Tätowierungen, Piercing oder zahnärztliche Eingriffe. Auf Thailands Sex-Markt bedeutet ungeschützter Verkehr ein hohes Risiko *(siehe S. 112)*, nicht nur was Aids, sondern auch was andere Geschlechtskrankheiten anbelangt, von denen einige bereits penizillinresistent sind.

Auch Hepatitis B, gegen die es Impfschutz gibt, wird durch Körperflüssigkeit übertragen. Symptome sind Fieber, Übelkeit und Erschöpfung; Spätfolgen sind schwere Leberschäden.

Tollwut wird über den Speichel eines infizierten Tiers – durch einen Biss oder Lecken an einer Wunde – weiter gegeben. Daher sollten Bisse von Hunden, Katzen oder Affen sofort gesäubert und von einem Arzt untersucht werden. Stellt dieser eine Tollwutinfektion fest, so wird mit einer Reihe von Impfungen behandelt. Auch prophylaktischer Impfschutz ist heute möglich.

Tetanus ist eine teilweise tödlich verlaufende Krankheit, die durch infizierte Wunden entsteht. Erste Anzeichen sind Krampf der Kaumuskulatur und Muskelstarre im Nackenbereich, die zu Krämpfen führen kann. Wunden sofort säubern und ärztlich untersuchen lassen. Gegen Tetanus gibt es Impfschutz, der alle zehn Jahre aufgefrischt werden muss.

Tuberkulose ist kein hohes Risiko. Impfschutz und Verzicht auf nichtpasteurisierte Milchprodukte, vor allem bei Kindern, sind hilfreich.

Bilharziose wird durch winzige Würmer hervorgerufen, die Süßwasserschnecken befallen. Sie nisten sich in der Haut ein und verursachen Krankheitsgefühl und Bauchschmerzen. Baden Sie nicht in stehenden Gewässern, unbekannten Flüssen oder Seen.

Wasser und Speisen als Krankheitsüberträger

Eine schwere Form der Nahrungsmittelvergiftung ist die Ruhr. Hoch ansteckend ist Bakterienruhr, die sich in Magenschmerzen, Erbrechen und Fieber äußert, meist aber nicht länger als eine Woche dauert. Die durch Amöben übertragene Form weist ähnliche Symptome auf, entwickelt sich aber langsamer. Es kann zu Rückfällen und chronischen Beschwerden kommen. Bei Verdacht muss man sofort zum Arzt.

Abgefülltes Wasser

Hepatitis A entsteht durch mangelnde Hygiene, etwa verschmutztes Wasser oder Essen, und führt zu Schmerzen, Fieber, Müdigkeit, Schüttelfrost und Gelbsucht. Schonung ist das einzige Heilmittel; Vorbeugung ist heute durch Impfung möglich.

Cholera wird durch verschmutztes Wasser hervorgerufen und führt zu schwerem Durchfall, Schwäche und Krämpfen. Eine Impfung ist möglich, bietet aber keinen hundertprozentigen Schutz. Flüssigkeitszufuhr ist wichtigster Teil der Behandlung; präventiv wirken Hygiene und Meiden der von Cholera betroffenen Regionen.

Typhus wird wie Cholera übertragen. Die ersten Symptome ähneln einer Erkältung, bald gefolgt von hohem Fieber, Gewichts- und Flüssigkeitsverlust. Eine ärztliche Behandlung ist unerlässlich, da sonst Komplikationen, z. B. Lungenentzündung, auftreten können. Die Impfung bietet keinen sicheren Schutz.

Währung und Geldwechsel

Logo der Siam Commercial Bank

Bangkok und viele größere Provinzstädte verfügen über genügend Banken und Wechselstuben mit gutem Service. In größeren Orten sprechen die Angestellten oft Englisch. Wechselstuben befinden sich meist im Stadtzentrum; mobile Umtauscheinrichtungen sind in der Nähe typischer Ferienzentren stationiert. Kleinere Orte haben oft keine Wechselstuben, aber in der Regel eine Bank oder Geldautomaten; Letztere stehen in praktisch jeder Stadt zur Verfügung. In ländlichen Gebieten findet man allerdings weder das eine noch das andere, sofern es sich nicht um Urlaubsziele handelt.

Banken

Die drei grössten Banken sind die Bangkok Bank, die Thai Farmers Bank und die Siam Commercial Bank. Landesweite Filialen unterhalten auch die Bank of Ayudhya. Zu den wichtigsten ausländischen Banken mit komplettem Service gehören Deutsche Bank, Citibank, Bank of America und Standard Chartered Bank.

Öffnungszeiten sind Montag bis Freitag von 8.30 bis 15.30 Uhr. Einige Banken haben in Kaufhäusern Filialen eingerichtet, die von 8 bis 20 Uhr geöffnet haben. Viele Wechselstuben haben täglich und länger geöffnet. Die großen Banken übernehmen nicht nur reguläre Geldgeschäfte, sondern können auch internationale Transaktionen abwickeln. Vor allem in den größeren Städten haben die meisten Banken einen angeschlossenen Geldautomaten.

Geldautomaten

Die meisten Geldautomaten (ATM – automatic teller machine) bieten ihre Dienste

Geldautomaten (ATMs) stehen in vielen Städten zur Verfügung

auf Thai und auf Englisch an. Automaten mit Visa- oder MasterCard-Zeichen akzeptieren diese Kreditkarten und

HSBC – eine auch in Bangkok operierende internationale Bank

geben unter Verwendung Ihrer regulären Geheimnummer Bargeld in Baht aus. Für diese Transaktionen werden Gebühren berechnet. Wer länger in Thailand bleibt, sollte bei einer Thai-Bank ein Konto eröffnen, was etwa eine Woche dauert; dann kann man unabhängig von Wechselkursen oder Gebühren die Dienste von Automaten und Banken nutzen. Ein englischsprachiger Angestellter ist dabei behilflich.

Geldwechsel

Meist sind die Wechselkurse der Banken die besten; die Unterschiede zwischen einzelnen Geldinstituten sind dabei nur gering. Die schlechtesten Kurse bieten Hotels; sehr unterschiedlich fallen die Kurse der zahlreichen Wechselstuben aus. Der US-Dollar ist die in Thailand am meisten akzeptierte Währung; in den großen Banken werden auch Euro und andere europäische Währungen umgetauscht.

In Bangkok findet man in größeren Kaufhäusern und auf Hauptstraßen Wechselstu-

Auf einen Blick

Thai-Banken

Bangkok Bank
333 Silom Rd., Bangkok.
0-2231-4333.

Bank of Ayudhya
1222 Rama 3, Bangkok.
0-2296-2000.

Siam Commercial Bank
9 Rachadaphisak Rd., Bangkok.
0-2256-1234.

Thai Farmers Bank
1 Thai Farmers Lane, Ratburana Rd., Bangkok.
0-2470-1122.

Auslandsbanken

Bank of America
2/2 Wireless Rd., Bangkok.
0-2251-6333.

Citibank
82 North Sathorn Rd., Bangkok.
0-2232-2000.

Credit Agricole Indosuez
152 Wireless Rd., Bangkok.
0-2651-4590.

Deutsche Bank
208 Wireless Rd., Bangkok.
0-2651-5000.

Hongkong and Shanghai Bank
Rama IV Rd., Bangkok.
0-2353-7300.

Standard Chartered Bank
990 Rama IV Rd., Bangkok.
0-2724-4000.

Kreditkartenverlust

Allgemeine Notrufnummer
001-49-116-116 *(gebührenpflichtig).*
www.sperrnotruf.de

American Express
66-2-273-5544.

MasterCard
001-49-69-7933-1910.

Visa
001-800-11-353-0660.

ben. Mobile Wechselbuden, die in der Regel täglich von 7 bis 21 Uhr geöffnet haben, lassen sich in großen Städten oft in der Nähe von viel besuchten Sehenswürdigkeiten und bei Urlaubern beliebten Märkten nieder. In den allermeisten Fällen bieten diese Einrichtungen jedoch schlechtere Kurse als die Banken. Die jeweils aktuellen Wechselkurse können Sie der *Bangkok Post* und der *Nation* entnehmen.

Kreditkarten

Kreditkarten akzeptieren die großen Hotels, Kaufhäuser sowie gehobene Geschäfte und Restaurants. In den Filialen der großen Banken und manchen Wechselstuben kann man mit Kreditkarten auch Geld abheben, wofür jedoch Gebühren erhoben werden. Am häufigsten akzeptiert werden Visa und MasterCard; dagegen werden Diners Club und American Express nicht überall angenommen.

Mit der wachsenden Beliebtheit von Plastikgeld häufen sich auch die Fälle von Kreditkarten-Betrug. Prüfen Sie, was Sie unterschreiben.

Währung

Die thailändische Währung ist der Baht, meist mit einem großen »B« abgekürzt. Ein Baht sind 100 Satang, die aber kaum Verwendung finden. 25 Satang werden auch als *saleung* bezeichnet; die Inflation macht aber diese Einheit langsam überflüssig. Geldscheine gibt es in Werten von 10 (werden allmählich aus dem Verkehr gezogen), 20, 50, 100, 500 und 1000 Baht.

Bangkok Bank
The Asian International Bank

Logo einer alteingesessenen Bank in Thailand

In einigen ländlichen Regionen kann es mitunter sehr schwierig sein, große Banknoten zu wechseln. Thailändische Münzen gibt es als 25-Satang-Münze *(1 saleung)*, als 50-Satang-Münze sowie als 1-, 5- und 10-Baht-Münzen. Früher häufige Verwechslungen zwischen verschieden großen Münzen eines Werts kommen heute kaum noch vor, da die größeren 1- und 5-Baht-Münzen seit einiger Zeit durch kleinere ersetzt werden. Die alten Münzen tragen nur Thai-Ziffern, während neuere zudem mit arabischen Ziffern beschriftet sind.

Reiseschecks

Reiseschecks kann man in Banken, vielen Hotels und Wechselstuben einlösen; Banken berechnen die niedrigste Gebühr. Schecks sind sehr sicher und werden auch zu besseren Kursen als Bargeld umgetauscht. Pro Scheck wird, unabhängig vom Wert, eine Gebühr erhoben. Schecks in Euro lösen Filialen der Thai Farmers Bank ein.

Mehrwertsteuer

Thailand erhebt eine Mehrwertsteuer von 7 Prozent, die nur in gehobeneren Lokalen, Hotels und Läden berechnet wird; eine Rückerstattung ist möglich *(siehe S. 451)*.

20 Baht

50 Baht

100 Baht

500 Baht

1000 Baht

Stückelung der Münzen

25 Satang **50 Satang** **1 Baht** **5 Baht** **10 Baht**

Kommunikation

Normale Telefonzelle

Die Modernisierung des thailändischen Kommunikationsnetzes geht zügig voran. Die Telefondienste unterliegen der Telephone Organization of Thailand (TOT), einer Tochtergesellschaft der Communications Authority of Thailand (CAT). Internationale Telefon- und Faxverbindungen sind von allen Geschäftszentren und großen Hotels aus möglich; Telefonzellen stehen in Hauptstraßen und einer Reihe von Nebenstraßen. Das Postwesen ist dagegen etwas weniger zuverlässig; für Wertsendungen empfehlen sich daher Kurierdienste. Viele bekannte internationale Zeitungen und Zeitschriften sind in Thailand erhältlich, und fast alle Hotels, Buchläden und Straßenkioske verkaufen thailändische Publikationen in englischer Sprache.

Internationale Gespräche

Grosse Hotels und Pensionen und viele Geschäftszentren kleinerer Städte bieten internationale Telefon- und Faxdienste, allerdings zu Gebühren in Höhe von 30 bis 40 Prozent. Im Hauptpostamt Bangkoks (Charoen Krung New Road) und einigen Postämtern im übrigen Land gibt es CAT-Stellen, die R-Gespräche und Telefonate auf Kreditkarte anbieten; sie sind in Bangkok von 7 bis 0 Uhr geöffnet, woanders kürzer.

Um vom Hotelzimmer aus zu telefonieren, rufen Sie entweder die Rezeption an oder wählen 001 (internationale Verbindung), den Ländercode und dann die Nummer. Sie können auch die internationale Vermittlung unter 100 anwählen. Die vollen Tarife gelten von 7 bis 21 Uhr. 30 Prozent Ermäßigung gibt es von 0 bis 5 Uhr, 20 Prozent zu allen übrigen Zeiten.

Gelbe und blaue internationalen Telefone befinden sich in Straßen, Einkaufszentren und auf Flughäfen; sie akzeptieren einige Kreditkarten und die Lenso-Telefonkarten, die es in Postämtern und bei Vertriebsstellen mit dem Lenso-Logo zu kaufen gibt.

Telefonieren an internationalen Telefonen

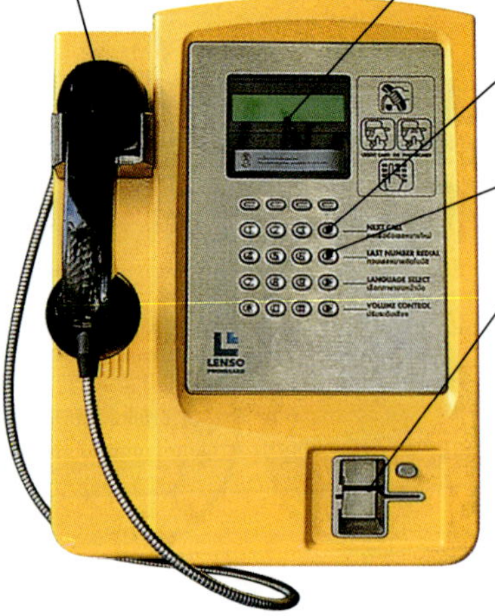

Telefonkarte für Auslandsgespräche

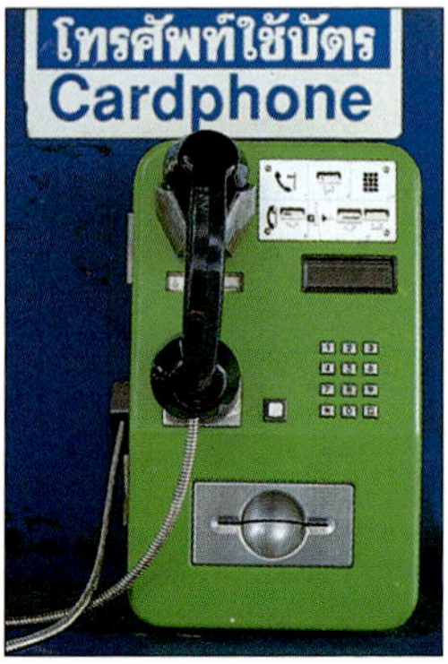

Grünes Kartentelefon für Orts- und nationale Ferngespräche

Ortsgespräche

Ortsgespräche können von jedem öffentlichen Telefon aus geführt werden, mit Ausnahme der blauen und gelben Lenso-Telefone, die nur für internationale Gespräche bestimmt sind.

Inlandsgespräche sind von den blauen und silbernen Münztelefonen oder den grünen Kartentelefonen aus möglich. Münztelefone funktionieren mit 1-Baht- und 5-Baht-, manche auch mit 10-Baht-Münzen. Rote Telefone akzeptieren keine Bath-Münzen. Einige Hoteltelefone arbeiten allerdings nur mit 5-Baht-Münzen. Ortsgespräche (innerhalb derselben Zone) kosten 1 Baht pro Minute. Es gibt noch rote Münztelefone, die nur für Ortsgespräche bestimmt sind, diese werden jedoch allmählich aus dem Verkehr gezogen.

Die »Inlands«-Ferngespräche erstrecken sich auch auf Malaysia und Laos; diese Länder erreicht man direkt über die entsprechende Vorwahl.

Grüne und orangefarbene Kartentelefone stehen landesweit in Kaufhäusern und auf Flughäfen. Die entsprechenden Karten, zu 25, 50, 100 oder 240 Baht, gibt es in den meisten Postämtern, Buchläden und Hotels.

Telefonbücher von Shinawatra gibt es als englische Ausgaben in größeren Hotels, vielen Lokalen in Bangkok und in den meisten Provinzhauptstädten. In Kleinstädten ist dies seltener der Fall.

Fernsehen und Radio

Thailand hat fünf Fernsehprogramme, die meist auf Thai senden. In Bangkok werden aber auch Programme ausgestrahlt, die über UKW mit englischem Ton erhältlich sind. Manche Städte empfangen auch nur ein nationales Programm und einen lokalen Sender.

Satelliten- und Kabelnetzwerke breiten sich zusehends aus, sodass auch englischsprachige Kanäle wie BBC und CNN vielerorts empfangen werden können. Neben Satelliten- und Kabelfernsehen bieten viele Hotels hauseigene Videokanäle. Details sind der *Bangkok Post* und der *Nation* zu entnehmen.

Landesweit existieren über 400 Radiostationen, allein in Bangkok 41 UKW- und 35 KW-Sender – meist auf Thai. Englischsprachige Sender mit einheimischen Moderatoren sind in der *Outlook*-Beilage der *Bangkok Post* aufgelistet. Die staatliche Rundfunkanstalt, Radio Thailand, bringt auf 105 und 107 MHz rund um die Uhr englischsprachige Programme. Die Kurzwellenfrequenzen von BBC oder der Deutschen Welle sind der *Focus*-Beilage der *Nation* zu entnehmen.

Zeitungen und Zeitschriften

Die beiden wichtigsten englischsprachigen Zeitungen sind die *Bangkok Post* und die *Nation*. Beide bieten zuverlässige lokale, regionale und internationale Berichterstattung, dazu tägliche Beilagen (den *Outlook* in der *Post* und den *Focus* in der *Nation*) mit Beiträgen zu Aktuellem, Reise und Kultur sowie einen Bangkoker Veranstaltungskalender für Kino, Konzerte, Ausstellungen und Restauranttipps. Beide Zeitungen werden an Kiosken und in Läden verkauft.

Drei beliebte englischsprachige Zeitungen in Thailand

Daneben gibt es weniger umfangreiche Zeitungen wie *Business Day* und *Thailand Times*, die sich in erster Linie auf die Nachrichtenagenturen stützen. Die 1996 gegründete *Asia Times* ist eine in Thailand ansässige Wirtschaftszeitung für die Region. Englischsprachige Buchläden wie Asia Books und Bookazine führen zahlreiche internationale Zeitschriften, etwa *Cosmopolitan*, zudem Wochenzeitungen wie *Newsweek* oder *Time* und ihre asiatischen, in Hongkong ansässigen Pendants: *Far Eastern Economic Review (FEER)* und *Asia Week*.

Monatlich erscheinen lokale englischsprachige Publikationen wie die informative Programmzeitschrift *Metro*, das Wirtschafts- und Lifestyle-Magazin *Manager* und das Klatschblatt *Thailand Tatler*.

Zu den kostenlosen Führern, die in Restaurants, Bars und Buchläden ausliegen, gehören *This Week Thailand*, *Bangkok Guide* und, im Taschenbuchformat, *Bangkok Dining and Entertainment*.

Nützliche Rufnummern

- Die internationale Vorwahl für Thailand lautet: 0066.
- 2001 wurden die alten Vorwahlnummern in die Telefonnummern integriert. Ob Sie von innerhalb oder außerhalb der Provinz anrufen, Sie müssen nun eine neunstellige Nummer für Bangkok, Nontaburi, Pathumtani und Samutprakarn wählen (beginnend mit 02) oder eine zehnstellige Nummer für die anderen Provinzen.
- Für ein internationales Telefonat aus Thailand die 001 und dann den Ländercode wählen.
- Ländercodes: Deutschland 49, Schweiz 41, Österreich 43. Die erste Ziffer der anschließenden Städte-Vorwahl wird weggelassen.
- Für Telefonauskunft in allen Teilen des Landes: 1133.
- Für die internationale Vermittlung, ein R-Gespräch oder die Störungsstelle: 100.
- Für die Inlandsvermittlung: 101.
- Zeitansage u. a. Serviceleistungen sind auf Thai. Für einen Notruf wenden Sie sich an die Rezeption Ihres Hotels.

Auf einen Blick

Telefonauskunft

Einzugsbereich von Bangkok
☎ *1133.*

Andere Regionen
☎ *1133.*

Vermittlung

Ferngespräche innerhalb Thailands sowie nach Malaysia und Laos
☎ *101.*

Internationale Gespräche
☎ *100.*

Straßenkiosk mit den verschiedensten Zeitungen

Das Phra-Sing-Postamt im Zentrum Chiang Mais

Post

Briefe und Postkarten sind von Thailand nach Europa mindestens eine Woche unterwegs. Briefmarken erhält man in Postämtern und zahlreichen Hotels; in den großen Hotels kann man auch Briefe und Päckchen aufgeben.

Wertsachen sollten Sie möglichst nicht als normale Post schicken, denn es kann vorkommen, dass Pakete verloren gehen. Sicherer sind Sendungen per Einschreiben oder internationaler Expressmail.

Pakete müssen in der offiziell anerkannten Verpackung verschickt werden, was in den meisten Postämtern spezielle Schalter übernehmen. Häufig steht man dann nicht nur zum Einpacken Schlange, sondern nochmals beim Wiegen und schließlich am Briefmarkenschalter.

In allen Hauptpostämtern des Landes kann man postlagernd Sendungen erhalten, die bis zu drei Monaten aufbewahrt werden. Bei der Abholung ist der Reisepass vorzuzeigen sowie manchmal eine geringe Gebühr zu entrichten. Die an Sie gerichteten Briefe sollten folgendermaßen adressiert sein: Nachname des Empfängers in Großbuchstaben und unterstrichen, poste restante, GPO, Adresse, Stadt, Thailand.

Sendungen an Bangkoks Hauptpostamt (General Post Office – GPO) sollten folgendermaßen beschriftet sein: »mail care of GPO, Charoen Krung Road, Bangkok«.

Die größeren Postämter haben montags bis freitags von 8 bis 20 Uhr geöffnet, an Wochenenden von 8 bis 13 Uhr. Kleinere Ämter in Städten und Ortschaften auf dem Lande sind montags bis freitags von 8.30 bis 16.30 Uhr geöffnet, samstags von 9 bis 12 Uhr.

Faxe und Telegramme

Fax- und Telegrammdienste stehen in den meisten großen Hotels zur Verfügung. Ähnlich wie bei Telefonverbindungen werden aber auch hierfür saftige Gebühren erhoben. Meist ist es günstiger, das Angebot der »Telephone and Telegraph Offices« zu nutzen, die in vielen Städten zu finden sind und häufig sogar rund um die Uhr geöffnet haben

Thai-Briefkasten

Auch von einigen TAT-Büros und von unabhängigen Agenturen aus kann man Faxe versenden.

Kurierdienste

Da die bekannten internationalen Kurierdienste **DHL**, **FedEx** und **UPS** Niederlassungen in Thailand haben, sind Luftfrachtsendungen in die Heimat kein Problem. Schwere oder sperrige Gegenstände kommen allerdings so teuer, dass sich der Schiffstransport empfiehlt. Bei den Formalitäten sind Ihnen viele Geschäfte gern behilflich.

Auf einen Blick

Kurierdienste

DHL
1550 Phetchaburi, 22. Stock, Grand Amarin Tower, Bangkok.
☎ *0-2345-5000.*

FedEx
Green Tower, 3656/22 Rama IV Rd., Bangkok. ☎ *0-2367-3222.*

UPS
16/1 Soi 44/1 Sukhumvit Rd., Bangkok. ☎ *0-2712-3300.*

Adressen

Das Adressensystem ist kompliziert. Was wie eine Hausnummer aussieht, ist oft die Nummer eines Häuserblocks. So bezieht sich die Adresse »349/2–3 Sukhumvit Road« auf Abschnitt 2–3 von Blocknummer 349. Hauptstraßen haben unzählige nummerierte Seitenstraßen, die *soi*, deren Nummern davor oder dahinter stehen. »123 Sukhumvit Soi 14, Khlong Toey, Bangkok« heißt: Hausnummer 123 in der Seitenstraße 14 der Sukhumvit Road im Viertel Khlong Thoey. Größere *soi* können zusätzlich Namen tragen.

Noch komplizierter wird es durch *Moo*-Nummern. Sie verweisen auf kleine geografische Einheiten, oft Dörfer; sie finden sich aber auch in Städten, wo sie die Ausdehnung einer Stadt widerspiegeln, die im Lauf der Zeit immer mehr Bezirke mit einschloß.

Adressen außerhalb großer Städte setzen sich meist aus der Hausnummer und dem Straßennamen, Dorf, Dorfverbund, Distrikt und Provinz zusammen.

Das vertraute Porträt von König Bhumibol ziert alle Standardserien thailändischer Briefmarken

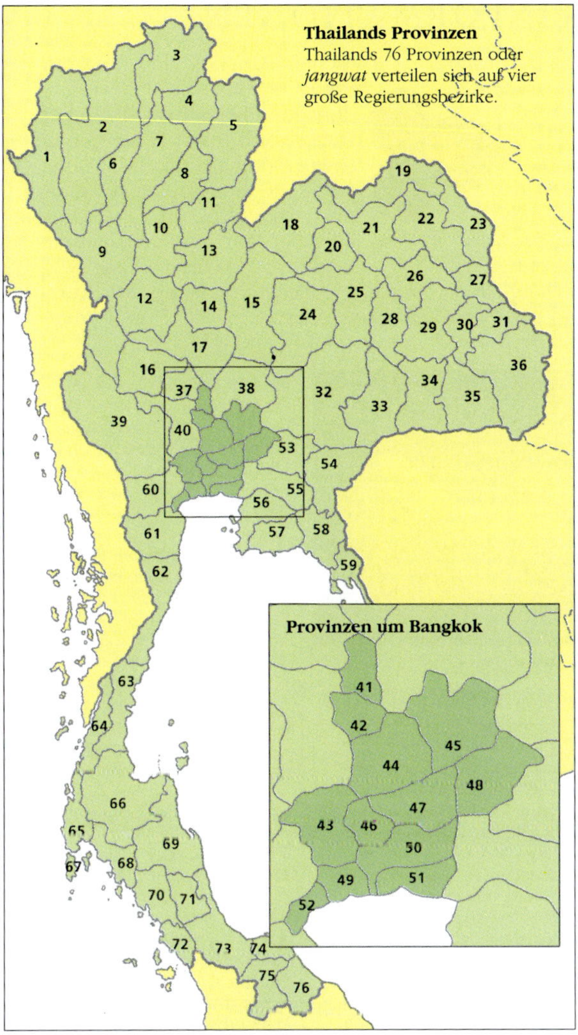

Thailands Provinzen

Pak Nua

1 Mae Hong Son
2 Chiang Mai
3 Chiang Rai
4 Phayao
5 Nan
6 Lamphun
7 Lampang
8 Phrae
9 Tak
10 Sukhothai
11 Uttaradit
12 Kamphaeng Phet
13 Phitsanulok
14 Phichit
15 Phetchabun
16 Uthai Thani
17 Nakhon Sawan

Pak Isan

18 Loei
19 Nong Khai
20 Nong Bua Lum Phu
21 Udon Thani
22 Sakhon Nakhon
23 Nakhon Phanom
24 Chaiyaphum
25 Khon Kaen
26 Kalasin
27 Mukdahan
28 Maha Sarakham
29 Roi Et
30 Yasothon
31 Amnat Charoen
32 Khorat (Nakhon Ratchasima)
33 Buri Ram
34 Surin
35 Si Sa Ket
36 Ubon Ratchathani

Pak Klang

37 Chai Nat
38 Lop Buri
39 Kanchanaburi
40 Suphan Buri
41 Sing Buri
42 Ang Thong
43 Nakhon Pathom
44 Phra Nakhon Si Ayutthaya
45 Saraburi
46 Nonthaburi
47 Pathum Thani
48 Nakhon Nayok
49 Samut Sakhon
50 Krung Thep Maha Nakhon (Bangkok)
51 Samut Prakan
52 Samut Songkhram
53 Prachin Buri
54 Sa Kaeo
55 Chachoengsao
56 Chon Buri
57 Rayong
58 Chanthaburi
59 Trat
60 Ratchaburi
61 Phetchaburi
62 Prachuap Khiri Khan

Pak Tai

63 Chumphon
64 Ranong
65 Phangnga
66 Surat Thani
67 Phuket
68 Krabi
69 Nakhon Si Thammarat
70 Trang
71 Phatthalung
72 Satun
73 Songkhla
74 Pattani
75 Yala
76 Narathiwat

Regierungsbezirke

Auf ca. 500 000 Quadratkilometern des Landes leben etwa 62 Millionen Menschen. Thailand ist unterteilt in vier Großregionen: Pak Nua (Norden), Pak Isan (Nordosten), Pak Klang (Bangkok, Zentralebene und Golf von Thailand) und Pak Thai (Süden).

Die Regionen umfassen 76 Provinzen *(jangwat)*, denen jeweils ein Gouverneur vorsteht. Die Provinzhauptstädte heißen *amphor muang*. Jede Provinz wiederum besteht aus mehreren *amphor* oder Distrikten (gesamt 722), die vom Distriktleiter verwaltet werden. Die Distrikte gliedern sich in Unterdistrikte *(king amphor)*, und diese in Dorfverbunde *(tambon)*, deren Zahl landesweit 7109 beträgt und die jeweils von einem *kamnan* verwaltet werden. Auf unterster Ebene stehen die 64 450 einzelnen Dörfer *(moo ban)*. Jedes Dorf wird durch einen gewählten Dorfobersten, einen *phuyaiban* repräsentiert.

Es ist nützlich, diese Verwaltungsgrenzen zu kennen, wenn man Adressen sucht oder Orte abseits der wichtigen Routen bereist.

Reiseinformationen

Fliegen ist die bequemste Art, nach Thailand zu gelangen; andere Möglichkeiten sind Fähre, Straße, die Eisenbahn von Malaysia aus oder über das lückenhafte Straßennetz von laotischer Seite. Innerhalb Thailands verkürzen Flüge die Reise erheblich, denn das Land hat ein dichtes Netz von Provinzflughäfen. Flüge in Nachbarländer sind günstiger, wenn man bereits in Thailand bucht. Zwischen Bangkok und Singapur gibt es regelmäßige Bahnverbindungen über Kuala Lumpur, Butterworth (nach Penang) und einige südthailändische Städte. Die Züge sind sauber, komfortabel und pünktlich. Zwischen allen Städten und den meisten Dörfern verkehren Busse von unterschiedlichem Standard. Für Kurzstrecken eignen sich Taxis, *songthaew, tuk-tuk* und Rikschas.

Logo von Thai Airways

Eine Boeing 747 mit dem Design von Thai Airways

Ankunft mit dem Flugzeug

Thailand wird von zahlreichen Fluglinien aus der ganzen Welt angeflogen. Lufthansa bietet Direktflüge von Frankfurt/Main und München aus nach Bangkok, der Drehscheibe des Luftverkehrs. Aus einigen asiatischen Ländern kann man mit anderen Fluglinien auch in Phuket, Chiang Mai oder Hat Yai landen.

In Last-Minute-Reisebüros gibt es oft günstige Angebote für Nur-Flug- oder Pauschalreisen nach Thailand.

Flugpreise

Die Flugpreise nach und von Thailand richten sich nach Zielort, Fluglinie und Jahreszeit. Auch während der besten Reisezeit, die von April bis September dauert, sind die Flugpreise überwiegend günstig. Als Abflugsort ist Bangkok einer der billigsten der Welt. Dies liegt an den geringen staatlichen Auflagen bei den Flugpreisen und an der harten Konkurrenz zwischen Fluglinien und Reiseveranstaltern.

Don-Muang-Flughafen

Die grosse Mehrheit der Thailand-Urlauber reist über Bangkoks internationalen Flughafen Don Muang an. Er ist einer der modernsten Flughäfen Asiens und gut ausgestattet und beschildert. Die Abfertigung bei der Ankunft kann zwar etwas länger dauern, die Gepäckausgabe funktioniert dafür zuverlässig, und die Zollabfertigung geht fast immer reibungslos vonstatten.

Es gibt zwei internationale Terminals (Terminal 1 und 2), die nur einige Gehminuten voneinander getrennt liegen und über höhergelegene Laufgänge mit dem Inlandsterminal verbunden sind. Zudem verkehrt alle 15 Minuten ein kostenloser Shuttle-Bus zwischen den Terminals. Die Ankunftshalle in Terminal 1 ist bei weitem am besten ausgestattet mit Wechselstuben, Geldautomaten, rund um die Uhr geöffnetem Postschalter inklusive internationaler Telefondienste, Klinik und Reservierungsschalter, an dem man Zimmer in jedem Hotel buchen kann, das der Thai Hotels Association *(siehe S. 382)* angeschlossen ist. Die Abflughalle von Terminal 1 hat Restaurants und Bars sowie eine Gepäckaufbewahrung.

Hundert Meter vom Flughafen entfernt kann man sich in einem Einkaufszentrum mit Restaurants, Imbissständen und sogar einem *wat* die Zeit vertreiben. Hotels in der Nähe bieten »Mini-Aufenthalte« von drei Stunden und Übernachtungsmöglichkeiten an.

Der neue Flughafen Suwannabhumi befindet sich noch im Bau und soll Ende 2005 in Betrieb gehen.

Transfer von und zum Don-Muang-Flughafen

Die Fahrzeit zwischen Flughafen und Stadtzentrum hängt von den Verkehrsbedingungen ab. Über die Schnellstraße (für deren Benutzung Maut erhoben wird) kann man bei optimaler Verkehrslage in 20 Minuten in Bangkok sein – bei Stau in drei Stunden; die Hauptverkehrszeiten sollte man daher meiden. Es gibt mehrere Möglichkeiten, die 25 Kilometer nach Bang-

Flugzeuge auf dem Bangkoker Flughafen

Normales Stadttaxi mit gelbem Nummernschild

Nummernschild eines lizensierten Flughafentaxis

Grünes Nummernschild einer Flughafenlimousine

kok zurückzulegen. Wenn Sie bereits ein Zimmer gebucht haben, sollten Sie am Schalter der Thai Hotels Association nachfragen, ob Ihr Hotel für den Transfer sorgt. Einige Luxushotels bieten Ihren Gästen einen Hubschrauberservice zwischen Flughafen und Hotel an. Thai Airways stellt Limousinen, Taxis und Minibusse zur Verfügung. Die Taxistände werden von der Flughafenverwaltung kontrolliert; dies gilt auch für Taxis mit Taxameter. Gehen Sie nicht auf Kundenfänger ein, die besonders günstige Fahrten anbieten, und lassen Sie sich am Taxischalter – in der Empfangshalle jedes Terminals – den Fahrpreis festsetzen (meistens 300 Baht). Lizensierte Flughafenlimousinen und -taxis sind an grünen bzw. gelben Nummernschildern zu erkennen. Seit 1996 gibt es auch einen Flughafen-Busservice zur Stadtmitte.

Folgende Buslinien verkehren zwischen Flughafen und Zentrum: AB1 bis Silom Road; AB2 bis Sanam Luang; AB3 bis Sukhumvit 55; AB4 bis zum Bahnhof Hualam Pong.

Der Bahnhof liegt direkt gegenüber dem Flughafen und ist über einen überdachten Laufgang von der Ankunftshalle aus zu erreichen. Hier verkehren alle 15 bis 30 Minuten Züge zum Bahnhof Hua Lamphong im Stadtzentrum.

Allein reisende Frauen sollten am besten ein lizensiertes Taxi nehmen.

Bus vom Flughafen Don Muang in die Innenstadt von Bangkok

Auf einen Blick

Fluglinien

Lufthansa
18. Stock, Q-House Asoke Building, 66 Sukhumvit Rd. 21, Bangkok. ☎ *0-2264-2490, 0-2535-2210 (Flughafen).*

Austrian Airlines
18. Stock, Wall Street Tower, 33/91 Surawongse Rd., Bangkok. ☎ *0-2267-0873.*

Swiss
☎ *0-2636-2150.*

Thai Airways
☎ *0-2628-2000, 0-2535-2081-2 (Flughafen).*

Singapore Airlines
☎ *0-2236-0440.*

Bangkok Airways
W www.bangkokairways.de

Inlandsflüge

Thai Airways und **Bangkok Airways** fliegen alle Provinzhauptstädte an, so Chiang Mai, Hat Yai und Phuket, daneben auch Städte wie Ranong, Mae Sot und Phrae.

Weitere Thai-Fluglinien sind Air Andaman, Orient Thai Airlines, PB Air und Phuket Airlines. Tickets kann man in Reisebüros und Hotels kaufen oder direkt bei den Airlines buchen. In letzterem Fall sollte man mindestens eine Stunde vor Abflug am Flughafen sein, um das Ticket am Schalter abzuholen.

Da es an den zahlreichen Feiertagen und an Wochenenden schwierig sein kann, noch einen Flug zu bekommen, sollte man schon einige Zeit vorher buchen oder unter der Woche reisen.

Flughafen	☎ Information	Entfernung	Taxipreise	Fahrzeit
Bangkok Inland	0-2535-1111 0-2535 1253	Stadtzentrum 25 km	300 Baht	Zug: 50 Minuten Auto: 1–2 Stunden
Chiang Mai	0-5327-0222	Stadtzentrum 7 km	100 Baht	Auto: 30 Minuten
Phuket	0-7632-7230-7	Patong 50 km	400 Baht	Auto: 45 Minuten
Ko Samui	0-7724-5601	Chaweng 26 km	150 Baht	Auto: 30 Minuten

Mit Bahn, Bus oder Schiff unterwegs

THAILAND HAT MIT DER SRT (State Railway of Thailand) eine leistungsfähige Eisenbahn, die auf vier Hauptstrecken Bangkok mit dem Norden, Nordosten, Osten und Süden verbindet. Zugfahren ist bequem und sicher, man ist aber oft länger unterwegs als mit dem Reisebus, und das Streckennetz deckt nicht alle Städte ab – Phuket und Chiang Rai haben z. B. keinen Bahnhof. Mit den gut gewarteten Reisebussen sind alle größeren Städte von Bangkok aus erreichbar. Regionalbusse fahren die kleineren Städte und viele Dörfer an. Zu den Hauptinseln bestehen regelmäßige Fährverbindungen.

SCHIENENNETZ

BANGKOKS HAUPTBAHNHOF ist Hua Lumphong; von hier aus verkehren Züge auf allen vier Hauptstrecken: nach Chiang Mai über die Zentralebene, nach Nong Khai und Ubon Ratchathani im Nordosten, an die Östliche Golfküste und weiter nach Kambodscha sowie nach Süden die Halbinsel entlang bis nach Malaysia. Der wichtigste Abfahrtsbahnhof für Verbindungen in den Süden ist allerdings Thon Buri in Bangkok Noi; von hier aus verkehren auch Züge nach Kanchanaburi und Suphan Buri.

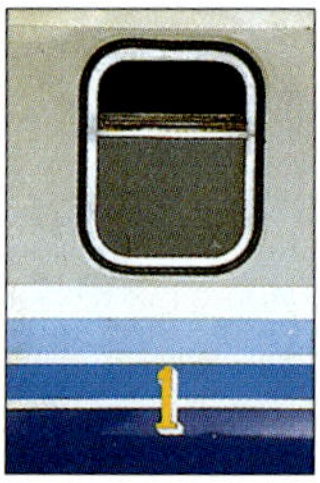

Fenster eines Erste-Klasse-Wagens

ZÜGE

AM SCHNELLSTEN sind Special-Express-Züge, gefolgt von Express, Rapid (langsamer als Express) und Ordinary. Selbst in Expresszügen dauert die Fahrt oft länger als auf der Straße. So ist man von Bangkok nach Chiang Mai etwa zwölf Stunden unterwegs.

Wagen der ersten Klasse (nur Special Express und Express) haben einzelne Abteile mit Klimaanlage. Die zweite Klasse bietet verstellbare Sitze und Ventilatoren oder Klimaanlage. Wer in dieser Klasse Schlafwagen gebucht hat, erhält spezielle Sitze, die nachts durch Vorhänge abgetrennt und zu Betten umfunktioniert werden. Toiletten (zumindest eine westliche Toilette sollte vorhanden sein) und Waschgelegenheiten befinden sich am Wagenende. Viele Besucher finden die zweite Klasse auch auf langen Fahrten bequem und entspannender als Busfahren.

Wagen der dritten Klasse haben Holzbänke. Sie sind billig, aber für längere Fahrten nicht empfehlenswert.

Brunnen vor dem Bahnhof Hua Lamphong, Bangkok

Am Fahrkartenschalter im Bahnhof Hua Lamphong in Bangkok

Die Züge sind sauber und in gutem Zustand. Uniformierte Verkäufer bieten auf den Gängen Erfrischungen an; auf langen Strecken gibt es Speisewagen.

BAHNTICKETS UND BAHNTARIFE

AM BAHNHOF Hua Lamphong in Bangkok sind englische Zugfahrpläne erhältlich. Zu Hauptreisezeiten (Wochenende und Feiertage) können Züge lange vorher ausgebucht sein. Hua Lamphong bietet ein Reservierungsbüro mit englischsprachigem Personal; auch einige Reisebüros verkaufen Zugtickets.

Der Fahrpreis hängt von der Art des Zugs und der Wagenklasse ab. Zweiter Klasse von Bangkok nach Chiang Mai kostet etwa 280 Baht; die Zuschläge für die schnelleren Züge liegen zwischen 50 und 80 Baht. Kürzere Fahrten (z. B. Bangkok – Ayutthaya) liegen irgendwo zwischen 15 und 120 Baht.

Urlauber können für 1000 bis 2000 Baht auch 20-Tage-Karten kaufen (Auskunft im Bahnhof Hua Lamphong).

ÜBERLANDBUSSE

ÜBERLANDBUSSE GEHEN vom östlichen (Ekamai), nördlichen (Morchit) und südlichen (Pin Klao) Busbahnhof in Bangkok ab. Die meisten Provinzhauptstädte sind direkt von Bangkok aus erreichbar.

Der Eastern & Oriental Express

Der weltberühmte Eastern & Oriental Express verkehrt zwischen Bangkok und Singapur. Die Fahrt dauert drei Tage und zwei Nächte, mit Station in Butterworth (Penang) und Kuala Lumpur, Malaysia. Das Dekor der 22 Wagen ist vom Design der 1930er Jahre inspiriert. Zur Auswahl stehen Doppel- und Einzelabteile in Normal- oder Luxusausstattung; hinzu kommen Speisewagen, Salonwagen, Bar und Aussichtsdeck. Diese stilvolle Pracht spiegelt sich natürlich im Preis wider.

Speisewagen im Eastern & Oriental Express

Große Städte wie Chiang Mai, Phitsanulok, Khorat und Surat Thani fungieren als Drehscheiben für Nah- und Fernverbindungen. Oft sind die Busse schneller als die Bahn: Die Fahrzeit Bangkok–Chiang Mai beträgt zehn Stunden. Die Ausstattung umfasst Klimaanlage, Toilette, verstellbare Sitze und viel Platz für die Beine. Den besten Service bieten »VIP«-Busse, inklusive kostenloser Erfrischungen. Beliebt sind Nachtfahrten, wobei es recht kühl werden kann; Decken sollten also vorhanden sein.

Bustickets und -tarife

Die Tarife der Überlandbusse sind mit Bahnpreisen der zweiten Klasse zu vergleichen. Am teuersten kommen »VIP«-Busse. Wer am Wochende oder an Feiertagen reist, sollte bei einem Reisebüro oder am Busbahnhof ein bis zwei Tage vorher buchen; ansonsten genügt es, mindestens 30 Minuten vor Abfahrt am Busbahnhof zu sein. Die Tickets sind nur als Einzelfahrscheine erhältlich.

Regionalbusse

Die Busse von Bor Kor Sor (BKS) fahren häufig, sind relativ zuverlässig und die billigste Transportmöglichkeit in Thailand. Reservieren ist kaum nötig; in vielen Bussen zahlt man beim Fahrer oder Schaffner. In fast jeder Stadt befindet sich ein BKS-Bahnhof. Busse ohne Klimaanlage (*rot thamadaa*) sind am billigsten und auch langsamsten, da sie jedes Dorf anfahren. Die klimatisierten Busse (*rot aer*) stellen oft keine Decken bereit. Nehmen Sie vor allem bei Nachtfahrten Jacke oder Pullover mit.

In den Regionalbussen kann man Einheimische kennenlernen und viel vom Land sehen. Zu bedenken ist aber, dass kaum Pausen eingelegt werden, die Busse teils in schlechtem Zustand und die Fahrer recht risikofreudig sind. Oft sind Busse auch überfüllt. Die hinterste Sitzreihe ist für Mönche bestimmt. Rechnen Sie also damit, dass Sie den Platz wechseln oder stehen müssen. Frauen sollten nicht neben einem Mönch sitzen (*siehe S. 455*).

Thailändische Zugtickets

Klimatisierter Reisebus ***(rot aer)***

Auf einen Blick

Zuginformation

Bahnhof Hua Lampong
Krung Kasem Rd., Bangkok.
0-2225-0300 bis -0319.
Büro für Buchungen
tägl. 7–16 Uhr.

Bahnhof Thon Buri/ Bangkok Noi
Arun Amarin Rd., Bangkok Noi.
0-2411-3102.

Bahnhof Chiang Mai
Charoen Muang Rd., Chiang Mai.
0-5324-5363.

Eastern & Oriental Express
0-2255-9150 (Bangkok).
(65) 392 3500 (Singapur).
www.orient-express.com

Busbahnhöfe

Bangkok

Ekamai Bus Terminal (östlicher Busbahnhof)
Sukhumvit Rd., Bangkok.
0-2391-2504.

Morchit Bus Terminal (nördlicher und nordöstlicher Busbahnhof)
Kampheng Phet Rd., Morchit, Bangkok. *0-2279-4484.*

Pin Klao Bus Terminal (südlicher Busbahnhof)
Nakhon Chai Si Rd., Phra Pin Klao, Bangkok.
0-2435-1199.

Chiang Mai
Chiang Mai Arcade, Kaew Nawarat Rd., Chiang Mai.
0-5324-2664.

Fährverbindungen

Der Zeitplan der Fähren ist nie ganz zuverlässig und wetterabhängig. Von Surat Thani verkehren regelmäßig Boote nach Ko Samui, Ko Pha Ngan und Ko Tao. Ko Phi Phi wird von Phuket und Krabi aus angelaufen. Zu kleineren Inseln fahren oft nur behelfsmäßige Fähren – und das unregelmäßig. In Reisebüros erfährt man die ungefähren Abfahrtszeiten. Sie hängen auch davon ab, wann das Boot vollständig besetzt ist. Viele Fährverbindungen werden zur Regenzeit eingestellt.

Transportmittel in der Stadt

Bangkoker *tuk-tuk*

Bangkok ist ein Alptraum an verstopften Straßen. Nehmen Sie möglichst den Skytrain, die 1999 fertiggestellte Hochbahn, oder ein Boot des Chao Phraya Express Service. In den Provinzen, wo es Fahrradrikschas *(samlor)*, bunte *tuk-tuk* und *songthaew* gibt, ist die Verkehrslage wesentlich entspannter. Besuchern wird auf Schritt und Tritt irgendeine Form des Transports angeboten. Bei den *samlor* gehört das Feilschen um den Fahrpreis dazu; steigen Sie nicht ein, bevor er fest steht, und passen Sie auf, dass Sie nicht zu sehr »verschaukelt« werden.

In Bangkok unterwegs

Bangkoks Skytrain ist das schnellste und effektivste Fortbewegungsmittel für die Innenstadt. Es gibt zwei Linien: die Sukhumvit-Route von Morchit Station im Norden nach Onnut Station und die Silom-Route vom Nationalstadion zur Taksin-Brücke. Am Siam Center kreuzen sich beide Linien. Zudem gibt es Flussboote, Busse, hoteleigene Limousinen und Kleinbusse sowie die üblichen Taxis und *tuk-tuk*.

Expressboote mit Schaffnern fahren alle 10 bis 20 Minuten bestimmte Piere am Chao Phraya an. Auch die Ost- und Westufer sind über Fähren verbunden; ferner kann man an einigen Pieren ein »Long-tail« (Langboot) mieten *(siehe S. 70f)*, um die *khlong* zu erkunden. Die neue U-Bahn (seit Ende 2004) soll die schwierige Verkehrslage entspannen.

Dank eigener Busspuren sind Busse oft das schnellste Transportmittel. Die Strecken sind in *Tourist Map Bangkok City* und *Touríní Guide Map Bangkok* eingetragen. Blaue, klimatisierte Busse (in Transporthinweisen mit »AC« bezeichnet) und rosa-graue »Mikrobusse« (mit »M« bezeichnet) sind sehr bequem. Einfache Busse (ohne Klimaanlage) sind billig, decken das gesamte Streckennetz ab und fahren bis spät nachts.

Stadtbusse außerhalb Bangkoks sind für nicht Thai sprechende Besucher nicht zu empfehlen. Bessere Verkehrsmittel sind Taxis, *tuk-tuk* oder *songthaew*.

Taxis

Taxis mit Taxameter – erkennbar an dem »Taxi-Meter«-Schild – fahren in Bangkok, Chiang Mai und Hat Yai. Oft kennen die Fahrer nur Namen und Lage der bekanntesten Hotels und Sehenswürdigkeiten. Für Taxis ohne Taxameter – nicht empfehlenswert – gilt: den Preis vorher aushandeln.

Schild auf dem Dach eines Taxameter-Taxis in Bangkok

In einigen Städten gibt es Motorradtaxis. Die Fahrer halten sich in der Nähe von Märkten und langen *soi* auf und sind an nummerierten Westen zu erkennen. Fahrpreise werden ausgehandelt.

Songthaew:* unbequem, aber billiger und sicherer als das *tuk-tuk

Songthaew, Samlor und Tuk-tuk

Songthaew (wörtlich übersetzt »zwei Reihen«) sind Lieferwagen mit zwei hinteren Sitzreihen. Außerhalb Bangkoks fahren sie häufiger als Stadtbusse und verkehren zu festen Fahrpreisen zwischen 20 und 40 Baht auf allen wichtigen Strecken. Oft fahren die Chauffeure erst los, wenn sie mindestens halb besetzt sind. Die Routen stehen manchmal auf Englisch an der Seite des Wagens. *Songthaew* können wie Taxis gemietet werden.

Samlor ist ein dreirädriges Gefährt, das ein oder zwei Personen einige Kilometer weit fahren kann. Motorisierte *samlor* heißen *tuk-tuk*; sie haben knatternde Zweitaktmotoren und kamen im Zweiten Weltkrieg aus Japan. In der Regenzeit oder bei dichtem Verkehr kann die Fahrt im *tuk-tuk* ungemütlich werden; Besucher haben aber Spaß daran. Nicht motorisierte *samlor* sind oft Fahrradrikschas. Für beide gilt: Preise aushandeln (30 bis 60 Baht für Kurzstrecken).

***Samlor* – die dreirädrige Fahrradrikscha**

Organisierte Touren

Veranstalter von Touren gibt es in Bangkok, in Chiang Mai und in vielen Ferienorten wie Phuket wie Sand am Meer; auch die meisten Hotels bieten Touren an. Zu den typischen Ausflügen zählen eintägige Stadtbesichtigungen, die die wichtigsten Sehenswürdigkeiten abdecken; daneben werden mehrtägige Rundreisen mit dem Besuch gleich mehrerer Städte und Orte angeboten. Solche Trips sind teurer als Fahrten mit öffentlichen Verkehrsmitteln, sparen aber durch direkte Anfahrt viel Zeit und Aufwand – etwa, was die Sehenswürdigkeiten in der Bangkoker Region betrifft. Der Nachteil ist, dass kaum Zeit zum Verweilen bleibt.

Buchen

Schon von zu Hause aus kann man Touren buchen, einschließlich Fahrt und Unterkunft. Solche All-inclusive-Touren dauern meist ein bis zwei Wochen und beinhalten Übernachtungen in Bangkok mit anschließender Fahrt nach Chiang Mai und anderen Zielen im Norden oder an einen Badeort. Daneben gibt es spezielle Pauschaltouren, wie Trekking in Nordthailand *(siehe S. 446)*, die zwischen einigen Tagen und mehreren Wochen dauern können. Hauptanbieter sind **Thai Overlander Travel & Tour** und **NS Travel & Tours** in Bangkok.

Die meisten regionalen Hotels und mehrere Gästehäuser bieten Ausflüge in die Umgebung an oder arbeiten mit ansässigen Reisebüros zusammen. Auch die jeweiligen TAT-Büros können Veranstalter empfehlen. Für Tagesausflüge zu den bekanntesten Sehenswürdigkeiten reicht es, einen Tag vorher zu buchen.

Längere Touren enthalten meist Unterkunft und starten mindestens einmal wöchentlich. Oft werden die Teilnehmer vom Veranstalter direkt am Hotel abgeholt.

Bus- und Bootstouren

Viele der Anbieter fahren mit Luxus- oder »VIP«-Bussen, die Erfrischungen, Klimaanlage und WC bieten. Auch klimatisierte Minibusse werden eingesetzt, bei Fahrten in entlegenere Gebiete Jeeps. Die meisten Fahrzeuge sind gut gewartet und sicher.

In den Badeorten sind Bootsfahrten ausgesprochen beliebt. Häufig angeboten werden Tagesausflüge zu Inseln mit der Möglichkeit zum Wassersport. Der Transfer zum und vom Hotel ist oft inklusive. Fahrten zu abgelegeneren Inseln können einige Tage dauern; für Unterkunft und Tauchausrüstung *(siehe S. 444)* ist in vielen Fällen an Bord gesorgt.

Geführte Touren

Viele Touren, vor allem zu historischen Stätten wie Ayutthaya, werden von zweisprachigen Führern begleitet. Beim Trekking durch den Dschungel und Abstechern zu den Dörfern der Bergstämme ist ein kundiger Führer unerlässlich. Die Professional Guide Association hat eine Liste guter Führer herausgegeben, die bei den TAT-Büros erhältlich ist.

Trekking mit Elefanten ist vor allem in Nordthailand beliebt

Auf einen Blick

Anbieter von Touren

Arlymear Travel
6. Stock, CCT Building, 109 Surawong Rd., Bangkok.
☎ *0-2238-0890.*

Diethelm Travel
Kian Gwan Building II, 140 Witthayu Rd., Bangkok.
☎ *0-2255-9150.*

JR Chiang Mai Travel
24 Kampaengdin Rd., Chiang Mai.
☎ *0-5327-6310.*

NS Travel & Tours
133/19–20 Ratchaprarop Rd., Bangkok.
☎ *0-2246-5659.*

P & O Regale Travel
191/1–2 Sathorn Rd. 12, Bangkok.
☎ *0-2635-2450.*

Silver Queen
291 Chaofa Rd., Phuket.
☎ *0-7622-2623.*

Songserm Travel
51–53 Satun Rd., Phuket.
☎ *0-7622-2570.*

STA Travel
14. Stock, Wall Street Tower Building, Suriwong Rd., Bangkok.
☎ *0-2233-2633.*

Thai-Indochina Tour Co
1/18 Saladeng Rd., Bangkok. ☎ *0-2637-5160.*

Thai Overlander Travel & Tour
407 Sukhumvit Rd., Bangkok.
☎ *02-258 4779.*

World Travel Service Ltd
1053 Charoen Krung Rd., Bangkok.
☎ *0-2233-5900.*

Mit Auto, Moped oder Fahrrad

Kilometerstein

Wer in Thailand Auto fährt, braucht starke Nerven, um nicht vor Schlaglöchern, verwirrenden Kreuzungen, klapprigen Fahrzeugen und tollkühnen Verkehrsteilnehmern zu kapitulieren. Besucher, die das Land abseits der Touristenpfade erleben wollen, sollten sich ein Auto mit erprobtem Fahrer mieten. In Bangkok und den Provinzhauptstädten gibt es internationale Autovermietungen. Der Standard lokaler Firmen ist sehr unterschiedlich. In Ferienorten werden gern Mopeds oder Jeeps gemietet.

Firmenschild einer lokalen Autovermietung

Mietwagen

Besucher benötigen für einen Leihwagen den internationalen Führerschein. International tätige Firmen vermieten sichere Wagen und bieten darüber hinaus einen vollen Versicherungsschutz und Rückführungsdienste. **Avis** und **Budget** unterhalten Filialen in einigen Flughäfen und Großstädten Thailands. Die Preise liegen zwischen 1800 Baht pro Tag und bis zu 35000 Baht pro Monat.

Bei unbekannten Firmen sollten Sie aufmerksam das Kleingedruckte in Bezug auf Ihre Haftung lesen – teils ist keine Versicherung dabei. Lassen Sie sich eine Kopie des Fahrzeugbriefs geben, und tragen Sie diese bei sich.

Mietwagen mit Chauffeur

Mietautos inklusive erfahrenem Chauffeur werden in Thailand immer populärer. Die Kosten sind niedrig: oft weniger als 50 Prozent Mehrpreis zur normalen Gebühr. Manche Fahrer eignen sich als Fremdenführer und können interessante Routen empfehlen. Die meisten Autovermietungen vermitteln Chauffeure. **Master Car Rental** hat Pauschalangebote, die Chauffeur, Wagen und Unterkunft in verschiedenen Hotels beinhalten.

Mopedverleih

Mopeds und Motorräder kann man in vielen Ferienorten, Provinzhauptstädten und anderen Großstädten mieten. In Urlaubsregionen wird vom Moped bis zur schweren Geländemaschine alles vermietet. Um Führerschein oder Versicherung kümmern sich nur wenige Anbieter. Mit 200 bis 300 Baht pro Tag sind die Preise sehr niedrig. Man sollte einige Vorsichtsmaßnahmen treffen: vor der Fahrt Reifen, Öl und Bremsen prüfen; einen Helm (in vielen Städten Vorschrift) und angemessenes Schuhwerk tragen, ebenso lange Ärmel und Hosen. Auf unbefestigten Wegen ist Vorsicht geboten. Fahren Sie nicht allein über Land, denn Hilfe kommt im Ernstfall nicht sofort.

Mopedverleih in Naton-Stadt auf Ko Samui

Tankstellen

Tankstellen sind auf Hauptstraßen in Städten und an den Schnellstraßen zu finden. Sie sind modern, führen meist bleifreies Benzin und haben Angestellte, die für Sie tanken, Fenster putzen und Luftdruck prüfen. Manche beschäftigen für größere Reparaturen einen Mechaniker oder können zumindest einen empfehlen. Es gibt meist einen kleinen Laden und immer ein asiatisches WC. Viele Tankstellen haben rund um die Uhr geöffnet, einige schließen um 20 Uhr. Das Benzin ist oft billiger als in Europa.

Logo von PTT, einer Mineralölfirma mit landesweiten Tankstellen

Parken

In Bangkok gehören mehrstöckige Parkhäuser meist zu großen Hotels oder Kaufhäusern. Hotelgäste parken oft umsonst, Besucher dürfen zwei bis drei Stunden kostenlos parken. Bei der Einfahrt wird ein Parkschein ausgegeben. Bezahlt wird beim Hinausfahren. Von diesen Möglichkeiten abgesehen, ist Parken in Bangkok nicht einfach.

Mit rotweißen Streifen markierte Straßenpflaster bedeuten in ganz Thailand Parkverbot. In den Provinzstädten stellen viele Hotels und Gästehäuser ihren Gästen kostenlose Parkplätze zur Verfügung. In ruhigeren Orten kann man praktisch überall parken, sofern man nicht den Verkehr behindert.

Verkehrspolizist an einer Straßenkreuzung in Bangkok

Strassen und Verkehrsschilder

Mehrspurige Nationalstraßen (Highways) befinden sich hauptsächlich in und um Bangkok. Für die Benutzung von Schnellstraßen, einschließlich der Strecke zum Bangkoker Flughafen, wird Maut erhoben. Die Gebühr ist oberhalb der Mautstelle angeschrieben; an manuell betriebenen Stellen ist der genau abgezählte Betrag erforderlich. Die Schnellstraßen sind weniger verstopft als andere Bangkoker Straßen. Die Hauptstadt hat viele Einbahnstraßen; manchmal ist auch eine Spur für Busse aus der anderen Richtung bestimmt.

Auf den nationalen Highways (auch *routes*), z. B. dem Highway 1, wird gerast, und es gibt Staus. Provinz-Highways sind gepflastert und in unterschiedlichem Zustand. Die Hauptstraßen in den Städten heißen auf Thai *thanon*; davon abgehende, nummerierte Seitenstraßen *soi* oder *trok*. In der Regenzeit können alle Straßen überflutet sein.

Ortsschilder sind u. a. lateinisch beschriftet. Entfernungen werden in arabischen Ziffern angegeben; entlang den Hauptstraßen stehen Kilometersteine. Straßenschilder und Verkehrszeichen sind leicht verständlich gestaltet.

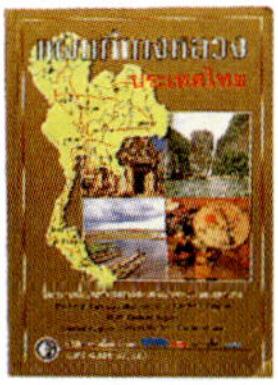

Karte der Auto Guide Company

Verkehrsregeln

In Thailand herrscht Linksverkehr. Die Höchstgeschwindigkeit in Ortschaften beträgt 60 km/h, außerhalb 80 km/h. Es gelten zwar die internationalen Verkehrsregeln, dies kümmert die Thai aber oft wenig. Die einzige wirklich gültige Regel ist, dass größere Autos Vorfahrt haben. Der großzügige Gebrauch von Blinker und Scheinwerfern ist für Europäer ungewohnt: Blinken links kann bedeuten, dass man überholen darf, Blinken rechts, dass ein Fahrzeug entgegenkommt. Aufblenden der Scheinwerfer heißt: »Ich überhole jetzt«.

Thais betätigten die Hupe ständig. Sie bleiben nicht in der Spur und überholen gern in Kurven und an Steigungen. An unbeschilderten Kreuzungen haben größere Fahrzeuge Vorfahrt. An roten Ampeln mit blauem Schild und weißem Pfeil nach links ist Linksabbiegen erlaubt; bisweilen darf man das auch ohne Schild, wenn man sich links befindet. Auf kleineren Straßen ist Vorsicht vor Büffelherden geboten.

Wenn Sie einen Strafzettel bekommen und Ihr Führerschein einbehalten wird, zahlen Sie die Strafe bei dem auf der Rückseite der Verwarnung genannten Polizeirevier. Militärkontrollpunkte sollte man langsam passieren und bei Aufforderung anhalten.

Nichts geht mehr – Bangkoks Verkehrschaos ist berüchtigt

Auf einen Blick

Highway-Polizei
☎ *193.*

Autovermietung

Bangkok

Avis
2/12 Witthayu (Wireless) Rd.
☎ *0-2255-5300.*

Budget
19/23 Royal City Avenue.
☎ *0-2203-0250.*

Master Car Rental
Rama 4.
☎ *0-2663-3030.*

Chiang Mai

Avis
Flughafen Chiang Mai.
☎ *0-5320-1574.*

Budget
Flughafen Chiang Mai.
☎ *0-5320-2871.*

Phuket

Avis
Meridien Hotel, Karon Noi.
☎ *0-7634-0480.*

Strassenkarten

Die meisten Thai halten Karten für unnötig und orientieren sich intuitiv. Karten für Besucher sind vielerorts erhältlich, verzeichnen aber nur die wichtigsten Straßen. Das Prannok Withaya Map Center publiziert ausgezeichnete Faltkarten der Provinzen, die nur an wenigen Stellen erhältlich sind. Die besten Autoatlanten in lateinischer und thailändischer Schrift sind *Thailand Highways Map* (Auto Guide Company) und *Thailand Highway Map* (Roads Association).

Fahrradverleih

Während der kühleren Jahreszeit und in ruhigen Gegenden ist Radfahren angenehm. Viele Pensionen und kleine Firmen verleihen Fahrräder für 20 bis 100 Baht pro Tag. Hin und wieder stehen neue Mountainbikes zur Auswahl, die erstaunlicherweise teurer kommen können als Mopeds. Für unterwegs sind ein ausreichender Wasservorrat und natürlich Vorsicht auf den Straßen wichtig.

Textregister

Seitenzahlen in **Fettdruck** verweisen auf einen Haupteintrag.

A

B

D

N

S

Danksagung und Bildnachweis

DORLING KINDERSLEY bedankt sich bei allen, die an der Herstellung dieses Buches mitgewirkt haben.

DIE AUTOREN

PHILIP CORNWEL-SMITH schreibt vor allem über Unterhaltung, Lifestyle und aktuelle Themen. Vor seinem Umzug nach Thailand 1994 arbeitete er an Führern über London. Er ist Mitbegründer des Bangkok-Magazins *Metro*.

ANDREW FORBES, den es seit 1984 immer wieder für längere Zeit nach Thailand zieht, beschäftigt sich seit mehr als 20 Jahren mit thailändischer Geschichte und Kultur. Er schreibt u. a. für das *Asian Wall Street Journal* und die *Far Eastern Economic Review*.

TIM FORSYTH ist Schriftsteller und Dozent an der London School of Economics. Er hat Nordthailand und andere Teile Südostasiens auf seinen ausgedehnten Reisen studiert.

RACHEL HARRISON lehrt an der School of Oriental and African Studies in London und hat Beiträge für thailändische Sprachführer verfaßt. Ihr besonderes Interesse gilt Nordthailand.

DAVID HENLEY, der seit über zehn Jahren in Thailand lebt, ist Direktor des thailändischen Büros der Crescent Press Agency. Er gilt zudem als Spezialist für thailändische Küche und arbeitet regelmäßig für die *Bangkok Post* und *The Australian*.

JOHN HOSKIN lebt seit 1980 in Bangkok. Er ist Autor verschiedener Bücher über Reisen, Kunst und Kultur in Thailand und in anderen Ländern Südostasiens, darunter *The Mekong: A River and its People*.

GAVIN PATTISON lebt als Schriftsteller in London und hat u. a. Beiträge für den *Blue Guide to Thailand* verfasst. Thailand, Indonesien und andere Länder Südostasiens kennt er wie seine Westentasche.

JONATHAN RIGG ist Dozent für Geografie an der Durham University; sein Hauptinteresse gilt Südostasien. Er hat in Thailand gelebt und spricht Thai und Lao. Auf ausgedehnten Reisen erweitert er ständig sein Wissen.

SARAH ROONEY lebt in Bangkok. Sie arbeitet als Journalistin u. a. für *Art and Asia Pacific*, *Metro*, *Thailand Tatler* und die renommierte englischsprachige Zeitung *The Nation*.

KEN SCOTT hat sich auf Kultur und Geschichte des Südens der Malaiischen Halbinsel spezialisiert. Seine Beiträge erscheinen regelmäßig in der *Bangkok Post* und anderen Publikationen. Der Journalist lebt in Krabi, Südthailand.

WEITERE AUTOREN

Paul Dennison, Paul Lees, James Mahon, Tim Redford, Francis Silkstone, Tym Srisawat.

TRANSSKRIPTIONSBERATUNG

David Smyth (London School of Oriental and African Studies).

ÜBERSETZUNGSASSISTENZ

AThaiS (Bristol), Vantana Cornwell, Dutjapun Williams.

ERGÄNZENDE ILLUSTRATIONEN

Robert Ashby, Graham Bell, Peter Bull, Joanna Cameron, Chris Forsey, Paul Guest, Stephen Gyapay, Ruth Lindsay, Maltings Partnership, Mel Pickering, Robbie Polley, Sally Anne Reisen, Mike Taylor, Pat Thorne, Paul Weston.

ERGÄNZENDE FOTOGRAFIE

Alberto Cassio, Peter Chadwick, Crescent Press Agency, Philip Dowell, Neil Fletcher, Dave King, Alan Newnham, Harry Taylor.

ERGÄNZENDE KARTOGRAFIE

Christine Purcell und Gary Bowes (ERA-Maptec Ltd).

GRAFIK- UND REDAKTIONSASSISTENZ

Alexander Allan, Vicky Barber, Tessa Bindloss, Louise Boulton, Catherine Day, Jonathan Fiber, Silvia Gaillard, Leanne Hogbin, Nancy Jones, Esther Labi, Lee Redmond, Julian Sheather, Veronica Wood.

ERGÄNZENDE RECHERCHE

Parita Boonyoo, Debbie Guthrie Haer, Elizabeth Lu, James Mahon, Sathorn Leelakachornjit, Pharadee Narkkarphunchiwan, Pimalaporn Wongchinsri, Wanee Tipchindachaikul, Somchai Worasart.

KORREKTUR

Denise Heywood.

REGISTER

Hilary Bird.

ASSISTENZ

The Ayutthaya Historical Studies Center (Thailand), Dr. Peter Barrett (Medical Advisory Service for Travellers Abroad, London), William Booth (Jim-Thompson-Haus, Bangkok), Alberto Cassio (Photobank, Bangkok), Crescent Press Agency (Chiang Mai), Gerald Cubitt, John Dransfield (Kew Gardens Herbarium, London), Michael Freeman, Helen Goldie (Durham University), Philip Harris (Bahn Thai Restaurant, London), Kietisak Itchayanan (National Culture Commission, Bangkok), Elizabeth Moore (London School of Oriental and African Studies), Tony Moore (British Thai Boxing Council), Phra Maha Pradit Panyatulo (Wat Buddhapadipa, London), Paisarn Piammattawat, Rattika Rhienpanish (Mai Thai Restaurant, London), Vidhisha Nayanthara Samarasekara, Philip Stott (London School of Oriental and African Studies), Dusadee Swangviboonpong (London School of Oriental and African Studies), Thai Airways (London), William Warren (Bangkok), Terri S. Yamaka (TAT, London); die Mitarbeiter in den Fremdenverkehrsämtern und Rathäusern in ganz Thailand.

GENEHMIGUNGEN FÜR FOTOGRAFIEN

DORLING KINDERSLEY bedankt sich bei den folgenden Institutionen für die Hilfe und freundlich gewährte Erlaubnis zum Fotografieren: Ancient City, Ayutthaya Historical Park, Ban Chiang National Museum, Ban Phin (House of Opium), Chakra Bongse House, Chan-Kasem-Nationalmuseum, Chao-Sam-Phraya-Nationalmuseum, Chiang-Mai-Nationalmuseum, In-Buri-Nationalmuseum, Jim Thompson's Thai Silk Shop, Kamphaeng-Phet-Geschichtspark, Khon-Kaen-Nationalmuseum, Khorat-Nationalmuseum (Nakhon Ratchasima), Königliches Barkenmuseum, Lampang-Nationalmuseum, Lamphun-Nationalmuseum, Lop-Buri-Nationalmuseum, Muang-Tam-Geschichtspark, Nakhon-Pathom-Nationalmuseum, Nakhon-Si-Thammarat-Nationalmuseum, Nan-Nationalmuseum, Narai-Ratchaniwet-Palast, Nationalgalerie und Nationalmuseum (Bangkok), Oriental Hotel, Pha Taem, Phimai-Nationalmuseum, Phnom-Rung-Geschichtspark, Prasart-Museum, Ramkamhaeng-Nationalmuseum, Ratchaburi-Nationalmuseum, Sawankha-Woranayok-Nationalmuseum, Siriraj Hospital, Si-Satchanalai-Chalieng-Geschichtspark, Songkhla-Nationalmuseum, Sukhothai-Geschichtspark, Surin-Nationalmuseum, Ubon-Ratchathani-Nationalmuseum, U-Thong-Nationalmuseum sowie bei allen anderen Tempeln, Museen, Hotels, Restaurants, Läden, Sammlungen und Sehenswürdigkeiten, deren Aufzählung den Rahmen dieses Abschnitts sprengen würde.

BILDNACHWEIS

o = oben; ol = oben links; olm = oben links Mitte; om = oben Mitte; orm = oben rechts Mitte; or = oben rechts; mlo = Mitte links oben; mo = Mitte oben;

mro = Mitte rechts oben; ml = Mitte links; m = Mitte; mr = Mitte rechts; mlu = Mitte links unten; mu = Mitte unten; mru = Mitte rechts unten; ul = unten links; um = unten Mitte; uml = unten Mitte links; ur = unten rechts; (d) = Detail.

DORLING KINDERSLEY dankt den folgenden Personen, Institutionen und Bildarchiven für die freundliche Genehmigung zur Reproduktion ihrer Fotografien.

THE NATIONAL MUSEUM (BANGKOK): 50ol, 51ml, om, 58ol, 58/59m, 84ol, or, ml, 85omu, mr, mru, 75mr.

ARDEA LONDON: Francois Gohier 201ol; Wardene Weisser 201mlu; ASIA ACCESS: Jeffrey Alford 370o; Naomi Duguid 18ul, 228, 370u; ASIA IMAGES: © 1988 38/39m, 42u; © 1993 Matthew Burns 43mr, 257ur, 342, 471mru; © 1995 Matthew Burns 34ur; © 1990 Allen W Hopkins 273u, 298or; © 1991 Allen W Hopkins 445u; © 1995 Allen W Hopkins 83ur, 431o; AUSCAPES INTERNATIONAL/ Kevin Deacon 339m; AXIOM: © 1995 Jim Holmes 292ml, ul.

BAN PHIN (HOUSE OF OPIUM): 223mlu, 238u; CHACRIT BOONSOM: 446o; BFI STILLS POSTERS & DESIGNS: © 1974 Danjaq, LLC and United Artists Corporation Inc. Alle Rechte vorbehalten 357ur; THE BOWERS MUSEUM OF CULTURAL ART: 50ml, mlu; ASHLEY J BOYD: 307mru, 313ml, 331ml, mr, 335ul, 338ol, mlo, mlu, ulo, ur, 339mr, ur, um, ul, 347mr, 349um, 376m, ul; MIT ERLAUBNIS DER BRITISH LIBRARY Manuskript Or. 14025: 26/27m.

DEMETRIO CARRASCO: 21ur, 28mlo, 42ol, 43ul, 274mu, 290/291; JEAN-LOUP CHARMET 223mro, 254/255m, 255ur; BRUCE COLEMAN LTD: © Werner Layer 201mro; © J Zwaenepoel 201or; CRESCENT PRESS AGENCY: 383ol; Joe Cummings 285ul; Ron Emmons 299mu; David Henley 21m, 22or, 26or, 34ol, 35mru, 36ul, uro, 37uro, ur, 40mlu, 47mro, 49u, 57ur, 59mo, 60ol, ur, 61ol, mo, u, 62ol, mo, 63om, 64u, 65u, 77mro, 87u, 95o, umo, 116ol, mlu, 117mro, ur, 121ol, 129o, mro, mr, mlu, mu, mur, ru, ul, um, ur, 130u, 152ol, 153ol, ur, ul, 165ol, 196ol, or, mlu, ur, 197ol, ur, 198or, 214ol, 215ur, 216ol, u, 243o, 244or, 265ur, 272, 337ol, ur, ul, 366ml, 367or, 381m, 382m, 386ml, 387ulo, 442mr, 432ur, 454or, 464ur; John Hobday 24ulo, 209mru; Daniel Kestenholz 98mo; Rainer Krack 260ol, 345ur, 355mro, 386ul, 407ol, 450ur; GERALD CUBITT: 18om, 24ol, or, ml, mr, mlu, mru, ulu, umu, uru, 25mlo, om, orm, mro, ml, mr, mlu, um, umo, ur, 51ol, 77ol, 79ol, 101ur, 127o, 129mlo, 149om, mru, 174ol, or, ul, 175o, mo, mru, ur, 181o, 195ur, 197ul, 200mlo, m, mlu, 204ul, 209mlu, ul, 211ol, 213ul, 220ol, mu, ul, 221ol, mro, mru, 223ul, 239ul, 244mu, 245or, 246um, 270mlo, 276umo, 279ol, 287mlo, 296m, mlu, 297ur, 300/301m, 302, 305ur, 313u, 316m, 317mru, 336or, 339ol, 340ol, ml, mlu, ul, um, 341olu, or, m, 344ul, 345or, 346mru, 360mo, ul, 363mlu, 371or, ml, 375mru, 385ul, 433ol, 434ul, 446ul, 459ol; MICHAEL CUTHBERT: 360or, 361mu, 366ur.

JAMES DAVIS TRAVEL PHOTOGRAPHY: 149ur, 298mlu, 334ml; JEAN-LEO DUGAST: 116mr, 26ml, 441om.

JOHN EVERINGHAM: 4mro, mr, 5ol, 22ul, 23ol, 26ur, 34ml, 35om, 36/37m, 37mro, mr, mru, ul, 41mro, 44ul, 47ur, 75ul, 128ol, 210ul, 211cro, 230ul, 257clu, 299uro, 326u, 327mro, ur, 328ul, 338or, 341um, 344ml, 348ml, 352or, 353mo, 354ml, 356mlo, 442or, 444om, 445mlo.

FEATURE MAGAZINE: 311or, 371ur; MICHAEL FREEMAN: 21ol, 22ol, 34or, 38mlo, mo, 45mlo, 52/53m, 53ol, 54mlu, ulo, 57ol, mo, mru, 59ol, ulo, 60mu, 65om, mlo, 79ur, 80ul, 81ur, 101or, 103ur, 116um, 150mlo, mu, ur, uru, 151mu, ul, 168olu, 169oru, 170ol, 177u, 181u, 190mlu, 194or, 196mo, 197or, mro, 198ul, 199om, ulo, ur, 202, 203u, 215mro, 250/251, 253ur, 254mlo, 255ol, 260ul, 300mlo, 301mr, 320ol, 321u, 132ul, 347ol, 407mr, 434mru, 439ml.

GRAMMY ENTERTAINMENT PUBLIC COMPANY LTD: 441ml.

ROBERT HARDING PICTURE LIBRARY: 44om, 68ulo, 70mlo, 78ml, 226ur, 256or, 257ol, 279ul, ur, 339or, 442mlu; © Alain Evrard 16, 22mu, 43o, 45mru, 112ul; © Robert McCleod 45ur; © Luca Tettoni 261or, 268ul; © Ken Wilson 171u; CHRISTINE HEMMET: 27ul, 373uro; THE HUTCHISON LIBRARY: 3m, © Robert Francis 470ol.

THE IMAGE BANK: 11or; © Peter Hendrie 76or; © Andrea Pistolesi 126. JEWELRY REALTY LTD, BANGKOK: 300ol, 301or.

DR OY KANCHAVANIT: 347um: SUTHEP KRITSANAVARIN: 125ml.

FRANK LANE PICTURE AGENCY: © D Fleetham/Silvestris 25uro; © T & P Garner 340uro; © David Hosking 158u; © E & D Hosking 174mu, 200ul, 353mlu; © L Lee Rue 25ul; © T Whittaker 276or; © De Zylva 331ul.

MAGNUM: © Marc Riboud 255um; STUART MILLER: 361ul; TONY MOORE British Thai Boxing Council: 40ol.

THE ORIENTAL BANGKOK: 108ur.

PHOTOBANK (BANGKOK): 1m, 8/9, 18m, 19ol, 22/23m, 23or, mro, 27ol, mro, 34/35m, 35ul, 36or, mlo, 37o, 38ol, or, mlu, ur, 39ol, or, mo, ur, uc, ul, 42m, 49o, 50co, mr, 51mro, uro, 52ol, mo, ml, 53mo, mru, 54mlo, 55mru, 56mlu, 58mu, mlu, 60mlo, 62/63m, 63mru, 64/65m, 65mro, 68or, 71om, 76ulo, 84ul, 85ol, 95mru, ul, ur, 125mr, mu, ul, 146/147, 148mlo, ul, 149mro, 150/151m, 151mo, 152ml, 153mr, 155u, 160u, 166ol, 172/173, 174ml, 185ur, 194ml, 206um, 220ml, 223ur, 239uro, 245ur, 253mro, 254ul, 284mo, 294/295, 297mlu, 298ol, 299mlo, 300ur, 307ul, 314, 315u, 318ml, 320u, 322ul, ur, 336ulo, um, 340or, 349m, 350u, 355om, 357ol, or, 362u, 363ol, mro, ur, 374mr, 406m, 407u, 410or, ul, 436mlo, 437mu, 439mro, 440o, mlo, ur, 444ml, 466ur, 472u; PHOTO EFEO: 255or; PHOTOBANK (SINGAPORE): 20o, 26ulo, 35mr, 38ul, 39mro, uro, 40mlo, 40/41m, 41om, 48, 50/51m, 51m, 52umo, 54ol, 55oc, co, 56clo, mro, 59uco, 60co, mr, 60/61m, 61ur, 62ulo, um, 64mro, 69mro, ul, 81o, 82ul, 88mro, 91om, 102u, 116or, ml, 117om, mr, 120ul, 121um, 151ol, mru, 152ul, 152/153m, 154, 168ur, 169ol, 170ml, 176, 196ul, 196/197m, 198ml, 198/199c, 199or, mr, cu, uro, 214mlo, 215om, 216ml, 231or, 243mlo, mru, mlu, ul, ur, 246or, 247ol, mro, uro, ul, 252mlu, um, 255mr, 257ul, um, 258, 337mr, 373ur, 434or; PICTOR INTERNATIONAL: 2/3, 4ur, 47ul, 66/67, 194ur, 334u, 343u, 356ulo, 358/359; PICTURES COLOUR LIBRARY: 65mr, 237or, 296ul; POPPERFOTO: 111u. RIVER BOOKS (BANGKOK): 27mr, 64ml, 98mlu, 151or.

SEACO PICTURE LIBRARY: 455mr, 469mo; CNE, 1988 Distribution Spot Image/SCIENCE PHOTO LIBRARY 10ul; TONY STONE IMAGES: Glen Allison 44m, 324/325; Marcus Brooke 387uro; David Hanson 20u; Hideo Kurihara 104f; Ed Pritchard 473u; SUPERSTOCK LTD: 122ml, 328mlo.

THAI AIRWAYS INTERNATIONAL PUBLIC COMPANY LTD: 466o, ml; JIM THOMPSON'S THAI SILK COMPANY: 256ml, m, u; TOURISM AUTHORITY OF THAILAND: 19mr, 46u, 263mr, ul; TRAVEL INK: Alan Hartley 68ml, 121om, 297mro, 298ml, 304ul, 316ul, 386mu; Pauline Thornton 17mo, 122ulo.

WELLCOME INSTITUTE LIBRARY (LONDON): 223mlo.

UMSCHLAG: Vorderseite – DK PICTURE LIBRARY: Philip Blenkinsop mu; Stuart Isett mru, CORBIS: Danny Lehman ul; ROBERT HARDY PICTURE LIBRARY: zentrales Bild.
UMSCHLAG: Rückseite – DK PICTURE LIBRARY: Philip Blenkinsop u; ROBERT HARDY PICTURE LIBRARY: Ellen Rooney o.
UMSCHLAG: Rücken – ROBERT HARDY PICTURE LIBRARY.

Alle anderen Bilder © Dorling Kinderlsey.
Weitere Informationen unter:
www.dkimages.com

Sprachführer

THAI IST EINE TONALE SPRACHE. Die meisten Sprachwissenschaftler betrachten Thai als Hauptidiom einer bestimmten Sprachgruppe; es enthält aber auch viele Sanskrit-Elemente sowie einige Wörter aus dem modernen Englisch. Es gibt fünf Intonationen (Sprechhöhen): mittel, hoch, tief, steigend und fallend, wobei die Intonation der einzelnen Silben die Bedeutung des Wortes festlegt. So bedeutet z. B. »mâi« (fallend) »nicht«, »măi« (steigend) hingegen »Seide«. Das von links nach rechts geschriebene Thai hat sich mit seinen 80 Buchstaben zu einer der komplexesten Schriften der Welt entwickelt. In der rechten Spalte dieses Sprachführers finden Sie eine englische Thai-Transskription; die Akzentuierung der Buchstaben gibt Auskunft über die Sprechhöhe. Eine anerkannte deutsche Transskription für Thai existiert nicht.

Hinweise zur Aussprache

a	wie in »ich ess**e**«
e	wie in »w**e**nn«
i	wie in »b**i**n«
o	wie in »v**o**n«
u	wie in »m**a**n« [kurzes A]
ah	wie in »V**a**ter« [langes A]
ai	wie in »Th**ai**land«
air	wie in »w**er**«
ao	wie in »M**ao**«
ay	wie in »h**ey**« [englisch]
er	wie in »Mess**er**«
ew	wie in »**J**unge«
oh	wie in »g**o**« [englisch]
oo	wie in »g**u**t« [langes U]
OO	wie in »M**u**tter« [kurzes U]
oy	wie in »h**eu**te«
g	wie in »**g**erne«
ng	wie in »si**ng**en«

Folgende Laute haben keine Entsprechung im Deutschen:

eu	ein Laut zwischen »Ä« und »Ö«
bp	ein Laut zwischen »B« und »P«
dt	ein Laut zwischen »D« und »T«

»P«, »T« und »K« am Ende eines Wortes werden »verschluckt«. Viele Thai sprechen »R« wie »L« aus.

Die fünf Intonationen

Die Akzente verweisen auf die Intonation der Silben.

kein Akzent	**Mittlere Intonation**, entsprechend der normalen Tonlage des Sprechers
á é í ó ú	**Hohe Intonation**, liegt etwas höher als die mittlere Intonation.
à è ì ò ù	**Tiefe Intonation**, liegt etwas tiefer als die mittlere Intonation.
ă ĕ ĭ ŏ ŭ	**Steigende Intonation**, in der Aussprache einer Frage vergleichbar.
â ê î ô û	**Fallende Intonation**, in der Aussprache mit der nachdrücklichen Betonung eines einsilbigen Wortes vergleichbar.

Männliche und weibliche Höflichkeitsformen

Thai-Männer beenden einen Satz mit dem Partikel »**krúp**«; Frauen setzen »**ká**« ans Ende einer Frage und »**kâ**« ans Ende einer Aussage, wenn sie besonders höflich sein wollen. In diesem Sprachführer sind die Höflichkeitspartikel nur bei bestimmten Floskeln angegeben. Sie sollten sie aber möglichst oft verwenden. Die Höflichkeitsformen von »Ich« sind »**pŏm**« für Männer und »**dee-chún**« für Frauen.

Notfälle

Hilfe!	ช่วยด้วย	chôo-ay dôo-ay!
Feuer!	ไฟไหม้	fai mâi!
Wo ist das nächste Krankenhaus?	แถวนี้มีโรงพยาบาล อยู่ที่ไหน	tăir-o née mee rohng pa-yah-bahn yòo têe-năi?
Rufen Sie einen Krankenwagen!	เรียกรถพยาบาล ให้หน่อย	rêe-uk rót pa-yah-bahn hâi nòy!
Rufen Sie die Polizei!	เรียกตำรวจให้หน่อย	rêe-uk dtum ròo-ut hâi nòy!
Rufen Sie den Arzt!	เรียกหมอให้หน่อย	rêe-uk mŏr hâi nòy!

Grundwortschatz

Ja	ใช่ *oder* ครับ/ค่ะ	châi *oder* krúp/kâ
Nein	ไม่ใช่ *oder* ไม่ครับ/ไม่ค่ะ	mâi châi *oder* mâi krúp/ mâi kâ
Könnte ich bitte ...?	ขอ ...	kŏr ...
Könnten Sie bitte...?	ช่วย ...	chôo-ay ...
Danke	ขอบคุณ	kòrp-kOOn
Nein, danke	ไม่เอา ขอบคุณ	mâi ao kòrp-kOOn
Entschuldigung	ขอโทษ (ครับ/ค่ะ)	kŏr-tôht (krúp/kâ)
Macht nichts	ไม่เป็นไร	mâi bpen rai
Guten Tag	สวัสดี (ครับ/ค่ะ)	sa-wùt dee (krúp/kâ)
Auf Wiedersehen	ลาก่อนนะ	lah gòrn ná
Hier	ที่นี่	têe-nêe
Dort	ที่โน่น	têe-nûn
Was?	อะไร	a-rai?
Warum?	ทำไม	tum-mai?
Wo?	ที่ไหน	têe năi?
Wie?	ยังไง	yung ngai?

Nützliche Sätze

Wie geht es Ihnen?	คุณสบายดีหรือ (ครับ/คะ)	kOOn sa-bai dee reu (krúp/kâ)?
Gut, danke. Und Ihnen?	สบายดี (ครับ/ค่ะ) แล้วคุณล่ะ	sa-bai dee (krúp/kâ) – láir-o kOOn lâ?
Wie heißen Sie?	คุณชื่ออะไร (ครับ/คะ)	kOOn chêu a-rai (krúp/kâ)?
Ich heiße ...	(ผม/ดิฉัน) ชื่อ ...	(pŏm/dee-chún) chêu ....
Wo ist/sind ... ?	... อยู่ที่ไหน	.... yòo têe-năi?
Wo geht es nach... ?	... ไปยังไง	.... bpai yung- ngai?
Sprechen Sie Englisch?	คุณพูดภาษาอังกฤษ เป็นไหม	kOOn pôot pah-săh ung-grìt bpen mái?
Ich verstehe.	เข้าใจ	kâo-jai
Ich verstehe nicht.	ไม่เข้าใจ	mâi kâo-jai
Könnten Sie langsamer sprechen?	ช่วยพูดช้าๆหน่อย ได้ไหม	chôo-ay pôot cháh cháh nòy dâi mái?
Ich spreche kein Thai.	พูดภาษาไทย ไม่เป็น	pôot pah-săh tai mâi bpen
Ich weiß nicht.	ไม่ทราบ *oder* ไม่รู้	mâi sâhp / mâi ròo

Nützliche Wörter

Ehefrau	ภรรยา	pun-ra-yah
Ehemann	สามี	săh-mee
Tochter/Töchter	ลูกสาว	lôok săo
Sohn/Söhne	ลูกชาย	lôok chai
Frau/Frauen	ผู้หญิง	pôo-yĭng
Mann/Männer	ผู้ชาย	pôo-chai
Kind/Kinder	เด็ก	dèk
groß	ใหญ่	yài
klein	เล็ก	lék
warm	ร้อน	rórn
kalt	เย็น *oder* หนาว	yen *oder* năo
gut	ดี	dee
schlecht	ไม่ดี	mâi dee
genug	พอ	por
gut (Adverb)	สบายดี	sa-bai dee
offen	เปิด	bpèrt
geschlossen	ปิด	bpìt
links	ซ้าย	sái
rechts	ขวา	kwăh
geradeaus	อยู่ตรงหน้า	yòo dtrong nâh
dazwischen	ระหว่าง	ra-wàhng
an der Ecke von...	ตรงหัวมุม	dtrong hŏo-a mOOm
nahe	ใกล้	glâi
weit	ไกล	glai
hinauf	ขึ้น	kêun
hinunter	ลง	long
früh	เช้า	cháo
spät	ช้า *oder* สาย	cháh *oder* săi
Eingang	ทางเข้า	tahng kâo
Ausgang	ทางออก	tahng òrk
Toilette	ห้องน้ำ	hôrng náhm
frei/kostenlos	ฟรี	free

Telefonieren

Wo ist das nächste öffentliche Telefon?	แถวนี้มีโทรศัพท์อยู่ที่ไหน	tăir-o née mee toh-ra-sùp yòo têe-năi?
Kann ich von hier aus ein Ferngespräch führen?	จะโทรศัพท์ไปต่างประเทศจากที่นี่ได้ไหม	ja toh bpai dtàhng bpra-tâyt jàhk têe nêe dâi mái?
Kann ich ein R-Gespräch führen?	ขอให้เก็บเงินปลายทาง	kŏr hâi gèp ngern bplai tahng
Guten Tag, hier spricht ...	ฮันโล (ผม/ดิฉัน) ... พูด (ครับ/ค่ะ)	hello (pŏm/dee-chún) ... pôot (krúp/kâ)
Ich möchte gern ... sprechen.	ขอพูดกับคุณ ... หน่อย (ครับ/ค่ะ)	kŏr pôot gùp khun ... nòy (krúp/kâ)
Kann ich eine Nachricht hinterlassen?	ขอฝากสั่งอะไรหน่อยได้ไหม	kŏr fàhk sùng a-rai nòy dâi mái?
Können Sie bitte lauter sprechen?	ช่วยพูดดังๆหน่อยได้ไหม	chôo-ay pôot dung dung nòy dâi mái?
Bleiben Sie dran	รอสักครู่	ror sùk krôo
Ich rufe später zurück.	เดี๋ยวจะโทรมาใหม่	dĕe-o ja toh mah mài
Ortsgespräch	โทรศัพท์ภายในท้องถิ่น	toh-ra-sùp pai nai tórng tìn
Telefonzelle	ตู้โทรศัพท์	dtôo toh-ra-sùp
Telefonkarte	บัตรโทรศัพท์	but toh-ra-sùp

Einkaufen

Wie viel kostet das hier?	นี่ราคาเท่าไร	nêe rah-kah tâo-rài?
Ich möchte ...	ต้องการ ...	dtôrng-gahn ...
Haben Sie ... ?	มี ... ไหม	mee ... mái?
Ich schaue nur.	ชมดูเท่านั้น	chom doo tâo-nún
Nehmen Sie Kreditkarten/Reiseschecks?	รับบัตรเครดิต/เช็คเดินทางไหม	rub but cray-dit/chék dern tang mái?
Wann öffnen/schließen Sie?	เปิด/ปิดกี่โมง	bpèrt/bpìt gèe mohng?
Können Sie das ins Ausland liefern?	ส่งของนี้ไปต่างประเทศได้ไหม	sòng khŏng nee bpai dtàhng bpra-tâyt dâi mái?
In welchen Farben ist das erhältlich?	มีสีอื่นอีกไหม	mee sĕe èun èek mái?
Schwarz	สีดำ	sĕe dum
Blau	สีน้ำเงิน	sĕe núm ngern
Grün	สีเขียว	sĕe kĕe-o
Rot	สีแดง	sĕe dairng
Weiß	สีขาว	sĕe kăo
Gelb	สีเหลือง	sĕe lĕu-ung
preiswert	ถูก	tòok
teuer	แพง	pairng
Gold	ทอง	torng
Kunsthandwerk der Bergstämme	หัตกรรมชาวเขา	hùt-ta-gum chao kăo
Damenmode	เสื้อผ้าสตรี	sêu-pâh sa-dtree
Silber	เงิน	ngern
Thai-Seide	ผ้าไหมไทย	pâh-măi tai
Buchhandlung	ร้านขายหนังสือ	ráhn kăi núng-sĕu
Kaufhaus	ห้าง	hâhng
Markt	ตลาด	dta-làht
Zeitungshändler, Zeitungskiosk	ร้านขายหนังสือพิมพ์	ráhn kăi núng-sĕu pim
Apotheke	ร้านขายยา	ráhn kăi yah
Schuhgeschäft	ร้านขายรองเท้า	ráhn kăi rorng táo
Supermarkt	ซุปเปอร์มาเก็ต	sÓOp-bpêr-mah-gêt
Schneider	ร้านตัดเสื้อ	ráhn dtùt sêu-a

Sehenswürdigkeiten

Reisebüro	บริษัทนำเที่ยว	bor-ri-sùt num têe-o
Fremdenverkehrsamt	สำนักงานการท่องเที่ยว	sŭm-núk ngahn gahn tôrng têe-o
Touristenpolizei	ตำรวจท่องเที่ยว	dtum-ròo-ut tôrng têe-o
an Feiertagen geschlossen	ปิดวันหยุดราชการ	bpìt wun yÒOt râht-cha-gahn
Strand	หาด *oder* ชายหาด	hàht *oder* chai-hàht
Höhle	ถ้ำ	thûm
Klippe	หน้าผา	nâh păh
Koralle	หินปะการัง	hĭn bpa-gah-rung
Elefantencamp	ค่ายช้าง	kâi cháhng
Festival	งานออกร้าน	ngahn òrk ráhn
Berg/Hügel	เขา	kăo
Bergstamm-Dorf	หมู่บ้านชาวเขา	mòo bâhn chao kăo
Geschichtspark	อุทยานประวัติศาสตร์	ÒO-ta-yahn bpra wùt sàht
Insel (*ko*)	เกาะ	gòr

See	ทะเลสาบ	ta-lay sàhp
Tempel *(wat)*	วัด	wút
Museum	พิพิธภัณฑ์	pí-pít-ta-pun
Nationalpark	อุทยานแห่งชาติ	ÒO-ta yahn hàirng châht
Altstadt	เมืองเก่า	meu-ung gòw
Palast	วัง	wang
Park/Garten	สวน	sŏo-un
Fluss	แม่น้ำ	mâir náhm
Ruinen	โบราณสถาน	boh-rahn sa-tăhn
Thai-Boxen	มวยไทย	moo-ay tai
Thai-Massage	นวด	nôo-ut
Trekking	การเดินทางเท้า	gahn dern tahng táo
Wasserfall	น้ำตก	náhm dtòk
Zoo	สวนสัตว์	sŏo-un sàt

UNTERWEGS / TRANSPORTMITTEL

Wann fährt der Zug nach ... ab?	รถไฟไป ... ออกเมื่อไร	rót fai bpai ... òrk meu-rài?
Wie lange dauert es nach ... ?	ใช้เวลานานเท่าไรไปถึงที่ ...	chái way-lah nahn tâo-rài bpai tĕung têe ...?
Eine Fahrkarte nach ... bitte.	ขอตั๋วไป ... หน่อย (ครับ/ค่ะ)	kŏr dtŏo-a bpai ... nòy (krúp/kâ)
Muss ich umsteigen?	ต้องเปลี่ยนรถหรือเปล่า	dtôrng bplèe-un rót réu bplào?
Ich möchte einen Platz reservieren.	ขอจองที่นั่ง	kŏr jorng têe nûng
Welcher Bahnsteig, bitte?	รถไฟไป ... อยู่ชานชาลาไหน	rót fai bpai ... yòo chahn cha-lah năi?
Welche Haltestelle ist das?	ที่นี่สถานีอะไร	têe nêe sa-tăhn-nee a-rai?
Wo ist die Bushaltestelle?	ป้ายรถเมล์อยู่ที่ไหน	bpâi rót may yòo têe-năi?
Wo ist der Busbahnhof?	สถานีรถเมล์อยู่ที่ไหน	sa-tăhn-nee rót may yòo têe-năi?
Welche Busse fahren nach ... ?	รถเมล์สายไหนไป ...	rót may săi năi bpai ...?
Wann fährt der Bus nach ... ab?	รถเมล์ไป ... ออกกี่โมง	rót may bpai ... òrk gèe mohng?
Können Sie mir sagen, wann wir in ... sind?	ถึง ... แล้วช่วยบอกด้วย	tĕung ... láir-o chôo-ay bòrk dôo-ay?
Kennen Sie die ... Straße?	รู้จักถนน ... ไหม	róo-jùk ta-nŏn ... mái?
Ist es weit?	ไกลไหม	glai mái?
Gehen Sie links.	เลี้ยวซ้าย	lée-o sái
Gehen Sie rechts.	เลี้ยวขวา	lée-o kwăh
Immer geradeaus.	เลยไปอีก	ler-ee bpai èek
Parken Sie dort.	จอดที่โน่น	jòrt têe-nôhn
Parken Sie hier.	จอดตรงนี้	jòrt dtrong née
Klimatisierter Bus	รถปรับอากาศ	rót bprùp ah-gàht
Ankunft	ถึง	tĕung
Fahrkartenschalter	ที่จองตั๋ว	têe jorng dtŏo-a
Bushaltestelle	สถานีรถเมล์	sa-tăhn-nee rót may
Abfahrt	ออก	òrk
Gepäckaufgabe	ที่ฝากของ	têe fàhk kŏrng
Bus	รถธรรมดา	rót tum-ma-dah
Überlandbus	รถทัวร์	rót too-a
Fahrkarte	ตั๋ว	dtŏo-a
Fähre	เรือข้ามฟาก	reu-a kâhm fâhk
Zug	รถไฟ	rót fai
Bahnhof	สถานีรถไฟ	sa-tăhn-nee rót fai
Moped	รถมอเตอร์ไซค์	rót mor-dter-sai
Fahrrad	รถจักรยานต์	rót jùk-gra-yahn
Taxi	แท็กซี่	táirk-sêe
Flughafen	สนามบิน	sa-năhm bin

HANDELN / FEILSCHEN

Wie viel kostet das?	นี่ราคาเท่าไร	nêe rah-kah tâo-rai?
Wie viel Rabatt geben Sie mir?	ไป ... เท่าไร	bpai ... tâo-rài?
Das ist ein bisschen teuer.	แพงไปหน่อย	pairng bpai nòy
Können Sie ein wenig nachlassen?	ลดราคาหน่อยได้ไหม	lót rah-kah nòy dâi mái?
Wie wären ... Baht?	... บาทได้ไหม	... bàht dâi mái?
Sind Sie mit ... Baht einverstanden?	... บาทไปไหม	... bàht bpai mái?
Okay für ... Baht.	... บาทก็แล้วกัน	... bàht gôr láir-o gun

IM HOTEL

Haben Sie ein Zimmer frei?	มีห้องว่างไหม	mee hôrng wâhng mái?
Doppelzimmer	ห้องคู่	hôrng kôo
Einzelzimmer	ห้องเดี่ยว	hôrng dèe-o
Zimmer mit Klimaanlage	ห้องแอร์	hôrng air
Ich habe reserviert.	จองห้องไว้แล้ว	jorng hôrng wái láir-o
Ich möchte ein Zimmer für eine Nacht/ drei Nächte.	(ผม/ดิฉัน) จะพักอยู่คืนหนึ่ง/สามคืน	(pŏm/dee-chún) ja púk yòo keun nèung / săhm keun
Wie viel kostet es pro Nacht?	ค่าห้องวันละเท่าไร	kâh hôrng wun la tâo-rài?
Ich weiß nicht, wie lange ich bleibe.	ไม่ทราบว่าจะอยู่นานเท่าไร	mâi sâhp wâh ja yòo nahn tâo-rài
Kann ich das Zimmer bitte sehen?	ขอดูห้องก่อนได้ไหม	kŏr doo hôrng gòrn dâi mái?
Kann ich etwas im Safe lassen?	ขอฝากของไว้ในตู้เซฟได้ไหม	kŏr fàhk kŏrng wái nai dtôo sáyf dâi mái?
Können Sie bitte Insektenspray versprühen?	ช่วยฉีดยากันยุงให้หน่อยได้ไหม	chôo-ay chèet yah gun yOOng hâi nòy dâi mái?
Klimaanlage	เครื่องปรับอากาศ	krêu-ung bprùp ah-gàht
Zimmer	ห้องนอน	hôrng norn
Rechnung	บิล	bin
Ventilator	พัดลม	pùt lom
Hotel	โรงแรม	rohng-rairm
Schlüssel	กุญแจ	gOOn-jair
Manager	ผู้จัดการ	pôo-jùt-gahn
Moskitonetz	มุ้งลวด	mÓOng lôo-ut
Dusche	ฝักบัว	fùk boo-a
Swimmingpool	สระว่ายน้ำ	sà wâi náhm
Toilette/Bad	ห้องน้ำ	hôrng náhm